INTRODUÇÃO À
PESQUISA
QUALITATIVA

AUTOR

UWE FLICK. Psicólogo e sociólogo. Professor titular de pesquisa qualitativa na Alice Salomon University, em Berlim, Alemanha, nas áreas de Enfermagem, Gerontologia e Serviço Social. Anteriormente, foi professor auxiliar da Memorial University of Newfoundland, em St. John's, no Canadá. É professor auxiliar na Free University of Berlin, na área de metodologia da pesquisa, professor assistente da Technical University of Berlin na área de métodos qualitativos e avaliação; e é também professor adjunto e chefe do Departamento de Sociologia Médica da Hannover Medical School. Ocupou cargos como professor visitante na London School of Economics, na Ecole des Hautes Etudes en Sciences Sociales de Paris, na Cambridge University (UK), na Memorial University of St. John's (Canadá), na Universidade de Lisboa (Portugal), na Itália, Suécia e na School of Psychology da Massey University, em Auckland (Nova Zelândia). Tem como principais interesses de pesquisa os métodos qualitativos, as representações sociais nos campos da saúde individual e pública e a mudança tecnológica na vida cotidiana.

F621i Flick, Uwe.
Introdução à pesquisa qualitativa / Uwe Flick ; tradução Joice Elias Costa. – 3. ed. – Porto Alegre : Artmed, 2009.
405 p. ; 25 cm.

ISBN 978-85-363-1711-3

1. Pesquisa científica – Pesquisa qualitativa. I. Título.

CDU 001.891

Catalogação na publicação: Renata de Souza Borges – CRB-10/Prov-021/08

Métodos de Pesquisa

INTRODUÇÃO À PESQUISA QUALITATIVA

3ª EDIÇÃO

Uwe Flick

Tradução:
Joice Elias Costa

Consultoria, supervisão e revisão técnica desta edição:
Sônia Elisa Caregnato
*Doutora em Ciências da Informação pela Sheffield University, Inglaterra
Professora na Faculdade de Biblioteconomia e Comunicação da UFRGS.*

2009

Obra originalmente publicada sob o título
Qualitative Sozialforschung, 3rd Edition
ISBN 978-1-4129-1146-X

© 1995, 2002, 2007 by Rowohlt Verlag GmbH, Reinbeck bei Hamburg
All rights reserved.

Capa
Paola Manica

Arte-finalização
VS Digital

Preparação do original
Maria Francisca Oliveira Vargas

Leitura final
Josiane Tibursky

Supervisão editorial
Mônica Ballejo Canto

Projeto e editoração
Armazém Digital Editoração Eletrônica – Roberto Vieira

Reservados todos os direitos de publicação, em língua portuguesa, à
ARTMED® EDITORA S.A.
Av. Jerônimo de Ornelas, 670 - Santana
90040-340 Porto Alegre RS
Fone (51) 3027-7000 Fax (51) 3027-7070

É proibida a duplicação ou reprodução deste volume, no todo ou em parte,
sob quaisquer formas ou por quaisquer meios (eletrônico, mecânico, gravação,
fotocópia, distribuição na Web e outros), sem permissão expressa da Editora.

SÃO PAULO
Av. Angélica, 1091 - Higienópolis
01227-100 São Paulo SP
Fone (11) 3665-1100 Fax (11) 3667-1333

SAC 0800 703-3444

IMPRESSO NO BRASIL
PRINTED IN BRAZIL
Impresso sob demanda na Meta Brasil a pedido de Grupo A Educação.

Prefácio à terceira edição

A pesquisa qualitativa encontra-se em um processo contínuo de propagação, com o surgimento de novas abordagens e métodos, e vem sendo adotada como parte essencial dos currículos de um número cada vez maior de disciplinas. Perspectivas novas e mais antigas da pesquisa qualitativa podem ser encontradas na sociologia, na psicologia, na antropologia, na enfermagem, na engenharia, nos estudos culturais, etc. Um dos resultados destes avanços reside no constante crescimento da literatura disponível na área da pesquisa qualitativa: publicação de novos livros nessa área, surgimento de novos periódicos repletos de artigos sobre metodologia e de trabalhos resultantes de pesquisa qualitativa. Outra consequência é o risco da pesquisa qualitativa dividir-se em diversos campos de pesquisa e discussões metodológicas e que, nesse processo, princípios e ideias que lhe são centrais possam ser negligenciados em função da diversidade de campos.

Desde a publicação da primeira e da segunda edição deste livro, diversas áreas da pesquisa qualitativa desdobraram-se ainda mais, o que tornou outra vez necessárias algumas revisões. A ética da pesquisa é uma questão que atrai uma atenção cada vez maior e que precisa ser desenvolvida e detalhada especificamente para a pesquisa qualitativa. A combinação entre pesquisa qualitativa e quantitativa encontra-se em voga enquanto tema. A internet tornou-se, ao mesmo tempo, um campo de pesquisa e uma ferramenta para fazer-se pesquisa. Os documentos são um tipo de dado em si mesmos. Algumas das tendências atuais em pesquisa qualitativa tornaram a revisão deste livro um desafio.

Esta terceira edição foi revista, ampliada e complementada de diversas maneiras, em comparação às edições anteriores:

- Atualização das discussões e das referências ao longo de todo o texto.
- Em todos os capítulos, elementos adicionais foram integrados incluindo uma seção panorâmica na introdução, a inclusão de estudos de caso, uma lista de pontos-chave e um conjunto de exercícios ao final de cada capítulo.
- Acréscimo de alguns capítulos novos:
    - Um capítulo com a finalidade de orientar o leitor do começo ao final do livro (Capítulo 1)
    - Um capítulo sobre a ética na pesquisa qualitativa (Capítulo 4)
    - Outro capítulo examina a utilização da literatura na pesquisa qualitativa (Capítulo 5)
    - Um capítulo que oferece uma visão geral sobre o planejamento da pesquisa (Capítulo 12)
    - Um capítulo sobre o uso de documentos (Capítulo 19)
    - Outro capítulo trata da pesquisa qualitativa *online* (Capítulo 20)
- Alguns capítulos foram movidos e integrados na disposição geral do livro –

por exemplo, o capítulo sobre pesquisa qualitativa e quantitativa (Capítulo 3).
- Ampliação de diversos capítulos como é o caso do capítulo introdutório, tendo sido este complementado por uma seção sobre a situação atual do desenvolvimento da pesquisa qualitativa (Capítulo 2) e do capítulo a respeito das posturas teóricas subjacentes à pesquisa qualitativa (Capítulo 6), com a inclusão de seções sobre feminismo, positivismo e construcionismo.
- Alguns capítulos foram divididos em capítulos mais claramente delimitados e enfocados. Um exemplo é a separação do capítulo sobre observação (Capítulo 17) daquele sobre métodos de dados visuais (Capítulo 18). Na Parte VI, o capítulo sobre a análise de conversação e a análise de discurso (Capítulo 24) foi separado do capítulo sobre as análises de narrativa e a hermenêutica (Capítulo 25).

Sumário

Prefácio à terceira edição v

PARTE I

A estrutura 11

1. Um guia para este livro 13
2. Pesquisa qualitativa: por que e como fazê-la 20
3. Pesquisa qualitativa e quantitativa 39
4. Ética na pesquisa qualitativa 50

PARTE II

Da teoria ao texto 59

5. A utilização da literatura na pesquisa qualitativa 61
6. Posturas teóricas subjacentes à pesquisa qualitativa 68
7. Base epistemológica: construção e compreensão de textos 83

PARTE III

Plano de pesquisa 93

8. O processo da pesquisa qualitativa 95
9. Questões de pesquisa 102
10. Entrando no campo 109

11. Amostragem 117

12. Como planejar a pesquisa qualitativa: uma visão geral 129

PARTE IV
Dados verbais 141

13. Entrevistas 143

14. Narrativas 164

15. Grupos focais 180

16. Dados verbais: uma visão geral 194

PARTE V
Dados multifocais 201

17. Observação e etnografia 203

18. Dados visuais: fotografia, filme e vídeo 219

19. Utilização de documentos como dados 230

20. Pesquisa qualitativa *online*: a utilização da internet 238

21. Dados multifocais: uma visão geral 254

PARTE VI
Do texto à teoria 263

22. Documentação de dados 265

23. Codificação e categorização 276

24. Análise de conversação, do discurso e de gênero 298

25. As análises de narrativa e a hermenêutica 307

26. O uso dos computadores na pesquisa qualitativa 318

27. Interpretação do texto: uma visão geral 332

PARTE VII
O embasamento e a redação da pesquisa qualitativa 339

28. Critérios de qualidade na pesquisa qualitativa 341

29. A qualidade na pesquisa qualitativa: além dos critérios 356

30. A redação e o futuro da pesquisa qualitativa: arte ou método? 369

Referências 380
Índice onomástico 395
Índice temático 399

PARTE I

A estrutura

A Parte I constitui-se de uma estrutura para o procedimento da pesquisa qualitativa e para a compreensão dos capítulos posteriores. O Capítulo 1 serve como um guia para o livro, apresentando suas partes principais. Para tanto, fornece uma orientação sobre os motivos da relevância da pesquisa qualitativa nas últimas décadas do século XX e no início do século XXI. O livro inicia com uma visão geral dos fundamentos da pesquisa qualitativa. Passo então a apresentar ao leitor os aspectos fundamentais da pesquisa qualitativa (de modo geral), bem como a variedade dos métodos e das abordagens (Capítulo 2). O Capítulo 3 apresenta as relações entre a pesquisa qualitativa e a pesquisa quantitativa, assim como as possibilidades e as ciladas das abordagens combinadas de ambas. O quarto capítulo delineia as questões éticas relativas à pesquisa qualitativa. Juntos, estes capítulos oferecem um panorama para auxiliar a pesquisa e a utilização dos métodos qualitativos que se encontram delimitados e discutidos detalhadamente nos capítulos posteriores do livro.

1
Um guia para este livro

A abordagem do livro, 13
A estrutura do livro, 14
Recursos peculiares deste livro, 17
Como utilizar este livro, 18

OBJETIVOS DO CAPÍTULO
Após a leitura deste capítulo, você deverá ser capaz de:

✓ entender a organização deste livro.
✓ situar diversos aspectos da pesquisa qualitativa neste livro.
✓ identificar quais capítulos utilizar para diversas finalidades.

A ABORDAGEM DO LIVRO

Ao escrever este livro, levamos em consideração dois grupos de leitores – os pesquisadores novatos e os pesquisadores experientes. Em primeiro lugar, o livro orienta o novato à pesquisa qualitativa, talvez até mesmo à pesquisa social em geral. Para este grupo, formado em grande parte por estudantes de graduação ou pós-graduação, o livro é concebido como uma introdução básica aos princípios e às práticas da pesquisa qualitativa, a sua base teórica e epistemológica e a métodos mais importantes. Em segundo lugar, o pesquisador no campo poderá utilizar este livro como uma espécie de caixa de ferramentas ao enfrentar questões e problemas práticos do cotidiano da pesquisa qualitativa. A pesquisa qualitativa está se firmando em muitas ciências sociais, na psicologia, na enfermagem e em áreas afins. Tanto pesquisadores novatos quanto experientes poderão utilizar uma grande variedade de métodos específicos, cada um dos quais partindo de diferentes premissas e perseguindo diferentes objetivos. Cada método na pesquisa qualitativa está baseado em um entendimento específico de seu objeto. Contudo, os métodos qualitativos não devem ser considerados independentemente do processo da pesquisa e da questão em estudo. Eles estão especificamente encaixados no processo de pesquisa e são mais bem compreendidos e definidos a partir de uma perspectiva orientada ao processo. Portanto, a preocupação central do livro é uma apresentação das diferentes etapas no processo da pesquisa qualitativa. Os métodos mais importantes para a coleta e a interpretação dos dados e para a avaliação e a descrição dos resultados estão apresentados e situados em uma estrutura orientada ao processo. Isto deverá fornecer uma visão geral do campo da pesquisa qualitativa, das alternativas metodológicas concretas, bem como de suas pretensões, aplicações e de seus limites. Isto deverá habilitar o pesquisador a optar pela estratégia metodológica mais apropriada a seu objeto e a suas questões de pesquisa.

O ponto de partida neste livro consiste no fato de que a pesquisa qualitativa trabalha, acima de tudo, com textos. Os métodos para a coleta de informações – entrevistas ou de observações – produzem dados que são transformados em textos através de gravação e de transcrição. Os métodos de interpretação partem destes textos. Diferentes roteiros conduzem em direção aos textos do centro da pesquisa, e também conduzem ao afastamento desses textos. Muito resumidamente, o processo de pesquisa qualitativa pode ser representado como sendo um caminho da *teoria ao texto* e outro caminho do *texto de volta à teoria*. A interseção desses dois caminhos é a coleta de dados verbais ou visuais e a interpretação destes dentro de um plano específico de pesquisa.

A ESTRUTURA DO LIVRO

O livro é dividido em sete partes que visam ao desdobramento do processo da pesquisa qualitativa em seus estágios principais.

A Parte I delimita a Estrutura de procedimento da pesquisa qualitativa conforme o discutido nos Capítulos de 2 a 4.

- Capítulo 2 – investiga e responde questões fundamentais da pesquisa qualitativa. Com esta finalidade, a atual relevância da pesquisa qualitativa é delineada tendo como pano de fundo as recentes tendências na sociedade e nas ciências sociais. O debate sobre abordagem qualitativa *versus* abordagem quantitativa é abordado e contextualizado em exemplos de pesquisas realizadas nos Estados Unidos e na Europa. Por último, o capítulo discute técnicas para o aprendizado da aplicação da pesquisa qualitativa.
- Capítulo 3 – expõe a relação entre pesquisa qualitativa e pesquisa quantitativa. São levantadas e desenvolvidas algumas questões para a orientação da avaliação da apropriabilidade da pesquisa qualitativa e da quantitativa. Este capítulo permite que o leitor conheça diversas abordagens e possa então decidir qual delas se adapta melhor a sua pesquisa.
- Capítulo 4 – enfoca uma estrutura diferente para a pesquisa qualitativa – a ética na pesquisa. A ética da pesquisa qualitativa merece uma atenção especial, uma vez que o pesquisador chegará muito mais próximo de questões da vida particular e cotidiana dos participantes. Ponderação e sensibilidade à questão da privacidade são essenciais antes de se dar início a um trabalho qualitativo. Ao mesmo tempo, debates genéricos sobre ética de pesquisa frequentemente deixam de contemplar dificuldades e problemas peculiares à pesquisa qualitativa. Após a leitura deste capítulo, o pesquisador deverá saber da importância de um código de ética antes de iniciar sua pesquisa, bem como reconhecer a necessidade das comissões de ética. A questão se a pesquisa é ou não ética dependerá em muito das decisões práticas tomadas no campo.

Após a delimitação da estrutura da pesquisa qualitativa, podemos entender o processo de um estudo qualitativo. A Parte II levará o leitor Da Teoria ao Texto.

- Capítulo 5 – apresenta a utilização da literatura – teórica, metodológica e empírica – em um estudo qualitativo. Trata da utilização e da busca destas

fontes ao longo do processo de pesquisa e durante a composição escrita do trabalho. Ao final, são apresentadas algumas sugestões sobre como encontrar a literatura.
- Capítulo 6 – trata das diversas posturas teóricas fundamentais à pesquisa qualitativa. As perspectivas do interacionismo simbólico, da etnometodologia e do estruturalismo encontram-se discutidas enquanto abordagens paradigmáticas em seus pressupostos básicos e em avanços recentes. A partir destas discussões, a relação dos aspectos essenciais da pesquisa qualitativa fica completa. Ao final, apresento dois debates teóricos atualmente muito fortes na pesquisa qualitativa. O feminismo e os estudos de gênero, assim como a discussão envolvendo positivismo e construcionismo já contam com uma quantidade considerável de estudos qualitativos – sobre como entender as questões de pesquisa, como conceber o processo de pesquisa e como utilizar os métodos qualitativos.
- Capítulo 7 – segue a discussão levantada no Capítulo 6 e esboça a base epistemológica da pesquisa qualitativa construcionista com a utilização de textos como material empírico.

Na Parte III, Plano de Pesquisa, chegamos a questões mais práticas sobre como planejar a pesquisa qualitativa.

- Capítulo 8 – delineia o processo da pesquisa qualitativa demonstrando que as etapas isoladas encontram-se muito mais ligadas umas às outras do que no processo passo a passo da pesquisa quantitativa.
- Capítulo 9 – trata da relevância de uma questão de pesquisa bem-definida para a condução da pesquisa e de como alcançá-la.
- Capítulo 10 – fala sobre como adentrar um campo e sobre como entrar em contato com os participantes da pesquisa.
- Capítulo 11 – abrange o tema da amostragem – como selecionar os participantes ou grupos de participantes, situações, etc.
- Capítulo 12 – apresenta uma visão geral das questões práticas sobre como planejar a pesquisa qualitativa. Compreende também os planos básicos da pesquisa qualitativa.

A Parte IV apresenta uma das principais estratégias para a coleta de dados. A produção de dados verbais nas entrevistas, narrativas e grupos focais.

- Capítulo 13 – apresenta uma série de entrevistas caracterizadas pela utilização de um conjunto de questões abertas para estimular as respostas dos participantes. Algumas destas entrevistas, como é o caso das entrevistas focais, são utilizadas para os mais diversos propósitos; já outras, como as entrevistas com especialistas, possuem um campo de aplicação mais específico.
- Capítulo 14 – esboça uma estratégia distinta para a obtenção de dados verbais. A etapa central aqui é o estímulo às narrativas (isto é, especialmente as narrativas de histórias de vida ou narrativas mais focadas em situações específicas). Essas narrativas são estimuladas em entrevistas especialmente planejadas – a entrevista narrativa na primeira entrevista, e a entrevista episódica como segunda alternativa.
- Capítulo 15 – analisa as formas de coleta de dados verbais em um grupo de participantes. Atualmente os grupos focais estão muito proeminentes em algumas áreas, enquanto que os grupos de discussão são mais tradicionais. Ambos baseiam-se no estímulo de discussões, ao passo que as entrevistas de grupo servem mais à obtenção de respostas para questões específicas. As

narrativas em conjunto pretendem fazer com que um grupo de pessoas conte uma história que seja comum a todos os participantes.
- Capítulo 16 – resume os métodos para coleta de dados verbais. O capítulo tem a finalidade de ajudar o leitor a decidir-se entre os diferentes caminhos delineados na Parte 4, por meio da comparação entre os métodos e de um *checklist* elaborada para orientá-lo nesta decisão.

A Parte V analisa os dados visuais em suas várias propostas de comunicação, bem como a utilização de dados eletrônicos.

- Capítulo 17 – trata da etnografia e da observação, participante ou não. O emprego de outras estratégias para a coleta de dados (como entrevistas, uso de documentos, etc.) com o objetivo de complementar a observação.
- Capítulo 18 – amplia a parte visual de dados para a análise, o estudo e a utilização de mídias como fotos, filmes e vídeos como dados.
- Capítulo 19 – avança um pouco mais e explora a utilização de documentos além dos dados visuais. O capítulo analisa a construção e o processo desses documentos na pesquisa qualitativa.
- Capítulo 20 – analisa a internet como campo de pesquisa e como instrumento para o procedimento da pesquisa. Aqui, outra vez, o leitor encontrará métodos que já foram tratados em capítulos anteriores – como entrevistas, grupos focais e etnografia. Porém, aqui, estes métodos aparecem descritos de forma específica para a utilização na pesquisa qualitativa *online*.
- Capítulo 21 – adota uma perspectiva comparativa e sintetizadora dos dados visuais. Esta visão geral deverá auxiliar o leitor a definir sobre quando escolher cada método e sobre quais são as vantagens e os problemas de cada um deles.

As primeiras partes do livro concentram-se na coleta e na produção de dados.

A Parte VI trata do prosseguimento do texto à teoria – trata de como desenvolver *insights* teoricamente relevantes a partir desses dados e do texto produzido a partir deles. Para tanto, o foco desta parte são os métodos qualitativos para a análise dos dados.

- Capítulo 22 – discute como documentar os dados na pesquisa qualitativa. As notas de campo e as transcrições são apresentadas em detalhes, por meio de exemplos, quanto a seus aspectos técnicos e gerais.
- Capítulo 23 – abrange métodos que utilizam códigos e categorias como instrumentos para a análise de textos.
- Capítulo 24 – prossegue com abordagens cujo interesse maior está na forma como algo é dito e não apenas no que é dito. A análise de conversação observa como funciona a conversação no cotidiano e em um contexto institucional e observa quais são os métodos utilizados pelas pessoas para a comunicação em qualquer tipo de contexto. Análises de discurso e de gênero vêm aprofundando esta perspectiva em diversas direções.
- Capítulo 25 – explora a análise narrativa e a hermenêutica. Estas abordagens analisam os textos a partir de uma orientação combinada para forma e conteúdo. Aqui, uma narrativa não é apenas analisada quanto ao que é dito, mas também como a história é revelada, em que momento ela é contada e o que isso revela sobre o que é relatado.
- Capítulo 26 – discute o uso de computadores e especificamente de *softwares* para a análise de dados qualitativos. Apresenta fundamentos e exemplos do *software* mais importante. Este capítulo deverá auxiliar o leitor a decidir-se pelo uso ou não de algum *software* para sua análise, e sobre qual deles utilizar.

- Capítulo 27 – oferece uma visão geral resumida das perspectivas para a análise de textos e outros materiais na pesquisa qualitativa. O leitor encontrará, novamente, uma comparação entre as diversas abordagens e um *checklist* que deverão auxiliá-lo a escolher o método apropriado para a análise do material em questão e, assim, avançar teoricamente dos dados para descobertas relevantes.

A sétima e última parte retoma o contexto e a metodologia, apresentando questões sobre a fundamentação e a redação da pesquisa qualitativa.

- Capítulo 28 – discute a aplicabilidade dos critérios tradicionais de qualidade na pesquisa qualitativa e seus limites. Discorre também sobre os critérios alternativos que vêm sendo desenvolvidos para a pesquisa qualitativa e para abordagens mais específicas. Ao final, o capítulo demonstra por que responder-se à questão da qualidade na pesquisa qualitativa representa atualmente, ao mesmo tempo, uma grande expectativa exterior à disciplina e uma necessidade para o aperfeiçoamento da prática de pesquisa.
- Capítulo 29 – prossegue tratando deste tema, apresentando formas de responder à questão da qualidade na pesquisa qualitativa além da formulação de critérios. Com este propósito, o capítulo discute estratégias para o controle de qualidade e para a solução das questões da indicação e da triangulação.
- Capítulo 30 – por último, apresenta as questões da redação na pesquisa qualitativa – a apresentação dos resultados ao público e as influências da forma de redação sobre as descobertas da pesquisa. O capítulo conclui ao lançar um olhar para o futuro da pesquisa qualitativa, oscilando entre arte e método.

RECURSOS PECULIARES DESTE LIVRO

Acrescentei alguns recursos com o objetivo de tornar o livro mais útil ao aprendizado da pesquisa qualitativa e à orientação do estudo qualitativo. Você irá encontrá-los ao longo dos capítulos seguintes.

• Objetivos do capítulo

No início de cada capítulo, encontra-se um guia ao próprio capítulo que consiste de duas partes: primeiro uma visão geral dos tópicos tratados no capítulo. A seguir, uma lista dos objetivos do capítulo, definindo, assim, o que o leitor deverá ter aprendido após sua leitura. Isto deverá orientá-lo dentro do capítulo e ajudá-lo a encontrar novamente os tópicos após concluir a leitura do capítulo e do livro.

• Quadros

Os temas principais encontram-se destacados em quadros. Esses quadros poderão ter diversas funções – alguns resumem etapas centrais de um método, alguns fornecem informações práticas, e outros apresentam listas de modelos para questões (por exemplo, nos métodos de entrevista). Os quadros estruturam o texto de modo a favorecer uma melhor orientação durante a leitura.

• Estudos de caso

Os estudos de caso considerados ao longo de todo o livro analisam os métodos e a aplicação destes por parte de proeminentes pesquisadores. Estas coleções de estudos demonstram a prática dos princípios da pesquisa qualitativa em situações particulares. Os estudos de caso servirão para ajudá-lo a refletir sobre como as coisas são feitas na pesquisa qualitativa e sobre problemas ou questões que surgem durante a leitura de tais casos. Muitos dos estudos de caso apresentados aqui foram extraídos de publicações de figuras-chave na pesquisa qualitativa. Outros foram retirados de minha própria pesquisa. Ainda, em diversos destes estudos, o leitor identificará os mesmos projetos de pesquisa mencionados anteriormente para ilustrar algum outro tópico.

- **Checklists**

As *checklists* aparecem em vários capítulos, em particular nos Capítulos 16, 21 e 27. Muitas destas *checklists* oferecem um processo de tomada de decisão para a seleção de métodos, e outras têm a finalidade de averiguar a correção de uma decisão.

- **Tabelas**

Nos Capítulos 16, 21 e 27, o leitor encontrará também tabelas de comparação entre os métodos descritos em detalhes nos capítulos anteriores. Estas tabelas adotam uma perspectiva comparativa para um único método, permitindo uma visualização de suas qualidades e fragilidades à luz de outros métodos. Esse é um aspecto peculiar deste livro e foi pensado com a intenção de auxiliar o leitor na seleção do método "certo" para sua questão de pesquisa.

- **Questões-chave**

Ao final da descrição de cada um dos métodos aqui apresentados, estes serão avaliados por meio de uma lista de questões-chave (por exemplo: Quais as limitações do método?). Essas questões-chave aparecem repetidamente no livro e deverão facilitar o encaminhamento e a avaliação de cada método.

- **Referência cruzada**

A referência cruzada oferece o encadeamento de métodos específicos ou questões metodológicas. Isso facilita o arranjo da informação dentro de um contexto.

- **Pontos-chave**

Ao final de cada capítulo, o leitor encontrará uma lista de pontos-chave que resume os pontos mais importantes do capítulo.

- **Exercícios**

Os exercícios situados ao final dos capítulos funcionam como uma revisão, pois propõem a avaliação de pesquisas realizadas por outras pessoas e o planejamento da pesquisa futura.

- **Leituras adicionais**

Ao final dos capítulos, uma lista de referências bibliográficas oferece uma oportunidade para o aprofundamento dos conteúdos apresentados no capítulo.

COMO UTILIZAR ESTE LIVRO

O leitor poderá utilizar este livro de diversas maneiras, dependendo de sua experiência e especialidade no campo da pesquisa qualitativa. A primeira destas maneiras é proceder à leitura contínua do início ao final do livro, uma vez que ele irá guiá-lo por todas as etapas de planejamento para a montagem de um projeto de pesquisa. Estas etapas conduzem o leitor desde a obtenção do embasamento necessário ao planejamento e à condução da pesquisa às questões de avaliação da qualidade e de redação da pesquisa. No caso do livro ser utilizado como uma ferramenta de referência, a seguir uma lista destacando algumas áreas de interesse:

- O conteúdo de fundamentação teórica da pesquisa qualitativa encontra-se nos Capítulos de 2 a 7, os quais apresentam um panorama geral e a base filosófica.
- As questões metodológicas de planejamento e de concepção da pesquisa qualitativa encontram-se expostas e discutidas na Parte III. A Parte VII retoma esse nível conceitual ao analisar o tema da qualidade na pesquisa.
- A Parte III apresenta, ainda, discussões sobre como planejar a pesquisa qualitativa em um nível prático, propondo sugestões sobre como fazer amostragem, como formular uma questão de pesquisa e como entrar em um campo.
- As Partes de IV a VII revelam questões práticas relevantes ao procedimento da pesquisa qualitativa ao descreverem uma série de métodos detalhadamente.

2
Pesquisa qualitativa: por que e como fazê-la

A relevância da pesquisa qualitativa, 20
Os limites da pesquisa quantitativa como ponto de partida, 21
Aspectos essenciais da pesquisa qualitativa, 23
Um breve histórico da pesquisa qualitativa, 25
A pesquisa qualitativa no início do século XXI – o estado de arte, 28
Avanços e tendências metodológicas, 32
Como aprender e ensinar a pesquisa qualitativa, 36
A pesquisa qualitativa no final da modernidade, 37

OBJETIVOS DO CAPÍTULO
Após a leitura deste capítulo, você deverá ser capaz de:

✓ compreender a história e a fundamentação da pesquisa qualitativa.
✓ discutir as tendências atuais da pesquisa qualitativa.
✓ entender as características gerais da pesquisa qualitativa e a diversidade das perspectivas de pesquisa.
✓ compreender por que a pesquisa qualitativa consiste em uma abordagem oportuna e necessária na pesquisa social.

A RELEVÂNCIA DA PESQUISA QUALITATIVA

Por que utilizar a pesquisa qualitativa? Existe alguma demanda especial desse tipo de abordagem na atualidade? Em uma primeira etapa, irei esboçar uma justificativa para o enorme crescimento do interesse na pesquisa qualitativa ao longo das últimas décadas. A pesquisa qualitativa é de particular relevância ao estudo das relações sociais devido à pluralização das esferas de vida. As expressões-chave para essa pluralização são a "nova obscuridade" (Habermas, 1996), a crescente "individualização das formas de vida e dos padrões biográficos" (Beck, 1992) e a dissolução de "velhas" desigualdades sociais dentro da nova diversidade de ambientes, subculturas, estilos e formas de vida. Essa pluralização exige uma nova sensibilidade para o estudo empírico das questões.

Os defensores do pós-modernismo argumentam que a era das grandes narrativas e teorias chegou ao fim. As narrativas agora precisam ser limitadas em termos locais, temporais e situacionais. No que diz respeito à pluralização de estilos de vida e de padrões de interpretação na sociedade moderna e pós-moderna, a afirmação de Herbert Blumer torna-se novamente relevante, assumindo novas implicações: "A postura inicial do cientista social e do psicólogo quase sempre carece de familiaridade com aquilo que de fato ocorre na esfera da vida que ele se propõe a estudar" (1969, p. 33). A mudança social acelerada e a consequente diversificação das esferas de vida fazem com que, cada vez mais, os pesquisadores sociais enfrentem novos contextos e perspectivas sociais. Tratam-se de situações tão novas para eles que suas metodologias dedutivas tradicionais – questões e hipóteses de pesquisa obtidas a partir de modelos teóricos e testadas sobre evidências empíricas – agora fracassam devido à diferenciação dos objetos. Desta forma, a pesquisa está cada vez mais obrigada a utilizar-se das estratégias indutivas. Em vez de partir de teorias e testá-las, são necessários "conceitos sensibilizantes" para a abordagem dos contextos sociais a serem estudados. Contudo, ao contrário do que vem sendo equivocadamente difundido, estes conceitos são essencialmente influenciados por um conhecimento teórico anterior. No entanto, aqui, as teorias são desenvolvidas a partir de estudos empíricos. O conhecimento e a prática são estudados enquanto conhecimento e prática *locais* (Geertz, 1983).

No que diz respeito, em particular, à pesquisa na área da psicologia, questiona-se sua relevância para a vida cotidiana por não dedicar-se suficientemente à descrição detalhada de um caso ou partir de suas circunstâncias concretas. A análise dos significados subjetivos da experiência e da prática cotidianas mostra-se tão essencial quanto a contemplação das narrativas (Bruner, 1991; Sarbin, 1986) e dos discursos (Harré, 1998).

OS LIMITES DA PESQUISA QUANTITATIVA COMO PONTO DE PARTIDA

Além desses desenvolvimentos gerais, as limitações das abordagens quantitativas vêm sendo adotadas como ponto de partida para uma argumentação no sentido de justificar a utilização da pesquisa qualitativa. Tradicionalmente, a psicologia e as ciências sociais têm adotado as ciências naturais e sua exatidão como modelo, prestando atenção em especial ao desenvolvimento de métodos quantitativos e padronizados. Os princípios norteadores da pesquisa e do planejamento da pesquisa são utilizados com as seguintes finalidades: isolar claramente causas e efeitos, operacionalizar adequadamente relações teóricas, medir e quantificar fenômenos, desenvolver planos de pesquisa que permitam a generalização das descobertas e formular leis gerais. Por exemplo, selecionam-se amostras aleatórias de populações no sentido de obter-se um levantamento representativo. Os *enunciados gerais* são elaborados da forma mais independente possível em relação aos casos concretos estudados. Os *fenômenos observados* são classificados de acordo com sua frequência e distribuição. No intuito de classificar da forma mais clara possível as relações causais e sua respectiva validade, as condições em que os fenômenos e as relações em estudo ocorrem são controladas ao extremo. Os estudos são planejados de tal maneira que a influência do pesquisador, bem como do entrevistador, observador, etc., seja eliminada tanto quanto possível. Isso deve garantir a objetividade do estudo, pois, dessa forma, as opiniões subjetivas tanto do pesquisador quanto daqueles indivíduos submetidos ao estudo são, em grande parte, desconsideradas. Os padrões obrigatórios gerais para a realização e a avaliação da pesquisa social empírica vêm sendo formulados. Os procedimentos relativos à forma como construir um questionário, como planejar um experimento e como realizar uma análise estatística tornam-se cada vez mais aperfeiçoados.

Durante muito tempo, a pesquisa psicológica utilizou quase que exclusivamente planos experimentais. Esses planos produziram grandes quantidades de dados e resultados que demonstram e testam as relações psicológicas das variáveis e as condições sob as quais elas são válidas. Pelas razões mencionadas acima, durante um longo período a pesquisa social empírica baseou-se essencialmente em levantamentos padronizados. O objetivo era documentar e analisar a frequência e a distribuição dos fenômenos sociais na população – por exemplo, determinadas atitudes. Em escala menor, os padrões e os procedimentos da pesquisa quantitativa foram fundamentalmente considerados e analisados no sentido de esclarecer objetos e questões de pesquisa a que eles se ajustam ou não.

Ao ponderarmos os objetivos mencionados acima, proliferam-se os resultados negativos. Os ideais de objetividade, em grande parte, desencantam-se; há algum tempo, Max Weber (1919) afirmou ser o "desencantamento do mundo" tarefa da ciência. Mais recentemente, Bonß e Hartmann (1985) declararam o crescente desencantamento das ciências – seus métodos e suas descobertas. No caso das ciências sociais, o baixo grau de aplicabilidade dos resultados e os problemas para conectá-los à teoria e ao desenvolvimento da sociedade são considerados indicadores deste desencantamento. Com uma abrangência bem menor do que a esperada – e, sobretudo, de forma bastante diversa – as descobertas da pesquisa social têm encontrado seu caminho dentro dos contextos políticos e cotidianos. A "pesquisa de aplicação" (Beck and Bonß, 1989) vem demonstrando que as descobertas científicas não são incorporadas às práticas políticas e institucionais tanto quanto se esperava que fossem. Quando utilizadas, são claramente reinterpretadas e criticadas: "A ciência não produz mais 'verdades absolutas', capazes de serem adotadas sem nenhuma crítica. Fornece ofertas limitadas para a interpretação, cujo alcance é maior do que o das teorias cotidianas, podendo ser aplicadas na prática de forma comparativamente flexível" (1989, p. 31).

Tornou-se claro, também, que os resultados das ciências sociais raramente são percebidos e utilizados na vida cotidiana. Na busca por satisfazer padrões metodológicos, suas pesquisas e descobertas frequentemente afastam-se das questões e dos problemas da vida cotidiana. Por outro lado, análises da prática de pesquisa demonstram que os ideais (teóricos) de objetividade formulados pelos metodólogos apenas se verificam em parte do procedimento da pesquisa concreta. Apesar de todos os mecanismos de controle metodológico, torna-se muito difícil evitar a influência dos interesses e da formação social e cultural na pesquisa e em suas descobertas. Esses fatores influenciam na formulação das questões e das hipóteses de pesquisa, assim como na interpretação dos dados e das relações.

Por último, o desencantamento relatado por Bonß e Hartmann traz consequências para o tipo de conhecimento pelo qual a psicologia e as ciências sociais podem lutar e, sobretudo, o tipo de conhecimento que podem produzir. "Na condição de desencantamento dos ideais do objetivismo, não podemos mais partir irrefletidamente da noção de enunciados objetivamente verdadeiros. O que resta é a possibilidade de enunciados relativos a sujeitos e a situações, que devem ser determinados por um conceito de conhecimento sociologicamente articulado" (1985, p. 21). A formulação empiricamente bem fundamentada destes enunciados relacionados a sujeitos e a situações é um objetivo que pode ser alcançado com a pesquisa qualitativa.

ASPECTOS ESSENCIAIS DA PESQUISA QUALITATIVA

As ideias centrais que orientam a pesquisa qualitativa diferem daquelas da pesquisa quantitativa. Os aspectos essenciais da pesquisa qualitativa (Quadro 2.1) consistem na escolha adequada de métodos e teorias convenientes; no reconhecimento e na análise de diferentes perspectivas; nas reflexões dos pesquisadores a respeito de suas pesquisas como parte do processo de produção de conhecimento; e na variedade de abordagens e métodos.

Apropriabilidade de métodos e teorias

As disciplinas científicas utilizaram padrões metodológicos definidores para distinguirem-se das outras disciplinas. Um exemplo disso inclui o uso de experimentos como o método da psicologia ou de levantamento de dados como métodos-chave da sociologia. Nesse processo de estabelecer-se como disciplina científica, os métodos tornaram-se o ponto de referência para a verificação da adequação de ideias e de questões para a investigação empírica. Isto muitas vezes leva a sugestões como a abstenção de estudar-se fenômenos aos quais não possam ser aplicados métodos como a experimentação ou o levantamento de dados; às vezes não é possível o isolamento e a identificação clara de variáveis, de modo que elas não podem ser organizadas em um plano experimental. Outras vezes, a sugestão é de afastamento de fenômenos que possam ser estudados apenas em casos muito raros, o que dificulta estudá-los a partir de uma amostra suficientemente grande para um estudo representativo e para descobertas propensas à generalização. É claro que faz sentido refletir-se quanto à possibilidade ou não de uma questão de pesquisa ser estudada empiricamente (ver Capítulo 9). O fato de que a maior parte dos fenômenos não possam ser explicados de forma isolada é uma consequência da complexidade destes fenômenos na realidade. Se todos os estudos empíricos fossem planejados exclusivamente de acordo com o modelo de nítidas relações de causa e efeito, todos os objetos complexos precisariam ser excluídos. Não escolher fenômenos raros e complexos como objeto é seguidamente a solução sugerida dentro da pesquisa social à questão sobre como tratar este tipo de fenômeno. Uma segunda solução consiste em levar em conta as condições contextuais em planos complexos de pesquisa quantitativa (por exemplo, análises multivariadas) e em compreender modelos complexos empírica e estatisticamente. A necessária abstração metodológica dificulta a reintrodução das descobertas nas situações cotidianas em estudo. O problema básico – de que o estudo pode apenas demonstrar aquilo que o modelo subjacente da realidade revela – não é resolvido dessa forma.

QUADRO 2.1 Uma lista preliminar de aspectos da pesquisa qualitativa

- Apropriabilidade de métodos e teorias
- Perspectivas dos participantes e sua diversidade
- Reflexividade do pesquisador e da pesquisa
- Variedade de abordagens e de métodos na pesquisa qualitativa

Por último, a adoção de métodos abertos à complexidade de um tema de pesquisa é também uma maneira de resolver temas incomuns com pesquisa qualitativa. Aqui, o objeto em estudo é o fator determinante para a escolha de um método, e não o contrário. Os objetos não são reduzidos a simples variáveis, mas sim representados em sua totalidade, dentro de seus contextos cotidianos. Portanto, os campos de estudo não são situações artificiais criadas em laboratório, mas sim práticas e interações dos sujeitos na vida cotidiana. Aqui, em particular, situações e pessoas excepcionais são frequentemente estudadas (ver Capítulo 11). Para fazer justiça à diversidade da vida cotidiana, os métodos são caracterizados conforme a abertura para com seus objetos, sendo tal abertura garantida de diversas maneiras (ver Capítulos 13 a 21). O objetivo da pesquisa está, então, menos em testar aquilo que já é bem-conhecido (por exemplo, teorias já formuladas antecipadamente) e mais em descobrir o novo e desenvolver teorias empiricamente fundamentadas. Além disso, a validade do estudo é avaliada com referência ao objeto que está sendo estudado, sem guiar-se exclusivamente por critérios científicos teóricos, como no caso da pesquisa quantitativa. Em vez disso, os critérios centrais da pesquisa qualitativa consistem mais em determinar se as descobertas estão embasadas no material empírico, ou se os métodos foram adequadamente selecionados e aplicados, assim como na relevância das descobertas e na reflexividade dos procedimentos (ver Capítulo 29).

Perspectivas dos participantes e sua diversidade

O exemplo das doenças mentais permite-nos explicar outro aspecto da pesquisa qualitativa. Estudos epidemiológicos demonstram a frequência da esquizofrenia na população e, além disso, mostram a forma como varia sua distribuição: nas classes sociais mais baixas, doenças mentais graves, tais como a esquizofrenia, ocorrem com muito mais frequência do que nas classes mais altas. Estas correlações foram constatadas por Hollingshead e Redlich (1958) nos anos 1950 e, desde então, vêm sendo repetidamente confirmadas. No entanto, não se conseguiu esclarecer a orientação desta correlação – será que as condições de vida em uma classe social mais baixa favorecem a ocorrência e a manifestação de doenças mentais? Ou será que as pessoas com problemas mentais passam para as classes mais baixas? Além disso, essas descobertas não nos esclarecem a respeito do que significa viver com doença mental. Tampouco esclarecem o significado subjetivo da doença (ou da saúde) para aqueles que são afetados diretamente, nem a diversidade de perspectivas sobre a doença é compreendida em seu contexto. Qual o significado subjetivo da esquizofrenia para o paciente, e qual seria este significado para seus familiares? Como as diversas pessoas envolvidas lidam com a doença no cotidiano? O que levou à manifestação da doença no curso da vida do paciente, e o que fez com que ela se tornasse uma doença crônica? Quais tratamentos influenciaram a vida do paciente? Que ideias, metas e rotinas orientam a execução real dos tratamentos desse caso?

A pesquisa qualitativa a respeito de temas como a doença mental concentra-se em questões como essas. Demonstra a variedade de perspectivas – do paciente, de seus familiares, dos profissionais – sobre o objeto, partindo dos significados sociais e subjetivos a ele relacionados. Pesquisadores qualitativos estudam o conhecimento e as práticas dos participantes. Analisam as interações que permeiam a doença mental e as formas de lidar com ela em um campo específico. As inter-relações são descritas no contexto concreto do caso e explicadas em relação a este. A pesquisa qualitativa leva em consideração que os pontos de vista e as práticas no campo são diferentes devido às diversas perspectivas e contextos sociais a eles relacionados.

Reflexividade do pesquisador e da pesquisa

De modo diferente da pesquisa quantitativa, os métodos qualitativos consideram a comunicação do pesquisador em campo como parte explícita da produção de conhecimento, em vez de simplesmente encará-la como uma variável a interferir no processo. A subjetividade do pesquisador, bem como daqueles que estão sendo estudados, tornam-se parte do processo de pesquisa. As reflexões dos pesquisadores sobre suas próprias atitudes e observações em campo, suas impressões, irritações, sentimentos, etc., tornam-se dados em si mesmos, constituindo parte da interpretação e são, portanto, documentadas em diários de pesquisa ou em protocolos de contexto (ver Capítulo 22).

Variedade de abordagens e métodos na pesquisa qualitativa

A pesquisa qualitativa não se baseia em um conceito teórico e metodológico unificado. Diversas abordagens teóricas e seus métodos caracterizam as discussões e a prática da pesquisa. Os pontos de vista subjetivos constituem um primeiro ponto de partida. Uma segunda corrente de pesquisa estuda a elaboração e o curso das interações, enquanto uma terceira busca reconstruir as estruturas do campo social e o significado latente das práticas (para mais detalhes, ver o próximo capítulo). Essa variedade de abordagens é uma consequência das diferentes linhas de desenvolvimento na história da pesquisa qualitativa, cujas evoluções aconteceram, em parte, de forma paralela e, em parte, de forma sequencial.

UM BREVE HISTÓRICO DA PESQUISA QUALITATIVA

Aqui é oferecido apenas um panorama breve e um tanto superficial da história da pesquisa qualitativa. A psicologia e as ciências sociais em geral possuem longa tradição na aplicação de métodos qualitativos. Na psicologia, Wilhelm Wundt (1928) utilizou métodos de descrição e *verstehen* em sua psicologia popular, lado a lado com os métodos experimentais de sua psicologia geral. Aproximadamente nesta mesma época iniciou-se, na sociologia alemã (Bonß, 1982, p. 106), uma discussão entre uma concepção mais monográfica da ciência, orientada para a indução e para os estudos de caso, e uma abordagem empírica e estatística. Na sociologia norte-americana, os métodos biográficos, os estudos de caso e os métodos descritivos foram centrais durante um longo período (até a década de 1940). Isto pode ser demonstrado pela importância do estudo de Thomas e Znaniecki, *The Polish Peasant in Europe and America* (1918-20) e, de forma mais geral, com a influência da *Escola de Chicago* na área da sociologia.

Durante o posterior estabelecimento dessas duas ciências, no entanto, abordagens cada vez mais "duras", experimentais, padronizantes e quantificantes superaram as estratégias de compreensão "suave", abertas e qualitativo-descritivas. Não foi antes da década de 1960 que a crítica da pesquisa social padronizada e quantitativa tornou-se novamente relevante na sociologia norte-americana (Cicourel, 1964; Glaser e Strauss, 1967). Na década de 1970, esta crítica foi absorvida nas discussões alemãs. Por fim, esse processo levou a um renascimento da pesquisa qualitativa nas ciências sociais e também (com algum atraso) na psicologia (Banister, Burman, Parker, Taylor e Tindall, 1994). Avanços e discussões nos Estados Unidos e na Alemanha não apenas ocorreram em épocas distintas, como também foram marcados por etapas distintas.

Avanços em regiões de língua alemã

Na Alemanha, Jurgen Habermas (1967) foi o primeiro a reconhecer que uma tradição e discussão "diferente" de pesquisa desenvolviam-se na sociologia norte-americana, estando associada a nomes como Goffman, Garfinkel e Cicourel. Após a tradução da crítica metodológica de Cicourel (1964), uma série de textos incorporou contribuições das discussões norte-americanas, disponibilizando, assim, textos fundamentais da etnometodologia e do interacionismo simbólico às discussões alemãs. A partir desse mesmo período, o modelo de processo de pesquisa elaborado por Glaser e Strauss (1967) atrai muita atenção. As discussões são motivadas pelo propósito de fazer-se mais justiça aos objetos de pesquisa do que a justiça possível na pesquisa quantitativa, conforme demonstra a afirmação de Hoffmann-Riem (1980) no "princípio da abertura". Kleining (1982, p. 233) argumenta sobre a necessidade de compreender-se o objeto de pesquisa como algo preliminar até o final da pesquisa, uma vez que o objeto "deverá apresentar-se em suas cores verdadeiras apenas no final". Além disso, as discussões a respeito de uma "sociologia naturalista" (Schatzmann e Strauss, 1973) e métodos adequados são determinadas por uma hipótese similar, inicialmente implícita e, posteriormente, também explícita. A aplicação do princípio da abertura e das regras sugeridas por Kleining (por exemplo, adiar a formulação teórica do objeto de pesquisa) possibilita ao pesquisador evitar constituir o objeto por meio dos mesmos métodos utilizados para estudá-lo. Ou melhor, torna-se possível "tomar em primeiro lugar a vida cotidiana e retomá-la sempre da forma como ela se apresenta em cada caso" (Grathoff, 1978; citado em Hoffmann-Riem, 1980, p. 362, que conclui o artigo com esta citação).

No final da década de 1970, iniciou-se, na Alemanha, um debate mais amplo e original que já não dependia exclusivamente da tradução da literatura norte-americana. Essa discussão tratava das entrevistas, de como aplicá-las e analisá-las, e das questões metodológicas que vêm estimulando uma pesquisa extensiva (para um panorama mais recente, ver Flick, Kardoff e Steinke, 2004). A questão principal neste período era saber se tais avanços da teoria deveriam ser vistos como um modismo, uma tendência ou um novo começo.

No início dos anos de 1980, dois métodos originais foram cruciais ao desenvolvimento da pesquisa qualitativa na Alemanha: a *entrevista narrativa*, de Schutze (1977; Rosenthal e Fischer-Rosenthal, 2004; ver também o Capítulo 14 deste livro) e a *hermenêutica objetiva*, de Oevermann e colaboradores (1979; ver também Reichertz, 2004). Estes dois métodos já não representavam apenas uma importação dos avanços norte-americanos, como foi o caso da aplicação da observação participante ou das entrevistas com guia de entrevista orientado para a entrevista focal. Ambos os métodos estimularam a prática extensiva da pesquisa (sobretudo na pesquisa biográfica: para panoramas gerais, ver Bertaux, 1981; Rosenthal, 2004). Mas a influência dessas metodologias na discussão geral sobre os métodos qualitativos é, ao menos, tão crucial quanto os resultados obtidos a partir delas. Em meados da década de 1980, as questões da validade e da capacidade de generalização das descobertas obtidas a partir dos métodos qualitativos passaram a atrair maior atenção. Discutiram-se questões relativas à apresentação e à transparência dos resultados. A quantidade e, sobretudo, a natureza não-estruturada dos dados exigem a utilização de computadores também na pesquisa qualitativa (Fielding e Lee, 1991; Kelle, 1995, 2004; Richards e Richards, 1998; Weitzman e Miles, 1995). Por fim, são publicados os primeiros manuais ou introduções aos fundamentos do debate na região de língua alemã.

O debate nos Estados Unidos

Denzin e Lincoln (2000b, p. 12-18) referem-se a fases distintas daquelas que acabo de descrever em relação à região de idioma alemão. Eles identificam "sete momentos da pesquisa qualitativa", conforme segue.

O *período tradicional* estende-se do início do século XX até a Segunda Guerra Mundial, estando relacionado à pesquisa de Malinowski (1916), na etnografia, e à Escola de Chicago, em sociologia. Durante esse período, a pesquisa qualitativa interessou-se pelo outro, pelo diferente – pelo estrangeiro ou estranho – bem como por sua descrição e interpretação mais ou menos objetiva. Por exemplo, culturas estrangeiras eram assunto do interesse da etnografia, e *outsiders* dentro de sua própria sociedade constituíam um tema para a sociologia.

A *fase modernista* dura até a década de 1970, sendo caracterizada pelas tentativas de formalização da pesquisa qualitativa. Com esse propósito, publicam-se cada vez mais livros acadêmicos nos Estados Unidos. A postura desse tipo de pesquisa permanece viva na tradição de Glaser e Strauss (1967), Strauss (1987) e Strauss e Corbin (1990), bem como em Miles e Huberman (1994).

A mistura de gêneros (Geertz, 1983) caracterizam os avanços até meados dos anos 1980. Diversos modelos e interpretações teóricas dos objetos e dos métodos resistem lado a lado e, a partir deles, os pesquisadores podem escolher e comparar "paradigmas alternativos" como o interacionismo simbólico, a etnometodologia, a fenomenologia, a semiótica ou o feminismo (ver também Guba, 1990; Jacob, 1987).

Na metade da década de 1980, as discussões sobre a *crise da representação* na inteligência artificial (Winograd e Flores, 1986) e na etnografia (Clifford e Marcus, 1986) atingem a pesquisa qualitativa como um todo. Isso torna o processo de exposição do conhecimento e das descobertas parte essencial do processo de pesquisa. Este processo da exposição do conhecimento e das descobertas recebe maior atenção enquanto parte das descobertas *per se*. A pesquisa qualitativa torna-se um processo contínuo de construção de versões da realidade. A versão apresentada pelas pessoas em uma entrevista não corresponde necessariamente à versão que estas pessoas teriam formulado no momento em que o evento relatado ocorreu. Não corresponde necessariamente à versão que essas mesmas pessoas dariam a outro pesquisador com uma questão de pesquisa diferente. O pesquisador, ao interpretar e apresentar a entrevista como parte de suas descobertas, produz uma nova versão do todo. Os diversos leitores do livro, do artigo ou do relatório interpretam a versão do pesquisador de diferentes maneiras. Isso significa que surgem, ainda, outras versões do evento. Os interesses específicos que orientam a leitura em cada caso têm um papel central. Nesse contexto, a avaliação da pesquisa e das descobertas torna-se um tópico central nas discussões metodológicas. Isso está associado à questão levantada sobre se os critérios tradicionais ainda são válidos e, caso não sejam, que outros padrões poderiam ser aplicados para a avaliação da pesquisa qualitativa.

Nos anos de 1990, a situação é identificada por Denzin e Lincoln como sendo o *quinto momento*: as narrativas substituíram as teorias, ou as teorias são lidas como narrativas. Muito embora aqui sejamos informados sobre o fim das grandes narrativas – assim como no pós-modernismo em geral. A ênfase é deslocada para as teorias e as narrativas que se ajustem a situações e a problemas específicos, delimitados, locais e históricos. A próxima etapa (*sexto momento*) caracteriza-se pela redação pós-experimental, vinculando questões da pesquisa qualitativa a políticas democráticas; e o *sétimo momento* é o futuro da pesquisa qualitativa.

Se compararmos as duas linhas de evolução (Tabela 2.1), identificamos, na Alemanha, uma consolidação metodológica crescente, complementada por uma concentração sobre questões relativas aos procedimentos em uma prática de pesquisa crescente. Por outro lado, nos Estados Unidos, os avanços recentes caracterizam-se por uma tendência ao questionamento das certezas aparentes providas pelos métodos. O papel da apresentação no processo de pesquisa, a crise da representação e a relatividade daquilo que é apresentado têm sido enfatizados, tornando, assim, as tentativas de formalização e de canonização dos métodos um tanto secundárias. A aplicação "correta" dos procedimentos de entrevista ou de interpretação conta menos do que "as práticas e as políticas de interpretação" (Denzin, 2000). A pesquisa qualitativa, portanto, torna-se – ou está ainda mais fortemente ligada a – uma postura específica baseada na abertura e na reflexividade do pesquisador.

A PESQUISA QUALITATIVA NO INÍCIO DO SÉCULO XXI – O ESTADO DE ARTE

A que levou esta evolução? A seção seguinte irá orientá-lo sobre a variedade de pesquisas qualitativas e suas respectivas escolas de pesquisa. O desenvolvimento recente da pesquisa qualitativa ocorreu em diversas áreas, tendo cada uma delas se caracterizado por um embasamento teórico específico, por conceitos de realidade específicos e por seus próprios programas metodológicos. Um exemplo está na etnometodologia enquanto programa teórico, que primeiro levou ao desenvolvimento da análise de conversação (por exemplo,

TABELA 2.1
Fases na história da pesquisa qualitativa

Alemanha	Estados Unidos
Primeiros estudos (final do século XIX e início do século XX)	Período tradicional (1900 a 1945)
Fase da Importação (início da década de 1970)	Fase modernista (1945 até a década de 1970)
Início das discussões originais (final da década de 1970)	Mistura de gêneros (até meados da década de 1980)
Desenvolvimento de métodos originais (décadas de 1970 e 1980)	Crise da representação (desde meados da década de 1980)
Consolidação e questões de procedimento (final da década de 1980 e 1990)	Quinto momento (década de 1990)
Prática de pesquisa (desde a década de 1980)	Sexto momento (redação pós-experimental)
	Sétimo momento (o futuro)

Bergmann, 2004a) e depois diferenciou-se em novas abordagens, tais como a análise de gênero (Knoblauch e Luckmann, 2004) e a análise do discurso (Parker, 2004; Potter e Wetherell, 1998). Diversos campos e abordagens desenvolveram-se na pesquisa qualitativa, desdobrando-se dentro de suas próprias áreas, com pouca conexão com os debates e as pesquisas realizadas em outras áreas da pesquisa qualitativa. Outros exemplos são a hermenêutica objetiva, a narrativa baseada na pesquisa biográfica e, mais recentemente, a etnografia ou os estudos culturais. A diversificação se intensifica na pesquisa qualitativa, por exemplo, pelo fato de as discussões alemã e anglo-americana estarem envolvidas com temas e métodos muito diferentes e pelo fato de existir um diálogo muito limitado entre ambas.

Perspectivas de pesquisa na pesquisa qualitativa

Embora as diversas abordagens da pesquisa qualitativa diferenciem-se em suas suposições teóricas, no modo como compreendem seus objetos e em seus focos metodológicos, três perspectivas principais as resumem: os pontos de referência teórica são extraídos, primeiramente, das tradições do interacionismo simbólico e da fenomenologia. Uma segunda linha principal está ancorada teoricamente na etnometodologia e no construcionismo, e interessa-se pelas rotinas diárias e pela produção da realidade social. O terceiro ponto de referência abrange as posturas estruturalistas ou psicanalíticas que compreendem estruturas e mecanismos psicológicos inconscientes e configurações sociais latentes. Estas três perspectivas principais diferenciam-se por seus objetos de pesquisa e pelos métodos que empregam. Autores como Luders e Reichertz (1986) justapõem primeiro as abordagens que destacam o "ponto de vista do sujeito" e, depois, um segundo grupo que visa à descrição dos processos na produção de situações e de ambientes (mundanos, institucionais, ou, de forma mais geral, sociais), bem como da ordem social existentes – por exemplo, as análises etnometodológicas da linguagem. A terceira abordagem define-se pela reconstrução (principalmente hermenêutica) de "estruturas profundas que geram ação e significado" no sentido das concepções psicanalíticas ou da hermenêutica objetiva (ver Capítulo 25).

A gama de métodos disponível para a coleta e a análise dos dados pode ser alocada nessas perspectivas de pesquisa conforme segue: na primeira perspectiva há um predomínio das entrevistas semiestruturadas ou narrativas e dos procedimentos de codificação e de análise de conteúdo. Na segunda perspectiva de pesquisa, os dados são coletados a partir de grupos focais, de etnografia ou de observação (participante) e de gravações audiovisuais. Estes dados são, então, analisados a partir da utilização da análise do discurso ou de conversação. Por último, a terceira perspectiva procede à coleta de dados por meio da gravação das interações e do uso de material visual (fotografias ou filmes) que se submete a uma das diferentes versões da análise hermenêutica (Hitzler e Eberle, 2004; Honer, 2004).

A Tabela 2.2 resume essas alocações complementando-as com alguns campos de pesquisa exemplares que caracterizam cada uma das três perspectivas.

As escolas de pesquisa mais importantes e os avanços recentes

Ao todo, a pesquisa qualitativa, em seus avanços teóricos e metodológicos e em sua prática de pesquisa, encontra-se definida por uma estrutura explícita de escolas que influenciam de maneira diversa o debate geral.

TABELA 2.2
Perspectivas de pesquisa na pesquisa qualitativa

	Abordagens aos pontos de vista subjetivos	Descrição da produção de situações sociais	Análise hermenêutica das estruturas subjacentes
Posturas teóricas	Interacionismo simbólico Fenomenologia	Etnometodologia Construtivismo	Psicanálise Estruturalismo genético
Métodos de coleta de dados	Entrevistas semi-estruturadas Entrevistas narrativas	Grupos Focais Etnografia Observação participante Gravação de interações Coleta de documentos	Gravação de interações Fotografia Filmes
Métodos de interpretação	Codificação teórica Análise de conteúdo Análise narrativa Métodos hermenêuticos	Análise de conversação Análise do discurso Análise de gênero Análise de documentos	Hermenêutica objetiva Hermenêutica profunda
Campos de aplicação	Pesquisa biográfica Análise de conhecimento cotidiano	Análise das esferas de vida e de organizações Avaliação Estudos Culturais	Pesquisa de família Pesquisa biográfica Pesquisa de geração Pesquisa de gênero

Teoria fundamentada*

A pesquisa na tradição de Glaser e Strauss (1967) e sua abordagem da produção de teorias empiricamente fundamentadas continua sendo muito atrativa para pesquisadores qualitativos. A ideia de desenvolvimento da teoria é adotada como um objetivo geral da pesquisa qualitativa. Alguns conceitos como a amostragem teórica (para selecionar casos e material sobre o contexto da situação da análise empírica no projeto, ver o Capítulo 11) ou os diferentes métodos de codificação – aberto, axial e seletivo (ver Capítulo 23) – são empregados. Uma porção maior da pesquisa qualitativa recorre a uma ou outra parte do programa desenvolvido por Strauss e colaboradores (por exemplo, Chamberlain, 1999). Esta abordagem deixa também seus traços no desenvolvimento da pesquisa biográfica ou aparece vinculada a outros programas de pesquisa.

Etnometodologia, análise de conversação, do discurso e de gênero**

A etnometodologia de Harold Garfinkel (1967) é o ponto de partida desta segunda escola. Concentra-se no estudo empírico das práticas cotidianas, por meio das quais ocorre a produção da ordem

---

* N. de T.: Não há uma convenção para a tradução do termo *grounded-theory* para a língua portuguesa. No idioma espanhol, utilizam-se termos como teoria fundamentada, fundamental ou básica. Em português, alguns autores utilizam a expressão "teoria fundamentada".
** N. de R.T.: A palavra gênero é utilizada para traduzir dois vocábulos da língua inglesa: "gender" e "genre". O primeiro, associado à noção de identidade sexual, aparece neste livro sob o tópico "Estudos de Gênero", enquanto o segundo, relacionado a estilos ou a padrões comunicativos, é tratado no tópico "Análise de gênero".

interativa dentro e fora de instituições. Por muito tempo, a análise de conversação (Sacks, 1992) constituiu o caminho dominante utilizado para fazer funcionar empiricamente o projeto teórico da etnometodologia. A análise de conversação estuda a fala enquanto processo e enquanto forma de interação: quais os métodos empregados para a organização prática da fala enquanto processos que se desenrolam de forma regular e, além disso, como acontece a organização de formas específicas de interação – conversas à mesa no jantar, fofocas, aconselhamentos e avaliações (ver Capítulo 24). Nesse meio tempo, a análise de conversação desenvolveu-se enquanto campo independente da etnometodologia. Os "estudos sobre o trabalho", esboçados por etnometodólogos como Garfinkel como sendo um segundo campo de pesquisa (Bergmann, 2004b), permaneceram menos influentes. Os trabalhos que estenderam as questões de pesquisa da análise de conversação e seus princípios analíticos a entidades maiores na análise de gênero (Knoblauch e Luckman, 2004) atraíram maior atenção. Por último, a etnometodologia e as análises de conversação foram responsáveis pela elaboração de algumas, ao menos, das partes principais do heterogêneo campo de pesquisa da análise do discurso (ver Harré, 1998; Potter e Wetherell, 1998; Parker, 2004). Em todos estes campos, a coleta de dados encontra-se caracterizada pela tentativa de coletar dados naturais (como a gravação de conversas cotidianas), sem a utilização explícita de métodos de reconstrução como são as entrevistas.

Análise narrativa e pesquisa biográfica,

Nas regiões de língua alemã, a pesquisa biográfica encontra-se fundamentalmente definida por um método específico de coleta de dados e pela difusão deste método. Aqui, principalmente a entrevista narrativa (ver Capítulo 14) encontra-se no primeiro plano. A entrevista narrativa enfoca as experiências biográficas, sendo aplicada em diversas áreas da sociologia e, nos últimos anos, de forma crescente também na educação. Através da análise das narrativas, pode-se estudar tópicos e contextos mais amplos – por exemplo, de que forma as pessoas enfrentam o desemprego, as experiências de migração e processos de doença ou experiências de famílias vinculadas ao holocausto. Os dados são interpretados em análises narrativas (Rosenthal e Fischer-Rosenthal, 2004). Recentemente, as narrativas de grupo (ver Capítulo 15), incluindo-se aí as histórias familiares de múltiplas gerações (Bude, 2004), foram uma extensão da situação narrativa.

Etnografia

A pesquisa etnográfica vem crescendo desde o início da década de 1980. A etnografia substituiu estudos que utilizam a observação participante (ver Capítulo 17). Ela visa menos à compreensão dos eventos ou processos sociais a partir de relatos sobre estes eventos (por exemplo, em uma entrevista), mas sim uma compreensão dos processos sociais de produção desses eventos a partir de uma perspectiva interna ao processo, por meio da participação durante seu desenvolvimento. A participação prolongada – em vez de entrevistas e observações isoladas – e o uso flexível de diversos métodos (incluindo entrevistas mais ou menos formais ou análise de documentos) caracterizam essa pesquisa. A questão da redação a respeito dos eventos observados constitui um interesse central desde meados da década de 1980 e, de forma mais geral, este interesse destaca a relação entre o evento em si e sua apresentação (ver Capítulo 30). Em especial nos Estados Unidos, a "etnografia" (por exemplo Denzin, 1997) substitui a marca "pesquisa qualitativa" (em todas as suas facetas).

Estudos culturais

Uma nova tendência de estudos culturais expande-se nos campos da sociologia e dos estudos de mídia (Winter, 2004). Até então, o nível de comprometimento para a elaboração de uma metodologia e de princípios metodológicos tem sido um tanto baixo. O objeto "culturas" define a abordagem; sua análise depende da mídia, sua orientação depende das subculturas (desprivilegiadas) e das relações de poder presentes nos contextos reais.

Estudos de gênero

A pesquisa feminista e os estudos de gênero proporcionaram avanços fundamentais ao desenvolvimento das questões e das metodologias da pesquisa qualitativa (Gildemeister, 2004). Esses estudos examinam os processos de construção e de diferenciação de gênero e as desigualdades. Por exemplo, a transsexualidade constitui um ponto de partida empírico para demonstrar a construção social de imagens "típicas" de gênero (ver Capítulo 6).

O Quadro 2.2 resume as escolas da pesquisa qualitativa mencionadas brevemente aqui.

AVANÇOS E TENDÊNCIAS METODOLÓGICAS

Quais as tendências metodológicas atuais na pesquisa qualitativa?

Dados visuais e eletrônicos

A importância dos dados visuais para a coleta de dados da pesquisa qualitativa vai além das formas tradicionais das entrevistas, dos grupos focais e das observações participantes. A sociologia examina os vídeos e os filmes exatamente como nos estudos de mídia (ver Denzin, 2004a e Harper, 2004; ver Capítulo 18). A utilização de dados visuais levanta questões sobre como editar esses dados adequadamente e questiona se os métodos originalmente desenvolvidos para a análise de textos podem também ser aplicados a esses outros tipos de dados. Um sinal da aceitação dos dados visuais é o fato de cada vez mais livros dedicarem capítulos específicos ao tema. Quais os novos tipos de dados disponíveis para o estudo da internet e da comunicação eletrônica (como o e-mail) e que dados precisam ser coletados para a análise dos processos de construção e de comunicação envolvidos? O Capítulo 20 irá discutir estes tópicos (ver também Bergmann e Meier, 2004).

Pesquisa qualitativa online

Muitos dos métodos qualitativos existentes vêm sendo transferidos e adaptados às pesquisas que utilizam a internet como ferramenta, como fonte ou como questão de pesquisa. Âmbitos novos como as entrevistas por e-mail, os grupos focais online e a etnografia virtual levantam questões de pesquisa relativas à ética e aos problemas práticos (ver Capítulo 20).

Triangulação

A ideia da triangulação encontra-se amplamente discutida. Tornou-se fundamental a articulação de diversos métodos qualitativos, ou ainda de métodos qualitativos e quantitativos (Kelle e Erzberger, 2004; ver Capítulo 3). A triangulação supera as limitações de um método único por combinar diversos métodos e dar-lhes igual relevância. Torna-se ainda mais produtiva se diversas abordagens teóricas forem utilizadas, ou ao menos consideradas, para a combinação de métodos (para mais detalhes, ver Flick, 1992, 2004a e Capítulo 29).

QUADRO 2.2 Escolas da pesquisa qualitativa

1. Teoria fundamentada (*Grounded Theory*)
2. Etnometodologia, análise de conversação, do discurso e de gênero
3. Análise narrativa e pesquisa biográfica
4. Etnografia
5. Estudos culturais
6. Estudos de gênero

Hibridação

A hibridação fica evidente em muitas das perspectivas e das escolas de pesquisa discutidas acima, como é o caso da etnografia, dos estudos culturais e da teoria fundamentada. No campo, os pesquisadores selecionam abordagens metodológicas e pragmáticas. A hibridação encontra-se caracterizada como a utilização pragmática de princípios metodológicos e como forma de fugir à filiação restritiva a um discurso metodológico específico.

Utilização de computadores

Profissionais da área divergem quanto ao apoio ao uso de computadores na pesquisa qualitativa (Knoblauch, 2004), cuja finalidade principal é auxiliar na análise dos textos. Diversos programas (*softwares*) de computador encontram-se disponíveis no mercado (por exemplo, ATLAS•ti, NUDIST e MAXQDA).

Afinal, estes programas constituem apenas caminhos distintos para a realização de funções e de obtenção de aproveitamentos muito parecidos? Terão um impacto sustentável nas formas como os dados qualitativos são utilizados e analisados? A longo prazo, que relações podemos estabelecer entre os investimentos e os esforços técnicos e a facilitação de rotinas deles resultante? Questões como estas ainda precisam ser avaliadas (ver Capítulo 26). Estes programas auxiliam na manipulação e no gerenciamento dos dados (por exemplo, combinando códigos e fontes no texto, indicando-os conjuntamente e rastreando categorizações a uma única passagem no texto a que se referem). Está ainda por ser definido se o *software* de reconhecimento de voz possibilitará que a transcrição de entrevistas seja feita pelo computador e, ainda, se isso representará ou não um avanço útil.

Associação entre pesquisa qualitativa e quantitativa

A literatura identifica diversas posturas que vinculam pesquisa qualitativa e pesquisa quantitativa. Na pesquisa hermenêutica ou fenomenológica, em especial, dificilmente encontra-se qualquer necessidade de vínculo com a pesquisa quantitativa e suas abordagens. Esse argumento fundamenta-se nas incompatibilidades das duas tradições de pesquisa mencionadas, e nas respectivas epistemologias e procedimentos. Ao mesmo tempo, desenvolvem-se modelos e estratégias para unir pesquisa qualitativa e quantitativa (ver Capítulo 3). Por fim, no cotidiano da prática de pesquisa, fora das discussões metodológicas, frequentemente se faz necessária e útil a ligação entre as duas abordagens por razões pragmáticas. Portanto, como podemos conceituar a triangulação de uma forma que leve realmente em conta as duas abordagens, incluindo suas peculiaridades teóricas e metodológicas, sem qualquer tipo de subordinação apressada de uma abordagem sobre a outra?

A redação na pesquisa qualitativa

Nas décadas de 1980 e 1990, a discussão sobre as formas adequadas de apresentação dos procedimentos e dos resultados qualitativos teve forte impacto, especialmente nos Estados Unidos (Clifford e Marcus, 1986). Além de comparar as diferentes estratégias para a apresentação da pesquisa qualitativa, este debate incluiu as seguintes questões entre seus tópicos principais: De que forma a redação dos pesquisadores qualitativos pode fazer justiça às esferas da vida que eles estudam e às perspectivas subjetivas lá encontradas? De que maneira a apresentação e a conceituação afetam a pesquisa em si mesma? Como a redação influencia a avaliação e a acessibilidade da pesquisa qualitativa? Essa influência acontece de diversas maneiras. A etnografia considera o ato de escrever a respeito do que foi estudado como sendo algo, no mínimo, tão importante quanto a coleta e a análise dos dados. Em outras áreas, a redação é percebida de uma forma um tanto instrumental – como tornar claros e plausíveis aos receptores (ou seja, outros cientistas, leitores e público em geral) os procedimentos e os resultados obtidos em campo? Ao todo, o interesse pela discussão sobre a redação da pesquisa vem diminuindo em decorrência de *insights* como este: "Com exceção de algum crescimento autorreflexivo, esses debates pouco renderam para a obtenção de resultados concretos e úteis à prática de pesquisa" (Luders, 2004a, p. 228; ver Capítulo 30).

A qualidade da pesquisa qualitativa

A avaliação da qualidade da pesquisa qualitativa ainda atrai muita atenção. Vários livros abordam o tema sob diversos ângulos (por exemplo, Seale, 1999). No entanto, as questões e as alternativas básicas ainda determinam a discussão: critérios tradicionais como validade, confiabilidade e objetividade poderiam ser aplicados à pesquisa qualitativa? Se sim, como? Ou deveriam ser criados novos critérios apropriados à pesquisa qualitativa? Se sim, quais seriam eles e como exatamente poderiam ser "operacionalizados" visando à avaliação da qualidade da pesquisa qualitativa? Nos Estados Unidos, as discussões demonstraram-se céticas em relação ao uso de critérios de qualidade em geral. A distinção entre uma pesquisa boa e uma pesquisa ruim, na área da pesquisa qualitativa, configura um problema interno. Ao mesmo tempo, esta distinção é também uma necessidade no que diz respeito à atratividade e à exequibilidade da pesquisa qualitativa nos mercados e ambientes de ensino, à obtenção de subsídios e ao impacto de políticas nas ciências sociais (ver Capítulos 28 e 29).

A pesquisa qualitativa entre a organização de escolas de pesquisa e a prática da pesquisa

O purismo metodológico e a prática da pesquisa causam tensão na pesquisa qualitativa. O posterior aperfeiçoamento das versões puras dos textos oriundos de métodos hermenêuticos, por exemplo, acarreta uma demanda maior de tempo, de pessoal e de outros recursos, evocando a questão sobre como utilizar essas abordagens em uma pesquisa realizada para um ministério ou para uma empresa, ou que atenda uma consultoria política, de modo pragmático, para que o número de casos analisados seja suficientemente grande para justificar os resultados (ver Gaskell e Bauer, 2000). E isso nos leva, ainda, à questão sobre quais sejam as estratégias práticas e rápidas, contudo metodologicamente aceitáveis, para a coleta, a transcrição e a análise dos dados qualitativos (Luders, 2004b) e para o delineamento da pesquisa qualitativa (ver Capítulo 12).

Internacionalização

Até então, o que existem são tentativas limitadas de publicação de informações referentes aos procedimentos metodológicos que definem o debate, a literatura e a prática de pesquisa das áreas de língua alemã, também em publicações de língua inglesa. Consequentemente, tem sido um tanto modesta a repercussão da pesquisa qualitativa de língua alemã nos debates de língua inglesa. Faz-se necessária uma internacionalização da pesquisa qualitativa em várias direções, devendo a pesquisa qualitativa de língua germânica não apenas dar mais atenção ao que é atualmente discutido na literatura produzida em inglês e francês, mas também passar a absorvê-las em seu próprio discurso. Deverá, também, investir na publicação das abordagens desenvolvidas por elas mesmas (regiões de idioma alemão) em periódicos e em conferências internacionais. E, por fim, a discussão de língua inglesa precisa abrir-se mais ao que ocorre na pesquisa qualitativa produzida por outros países.

Indicação

Uma última demanda na pesquisa qualitativa refere-se ao esclarecimento acerca da questão da indicação. Isso se assemelha à maneira como é verificada, na medicina ou na psicoterapia, a apropriabilidade de determinado tratamento a problemas ou grupos específicos de pessoas (ver Capítulo 29). Ao transferir-se isso para a pesquisa qualitativa, surgem questões relevantes que incluem: Quando é que determinados métodos qualitativos são apropriados – para cada tema, cada questão de pesquisa, cada grupo de pessoas ou campos a serem estudados, etc.? Quando há indicação para o uso de métodos quantitativos ou de uma combinação de ambos? Tentar responder a essas questões conduz à busca por critérios, sendo que encontrar estes critérios pode representar uma contribuição para uma avaliação realista de métodos qualitativos isolados ou da pesquisa qualitativa em geral. Isto impedirá, finalmente, que caiamos novamente nas disputas fundamentalistas entre pesquisa qualitativa e pesquisa quantitativa (ver Capítulo 3).

O Quadro 2.3 resume as tendências e os avanços brevemente mencionados aqui.

QUADRO 2.3 Tendências e avanços

1. Dados visuais e eletrônicos
2. Pesquisa qualitativa *online*
3. Triangulação
4. Hibridação
5. Utilização de computadores
6. A associação entre pesquisa qualitativa e quantitativa
7. A redação na pesquisa qualitativa
8. A qualidade da pesquisa qualitativa
9. A pesquisa qualitativa entre a organização de escolas de pesquisa e a prática da pesquisa
10. Internacionalização
11. Indicação

COMO APRENDER E ENSINAR A PESQUISA QUALITATIVA

As obras de introdução à pesquisa qualitativa enfretam dois problemas fundamentais. Em primeiro lugar, as alternativas resumidas sob o rótulo da pesquisa qualitativa são ainda muito heterogêneas e, portanto, essas introduções correm o risco de fornecer descrições unificadas de uma questão que é e permanecerá sendo bastante diversificada. A consagração e a codificação por vezes exigidas poderão perder-se na criação de uma unidade que possa realmente ser atingida, restando ainda por ser questionado o quanto seja realmente desejável a criação desta unidade. Torna-se, assim, instrutivo o esclarecimento dos propósitos teóricos, metodológicos e gerais de cada uma das diversas alternativas. Em segundo lugar, as introduções aos métodos poderiam confundir ao invés de destacar a ideia de que a pesquisa qualitativa não apenas consiste na mera aplicação de métodos no sentido de tecnologias. A pesquisa qualitativa não se refere apenas ao emprego de técnica e de habilidade aos métodos, mas inclui também uma atitude de pesquisa específica. Essa atitude está associada à primazia do tema sobre os métodos, à orientação do processo de pesquisa e à atitude com que os pesquisadores deverão alcançar seus "objetivos". Além da curiosidade, da abertura e da flexibilidade na manipulação dos métodos, essa atitude é também atribuída, em parte, a certo grau de reflexão sobre o tema, à apropriabilidade da questão e dos métodos de pesquisa, bem como às percepções e aos pontos cegos do próprio pesquisador. Disso resultam duas consequências.

Há, nos métodos qualitativos, a necessidade de encontrar um caminho entre o ensino de técnicas (por exemplo, como formular uma boa questão, como identificar o que seja um bom código) e o ensino dessa atitude indispensável. Curiosidade e flexibilidade não são coisas que possam ser ensinadas em palestras sobre a história e os métodos da pesquisa qualitativa. A utilização adequada de métodos qualitativos frequentemente advém da experiência, dos problemas, dos erros e do trabalho contínuo no campo. Como em toda pesquisa, o nível metodológico puro deve estar separado do nível da aplicação. O campo concreto, por suas obstruções e demandas, muitas vezes dificulta a aplicação ideal de certas técnicas de entrevista. Os problemas intensificam-se nos métodos qualitativos devido ao âmbito de sua aplicação e à necessidade de flexibilidade, o que influencia as decisões tomadas caso a caso. No caso bem-sucedido, essa flexibilidade abre caminho ao ponto de vista subjetivo do entrevistado. Em caso de falha, isso irá dificultar a orientação durante a aplicação, e o resultado provável será a utilização burocrática do guia de entrevista. Quando bem-sucedidos, procedimentos como a codificação teórica ou a hermenêutica objetiva permitem ao pesquisador encontrar um caminho na estrutura do texto ou do caso; quando falham, deixam o pesquisador perdido entre textos e dados.

Dificilmente poderá ser elaborada uma interpretação da pesquisa qualitativa apenas em um nível teórico. Além disso, aprendizado e ensino deverão incluir experiências práticas na aplicação de métodos e no contato com o tema concreto da pesquisa; deverão proporcionar uma introdução à prática de pesquisa qualitativa combinando ensino e pesquisa, permitindo, assim, que os estudantes trabalhem continuamente por um período mais longo em uma questão de pesquisa, a partir da utilização de um ou mais métodos. Aprender por meio da prática fornecerá uma estrutura para as experiências práticas necessárias ao alcance de uma compreensão das opções e das limitações dos métodos qualitativos (para exemplos, ver Flick e Bauer, 2004), e para ensinar e compreender os procedimentos de entrevista e de interpretação de dados pela perspectiva das aplicações.

Raramente se discute as falhas da pesquisa qualitativa. Às vezes a impressão que fica é que o conhecimento validado e a utilização adequada compõem as bases dos métodos qualitativos. A análise dos fracassos ocorridos nas estratégias da pesquisa qualitativa (para exemplos, ver Borman, LeCompte e Goetz, 1986; ou, para enfocar a entrada no campo de pesquisa e falhas ocorridas neste processo, ver Wolff, 2004a e Capítulo 10) poderá fornecer *insights* sobre a forma como operam essas estratégias quando em contato com campos, com instituições ou com seres humanos reais.

A PESQUISA QUALITATIVA NO FINAL DA MODERNIDADE

Visando a demonstrar a relevância da pesquisa qualitativa, foram mencionadas, no início deste capítulo, algumas alterações nos objetos potenciais. Alguns diagnósticos recentes das ciências resultaram em argumentos adicionais para um desvio em direção à pesquisa qualitativa. Em sua discussão sobre "a agenda oculta da modernidade", Stephen Toulmin (1990) explica detalhadamente por que ele acredita na disfuncionalidade da ciência moderna. Ele percebe quatro tendências para a pesquisa social empírica na filosofia e na ciência, conforme segue:

- O retorno à realização de estudos empíricos de tradição oral na filosofia, na linguística, na literatura e nas ciências sociais pelo estudo de narrativas, linguagens e da comunicação;
- O retorno aos estudos empíricos específicos cujo propósito "não seja apenas concentrar-se em questões abstratas e universais, mas sim voltar-se novamente para problemas particulares concretos que ocorrem em tipos específicos de situações, e não em um âmbito geral" (1990, p. 190);
- O retorno aos sistemas locais para o estudo do conhecimento, das práticas e das experiências no contexto em que estão inseridas essas tradições e esses modos de vida locais, em vez de presumi-los e tentar testar sua validade universal.
- O retorno à análise de problemas temporalmente situados, bem como ao desenvolvimento de soluções igualmente elaboradas dentro do contexto histórico e temporal destes temas, para descrevê-los neste contexto e explicá-los a partir dele.

A pesquisa qualitativa dirige-se à análise de casos concretos em suas peculiaridades locais e temporais, partindo das expressões e atividades das pessoas em seus contextos locais. Consequentemente, a pesquisa qualitativa ocupa uma posição estratégica para traçar caminhos para que as ciências sociais, a psicologia e outras áreas possam concretizar as tendências apresentadas por Toulmin, no sentido de transformá-las em programas de pesquisa, mantendo a flexibilidade necessária em relação a seus objetos e tarefas:

> Como construções em escala humana, nossos procedimentos intelectuais e sociais apenas serão capazes, nos anos por vir, de produzir aquilo que precisamos, se tivermos a cautela de evitar uma estabilidade excessiva ou desproposital, e os mantivermos funcionando de maneiras que se adaptem a situações e a funções imprevistas, ou mesmo imprevisíveis. (1990, p. 186)

Sugestões concretas e métodos para a elaboração desses programas de pesquisa serão delineados nos capítulos seguintes.

Pontos-chave

- A pesquisa qualitativa tem, por várias razões, especial relevância para a pesquisa contemporânea em muitas áreas.
- Ambos os métodos de pesquisa, quantitativo e qualitativo, apresentam limitações.
- A pesquisa qualitativa possui uma variedade de abordagens.

- Existem aspectos comuns entre as diferentes abordagens da pesquisa qualitativa. Além disso, as diferentes escolas e tendências distinguem suas perspectivas de pesquisa.
- A melhor forma de ensinar e de aprender a pesquisa qualitativa é o aprendizado na prática – o trabalho direto no campo e no material de pesquisa revela-se mais produtivo.

LEITURAS ADICIONAIS

Visão geral da pesquisa qualitativa

As duas primeiras referências ampliam a breve visão geral aqui fornecida sobre as discussões alemã e norte-americana, ao passo que o livro de Strauss representa a atitude da pesquisa por trás deste livro e da pesquisa qualitativa em geral.

Denzin, N., Lincoln, Y.S. (eds) (2000) *Handbook of Qualitative Research* (2nd edn). London: SAGE.

Flick, U., Kardorff, E.v., Steinke, I. (eds) (2004) *A Companion to Qualitative Research*. London, SAGE.

Strauss, A.L. (1987) *Qualitative Analysis for Social Scientists*. Cambridge: Cambridge University Press.

Aprendizado e ensino dos métodos qualitativos

Encontram-se exemplos sobre o ensino da pesquisa qualitativa por meio da pesquisa nesta fonte.

Flick, U., Bauer, M. (2004) "Teaching Qualitative Research," in U. Flick, E.v. Kardorff, I. Steinke (eds) *A Companion to Qualitative Research*. London: SAGE. Pp. 340-348.

Exercício 2.1

Procure e leia um estudo qualitativo. Após a leitura, responda as seguintes questões:

1. Qual a relevância dos aspectos essenciais apresentados no início deste capítulo no exemplo de estudo qualitativo que você selecionou?
2. Os métodos e as abordagens empregadas nesta pesquisa são adequados à questão em estudo?
3. Qual a perspectiva de pesquisa a que este estudo está integrado?
4. O estudo qualitativo analisado representa um exemplo de alguma das escolas da pesquisa qualitativa mencionadas neste capítulo?

Exercício 2.2

1. Se você está no processo de planejamento de sua pesquisa, reflita sobre os motivos da pesquisa qualitativa ser adequada ao estudo.
2. Discuta os argumentos contrários e favoráveis ao uso de métodos qualitativos em seu estudo.

3
Pesquisa qualitativa e quantitativa

As discussões atuais sobre pesquisa qualitativa e quantitativa, 39
As relações entre pesquisa qualitativa e quantitativa, 40
Associando pesquisa qualitativa e quantitativa em um único plano, 42
A combinação de dados qualitativos e quantitativos, 45
A combinação de métodos qualitativos e quantitativos, 46
A associação de resultados qualitativos e quantitativos, 46
A avaliação da pesquisa e a generalização, 47
A apropriabilidade dos métodos como ponto de referência, 47

OBJETIVOS DO CAPÍTULO
Após a leitura deste capítulo, você deverá ser capaz de:

✓ compreender a distinção entre pesquisa qualitativa e quantitativa.
✓ reconhecer o que precisa ser considerado ao combinarem-se métodos de pesquisa alternativos.

AS DISCUSSÕES ATUAIS SOBRE PESQUISA QUALITATIVA E QUANTITATIVA

Na produção dos últimos anos, encontra-se um grande número de publicações que tratam das relações, das combinações e das distinções da pesquisa qualitativa. Antes de nos concentrarmos sobre os aspectos peculiares da pesquisa e dos métodos qualitativos nos capítulos seguintes, quero apresentar aqui uma breve visão geral do debate qualitativo-quantitativo e das versões combinadas de ambos. Isto deverá ajudar o leitor a situar a pesquisa qualitativa neste contexto mais amplo e, assim, obter um panorama mais claro das capacidades e características da pesquisa qualitativa.

Bryman (1992) identifica 11 caminhos para a interpretação das pesquisas quantitativa e qualitativa. A lógica da triangulação (1) significa, para ele, a verificação de exemplos de resultados qualitativos em comparação com resultados quantitativos. A pesquisa qualitativa pode apoiar a pesquisa quantitativa (2) e vice-versa (3), sendo ambas combinadas visando a fornecer um quadro mais geral da questão em estudo (4). Os aspectos estruturais são analisados com métodos quantitativos, e os aspectos processuais analisados com o uso de abordagens qualitativas (5). A perspectiva dos pesquisadores orienta as abordagens quantitativas, enquanto a pesquisa qualitativa enfatiza os pontos de vista dos sujeitos (6). Segundo Bryman, o problema da generalização (7) pode ser resolvido, na pesquisa qualitativa, através do acréscimo das descobertas quantitativas, considerando-se que as descobertas qualitativas (8) deverão facilitar a interpretação das relações existentes entre as variáveis dos conjuntos de dados quantitativos. A relação entre os níveis micro e macro de um ponto essencial (9) pode ser esclarecida por meio da combinação entre pesquisa qualitativa e pesquisa quantitativa, podendo cada uma destas ser apropriada a etapas distintas do processo de pesquisa (10). Por fim, existem as formas híbridas (11) que utilizam a pesquisa qualitativa em planos quase-experimentais (ver Bryman, 1992, p. 59-61).

Além disso, existem publicações sobre a integração dos métodos qualitativos e quantitativos que tratam das "metodologias mistas" (Tashakkori e Teddlie, 2003a) e, ainda, da triangulação desses métodos (Kelle e Erzberger, 2004; Flick, 2004c). Os termos utilizados já apontam uma diferenciação quanto às argumentações propostas por essas abordagens. As abordagens de metodologia mista interessam-se por uma combinação pragmática entre pesquisa qualitativa e quantitativa, o que deverá pôr um fim às guerras de paradigmas de tempos mais remotos. Esse deverá então ser considerado "um terceiro movimento metodológico" (Tashakkori e Teddlie, 2003b: ix). A pesquisa e os métodos quantitativos são considerados o primeiro, e a pesquisa qualitativa, o segundo movimento. Nesse ponto, os objetivos de uma discussão metodológica são o esclarecimento da "nomenclatura", das questões de planejamento e das aplicações de metodologias mistas, bem como das inferências nesse contexto. De um ponto de vista metodológico, o objetivo consiste em estabelecer-se uma base paradigmática da pesquisa de metodologias mistas. A utilização do conceito de paradigma, nesse contexto, no entanto, demonstra que os autores partem de duas abordagens fechadas, que poderão ser diferenciadas, combinadas ou recusadas, sem ponderar os problemas metodológicos concretos dessa associação.

As argumentações da pesquisa de metodologias mistas são delineadas conforme segue:

> Propusemos que uma verdadeira abordagem metodológica mista (a) incorporaria abordagens múltiplas em todas as etapas do estudo (ou seja, na identificação do problema, na coleta e na análise dos dados e nas inferências finais) e (b) incluiria a transformação e a análise dos dados por meio de uma outra abordagem. (Tashakkori e Teddlie, 2003b, p. xi)

Esses argumentos são muito fortes, especialmente se considerarmos a transformação e a análise dos dados – qualitativos em quantitativos e vice-versa (ver abaixo).

AS RELAÇÕES ENTRE PESQUISA QUALITATIVA E QUANTITATIVA

Em muitos casos, o desenvolvimento dos métodos qualitativos ocorreu em um contexto de crítica aos métodos e às estratégias quantitativas de pesquisa (para exemplo, ver Cicourel, 1964). Os debates em relação a um entendimento "correto" da ciência estão ainda em andamento (ver Becker, 1996), mas, nesses dois domínios, houve o desenvolvimento de uma prática de pesquisa mais ampla que fala por si mesma, independentemente do fato de que ambos os lados apresentem pesquisas boas e ruins. Um indicativo de que a pesquisa qualitativa tornou-se independente da pesquisa quantitativa, bem como das antigas batalhas contra a pesquisa quantitativa, está no fato de Denzin e Lincoln (2000a) sequer apresentarem um capítulo sobre as relações com a pesquisa quantitativa e fornecerem, nos índices, apenas algumas poucas referências a esta abordagem. No entanto, uma combinação dessas duas estratégias cristalizou-se enquanto perspectiva, sendo discutida e praticada de diversas maneiras. As relações entre pesquisa qualitativa e quantitativa aparecem discutidas e estabelecidas em diferentes níveis:

- epistemologia (e incompatibilidades epistemológicas) e metodologia;
- planos de pesquisa que combinem ou integrem o uso de dados e/ou de métodos qualitativos e quantitativos;
- métodos de pesquisa que sejam tanto qualitativos quanto quantitativos;
- vinculação das descobertas da pesquisa qualitativa às da quantitativa;
- generalização das descobertas;
- avaliação da qualidade da pesquisa – aplicação de critérios quantitativos à pesquisa qualitativa ou vice-versa.

Enfatizando as incompatibilidades

No plano da epistemologia e da metodologia, muitas vezes as discussões concentram-se sobre as diferentes formas de relacionar pesquisa qualitativa e quantitativa. Uma primeira relação possível é por meio do enfoque das incompatibilidades da pesquisa qualitativa e da quantitativa em princípios epistemológicos e metodológicos (por exemplo, Becker, 1996) ou das metas e dos objetivos a serem buscados com a pesquisa em geral. Essa forma de relacionar ambas aparece frequentemente associada a diferentes posturas teóricas, tais como o positivismo *versus* o construcionismo ou o pós-positivismo. Às vezes, estas incompatibilidades são referidas como paradigmas distintos e ambos os lados parecem envolvidos em guerras de paradigmas (por exemplo, Lincoln e Guba, 1985).

Definindo campos de aplicação

Uma solução para essa discussão tem por objetivo verificar as estratégias de pesquisa separadamente, porém lado a lado, dependendo do assunto e da questão de pesquisa. O pesquisador que desejar saber algo sobre a experiência subjetiva de uma doença mental crônica deverá conduzir entrevistas biográficas com alguns pacientes e analisá-las detalhadamente. O pesquisador que pretender descobrir algo sobre a frequência e a distribuição dessas doenças na população deverá realizar um estudo epidemiológico sobre esse tópico. Os métodos qualitativos são apropriados para o primeiro problema e, para o segundo, os quantitativos; sendo que cada um dos métodos abstém-se de entrar no território do outro.

O predomínio da pesquisa quantitativa sobre a pesquisa qualitativa

Essa abordagem ainda é dominante tanto nos livros acadêmicos quanto na prática da pesquisa qualitativa. Este é o caso, por exemplo, de um estudo exploratório realizado por meio de entrevistas abertas que antecedem a coleta de dados com o uso de questionários, mas no qual a primeira etapa e seus resultados sejam considerados como se fossem apenas preliminares. Argumentos como o da representatividade da amostra seguidamente são empregados para substanciar a alegação de que apenas dados quantitativos conduzem a resultados no verdadeiro sentido da palavra, ao passo que os dados qualitativos teriam uma função mais ilustrativa. As declarações feitas durante as entrevistas abertas são, então, testadas e "explicadas" conforme sua confirmação e frequência nos dados obtidos com o questionário.

A superioridade da pesquisa qualitativa sobre a pesquisa quantitativa

Esta é uma postura raramente adotada, ocorrendo, porém, de forma mais radical. Oevermann e colaboradores (1979, p. 352), por exemplo, consideraram os métodos quantitativos apenas como atalhos econômicos de pesquisa para o processo de geração de dados, visto que somente os métodos qualitativos, em particular a hermenêutica objetiva desenvolvida por Oevermann (ver Capítulo 25), são capazes de fornecer verdadeiras explicações científicas dos fatos. Kleining (1982) defende que os métodos qualitativos podem muito bem prescindir da utilização posterior de métodos quantitativos, já os métodos quantitativos, por sua vez, precisam dos qualitativos para explicar as relações que identificam. Cicourel (1981) considera os métodos qualitativos como sendo especialmente adequados para a solução de questões microssociológicas, e os métodos quantitativos apropriados às questões macrossociológicas. Contudo, McKinlay (1995) deixa claro que, na saúde pública, são os métodos qualitativos, e não os quantitativos, que levam a resultados relevantes no que diz respeito a temas e a relações sóciopolíticas, devido a sua complexidade. Desta forma, podemos encontrar argumentos que justifiquem a superioridade da pesquisa qualitativa no nível do programa de pesquisa e da apropriabilidade à questão em estudo.

ASSOCIANDO PESQUISA QUALITATIVA E QUANTITATIVA EM UM ÚNICO PLANO

Os métodos qualitativos e os quantitativos podem ser associados de diversas maneiras no planejamento de um estudo.

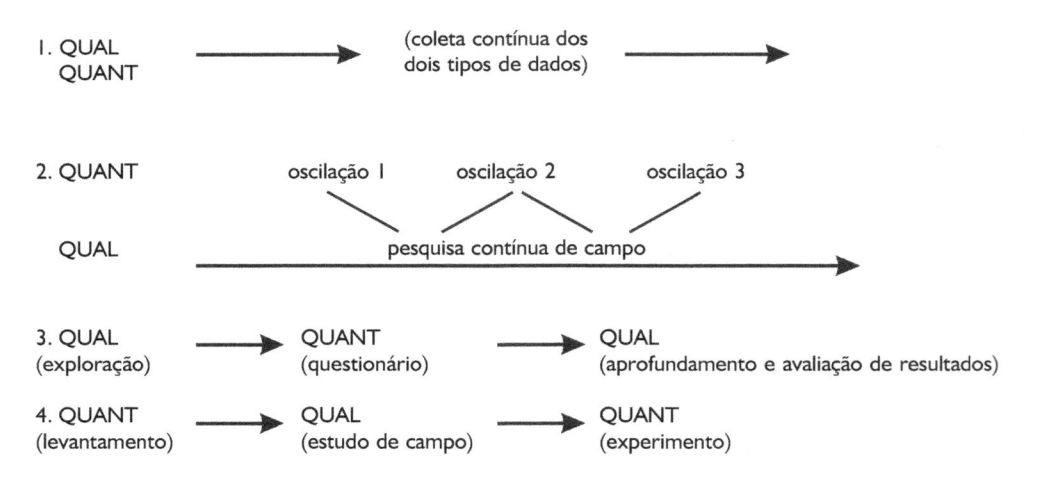

1. QUAL / QUANT ⟶ (coleta contínua dos dois tipos de dados) ⟶

2. QUANT — oscilação 1, oscilação 2, oscilação 3
   QUAL — pesquisa contínua de campo ⟶

3. QUAL (exploração) ⟶ QUANT (questionário) ⟶ QUAL (aprofundamento e avaliação de resultados)

4. QUANT (levantamento) ⟶ QUAL (estudo de campo) ⟶ QUANT (experimento)

Figura 3.1 Planos de pesquisa para a integração entre pesquisa qualitativa e quantitativa
Fonte: Adaptada de Miles e Huberman, 1994, p. 41.

A integração entre pesquisa qualitativa e quantitativa

Miles e Huberman (1994, p. 41) esboçam quatro tipos de planos para a integração das duas abordagens em um único plano, conforme aparece na Figura 3.1.

No primeiro plano de integração, as duas estratégias são adotadas paralelamente. A observação contínua no campo fornece uma base na qual as várias oscilações de um levantamento são relatadas, ou a partir da qual estas oscilações são elaboradas e moldadas no segundo plano. A terceira combinação tem início com o uso de um método qualitativo – uma entrevista semi-estruturada –, sendo este seguido por um estudo de questionário, que consnitui uma etapa intermediária anterior ao aprofundamento e à avaliação dos resultados obtidos de ambas as etapas em uma segunda fase qualitativa. No quarto plano de integração, um estudo de campo complementar acrescenta maior profundidade aos resultados do levantamento utilizado como primeira etapa, sendo seguido por uma intervenção experimental no campo para a realização do teste dos resultados das duas primeiras etapas (para sugestões de planos mistos similares, ver Creswell, 2003 ou Patton, 2002).

Sequenciamento das pesquisas qualitativa e quantitativa

Um estudo poderá incluir abordagens qualitativas e quantitativas em diferentes fases do processo de pesquisa sem concentrar-se necessariamente na redução de uma delas a uma categoria inferior ou em definir a outra como sendo a verdadeira abordagem da pesquisa. Barton e Lazarsfeld (1955), por exemplo, sugerem a utilização da pesquisa qualitativa no desenvolvimento de hipóteses que serão posteriormente testadas por meio das abordagens quantitativas. Em sua argumentação, os autores focalizam não apenas os limites da pesquisa qualitativa (comparados aos da quantitativa), mas percebem nitidamente a capacidade da pesquisa qualitativa na exploração do fenômeno em estudo. Com esta argumentação, situam ambas as áreas da pesquisa em etapas diferentes do processo de pesquisa.

A triangulação das pesquisas qualitativa e quantitativa

A triangulação (ver Capítulo 29) significa a combinação entre diversos métodos qualitativos (ver Flick, 1992; 2004a), mas também a combinação entre métodos qualitativos e quantitativos. Neste caso, as diferentes perspectivas metodológicas complementam-se para a análise de um tema, sendo este processo compreendido como a compensação complementar das deficiências e dos pontos obscuros de cada método isolado. A base desta concepção é o *insight* lentamente estabelecido de que "métodos qualitativos e quantitativos devem ser vistos como campos complementares, e não rivais" (Jick, 1983, p. 135). No entanto, os diversos métodos permanecem autônomos, seguem operando lado a lado, tendo como ponto de encontro o tema em estudo. E, por fim, nenhum dos métodos combinados é visto como sendo superior ou preliminar. Quer os métodos sejam ou não utilizados simultaneamente, ou empregados um após o outro, este é um aspecto menos relevante se comparado à noção de serem vistos em igualdade quanto ao papel que desempenham no projeto.

Estudo de caso:

Aplicações e realizações de parentes de pacientes com câncer

Selecionei este exemplo pelo fato de os autores combinarem métodos qualitativos e quantitativos para o estudo de uma questão atualmente relevante na área da saúde. Os dois autores trabalham na área da reabilitação.

Schönberger e Kardorff (2004) estudam os desafios, aplicações e as realizações dos parentes de pacientes com câncer com a combinação de um estudo de questionário com duas oscilações de levantamentos (189 e 148 parentes, e 192 pacientes) e um determinado número de estudos de caso (17, dos quais 7 são apresentados de forma mais detalhada). As questões de pesquisa levantadas para as duas partes do estudo estão caracterizadas da seguinte maneira: "Fundamentados na pesquisa existente, focalizamos a experiência da aplicação, as lutas individuais e coletivas, as redes de integração e a avaliação dos serviços no sistema de reabilitação. A parte hermenêutica, científica e social do estudo teve como objetivo a descoberta de generalizações estruturais teóricas" (2004, p. 25). Além disso, os autores realizaram 25 entrevistas com especialistas dos hospitais incluídos no estudo e 8 entrevistas com especialistas de instituições de assistência pós-operatória. Os participantes dos estudos de caso foram selecionados a partir da amostra do levantamento, sendo que os critérios utilizados para escolhê-los foram: o fato de dividirem um apartamento, sendo que o parceiro não poderia apresentar nenhuma doença grave e, ainda, o paciente deveria frequentar alguma clínica de reabilitação ou centro de assistência pós-operatória à época da primeira coleta de dados (p.95). Ademais, foram considerados casos que contrastassem com esta amostra – pessoas que viviam sozinhas, casais em que ambos os parceiros eram doentes ou casos em que o parceiro do paciente havia morrido há mais de um ano.

Os dados quantitativos foram primeiramente analisados com a utilização de diversas análises fatoriais, e então com relação à pergunta de pesquisa. Na apresentação dos resultados do questionário, "é realizada a vinculação aos estudos de caso, para identificar se seus aspectos estruturais combinam com as descobertas obtidas com o questionário" (p. 87), ou "se apresentam exceções ou um desvio." Ao todo, os autores destacam os ganhos de diferenciação obtidos por meio da combinação entre levantamento e estudos de caso: "Assim, os estudos de caso não apenas permitem uma diferenciação e uma compreensão mais aprofundada dos padrões de resposta dos parentes ao questionário. A relevância especial consiste no fato de que analisá-los proporcionou a descoberta de vínculos entre a produção de significado subjetivo (nas narrativas da doença), bem como as decisões e as estratégias de enfrentamento relatadas e as estruturas latentes de significação. Indo além dos conceitos psicológicos de enfrentamento, tornou-se claro que aquilo que facilita ou dificulta a estabilização de uma situação crítica de vida estava menos relacionado aos traços de personalidade e a fatores isolados. Antes de qualquer coisa, foram considerados importantes os momentos estruturais e as habilidades desenvolvidas para a incorporação de elementos relativos ao contexto na própria biografia do paciente e naquela compartilhada com o parceiro" (2004, p. 202).

Este estudo pode ser visto como um exemplo para a combinação de métodos e de dados qualitativos e quantitativos, no qual ambas as abordagens foram aplicadas de forma consequente e dentro de suas lógicas próprias, fornecendo, assim, características distintas às descobertas. Os autores demonstram, também, como os estudos de caso são capazes de acrescentar dimensões substanciais ao estudo de questionário. Infelizmente, os autores não fazem referência a quais descobertas alcançadas a partir dos questionários se mostraram úteis na compreensão de casos isolados ou sobre a relevância da descoberta quantitativa para os resultados qualitativos.

Algumas questões práticas estão associadas a essas combinações entre métodos diferentes no plano de um estudo – por exemplo, quanto ao grau de aplicação concreta da triangulação. Duas alternativas distinguem a triangulação. Na pesquisa qualitativa e quantitativa, a triangulação pode focalizar o caso único. As mesmas pessoas são entrevistadas e preenchem um questionário, sendo suas respostas comparadas entre si, reunidas e relacionadas umas às outras para a análise. As decisões relativas à amostragem são tomadas em duas etapas (ver Capítulo 11). As mesmas pessoas estão incluídas em ambas as partes do estudo, mas, em uma segunda etapa, é preciso decidir-se quais são os participantes do estudo de levantamento selecionados para as entrevistas, bem como estabelecer-se um vínculo no nível do conjunto de dados. As respostas dos questionários são analisadas quanto à frequência em que ocorrem e quanto a sua distribuição ao longo de toda a amostra. As respostas obtidas nas entrevistas são, então, analisadas e comparadas, desenvolvendo-se, por exemplo, uma tipologia. A seguir, a distribuição das respostas do questionário e a tipologia são associadas e comparadas (ver Figura 3.2 e Flick, 2004c).

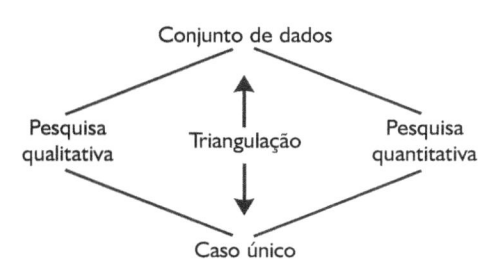

Figura 3.2 Níveis de triangulação da pesquisa qualitativa e quantitativa.

A COMBINAÇÃO DE DADOS QUALITATIVOS E QUANTITATIVOS

Os dados podem ser orientados para uma transformação de dados qualitativos em quantitativos e vice-versa. Aqui estão alguns exemplos.

A transformação de dados qualitativos em dados quantitativos

Tentou-se, por repetidas vezes, quantificar os enunciados de entrevistas abertas ou de entrevistas narrativas. As observações podem também ser analisadas quanto a sua frequência. As frequências em cada categoria podem ser especificadas e comparadas, sendo que existem vários métodos estatísticos disponíveis para o cálculo desses dados. Hopf (1982), no entanto, critica uma tendência dos pesquisadores qualitativos de tentar convencer suas audiências por meio de argumentações baseadas em uma lógica quantitativa – por exemplo, "5 dos 7 entrevistados disseram..."; "a maioria das respostas enfocou..." –, em vez de procurarem uma interpretação e uma apresentação das descobertas que estejam fundamentadas na teoria. Essa tendência pode ser vista como uma transformação implícita dos dados qualitativos em descobertas quase-quantitativas.

A transformação de dados quantitativos em dados qualitativos

Normalmente, é mais difícil ocorrer a transformação inversa, uma vez que dados de questionários dificilmente revelam o contexto de cada resposta; e isso apenas poderá ser alcançado a partir do uso explícito de métodos adicionais, tais como entrevistas complementares em parte da amostra. Enquanto a análise da frequência de determinadas respostas nas entrevistas pode fornecer novos *insights* para essas entrevistas, a explicação adicional sobre os motivos que fazem com que determinados padrões de resposta possam ser encontrados em grande quantidade nos questionários requer a coleta e o envolvimento de novos tipos de dados (por exemplo, entrevistas e observações de campo).

A COMBINAÇÃO DE MÉTODOS QUALITATIVOS E QUANTITATIVOS

Existem poucos exemplos de construções de procedimentos metodológicos que integram de fato as estratégias qualitativas e quantitativas em um só método. Muitos questionários incluem perguntas abertas ou de texto livre, o que, em alguns contextos, já se encontra definido como pesquisa qualitativa, muito embora dificilmente qualquer princípio metodológico da pesquisa qualitativa seja incorporado com a utilização dessas questões. Mais uma vez, não se trata de uma combinação explícita das duas formas de pesquisa, mas sim de uma tentativa de assimilar uma tendência.

No domínio da análise de dados quantitativos, Kuckartz (1995) descreve um procedimento de codificação de primeira e segunda ordens, no qual análises dimensionais conduzem à definição de variáveis e de valores que podem ser aplicados na classificação e na quantificação. Roller e colaboradores (1995) apresentam um método denominado *análise hermenêutica classificatória de conteúdo*, que incorpora ideias e procedimentos da hermenêutica objetiva (ver Capítulo 25) em uma análise basicamente quantitativa do conteúdo. A transferência dos dados analisados com um programa como o ATLAS•ti para o SPSS e para as análises estatísticas assume uma direção semelhante. Nessas tentativas, a relação entre a classificação e a interpretação permanece um tanto obscura. A elaboração de métodos qualitativos/quantitativos realmente integrados para a coleta ou para a análise de dados continua sendo um problema sem solução.

A ASSOCIAÇÃO DE RESULTADOS QUALITATIVOS E QUANTITATIVOS

As combinações mais frequentemente estabelecidas entre as duas abordagens ocorrem por meio da associação dos resultados das pesquisas qualitativa e quantitativa no mesmo projeto ou em projetos distintos, um após o outro ou simultaneamente. Um exemplo pode ser a combinação entre os resultados de um levantamento e os de um estudo de entrevistas, podendo esta combinação ter diferentes objetivos:

- obtenção de um conhecimento mais amplo sobre o tema da pesquisa, em comparação ao conhecimento fornecido por uma única abordagem.
- ou a validação mútua das descobertas de ambas as abordagens.

Basicamente, a partir dessa combinação podem resultar três tipos de consequências (ver Kelle e Erzberger, 2004):

1. os resultados qualitativos e quantitativos convergem, confirmam-se mutuamente e sustentam as mesmas conclusões;
2. ambos os resultados focalizam aspectos diferentes de uma questão (por exemplo, significados subjetivos de uma doença em particular e sua distribuição social na população), mas são complementares entre si, conduzindo, assim, a um quadro mais completo daquela situação;
3. os resultados qualitativos e quantitativos são divergentes ou contraditórios.

Estes resultados são úteis na medida em que o interesse em combinar a pesquisa qualitativa com a quantitativa concentre-se em conhecer melhor o assunto. No terceiro caso (e talvez no segundo), faz-se necessária uma interpretação ou explicação teórica da divergência e das contradições. A combinação das duas abordagens no terceiro caso (e talvez no segundo) oferece descobertas válidas e seus limites. Para uma maior discussão sobre a noção problemática da validação por meio de diversas metodologias, consultar a literatura sobre triangulação (ver Capítulo 29 e Flick, 1992; 2004a).

A AVALIAÇÃO DA PESQUISA E A GENERALIZAÇÃO

Uma forma usual de combinação implícita entre pesquisa qualitativa e quantitativa ocorre com a aplicação do modelo de pesquisa quantitativa (ver Capítulo 8) na pesquisa qualitativa. A questão da amostragem (ver Capítulo 11), por exemplo, é compreendida como um problema essencialmente numérico, conforme demonstra a pergunta frequentemente feita pelos estudantes: "De quantos casos eu preciso para poder elaborar um enunciado científico?" Nesse ponto, percebe-se a aplicação de uma lógica quantitativa à pesquisa qualitativa.

Outra combinação implícita da pesquisa qualitativa com a quantitativa é a aplicação dos critérios de qualidade de uma área na outra. A pesquisa qualitativa é seguidamente criticada por não preencher os padrões de qualidade da pesquisa quantitativa (ver Capítulo 28), sem considerar o fato de que estes critérios não se adaptam aos princípios e às práticas da pesquisa qualitativa. Esse problema acontece também na direção oposta, porém, mais raramente.

No que diz respeito ao problema da generalização da pesquisa qualitativa, encontra-se com muita frequência uma terceira forma de combinação implícita da pesquisa qualitativa com a quantitativa. Despreza-se, então, o fato de que a generalização das descobertas de um estudo baseado em um número limitado de entrevistas de um levantamento representativo consiste apenas em uma das formas de generalização. Essa generalização numérica não é necessariamente a forma correta, tendo em vista que muitos estudos qualitativos visam o desenvolvimento de novos *insights* e teorias. A questão mais relevante está em como proceder a generalização das descobertas qualitativas tendo como base uma fundamentação teórica sólida. A generalização depende mais da qualidade das decisões relativas à amostragem do que do número de casos estudados. As questões relevantes aqui são "quais casos?" em vez de "quantos?", e "o que os casos representam ou para que foram selecionados?" Assim, a questão da generalização na pesquisa qualitativa encontra-se menos associada à quantificação do que muitas vezes se presume.

A APROPRIABILIDADE DOS MÉTODOS COMO PONTO DE REFERÊNCIA

O debate sobre pesquisa qualitativa e quantitativa, originalmente voltado para pontos de vista epistemológicos e filosóficos, desvia-se cada vez mais para questões relacionadas à prática de pesquisa, tais como a apropriabilidade de cada uma das abordagens. Wilson (1982) faz a seguinte afirmação sobre a relação existente entre as duas tradições metodológicas: "as abordagens qualitativas e quantitativas são, antes, métodos complementares, e não competitivos [e a] utilização de um método em particular [...] deve basear-se preferivelmente na natureza do problema real de pesquisa que se tem em mãos" (p. 501). A argumentação de autores como McKinlay (1993, 1995) e Baum (1995) segue uma direção semelhante no campo da pesquisa em saúde pública. A proposta é, em vez de considerações fundamentais que determinem a decisão favorável ou contrária aos métodos qualitativos, ou favorável ou contrária aos métodos quantitativos, que esta decisão seja determinada pela apropriabilidade do método ao assunto em estudo e às questões de pesquisa. Bauer e Gaskell (2000), por exemplo, enfatizam que o que distingue de fato as duas abordagens refere-se mais ao grau de formalização e de padronização do que à justaposição de palavras e de números.

Contudo, os problemas na combinação entre pesquisa qualitativa e quantitativa ainda não foram resolvidos de maneira satisfatória. As tentativas de integração das duas abordagens geralmente acabam resultando em práticas que as utilizam uma após a outra (com diferentes preferências), lado a lado (com graus variados de independência entre as duas estratégias), ou em práticas nas quais há o predomínio de uma sobre a outra (também com diferentes preferências). A integração fica normalmente restrita ao nível do plano de pesquisa – uma combinação de vários métodos com diferentes graus de inter-relações entre si. No entanto, ainda persistem as diferenças entre as duas pesquisas no que se refere aos planos (ver Capítulo 8) e às formas adequadas para a avaliação de procedimentos, dos dados e dos resultados (ver Capítulo 28). E, ainda, a questão sobre como considerar estas diferenças na combinação das duas estratégias necessita de novas discussões.

As questões abaixo visam a orientar a avaliação dos exemplos de combinações das pesquisas qualitativa e quantitativa:

- O peso dado às duas abordagens é o mesmo, por exemplo, no esboço do projeto, na relevância dos resultados e no julgamento da qualidade da pesquisa?
- As abordagens foram apenas aplicadas separadamente ou estão, de fato, relacionadas uma à outra? Por exemplo, muitos estudos empregam métodos qualitativos e quantitativos de formas um tanto independentes e, ao final, a integração das duas partes refere-se somente à comparação dos resultados de cada uma.
- Qual a relação lógica entre elas? São apenas organizadas em sequência? E de que forma? Ou estão realmente integradas em um plano de métodos múltiplos?
- Quais os critérios utilizados para a avaliação da pesquisa como um todo? Existe o predomínio de uma visão tradicional da validação ou as duas formas de

---

Exercício 3.1

1. Reflita sobre as diferentes formas de combinação entre pesquisa qualitativa e pesquisa quantitativa.
2. Encontre um exemplo de pesquisa em que as duas abordagens tenham sido combinadas e então aplique a esse estudo aquilo que você aprendeu nesse capítulo.
3. Por que a utilização da combinação de métodos qualitativos e quantitativos foi considerada adequada a esse estudo?

Exercício 3.2

1. Considere uma questão de sua própria pesquisa à qual uma combinação de pesquisa qualitativa e quantitativa poderá ser útil.
2. Reflita sobre os problemas que você deverá encontrar ao aplicar uma combinação das abordagens qualitativa e quantitativa em sua pesquisa.

pesquisa são avaliadas por meio de critérios adequados?

Ao responderem-se essas questões, considerando-se suas implicações, torna-se possível o desenvolvimento de planos sensíveis para a utilização da pesquisa qualitativa e quantitativa de um modo pragmático e reflexivo.

Pontos-chave

- A associação entre pesquisa qualitativa e pesquisa quantitativa é um tópico que atrai muita atenção.
- A combinação é realizada em diversos níveis.
- Neste contexto, é muito importante que a combinação não seja considerada apenas como uma questão pragmática, mas sim que seja adequadamente refletida.
- O ponto central de referência é a apropriabilidade dos métodos ou da combinação à questão em estudo.

LEITURAS ADICIONAIS

Aqui são indicados alguns trabalhos pragmáticos e cuidadosos sobre formas e problemas do processo de associação entre as duas abordagens de pesquisa.

Flick, U. (1992a) "Triangulation Revisited: Strategy of or Alternative to Validation of Qualitative Data", *Journal of the Theory of Social Behavior*, 22: 175-197.

Kelle, U., Erzberger, C (2004) "Quantitative and Qualitative Methods: No Confrontation," in U. Flick, E.v. Kardorff, I. Steinke (eds), *A Companion to Qualitative Research*. London: SAGE. pp. 172-177.

Miles, M.B., Huberman, A.M. (1994) *Qualitative Data Analysis: A Sourcebook of New Methods* (2nd edn). Newbury Park: SAGE.

Tashakkori, A., Teddlie, Ch. (eds) (2003) Handbook of Mixed Methods in Social & Behavioral Research. Thousand Oaks: SAGE.

4
Ética na pesquisa qualitativa

A demanda por ética na pesquisa e os dilemas éticos da pesquisa qualitativa, 50
Códigos de ética – uma resposta a todas as perguntas?, 51
Comitês de ética – uma solução?, 52
Como proceder eticamente na pesquisa qualitativa, 54
A ética na pesquisa qualitativa – indispensável a uma pesquisa melhor, 56

OBJETIVOS DO CAPÍTULO
Após a leitura deste capítulo, você deverá ser capaz de:

✓ entender as questões éticas vinculadas à pesquisa qualitativa.
✓ desenvolver sensibilidade para a ética na pesquisa qualitativa.
✓ reconhecer que não há solução simples para estas questões.
✓ produzir pesquisa (qualitativa) com embasamento ético.

Em muitas esferas, a pesquisa tornou-se uma questão de ética. Questões relativas à proteção dos interesses daquelas pessoas dispostas a participar de um estudo ou sobre os escândalos referentes a dados manipulados colocam, repetidamente, o tema da ética na pesquisa em primeiro plano. Isso proporcionou a elaboração de códigos de ética em diversas disciplinas, e em diversos países para as mesmas disciplinas, bem como acarretou a constituição de comitês de ética, particularmente na pesquisa médica, mas também em outros contextos. Em muitos destes casos, o enfoque desses comitês concentra-se mais na proteção de todos os participantes do processo de pesquisa. Por outro lado, em alguns países, o foco principal dos comitês de ética refere-se mais à sensibilidade da pesquisa em relação à diversidade étnica. Este capítulo apresenta alguns problemas ligados à ética da pesquisa no caso da opção pela pesquisa qualitativa.

A DEMANDA POR ÉTICA NA PESQUISA E OS DILEMAS ÉTICOS DA PESQUISA QUALITATIVA

No público em geral, há uma sensibilidade crescente em relação às questões éticas na pesquisa devido à repercussão de escândalos. Os abusos praticados a prisioneiros em pesquisas e experimentos realizados por médicos, durante o período nazista na Alemanha, são exemplos particularmente horripilantes que levaram à elaboração de códigos de ética para a pesquisa. Casos de pesquisas antigas e recentes levaram o conselho de pesquisa alemão a elaborar regras de boa prática profissional que precisam ser aceitas e implementadas por toda universidade ou instituto que solicite recursos para o financiamento de pesquisas. A suscetibilidade, cada vez maior ao longo dos anos, às questões éticas da pesquisa conduziu a um processo de formulação de códigos de ética e de instituição de comitês de ética em diversas áreas. Como frequentemente ocorre no campo da ética, existe uma tensão entre a elaboração de regras gerais (como, por exemplo, nos códigos de ética), a constituição de instituições de controle (como os comitês de ética) e a consideração destes princípios na prática diária no campo e no processo de pesquisa. Como veremos, a ética aqui, assim como em outros contextos, normalmente constitui um tema difícil de ser colocado em explicações e esclarecimentos bem-definidos. Na verdade, os pesquisadores enfrentam os problemas éticos em cada uma das etapas do processo de pesquisa como uma espécie de dilema.

CÓDIGOS DE ÉTICA – UMA RESPOSTA A TODAS AS PERGUNTAS?

A formulação dos códigos de ética visa à regulação das relações dos pesquisadores com as pessoas e os campos que pretendem estudar. Os princípios da ética de pesquisa postulam que os pesquisadores evitem causar danos aos participantes envolvidos no processo por meio do respeito e da consideração por seus interesses e necessidades. A seguir, alguns exemplos de códigos de ética encontrados na internet:*

---

* N. de R.T.: No Brasil, os exemplos correspondentes são o Código de Ética Profissional do Psicólogo (www.pol.org.br/legislacao/pdf/cod_etica_novo.pdf) e o Código de Ética dos Sociólogos (www.sociologos.org.br/textos/cnd/mar97/codetic.htm).

- British Psychological Society (BPS) – publicou um Código de Conduta, Princípios Éticos e Normas de Procedimentos (http://www.bps.org.uk/the-society /code-of-conduct/code-of-conduct _home.cfm).
- British Sociological Association (BSA) – publicou um Relatório da Prática Ética (www.britsoc.co.uk).
- American Sociological Association (ASA) – recorre a seu Código de Ética (http://www2.asanet.org/members/ecoderev.html).
- Social Research Association (SRA) – formulou Normas de Procedimentos Éticos (http://www.the-sra.org.uk/ethical.htm).
- German Sociological Association (GSA) – elaborou um Código de Ética (http://www.soziologie.de/index_english.htm).

Esses códigos de ética exigem que a pesquisa deva estar baseada no consentimento informado, ou seja, no fato de que os participantes do estudo concordam em participar com base na informação fornecida pelos pesquisadores. Os códigos exigem também que a pesquisa evite prejudicar os participantes, o que inclui não invadir suas privacidades, nem enganá-los quanto aos objetivos da pesquisa.

É neste contexto que Murphy e Dingwall falam de uma "teoria ética", associando-a a quatro questões:

> *Não-maleficência* – os pesquisadores devem evitar causar quaisquer danos aos participantes.
> *Beneficência* – a pesquisa relacionada a temas humanos deve produzir algum tipo de benefício positivo e identificável, em vez de ser realizada simplesmente em função de seus próprios interesses.
> *Autonomia ou autodeterminação* – os valores e as decisões dos participantes da pesquisa devem ser respeitados.
> *Justiça* – todas as pessoas devem ser tratadas igualmente. (2001, p. 339)

Por exemplo, no código de ética da GSA, a necessidade de redução do risco de qualquer dano ou prejuízo aos participantes aparece formulada desta forma:

> As pessoas que forem observadas, questionadas ou que, de alguma outra forma, estiverem envolvidas nas investigações – por exemplo, por meio da análise de documentos pessoais –, não deverão estar sujeitas a qualquer prejuízo ou risco resultante da pesquisa. Todos os riscos que excedam os padrões normais da vida cotidiana devem ser explicados às partes interessadas. O anonimato dos entrevistados e dos informantes deverá estar protegido. (Ethik-Kodex 1993: I B 5)

Os princípios do consentimento informado e da participação voluntária nos estudos estão organizados conforme segue:

> A regra geral para a participação nas investigações sociológicas é que esta seja voluntária e que aconteça com base nas informações mais completas possíveis quanto aos objetivos e aos métodos daquela parte específica da pesquisa. O princípio do consentimento informado nem sempre pode ser aplicado na prática; por exemplo, nos casos em que uma informação anterior possa causar distorções injustificáveis no resultado da pesquisa. Nesses casos, deve-se proceder a uma tentativa de utilização de outros modos possíveis de consentimento informado. (Ethik-Kodex 1993: I B2)

No nível de abstração determinado por regras tão gerais, Murphy e Dingwall vêem um consenso na aplicação dos princípios éticos, embora reconheçam os problemas na esfera da prática de pesquisa. Tendo por base suas experiências em pesquisa etnográfica (ver Capítulo 17), os autores identificam dois problemas principais mencionados na literatura sobre experiências destes códigos e princípios na prática de pesquisa.

> Em primeiro lugar, os códigos de ética que não sejam sensíveis aos métodos podem causar constrangimentos desnecessários e inconvenientes à pesquisa. Em segundo, mas igualmente importante, a observação ritualista desses códigos pode não fornecer uma proteção real aos participantes da pesquisa, mas, de fato, aumentar o risco de prejuízos por embotar a sensibilidade dos etnógrafos quanto a questões específicas dos métodos que certamente surgem. (2001, p.340)

Conforme demonstrado por estes autores por meio de vários exemplos, uma orientação precisa das regras gerais de pesquisa torna-se difícil em áreas como a pesquisa etnográfica, e não necessariamente resolve os dilemas éticos nesse campo. Em outros exemplos, os problemas éticos peculiares da pesquisa-ação (Williamson e Prosser, 2002), da pesquisa qualitativa *online* (ver Capítulo 20, e Mann e Stewart, 2000, Cap. 3) e da pesquisa feminista (Mauthner, Birch, Jessop e Miller, 2002) encontram-se discutidos em detalhes.

COMITÊS DE ÉTICA – UMA SOLUÇÃO?

Muitas áreas instituíram seus comitês de ética que, no intuito de assegurar padrões éticos, analisam o plano e os métodos da pesquisa antes que estes sejam aplicados. Nesses campos, a boa prática ética de pesquisa baseia-se então em duas condições: que a condução da pesquisa aconteça de acordo com os códigos de ética e que os propósitos da pesquisa tenham sido examinados pelos comitês quanto à sua integridade ética. Essas avaliações da integridade ética devem enfocar três aspectos (ver Allmark, 2002, p. 9): a qualidade científica, o bem-estar dos participantes e o respeito à dignidade e aos direitos dos participantes.

A qualidade científica

De acordo com esse critério, qualquer pesquisa que apenas reproduza outra pesquisa já existente, ou que não possua a qualidade de contribuir com algum conhecimento novo àquele conhecimento preexistente, pode ser considerada antiética (para exemplo, ver: Department of Health, 2001). Um conceito como este já apresenta uma fonte de conflito. Para julgar a qualidade da pesquisa, os membros do comitê de ética deveriam necessariamente possuir conhecimento para avaliar uma proposta de pesquisa em um nível metodológico. O que significa dizer que esses comitês deve-

Estudo de caso:

Observação oculta de práticas homossexuais

Na década de 1960, Humphreys (1975) conduziu um estudo observacional do comportamento sexual de homossexuais que levou a um debate sobre os problemas éticos das observações neste e em outros campos semelhantes, tendo esse debate persistido por um longo período, uma vez que permitiu a visibilidade dos dilemas da observação não-participante (ver Capítulo 17). Humphreys realizou observações em banheiros públicos, que representavam lugares de encontros na subcultura homossexual – como a homossexualidade era ainda ilegal na época, os banheiros ofereciam uma das poucas possibilidades de encontros clandestinos. Humphreys conduziu sua observação explicitamente a partir da posição de um *voyeur* sociológico, e não como um membro dos eventos observados, nem tendo sido aceito enquanto observador. Para tanto, Humphreys assumiu o papel de alguém (o "veado vigia") cuja função era certificar-se de que estranhos não tomassem conhecimento dos eventos. Nesse papel, ele pôde observar tudo o que acontecia sem ser percebido como uma interferência e sem tomar parte nos eventos:

Publicamente, assumi o papel de um *voyeur*, papel este que é perfeitamente conveniente para sociólogos, consistindo na mera função de um cão de guarda, o que não é de natureza sexual manifesta (...). No papel do veado-vigia-*voyeur*, pude circular livremente dentro daquele espaço, caminhar de uma janela a outra e observar tudo sem que meus sujeitos suspeitassem e sem perturbar suas atividades de nenhuma outra forma. (Humphreys, 1973, p. 258)

Após observar secretamente as práticas no campo, Humphreys então continuou a pesquisa por meio da anotação dos números das placas dos carros dos participantes, e posteriormente utilizou-se dessa informação para obter seus nomes e endereços. A partir dessa informação, convidou uma amostra desse grupo de pessoas para participar de um levantamento por meio de entrevistas.

Humphrey utilizou estratégias antiéticas para descobrir informações pessoais dos participantes naquilo que originalmente era um evento anônimo. Ao mesmo tempo, trabalhou muito no sentido de manter sua própria identidade e função como pesquisador secreto durante a condução da observação oculta, desempenhando seu papel como veado-vigia. Cada uma das partes desse processo é antiética em si mesma – não dar conhecimento da pesquisa aos participantes e revogar a privacidade e o sigilo destes. Os dilemas éticos da observação estão descritos aqui em três aspectos. Os pesquisadores devem encontrar um caminho dentro do campo de interesse. Desejam realizar a observação de forma que isto influencie o mínimo possível o fluxo dos acontecimentos; e, em particular, nos casos de atividades penalizadas, proibidas, criminosas ou perigosas, o problema que surge refere-se a como observá-las sem que o pesquisador se torne um cúmplice. Por conseguinte, esse exemplo foi e ainda é discutido com alguma ênfase no contexto da ética em pesquisa, sendo particularmente notório pelas questões éticas a ele associadas e que podem ser demonstradas por meio dele. Mas, ao mesmo tempo, ele aponta os dilemas da adoção de um papel no processo da observação.

riam ser formados por membros que fossem eles mesmos (ou ao menos alguns deles) pesquisadores. Ao conversar com pesquisadores sobre suas experiências com comitês de ética ao terem seus projetos submetidos à apreciação desses conselhos, deparamo-nos com muitas histórias de propostas recusadas em função da incompreensão de suas premissas por parte dos membros do comitê; ou então pelo fato de estas pessoas terem tido um embasamento metodológico diferente do embasamento do solicitante e autor do projeto, ou porque simplesmente não gostaram da pesquisa, rejeitando-a, portanto, mais por razões científicas do que propriamente por razões éticas. Essas histórias demonstram o dilema dos comitês de ética: existe uma variedade de razões pelas quais um comitê pode vir a rejeitar ou a barrar uma proposta de pesquisa, sendo que estas razões nem sempre estão baseadas em questões éticas.

O bem-estar dos participantes

Nesse contexto, o bem-estar está normalmente associado a avaliarem-se comparativamente os riscos e os benefícios oferecidos aos participantes (como novos conhecimentos e *insights* sobre um dado problema ou a descoberta de uma nova solução para um problema existente). Chegamos aqui, novamente, a um dilema – ponderar riscos e benefícios em vez de manter o foco sobre aquilo que seja absoluto e evidente.

A dignidade e os direitos dos participantes

A dignidade e os direitos dos participantes estão ligados ao consentimento conferido pelo participante: esse consentimento deve ser oferecido voluntariamente e ter como base uma informação suficiente e adequada fornecida pelo pesquisador (Allmark, 2002, p. 13). Além disso, os pesquisadores precisam garantir total confidencialidade aos participantes, no sentido de assegurar que a informação coletada sobre eles seja utilizada somente de modo que impossibilite a identificação dos participantes por parte de outras pessoas, bem como o uso dessas informações por parte de qualquer instituição contra os interesses do participante.

Os comitês de ética revisam e consagram esses princípios gerais (para um debate detalhado sobre esses princípios, ver Hopf, 2004b, e Murphy e Dingwall, 2001). No próximo tópico, discute-se o porquê destes princípios não constituírem necessariamente uma solução aos dilemas éticos, mas sim serem mais uma orientação sobre como proceder eticamente no processo da pesquisa, particularmente no caso da pesquisa qualitativa.

COMO PROCEDER ETICAMENTE NA PESQUISA QUALITATIVA

Northway (2002, p. 3) resume o envolvimento ético em qualquer pesquisa: "Seja como for, todos os aspectos da pesquisa, desde a decisão do tema até a identificação da amostra, a condução da pesquisa e a publicação das descobertas, possuem implicações éticas." As questões éticas serão enfrentadas em cada uma das etapas da pesquisa. A maneira como o pesquisador entra no campo, o modo como lida com ele e como seleciona os participantes de sua pesquisa, levantam a questão sobre a forma como este pesquisador informa a respeito da pesquisa e seus propósitos, assim como sobre suas próprias expectativas.

Consentimento informado

Ao considerarmos o princípio do consentimento informado como precondição à participação, encontramos alguns critérios na literatura:

- O consentimento deve ser dado por alguém que esteja qualificado para fazê-lo;
- A pessoa que dá o consentimento deve ser adequadamente informada;
- O consentimento é dado voluntariamente (Allmark, 2002, p. 13).

Isso não deverá ser tão difícil de ser realizado se a intenção for, por exemplo, entrevistar pessoas de classe média, pessoas de meia-idade com um nível educacional semelhante ao dos pesquisadores. Nesse caso, pode-se então informá-los e eles deverão então refletir e decidir sobre consentir ou não. Mas e se desejarmos estudar pessoas que não sejam (vistas como) qualificadas para compreender e para decidir – digamos crianças mais jovens (como no caso de Allmark, 2002) ou pessoas muito idosas que apresentem demência, ou pessoas com problemas de saúde mental? Essas pessoas são referidas, neste contexto, como "pessoas vulneráveis". O pesquisador pode então solicitar a outra pessoa que, como um substituto, dê o consentimento em nome da pessoa que de fato será estudada – pais, membros da família ou médicos responsáveis no caso de pessoas idosas ou doentes. Mas será que isso satisfaz o critério do consentimento informado? Podemos encontrar facilmente outros exemplos em que o pesquisador precisará decidir o quanto poderá desviar do princípio geral sem ignorá-lo.

Evitando causar danos na coleta de dados

A coleta dos dados pode confrontar o pesquisador com outro problema ético. Se estiver interessado, por exemplo, em saber como as pessoas vivenciam e enfrentam uma doença crônica, a aplicação de questões de uma entrevista planejada poderá confrontar estas pessoas com a severidade da doença ou com a ausência de perspectivas de futuro em suas vidas, podendo esse fato, em alguns casos, causar uma crise interna a essas pessoas. Seria eticamente correto correr este risco em nome da pesquisa?

Fazer justiça aos participantes da pesquisa na análise dos dados

Durante a análise e a anotação dos dados, o pesquisador deverá chegar a determinados julgamentos – por exemplo, uma determinada pessoa pode ser classificada em um comportamento específico de enfrentamento, enquanto outras são enquadradas em outros tipos de estratégias de enfrentamento. Se os participantes lerem este resultado da pesquisa, podem considerar embaraçoso o fato de estarem sendo comparados a outras pessoas e, ainda, podem perceber a si mesmos de um modo diverso daquele descrito pelo pesquisador.

A confidencialidade na redação da pesquisa

A questão da confidencialidade ou do anonimato pode tornar-se problemática quando a realização da pesquisa envolver vários membros que compartilhem o mesmo ambiente. Quando o pesquisador entrevista diversas pessoas na mesma empresa ou vários membros de uma família, a necessidade de confidencialidade não ocorre apenas em relação ao público externo àquele ambiente. Os leitores do relatório não deverão ser capazes de identificar qual a empresa ou quais as pessoas que participaram da pesquisa. Com esse propósito, o pesquisador deverá alterar detalhes específicos para a proteção das identidades e tentar garantir que colegas não possam identificar os participantes a partir das informações que fornecerem. No caso de entrevistas feitas com crianças, por exemplo, o pesquisador irá constatar que, em geral, os pais desejam saber o que seus filhos disseram na entrevista. Para evitar este problema, o pesquisador deve informar os pais, logo no início da pesquisa, sobre essa impossibilidade (ver Allmark, 2002, p. 17). Por fim, é muito importante que os dados (gravações e transcrições) sejam armazenados em um local totalmente seguro, de modo que não estejam acessíveis a pessoas a quem não se destinam (ver Luders, 2004b).

O problema do contexto nos dados e na pesquisa qualitativa

Os dados da pesquisa qualitativa produzem, em geral, mais informação contextual sobre um participante isolado do que a pesquisa quantitativa. Normalmente, é impossível identificar-se um participante com base em um levantamento e nos dados estatísticos/numéricos publicados por meio de casos numerosos. Quando o pesquisador estuda um caso isolado ou um número limitado de casos em campos bem-definidos, e utiliza fragmentos extraídos de histórias de vida em suas publicações, torna-se muito mais fácil a identificação daquela pessoa "real" a partir da informação contextual incluída na citação em questão.

A ÉTICA NA PESQUISA QUALITATIVA – INDISPENSÁVEL A UMA PESQUISA MELHOR

A pesquisa qualitativa é normalmente planejada muito aberta e adaptável ao que acontece no campo. Os métodos, aqui, são menos consagrados do que na pesquisa quantitativa. Isso complica ainda mais as análises por parte dos comitês de ética por ser, por exemplo, difícil de prever que tipos de dados serão coletados em um estudo etnográfico. O que dificulta, também, a solicitação de consentimento às pessoas pesquisadas quando se tratam de observações feitas em lugares abertos, tais como mercados, estações de trem, etc. O fato de a pesquisa ser tão aberta leva, algumas vezes, a uma abordagem um tanto abrangente na coleta de dados ("Por favor, conte-me a história da sua vida e tudo o mais que possa ser importante para a minha pesquisa...") em vez de utilizar-se um conjunto de questões ou quaisquer objetos de observação claramente enfocados e delimitados. Por essa razão, pode ser útil considerar-se uma abordagem um tanto econômica, o que significa coletar apenas aqueles dados e aspectos realmente imprescindíveis para responder-se a questão da pesquisa. A ética da pesquisa é uma questão fundamental no planejamento e na execução da pesquisa. Normalmente, não é possível encontrar soluções fáceis e gerais para problemas e dilemas, o que tem muito a ver com reflexão e sensibilidade. Porém, refletir sobre os dilemas éticos não deverá impedir o pesquisador de realizar sua pesquisa, mas poderá ajudá-lo a conduzir o estudo de uma forma mais reflexiva e a alcançar a perspectiva dos participantes em um nível diferente. O pesquisador deve tentar colocar-se no papel dos participantes e pensar a partir da perspectiva destes: como seria para ele, pesquisador, fazer aquilo que ele espera que os participantes façam na pesquisa. Este pode ser um bom ponto de partida para uma reflexão sobre as questões éticas associadas a uma pesquisa.

Pontos-chave

- Encontrar soluções para os dilemas éticos é fundamental para legitimar a pesquisa.
- Na pesquisa qualitativa, é muitas vezes mais difícil resolver os problemas éticos do que na pesquisa quantitativa.
- Os códigos de ética regulam os modos de tratar as questões éticas de um modo geral. Os comitês de ética podem ser instrumentos importantes para a avaliação das propostas de pesquisa, bem como dos direitos e dos interesses dos participantes.

- O desdobramento da dinâmica dos dilemas éticos acontece no campo e no contato com pessoas e instituições.
- Muitos dilemas éticos surgem da necessidade de pesar o interesse da pesquisa (melhor conhecimento, novas soluções de problemas existentes, etc.) comparativamente aos interesses dos participantes (confidencialidade, impedimento de qualquer tipo de prejuízo, etc.).

Estudo de caso:

A interação enquanto tema de pesquisa eticamente sensível

Esse exemplo demonstra que também um tema específico de pesquisa pode exigir uma sensibilidade ética específica. Maijalla, Astedt-Kurki e Paavilainen (2002) concluíram um estudo em que utilizaram a teoria fundamentada (ver Capítulos 8 e 23) com famílias. Eles estudaram a interação entre um cuidador* e uma família que se preparava para o nascimento de um bebê com uma malformação. As famílias incluídas no estudo encontravam-se em uma situação de crise após terem recebido a informação de que seus bebês provavelmente nasceriam com uma malformação, ou que poderiam não sobreviver. A opção pela realização de uma pesquisa com famílias que estão em uma situação como essa é algo que, antes de mais nada, já carrega em si um dilema ético – se é justificável adicionalmente confrontar essas pessoas com sua própria circunstância ao questioná-las sobre o assunto, sendo que, dessa maneira, a participação no estudo poderá causar danos à família ou a alguns de seus membros. Os autores realizaram entrevistas com pais de 18 famílias nessa situação, e com 22 cuidadores que interagiram com essas famílias. As entrevistas foram gravadas em fitas de áudio e, por razões éticas, não houve utilização de gravação de vídeo na documentação dos dados. Aquelas pessoas consideradas participantes em potencial receberam uma carta contendo explicações a respeito das intenções e das modalidades de confidencialidade da pesquisa. Como esse estudo foi realizado dentro do contexto da pesquisa na área de enfermagem, a separação entre os papéis de pesquisador e de cuidador constituiu uma questão ética. Precisou ser esclarecido que o objetivo da entrevista era coletar dados, e não trabalhar com os participantes naquela situação e nas formas de enfrentá-la. Contudo, foi necessário prestar atenção no bem-estar dos participantes durante e após as entrevistas em função do tema abordado promover uma circunstância angustiante, o que tornou o papel do cuidador novamente parte do programa em alguns casos. Os pesquisadores trataram com justiça os pontos de vista dos participantes durante o período do estudo. Para tanto, cada pesquisador escreveu diários de pesquisa e a pesquisa foi supervisionada. A transcrição das entrevistas foi realizada por um profissional "experiente em lidar com dados confidenciais e que assinou um compromisso escrito de sigilo" (p. 30). Ao relatarem suas descobertas, os autores cuidaram para que as formulações fossem suficientemente gerais no sentido de proteger o anonimato de seus informantes (p. 31).

Esse exemplo demonstrou como surgiram as questões éticas durante as diferentes etapas da pesquisa, e também a maneira como os autores tentaram enfrentá-las. Talvez os problemas fossem mais imediatos aqui pelo fato de as famílias estarem em uma crise e de terem se tornado parte do estudo exatamente em função dessa crise. Mas a maior parte dos problemas éticos pode ser transportada para outras questões da pesquisa qualitativa.

---

* N. de T. Cuidador (em inglês, *caregiver*), aqui, é um conceito utilizado para designar um grupo heterogêneo de profissionais da área da saúde que, no caso deste estudo referido pelo autor, incluiu enfermeiros, médicos e parteiras, conforme pesquisa realizada no artigo original.

Exercício 4.1

Encontre um estudo qualitativo e determine se os autores trataram de questões éticas. Como eles lidaram com essas questões? Tente imaginar que outras questões de ética de pesquisa você pode presumir nesse estudo.

Exercício 4.2

No seu próprio curso de estudo, contemple as questões éticas, estabeleça as diretrizes e crie um plano de participantes.

LEITURAS ADICIONAIS

Os dois textos seguintes oferecem um bom panorama da discussão das questões éticas na pesquisa qualitativa.

Hopf, C. (2004b) "Research Ethics and Qualitative Research", in U. Flick, E.v. Kardorff, I. Steinke (eds), *A Companion to Qualitative Research*. London: SAGE. pp. 334-339.

Murphy, E., Dingwall, R. (2001) "The Ethics of Ethnography", in P. Atkinson, A. Coffey, S. Delamont, J. Lofland, L. Lofland (eds), *Handbook of Ethnography*. London: SAGE. pp. 339-351.

PARTE II

Da teoria ao texto

Na Parte I, antecipamos uma estrutura para a realização da pesquisa qualitativa ou de um estudo qualitativo. Como vimos no Capítulo 2, a pesquisa qualitativa refere-se muito à produção e à análise de textos, como transcrições de entrevistas ou notas de campo e outros materiais analíticos. Voltaremos agora à primeira parte da trajetória completa de um projeto de pesquisa qualitativa, partindo, para tanto, da etapa que nos conduz da teoria ao texto, antes de fazermos o caminho de volta do texto à teoria (Parte VI). Primeiramente trataremos aqui dos modos de utilização das teorias na pesquisa qualitativa com o objetivo de dissipar o preconceito segundo o qual os pesquisadores devem manter-se afastados do contato com o conjunto da literatura disponível relativa à pesquisa, à metodologia e às teorias sobre objetos de pesquisa (Capítulo 5). Discutiremos, então, as principais posturas teóricas que apoiam a pesquisa qualitativa. Essas posturas teóricas podem ser vistas como as teorias de embasamento da pesquisa qualitativa, cada uma delas trazendo suas suposições sobre a natureza das realidades, sobre como tratar uma questão de modo conceitual e sobre como planejar a pesquisa (Capítulo 6). Nesse capítulo, trataremos também de duas discussões com influência sobre a pesquisa qualitativa. A primeira delas refere-se ao positivismo e ao construtivismo enquanto pressupostos epistemológicos fundamentais; a segunda enfoca o impacto das posturas feministas na pesquisa qualitativa em geral. A primeira dessas discussões será um pouco mais desenvolvida no capítulo final desta parte (Capítulo 7). Aqui, discutiremos o pano de fundo epistemológico da utilização de textos na pesquisa qualitativa e apresentaremos os processos básicos da construção e da compreensão de textos. Esta parte como um todo estabelece a base epistemológica e teórica para as partes mais teóricas do livro, nas quais o leitor aprenderá mais sobre como realizar a pesquisa qualitativa.

A utilização da literatura na pesquisa qualitativa

Como e quando utilizar a literatura na pesquisa qualitativa, 61
Como utilizar a literatura teórica sobre o tema do estudo, 62
A utilização das teorias na pesquisa qualitativa, 63
Como utilizar a literatura empírica sobre pesquisas anteriores no mesmo campo ou em campos similares, 64
Como utilizar a literatura metodológica sobre os métodos do estudo, 65
Como utilizar a literatura durante a redação do estudo, 65
Como e onde encontrar a literatura, 66

OBJETIVOS DO CAPÍTULO
Após a leitura deste capítulo, você deverá ser capaz de:

✓ perceber a relevância da literatura existente para o planejamento de sua pesquisa.
✓ compreender a necessidade de contar com a literatura metodológica, assim como com a pesquisa presente em sua área, para a pesquisa qualitativa.
✓ familiarizar-se com a busca por literatura relevante a sua pesquisa.

COMO E QUANDO UTILIZAR A LITERATURA NA PESQUISA QUALITATIVA

A maior parte dos livros acadêmicos sobre pesquisa qualitativa não inclui um capítulo extra sobre a utilização da literatura presente no campo de um estudo. Algumas vezes encontra-se a ideia de que a pesquisa qualitativa não precisa partir de uma revisão da literatura existente ou que deva até mesmo evitar essa etapa no início. Isso acontece pelo fato de a pesquisa qualitativa estar intimamente ligada à ideia da descoberta de novos campos e da exploração de áreas que são novas ao mundo da ciência e da pesquisa.

Contudo, pode ser um tanto ingênuo pensar-se que ainda existam novos campos a serem explorados e sobre os quais nada tenha sido publicado anteriormente. Esse pode ter sido o caso no início da pesquisa qualitativa, quando um antropólogo navegava para explorar ilhas desconhecidas. Talvez tenha sido o caso quando a pesquisa social (enquanto iniciativa sistemática) iniciou a realização dos primeiros estudos junto às subculturas imigrantes.

Entretanto, no início do século XXI, após mais de um século de pesquisa social e décadas após a redescoberta da pesquisa qualitativa, teremos cada vez mais problemas para encontrar um campo totalmente inexplorado. Não é que tudo já tenha sido pesquisado, mas quase tudo o que se queira pesquisar provavelmente esteja relacionado a um campo existente ou adjacente. Uma das razões dessa ausência de capítulos dedicados ao uso da literatura pode originar-se de uma afirmação muito antiga sobre a pesquisa da teoria fundamentada. Na introdução a *Discovery of Grounded Theory*, Glaser e Strauss (1967) sugeriram (ver Capítulo 8) que os pesquisadores deveriam começar a coleta e a análise dos dados sem procurar pela literatura existente na área. *Tabula rasa* era a palavra-chave, e passou a ser seguidamente usada posteriormente como um argumento contra as alegações científicas relativas à pesquisa qualitativa. Strauss alterou essa postura há muito tempo; contudo, essa noção permanece ainda presente em muitas imagens formadas acerca da pesquisa qualitativa.

Nesse capítulo, sugiro que o pesquisador utilize diversos tipos de literatura em um estudo qualitativo, incluindo:

- literatura teórica sobre o tema do estudo;
- literatura empírica sobre pesquisas anteriores na área do estudo ou em áreas similares;
- literatura metodológica sobre como realizar a pesquisa e sobre como utilizar os métodos escolhidos;
- literatura teórica e empírica para a contextualização, a comparação e a generalização das descobertas.

COMO UTILIZAR A LITERATURA TEÓRICA SOBRE O TEMA DO ESTUDO

Como em qualquer outro campo da pesquisa, aconselho que o pesquisador familiarize-se com a literatura disponível em sua área. Quais os trabalhos existentes sobre a situação social no campo em que se pretende fazer entrevistas ou observações? O que já se sabe a respeito destas pessoas que queremos entrevistar? Se o pesquisador quiser realizar um estudo com pacientes com câncer, por exemplo, não seria tão significativo saber o que já foi conhecido sobre essas pessoas (reais) que deseja entrevistar? Ou, ainda, o que já se sabe sobre as pessoas que vivem em uma situação semelhante; qual a evolução mais comum nos casos de pessoas com este tipo específico de câncer; com que frequência ele ocorre, e assim por diante? Existe algum modelo explicativo sobre as causas e as consequências dessa doença específica?

Diferente de um estudo quantitativo, o pesquisador não usa a literatura existente sobre seu tema com o objetivo de formular hipóteses a partir dessas leituras, para, então, basicamente testá-las. Na pesquisa qualitativa, o pesquisador utiliza os *insights* e as informações provenientes da literatura enquanto conhecimento sobre o contexto, utilizando-se dele para verificar afirmações e observações a respeito de seu tema de pesquisa naqueles contextos. Ou o pesquisador utiliza-o para compreender as diferenças em seu estudo antes e depois do processo inicial de descoberta. A revisão da literatura teórica em sua área de pesquisa pode ajudá-lo a encontrar respostas para perguntas como:

- O que já foi descoberto sobre esse ponto em particular, ou sobre esse campo de um modo geral?
- Quais as teorias utilizadas e discutidas nessa área?
- Que conceitos são utilizados ou contestados?
- Quais são as discussões ou as controvérsias teóricas ou metodológicas nesse campo?
- Quais são as questões ainda em aberto?
- O que ainda não foi estudado?

Quando Glaser e Strauss escreveram seu livro, na década de 1960, havia uma insatisfação amplamente difundida em relação ao desenvolvimento da teoria nas ciências sociais. Os cientistas sociais queriam encontrar grandes teorias gerais, como as teorias de sistemas do Talcott Parsons (por exemplo, Parsons e Shils, 1951), que originalmente destinavam-se a explicar mais ou menos tudo, mas acabaram não explicando quase nada no nível dos fenômenos cotidianos. Nesse contexto, cresce a demanda por teorias mais próximas de questões mundanas ou relevantes para a vida prática que deveriam ser contempladas por meio de teorias fundamentadas empiricamente, desenvolvidas nos estudos dos pesquisadores da teoria fundamentada. Atualmente, a situação está bastante diferente. A era das grandes teorias gerais acabou e há uma ampla variedade de modelos e de abordagens explicativas para problemas pormenorizados. A tendência é mais no sentido da diversificação do que da unificação, e muitas destas teorias e modelos um tanto limitados poderiam ser úteis para a análise do material empírico em áreas afins.

A UTILIZAÇÃO DAS TEORIAS NA PESQUISA QUALITATIVA

Tomaremos um exemplo para explicar isso. Digamos que um pesquisador queira estudar as representações sociais do câncer de pele em mulheres de classe média de um determinado segmento do Reino Unido. No contexto de uma questão como essa, podemos distinguir diferentes tipos de teorias relevantes. Primeiramente, existem as teorias que explicam a questão em estudo (no caso que estamos tratando aqui, por exemplo, teorias médicas ou psicológicas do câncer de pele). Essas teorias devem informar o pesquisador sobre o que há de mais avançado no conhecimento científico sobre as formas de câncer de pele, bem como sobre suas reincidências; podendo também informá-lo a respeito das possíveis causas, formas de tratamento e formas de lidar com a doença (por exemplo, tratamento, enfrentamento, probabilidades de sucesso dos tratamentos, etc.).

Esse é um contexto teórico sobre o qual o pesquisador deverá procurar literatura. Uma vez que seu foco esteja especificamente sobre as pessoas e sobre essa doença no Reino Unido, pode ser outra vez interessante saber-se a respeito da relevância específica da questão do câncer de pele no país. Desse modo, o pesquisador poderia tentar encontrar a cobertura da imprensa relacionada à doença, bem como à regularidade ou à particularidade da distribuição e da frequência da doença nesse país, etc. Para encontrar essa informação, o pesquisador entrará em contato com a literatura teórica. As teorias que constituem o objeto dessa literatura são chamadas teorias substantivas.

O segundo tipo de teoria relevante para a pesquisa, nesse exemplo, é a teoria das representações sociais (ver também Capítulo 6). Ela fornece ao pesquisador uma noção da existência de formas diversas de conhecimento entre pessoas leigas de grupos distintos; fornecendo também ideias sobre a quantidade de conhecimento produzida, transformada e transmitida. Isso dará ao pesquisador uma estrutura teórica para a conceitualização do seu estudo.

Ao determinar a classe média como foco do estudo, o pesquisador provavelmente parte da noção de classes sociais, de desigualdade social e da distribuição de privilégios e de desvantagens na sociedade. Isso representa novamente uma teoria de base para a concepção do estudo. Ao concentrar-se nas mulheres enquanto objetos do estudo, o pesquisador pode ter também um enfoque de gênero em sua pesquisa, partindo da ideia das diferenças de gênero tanto na experiência como nos modos de vida ou no conhecimento; ou, talvez, o pesquisador tenha mesmo uma perspectiva explicitamente feminista em seu estudo (ver também Capítulo 6). Essas teorias devem ser chamadas de teorias de contexto da pesquisa.

Por fim, o pesquisador pode decidir usar uma metodologia específica – digamos entrevistas episódicas (ver Capítulo 14) – para mostrar como as representações sociais desenvolveram-se ao longo do curso de vida de seus entrevistados. Esse método acompanha uma concepção teórica específica das questões que podem ser estudadas com ele. Essa teoria concentra-se, por exemplo, sobre a informação biográfica – sobre o que seja uma biografia normal, ou o que faz de uma trajetória de vida individual um desvio de comportamento ou um caso especial. Ela também parte de um pressuposto a respeito de como a memória está organizada. Memória e conhecimento conceituais ou semânticos e biográficos ou episódicos são diferenciados (para mais detalhes, ver Capítulo 14). Esse método acompanha muito conhecimento teórico sobre como planejar a situação da coleta de dados de modo que estes sejam tão ricos quanto possível, e assim por diante. Aqui, outra vez, a teoria torna-se relevante por sua utilidade.

COMO UTILIZAR A LITERATURA EMPÍRICA SOBRE PESQUISAS ANTERIORES NO MESMO CAMPO OU EM CAMPOS SIMILARES

Antes de o pesquisador iniciar a pesquisa empírica, pode auxiliar muito descobrir-se se existe alguma outra pesquisa naquela área ou em uma área similar. O pesquisador deve buscar sistematicamente por outros estudos em seu campo. O contato com esses outros estudos pode ser produtivo para inspirar o pesquisador sobre o que fazer em sua própria pesquisa, como planejá-la, o que perguntar em uma entrevista, etc. Caso encontre uma pesquisa que se revele um bom exemplo, o pesquisador poderá utilizá-la como uma orientação de como realizar sua própria pesquisa; caso seja um mau exemplo, poderá usá-la como uma orientação sobre como não proceder ou sobre quais erros devem ser evitados. Mas, sobretudo, o pesquisador deve ler a literatura empírica para constatar a forma como outras pessoas trabalham em sua área, o que vem sendo estudado, qual o enfoque dado e o que vem sendo deixado de lado. Caso seja uma área em que exista muita pesquisa em andamento, pode ser útil descobrir-se em que nível a pesquisa está concentrada, bem como seus resultados.

A revisão da literatura empírica disponível em sua área deverá ajudar o pesquisador a responder perguntas como:

- Quais são as tradições e as disputas metodológicas existentes aqui?
- Existem resultados e descobertas contraditórias que poderiam ser adotadas como um ponto de partida?

De modo semelhante, Strauss e Corbin (1998, p. 49-52) relacionam várias formas de utilização da literatura:

1. Os conceitos presentes na literatura podem consistir em uma fonte para estabelecer-se comparações nos dados coletados.
2. Estar familiarizado com uma literatura relevante pode acentuar a sensibilidade do pesquisador em relação às nuances sutis dos dados.
3. Os materiais descritivos já publicados podem fornecer descrições exatas da realidade, úteis para a compreensão do próprio material do pesquisador.
4. O conhecimento teórico e filosófico existente pode inspirar o pesquisador e fornecer-lhe uma orientação no campo e quanto ao material.
5. A literatura pode constituir uma fonte secundária de dados – por exemplo, citações extraídas de entrevistas de artigos podem complementar o material coletado pelo pesquisador.
6. A literatura pode ser utilizada de antemão na formulação de questões que deverão ajudar o pesquisador ao servirem como uma espécie de trampo-

lim nas entrevistas e nas observações iniciais.
7. A literatura pode estimular questionamentos durante a análise do material.
8. Por meio da literatura, podem surgir sugestões de áreas para a amostragem teórica (ver Capítulo 11).
9. A literatura pode ser usada para a confirmação das descobertas, ou ainda pode mesmo ser superada pelas descobertas da nova pesquisa.

Estes nove pontos referem-se a publicações de artigos, de pesquisas e de metodologias científicos – é o que Strauss e Corbin chamam de literatura técnica. As literaturas não-técnicas – como cartas, biografias e todo o tipo de documentos (ver Capítulo 20) – podem ser utilizadas como dados primários de sua própria categoria ou como complementação de outros tipos de dados (como as entrevistas).

COMO UTILIZAR A LITERATURA METODOLÓGICA SOBRE OS MÉTODOS DO ESTUDO

Antes de decidir-se pela utilização de um método específico para seu estudo, sugiro que o pesquisador tenha contato com a literatura metodológica pertinente. Caso queira usar grupos de foco (ver Capítulo 15) em um estudo qualitativo, o pesquisador deve familiarizar-se com um panorama detalhado da situação atual da pesquisa qualitativa, que pode ser obtido a partir da leitura de um manual ou de uma introdução a esse campo. Pode-se também analisar alguns periódicos adequados e observar o que foi publicado nos últimos anos. O pesquisador deverá, então, identificar publicações relevantes a respeito do método escolhido por meio da leitura de um livro ou de capítulos específicos sobre o tema, bem como de exemplos de pesquisas anteriores em que esse método tenha sido utilizado. Esse primeiro passo permitirá ao pesquisador decidir-se por um método em particular dentro do contexto das alternativas disponíveis e do conhecimento existente sobre estas. O segundo passo preparará o pesquisador para as etapas mais técnicas de planejamento da utilização do método, e para evitar os problemas e os erros mencionados na literatura. Ambos os estágios auxiliarão o pesquisador a fornecer um esclarecimento detalhado e conciso sobre por que e como utilizou determinado método em sua pesquisa ao redigir seu relatório posteriormente, e assim por diante.

A revisão da literatura metodológica existente em sua área ajudará o pesquisador a responder perguntas como:

- Quais as tradições, as alternativas e as discussões metodológicas aqui?
- Existem caminhos contraditórios na utilização dos métodos? Qual poderia ser adotado como um ponto de partida?

Por exemplo, se o pesquisador optar pela utilização da abordagem da teoria fundamentada (ver Capítulos 8 e 23), pode ser proveitosa a leitura a respeito das duas versões desenvolvidas, com o passar do tempo, por Strauss e Corbin (1998) e Glaser (1992). Caso o pesquisador queira utilizar a análise do discurso, torna-se necessária a leitura sobre as diferentes versões (por exemplo, Parker, 2004, Potter e Wetherall, 1998, ou Willing, 2003; ver Capítulo 24) para perceber as distinções, as alternativas, as capacidades e as fragilidades de uma abordagem em relação à outra.

Proceder à revisão da literatura metodológica durante a leitura e a redação sobre seu método ajudará o pesquisador, bem como os leitores de seu relatório de pesquisa, a perceber sua abordagem e suas descobertas em um contexto mais amplo.

COMO UTILIZAR A LITERATURA DURANTE A REDAÇÃO DO ESTUDO

Conforme aparece na lista acima sugerida por Strauss e Corbin, assim como em todas as outras seções anteriores deste capítulo, uma parte fundamental do uso da literatura ocorre durante o processo de redação da pesquisa (ver Capítulo 30). Aqui, a literatura existente torna-se relevante para a fundamentação da argumentação do pesquisador, no sentido de demonstrar que suas descobertas estão de acordo com as pesquisas existentes e que essas descobertas ou ultrapassam, ou contradizem as pesquisas anteriores. Parte de relatórios mais extensos – ou uma tese, por exemplo – deve ser uma revisão da literatura. Hart oferece uma definição concisa sobre o conteúdo dessa revisão da literatura:

> A seleção dos documentos disponíveis (publicados e não publicados) sobre o tema, que contêm informações, ideias, dados e evidências escritas de um determinado ponto de vista para cumprir certos objetivos ou para expressar determinadas visões sobre a natureza do tema e sobre como este deva ser investigado, bem como a efetiva avaliação desses documentos em relação à pesquisa que está sendo proposta. (1998, p. 13)

Na maneira como apresenta a literatura utilizada em seu estudo, o pesquisador deve demonstrar que realizou uma pesquisa hábil na literatura existente. Também deve estar evidente que o pesquisador possui um bom domínio daquela área temática e que compreende a questão, os métodos utilizados, a pesquisa mais avançada em seu campo, e assim por diante.

COMO E ONDE ENCONTRAR A LITERATURA

De modo geral, o lugar onde procurar e encontrar a literatura relevante dependerá do tema escolhido. Para descobrir se sua biblioteca habitual oferece a literatura de seu interesse, o pesquisador poderá simplesmente dirigir-se a esta biblioteca e verificar o catálogo, o que pode ser demorado e frustrante, caso o livro não conste no acervo. Querendo descobrir qual biblioteca possui o livro (ou periódico) procurado, o pesquisador pode tentar acessar na internet o OPAC[*] da respectiva biblioteca. Portanto, o pesquisador deve acessar a página de uma ou mais bibliotecas; ou utilizar um *link* para diversas bibliotecas ao mesmo tempo. Alguns exemplos são: copak.ac.uk, para 24 das principais bibliotecas universitárias e a Biblioteca Britânica; ou www.ubka.uni-karlsruhe.de/hylib/en/kvk.html, para a maior parte das bibliotecas alemãs e, ainda, muitas bibliotecas universitárias do Reino Unido e dos Estados Unidos. Lá o pesquisador encontrará um panorama exaustivo dos livros existentes ou a informação de que necessita para concluir suas listas de referência. Para obter um livro, mesmo assim o pesquisador terá de ir até a biblioteca, mas saberá aonde ir e se a obra encontra-se disponível ou precisa primeiro ser encomendada.

Para artigos de publicações periódicas, podem-se usar mecanismos de busca como: wok.mimas.ac.uk. Isto conduzirá o pesquisador ao *Social Sciences Citation Index*[**], onde poderá procurar autores, títulos, palavras-chave, e assim por diante. Caso queira ler o artigo inteiro, o pesquisador precisa registrar-se ou pode adquirir o direito de efetuar o *download* do arquivo.

O mesmo aplica-se a alguns serviços de publicação *online* organizados por editoras como a SAGE. Em online.sagepub.com pode-se pesquisar todos os periódicos publicados por essa editora, ler os resumos e obter os dados exatos de referência sem custos. Para ter acesso ao artigo completo, o pesquisador precisa ser assinante do serviço ou do periódico, ou, ainda, pode comprar o artigo na própria página ou verificar se sua biblioteca é assinante do periódico em que o artigo foi publicado.

---

[*] N. de T. OPAC: sigla para *Online Public Access Catalog*, ou seja, catálogos *online* de acesso público.
[**] N. de T. Índice de Citações das Ciências Sociais.

Também em um estudo qualitativo, deve-se empregar a literatura teórica, metodológica e empírica que se refere ao tema, à área e à abordagem da pesquisa. Isso ajudará o pesquisador a verificar o que seu material tem a oferecer em um contexto mais amplo, assim como irá informá-lo sobre como realizar sua pesquisa e quanto aos problemas a serem evitados. A internet oferece muitos serviços de apoio que auxiliam o pesquisador ao longo do processo de busca da literatura. Por fim, a realização de uma boa revisão da literatura consistirá em uma parte fundamental do relatório de pesquisa.

Pontos-chave

- Em uma pesquisa qualitativa, a utilização da literatura existente torna-se cada vez mais relevante.
- Existem vários pontos no processo de pesquisa em que o uso da literatura pode ser útil e necessário.
- No planejamento da pesquisa, na análise do material e na redação sobre as descobertas, o pesquisador deve utilizar a literatura existente sobre outras pesquisas e sobre as teorias e os métodos utilizados em seu estudo.

LEITURAS ADICIONAIS

A pesquisa da literatura

O livro seguinte representa o panorama mais abrangente sobre como realizar a busca da literatura para sua pesquisa, onde procurar e como proceder.

Hart, C. (2001) *Doing a Literature Search*. London: SAGE.

A revisão da literatura

Aqui você encontrará o panorama mais abrangente sobre como realizar uma revisão bibliográfica para seu estudo, sobre as armadilhas que deve evitar e sobre como escrever a respeito do material encontrado.

Hart, C. (1998) *Doing a Literature Search*. London: SAGE.

Exercício 5.1

Procure um estudo qualitativo, leia-o e responda às seguintes perguntas:
1. Qual a importância que os autores deram a literatura existente relativa ao campo de pesquisa de seu estudo?
2. Em que pontos da publicação os autores usaram e referiram-se à literatura existente sobre o estudo?

Exercício 5.2

Ao planejar sua pesquisa, utilize as maneiras descritas acima para a busca da literatura, e tente encontrar a literatura relevante para o planejamento e a execução de seu estudo.

6
Posturas teóricas subjacentes à pesquisa qualitativa

Perspectivas da pesquisa no campo da pesquisa qualitativa, 68
Significado subjetivo: interacionismo simbólico, 69
A construção das realidades sociais: etnometodologia, 71
A composição cultural da realidade social e subjetiva: modelos estruturalistas, 73
Rivalidade entre paradigmas ou triangulação de perspectivas, 75
Aspectos comuns das diferentes posturas, 76
Feminismo e estudos de gênero, 78
Positivismo e construcionismo, 79

OBJETIVOS DO CAPÍTULO
Após a leitura deste capítulo, você deverá ser capaz de:

✓ conhecer as principais teorias de embasamento da pesquisa qualitativa.
✓ reconhecer as características comuns e distintivas destas teorias.
✓ compreender a diferença entre positivismo e construtivismo.
✓ considerar a contribuição das teorias feministas para a pesquisa qualitativa.

PERSPECTIVAS DA PESQUISA NO CAMPO DA PESQUISA QUALITATIVA

Conforme o que foi aprendido com a leitura do Capítulo 2, várias abordagens de pesquisa resumem-se sob a rubrica da pesquisa qualitativa e distinguem-se em suas suposições teóricas, na forma como compreendem seu objeto e em seu foco metodológico. Em geral, essas abordagens apontam em direção a três posturas básicas. A tradição do interacionismo simbólico trata do estudo dos significados subjetivos e da construção individual de significado. A etnometodologia interessa-se pelas rotinas da vida cotidiana e na produção dessas rotinas. As posturas estruturalistas ou psicanalíticas partem de processos de inconsciência psicológica ou social. É possível distinguir as abordagens que colocam em primeiro plano o "ponto de vista do sujeito" daquelas que buscam descrições de determinados ambientes (cotidianos, institucionais, ou, de um modo mais geral, sociais). Além disso, encontramos estratégias interessadas na forma como a ordem social é produzida (por exemplo, as análises etnometodológicas da linguagem), ou orientada para a reconstrução das estruturas profundas que geram a ação e o significado a partir da psicanálise ou da hermenêutica objetiva.

Cada uma dessas posturas conceitua, de diferentes maneiras, o modo como estes sujeitos em estudo – suas experiências, ações e interações – relacionam-se ao contexto no qual são estudados.

SIGNIFICADO SUBJETIVO: INTERACIONISMO SIMBÓLICO

Na primeira perspectiva, o ponto de partida empírico consiste no significado subjetivo atribuído pelos indivíduos a suas atividades e ambientes. Essas abordagens de pesquisa referem-se à tradição do interacionismo simbólico:

> O nome dessa linha de pesquisa sociológica e sociopsicológica foi cunhado em 1938 por Herbert Blumer (1938). Seu foco está nos processos de interação – ação social caracterizada por uma orientação imediatamente recíproca –, sendo que as investigações destes processos baseiam-se em um conceito particular de interação que enfatiza o caráter simbólico das ações sociais. (Joas, 1987, p. 84)

Conforme demonstrado por Joas, essa postura desenvolveu-se a partir da tradição filosófica do pragmatismo norte-americano. De um modo geral, ela representa a compreensão da teoria e do método da Escola de Chicago (W.I. Thomas, Robert Park, Charles Horton Cooley e George Herbert Mead) na sociologia norte-americana. De maneira geral, essa abordagem desempenha um papel central na pesquisa qualitativa tanto recente quanto historicamente. Sociólogos como Anselm Strauss, Barney Glaser, Norman K. Denzin, Howard Becker e outros referem-se diretamente a essa postura; o trabalho de Blumer (1969) sobre a "postura metodológica do interacionismo simbólico" teve grande influência nas discussões metodológicas da década de 1970.

Pressupostos básicos

Quais os pressupostos básicos desta abordagem? Blumer resume os pontos de partida do interacionismo simbólico como "três premissas simples":

> A primeira premissa é a de que os seres humanos agem em relação às coisas com base nos significados que as coisas têm para eles (...) A segunda premissa é a de que o significado destas coisas origina-se na, ou resulta da, interação social que uma pessoa tem com as demais. A terceira premissa é a de que esses significados são controlados em um processo interpretativo e modificados através desse processo, que é utilizado pela pessoa para lidar com as coisas com as quais se depara. (1969, p. 2)

Qual o significado disso para a situação da pesquisa? A consequência é que as diferentes maneiras pelas quais os indivíduos revestem de significado os objetos, os eventos, as experiências, etc., formam o ponto de partida central para a pesquisa nessa abordagem. A reconstrução desses pontos de vista subjetivos torna-se o instrumento para a análise das esferas sociais. Outro pressuposto central está formulado no assim chamado teorema de Thomas, que traz um maior embasamento ao princípio metodológico[1] recém-mencionado. O teorema de Thomas:

> (...) afirma que, quando uma pessoa define uma situação como sendo real, esta situação é real em suas consequências, conduz diretamente ao princípio metodológico fundamental do interacionismo simbólico: os pesquisadores precisam enxergar o mundo pelo ângulo dos sujeitos que estudam. (Stryker, 1976, p. 259)

A partir desse pressuposto básico, o imperativo metodológico é traçado para a reconstrução do ponto de vista do sujeito em aspectos distintos. O primeiro aspecto encontra-se na forma das teorias subjetivas empregadas pelas pessoas para explicar a si mesmas, o mundo, ou ao menos uma determinada área de objetos enquanto parte deste mundo. Há, portanto, uma volumosa literatura de pesquisa sobre as teorias subjetivas da saúde e da doença (para panoramas gerais, ver, por exemplo, Flick, 2003), sobre as teorias subjetivas na pedagogia e nas ações de aconselhamento. O segundo aspecto encontra-se na forma de narrativas autobiográficas, trajetórias biográficas que são reconstruídas a partir da perspectiva dos sujeitos. No entanto, é fundamental que estas possibilitem o acesso aos contextos temporais e locais, reconstruídos a partir do ponto de vista do narrador.

Avanços recentes na sociologia: interacionismo interpretativo

Há poucos anos, Denzin defendeu uma postura que parte do interacionismo simbólico, mas que integra diversas correntes alternativas e mais recentes. Encontramos, aqui, considerações fenomenológicas (seguindo Heidegger), formas estruturalistas de pensar (Foucault), críticas feministas e pós-modernas da ciência, a abordagem das "descrições densas" (Geertz, 1973) e a dos conceitos oriundos da literatura[2]. Denzin especifica ou delimita esta abordagem em dois aspectos. Ela "deve ser empregada apenas quando o pesquisador quiser analisar a relação existente entre os problemas pessoais (por exemplo, o espancamento de esposas ou o alcoolismo) e as políticas e instituições públicas criadas para tratar dessas questões pessoais" (1989a, p. 10). Em outro aspecto, Denzin restringe a perspectiva adotada ao enfatizar por repetidas vezes o fato de que os processos em estudo devam ser compreendidos biograficamente e, necessariamente, interpretados a partir desse ângulo (por exemplo, 1989a, p. 19-24).

Avanços recentes na psicologia: teorias interpretativas como programa de pesquisa

O objetivo da análise de pontos de vista subjetivos é buscado de forma mais consciente dentro da estrutura da pesquisa sobre as teorias subjetivas. Aqui, o ponto de partida é o de que, na vida cotidiana, os indivíduos – assim como os cientistas – desenvolvem teorias a respeito do modo como o mundo e suas próprias atividades funcionam. Eles aplicam e testam essas teorias em suas atividades, revendo-as, se necessário. Nessas teorias, os pressupostos são organizados de uma forma interdependente e apresentam uma estrutura argumentativa que corresponde à estrutura dos enunciados das teorias científicas. Esse tipo de pesquisa procura reconstruir essas teorias subjetivas. Com este propósito, desenvolveu-se um método de entrevista específico (ver Capítulo 13: entrevista semipadronizada). Para reconstruir as teorias subjetivas de forma a aproximá-las o máximo possível do ponto de vista do sujeito, criam-se métodos especiais para uma validação (comunicativa) da teoria reconstruída (ver Capítulo 28).

A concentração nos pontos de vista do sujeito e no significado atribuído por eles às experiências e aos eventos, assim como a orientação em relação ao significado dos objetos, das atividades e dos eventos, alimenta grande parte da pesquisa qualitativa. A combinação da pesquisa voltada para o sujeito com o interacionismo simbólico, como foi feita aqui, certamente não pode ser adotada sem restrições. Por exemplo, na pesquisa recente sobre teorias subjetivas, a referência ao interacionismo simbólico normalmente permanece bastante implícita. Além disso, a partir das tradições de Blumer e Denzin originam-se outras perspectivas de pesquisa que se interessam mais pelas interações do que pelos pontos de vista subjetivos (por exemplo, as contribuições para Denzin, 1993). Para esses estudos interacionistas, no entanto, continua sendo fundamental a concentração do foco nos significados subjetivos dos objetos para os participantes das interações. No que diz respeito aos métodos, essa abordagem utiliza principalmente diversos tipos de entrevistas (ver Capítulos 13 e 14) e observação participante (ver Capítulo 17). Essas duas posturas – o estudo dos pontos de vista subjetivos e o fundamento teórico do interacionismo simbólico – definem um pólo no campo da pesquisa qualitativa.

A CONSTRUÇÃO DAS REALIDADES SOCIAIS: ETNOMETODOLOGIA

As limitações no interesse do interacionismo pelos pontos de vista dos sujeitos são superadas teórica e metodologicamente no esquema teórico da etnometodologia. Harold Garfinkel (1967) foi o fundador dessa escola que se dedica à questão de como as pessoas produzem a realidade social nos processos interativos e por meio destes. A preocupação central aqui está na análise dos métodos empregados por membros na produção da realidade na vida cotidiana[3]. Garfinkel fornece a seguinte definição dos interesses de pesquisa relacionados à etnometodologia:

> Os estudos etnometodológicos analisam as atividades cotidianas como métodos dos seus membros que visam a tornar essas mesmas atividades visivelmente racionais e relatáveis a todo tipo de propósito prático, ou seja, "explicáveis" enquanto organizações de atividades cotidianas triviais. A reflexividade desse fenômeno é uma característica singular das ações e das circunstâncias práticas, do conhecimento oriundo do senso comum sobre as estruturas sociais e do raciocínio sociológico prático. (1967, p. vii)

O interesse nas atividades cotidianas, na realização destas atividades e, mais do que isso, na constituição de um contexto de interação localmente orientado, no qual ocorrem estas atividades, caracterizam o programa etnometodológico de pesquisa em geral. Esse programa é realizado, principalmente, nas pesquisas empíricas de análise de conversação (ver Capítulo 24).

Pressupostos básicos

Quais são os pressupostos básicos dessa abordagem? As premissas da etnometodologia e da análise de conversação foram resumidas por Heritage em três pressupostos básicos:

> (1) A interação organiza-se estruturalmente; (2) as contribuições da interação são moldadas pelo contexto, mas também transformadoras deste contexto; e, (3) assim, duas propriedades são inerentes aos *detalhes* da interação, de modo que nenhum tipo de detalhe na interação conversacional possa ser descartado *a priori* como desordenado, acidental ou irrelevante. (1985, p.1)

A interação é produzida de uma maneira bem ordenada, sendo que o contexto constitui a estrutura da interação que é, ao mesmo tempo, produzida na interação e por meio dela. As decisões acerca do que seja relevante para os membros da interação social apenas podem ser tomadas por meio de uma análise da interação, e não pressupostas *a priori*. O foco não é o significado subjetivo para os participantes de uma interação ou de seus conteúdos, mas a forma como essa interação é organizada. O tema de pesquisa passa a ser o estudo das rotinas da vida cotidiana, em vez dos eventos extraordinários conscientemente percebidos e revestidos de significado.

A fim de revelar os métodos por meio dos quais a interação é organizada, o pesquisador procura adotar uma postura de *indiferença etnometodológica* (Garfinkel e Sacks, 1970), devendo abster-se de uma interpretação *a priori*, assim como da adoção das perspectivas dos atores ou de um dos atores. Para compreender-se a perspectiva da etnometodologia – o contexto desempenha um papel-chave no cenário onde a interação se realiza. Um estudo empírico demonstra tal relevância para os participantes da interação. Wolff e colaboradores ilustram isso muito claramente:

> O ponto de partida fundamental de um procedimento etnometodológico (...) é considerar cada evento como constituído por meio de esforços de produção dos membros ali mesmo. Esse é o caso não apenas para os fatos reais na interação, como, por exemplo, no desenrolar das sequências de perguntas e respostas, mas também para compreender os assim chamados macrofatos, como o contexto institucional de uma conversação. (1988, p. 10)

Deixe-me ilustrar isso um pouco mais, a partir de um exemplo. De acordo com essa noção, uma conversa de aconselhamento torna-se aquilo que ela é (diferente de outros tipos de conversa) por meio dos esforços dos membros para criar esta situação. Dessa forma, não estamos preocupados com a definição *a priori* atribuída pelo pesquisador à situação. Em vez disso, estamos interessados nas contribuições conversacionais dos membros, uma vez que é por meio da organização alternada da fala que a conversa se constitui na forma de uma consulta. O contexto institucional, no entanto, torna-se também relevante na conversa, sendo constituído nas contribuições dos membros e por meio de tais conversas. Apenas as práticas específicas do conselheiro e do cliente transformam a conversa em uma consulta, e uma consulta em uma consulta dentro de um contexto específico (por exemplo, em um "serviço sociopsiquiátrico").

Avanços recentes da etnometodologia nas ciências sociais: estudos sobre o trabalho

A pesquisa etnometodológica tem se concentrado e se restringido cada vez mais à análise crescentemente formal de conversação. Desde a década de 1980, o segundo foco principal, nos "estudos sobre o trabalho", tem sido a análise dos processos de trabalho (ver Bergmann, 2004a; Garfinkel, 1986). Aqui, os processos de trabalho são estudados em um sentido amplo e particularmente dentro do contexto do trabalho científico em laboratórios, ou, por exemplo, no modo como os matemáticos constroem suas provas (Livingston, 1986). Nesses estudos, aplicam-se vários métodos para a descrição mais precisa possível dos processos de trabalho, entre os quais a análise de conversação é apenas uma abordagem. Com base em um estudo das práticas interativas, o âmbito é ampliado para uma preocupação com o "conhecimento corporificado", materializando-se nessas práticas, assim como em seus resultados (Bergmann, 2004a). Esses estudos contribuem para o contexto mais amplo da pesquisa recente sobre a sociologia do conhecimento científico (ver Knorr-Cetina e Mulkay, 1983). De um modo geral, a sociologia do conhecimento científico desenvolveu-se a partir da tradição da etnometodologia.

Avanços recentes na psicologia: psicologia discursiva

Partindo-se da análise de conversação e dos estudos laboratoriais, desenvolveu-se um programa de "psicologia discursiva" na psicologia social britânica (ver Harré, 1988; Potter e Wetherell, 1988). Aqui, fenômenos psicológicos como a cognição ou a memória são estudados por meio da análise de discursos relevantes que tratam de determinados assuntos. Esses discursos variam de conversas cotidianas a textos da mídia. A ênfase encontra-se nos processos comunicativos e construtivos das interações. O ponto de partida metodológico consiste em analisar os "repertórios interpretativos" que os participantes de certos discursos utilizam para elaborar e para defender uma versão específica da realidade: "Repertórios interpretativos são agrupamentos de termos, de descrições e de figuras de linguagem nitidamente discerníveis, reunidos, seguidamente, em torno de metáforas ou de imagens vívidas. Podem ser pensados como blocos de uma construção utilizados para a fabricação de versões de ações, de estruturas próprias e de estruturas sociais na fala" (Potter e Wetherell, 1998, pp. 146-147). Os conteúdos e os procedimentos dos processos cognitivos são reconstruídos a partir desses discursos, bem como os caminhos nos quais as memórias sociais ou coletivas relativas a certos eventos são construídas e mediadas.

Nessas abordagens, a perspectiva permanece restrita à descrição do *como* na elaboração da realidade social. As análises etnometodológicas frequentemente fornecem descrições impressionantemente exatas sobre como a interação social é organizada, sendo capazes de, assim, desenvolver tipologias das formas conversacionais. Contudo, o aspecto da imputação subjetiva de significado segue bastante negligenciado, assim como a questão sobre qual seja o papel que contextos preexistentes, como as culturas específicas, desempenham na construção das práticas sociais.

A COMPOSIÇÃO CULTURAL DA REALIDADE SOCIAL E SUBJETIVA: MODELOS ESTRUTURALISTAS

A pesquisa qualitativa baseia-se, ainda, em um terceiro tipo de abordagem teórica. Um aspecto comum deste é que – embora com variados graus de ênfase – supõe-se que os sistemas de significado cultural, de alguma forma, componham a percepção e a elaboração da realidade subjetiva e social.

Pressupostos básicos

Faz-se aqui uma distinção entre a superfície da experiência e da atividade, por um lado, e as estruturas profundas das atividades, por outro. Enquanto a superfície é acessível ao sujeito participante, as estruturas profundas não são acessíveis às reflexões individuais cotidianas. A superfície está associada às intenções e ao significado subjetivo relacionado às ações, ao passo que as estruturas profundas são vistas como geradoras de atividades. Estruturas profundas como essas estão contidas em modelos culturais (D'Andrade, 1987), em padrões interpretativos e em estruturas latentes de significado (Reichertz, 2004), e, por fim, naquelas estruturas latentes que, de acordo com a psicanálise, permanecem inconscientes (König, 2004). A psicanálise procura revelar o inconsciente tanto na sociedade quanto no processo de pesquisa. Analisar esse processo e a relação do pesquisador com quem é entrevistado ou observado torna-se um recurso para a descoberta da forma como funciona a "produção social da inconsciência" (Erdheim, 1984). Para essas análises, as regras de ação implícitas e explícitas são de particular importância. Quanto à hermenêutica objetiva, aqui apresentada como um exemplo das outras abordagens mencionadas, argumenta-se:

> Com base em regras, que podem ser reconstruídas, os textos de interação constituem as *estruturas de significado objetivo*, as quais representam as *estruturas latentes* de sentido da própria interação. Essas estruturas de significado objetivo de textos de interação, em geral protótipos das estruturas sociais objetivas, são a realidade (e existem) analiticamente (mesmo se não empiricamente) independente da representação intencional concreta dos significados da interação por parte dos sujeitos que participam da interação. (Oevermann et al., 1979, p. 379)

Com a finalidade de reconstruir regras e estruturas, são aplicados vários procedimentos metodológicos para a análise de significados "objetivos" (ou seja, não-subjetivos). Entre esses procedimentos, podemos encontrar: análises linguísticas, para extrapolar os modelos culturais; análises estritamente sequenciais de expressões e de atividades para revelar sua estrutura objetiva de significados; e a "atenção equilibradamente suspensa" do pesquisador no processo psicanalítico de interpretação.

Particularmente, a hermenêutica objetiva a partir de Oevermann e colaboradores (1979) atraiu imensa atenção e estimulou uma pesquisa abundante nas regiões de língua alemã (ver Capítulo 25). Entretanto, há um problema ainda não solucionado nos fundamentos teóricos da abordagem, que é a relação pouco nítida dos sujeitos ativos com as estruturas a serem extrapoladas. Luders e Reichertz 1986, p. 95), por exemplo, criticam a "metafísica das estruturas", que são estudadas praticamente como "estruturas autonomamente ativas". Outros problemas referem-se à simplicidade da equação sobre texto e mundo ("o mundo como texto") e à suposição de que, se houvesse um aprofundamento suficiente das análises, estas conduziriam às estruturas geradoras das atividades do caso em estudo. Essa suposição baseia-se no pano de fundo estruturalista da abordagem de Oevermann.

Avanços recentes nas ciências sociais: pós-estruturalismo

Após Derrida (1990/1967), tais suposições estruturalistas foram questionadas também na pesquisa qualitativa. Lincoln e Denzin (2000, p.1051), por exemplo, questionam se o texto elaborado para fins de interpretação, assim como o texto formulado enquanto resultado da interpretação, não corresponde apenas aos interesses (da pesquisa ou do que quer que seja) do intérprete – ou seja, questionam em que medida esse texto corresponde também aos interesses daqueles que estiverem sendo estudados e constituindo um tópico no texto. De acordo com essa visão, os textos não são nem o mundo *per se*, nem uma representação objetiva de partes deste mundo. São, antes, resultantes dos interesses daqueles que produziram o texto, bem como daqueles que o leram. Leitores distintos – dependendo das perspectivas que trazem para o texto específico – solucionam, de formas diferentes, a imprecisão e a ambiguidade contidas em cada texto. Com base nesse contexto, as restrições formuladas acerca do conceito hermenêutico objetivo da estrutura – de que "entre as estruturas superficiais e profundas do uso da linguagem (...) existe um 'hiato' metodológico na hermenêutica objetiva que, na melhor das hipóteses, pode ser preenchido ensinando-se e tratando-se o método como arte" (Bonß, 1995, p. 38) – tornam-se ainda mais relevantes.

Avanços recentes na psicologia: representações sociais

O que ainda permanece obscuro nas abordagens estruturalistas é a relação entre o conhecimento social implícito e o conhecimento e as ações individuais. Para responder a essa questão, pode-se utilizar um programa de pesquisa em psicologia social que tenha sido aplicado ao estudo da "representação social" de objetos (por exemplo, teorias científicas sobre objetos culturais e processos de mudança: para um panorama, ver Flick, 1998). Tal programa lidaria com o problema de como esse conhecimento social e culturalmente compartilhado influencia os modos individuais de percepção, de experiência e de ação. Uma representação social é entendida como:

> um sistema de valores, de ideias e de práticas com uma função dupla: primeiramente, estabelecer uma ordem que habilitará os indivíduos a orientarem-se em seu mundo material e social e controlá-

lo; e, em segundo lugar, possibilitar a comunicação entre os membros de uma comunidade por meio do fornecimento de um código para o intercâmbio social e de um código para a nomeação e a classificação, sem ambiguidades, dos diversos aspectos de seu mundo e de sua história individual e grupal. (Moscovici, 1973, p. xvii)

Essa abordagem é cada vez mais utilizada enquanto esquema teórico para os estudos qualitativos que tratam da construção social de fenômenos como a saúde e as doenças, a loucura e a mudança tecnológica na vida cotidiana. Aqui, outra vez, as regras sociais derivadas do conhecimento social sobre cada tema são estudadas sem serem entendidas como uma realidade *sui generis*. Do ponto de vista metodológico, são utilizadas diferentes formas de entrevistas (ver Capítulo 13) e de observação participante (ver Capítulo 17).

RIVALIDADE ENTRE PARADIGMAS OU TRIANGULAÇÃO DE PERSPECTIVAS

As diferentes perspectivas na pesquisa qualitativa e seus pontos de partida específicos podem ser dispostos em um esquema, conforme demonstra a Figura 6.1. Na primeira perspectiva, parte-se dos sujeitos envolvidos em uma situação em estudo e dos significados que essa situação representa para eles. O contexto situacional, as interações com outros membros e – tanto quanto seja possível – os significados sociais e culturais são reconstruídos, passo a passo, a partir desses significados subjetivos. Conforme demonstra o exemplo sobre aconselhamento, nessa perspectiva, o significado e o curso do evento "aconselhamento" é reconstruído a partir do ponto de vista subjetivo (por exemplo, uma teoria subjetiva do aconselhamento). Se possível, revela-se o significado cultural da situação "aconselhamento" por esse caminho.

Na segunda perspectiva, parte-se da interação no aconselhamento, estudando-se o discurso (de ajuda, sobre determinados problemas, etc.). Aqui, os significados subjetivos dos participantes são considerados menos interessantes em relação ao modo pelo qual a conversa é formalmente organizada como uma consulta, assim como a maneira pela qual os participantes determinam mutuamente seus papéis enquanto membros. Os contextos culturais e sociais externos à interação só se tornam relevantes no contexto do modo como são produzidos ou continuados na conversa.

Na terceira perspectiva, questiona-se sobre quais sejam as regras implícitas ou inconscientes que governam as ações explícitas na situação e as estruturas latentes

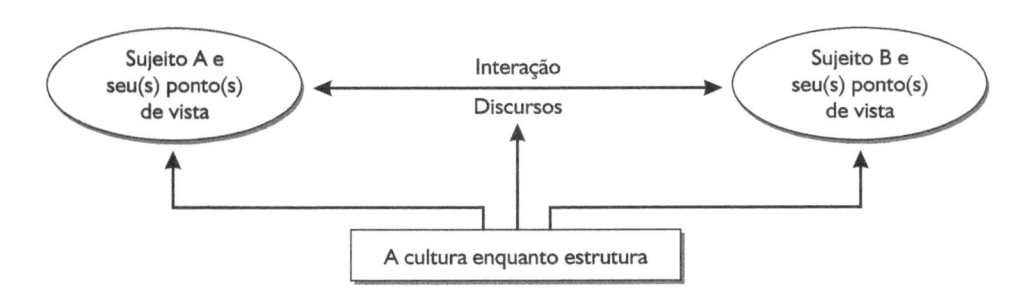

Figura 6.1 Perspectivas da pesquisa na pesquisa qualitativa

ou inconscientes geradoras de atividades. O foco principal está na cultura pertinente e nas estruturas e regras que ela oferece aos indivíduos nas situações e para estas. As opiniões subjetivas e as perspectivas interativas são de particular relevância enquanto meios de exposição ou de reconstrução de estruturas.

Para o esclarecimento das perspectivas, além dessas justaposições, existem duas maneiras de responder a diferentes perspectivas de pesquisa. Primeiramente, pode-se adotar apenas uma posição e sua perspectiva sobre o fenômeno em estudo como sendo "únicas", e rejeitar criticamente as demais perspectivas. Esse tipo de demarcação vem, há muito tempo, determinando a discussão metodológica. Na discussão norte-americana, posturas distintas foram formalizadas em paradigmas e, então, justapostas em termos de paradigmas concorrentes, ou até mesmo de "guerras de paradigmas" (ver Guba e Lincoln, 1998, 218).

Como alternativa, diferentes perspectivas teóricas podem ser compreendidas como caminhos distintos de acesso ao fenômeno em estudo. Qualquer perspectiva pode ser examinada acerca de qual parte do fenômeno é por ela revelado e qual parte permanece excluída. Partindo-se desse entendimento, pode-se combinar e suplementar diferentes perspectivas de pesquisa. Essa triangulação de perspectivas (Flick, 1992; 2004a) amplia o foco sobre o fenômeno em estudo, por exemplo, pela reconstrução dos pontos de vista dos participantes e pela análise posterior do desdobramento das situações compartilhadas nas interações.

ASPECTOS COMUNS DAS DIFERENTES POSTURAS

Apesar das diferenças de perspectiva, podem-se resumir os pontos a seguir como aspectos comuns que permeiam essas posturas teóricas distintas:

- *Verstehen como princípio epistemológico*. A pesquisa qualitativa visa à compreensão do fenômeno ou evento em estudo a partir do interior. Procura-se entender o ponto de vista de um sujeito ou de diferentes sujeitos, o curso de situações sociais (conversas, discursos, processos de trabalho) ou as regras culturais ou sociais relevantes para uma situação. A maneira como se expressa essa compreensão em termos metodológicos e o foco escolhido dentre os aspectos mencionados dependerão da postura teórica que sustenta a pesquisa.

- *A reconstrução de casos como ponto de partida*. Um segundo aspecto comum às diferentes posturas é o fato do caso único ser analisado, de forma mais ou menos consistente, antes da elaboração de enunciados comparativos ou gerais. Por exemplo, primeiramente, reconstrói-se a teoria subjetiva única, a conversa única e seu curso ou o caso único. Mais tarde, outros estudos de caso e seus resultados são utilizados comparativamente para o desenvolvimento de uma tipologia (das diferentes teorias subjetivas, dos diferentes cursos de conversa, das diferentes estruturas de caso). O que em cada caso é entendido como "caso" – um indivíduo e seus pontos de vista, uma interação delimitada local e temporalmente, ou um contexto social ou cultural específico no qual um evento se desdobra – depende da postura teórica utilizada para a análise do material.

- *A construção da realidade como base*. Os casos ou tipologias reconstruídos contêm vários níveis de construção de realidade: os sujeitos, com suas opiniões sobre um determinado fenômeno, explicam parte de sua realidade; em conversas e discursos, os fenômenos são produzidos interativamente e, assim, a realidade é construída; estruturas latentes de sentido e regras relacionadas contribuem para a construção de situações sociais com as atividades que geram. Portanto,

a realidade estudada pela pesquisa qualitativa não é uma realidade determinada, mas sim construída por diferentes "atores": a definição sobre qual é o ator considerado crucial para essa construção depende da postura teórica adotada para o estudo desse processo.
- *O texto como material empírico*. No processo de reconstrução de um caso, são produzidos textos nos quais são processadas as análises empíricas reais. A opinião dos sujeitos é reconstruída como suas teorias subjetivas, ou são formuladas dessa maneira; o curso de uma interação é gravado e transcrito; as reconstruções de estruturas latentes de significado só podem ser formuladas a partir de textos fornecidos com o detalhamento necessário. Em todos esses casos, os textos são a base da reconstrução e da interpretação. O *status* conferido ao texto depende da postura teórica do estudo.

A Tabela 6.1 apresenta um resumo das posturas teóricas e seus aspectos comuns.

Assim, a lista de aspectos da pesquisa qualitativa discutida no Capítulo 2 pode agora ser complementada conforme apresentado no Quadro 6.1.

TABELA 6.1
Posturas teóricas na pesquisa qualitativa

	Pontos de vista dos sujeitos	Elaboração das realidades sociais	Composição cultural das realidades sociais
Base teórica tradicional	Interacionismo simbólico	Etnometodologia	Estruturalismo, psicanálise
Avanços recentes nas ciências sociais	Interacionismo interpretativo	Estudos sobre trabalho	Pós-estruturalismo
Avanços recentes na psicologia	Programa de pesquisa "Teorias Subjetivas"	Psicologia discursiva	Representações sociais
Aspectos comuns	• *Verstehen* como princípio epistemológico • Reconstrução de casos como ponto de partida • Construção da realidade como base • Texto como material empírico		

QUADRO 6.1 Aspectos da pesquisa qualitativa: lista completa

- Apropriabilidade de métodos e de teorias
- Perspectivas dos participantes e sua diversidade
- Reflexividade do pesquisador e da pesquisa
- Variedade de abordagens e de métodos na pesquisa qualitativa
- *Verstehen* como princípio epistemológico
- Reconstrução de casos como ponto de partida
- Construção da realidade como base
- Texto como material empírico

Até aqui, delineei as principais perspectivas de pesquisa que percebo na pesquisa qualitativa atual, de acordo com seus pressupostos teóricos fundamentais. Na parte restante deste capítulo, tratarei de dois pontos de referência principais para as discussões teóricas na pesquisa qualitativa.

FEMINISMO E ESTUDOS DE GÊNERO

Mais do que uma perspectiva de pesquisa, a pesquisa feminista surgiu como uma crítica fundamental da ciência social e da pesquisa em geral. A pesquisa concentrou-se na ignorância sobre a situação de vida das mulheres e a dominância masculina. A pesquisa feminista e a pesquisa qualitativa foram, muitas vezes, sinônimas em função dos métodos abrirem-se mais às vozes das mulheres e a suas necessidades em geral. Mies (1983) destaca razões pelas quais a pesquisa feminista está mais ligada à pesquisa qualitativa do que à quantitativa. A pesquisa quantitativa normalmente ignora as vozes femininas, converte-as em objetos que são estudados de um modo valorativamente neutro, não sendo analisadas especificamente como mulheres. A pesquisa qualitativa permite que as vozes das mulheres sejam ouvidas e que os objetivos sejam concretizados. Segundo Ussher (1999, p. 99), a pesquisa feminista enfoca uma "análise crítica das relações de gênero na pesquisa e na teoria (...) uma valorização das dimensões moral e política da pesquisa (...) e o reconhecimento da necessidade de mudança social para melhorar as vidas das mulheres." Isso leva não apenas à definição de uma questão de pesquisa (desigualdades de gênero, por exemplo), mas ao desafio da maneira como a pesquisa é feita, em vários níveis. Skeggs (2001) e Smith (2002) delineiam um entendimento feminista da etnografia no nível da coleta de dados, bem como na análise e na apresentação das descobertas (e das vozes das participantes). Ussher (1999) utiliza a psicologia da saúde para lidar com questões específicas dentro da pesquisa qualitativa feminista. Kitzinger (2004) apresenta uma abordagem da análise de conversas feminista com o objetivo de analisar as vozes em seu contexto interacional. Wilkinson (1999) discute os grupos focais como uma metodologia feminista. Maynard (1998) desafia novamente a ligação próxima entre a pesquisa feminista e a pesquisa qualitativa questionando, por exemplo, o porquê da incompatibilidade de uma combinação entre pesquisa qualitativa e pesquisa quantitativa no esquema da pesquisa feminista. Mais recentemente, Gildemeister (2004) discute os estudos de gênero como um passo além dos estudos feministas e de mulheres enquanto programa de pesquisa. Aqui, "encontra-se consistentemente indicado (...) que o gênero é uma categoria *social*, e que é sempre, de algum modo fundamental, uma questão de *relações* sociais. Por essa razão, o foco não está mais em lidar com a diferença enquanto uma questão substancial ou essencial, mas na análise das relações de gênero do ponto de vista de suas organizações hierárquicas e sua desigualdade social" (p. 123). Nesse contexto, gênero é visto, ao mesmo tempo, como uma categoria estrutural e como uma construção social. No primeiro caso, o interesse maior está na desigualdade social resultante do gênero (diferenças); neste último, o interesse concentra-se mais na produção do gênero (West e Zimmermann, 1991) e em como as distinções sociais de gêneros são construídas nas práticas diárias e institucionais. Por exemplo, os estudos sobre transexualidade tornaram-se uma abordagem especial para demonstrar como a normalidade é construída interacionalmente e como pode ser desconstruída por meio da análise do esgotamento dessa normalidade:

> A estrutura profunda *interacional,* na construção social do gênero, foi particu-

larmente bem ilustrada pela pesquisa transexual (...). Este tipo de pesquisa investiga, no ponto do esgotamento da normalidade, como a bissexualidade é construída na prática cotidiana, e metodologicamente, por que, na mudança de um gênero para o outro, os processos implicados na 'produção do gênero' podem ser analisados como se estivessem em câmera lenta. (Gildemeister, 2004, p. 126)

Pesquisadores feministas têm contribuído para a reflexão sobre os métodos qualitativos por meio do desenvolvimento de um programa de pesquisa para a análise das questões de gênero, das relações de gênero, da desigualdade e da negligência da diversidade. Esse programa foi desenvolvido, ao mesmo tempo, nos níveis da epistemologia, da metodologia e dos métodos de pesquisa, e teve uma influência valiosa na pesquisa qualitativa em geral.

POSITIVISMO E CONSTRUCIONISMO

Essa distinção, em grande parte, forma a base da discussão epistemológica da pesquisa qualitativa, e, como Oakley (1999) demonstra, muitas vezes está também ligada ao contexto do feminismo na pesquisa qualitativa. O positivismo como programa epistemológico provém originalmente das ciências naturais e, por isso, é empregado mais como um contraste negativo para distinguir-se uma pesquisa em particular daquela detalhada nas discussões das ciências sociais.

Bryman (2004, p. 11) resume diversos pressupostos do positivismo: apenas o conhecimento acerca dos fenômenos confirmado pelo sentido pode ser garantido como conhecimento (fenomenologia); as teorias são utilizadas para gerar hipóteses que podem ser testadas e para permitir que as explicações de leis possam ser avaliadas (dedutivismo); o conhecimento pode ser elaborado reunindo-se fatos que fornecem a base para as leis (indutivismo); a ciência deve e pode ser realizada de uma forma livre de valores e, portanto, objetiva; e, por fim, é observada uma clara distinção entre enunciados científicos e normativos. O positivismo está normalmente associado com o realismo; ambos admitem que as ciências naturais e sociais devam e possam aplicar os mesmos princípios de coleta e de análise de dados e que exista um mundo lá fora (uma realidade externa) distinto das descrições que possamos fazer dele. O uso da palavra "positivismo" é muitas vezes criticado: Hammersley (1995, p. 2) observa que "tudo o que se pode inferir razoavelmente a partir do uso não explicado da palavra 'positivismo' na literatura da pesquisa social é que o escritor desaprova o que quer que seja aquilo a que ele ou ela esteja se referindo".

O construcionismo social (ou construtivismo) está justaposto (ver também Flick, 2004b), para essa postura. Diversos programas com diferentes pontos de partida encontram-se agrupados sob esses rótulos. O que é comum a todas as posturas construcionistas é que elas analisam a relação com a realidade ao tratarem dos processos construtivos em suas abordagens. Os exemplos dessas construções podem ser considerados em níveis distintos:

1. Na tradição de Piaget, a cognição, a percepção do mundo e o conhecimento sobre ele são vistos como constructos. O construtivismo radical (Glaserfeld, 1995) leva essa noção até o ponto em que toda forma de cognição – em função dos processos neurobiológicos implicados – tem acesso direto apenas a imagens do mundo e da realidade, mas não de ambos.
2. O construtivismo social, na tradição de Schutz (1962), Berger e Luckmann (1966) e Gergen (1985; 1999), questiona acerca das convenções sociais, da percepção e do conhecimento da vida cotidiana.
3. A sociologia construtivista da ciência na tradição de Fleck e colaboradores

(1979), a pesquisa "laboratório-construtivista" contemporânea (Knorr-Cetina, 1981), busca estabelecer como o social, o histórico, o local, o pragmático e outros fatores influenciam a descoberta científica de tal modo que os fatos científicos podem ser considerados como constructos sociais ("produtos locais").

O construcionismo não é um programa unificado, mas vem se desenvolvendo de maneira paralela em um considerável número de disciplinas como a psicologia, a sociologia, a filosofia, a neurolobiogia, a psiquiatria e na ciência da informação. Ele orienta muitos programas de pesquisa qualitativa com a abordagem de que as realidades que estudamos são produtos sociais de atores, de interações e de instituições.

A construção do conhecimento

Tomando-se três autores principais, pode-se esclarecer como a gênese do conhecimento e suas funções podem ser descritas de um ponto de vista construcionista. Schutz (1962, p. 5) parte da seguinte premissa: "Todo o nosso conhecimento sobre o mundo, tanto no senso comum como no pensamento científico, envolve construtos, ou seja, um conjunto de abstrações, de generalizações, de formalizações e de idealizações, específico para o nível adequado da organização do pensamento". Schutz vê cada forma de conhecimento como construção elaborada por meio de seleção e de estruturação. As formas individuais diferenciam-se de acordo com o grau de estruturação e de idealização, e isso depende de suas funções. As construções serão mais concretas conforme a base da ação cotidiana, ou mais abstratas conforme um modelo para a construção de teorias científicas. Schutz relaciona processos distintos que têm em comum o fato de que a formação do conhecimento sobre o mundo não deve ser compreendida como mero retrato de determinados fatos, mas que os conteúdos são construídos em um processo de produção ativa. Essa interpretação foi, ainda, desenvolvida no construtivismo radical cujas "teses principais" foram formuladas por Glasersfeld (1992, p. 30), conforme segue:

1. Aquilo a que chamamos "conhecimento" em nenhum sentido representa o mundo que presumivelmente existe além do nosso contato com ele. (...) O construtivismo, como o pragmatismo, conduz a um conceito modificado de cognição/conhecimento. Consequentemente, o conhecimento está relacionado ao modo pelo qual organizamos nosso mundo experimental.
2. O construtivismo radical em *nenhum sentido* nega uma realidade externa. (...)
3. O construtivismo radical está de acordo com Barkeley quanto ao fato de que não seja razoável confirmar-se a existência de algo que não possa (em algum momento) ser percebido. (....)
4. O construtivismo radical adota a ideia fundamental de Vico de que o conhecimento humano é um constructo humano. (...)
5. O construtivismo renuncia a alegação de que a cognição é "verdadeira" no sentido de que reflete a realidade objetiva. Em vez disso, requer apenas que o conhecimento seja *viável* no sentido de que deva *ajustar-se* ao mundo experimental daquele que o conheça (...).

Visto dessa forma, o conhecimento organiza as experiências que primeiramente permitem a cognição do mundo além do sujeito ou organismo do experimento, sendo essas experiências estruturadas e compreendidas por meio dos conceitos e dos contextos construídos por esse sujeito. Se o quadro que é formado a partir disso é correto ou verdadeiro é algo que não pode ser determinado. Mas sua qualidade pode ser avaliada por sua *viabilidade*, ou seja, pelo alcance com que o quadro ou modelo permitem ao objeto encontrar seu caminho e agir no mundo. Aqui um ponto importante de orientação consiste na pergunta sobre como funciona a "construção de conceitos" (Glasersfeld, 1995, p. 76-88).

Para o construcionismo social, os processos de mudança social na gênese do conhecimento assumem uma significação especial e, particularmente, os conceitos que são utilizados. Consequentemente, Gergen formula o seguinte:

> pressupostos para um construcionismo social: os termos pelos quais damos conta do mundo e de nós mesmos não são ditados pelos objetos estipulados por essas nossas considerações (...). Os termos e os padrões pelos quais alcançamos uma compreensão do mundo e de nós mesmos são artefatos sociais, produtos das trocas histórica e culturalmente situadas entre as pessoas (...). O grau em que uma determinada consideração acerca do mundo ou de si mesmo sustenta-se através do tempo não depende da validade objetiva dessa consideração, mas sim das vicissitudes dos processos sociais (...). A linguagem obtém sua significação nos assuntos humanos a partir da maneira como funciona dentro dos padrões de relacionamento (...). Avaliar as formas existentes de discurso significa avaliar os padrões da vida cultural; essas avaliações dão voz a outros enclaves culturais. (Gergen, 1994, p. 49-50)

O conhecimento é construído em processos de mudança social, é baseado no papel da linguagem nessas relações, e, sobretudo, tem funções sociais. As eventualidades dos processos sociais implicados têm influência naquilo que permanecerá como uma explicação válida ou conveniente. Os atos relativos à pesquisa constituem também parte da construção social daquilo que podemos tratar ou encontrar na pesquisa social. E os atos relativos à escrita contribuem para essa construção social das esferas em estudo. Essas questões serão explicadas mais detalhadamente em relação à pesquisa qualitativa no capítulo seguinte.

Pontos-chave

- Três perspectivas de pesquisa com consequências distintas em função dos métodos utilizados para a adoção destas perspectivas na pesquisa empírica resumem as posturas teóricas na pesquisa qualitativa.
- Os pressupostos básicos e os avanços recentes descrevem essas perspectivas.
- Podem-se inferir alguns aspectos comuns entre essas perspectivas de pesquisa.
- Ao seguir através dessas perspectivas de pesquisa, encontram-se duas contribuições que desafiam a prática de pesquisa na fundamentação de uma estrutura teórica: o feminismo desafia as normalidades e as rotinas das vidas cotidianas que estudamos, assim como da prática da pesquisa.
- A distinção entre o positivismo e o construcionismo destaca as diferenças entre a pesquisa qualitativa e as ciências naturais (e aquelas ciências sociais que são produzidas de acordo com o modelo das ciências naturais).

Exercício 6.1

1. Procure um estudo publicado e identifique qual das perspectivas de pesquisa discutidas neste capítulo serviu como orientação ao pesquisador.
2. Reflita sobre sua própria pesquisa e identifique quais são os tópicos deste capítulo relevantes ao estudo.

NOTAS

1. Um ponto de partida é o pressuposto interacionista simbólico: "Deve-se conseguir entrar no processo de definição do ator para entender sua atuação" (Blumer, 1969, p. 16).
2. "Epifania", no sentido de James Joyce, como "um momento de experiência problemática que ilumina as características pessoais, e, muitas vezes, significa um ponto crítico na vida de uma pessoa" (Denzin, 1989a, p. 141).
3. Quanto à abordagem geral e aos interesses de pesquisa a ela vinculados, Bergmann afirma:
"A etnometodologia caracteriza a metodologia aplicada pelos membros de uma sociedade para o procedimento de atividades, que simplesmente constrói a realidade e a ordem social, sendo entendida como determinada e pressuposta para os atores. A realidade social é compreendida por Garfinkel como uma realidade procedimental, ou seja, uma realidade que é construída localmente (naquele momento e local, no curso da ação), endogenamente (ou seja, originando-se no interior da situação), audiovisualmente (ou seja, no ouvir e na fala, na percepção e na ação) pelos participantes na interação. O objetivo da etnometodologia é compreender o 'como', ou seja, os métodos dessa produção da realidade social em detalhes. Questiona, por exemplo, como os membros de uma família interagem de modo que possam ser percebidos enquanto uma família" (1980, p. 39).

LEITURAS ADICIONAIS

As duas primeiras referências oferecem visões gerais das posturas mais tradicionais aqui discutidas, enquanto as quatro últimas representam os avanços mais recentes.

Blumer, H. (1969) *Symbolic Interactionism: Perspective and Method*. Berkeley, CA: University of California.

Garfinkel, H. (1967) *Studies in Ethnomethodology*. Englewood Cliffs, NJ: Prentice-Hall.

Denzin, N.K. (1989a) *Interpretative Interactionism*. London: SAGE.

Denzin, N.K. (2004b) "Symbolic Interactionism", in U. Flick, E.v. Kardorff, I. Steinke (eds), *A Companion to Qualitative Research*. London: SAGE. pp. 81-87.

Flick, U. (ed.) (1998) *Psychology of the Social*. Cambridge: Cambridge University Press.

Reichertz, J. (2004) "Objective Hermeneutics and Hermeneutic Sociology of Knowledge", in U. Flick, E.v. Kardorff, I. Steinke (eds), *A Companion to Qualitative Research*. London: SAGE. pp. 290-295.

Feminismo e estudos de gênero

Gildemeister, R. (2004) "Gender Studies", in U. Flick, E.v. Kardorff, I. Steinke (eds), *A Companion to Qualitative Research*. London: SAGE. pp. 123-128.

Positivismo e construcionismo

Flick, U. (2004b) "Constructivism", in U. Flick, E.v. Kardorff, I. Steinke (eds), *A Companion to Qualitative Research*. London: SAGE. pp. 88-94.

7

Base epistemológica: construção e compreensão de textos

Texto e realidades, 83
O texto como concepção do mundo: construções de primeiro e segundo graus, 84
As construções sociais como pontos de partida, 85
A concepção do mundo no texto: mimese, 86
A mimese na relação entre a biografia e a narrativa, 88

OBJETIVOS DO CAPÍTULO
Após a leitura deste capítulo, você deverá ser capaz de:

✓ entender que a relação entre as realidades sociais em estudo e a representação nos textos utilizados para estudá-las não constitui uma simples relação individualizada.
✓ reconhecer a existência de diferentes processos de construção social envolvidos.
✓ identificar a mimese como um conceito eficaz para a descrição destes processos.
✓ empregar isso a uma forma proeminente de pesquisa qualitativa.

No capítulo anterior, argumentou-se no sentido de que o *verstehen*, a referência a casos, a construção da realidade e a utilização de textos como material empírico constituem aspectos comuns da pesquisa qualitativa que se interpõem nas diferentes posturas teóricas. A partir desses aspectos, surgem várias questões. Como é possível entender-se o processo de construção da realidade social no fenômeno em estudo, mas também no processo de estudá-lo? Como a realidade é apresentada ou produzida no caso que é (re)construído para fins investigativos? Qual a relação entre texto e realidades? Este capítulo irá esboçar e responder essas questões.

TEXTO E REALIDADES

Os textos servem a três finalidades no processo de pesquisa qualitativa: representam não apenas os dados essenciais nos quais as descobertas baseiam-se, mas também a base das interpretações e o meio central para a apresentação e a comunicação de descobertas. Esse é o caso não apenas para a hermenêutica, que faz da textualização do mundo um programa, mas, de uma forma mais geral, para os métodos atualmente em uso na pesquisa qualitativa. Qualquer uma das entrevistas abrange os dados, que são transformados em transcrições (isto é, textos), cujas interpretações são elaboradas posteriormente (nas observações, as notas de campo são, normalmente, o banco de dados textuais); ou a pesquisa é iniciada a partir da gravação de conversas e de situações naturais para assim chegar-se às transcrições e às interpretações. Em cada caso, constatamos que o texto é o resultado da coleta de dados e o instrumento para a interpretação. Se a pesquisa qualitativa pressupõe a compreensão das realidades sociais por meio da interpretação de textos, duas questões passam a ser particularmente relevantes: o que acontece na tradução da realidade para o texto, e o que acontece na retradução dos textos para a realidade ou na interferência a partir de textos para realidades?

Nesse processo, o texto é substituído pela realidade que é estudada. Assim que o pesquisador houver reunido os dados e os tiver transformado em texto, esse texto é utilizado como substituto para a realidade em estudo no processo posterior. Originalmente, as biografias eram estudadas; entretanto, agora a narrativa produzida na entrevista está disponível para a interpretação. A partir dessa narrativa, resta apenas o que foi "captado" pela gravação e o que está documentado pelo método de transcrição escolhido. O texto produzido dessa forma é a base das interpretações posteriores e das descobertas daí obtidas: verificar novamente as gravações acústicas seria tão incomum quanto voltar a verificar os sujeitos entrevistados (ou observados). É difícil estabelecer um controle do quanto e do que esse texto contém e reproduz do assunto original (por exemplo, de uma biografia). As ciências sociais, que necessariamente transformaram-se em uma ciência textual e que pressupõem os textos como formas de fixação e de objetivação de suas descobertas, devem prestar mais atenção a esses tipos de questões. Raramente citada, a questão da produção de *novas* realidades (por exemplo, a vida como narrativa) na geração e na interpretação de dados como textos e de textos como dados precisa ser mais discutida.

O TEXTO COMO CONCEPÇÃO DO MUNDO: CONSTRUÇÕES DE PRIMEIRO E SEGUNDO GRAUS

A impossibilidade de redução da relação existente entre o texto e a realidade a uma simples representação de determinados fatos tem sido discutida durante um bom tempo em diferentes contextos como uma "crise de representação". Na discussão em torno da questão sobre até que ponto o mundo possa ser representado em sistemas de computadores ou em sistemas cognitivos, Winograd e Flores (1986) expressam sérias dúvidas em relação a essa ideia básica da representação, enquanto Paul Ricoeur vê essas discussões como um tópico geral da filosofia moderna. Partindo dos debates na etnografia (por exemplo, Clifford e Marcus, 1986), essa crise é discutida, para a pesquisa qualitativa, como uma dupla crise de representação e de legitimação. Em termos da crise de representação, e como uma consequência da virada linguística nas ciências sociais, duvida-se que os pesquisadores sociais possam "apreender diretamente a experiência vivida. Argumenta-se agora que tal experiência é elaborada no texto social escrito pelo pesquisador. Essa é a crise da representação (...) Ela (...) estabelece o vínculo direto entre a experiência e a problemática do texto" (Denzin e Lincoln, 2000b, p. 17). A segunda crise é a da legitimação, na qual os critérios clássicos para a avaliação da pesquisa são rejeitados no caso da pesquisa qualitativa ou – seguindo o pós-modernismo – a possibilidade de legitimação do conhecimento científico é, em geral, rejeitada (ver Capítulo 30).

O ponto crucial nessas discussões é até onde, especialmente na pesquisa social, ainda somos capazes de supor a existência de uma realidade fora dos pontos de vista subjetivos ou socialmente compartilhados, na qual possamos validar sua "representação" em textos ou em outros produtos de pesquisa. As diversas variedades do construtivismo ou construcionismo social (para um breve panorama, ver Flick, 2004b) rejeitam tais suposições. Em vez disso, partem da ideia de que as realidades são produzidas ativamente pelos participantes através dos significados atribuídos a certos eventos e objetos, e de que a pesquisa social não pode fugir dessas atribuições de significados se quiser lidar com as realidades sociais. As perguntas que são feitas, e que devem ser feitas, nesse contexto, são: O que os próprios sujeitos sociais consideram ser real e *como*? Quais as condições em que essa avaliação se sustenta? E sob que condições os pesquisadores mantêm essa avaliação da realidade das coisas por eles observadas desta maneira?

Desta maneira, os pontos de partida para a pesquisa são as ideias dos eventos sociais, das coisas ou dos fatos que encontramos em um campo social em estudo e pela forma como essas ideias comunicam-se umas com as outras (ou seja, a competição, o conflito, o sucesso são compartilhados e considerados reais).

AS CONSTRUÇÕES SOCIAIS COMO PONTOS DE PARTIDA

Conforme Alfred Schutz já enunciou, os fatos apenas tornam-se relevantes por meio de sua seleção e interpretação:

> A rigor, coisas como fatos, pura e simplesmente, não existem. Todos os fatos são, desde o início, fatos selecionados por atividades de nossa mente a partir de um contexto universal. São, portanto, sempre fatos interpretados, quer sejam fatos observados isolados de seus contextos por meio de uma abstração artificial, ou fatos considerados dentro de seus cenários específicos. Tanto em um caso como no outro, eles carregam seus horizontes interpretacionais interiores e exteriores. (1962, p. 5)

Aqui, podemos traçar paralelos com Goodman (1978). Para Goodman, o mundo é socialmente construído através de diferentes formas de conhecimento – do conhecimento cotidiano à ciência e à arte como diferentes "modos de concepção do mundo". De acordo com Goodman – e Schutz – a pesquisa social é uma análise desses modos de concepção do mundo e dos esforços construtivos dos participantes em sua vida cotidiana. Uma ideia central nesse contexto é a distinção elaborada por Schutz entre as construções de primeiro e segundo graus. De acordo com Schutz, "os constructos das ciências sociais são, por assim dizer, constructos de segundo grau, ou seja, são constructos dos constructos produzidos pelos atores na cena social". Nesse sentido, Schutz afirma que "a exploração dos princípios gerais de acordo com os quais, na vida diária, o homem organiza suas experiências, e, particularmente, aquelas relacionadas ao mundo social, consiste na primeira tarefa da metodologia das ciências sociais" (1962, p. 59).

De acordo com essa visão, a percepção e o conhecimento cotidianos constituem a base para os cientistas sociais desenvolverem uma "versão do mundo" (Goodman, 1978) mais formalizada e generalizada. Da mesma maneira, Schutz (1962, p. 208-210) admite a ideia de "realidades múltiplas", das quais o mundo da ciência é apenas uma, estando organizado, em parte, de acordo com os mesmos princípios da vida e, em parte, de acordo com outros princípios.

Construção
Textos como versões do mundo

Experiência
Ambiente, eventos e atividades naturais e sociais

Interpretação
Compreensão, atribuição de significado

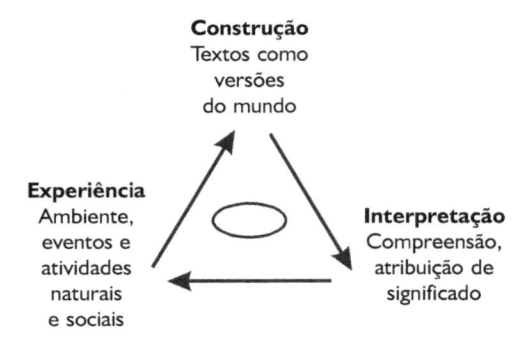

Figura 7.1 Compreensão entre construção e interpretação.

Particularmente, a pesquisa das ciências sociais enfrenta o problema de deparar-se com o mundo que deseja estudar sempre e somente naquelas versões desse mundo construído pelos sujeitos que interagem de forma comum e competitiva. O conhecimento científico e as apresentações de inter-relações incluem diferentes processos de construção da realidade – construções cotidianas e subjetivas, por parte daqueles que estão sendo estudados; e construções científicas (isto é, mais ou menos codificadas) por parte dos pesquisadores na coleta, no tratamento e na interpretação de dados, bem como na apresentação de descobertas (ver Figura 7.1).

Nessas construções, as relações pressupostas são traduzidas: a experiência cotidiana é traduzida em conhecimento por aqueles que estão sendo estudados, enquanto os relatos dessas experiências ou eventos e atividades são traduzidos em textos pelos pesquisadores. Como tornar esses processos de tradução mais concretos?

A CONCEPÇÃO DO MUNDO NO TEXTO: MIMESE

Para respondermos essa pergunta, buscaremos na estética e nas ciências literárias (ver Iser, 1993) o conceito de mimese, que pode oferecer *insights* para uma ciência social baseada em textos. A mimese refere-se à transformação de mundos (originalmente, por exemplo, em Aristóteles, naturais) em mundos simbólicos. Em um primeiro momento, foi entendida como a "imitação da natureza"; entretanto, esse conceito foi discutido de forma mais ampla (Gebauer e Wulf, 1995). Um exemplo sucinto de mimese, e largamente utilizado, é a apresentação das relações naturais ou sociais nos textos dramáticos ou literários, ou no palco: "Nessa interpretação, a mimese caracteriza o ato de produção de um mundo simbólico que abarca tanto elementos práticos quanto teóricos" (1995, p. 3). No entanto, o interesse nesse conceito agora vai além das apresentações em textos literários ou no teatro. Discussões recentes tratam a mimese como um princípio geral com o qual se traça, em detalhes, a compreensão do mundo e dos textos:

> O indivíduo "assimila-se" ao mundo por meio de processos miméticos. A mimese possibilita que os indivíduos saiam de si mesmos, tracem o mundo exterior dentro de seu mundo interior e dêem expressão a sua interioridade. Estabelece uma proximidade, de outra maneira inatingível, com os objetos, sendo, assim, uma condição necessária da compreensão. (Gebauer e Wulf, 1995, p. 2-3)

Ao aplicar essas considerações à pesquisa qualitativa e aos textos utilizados dentro da pesquisa, os elementos miméticos podem ser identificados nos seguintes aspectos:

- na transformação da experiência em narrativas, relatos, etc., por parte das pessoas que estão sendo estudadas;
- na construção de textos a partir dessa base, e na interpretação de tais construções por parte dos pesquisadores;
- por último, quando essas interpretações são realimentadas em contextos cotidianos, por exemplo, na leitura das apresentações dessas descobertas.

Para analisar os processos miméticos na construção e na interpretação de textos de ciências sociais, as considerações de Ricoeur (1981; 1984) oferecem um ponto de partida produtivo. Em relação aos textos literários, Ricoeur separa o processo mimético – "de forma brincalhona, porém com seriedade" – em três etapas: mimese$_1$, mimese$_2$ e mimese$_3$:

> A hermenêutica, no entanto, preocupa-se com a reconstrução de todo o arco de operações através do qual a experiência prática arranja-se com trabalhos, autores e leitores (...) Surgirá como um corolário, ao final desta análise, que o leitor seja aquele operador por excelência que adota, por meio de uma ação – o ato da leitura –, a unidade do transversal, partindo da mimese$_1$ para a mimese$_3$ através da mimese$_2$. (1984, p. 53)

A leitura e a compreensão de textos tornam-se um processo ativo de produção da realidade que envolve não apenas o autor dos textos (no nosso caso, de ciência social), mas também a pessoa a quem eles são escritos e que os lê. Transferindo-se para a pesquisa qualitativa, isso significa que, na produção de textos (sobre determinado assunto, interação ou evento), a pessoa que lê e interpreta o texto escrito está tão envolvida na construção da realidade quanto a pessoa que redige o texto. No entendimento de Ricoeur, podem-se distinguir três formas de mimese em uma ciência social baseada em textos:

- As interpretações cotidianas e científicas são sempre baseadas em uma concepção prévia da atividade humana e dos eventos sociais e naturais, *mimese$_1$*. "Qualquer que possa ser a categoria dessas histórias, que são, de alguma forma, anteriores à narração que a elas podemos dar, a mera utilização da palavra 'história' (tomada neste sentido pré-narrativo) atesta a nossa compreensão prévia de que a ação seja humana, até o ponto em que caracteriza uma história de vida que merece ser contada. A mimese$_1$ é essa compreensão prévia do que seja a ação humana, de sua semântica, seu simbolismo, sua temporalidade. A partir dessa compreensão prévia, que é comum aos poetas e seus leitores, surge a ficção, e, com ela, vem a segunda forma de mimese, que é textual e literária." (Ricoeur, 1981, p. 20).
- A transformação mimética no "processamento" de experiências de ambientes sociais ou naturais em textos – quer seja nas narrativas cotidianas relatadas a outras pessoas, em determinados documentos, ou na produção de textos para fins de pesquisa – deve ser entendida como um processo de construção, *mimese$_2$*: "Esse é o reino da mimese$_2$ entre a antecedência e a descendência do texto. Nesse nível, a mimese pode ser definida como a configuração da ação" (1981, p. 25).
- A transformação mimética de textos em compreensão ocorre por meio de processos de interpretação, mimese$_3$ – na compreensão cotidiana de narrativas, documentos, livros, jornais, etc., exatamente da mesma forma que nas interpretações científicas dessas narrativas, documentos de pesquisa (protocolos, transcrições, etc.), ou textos científicos: "A mimese$_3$ assinala a interseção entre o mundo do texto e o mundo do ouvinte ou leitor" (1981, p. 26).

De acordo com essa visão formulada por Ricoeur, ao lidar com textos literários, os processos miméticos podem ser situados, na compreensão da ciência social, como a interação da construção e da interpretação de experiências (Figura 7.2).

A mimese abrange a passagem da compreensão prévia através do texto até a interpretação. O processo é realizado no ato da construção e da interpretação, bem como no ato da compreensão. A compreensão, enquanto processo ativo de construção, envolve aquele que compreende. Conforme essa concepção de mimese, esse pro-

Figura 7.2 Processo da mimese.

(Diagrama: Construção — Textos como versões do mundo; Experiência — Ambiente, eventos e atividades naturais e sociais; Interpretação — Compreensão, atribuição de significado; setas mimese₁, mimese₂, mimese₃)

cesso não se limita ao acesso a textos literários, estendendo-se à compreensão como um todo e, portanto, também à compreensão enquanto conceito de conhecimento na estrutura de pesquisa da ciência social. Esse tópico foi esclarecido por Gebauer e Wulf (1995) em sua discussão geral sobre a mimese, ao referirem-se à teoria de Goodman (1978) sobre as diferentes formas de concepção do mundo e as versões de mundo resultantes como consequência do conhecimento:

> O saber, nos termos desse modelo, é uma questão de invenção: os modos de organização "não são encontrados no mundo, mas, sim, *formam um mundo*". A compreensão é criativa. Com o auxílio da teoria de Goodman sobre a concepção do mundo, a mimese pode ser reabilitada em oposição a uma tradição que rigidamente a privou do elemento criativo – e que, por si só, baseia-se em pressuposições falsas: o objeto isolado do conhecimento, a suposição de um mundo existente fora dos sistemas de codificação, a ideia de que a verdade é a correspondência entre os enunciados e um mundo extralinguístico, o postulado de que o pensamento pode ser traçado de volta a uma origem. Nada dessa teoria permaneceu intacto após a crítica de Goodman: os mundos são construídos "*a partir de outros mundos*". (1995, p. 17)

Assim, Gebauer e Wulf discutem a mimese nos termos da construção do conhecimento em geral. Por sua vez, Ricoeur utiliza-a para analisar os processos de compreensão da literatura de um modo particular, sem invocar a ideia limitada e estrita da representação de determinados mundos em textos, e sem o conceito restrito da realidade e da verdade[1].

A MIMESE NA RELAÇÃO ENTRE A BIOGRAFIA E A NARRATIVA

Para maior esclarecimento, essa ideia do processo mimético será aplicada a um procedimento comum na pesquisa qualitativa. Grande parte da prática de pesquisa concentra-se na reconstrução de histórias de vida ou biografias, a partir de entrevistas (ver Capítulo 14). O ponto de partida é a suposição de que uma narrativa seja a forma apropriada de apresentação de uma experiência biográfica (para mais detalhes, ver os Capítulos 14, 15 e 16). Nesse contexto, Ricoeur mantém "a tese de uma qualidade narrativa ou pré-narrativa da experiência como tal" (1981, p. 20). Quanto à relação mimética entre as histórias de vida e as narrativas, Bruner destaca

> que a mimese entre a vida assim denominada e a narrativa é uma questão de duas

vias (...) A narrativa imita a vida, a vida imita a narrativa. Nesse sentido, a "vida" é o mesmo tipo de construção da imaginação humana que a "narrativa". É construída pelos seres humanos através do raciocínio ativo, pelo mesmo tipo de raciocínio por meio do qual construímos narrativas. Quando alguém lhe conta sua vida (...) é sempre uma realização cognitiva, em vez de um relato cristalino de algo oferecido univocamente. No fim, trata-se de uma realização narrativa. Não existe, psicologicamente, algo como "a vida em si mesma". É, no mínimo, uma realização seletiva de recordação da memória; mais do que isso, relatar a vida de alguém é uma façanha interpretativa. (1987, p. 12-13)

Isso significa que uma narrativa biográfica da própria vida de alguém não é uma representação de processos factuais. Torna-se uma apresentação mimética de experiências que são construídas na forma de uma narrativa para esse propósito – na entrevista. A narrativa, em geral, fornece uma estrutura na qual as experiências podem ser situadas, apresentadas e avaliadas – em resumo, na qual elas são vividas. O assunto estudado pela pesquisa qualitativa (aqui) já está construído e interpretado na vida cotidiana na forma em que ela deseja estudá-lo, isto é, como uma narrativa. Na situação de entrevista, essa forma cotidiana de interpretação e de construção é aplicada para transformar essas experiências em um mundo simbólico – as ciências sociais e seus textos. As experiências são, então, reinterpretadas a partir desse mundo: "Na referência mimética, faz-se uma interpretação a partir da perspectiva de um mundo simbolicamente produzido de um mundo anterior (mas não necessariamente existente), que, por si só, já tenha sido sujeito à interpretação. A mimese traduz, de uma nova maneira, mundos já traduzidos" (Gebauer e Wulf, 1995, p. 317).

Na reconstrução de uma vida a partir de uma questão de pesquisa específica, constrói-se e interpreta-se uma versão das experiências. Não é possível, dessa maneira, verificar-se em que medida a vida e as experiências realmente aconteceram conforme o que foi relatado. Mas é possível averiguar quais as construções que o sujeito narrador apresenta de ambas, e quais versões evoluem na situação de pesquisa. No que se refere à apresentação das descobertas dessa reconstrução, essas experiências e o mundo no qual elas foram produzidas serão apresentados e vistos de um modo específico – por exemplo, em uma (nova) teoria com pretensões de validade. "A ação mimética implica a intenção de expor um mundo simbolicamente produzido de tal forma que ele seja percebido como um mundo específico" (1995, p. 317). A mimese torna-se relevante nas interseções do mundo gerado simbolicamente na pesquisa, e do mundo da vida cotidiana ou dos contextos que a pesquisa investiga empiricamente: "A mimese é, por natureza, intermediária, estendendo-se entre um mundo simbolicamente produzido e outro" (1995, p. 317).

Seguindo as opiniões de vários dos autores aqui mencionados, a mimese evita aqueles problemas que fizeram com que o conceito de representação acabasse em uma crise e se transformasse em uma ilusão[2]. A mimese pode ser desconectada do conceito da apresentação e da compreensão literárias e utilizada, nas ciências sociais, como um conceito que considera que as coisas, para serem compreendidas, são sempre apresentadas em níveis diferentes. Os processos miméticos podem ser identificados no processamento das experiências nas práticas cotidianas, em entrevistas e, por meio destas, na construção de versões do mundo que sejam textualizadas e textualizáveis (ou seja, acessíveis às ciências sociais, assim como na produção de textos para fins de pesquisa). Nos processos miméticos, são produzidas versões do mundo que podem ser compreendidas e interpretadas na pesquisa social.

Estudo de caso:

A mimese na construção social do eu e a tecnologia

Estudou-se a representação social da tecnologia e a forma como esta se integrou na vida cotidiana e a transformou (ver Flick, 1995). O estudo envolveu vários grupos (engenheiros de informação, cientistas sociais e professores) em três contextos (França, Alemanha Oriental e Ocidental). Foi solicitado aos indivíduos desses grupos que relatassem histórias sobre os primeiros encontros com a tecnologia que tivessem lembrança. Essas histórias não foram apenas representações dos eventos, mas também revelaram as formas como os contadores das histórias vêem a si mesmos em relação à tecnologia. Nessas histórias, podemos encontrar os processos miméticos de construção da realidade, da personalidade e da tecnologia. Por exemplo, os engenheiros de informação contam uma história que demonstra formas bem-sucedidas na condução de atividades técnicas (por exemplo, na reparação exitosa de um aparelho eletrônico quebrado) ou no seu *domínio ativo* de máquinas (por exemplo, ao aprender a dirigir um grande caminhão, quando garoto). As histórias dos cientistas sociais tratam dos *fracassos em função do dispositivo ou experiências* mais ou menos passivas na utilização de *brinquedos*, enquanto os professores relatam como *observavam o manuseio de tecnologias por parte de seus parentes* (por exemplo, o avô cortando madeira ou o tio trabalhando com uma serra circular). Em todos os grupos, encontramos narrativas de situações que mostravam o papel da tecnologia na família. Enquanto essas narrativas encontram-se relacionadas a uma *decisão por uma profissão técnica* no caso dos engenheiros de informação, as consequências são opostas no caso dos outros grupos. Por exemplo, uma engenheira de informação conta como ela decidiu tornar-se engenheira de informação contra a vontade de seu pai e contra o clima antitecnologia que ela sentia na família, ao passo que um professor relatou sobre as expectativas de seu pai de que ele devesse escolher uma profissão técnica e que ele teve de desapontar.

Os temas comuns para as pessoas entrevistadas na Alemanha Ocidental podem ser situados junto à dimensão da *atuação* com a tecnologia *em contraste com a observação* de outras pessoas na mesma situação, enquanto as histórias do conjunto de pessoas entrevistadas na Alemanha Oriental situam-se junto à dimensão de *domínio e fracasso* e em torno do tema de fundo *da família e da tecnologia*. Conjuntamente a este último tópico, os entrevistados franceses contam histórias que podem ocupar a dimensão do *êxito em contraste com o fracasso*. Como linhas de tópicos gerais para todas as histórias, podemos notar a dimensão *êxito-atividade-fracasso* e o tema de fundo *da família e da tecnologia*.

Para usar esse conceito na descrição do processo da construção social de objetos, processos, etc., os pesquisadores podem observar o que as pessoas dizem quando questionadas sobre seu primeiro encontro com a tecnologia, por exemplo. As perguntas relevantes neste caso são: Que tipo de versão eles constroem daquele encontro? Em que tipo de contexto eles inserem essa experiência? Quais os tipos de processos ou de mudanças sociais ocorridos a partir desse encontro entre os seres humanos e a tecnologia que os entrevistados mencionam na ocasião ou tentam explicar ao pesquisador ou a si mesmos? Abordando novamente as narrativas apresentadas acima, os aspectos miméticos podem ser observados, por um lado, nas interpretações retrospectivas dos entrevistados de suas próprias relações com a tecnologia, como formação ativa, atuação exitosa ou fracassada. Por outro lado, as relações com suas famílias são interpretadas e utilizadas para a reconstrução e a contextualização do próprio acesso do indivíduo à tecnologia. Aqui, a tecnologia torna-se um instrumento interpretativo da própria autoimagem (a favor ou contra a tecnologia), bem como de uma relação social específica – o contexto familiar do indivíduo. À primeira vista, isso pode parecer circular, mas, ao contrário, deve ser compreendido como os dois lados da mesma moeda. Os contextos são utilizados para encaixar objetos ou experiências específicos, e esses objetos ou experiências são também usados para a interpretação e a compreensão destes contextos. Tanto a autoimagem, como a relação social, tornam-se instrumentos para interpretar a própria relação de uma pessoa com a tecnologia, pelo menos em situações de primeira experiência. A tecnologia presta-se para a interpretação e a construção de uma parte das experiências e dos contatos sociais de um indivíduo, sendo esses utilizados para interpretar-se o próprio encontro do indivíduo com a tecnologia. As interpretações miméticas são duplas: por um lado, o encaixe de experiências relacionadas à tecnologia em contextos sociais e autorrelacionados sublinha a construção subjetiva da tecnologia como fenômeno social; por outro lado, a tecnologia é usada para interpretar e ancorar experiências sociais e autobiográficas (mimese$_1$, segundo Ricoeur). A tecnologia é, aqui, o tema ou meio através do qual essas situações são retrospectivamente reconstruídas. As situações são pontos de partida para fixarem-se retrospectivamente os novos aspectos da tecnologia como fenômeno. Nessa fixação retrospectiva, bem como na distribuição e na diferenciação sociais entre grupos sociais e contextos culturais, a representação social da tecnologia torna-se evidente.

A diferenciação de Ricoeur das diversas formas de mimese e a distinção de Schutz entre as construções cotidianas e as científicas podem contribuir ainda mais para o esquema reivindicado por Goodman com a suposição de diferentes versões do mundo construídas de modo cotidiano, artístico e científico. Isso permite ao pesquisador evitar as ilusões e as crises características da representação, ainda que sem desconsiderar os elementos construtivos no processo de representação (ou melhor, apresentação), assim como no processo de compreensão.

A pesquisa qualitativa, que adota como princípio epistemológico a compreensão percebida em diferentes procedimentos metodológicos, já se confronta com a construção da realidade por parte de seu "objeto". As experiências não são simplesmente refletidas nas narrativas ou nos textos de ciências sociais produzidos sobre elas. A ideia de refletir a realidade na apresentação, na pesquisa e no texto terminou em crise. Essa noção pode ser substituída pelo círculo de vários estágios da mimese, de acordo com Ricoeur, de modo a levar em consideração as construções daqueles que participam da compreensão científica (ou seja, o indivíduo em estudo, o autor dos textos a seu respeito e o leitor). A diferença entre a compreensão cotidiana e a científica na pesquisa qualitativa está na sua organização metodológica no processo de pesquisa, a qual será tratada com mais detalhes nos capítulos seguintes.

Pontos-chave

- Os textos constituem o material básico da maior parte da pesquisa qualitativa.
- A produção de textos no processo de pesquisa é um caso especial da construção social da realidade.

Exercício 7.1

1. Explique a diferença entre a construção de primeiro grau e a construção de segundo grau de uma entrevista biográfica.
2. Descreva as três formas de mimese do mesmo exemplo.

- A concepção do mundo e a mimese são dois conceitos para a descrição do processo de construção social de texto e de realidades.
- O modelo de Ricoeur das três formas de mimese descreve o processo da construção social passo a passo.
- As narrativas sobre biografias são exemplos dessa construção em que a mimese desempenha um papel central.

NOTAS

1. "Nesse sentido, a mimese está à frente dos nossos conceitos de referência, o real e a verdade. Engendra uma necessidade ainda não contemplada de maior reflexão" (Ricoeur, 1981, p. 31).
2. "A mimese, que me parece menos fechada, menos aprisionada e mais rica em polissemia e, por isso, mais móvel e mais mobilizadora para uma investida da ilusão representativa" (Ricoeur, 1981, p. 15)

LEITURAS ADICIONAIS

A postura epistemológica que aparece brevemente delineada aqui está baseada nas últimas quatro referências e encontra-se mais detalhada e colocada em termos empíricos na primeira referência.

Flick, U. (1995) "Social Representations", in R. Harré, J. Smith, L. Van Langenhove (eds), *Rethinking Psychology*. London: SAGE. pp. 70-96.

Gebauer, G., Wulf, C. (1995) *Mimesis: Culture, Art, Society*. Berkeley, CA: University of California Press.

Goodman, N. (1978) *Ways of Worldmaking*. Indianapolis: Hackett.

Ricoeur, P. (1984) *Time and Narrative*, Vol. 1. Chicago: University of Chicago Press.

Schutz, A. (1962) *Collected Papers*, Vol. 1. Deen Haag: Nijhoff.

PARTE III

Plano de pesquisa

A Parte III apresentará diversos aspectos do processo de pesquisa que podem ser resumidos como planejamento da pesquisa e elaboração de um plano de pesquisa. Concentra-se nos estágios do processo de pesquisa anteriores à coleta e à análise dos dados. Comparamos os diferentes modelos de processo de pesquisa aplicados na pesquisa quantitativa e na pesquisa qualitativa (Capítulo 8) antes de abordarmos a relevância e os problemas práticos da formulação de um bom projeto de pesquisa (Capítulo 9). Como veremos, entrar no campo de pesquisa não é apenas um problema técnico para o qual existem soluções simples disponíveis. Os problemas e as estratégias desta etapa encontram-se delineados no Capítulo 10. Na pesquisa qualitativa, a amostragem, novamente, é distinta das práticas-padrão da pesquisa quantitativa; os modelos e as armadilhas desse tipo de pesquisa são discutidos a seguir (Capítulo 11). O último capítulo desta parte reúne a discussão dos planos de pesquisa (Capítulo 12), de modo que serve como preparação para a etapa seguinte – deparar-se com o campo, com as pessoas e com a coleta de dados.

8
O processo da pesquisa qualitativa

A pesquisa como processo linear, 96
O conceito de processo na pesquisa teoria fundamentada, 96
A linearidade e a circularidade do processo, 97
As teorias no processo de pesquisa como versões do mundo, 98

OBJETIVOS DO CAPÍTULO
Após a leitura deste capítulo, você deverá ser capaz de:

✓ compreender que o processo de pesquisa na pesquisa qualitativa é, normalmente, diferente do processo de etapas claramente definidas da pesquisa quantitativa.
✓ explicar as diferentes funções da teoria no processo da pesquisa qualitativa.
✓ utilizar um estudo de caso para compreender como funcionam o uso da teoria na pesquisa qualitativa e o processo de pesquisa.

A pesquisa qualitativa não pode ser caracterizada pela preferência por determinados métodos em relação a outros. A pesquisa qualitativa e a quantitativa não são opostos incompatíveis que não devam ser combinados (ver Capítulo 3); nem cabe reabrir aqui debates metodológicos antigos e improdutivos sobre questões básicas. Contudo, a pesquisa qualitativa pressupõe, sim, uma compreensão diferente da pesquisa em geral, que vai além da decisão de utilizar uma entrevista narrativa ou um questionário, por exemplo. A pesquisa qualitativa abrange um entendimento específico da relação entre o tema e o método (ver Becker, 1996). Ademais, somente de uma forma muito restrita ela é compatível com a lógica de pesquisa familiar à pesquisa experimental ou quantitativa. Nesse tipo de pesquisa, o processo da pesquisa pode ser habilmente organizado em uma sequência linear de etapas conceituais, metodológicas e empíricas. Cada etapa pode ser tomada e considerada uma após a outra e separadamente. Se o pesquisador quiser fazer pesquisa qualitativa, precisará levar em consideração, ainda mais, o fato de que há uma interdependência mútua das etapas isoladas do processo de pesquisa. Glaser e Strauss (1967) desenvolveram essa ideia do processo de pesquisa com maior clareza na abordagem sobre a pesquisa teoria fundamentada (ver também Strauss e Corbin, 1990; e Strauss, 1987).

A PESQUISA COMO PROCESSO LINEAR

Primeiramente, devemos considerar o conceito tradicional do processo de pesquisa. A versão tradicional das ciências sociais quantitativas parte da construção de um modelo: antes de entrar no campo a ser estudado, e enquanto estiver ainda sentado a sua mesa, o pesquisador constrói um modelo das condições e das relações supostas. O ponto de partida do pesquisador é o conhecimento teórico extraído da literatura ou de descobertas empíricas mais antigas. A partir disso, obtém-se hipóteses que são operacionalizadas e testadas em condições empíricas. Os "objetos" concretos ou empíricos de pesquisa, como um determinado campo ou pessoas reais, são considerados exemplares, e sobre os quais são testadas as relações gerais supostas (na forma de hipóteses). O objetivo é que se possa garantir a representatividade dos dados e das descobertas – por exemplo, no caso do delineamento de amostras aleatórias das pessoas estudadas. Outro objetivo, ainda, é a decomposição de relações complexas em variáveis distintas, o que permite ao pesquisador isolar e testar seus efeitos. As teorias e os métodos antecedem o objeto de pesquisa. As teorias são testadas e possivelmente falsificadas no caminho. Se forem ampliadas, o serão por meio de hipóteses adicionais, que serão novamente testadas empiricamente, e assim por diante.

O CONCEITO DE PROCESSO NA PESQUISA TEORIA FUNDAMENTADA

Em contraposição a este modelo linear e orientado pela teoria, a abordagem da teoria fundamentada dá prioridade aos dados e ao campo em estudo sobre as suposições teóricas. As teorias não devem ser aplicadas ao sujeito que está sendo estudado, mas sim "descobertas" e formuladas no trabalho com o campo e com os dados empíricos ali encontrados. O fator determinante na seleção dos objetos de estudo é sua relevância ao tema da pesquisa; eles não são selecionados por constituírem uma amostra estatisticamente representativa da população geral. O objetivo não é reduzir a complexidade por meio de um processo de decomposição em variáveis, mas, em vez disso, ampliar a complexidade ao incluir o contexto. Os métodos devem também ser apropriados ao assunto em estudo, e precisam ser escolhidos dessa forma. A relação da teoria com o trabalho empírico nesse tipo de pesquisa é delineada da seguinte maneira: "O princípio da abertura implica que a estruturação teórica do tema em estudo seja adiada até que esse tema tenha 'surgido' estruturado pelas pessoas que estiverem sendo estudadas" (Hoffmann-Riem, 1980, p. 343). Aqui, postula-se que o pesquisador deva, ao menos, suspender o conhecimento teórico *a priori* que traz ao campo. No entanto, em contraste a um equívoco amplamente difundido, esse postulado, sobretudo, refere-se mais ao modo de lidar com hipóteses e menos à decisão sobre a questão da pesquisa (ver o capítulo seguinte): "A demora na estruturação implica o abandono da formulação *ex ante* de hipóteses. Na verdade, a questão de pesquisa é delineada sob aspectos teóricos (...) Mas a elaboração não culmina em (...) um conjunto de hipóteses" (1980, p. 345).

Esse entendimento da pesquisa qualitativa sugere que o pesquisador deva adotar uma atitude do que, em um outro contexto, foi denominada "atenção uniformemente suspensa". Segundo Freud, isso permite que se evitem os seguintes problemas:

> Pois assim que alguém, até certo ponto, concentra deliberadamente sua atenção, essa pessoa inicia uma seleção a partir do material a sua frente; um ponto estará fixado em sua mente com particular clareza, e outro será, igualmente, desconsiderado – ao fazer essa seleção, a pessoa estará seguindo suas expectativas ou propensões. Isso, no entanto, é precisamen-

te o que não deve ser feito. Ao fazer essa seleção, se ela seguir suas expectativas, correrá o risco de nunca descobrir nada além do que já sabe; e, se seguir suas inclinações, com certeza, falsificará aquilo que pode perceber. (1958, p. 112)

Aplicado à pesquisa qualitativa, isso significa que os pesquisadores – em parte, por suas próprias suposições e estruturas teóricas que orientam sua atenção para aspectos concretos, mas também devido a seus próprios temores – poderiam permanecer cegos em relação às estruturas do campo ou à pessoa em estudo. Isso faz com que pesquisadores e suas pesquisas percam a descoberta do verdadeiro "novo".

O modelo do processo na pesquisa teoria fundamentada inclui, principalmente, os seguintes aspectos: amostragem teórica (ver Capítulo 11), codificação teórica (ver Capítulo 23) e redação da teoria (ver Capítulo 30). Essa abordagem concentra-se intensamente na interpretação dos dados, não importando como eles foram coletados. Aqui, a questão sobre qual método deva ser empregado na coleta de dados torna-se secundária. As decisões sobre os dados a serem incorporados e os métodos a serem utilizados para isso baseiam-se no estado da teoria em desenvolvimento após a análise dos dados já em mãos no momento.

Vários aspectos do modelo de Glaser e Strauss tornam-se, por si mesmos, relevantes nas discussões metodológicas e na prática da pesquisa qualitativa. A amostragem teórica, em particular, enquanto estratégia para a definição de uma amostra passo a passo, é também aplicada em pesquisas que utilizem de métodos de interpretação totalmente diferentes daqueles sugeridos por Glaser e Strauss, ou naquelas em que não exista a pretensão de elaboração de uma teoria. A codificação teórica como método de interpretação de textos ganhou também sua própria relevância. A ideia de desenvolver teorias através da análise de material empírico tornou-se, por si só, essencial para as discussões da pesquisa qualitativa, de forma completamente independente da utilização simultânea de métodos da abordagem. Muitas vezes, os pesquisadores ignoram a consistência com a qual a abordagem de Strauss inter-relaciona seus componentes individuais. A amostragem teórica, por exemplo, só é, de fato, exequível enquanto estratégia mediante a avaliação da consequência de que nem todas as entrevistas sejam concluídas no primeiro estágio, e de que a interpretação dos dados se inicie apenas após a conclusão das entrevistas. É, sim, a interpretação imediata dos dados coletados que constitui a base para as decisões relativas à amostragem. Essas decisões não ficam limitadas à seleção de casos, mas abrangem também as decisões sobre o tipo de dados a integrar a seguir e – em casos extremos – sobre a mudança do método.

A LINEARIDADE E A CIRCULARIDADE DO PROCESSO

Essa circularidade das partes do processo de pesquisa no modelo da pesquisa *teoria fundamentada* é uma característica central da abordagem e consistiu na força que amparou um grande número de abordagens surgidas a partir das análises de casos (por exemplo, Ragin e Becker, 1992). No entanto, essa circularidade causa problemas quando o modelo linear geral de pesquisa (teoria, hipóteses, operacionalização, amostragem, coleta de dados, interpretação de dados, validação) é aplicado na avaliação da pesquisa. Em geral, esse é o caso em dois aspectos: na proposição de um projeto de pesquisa ou na solicitação de recursos e na avaliação dessa pesquisa e de seus resultados realizada por meio da utilização de indicadores tradicionais de qualidade (ver Capítulo 28).

Contudo, apesar desse problema, a circularidade representa um dos pontos fortes da abordagem, uma vez que obriga o pesquisador a refletir permanentemente sobre todo o processo de pesquisa e sobre etapas específicas à luz das outras etapas – ao menos quando aplicada de modo consistente. A ligação próxima (também temporalmente) entre a coleta e a interpretação dos dados, por um lado, e a seleção de material empírico, por outro, de forma diferente da que ocorre no método linear tradicional de procedimento, permite ao pesquisador não apenas repetir a questão seguinte, várias vezes, como também respondê-la: Até que ponto os métodos, as categorias e as teorias empregadas fazem justiça ao sujeito e aos dados?

AS TEORIAS NO PROCESSO DE PESQUISA COMO VERSÕES DO MUNDO

Agora, qual a função das teorias[1] no processo de pesquisa ao modo de Glaser e Strauss? Existem dois pontos de partida para responder-se a essa questão. O primeiro é o conceito de Goodman (1978), segundo o qual as teorias – de maneira semelhante a outras formas de apresentação de relações empíricas – são versões do mundo. Essas versões sofrem um processo contínuo de revisão, de avaliação, de construção e de reconstrução. De acordo com esse conceito, as teorias não são representações (certas ou erradas) de determinados fatos, mas versões ou perspectivas por meio das quais o mundo é percebido. Pela formulação de uma versão e pela perspectiva sobre o mundo nela escondido, determina-se a percepção do mundo de modo a reabastecer a construção social dessa perspectiva, e, assim, o mundo a nossa volta (ver Capítulo 7). Assim, as teorias, enquanto versões do mundo, tornam-se preliminares e relativas. Uma maior elaboração da versão (por exemplo, por meio de interpretações adicionais de novos materiais) conduz a um reforço do embasamento empírico do objeto que é estudado. Mas, aqui, o processo de pesquisa também não inicia como uma *tabula rasa*. O ponto de partida é, antes, uma compreensão prévia do tema ou campo em estudo.

Desse modo, o segundo ponto de referência para a definição do papel das teorias no modelo de pesquisa da teoria fundamentada é a primeira regra que Kleining formula para a pesquisa qualitativa: "A compreensão inicial dos fatos em estudo deve ser considerada preliminar, devendo ser superada com informações novas, não-congruentes" (1982, p. 231).

Os pressupostos teóricos tornam-se relevantes enquanto versões preliminares da compreensão do objeto que está sendo estudado e da perspectiva sobre este, as quais são formuladas e, sobretudo, ainda aperfeiçoadas no curso do processo de pesquisa. Essas revisões de versões, baseadas no material empírico, impulsionam a construção do tema em estudo. As decisões metodológicas do pesquisador, da forma como estão esboçadas no modelo de Glaser e Strauss, contribuem para essa construção.

A pesquisa qualitativa ajusta-se à lógica tradicional e linear de pesquisa apenas de modo limitado. Ou melhor, o encadeamento circular das etapas empíricas, conforme sugere o modelo de Glaser e Strauss (ver Figura 8.1), faz justiça ao caráter da descoberta na pesquisa qualitativa. Deve-se referir o contexto desse modelo de processo de pesquisa quando partes isoladas – como a amostragem teórica – são dele extraídas e utilizadas isoladamente. Essa compreensão orientada ao processo permite que se perceba o princípio epistemológico do *verstehen* com um maior grau de sensibilidade do que nos planos lineares. A relativa relevância das teorias, enquanto versões do objeto a ser reformulado, leva em conta, com maior seriedade, a construção da realidade no processo de pesquisa. A parte central, reservada à interpretação dos dados (comparada com sua coleta ou com a construção *a priori* de planos elaborados), considera o fato de que o texto constitua o verdadeiro material empírico e a base fundamental para o desenvolvimento da teoria.

Estudo de caso:

A consciência da morte

O exemplo seguinte apresenta um dos primeiros e principais estudos em que foi utilizada essa forma de processo de pesquisa e que teve como objetivo a elaboração de teorias a partir da pesquisa qualitativa no campo. Barney Glaser e Anselm Strauss, a partir da década de 1960, serviram como pioneiros da pesquisa qualitativa e da pesquisa teoria fundamentada no contexto da sociologia médica. Eles realizaram esse estudo em vários hospitais nos Estados Unidos, em San Francisco. A questão de pesquisa deles foi o que influenciou a interação de várias pessoas com pacientes terminais, e a forma como o conhecimento – do fato de que a pessoa morrerá logo – determina a interação com aquela pessoa. Mais concretamente, eles estudaram as formas de interação que podem ser observadas entre o paciente terminal e o pessoal clínico do hospital, entre estes e os familiares e entre os familiares e o paciente terminal.

O ponto de partida da pesquisa foi o fato de os pesquisadores terem observado, por ocasião de internações hospitalares de seus próprios familiares, que o pessoal que trabalha em hospitais (naquela época) parecia não informar aos pacientes que tinham doenças terminais, bem como a seus familiares, sobre o estado e a expectativa de vida do paciente. Em vez disso, a possibilidade de que o paciente morreria, ou de que morreria logo, era tratada como um tabu. Essa observação geral e as questões por ela levantadas foram tomadas como um ponto de partida para uma observação mais sistemática e entrevistas em um hospital. Estes dados foram analisados e utilizados para a elaboração de categorias. Este foi também o contexto para a decisão de incluir outro hospital para continuar a coleta e a análise dos dados. Os dois hospitais – enquanto casos – foram imediatamente comparados quanto a suas semelhanças e diferenças. Os resultados dessa comparação foram aplicados para a decisão sobre qual seria o próximo hospital a ser pesquisado, até que finalmente seis hospitais foram incluídos no estudo. Estes incluíram um hospital universitário, um hospital militar, dois hospitais municipais, um hospital católico privado e um hospital estadual. As divisões hospitalares incluídas no estudo foram, entre outras, setores como de geriatria, oncologia, unidades de tratamento intensivo, pediatria e neurocirurgia, nos quais os pesquisadores permaneceram de 2 a 4 semanas em cada um deles. Os dados de cada uma destas unidades (setores diferentes em um hospital, setores semelhantes em hospitais distintos, hospitais entre si) foram contrastados e comparados com a finalidade de apontar semelhanças e diferenças. Ao final do estudo, situações e contextos comparáveis, mas exteriores ao ambiente dos hospitais e dos serviços de saúde, foram considerados como outra dimensão para comparação.

A análise e a comparação dos dados permitiram a elaboração de um modelo teórico que foi, então, transportado para outros campos para que fosse mais desenvolvido. O resultado deste estudo foi uma teoria de contextos de consciência enquanto formas de lidar com a informação e com as necessidades do paciente de saber mais sobre sua situação. Os detalhes dos resultados e os modos de análise dos dados serão discutidos em maiores detalhes no Capítulo 23.

Esse estudo é um bom exemplo para fazer o processo de pesquisa delineado neste capítulo funcionar com o objetivo de desenvolver, teoricamente, *insights* relevantes a partir de uma série de estudos de caso e da comparação entre eles (para detalhes, ver Glaser e Strauss, 1965a). Como não havia teoria disponível à época que explicasse as experiências iniciais dos pesquisadores com seus próprios familiares no hospital, neste caso, a teoria não constituiu um ponto de partida. A teoria foi o produto final da pesquisa, e foi desenvolvida a partir do material empírico e da análise deste material.

Modelo linear do processo de pesquisa

teoria → hipóteses → operacionalização → amostragem → coleta → interpretação → validação

Modelo circular do processo de pesquisa

suposições preliminares → coleta/interpretação/caso ⇄ (comparação, amostragem) coleta/interpretação/caso → teoria

(com comparação entre os casos)

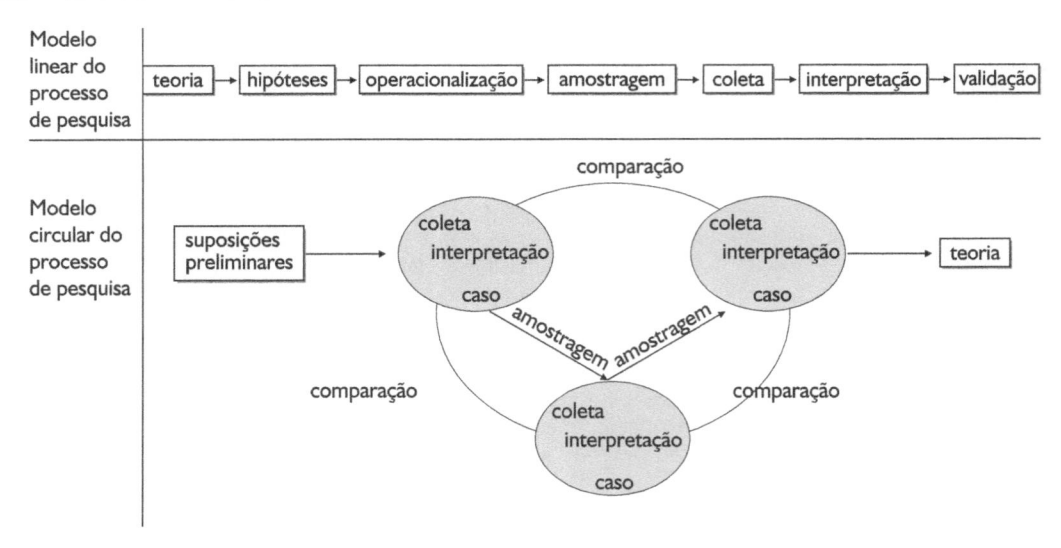

Figura 8.1 Modelos de processo e teoria.

Exercício 8.1

1. Escolha um estudo qualitativo e identifique nele as etapas do processo de pesquisa.
2. Determine se este estudo foi planejado em função de um modelo linear ou circular de processo de pesquisa.

Exercício 8.2

Reflita sobre seu projeto de pesquisa, planejando-o passo a passo. Então, imagine como sua pesquisa deveria ser planejada conforme o modelo circular.

Pontos-chave

- O processo da pesquisa qualitativa é, muitas vezes, difícil de ser definido em fases claramente delimitadas.
- A pesquisa qualitativa revela seu verdadeiro potencial quando as partes essenciais do processo de pesquisa são encadeadas.
- Essa compreensão provém originalmente da pesquisa teoria fundamentada, mas é também vantajosa para outras abordagens.
- As teorias são vistas como versões do mundo que se modificam e são mais elaboradas ao longo da pesquisa.

NOTAS

1. Aqui, o termo "teorias" significa pressupostos acerca do tema em estudo, enquanto a noção de "posturas teóricas", no Capítulo 6, refere-se a pressupostos distintos a respeito de métodos e de metas de pesquisa.

LEITURAS ADICIONAIS

As posturas epistemológicas da pesquisa qualitativa estão delineadas no primeiro texto, enquanto os demais oferecem versões clássicas e mais recentes do modelo de processo da pesquisa teoria fundamentada.

Becker, H.S. (1996) "The Epistemology of Qualitative Research", in R. Jessor, A. Colby, R.A. Shweder (eds), *Ethnography and Human Development*. Chicago: University of Chicago Press. pp. 53-72.

Glaser, B.G. Strauss, A.L. (1967) *The Discovery of* Teoria fundamentada*: Strategies for Qualitative Research*. New York: Aldine.

Strauss, A.L. (1987) *Qualitative Analysis for Social Scientists*. Cambridge: Cambridge University Press.

9
Questões de pesquisa

Reduzindo o tamanho das questões, 103
Especificação de uma área de interesse e delimitação do tema, 103
Conceitos-chave e triangulação de perspectivas, 104
Tipos de questões de pesquisa, 105

OBJETIVOS DO CAPÍTULO
Após a leitura deste capítulo, você deverá ser capaz de:

✓ compreender a importância das questões de pesquisa na condução de um estudo bem-sucedido.
✓ explicar a importância da formulação e da focalização cuidadosa da questão de pesquisa.
✓ articular os diferentes tipos de questões de pesquisa a partir dos quais deverá escolher um para usar em seu projeto.

Ao iniciar-se um estudo qualitativo, uma etapa central e essencialmente determinante de uma pesquisa qualitativa bem-sucedida, mas que tende a ser ignorada na maioria das apresentações de métodos[1], é a que define como formular a questão ou as questões de pesquisa. Apesar disso, o pesquisador defronta-se com esse problema não apenas no início, quando realiza a conceitualização do estudo ou projeto, mas precisa lidar com ele também ao longo de diversas fases do processo: ao conceitualizar o plano de pesquisa, ao entrar no campo, ao selecionar os casos e ao coletar os dados. A reflexão e a reformulação da questão de pesquisa constituem pontos centrais de referência para a avaliação da apropriabilidade das decisões tomadas pelo pesquisador em vários momentos, tornando-se relevante na decisão sobre o(s) método(s) para a coleta de dados, a conceitualização de programas de entrevistas, mas também para a conceitualização da interpretação, ou seja, do método empregado e do material selecionado. As questões de pesquisa devem ser formuladas em termos concretos, a fim de esclarecer-se o que os contatos de campo supostamente irão revelar. Quanto menor a clareza na formulação de uma questão de pesquisa, maior será o risco de o pesquisador encontrar-se, impotente, diante da tentativa de interpretar montanhas de dados. Embora o citado "princípio da abertura" questione a formulação *a priori* de hipóteses, isso de forma alguma significa que o pesquisador deva abandonar sua busca por definir e por formular questões de pesquisa. É importante que o pesquisador desenvolva uma ideia clara de sua questão de pesquisa, mas que permaneça aberto a resultados novos e possivelmente surpreendentes. Ideias claras a respeito da natureza das questões de pesquisa que são buscadas são também necessárias para verificar-se a apropriabilidade das decisões metodológicas nos seguintes aspectos: Quais os métodos necessários para responder às questões? É possível, afinal, estudar a questão de pesquisa com os métodos escolhidos? A pesquisa qualitativa representa a estratégia adequada para responder a essas questões[2]? De modo geral, pode-se caracterizar a elaboração da questão de pesquisa no processo de pesquisa conforme demonstra a Figura 9.1.

REDUZINDO O TAMANHO DAS QUESTÕES

As questões de pesquisa não saem do nada. Em muitos casos, originam-se na biografia pessoal do pesquisador e em seu contexto social. A decisão sobre uma questão específica depende em grande parte dos interesses práticos do pesquisador e de seu envolvimento em determinados contextos históricos e sociais. Tanto os contextos cotidianos como os específicos desempenham aqui um papel. A pesquisa recente sobre o estudo de processos científicos demonstra o quanto as tradições e os estilos de pensamento influenciam a formulação das questões de pesquisa nos laboratórios científicos e nos grupos de trabalho das ciências sociais.

A decisão sobre uma questão concreta de pesquisa está sempre relacionada à redução da variedade, e, assim, à estruturação do campo em estudo: certos aspectos recebem destaque, outros são considerados menos importantes e (ao menos naquele momento) deixados em segundo plano ou excluídos. Por exemplo, na coleta de dados, tal decisão é particularmente crucial quando se aplicam entrevistas individuais (ver Capítulos 13 a 16). No entanto, se os dados forem coletados de uma forma processual, como, por exemplo, na observação participante (ver Capítulo 17), ou com entrevistas repetidas, as consequências desta decisão podem ser modificadas com maior facilidade.

ESPECIFICAÇÃO DE UMA ÁREA DE INTERESSE E DELIMITAÇÃO DO TEMA

O resultado da formulação de questões de pesquisa é que ela ajudará o pesquisador a circunscrever uma área específica de um campo mais ou menos complexo que tenha sido considerado essencial, mesmo que o campo permita ao pesquisador várias definições de pesquisa deste tipo. Para o estudo da situação de "aconselhamento", por exemplo, poder-se-ia especificar qualquer uma das seguintes áreas de interesse:

- processos interativos entre o conselheiro e o cliente;
- organização da administração de clientes como "casos";
- organização e manutenção de uma identidade profissional específica (por exemplo, ser um ajudante em circunstâncias desfavoráveis);
- manifestações subjetivas ou objetivas da "carreira" do paciente.

Todas essas áreas constituem aspectos relevantes da complexidade da vida cotidiana em uma instituição (serviço de aconselhamento, serviço sociopsiquiátrico). Pode-se enfocar cada uma dessas áreas em um estudo e incorporá-la a uma questão de pesquisa. Por exemplo, o pesquisador poderia abordar um campo complexo (por exemplo, institucional) com o objetivo de concentrar-se em obter uma compreensão do ponto de vista de uma pessoa ou de diversas pessoas que atuem nesse campo. Seu foco poderia ser a descrição de uma esfera de vida. De maneira semelhante, o pesqui-

```
Formulação da
questão global
        ↓
Formulação de questões
específicas de pesquisa
        ↓
Formulação de
conceitos sensibilizantes
        ↓
Seleção de grupos de
pesquisa com os quais
estuda-se a questão
        ↓
Seleção de planos e
de métodos apropriados
        ↓
Avaliação e reformulação
de questões específicas de pesquisa
        ↓
Coleta dos dados
        ↓
Avaliação e reformulação de
questões específicas de pesquisa
        ↓
Análise dos dados
        ↓
Generalização e
avaliação das análises
        ↓
Formulação das
descobertas
```

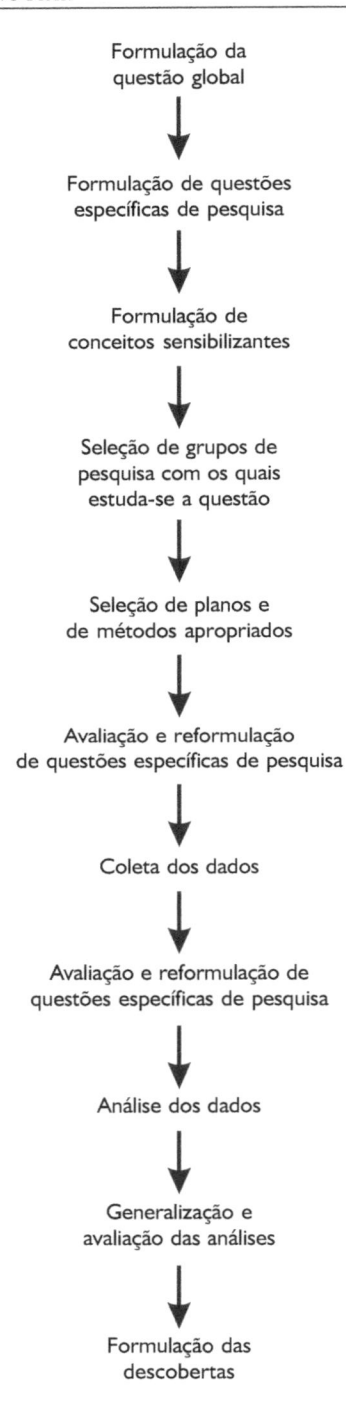

Figura 9.1 Questões de pesquisa no processo de pesquisa.

sador poderia dedicar-se a reconstruir razões subjetivas ou objetivas para as atividades, e, assim, a explicar o comportamento humano. Como alternativa, ele poderia concentrar-se na relação entre as interpretações subjetivas e as características estruturais dos ambientes de atividade que possam ser descritos objetivamente. Apenas em casos muito raros da pesquisa qualitativa faz sentido e é realista a inclusão desse grande número de aspectos. É, sim, crucial proceder-se a definição do campo e da questão de pesquisa de tal forma que esta última possa ser respondida com os recursos disponíveis, e que se possa originar um plano de pesquisa confiável. Isso demanda, também, a formulação de uma questão de pesquisa de tal forma que não suscite, implicitamente, muitas outras questões ao mesmo tempo, o que resultaria em uma orientação indistinta demais para as atividades empíricas.

CONCEITOS-CHAVE E TRIANGULAÇÃO DE PERSPECTIVAS

Nesse estágio, o pesquisador enfrenta o problema acerca de quais aspectos incluir (os essenciais, os controláveis, a perspectiva relevante, etc.) em sua pesquisa e quais excluir (os secundários, os menos relevantes, etc.). De que forma essa decisão poderia ser moldada no sentido de garantir a menor "perda friccional" possível, ou seja, visando a assegurar que a perda de autenticidade continue sendo limitada e justificável através de (um grau de) negligência aceitável em relação a certos aspectos?

Os conceitos-chave que permitem amplo acesso ao âmbito específico de processos relevantes em um campo podem representar o ponto de partida da pesquisa. Glaser e Strauss chamam-nos de "conceitos analíticos e sensibilizantes" (1967, p. 38). Por exemplo, ao estudarmos a vida cotidiana institucional do aconselhamento, um conceito como "confiança" comprovou sua utilidade. Este conceito pode ser aplicado, por exemplo, a aspectos das interações entre o conselheiro e o cliente; podendo também ser utilizado no estudo de outros aspectos – como tarefa do conselheiro, as impressões dos clientes acerca da instituição e suas percepções a respeito da competência do conselheiro –, em relação à problemática de como fazer de uma conversa uma consulta, e assim por diante.

A perda friccional nas decisões entre as perspectivas de pesquisa pode ser reduzida por meio da abordagem da triangulação sistemática de perspectivas. Essa abordagem refere-se à combinação de perspectivas e de métodos de pesquisa apropriados que sejam convenientes para levar em conta o máximo possível de aspectos distintos de um mesmo problema. Um exemplo disso seria a combinação de tentativas para a compreensão dos pontos de vista das pessoas com tentativas de descrição das esferas de vida em que atuam. De acordo com Fielding e Fielding (1986, p. 34), os aspectos estruturais de um problema devem ser articulados com a reconstrução de seu significado para as pessoas envolvidas (sobre triangulação, ver Capítulo 29). Isso foi demonstrado, no exemplo anterior, ao relacionarmos a reconstrução das teorias subjetivas dos conselheiros sobre confiança a uma descrição do processo de produção de confiança em uma conversa no mundo específico do "aconselhamento".

A utilização de conceitos-chave para a obtenção de acesso a processos relevantes, e o uso da triangulação de perspectivas para revelar a maior diversidade possível de aspectos, aumentam o grau de proximidade ao objeto na medida em que os casos e os campos são explorados. Esse processo pode também permitir a abertura de novos campos de conhecimento.

De um modo geral, a elaboração precisa da questão de pesquisa é uma etapa central na conceitualização do plano de pesquisa. As questões de pesquisa devem ser examinadas criticamente no que diz respeito a suas origens (o que levou até esta questão de pesquisa?). Constituem pontos de referência para a verificação da solidez do plano de pesquisa e da apropriabilidade dos métodos que se pretende empregar na coleta e na interpretação dos dados. Isso é relevante para a avaliação de quaisquer generalizações: o nível de generalização apropriado e alcançável depende das questões de pesquisa que se buscam.

TIPOS DE QUESTÕES DE PESQUISA

Existem diferentes tipos de questões de pesquisa que podem ser situadas em um esquema abrangendo (segundo Lofland e Lofland, 1984, p. 94) os componentes mostrados na Tabela 9.1, a qual relaciona-se com o "paradigma da codificação" sugerido por Strauss (1987, p. 27) para a formulação de questões sobre o texto a ser interpretado (para mais detalhes, ver Capítulo 23).

De um modo geral, podemos estabelecer diferenças entre as questões de pesquisa voltadas para a descrição de estados e aquelas que descrevem processos. No primeiro caso, deve-se descrever como um determinado estado (que tipo, com qual frequência) ocorreu (causas, estratégias), e como este se mantém (estrutura). No segundo caso, o objetivo é descrever como algo se desenvolve ou se modifica (causas, processos, consequências, estratégias).

A descrição dos estados e a descrição dos processos – como os dois principais tipos de questão de pesquisa – podem ser classificadas, na coluna da esquerda da Tabela 9.1, em termos de "unidades" cada vez mais complexas (Lofland e Lofland, 1984). Esse esquema pode ser empregado para situar-se questões de pesquisa neste espaço de possibilidades e também para a verificação da questão de pesquisa escolhida quanto a questões adicionais levantadas.

Por fim, pode-se avaliar ou classificar as questões de pesquisa no sentido de definir até que ponto elas são adequadas para a confirmação dos pressupostos existentes (como hipóteses), ou em que medida visam à descoberta de novas questões ou, ao menos, as admitem. Strauss chama estas últimas de "questões gerativas", definindo-as da seguinte maneira: "Questões que estimulam a linha de investigação em direções vantajosas; conduzem a hipóteses, comparações úteis, coleta de determinadas classes de dados, e até mesmo a linhas gerais de ataque a problemas potencialmente importantes" (1987, p. 22).

As questões de pesquisa são como uma porta para o campo de pesquisa em estudo. Se as atividades empíricas produzirão ou não respostas, isso dependerá da formulação dessas questões. Também dependerá disso a decisão sobre quais os métodos apropriados e quem (ou seja, que pessoas, grupos ou instituições) ou o que (ou seja, que processos, atividades ou estilos de vida) deve ser incluído no estudo. Os critérios essenciais para a avaliação de questões de pesquisa abrangem sua solidez e clareza, mas também questionam quanto à possibilidade de respondê-las dentro da estrutura de recursos determinados e limitados (tempo, dinheiro, etc., ver Capítulo 12). Deve-se levar em conta que a formulação da questão de pesquisa implica na definição das questões gerais que orientam o projeto como um todo e não apenas a formulação de questões concretas utilizadas, por exemplo, nas entrevistas.

TABELA 9.1
Tipos de questões de pesquisa

Unidades	Que tipo?	Qual sua estrutura?	Com qual frequência ocorre?	Quais são as causas?	Quais são seus processos?	Quais são suas consequências?	Quais as estratégias das pessoas?
Significados							
Práticas							
Episódios							
Encontros							
Papéis							
Relacionamentos							
Grupos							
Organizações							
Estabelecimentos							
Esferas							
Estilos de vida							

Fonte: Lofland e Lofland © 1984, p. 94. (Reimpresso com a gentil permissão de Wadsworth, Inc. Belmont, CA)

Introdução à pesquisa qualitativa

Estudo de caso:

A adoção de uma orientação de saúde pública por médicos e enfermeiros

Em um projeto recente (Flick et al., 2002), interessamo-nos, de um modo geral, em descobrir se e em que medida uma orientação de saúde pública havia atingido algumas das instituições-chave de serviços de assistência domiciliar, no campo da saúde. Isso, é claro, não constitui ainda uma questão de pesquisa que possa ser utilizada para iniciar-se um estudo empírico. Desta forma, tivemos que definir claramente esse interesse geral em uma perspectiva focalizada e, por isso, centramos nosso interesse nos conceitos de saúde sustentados por enfermeiros e clínicos gerais dos serviços domiciliares. Concentramo-nos, então, na atitude mantida em relação à prevenção e à promoção de saúde enquanto partes de seu trabalho e, mais concretamente, com uma parcela específica de sua clientela – as pessoas idosas. Diante desse contexto, elaboramos um conjunto de questões que desejávamos aplicar em um estudo com a utilização de entrevistas:

- Quais os conceitos de saúde sustentados por médicos e enfermeiros?
- Que dimensões das representações da saúde são relevantes ao trabalho profissional com idosos?
- Qual é a atitude dos profissionais em relação à prevenção e à promoção da saúde para os idosos?
- Quais os conceitos de envelhecimento sustentados pelos clínicos gerais e enfermeiros de serviços de assistência domiciliar? E qual a relação destes conceitos com os conceitos de saúde?
- Que relevância os profissionais atribuem a seus próprios conceitos de saúde e de envelhecimento para suas próprias práticas profissionais?
- Existe qualquer relação entre os conceitos de saúde e envelhecimento e de treinamento e experiência profissional?

Adotamos essas questões de pesquisa como um ponto de partida para a elaboração de um instrumento para a realização de entrevistas episódicas (ver Capítulo 14) com médicos e enfermeiros. Retomando esse projeto, analisamos criticamente o número das diversas questões de pesquisa relacionadas na lista acima. Particularmente, se o pesquisador tratar-se de um novato no campo da pesquisa qualitativa, sugiro que concentre-se em uma ou duas dessas questões caso esteja planejando um projeto semelhante a esse que realizamos.

Pontos-chave

- É absolutamente essencial a formulação de uma questão de pesquisa clara.
- A maior parte dos assuntos de pesquisa pode ser definida claramente em diversas questões de pesquisa, mas é fundamental decidir-se qual delas buscar (primeiro).
- As questões de pesquisa são aperfeiçoadas e reformuladas ao longo do caminho do projeto de pesquisa empírico.

NOTAS:

1. Praticamente nenhum livro dedica um capítulo separado a esse tópico. Na maioria dos índices de assuntos, é uma busca em vão. Exceções podem ser encontradas em Silverman (1985, Capítulo 1; 1993), Strauss (1987, p. 17) e Strauss e Corbin (1990, pp. 37-40).
2. Se a questão de pesquisa em um estudo leva implícita ou explicitamente à determinação das frequências de um fenôme-

> **Exercício 9.1**
>
> 1. Escolha um estudo qualitativo na literatura e identifique a questão de pesquisa que orienta esse estudo.
> 2. Avalie essa questão de pesquisa: ela foi clara e bem formulada?
> 3. Formule uma questão de pesquisa melhor para este estudo.

> **Exercício 9.2**
>
> 1. Determine um assunto que você deseje estudar e então formule diversas questões de pesquisa.
> 2. Decida qual delas você quer levar adiante.
> 3. Refine a questão de pesquisa de forma que ela represente uma questão possível de ser respondida com seu projeto de pesquisa.

no, os métodos quantitativos não apenas são mais apropriados como também, em geral, mais simples de ser aplicados.

LEITURAS ADICIONAIS

Os dois primeiros textos tratam, com algum detalhe, da vinculação de perspectivas em questões de pesquisa, ao passo que os outros dois oferecem informações clássicas e mais elaboradas sobre como lidar com questões de pesquisa na pesquisa qualitativa.

Fielding, N.G. e Fielding, J.L. (1986) *Linking Data*. Beverly Hills, CA: SAGE.

Flick, U. (2004a) "Triangulation in Qualitative Research", in U. Flick, E.v. Kardorff, I. Steinke (eds), *A Companion to Qualitative Research*. London, SAGE. pp. 178-183.

Lofland, J. e Lofland, L.H. (1984) *Analyzing Social Settings* (2nd. edn). Belmont, CA: Wadsworth.

Strauss, A.L. (1987) *Qualitative Analysis for Social Scientists*. Cambridge: Cambridge University Press.

10

Entrando no campo

As expectativas dos pesquisadores qualitativos e o problema do acesso, 109
As definições de papéis ao entrar em um campo aberto, 110
O acesso a instituições, 111
O acesso a indivíduos, 112
Estranheza e familiaridade, 114

OBJETIVOS DO CAPÍTULO
Após a leitura deste capítulo, você deverá ser capaz de:

✓ desenvolver uma sensibilidade a esse passo-chave no processo de pesquisa.
✓ compreender que você, enquanto pesquisador, precisará situar-se no campo.
✓ aprender as estratégias que as instituições usam para lidar com pesquisadores e, às vezes, impedi-los de entrar.
✓ compreender a dialética de estranheza e familiaridade neste contexto.

AS EXPECTATIVAS DOS PESQUISADORES QUALITATIVOS E O PROBLEMA DO ACESSO

A questão do acesso ao campo em estudo é mais crucial na pesquisa qualitativa do que na quantitativa. Aqui, o contato buscado pelos pesquisadores é o mais próximo ou mais intenso, o que, em resumo, pode ser demonstrado em termos das expectativas associadas a alguns dos métodos qualitativos atuais. Por exemplo, a realização de entrevistas abertas exige um maior envolvimento entre o entrevistado e o pesquisador do que aquele necessário na simples entrega de um questionário. Na gravação de conversas cotidianas, espera-se dos participantes certo grau de revelação de suas próprias vidas cotidianas que eles não consigam, com facilidade, controlar antecipadamente. Enquanto observador participante, o pesquisador normalmente vai ao campo por períodos mais longos. De um ponto de vista metodológico, a pesquisa faz mais justiça a seu objeto por meio desses procedimentos. Da perspectiva da praticabilidade cotidiana, estes procedimentos acarretam uma exigência muito maior das pessoas envolvidas. É por isso que a questão sobre a forma como conseguir acesso a um campo e àquelas pessoas e processos que representam um interesse específico no campo merece atenção especial. O termo genérico "campo" pode designar uma determinada instituição, uma subcultura, uma família, um grupo específico de pessoas com uma biografia especial, tomadores de decisões em administrações ou empresas, e assim por diante. Em cada um desses casos, enfrentam-se os mesmos problemas: como o pesquisador assegura a colaboração de seus participantes potenciais no estudo? Como conseguir não apenas que estas pessoas demonstrem boa vontade, mas que isso também leve a entrevistas concretas ou a outros dados?

AS DEFINIÇÕES DE PAPÉIS AO ENTRAR EM UM CAMPO ABERTO

Na pesquisa qualitativa, o pesquisador e seu entrevistado têm uma importância peculiar. Pesquisadores e entrevistados, bem como suas competências comunicativas, constituem o principal "instrumento" de coleta de dados e de reconhecimento. Por este motivo, os pesquisadores não podem adotar um papel neutro no campo e em seus contatos com as pessoas a serem entrevistadas ou observadas. Em vez disso, devem assumir certos papéis e posições – ou serão designados para tanto –, muitas vezes de modo indireto e/ou a contragosto. As informações a que o pesquisador terá acesso e das quais permanecerá excluído dependem essencialmente da adoção bem-sucedida de um papel ou postura apropriada. Assumir ou ser designado a um papel deve ser visto como um processo de negociação entre o pesquisador e o participante que atravessa diversos estágios. "Participantes", aqui, refere-se àquelas pessoas a serem entrevistadas ou observadas. No caso de pesquisar-se em instituições, o termo também se refere àqueles que devem autorizar ou facilitar o acesso. O *insight* cada vez maior da importância do processo interativo de negociação e de definição de papéis para os pesquisadores no campo encontra sua expressão nas metáforas utilizadas para descrevê-lo.

Utilizando-se do exemplo da observação participante na pesquisa de campo etnográfica (ver Capítulo 17), Alder e Alder (1987) apresentam um sistema de papéis de membro no campo (ver Figura 10.1). Eles demonstram as diferentes formas desenvolvidas para lidar com esse problema na história da pesquisa qualitativa. Em um pólo, eles situam os estudos da Escola de Chicago (ver Capítulo 2) e o uso da observação pura dos membros em um campo de interação aberta e bem-direcionada com estes membros e da participação ativa em sua vida cotidiana. O dilema da participação e da observação torna-se relevante em questões de distanciamento necessário (qual a participação necessária a uma boa observação, qual a participação permissível no contexto do distanciamento científico?). Adler e Adler encontram, em uma postura intermediária – a "sociologia existencial" de Douglas (1976) –, a solução do problema na participação que tenha a finalidade de revelar os segredos do campo. No outro pólo, a preocupação da etnometodologia recente (ver Capítulo 6) está na descrição dos métodos empegados pelos membros, em vez de suas perspectivas, com o objetivo de descrever o processo em estudo a partir de dentro. Aqui, o problema do acesso é administrado por meio da imersão no processo de trabalho observado e pela condição de membro no campo de pesquisa.

Para Adler e Adler, a forma como a Escola de Chicago trata desse problema está comprometido demais com o distanciamento científico do "objeto" de pesquisa. Por outro lado, eles são um tanto críticos em relação aos tipos de acesso obtidos pela etnometodologia, assim como pela sociologia existencial (embora dispostos em pólos distintos em sua sistemática). Em ambos os casos, o acesso é obtido pela fusão completa com o objeto de pesquisa. O conceito que apresentam dos papéis de membro no campo parece-lhes uma solução mais realista, situada entre esses dois pólos. Eles elaboram os tipos de "papéis de membro: o periférico, o ativo, e o membro completo". Para o estudo de campos mais delicados (no caso, traficantes de drogas), eles sugerem uma combinação de "papéis

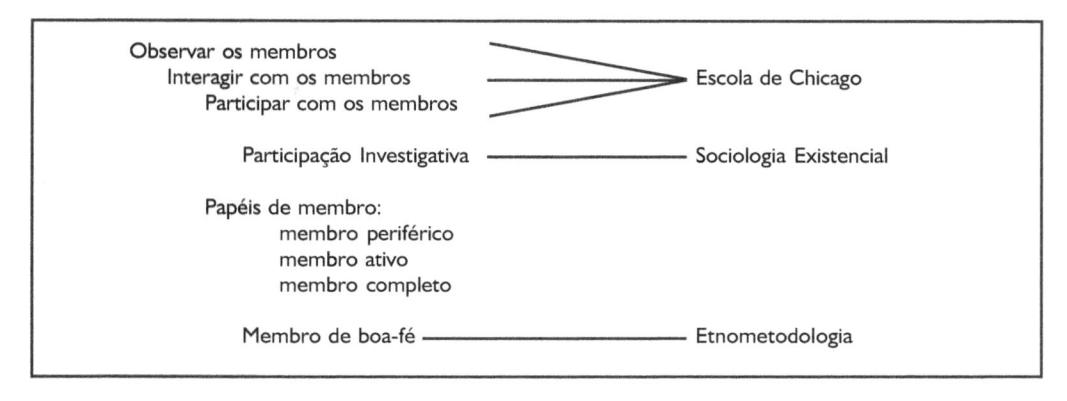

```
Observar os membros
  Interagir com os membros ─────▶ Escola de Chicago
  Participar com os membros

  Participação Investigativa ───── Sociologia Existencial

  Papéis de membro:
    membro periférico
    membro ativo
    membro completo

  Membro de boa-fé ───────────── Etnometodologia
```

Figura 10.1 Os papéis no campo (Adler e Adler, 1987, p. 33).

públicos e ocultos" (1987, p. 21) – o que significa que eles não revelam seu verdadeiro papel (como pesquisadores) a todos os membros do campo, com o objetivo de obter os *insights* mais abertos possíveis.

O ACESSO A INSTITUIÇÕES

Ao pesquisar-se em instituições (por exemplo, serviços de aconselhamento), esse problema torna-se mais complicado. Geralmente, há um envolvimento de diversos níveis no regulamento do acesso. Em primeiro lugar, existe o nível das pessoas responsáveis pela autorização da pesquisa. Caso existam dificuldades, as autoridades externas consideram essas pessoas responsáveis por essa autorização. Em segundo lugar, encontramos o nível daqueles que serão entrevistados ou observados e, portanto, que disponibilizarão seu tempo e sua boa vontade.

Para a pesquisa em administrações, Lau e Wolff (1983, p. 419) delineiam o processo da seguinte maneira. Em uma instituição como uma administração social, os pesquisadores e seus interesses de pesquisa são definidos como clientes. Como um cliente, o pesquisador deve fazer sua solicitação em termos formais. Essa solicitação, suas implicações (questão de pesquisa, métodos, tempo necessário) e a pessoa do pesquisador precisam passar por um "exame oficial". O tratamento dispensado à solicitação do pesquisador é "pré-estruturado" pelo fato de o pesquisador ter sido encaminhado por outras autoridades. Isso significa que, em um primeiro momento, a autorização ou o apoio a essa solicitação por parte de uma autoridade superior pode gerar desconfiança entre as pessoas a serem entrevistadas (por que essa autoridade estaria a favor desta pesquisa?). Por outro lado, ser endossado por outras pessoas (por exemplo, colegas de outra instituição) pode, ao mesmo tempo, facilitar o acesso. No fim, a solicitação do pesquisador pode ser encaixada às rotinas administrativas e tratada a partir da aplicação de procedimentos institucionalmente familiares. Esse processo, denominado "trabalho de consentimento", é um "produto conjunto, em alguns casos, um problema operacional explícito para ambos os lados". Por exemplo, a tarefa principal é a negociação de regras linguísticas comuns entre os pesquisadores e os profissionais. A análise dessa entrada como processo construtivo e, ainda mais importante, a análise das falhas nesse processo permitem ao pesquisador revelar processos centrais de negociação e de rotinização no campo de uma forma exemplar (por exemplo, com clientes "reais").

Wolff (2004a) resume da seguinte maneira os problemas relacionados à entrada em instituições enquanto campos de pesquisa:

1. A pesquisa é sempre uma intervenção em um sistema social.
2. A pesquisa é um fator de ruptura para o sistema a ser estudado, ao qual reage defensivamente.
3. Existe uma opacidade mútua entre o projeto de pesquisa e o sistema social a ser pesquisado.
4. A troca de um grande volume de informação sobre a entrada no campo de pesquisa não reduz a opacidade. Em vez disso, leva a uma complexidade cada vez maior no processo de consentimento, podendo levar a um aumento das "reações imunes". Em ambos os lados, geram-se mitos que são alimentados pela troca crescente de informação.
5. Em vez de compreensão mútua no momento da entrada, deve-se lutar por um acordo enquanto processo.
6. A proteção dos dados é necessária, mas pode contribuir para o aumento da complexidade no processo de acordo.
7. O campo revela a si mesmo quando o projeto de pesquisa entra em cena (por exemplo, os limites de um sistema social são percebidos).
8. O projeto de pesquisa nada pode oferecer ao sistema social. Quando muito, pode ser funcional. O pesquisador deve tomar o cuidado de não fazer promessas em relação à utilidade da pesquisa para o sistema social.
9. O sistema social não possui razões reais para rejeitar a pesquisa.

Esses nove pontos já contêm, em si mesmos, várias razões para uma possível falha no acordo quanto à finalidade e à necessidade da pesquisa. Um projeto de pesquisa representa uma intromissão na vida da instituição a ser estudada. A pesquisa representa uma perturbação, rompe rotinas, sem oferecer uma compensação perceptível, imediata ou a longo prazo, para a instituição e seus membros. A pesquisa instabiliza a instituição com três implicações: que as limitações de suas próprias atividades acabarão sendo reveladas, que os motivos ocultos da "pesquisa" são e continuam sendo pouco claros para a instituição e, finalmente, que não há razões consistentes para recusar as solicitações de pesquisa. Consequentemente, é necessário inventar e sustentar motivos, caso a pesquisa precise ser evitada. Situa-se aqui o papel da irracionalidade no curso do processo de acordo. Por fim, o fornecimento de mais informações sobre o embasamento, as intenções, o procedimento e os resultados da pesquisa planejada não conduz necessariamente a uma maior clareza, podendo, inclusive, levar a mais confusão e gerar o oposto do entendimento. Ou seja, negociar a entrada em uma instituição é menos uma questão de fornecer informações do que a forma como se estabelece uma relação. Nessa relação, deve-se desenvolver confiança suficiente nos pesquisadores enquanto pessoas e em sua solicitação, para que a instituição – a despeito de todas as reservas – envolva-se na pesquisa. Contudo, é ainda necessário destacar que as discrepâncias de interesses e de perspectivas entre os pesquisadores e as instituições em estudo não podem ser, em princípio, eliminadas. Podem, no entanto, ser minimizadas ao conseguir-se desenvolver confiança suficiente por parte dos participantes e das instituições a ponto de forjar uma aliança de trabalho na qual a pesquisa se torne possível.

O ACESSO A INDIVÍDUOS

Uma vez obtido o acesso ao campo ou à instituição em geral, o pesquisador enfrentará o problema de como chegar às pessoas dentro desse campo que constituam o grupo mais interessante de participantes (ver Capítulo 11). Por exemplo, como conseguir recrutar conselheiros experientes e em exercício para participarem do estudo e não meros estagiários, sem experiência prática, que ainda não têm permissão para trabalhar em casos relevantes, mas que – por isso mesmo – dispõem de mais tempo para participar da pesquisa? Como conseguir acesso às figuras centrais de um ambiente e não meramente àquelas que estão à margem? Aqui, novamente, os processos de negociação, as estratégias de referência, no sentido de um procedimento do tipo bola de neve e, acima de tudo, as competências em estabelecer relações, desempenham um papel central. Muitas vezes, as restrições no campo, causadas por certos métodos, são diferentes, em cada caso.

No que diz respeito ao acesso a pessoas em instituições e em situações específicas, o pesquisador enfrenta em sua pesquisa, sobretudo, o problema da disponibilidade. No entanto, quanto ao acesso a indivíduos, a questão de como encontrá-los revela-se igualmente difícil. No esquema do estudo de indivíduos que não possam ser abordados ou estar presentes em um ambiente específico, como funcionários ou clientes de uma instituição, o problema principal é definir como encontrá-los. Podemos tomar como exemplo o estudo biográfico do curso e a avaliação subjetiva das carreiras profissionais. Nesse estudo, por exemplo, era necessário entrevistar homens que morassem sozinhos após a aposentadoria. A questão, então, é como e onde encontrar esse tipo de pessoa. Poderiam servir como estratégias a utilização da mídia (anúncios em jornais, em programas de rádio) ou de avisos em instituições (centros educacionais, pontos de encontro) que essas pessoas costumem frequentar. Outro caminho para a seleção de entrevistados é o pesquisador aplicar a estratégia da bola de neve e fazer com que um caso o leve a outro. Ao utilizar essa estratégia, muitas vezes, escolhe-se amigos de amigos e, assim, pessoas ligadas a seu próprio ambiente mais amplo. Hildenbrand adverte para os problemas relacionados a essa estratégia:

> Embora normalmente exista a suposição de que o acesso ao campo seja facilitado

Estudo de caso:

As restrições contra os métodos de pesquisa

Essas restrições contra vários métodos de pesquisa podem ser demonstradas pela análise de vários métodos que utilizei para estudar a questão da confiança no aconselhamento. Nesse estudo, aplicaram-se entrevistas e análise de conversação. Abordei os conselheiros com duas solicitações: permissão para entrevistá-los durante uma ou duas horas e permissão para a gravação de uma ou mais consultas com clientes (que também concordaram antecipadamente). Após concordarem em participar do estudo, alguns dos conselheiros tiveram restrições quanto a serem entrevistados (tempo, medo de questões "indiscretas"), ao passo que consideraram a gravação de uma sessão de aconselhamento como rotina. Outros conselheiros não tiveram problemas com o fato de serem entrevistados, mas tiveram grandes reservas quanto a permitirem que alguém investigasse seus trabalhos objetivos com clientes. As precauções que oferecem garantia de anonimato podem afastar essas reservas apenas até certo ponto. Esse exemplo mostra que vários métodos podem gerar diversos tipos de problemas, de suspeitas e de medos em pessoas distintas.

com o estudo de pessoas que o pesquisador conheça bem e, consequentemente, a partir da descoberta de casos no próprio círculo de conhecidos destas pessoas, verifica-se que exatamente o oposto disso é que é verdadeiro: quanto mais desconhecido o campo, mais fácil será para o pesquisador poder parecer um estranho, a quem as pessoas envolvidas no estudo tenham algo novo a contar. (1995, p. 258)

ESTRANHEZA E FAMILIARIDADE

A questão de como conseguir acesso – a pessoas, instituições ou campos – suscita um problema que pode ser expresso pela metáfora do pesquisador que atua profissionalmente como um estranho (Agar, 1980) (Quadro 10.1). A necessidade de orientar-se e encontrar seu caminho em volta dele dá ao pesquisador um relance das rotinas e da autoevidência, que são familiares aos membros há muito tempo, tendo se tornado rotineiras, indiscutidas e pressupostas. Os indivíduos não refletem mais a respeito dessas rotinas, pois, em geral, elas já não são acessíveis a eles. Uma maneira potencial de obter conhecimento adicional é assumir e (ao menos temporariamente) manter a perspectiva de um *outsider*, adotando uma postura de dúvida em relação a qualquer tipo de autoevidência social. Esse *status* de estranho pode ser diferenciado – dependendo da estratégia da pesquisa – nos papéis de "visitante" e de "principiante". O pesquisador como visitante aparece no campo – em caso extremo – apenas uma vez, para uma única entrevista, mas será capaz de obter conhecimento por meio do questionamento das rotinas mencionadas acima. No caso do principiante, o que é produtivo é precisamente o processo de abandono da perspectiva de *outsider* no curso da observação participante. Acima de tudo, a descrição detalhada desse processo, a partir da perspectiva subjetiva do pesquisador, pode se tornar uma fonte proveitosa de conhecimento, devendo o pesquisador perceber a entrada no campo como um processo de aprendizado.

Contudo, certas atividades no campo permanecem ocultadas da perspectiva do pesquisador enquanto estranho. No contexto dos grupos sociais, Adler e Adler mencionam "dois conjuntos de realidades sobre suas atividades: um apresentado aos *outsiders* e outro reservado aos *insiders*" (1987, p. 21). A pesquisa qualitativa normalmente não se interessa simplesmente pela apresentação exterior dos grupos sociais. Ao contrário disso, o que se quer é envolver-se em um mundo ou subcultura diferentes e, em primeiro lugar, compreendê-lo, ao máximo possível, a partir de dentro dele e de sua própria lógica. Uma fonte de conhecimento, nesse contexto, é assumir gradualmente uma perspectiva de *insider* – compreender o ponto de vista do indivíduo ou os princípios organizacionais dos grupos sociais a partir da perspectiva de um membro. Os limites desta estratégia tornam-se relevantes no exemplo de Adler e Adler (1987) mencionado anteriormente – tráfico de drogas. Aqui, aspectos da realidade continuam ocultos e não são revelados aos pesquisadores – mesmo se eles estiverem integrados ao campo e ao grupo como pessoas. Essas áreas apenas serão acessíveis se os pesquisadores ocultarem, de certos membros do campo, seu papel como pesquisadores. Receios de transmissão de informações e de sanções negativas por parte de terceiros em relação às pessoas pesquisadas, assim como problemas éticos no contado com as pessoas em estudo, revelam-se aqui vigorosamente. Mas eles desempenham um papel em toda a pesquisa. Aqui são levantadas

---

QUADRO 10.1 Os Papéis no campo

- Estranho
- Visitante
- Principiante
- Recusado

questões quanto a como proteger a confiança e os interesses das pessoas pesquisadas, quanto à proteção de dados e quanto à forma como os pesquisadores lidam com seus próprios objetivos.

Em resumo, o pesquisador enfrenta a questão da negociação da proximidade e da distância em relação à(s) pessoa(s) estudada(s). Os problemas da revelação, da transparência e da negociação de expectativas, dos objetivos e dos interesses mútuos são também relevantes. Por fim, deve-se decidir entre a adoção de uma perspectiva de *insider* ou de *outsider* no que diz respeito ao objeto da pesquisa. Em relação ao campo de pesquisa, o fato de ser um *insider* e/ou um *outsider* pode ser analisado em termos da estranheza e da familiaridade do pesquisador. A posição em que os pesquisadores se situarem nessa área de conflito entre a estranheza e a familiaridade determinará, na sequência da pesquisa,

Estudo de caso:

Sociedade de esquina

O exemplo seguinte vem de um dos estudos clássicos da pesquisa qualitativa com a utilização da observação participante e da etnografia (ver Capítulo 17) em um campo. William F. Whyte foi um dos mais influentes pesquisadores na sociologia da década de 1940. Ele viveu por três anos e meio com a comunidade que estudou. Seu estudo etnográfico clássico de uma gangue de rua na principal cidade da costa leste dos Estados Unidos nos anos 1940 oferece, na base das observações individuais, notas pessoais e outras fontes, uma imagem abrangente de uma cultura local dinâmica. Por meio da mediação de uma figura-chave, Whyte (1955) obteve acesso a um grupo de jovens da segunda geração de imigrantes italianos. Whyte fornece descrições detalhadas de como negociou seu acesso à área que estudou, sobre como usou sua pessoa-chave para encontrar este acesso, e sobre como foi aceito pelo grupo social. Ele descreve também a necessidade de manter distância do campo, com a finalidade de evitar tornar-se um membro do grupo e ser um nativo no grupo e no campo. Como resultado de um período de dois anos de observação participante, ele pôde obter informação sobre os motivos, os valores e a consciência de vida, e também sobre a organização social, as amizades e lealdades dessa cultura local.

Isso foi condensado em afirmações teoricamente importantes como:

> As gangues de Whyte podem ser vistas simplesmente como um exemplo de um não-ajustamento temporário de jovens. Eles afastam-se das normas da casa de seus pais (...) e, ao mesmo tempo, vêem a si mesmos como excluídos das normas predominantes na sociedade norte-americana. O comportamento desviante pode ser percebido em relação às normas de suas famílias e às normas vigentes do país de imigração. O comportamento desviante, mesmo no que se refere à criminalidade, pode ser visto como uma adaptação transitória equivocada que carrega em si mesma ambas as opções: de adaptação e de não-adaptação permanente. (Atteslander, 1996, p. XIII)

Esse é um exemplo paradigmático sobre como um pesquisador buscou e encontrou acesso a uma comunidade e estudou seus rituais e rotinas formando um modo particular de vida cotidiana.

a escolha dos métodos concretos, definindo também qual parte do campo em estudo estará acessível e qual será inacessível aos pesquisadores. Novamente, os temores, em parte inconscientes, desempenham um papel específico ao evitarem que o pesquisador interfira em um determinado campo. Para o pesquisador, depende do modo de acesso permitido pelo campo e de sua personalidade a definição do quanto serão instrutivas as descrições dos casos e em que medida o conhecimento obtido permanecerá limitado a confirmar o que já se sabia de antemão.

Pontos-chave

- Entrar no campo inclui mais do que apenas estar lá. Consiste em um processo complexo de situar-se e de estar situado no campo.
- Tem a ver com assumir e com fixar-se em um papel no campo.
- Em instituições, frequentemente não existem boas razões para a rejeição de uma pesquisa em geral. Por isso, se os representantes das instituições não querem a entrada de um projeto de pesquisa, apresentam motivos substitutivos para tanto, o que torna ainda mais complexas as negociações para o pesquisador.
- O acesso a indivíduos dentro e fora das instituições é outro passo importante. Aqui, deve-se tentar trazer para a pesquisa pessoas que não se conheça pessoalmente, com a finalidade de obter-se *insights* produtivos.

LEITURAS ADICIONAIS

Esses textos lidam com problemas e exemplos concretos relacionados à entrada no campo e à adoção de um papel e de uma postura nesse campo. O artigo de Schutz é uma boa descrição sociológica das qualidades de ser um estranho, o que permite *insights* sobre aquilo que é familiar aos membros de um campo.

Adler, P.A., Adler, P. (1987) *Membership Roles in Field Research*. Beverly Hills, CA: SAGE.

Schutz, A. (1962) "The Stranger", in A. Schutz, *Collected Papers*, Vol. II. Den Haag: Nijhoff. pp. 91-105.

Wolff, S. (2004a) "Ways into the Field and their Variants", in U. Flick, E.v. Kardorff, I. Steinke (eds), *A Companion to Qualitative Research*. London, SAGE. pp.195-202.

Exercício 10.1

1. Escolha, a partir da literatura, um estudo que utilize métodos qualitativos. Tente identificar no texto quais os problemas de acesso mencionados pelo pesquisador. E procure imaginar os problemas que surgiram na tentativa do pesquisador de entrar no campo.
2. Reflita sobre sua própria pesquisa e planeje a forma como obter acesso ao campo que deseja estudar. A quem você terá de pedir permissão? Como você abordará essas pessoas que deseja incluir em seu estudo?

11

Amostragem

As decisões relativas à amostragem no processo de pesquisa, 117
A determinação *a priori* da estrutura da amostra, 118
A definição gradual da estrutura da amostra no processo de pesquisa: amostragem teórica, 120
A seleção gradual como princípio geral na pesquisa qualitativa, 122
Conceitos recentes da seleção gradual, 124
Extensão ou profundidade como objetivos da amostragem, 126
A constituição dos casos na amostra, 126

OBJETIVOS DO CAPÍTULO
Após a leitura deste capítulo, você deverá ser capaz de:

✓ entender o papel e a importância da amostragem na pesquisa qualitativa.
✓ identificar as diferenças entre amostragem teórica e estatística.
✓ distinguir as diferentes formas de amostragem na pesquisa qualitativa.
✓ compreender o modo como um caso é constituído na pesquisa qualitativa.

AS DECISÕES RELATIVAS À AMOSTRAGEM NO PROCESSO DE PESQUISA

Encontramos a questão da amostragem em diferentes etapas do processo de pesquisa (Tabela 11.1). Em um estudo de entrevistas, ela está associada à decisão sobre quais pessoas entrevistar (amostragem de casos) e de quais grupos essas pessoas devam ser originárias (grupos de amostragem de casos). Além disso, essa questão suscita, ainda, a decisão sobre quais entrevistas devam receber um tratamento adicional, ou seja, transcritas e analisadas (amostragem do material). Durante o processo de interpretação dos dados, a questão novamente aparece ao decidir-se sobre quais as partes de um texto que devam ser selecionadas para a interpretação em geral ou para interpretações específicas detalhadas (amostragem dentro do material). Ao final, quando da apresentação das descobertas, surge outra questão: quais casos ou partes de textos revelam-se melhores para a demonstração das descobertas (amostragem da apresentação)?

Existem, na literatura, várias sugestões para o problema da amostragem situadas, contudo, muito claramente, em dois pólos – em critérios mais ou menos abstratos ou mais ou menos concretos.

TABELA II.I
Decisões relativas à amostragem no processo de pesquisa.

Fase na pesquisa	Métodos de amostragem
Na coleta de dados	Amostragem de casos Grupos de amostragem de casos
Na interpretação dos dados	Amostragem do material Amostragem dentro do material
Na apresentação das descobertas	Amostragem da apresentação

A DETERMINAÇÃO *A PRIORI* DA ESTRUTURA DA AMOSTRA

Em um dos pólos, os critérios são abstratos na medida em que partem de uma ideia da tipicidade e da distribuição do objeto pesquisado. Essa noção deve aparecer representada na amostra do material que é estudado (ou seja, coletado e analisado), de forma que permita ao pesquisador delinear inferências das relações no objeto. Essa é a lógica da amostragem estatística, na qual o material é reunido de acordo com certos critérios (por exemplo, demográficos). Por exemplo, ao retirar-se uma amostra homogênea em idade ou em situação social (mulheres com uma determinada profissão, em uma fase biográfica específica) ou uma amostra que represente uma determinada distribuição de tais critérios na população. Esses critérios são abstratos, uma vez que tenham sido elaborados independentemente do material concreto analisado e antes de sua coleta e análise, conforme demonstram os exemplos no estudo de caso a seguir.

A amostragem de casos para a coleta de dados está voltada para o preenchimento dos campos da estrutura da forma mais uniforme possível, ou no sentido de preencher todos os campos adequadamente. Dentro dos grupos ou campos, a amostragem teórica (ver a seguir) pode ser aplicada para a decisão quanto ao próximo caso a ser integrado.

A coleta completa na pesquisa qualitativa

Gerhardt aplicou um método alternativo para a amostragem ao utilizar-se da estratégia da coleta completa (1986, p. 67): "Para aprendermos mais sobre os eventos e as trajetórias evolutivas dos pacientes com insuficiência renal crônica, decidimos pela realização de uma coleta completa de todos os pacientes (do sexo masculino, casados, faixa etária de 30 a 50 anos ao início do tratamento) dos cinco maiores hospitais (unidades renais) que atendem o sudeste da Grã-Bretanha". A amostragem é limitada, de antemão, por determinados critérios: uma doença específica, uma idade específica, uma região específica, um período limitado e um determinado estado civil caracterizam os casos relevantes. Esses critérios delimitam a totalidade de casos possíveis de tal forma que todos os casos possam estar integrados no estudo. Entretanto, aqui também é realizada a amostragem por que casos virtuais que não satisfaçam a um ou mais desses critérios são excluídos de antemão. É possível aplicar esses métodos de amostragem principalmente em estudos regionais.

Nos planos de pesquisa que empregam definições *a priori* da estrutura da amostra, as decisões relativas à amostragem são tomadas com a finalidade de selecionar casos ou grupos de casos. Na co-

Estudo de caso:

Amostragem com grupos sociais definidos antecipadamente

Em meu estudo sobre a representação social da mudança tecnológica na vida cotidiana, foram adotados três pontos de partida. Um deles é o fato de que as percepções e as avaliações da mudança tecnológica no cotidiano dependem da profissão do entrevistado. O segundo é que dependem igualmente do gênero; e, em terceiro lugar, o fato de serem influenciadas pelo contexto cultural e político. Com a finalidade de levar em conta esses três fatores, foram definidas diversas dimensões da amostra. As profissões de engenheiros de informação (como desenvolvedores de tecnologia), de cientistas sociais (como usuários profissionais de tecnologia) e de professores da área das ciências humanas (como usuários diários de tecnologia) deveriam ser representadas na amostra por meio de casos que apresentassem um determinado limite mínimo de experiência profissional. Pessoas do sexo masculino e feminino deviam ser integradas. Os diferentes contextos culturais foram considerados por meio da seleção de casos oriundos dos contextos da Alemanha Ocidental, da Alemanha Oriental e da França. Isso levou a uma estrutura de amostras de nove campos (Tabela 11.2) que foram preenchidos, da forma mais uniforme possível, com casos que representassem cada grupo. O número de casos por campo variava em função dos recursos (quantas entrevistas puderam ser realizadas, transcritas e interpretadas no período disponível?) e das metas do estudo (o que representam os casos individuais ou o que significa a totalidade dos casos?).

Este exemplo demonstra como é possível trabalhar, na pesquisa qualitativa, com grupos comparativos que tenham sido definidos antecipadamente e não durante o processo da pesquisa ou de amostragem.

---

leta completa, será menos provável a exclusão das entrevistas já realizadas naquela coleta de dados, e a análise tem por objetivo a conservação e a integração de todos os casos disponíveis na amostra. Dessa forma, embora a amostragem *de* materiais seja menos relevante, as questões sobre a amostragem *no* material (que partes

TABELA II.2
Exemplo de uma estrutura de amostragem com dimensões fornecidas antecipadamente

	CONTEXTO E GÊNERO						
	Alemanha Ocidental		Alemanha Oriental		França		
PROFISSÃO	Mulheres	Homens	Mulheres	Homens	Mulheres	Homens	Total
Engenheiros de Informação							
Cientistas Sociais							
Professores							
Total							

da entrevistas são interpretadas de forma mais intensa, que casos são contrastados?) e sobre a amostragem *na* apresentação são tão relevantes quanto no método de definição gradual da estrutura de amostragem.

Quais são as limitações do método?

Nessa estratégia, a estrutura dos grupos levados em consideração é definida antes da coleta de dados. Isso restringe a variação do alcance em uma comparação possível. Ao menos nesse nível, não haverá descobertas novas reais. Se o objetivo do estudo for o desenvolvimento da teoria, essa forma de amostragem restringe o espaço de desenvolvimento teórico em uma dimensão essencial. Assim, esse procedimento é adequado para posterior análise, diferenciação e, talvez, ao teste de hipóteses sobre aspectos comuns e diferenças entre grupos específicos.

A DEFINIÇÃO GRADUAL DA ESTRUTURA DA AMOSTRA NO PROCESSO DE PESQUISA: AMOSTRAGEM TEÓRICA

As estratégias graduais de amostragem baseiam-se, em grande parte, na "amostragem teórica" desenvolvida por Glaser e Strauss (1967). As decisões relativas à seleção e à reunião de material empírico (casos, grupos, instituições, etc.) são tomadas no processo de coleta e de interpretação dos dados. Glaser e Strauss descrevem essa estratégia como se segue:

> A amostragem teórica é o processo de coleta de dados para a geração de teoria pelo qual o analista coleta, codifica e analisa conjuntamente seus dados e decide que dados coletar a seguir e onde encontrá-los, a fim de desenvolver sua teoria quando esta surgir. Esse processo de coleta de dados é controlado pela teoria em formação. (1967, p. 45)

Na amostragem teórica, as decisões relativas à amostragem podem partir de qualquer um dos dois níveis, podendo ser tomadas no nível dos grupos a serem comparados ou podem concentrar-se diretamente em pessoas específicas. Em ambos os casos, a amostragem de indivíduos, de grupos ou de campos concretos não se baseia nos critérios e nas técnicas usuais de amostragem estatística. A representatividade de uma amostra não é garantida nem pela amostragem aleatória, nem pela estratificação. Ao contrário disso, selecionam-se indivíduos, grupos, etc., de acordo com seu nível (esperado) de novos *insights* para a teoria em desenvolvimento em relação à situação da elaboração da teoria até então. As decisões sobre a amostragem visam àquele material que prometa os maiores *insights*, percebidos à luz do material já utilizado e do conhecimento dele extraído. A questão principal para a seleção de dados é: "*Que* grupos ou subgrupos tornam-se os próximos na coleta de dados? E com *que* propósito teórico? As possibilidades de comparações múltiplas são infinitas e, portanto, os grupos devem ser escolhidos de acordo com critérios teóricos" (1967, p. 47).

Dadas as possibilidades teoricamente ilimitadas de uma maior integração de pessoas, de grupos, de casos, etc., faz-se necessária a definição de critérios para uma limitação bem fundamentada da amostragem. Esses critérios são aqui definidos em relação à teoria. A teoria a ser elaborada a partir do material empírico serve como ponto de referência. Exemplos desses critérios consistem em avaliar-se em que medida o caso seguinte será promissor e que relevância este poderá ter ao desenvolvimento da teoria.

Encontramos um exemplo de aplicação dessa forma de amostragem no estudo de Glaser e Strauss (1965a) sobre a consciência da morte em hospitais. Nesse estudo, os autores realizaram observação participante em diferentes hospitais e instituições com o objetivo de desenvolver uma teoria a respeito de como a morte em um hospital aparece organizada enquanto processo social (para mais detalhes, ver também o Capítulo 23). O memorando no estudo de caso seguinte descreve a decisão e o processo de amostragem.

Uma segunda questão, tão crucial quanto a primeira, refere-se a como decidir sobre quando interromper a integração de casos adicionais. Glaser e Strauss sugerem o critério da "saturação teórica" (de uma categoria, etc.): "O critério para a avaliação sobre quando interromper a amostragem de diferentes grupos pertinentes a uma categoria é a saturação teórica da categoria. A saturação significa que não estão sendo encontrados dados adicionais por meio dos quais o sociólogo possa desenvolver as propriedades da categoria" (1967, p. 61). A amostragem e a integração de outros materiais são concluídas quando a "saturação teórica" de uma categoria ou grupo de casos tenha sido atingida (ou seja, quando não surgir mais nada novo).

Estudo de caso:

Exemplo de amostragem teórica

Pioneiros na pesquisa teoria fundamentada, Glaser e Strauss desenvolveram a amostragem teórica durante sua pesquisa em sociologia médica, na década de 1960. Na passagem a seguir, eles descrevem a forma como procederam na amostragem teórica:

> As visitas a várias unidades médicas foram programadas da seguinte maneira. Primeiramente, eu queria observar serviços que minimizassem a consciência do paciente (e, portanto, comecei com a observação de um trabalho com bebês prematuros e, então, um serviço neurocirúrgico em que os pacientes eram, frequentemente, comatosos). A seguir, queria observar a morte em uma situação na qual houvesse uma grande expectativa da equipe e, muitas vezes, dos próprios pacientes, e em que a morte chegava de forma muito rápida – para tanto, realizei minha observação em uma Unidade de Terapia Intensiva. Depois, eu queria observar um serviço em que a expectativa de morte, por parte da equipe, fosse grande, mas no qual as expectativas do paciente podiam ou não ser negativas, e em que a morte tendia a ser lenta – minha observação seguinte foi, então, uma unidade de câncer. A seguir, eu queria observar situações em que a morte fosse inesperada e rápida, e, portanto, observei um serviço de emergência. Enquanto analisávamos alguns desses diferentes tipos de serviços, observávamos também esses mesmos tipos de serviços acima mencionados em outros hospitais. Portanto, nossa programação de tipos de serviço foi orientada por um esquema conceitual geral – que incluía hipóteses sobre a consciência, a expectativa e a taxa de mortalidade – bem como por uma estrutura conceitual em desenvolvimento que abrangia dificuldades não previstas em um primeiro momento. Algumas vezes, retornamos aos serviços 2 a 4 semanas após as duas, três ou quatro semanas iniciais de observação contínua, a fim de averiguar os itens que precisavam de verificação, ou os que faltavam no período inicial. (Glaser e Strauss, 1967, p. 59)

Esse exemplo revela-se instrutivo por demonstrar a trajetória gradativa seguida pelos pesquisadores na construção de sua amostra no contato com o campo enquanto coletavam os dados para o estudo.

> ### Estudo de caso:
>
> **Integração gradual de grupos e de casos**
>
> Em meu estudo sobre o papel da confiança na terapia e no aconselhamento, incluí casos oriundos de grupos profissionais, de instituições e de campos de trabalho específicos. Selecionei estes casos, gradativamente, a fim de preencher as lacunas no banco de dados, que se tornavam evidentes conforme a interpretação sucessiva dos dados incorporados a cada estágio. Primeiramente, coletei e comparei casos provenientes de dois campos de trabalho diferentes (prisão *versus* terapia em clínica particular). A seguir, um terceiro campo de trabalho (serviços sociopsiquiátricos) foi integrado para ampliar a significação das comparações nesse nível. Na interpretação do material coletado, a amostragem, em uma nova dimensão, indicou *insights* adicionais. O alcance das profissões, no estudo, foi estendido até aquele ponto (psicólogos e assistentes sociais) por uma terceira profissão (médicos) para trabalhar melhor as diferenças de pontos de vista em um campo de trabalho (serviços sociopsiquiátricos). Ao final, tornou-se claro que o potencial epistemológico desse campo era tão grande que parecia menos instrutivo contrastá-lo com outros do que comparar sistematicamente instituições distintas dentro desse campo. Consequentemente, foram integrados novos casos oriundos de outros serviços sociopsiquiátricos (ver Tabela 11.4, na qual a sequência e a ordem das decisões na seleção estão indicadas pelas letras A, B e C).
> Esse exemplo ilustra a maneira como se pode expandir uma amostra e uma estrutura de amostras gradativamente durante a coleta de dados.

A Tabela 11.3 destaca a amostragem teórica em comparação com a amostragem estatística.

Por fim, pode-se observar que a utilização desse método leva a uma amostra estruturada, da mesma forma que ocorre ao utilizar-se o método da amostragem estatística. No entanto, aqui, a estrutura da amostra não é definida antes da coleta e da análise dos dados. Ela será desenvolvida, gradativamente, durante a coleta e a análise dos dados, sendo então complementada por novas dimensões, ou limitada a dimensões e a campos determinados.

A SELEÇÃO GRADUAL COMO PRINCÍPIO GERAL NA PESQUISA QUALITATIVA

Nesse aspecto, ao compararmos diferentes concepções da pesquisa qualitativa, podemos observar que esse princípio de seleção de casos e de material foi também aplicado após Glaser e Strauss. O princípio básico da amostragem teórica é selecionar casos ou grupos de casos de acordo com critérios que digam respeito a seu conteúdo, em vez de aplicar critérios metodológicos abstratos. O prosseguimento da amostragem ocorre de acordo com a relevância dos casos, e não conforme sua representatividade. Esse princípio é também característico de estratégias relacionadas para a coleta de dados na pesquisa qualitativa.

Por um lado, podem-se traçar paralelos com o conceito de "triangulação de dados" em Denzin (1989b), que se referem à integração de várias fontes, diferenciadas por tempo, lugar e pessoa (ver Capítulo 29). Denzin sugere o estudo do "mesmo fenômeno" em épocas e locais distintos, e com pessoas diferentes. Ele também alega ter aplicado a estratégia da amostragem teórica a sua própria maneira, como uma seleção e integração propositada e sistemática de pessoas e de grupos de pes-

TABELA II.3
Amostragem teórica *versus* amostragem estatística

Amostragem teórica	Amostragem estatística
A extensão da população básica não é previamente conhecida.	A extensão da população básica é previamente conhecida.
As características da população básica não são conhecidas antecipadamente.	A distribuição das características da população básica pode ser estimada.
Elaboração repetida de elementos de amostragem com critérios a serem definidos em cada etapa	Elaboração de uma amostra de uma única vez, seguindo um plano previamente definido
O tamanho da amostra não é definido previamente.	O tamanho da amostra é definido previamente.
A amostragem é concluída ao atingir-se a saturação teórica.	A amostragem é concluída quando toda a amostra tiver sido estudada.

Fonte: Wiedemann, 1995, p. 441.

TABELA II.4
Exemplo de uma estrutura de amostras resultante do processo

	Prisão	Clínica particular	Serviços sociopsiquiátricos
Psicólogos	A	A	B
Assistentes Sociais	A	A	B
Médicos			C

soas e de ambientes temporais e locais. A extensão do procedimento de amostragem para ambientes temporais e locais é uma vantagem do sistema de acesso no método de Denzin, em comparação ao de Glaser e Strauss. No exemplo mencionado há pouco, essa ideia foi levada em consideração pela integração intencional de diferentes instituições (como ambientes locais) e profissões e pela utilização de diversos tipos de dados.

Znaniecki (1934) (ver Capítulo 29) apresentou originalmente a "indução analítica" como uma forma de produzir uma amostragem teórica concreta e desenvolvê-la ainda mais. No entanto, aqui, a atenção está menos concentrada na questão de quais casos devam ser integrados no estudo em geral. Em vez disso, esse conceito parte do desenvolvimento de uma teoria (padrão, modelo, etc.), em um dado momento e situação, para então procurar e analisar especificamente casos (ou mesmo grupos de casos) desviantes. Ao passo que a amostragem teórica visa principalmente a enriquecer a teoria em desenvolvimento, a indução analítica preocupa-se em garanti-la por meio da análise ou da integração de casos desviantes. Enquanto a amostragem teórica busca controlar o processo de seleção de dados pela teoria emergente, a indução analítica utiliza o caso desviante para controlar a teoria em desenvolvimento. O caso desviante é, aqui, um complemento ao critério da saturação teórica. Esse critério permanece um tanto indeterminado, sendo, porém, aplicado para dar continuidade e para avaliar a coleta de dados. No exemplo mencionado anteriormente, os casos foram mínima e maximamente contrastados propositalmente, em lugar da aplicação de estratégias que partissem de casos desviantes (ver Capítulo 29).

Esta breve comparação de concepções distintas da pesquisa qualitativa pode demonstrar que o princípio básico da amostragem teórica é a forma genuína e típica da seleção de material na pesquisa qualitativa. Esse pressuposto pode ser sustentado pela referência à ideia de Kleining (1982) de uma tipologia dos métodos das ciências sociais. De acordo com essa ideia, todos os métodos de pesquisa têm a mesma fonte nas técnicas cotidianas; os métodos qualitativos são o primeiro, e os quantitativos, o segundo nível de abstração dessas técnicas cotidianas. Se isso for aplicado analogamente às estratégias para a seleção de material empírico, a amostragem teórica (e as estratégias basicamente relacionadas, conforme mencionado anteriormente) é a estratégia mais concreta e a mais próxima da vida cotidiana. Os critérios de amostragem como a representatividade em relação à população, etc., representam o segundo nível de abstração. Essa analogia de níveis de abstração pode sustentar a tese de que a amostragem teórica seja a estratégia de amostragem mais apropriada na pesquisa qualitativa, enquanto os procedimentos clássicos de amostragem seguem voltados à lógica da pesquisa quantitativa. Até que ponto esses procedimentos podem ser importados para a pesquisa qualitativa é algo que deve ser verificado em cada caso. Podemos, aqui, traçar paralelos com a discussão sobre a apropriabilidade dos indicadores de qualidade (ver Capítulo 28).

CONCEITOS RECENTES DA SELEÇÃO GRADUAL

A seleção gradual não é apenas o princípio original da amostragem em diversas abordagens tradicionais da pesquisa qualitativa, sendo adotada também, repetidamente, em discussões mais recentes, que se concentram em descrever estratégias de como prosseguir com a seleção dos casos e do material empírico. Na estrutura da pesquisa de avaliação, Patton (2002) contrasta a amostragem aleatória em geral com a amostragem intencional, apresentando algumas sugestões concretas:

- Uma sugestão é integrar casos intencionalmente *extremos* ou desviantes. Com o objetivo de estudar o funcionamento de um programa de reforma, são selecionados e analisados exemplos particularmente bem-sucedidos de sua realização. Ou são selecionados e analisados casos de fracasso no programa, no sentido de buscarem-se os motivos desse resultado. Aqui, o campo em estudo é revelado a partir de suas extremidades, para chegar-se a uma compreensão do campo como um todo.
- Outra sugestão é selecionar casos particularmente *típicos* – ou seja, aqueles em que o sucesso e o fracasso são particularmente típicos na média ou na maior parte dos casos. Aqui, o campo é revelado a partir de dentro e de seu centro.
- Ainda, outra sugestão visa à *variação máxima* na amostra – integrar apenas alguns casos, mas aqueles que apresentarem maior diferenciação entre si, para revelar o alcance da variação e da diferenciação no campo.
- Além disso, os casos podem ser selecionados de acordo com a *intensidade* com a qual características, processos, experiências, etc., interessantes estão neles determinados ou supostos – ou selecionam-se os casos que apresentem maior intensidade, ou integram-se e compa-

ram-se sistematicamente casos com diferentes graus de intensidade.
- A seleção de *casos críticos* visa àqueles casos nos quais as relações a serem estudadas tornam-se especialmente claras (por exemplo, na opinião de especialistas na área) ou que são particularmente importantes para o funcionamento de um programa a ser avaliado.
- Pode ser apropriada a seleção de casos politicamente importantes ou de *casos delicados*, a fim de apresentar descobertas positivas de uma forma mais eficaz na avaliação – o que configura um argumento para integrá-los. Contudo, nos casos em que estes possam comprometer o programa como um todo devido a sua força explosiva, devem ser excluídos.
- Por último, Patton menciona o critério da *conveniência*, que se refere à seleção daqueles casos mais acessíveis sob determinadas condições. Isso pode acontecer simplesmente em função de se reduzir o esforço. No entanto, de tempos em tempos, esse critério possivelmente represente o único caminho para realizar-se uma avaliação com recursos limitados de tempo e de pessoas.

Por fim, a forma como poderemos generalizar os resultados dependerá dessas estratégias de seleção, podendo ser maior na amostragem aleatória, enquanto, na estratégia do menor esforço, mencionada por último, será mais restrita. Deve-se, porém, observar que a generalização não é, em todos os casos, a meta de um estudo qualitativo, considerando-se que o problema do acesso pode representar uma das barreiras cruciais.

Da mesma forma, Morse (1998, p. 73) define diversos critérios gerais para um "bom informante", que podem servir, de um modo mais geral, como critérios para a seleção de casos significativos (especialmente para os entrevistados). Eles devem ter à disposição o conhecimento e a experiência necessários sobre o tema ou objeto para que possam responder às perguntas na entrevista, ou, no caso dos estudos observacionais, possam desempenhar as ações de interesse. Devem também ter a capacidade de refletir e de articular, dispor de tempo para serem questionados (ou observados), e estar prontos para participar do estudo. Se todas essas condições forem preenchidas, existe uma boa probabilidade de que o caso seja integrado ao estudo. A integração desses casos é caracterizada por Morse como *seleção primária*, a qual contrasta com a *seleção secundária*. Esta última refere-se àqueles casos que não sa-

---

QUADRO 11.1 Estratégias de amostragem na pesquisa qualitativa

- Determinação *a priori*
- Coleta completa
- Amostragem teórica
- Amostragem de caso extremo
- Amostragem de caso típico
- Amostragem de variação máxima
- Amostragem de intensidade
- Amostragem de caso crítico
- Amostragem de caso delicado
- Amostragem de conveniência
- Seleção primária
- Seleção secundária

tisfazem a todos os critérios anteriormente mencionados (especialmente de conhecimento e de experiência), mas que se dispõem quanto a oferecer seu tempo para uma entrevista. Morse sugere que não sejam investidos muitos recursos nesses casos (por exemplo, na transcrição ou na interpretação). Em vez disso, deve-se avançar no trabalho desses casos apenas se tornar-se claro que realmente não existam casos suficientes de seleção primária a serem descobertos.

O Quadro 11.1 resume as estratégias de amostragem discutidas.

EXTENSÃO OU PROFUNDIDADE COMO OBJETIVOS DA AMOSTRAGEM

O que é decisivo para a escolha de uma das estratégias de amostragem há pouco delineadas, assim como para o sucesso na reunião da amostra como um todo, é observar se essa escolha é rica em informações relevantes. As decisões relativas à amostragem sempre oscilam entre os objetivos de cobrir um campo da forma mais ampla possível e de realizar análises com a maior profundidade possível. A primeira estratégia busca representar o campo em sua diversidade por meio da utilização da maior variedade de casos possível, de modo que possibilite apresentar indícios sobre a distribuição de formas de ver ou de experienciar determinadas coisas. Por sua vez, a última estratégia procura permear ainda mais o campo e sua estrutura, concentrando-se em exemplos únicos ou em determinados setores do campo. Considerando-se a limitação de recursos (mão-de-obra, dinheiro, tempo, etc.), esses objetivos precisam ser encarados como alternativas, e não como projetos a combinar. No exemplo mencionado acima, a decisão de lidar-se de uma forma mais intensiva com um tipo de instituição (serviços sociopsiquiátricos) e, devido à limitação de recursos, de não se coletar ou analisar nenhum dado a mais nas outras instituições, foi resultado da ponderação entre a extensão (estudar a confiança no aconselhamento em tantas formas diferentes de instituições quanto fosse possível) e a profundidade (prosseguir com as análises em um único tipo de instituição, até onde fosse possível).

A CONSTITUIÇÃO DOS CASOS NA AMOSTRA

Nesse contexto, surge a questão acerca da definição do caso a ser considerado em uma amostra e, de forma mais concreta, daquilo que esse caso representa. Nos estudos sobre a confiança no aconselhamento e sobre mudança tecnológica já mencionados aqui por diversas vezes, tratei do *caso como caso*: a amostragem, assim como a coleta e a interpretação de dados, prosseguiu como uma sequência de estudos de caso. Ao final, para a constituição da amostra, cada caso foi representativo em cinco aspectos:

- O caso representa a si mesmo. De acordo com Hildenbrand, o "caso único pode ser compreendido dialeticamente como um universal individualizado" (1987, p. 161). Assim, o caso único é visto, inicialmente, como o resultado da socialização individual específica contra um pano de fundo geral – por exemplo, como um médico ou psicólogo com uma determinada biografia individual, em contraste com o pano de fundo das mudanças na psiquiatria e na compreensão das perturbações psiquiátricas nas décadas de 1970 e 1980. Isso também se aplica à socialização de um engenheiro de informação, em contraste com o pano de fundo das mudanças na ciência da informação e no contexto cultural de cada caso. Essa socialização tem levado a diversas opiniões, atitudes e pontos de vista subjetivos que podem ser encontrados na situação real de entrevista.

- Com a finalidade de decifrar aqui qual seja o significado concreto do "universal individualizado", evidenciou-se também a necessidade de conceitualizar o caso da seguinte maneira: o caso representa um contexto institucional específico, no qual o indivíduo atua, e o qual ele (ou ela) também deve representar para outros indivíduos. Dessa forma, os pontos de vista nas teorias subjetivas sobre a confiança no aconselhamento são influenciados pelo fato de que o caso (por exemplo, como médico ou assistente social) orienta suas práticas e percepções para as metas da instituição de "serviços sociopsiquiátricos". Ou ele (ou ela) pode até mesmo transformar esses pontos de vista em atividades com clientes ou com enunciados na entrevista, possivelmente lidando de forma mais crítica com essas metas.
- O caso representa uma profissionalização específica (como médico, psicólogo, assistente social, engenheiro de informação, etc.) alcançada pelo indivíduo, que é representada em seus conceitos e modos de atuar. Assim, apesar da existência do trabalho de equipe e da cooperação na instituição, foi possível identificar diferenças nas formas pelas quais profissionais dos mesmos serviços sociopsiquiátricos apontaram clientes, distúrbios e pontos de partida para tratá-los.
- O caso representa uma subjetividade desenvolvida enquanto resultado da obtenção de certas reservas de conhecimento e da evolução de modos específicos de atuar e de perceber.
- O caso representa um contexto de atividade interativamente realizado e realizável (por exemplo, aconselhamento, tecnologia em desenvolvimento).

As decisões relativas à amostragem não podem ser tomadas isoladamente. Não existe uma decisão ou estratégia correta *per se*. A apropriabilidade da estrutura e dos conteúdos da amostra e, assim, a apropriabilidade da estratégia escolhida para a obtenção de ambas, apenas poderá ser avaliada em relação à questão de pesquisa do estudo: quais e quantos casos são necessários para responder-se às perguntas do estudo? A apropriabilidade da amostra selecionada pode ser avaliada quanto ao grau de generalização que se busca atingir. Pode ser difícil elaborar enunciados com uma validade geral, com base em apenas um estudo de caso único. No entanto, é igualmente difícil fornecer descrições e explicações profundas de um caso encontrado a partir da aplicação do princípio da amostragem aleatória. As estratégias de amostragem descrevem formas de revelar-se um campo. Um processo desses pode ter início em casos extremos, negativos, críticos ou desviantes, e, portanto, partindo das extremidades do campo. Pode ser revelado a partir de dentro, começando por casos particularmente típicos ou elaborados. Pode-se alcançá-lo partindo-se da sua estrutura suposta – integrando-se os casos mais diferentes possíveis em sua variação. A estrutura da amostra pode ser determinada antecipadamente e preenchida por meio da coleta de dados, ou pode ser elaborada e, posteriormente, diferenciada gradualmente durante a seleção, a coleta e a interpretação do material. Aqui, além disso, a decisão entre a definição prévia e a elaboração gradual da amostra deve ser determinada pela questão de pesquisa e pelo grau de generalização que se busca alcançar.

As características da pesquisa qualitativa mencionadas no Capítulo 6 também se aplicam às estratégias de amostragem. Uma abordagem específica para a compreensão do campo e dos casos selecionados reside de forma implícita na seleção realizada nas decisões relativas à amostragem. Em uma estratégia de seleção distinta, essa compreensão seria diferente em seus resultados. Como as decisões relativas à amostragem partem da integração de casos concretos, a origem da reconstrução de casos é entendida concretamente. Nas decisões relativas à amostragem, a realidade em estudo é construída de uma maneira específica: determinadas partes e características ganham destaque, e outras são removidas gradualmente. Essas decisões referentes à amostragem definem substancialmente o que se torna material empírico na forma de texto, o que é extraído concretamente de textos disponíveis e como isso é utilizado.

Pontos-chave

- A amostragem é uma etapa muito importante na pesquisa qualitativa.
- A decisão relativa à amostragem (quem ou que grupo?) muitas vezes é tomada durante e em consequência da coleta e da análise dos dados.
- As decisões relativas à amostragem, na pesquisa qualitativa, muitas vezes são tomadas em um nível substancial, concreto, e não em um nível abstrato e formal – tratam-se de decisões significativas para um caso específico, e não uma amostragem aleatória.
- Na amostragem, podem-se constituir casos enquanto casos e o caso de uma pesquisa.

LEITURAS ADICIONAIS

O primeiro é o texto clássico sobre a amostragem teórica. Os outros três oferecem conceitos recentes para o aprimoramento desta estratégia.

Glaser, B.G., Strauss, A.L. (1967) *The Discovery of Grounded Theory: Strategies for Qualitative Reserch*. New York: Aldine.

Merkens, H. (2004) Selection Procedures, Sampling, Case Construction", in U. Flick, E.v. Kardorff and I. Steinke (eds), *A Companion to Qualitative Research*. London: SAGE. pp. 165-171.

Morse, J.M. (1998) "Designing Funded Qualitative Research", in N. Denzin and Y.S. Lincoln (eds), *Strategies of Qualitative Research*. London: SAGE. pp. 56-85.

Patton, M.Q. (2002) *Qualitative Research and Evaluation Methods* (3rd. edn.). London: SAGE.

Exercício 11.1

1. Escolha um estudo qualitativo na literatura. Descreva como os autores realizaram a amostragem e determine a base lógica ou o plano visível na apresentação do estudo.
2. Reflita sobre sua própria pesquisa: Como você planejaria sua amostragem? De que forma você procederia?
3. Quais as limitações das alternativas de amostragem discutidas neste capítulo?

12

Como planejar a pesquisa qualitativa: uma visão geral

Como planejar e construir os planos na pesquisa qualitativa, 129
Estratégias de atalho, 133
Os planos básicos na pesquisa qualitativa, 135

OBJETIVOS DO CAPÍTULO
Após a leitura deste capítulo, você deverá ser capaz de:

✓ conhecer os componentes básicos que influenciam a construção de um plano de pesquisa.
✓ reconhecer os planos básicos mais importantes na pesquisa qualitativa.
✓ compreender que, em seu próprio estudo, poderá combinar alguns desses planos básicos.
✓ aprender, a partir de um exemplo, como funciona esse processo.

COMO PLANEJAR E CONSTRUIR OS PLANOS NA PESQUISA QUALITATIVA

Em termos gerais, a expressão-chave "plano de pesquisa" refere-se às questões sobre como planejar um estudo. Os capítulos anteriores forneceram informações acerca de tópicos relativos à entrada no campo ou à amostragem e, sobretudo, à formulação de uma questão de pesquisa. Neste capítulo, pretende-se concluir esse ponto. Ainda, outras questões acerca do planejamento da pesquisa qualitativa são: Como estabelecer a coleta e a análise dos dados? Como selecionar o "material" empírico (situações, casos, pessoas, etc.) de modo que possibilite responder-se às questões de pesquisa dentro do tempo disponível e a partir dos meios disponíveis para tanto? Ragin (1994, p. 191) forneceu uma definição abrangente do plano de pesquisa: "O plano de pesquisa é um plano para a coleta e a análise de indícios que possibilitarão ao investigador responder quaisquer das questões a que se propôs. O plano de uma investigação afeta quase todos os aspectos da pesquisa, desde os mínimos detalhes da coleta dos dados até a seleção das técnicas de análise de dados".

Em grande parte, o tópico do plano de pesquisa, na pesquisa qualitativa, apresenta-se em dois aspectos. Os modelos básicos de planos da pesquisa qualitativa estão definidos e o pesquisador pode escolher um entre esses modelos para seu estudo concreto (para exemplos, ver Cresswell, 2003). Ou então, pode-se relacionar e discutir os componentes que constituem um plano de pesquisa concreto (para exemplos, ver Maxwell, 1996).

Ao elaborar um plano concreto de pesquisa para seu estudo, o pesquisador deverá considerar os seguintes componentes:

- Os objetivos do estudo;
- A estrutura teórica;
- Suas questões concretas;
- A seleção do material empírico;
- Os procedimentos metodológicos;
- O grau de padronização e de controle;
- Os objetivos da generalização; e
- Os recursos temporais, pessoais e materiais disponíveis.

O processo da pesquisa qualitativa pode ser descrito como uma sequência de decisões. Ao iniciar sua pesquisa e impulsionar seu projeto, o pesquisador pode optar entre inúmeras alternativas em vários pontos ao longo do processo – das questões de coleta e de análise dos dados à apresentação dos resultados. Com base nessas decisões, o pesquisador montará o plano para seu estudo em um sentido duplo. O esboço planejado antecipadamente é traduzido em procedimentos concretos ou então, durante o processo, o plano é constituído e modificado em virtude das decisões tomadas em favor de alternativas específicas.

Objetivos do estudo

Pode-se usar um estudo qualitativo para buscar atingir inúmeros objetivos distintos. A abordagem do desenvolvimento da teoria fundamentada, de acordo com o modelo de Glaser e Strauss (1967; ver Capítulo 8), oferece, muitas vezes, uma orientação geral. Nesse contexto, sugere-se ter em mente que a exigência do desenvolvimento da teoria é um encargo excessivo para muitos tipos de estudos qualitativos. Para uma tese de pós-graduação, cuja provisão de tempo é bastante limitada, esse objetivo pode ser impraticável por sua incompatibilidade com as intenções de muitos daqueles que executam projetos de pesquisa qualitativa. O que é necessário, aqui, são descrições detalhadas ou avaliações da prática atual. No caso de uma etapa que procura fornecer uma descrição exata das sequências de eventos na prática institucional ou diária, alguns dos instrumentos metodológicos de Glaser e Strauss (por exemplo, amostragem teórica) podem ser aplicados, mas não necessariamente. Há tipos distintos de objetivos que podem ser buscados em estudos qualitativos: descrição, às vezes teste de hipóteses e desenvolvimento teórico. No âmbito dos objetivos, Maxwell (1996, p.16) estabelece uma nova diferenciação ao distinguir entre os estudos que buscam contemplar, fundamentalmente, objetivos pessoais (por exemplo, uma tese ou dissertação de pós-graduação), aqueles que possuem finalidades práticas (descobrir se e como um determinado programa ou produto funciona) e aqueles que visam objetivos de pesquisa (e preocupam-se mais com a elaboração do conhecimento geral acerca de um tema específico).

A formulação das questões de pesquisa

A questão de pesquisa de uma investigação qualitativa é um dos fatores decisivos para seu sucesso ou fracasso, conforme já foi visto no Capítulo 9. A forma na qual elas são formuladas exerce forte influência no plano do estudo. As questões devem ser formuladas da forma mais clara e precisa possível, o que deve ocorrer o mais cedo possível na vida do projeto. No decorrer do projeto, contudo, as questões tornam-se cada vez mais concretas e enfocadas, sendo também reduzidas e revisadas. Maxwell (1996, p. 49) defende um ponto de vista distinto e observa que as questões devem representar menos o ponto de partida, mas sim o resultado da formulação de um plano de pesquisa. Consequentemente, as questões podem ser analisadas ou classificadas de acordo com a extensão em que são adaptadas para a confirmação de pressupostos existentes (por exemplo, no tocante a hipóteses), ou se apontam para novas descobertas ou permitem que isso ocorra.

As questões de pesquisa podem ser mantidas muito amplas, o que significa que não forneceriam quase nenhuma orientação no planejamento e na execução de um estudo. Podem, porém, ser mantidas demasiadamente restritas e, em função disso, acabar perdendo o objetivo a ser atingido na investigação ou impedir, em vez de promover, novas descobertas. As questões devem ser formuladas de tal modo que – no contexto do estudo planejado e com a utilização dos recursos disponíveis – sejam capazes de ser respondidas. Sem perder de vista o plano de pesquisa, Maxwell (1996) estabelece a distinção entre a generalização e a particularização das questões, em conjunto com questões que se concentram nas distinções e aquelas que focalizam a descrição dos processos.

Os objetivos da generalização e da representação

Ao montar-se um plano de pesquisa, aconselha-se o pesquisador a levar em consideração o que sejam seus objetivos de generalização no estudo. O objetivo é uma análise detalhada com a maior quantidade possível de facetas, ou é uma comparação ou tipologia de casos distintos, situações, indivíduos, e assim por diante? Em estudos comparativos, levanta-se a questão das dimensões principais, segundo as quais os fenômenos devem ser comparados. Se o estudo for restrito a uma ou muito poucas dimensões comparativas baseadas em alguma teoria ou nas questões de pesquisa, isso evitará uma possível compulsão em considerar todas as dimensões possíveis e incluir casos de um grande número de grupos e contextos. Pela minha experiência, é importante verificar criticamente a extensão à qual as dimensões demográficas clássicas precisam ser consideradas em cada estudo. O fenômeno em estudo e a pergunta de pesquisa necessitam realmente uma comparação segundo o gênero, a idade, a cidade ou o país, o leste ou o oeste, etc.? Se precisar considerar todas essas dimensões, o pesquisador terá então de incluir um certo número de casos de cada uma das manifestações. Então, muito em breve, precisará de um número tão grande de casos que não mais poderá controlá-los dentro de um projeto limitado em tempo e em pessoal. Por isso, de acordo com minha experiência pessoal, é preferível esclarecer-se qual dessas dimensões é a dimensão decisiva do estudo. Os estudos cuja pretensão para a generalização seja mais sensatamente limitada não apenas são mais fáceis de manejar, mas também, em regra, são mais significativos.

Na pesquisa qualitativa, deve-se estabelecer uma distinção entre generalização numérica e teórica. Um número muito pequeno de projetos reivindica desejar ou ser capaz de delinear conclusões a partir dos casos investigados sobre uma determinada população. O que é mais informativo é a questão da generalização teórica dos resultados. Aqui o número de indivíduos ou de situações estudadas é menos decisivo do que as diferenças entre os casos (variação máxima) ou o alcance teórico das interpretações de caso. Para ampliar a generalização teórica, a aplicação de diversos métodos (triangulação) para a investigação de um pequeno número de casos é, muitas vezes, mais informativa do que o uso de um método para o maior número possível de casos. Se pretender-se elaborar uma tipologia, por exemplo, é necessário não apenas utilizar a seleção do objetivo dos casos, mas também incluir contraexemplos e combinar contrastes de casos, além de comparações de casos.

Por fim, o pesquisador precisará considerar quais sejam seus objetivos de apresentação com um estudo qualitativo: o material empírico representa a base da redação de um ensaio ou, ainda, de uma apresentação narrativa que lhe conferiria mais uma função ilustrativa? Ou é uma questão de proporcionar uma sistematização da variação considerada nos casos investigados?

O grau de padronização e de controle

Miles e Huberman (1994, p. 16-18) apontam a distinção entre plano de pesquisa compacto e plano de pesquisa amplo. Eles percebem indicações dessas duas variações em casos concretos, de acordo com a questão e com as condições da pesquisa. Os planos de pesquisa compactos são definidos por questões estritamente limitadas e por procedimentos de seleção estritamente determinados. O grau de abertura no campo da investigação e o material empírico permanecem relativamente limitados. Os autores consideram esses planos apropriados quando os pesquisadores precisam da experiência da pesquisa qualitativa, quando a pesquisa funciona com base em constructos estritamente definidos e quando está restrita à investigação de determinadas relações em contextos familiares. Nesses casos, eles percebem os planos amplos como um desvio do resultado desejado. Os planos mais compactos facilitam a decisão em relação a que dados ou extratos de dados sejam relevantes ou irrelevantes à investigação, facilitando também, por exemplo, a comparação e o resumo dos dados de entrevistas ou de observações distintas.

Os planos amplos caracterizam-se por conceitos um tanto largamente definidos e têm, em primeiro lugar, muito pouco em matéria de procedimentos metodológicos definitivos. Miles e Huberman consideram esse tipo de plano como apropriado quando uma grande proporção da experiência de pesquisa estiver disponível em campos distintos, quando novos campos estiverem sendo investigados, e os constructos e conceitos teóricos forem relativamente pouco desenvolvidos. Essa segunda variante é claramente orientada às sugestões metodológicas de Glaser e Strauss (1967) que estão caracterizadas, por exemplo, na forma como estes lidam com a amostragem teórica com grande abertura e flexibilidade.

Ainda que, muitas vezes, a pesquisa qualitativa se veja fortemente vinculada ao princípio da abertura, penso que seja razoável pelo fato de muitas questões e projetos levarem em conta o grau de controle que seja necessário. Até que ponto deve existir constância em condições contextuais nas quais as diferenças comparativas entre dois grupos sejam manifestas (ver acima)? Que grau de controle ou comparabilidade deve ser oferecido nas condições em que várias entrevistas são realizadas?

Seleção: amostragem e formação de grupos para comparação

Na pesquisa qualitativa, as decisões relativas à seleção concentram-se nas pessoas ou nas situações das quais os dados sejam coletados, e no extrato do material coletado, a partir do qual novas interpretações sejam realizadas ou cujos resultados sejam apresentados como exemplos. Essa amostragem teórica é considerada como sendo o caminho excelente para os estudos qualitativos. Porém, se o objetivo não for o desenvolvimento da teoria, mas sim, em vez disso, estiver mais relacionado à avaliação da prática institucional, frequentemente outras estratégias de seleção configuram-se como mais apropriadas.

A formação de grupos de comparação é um componente essencial da decisão sobre a seleção de dados (em investigações comparativas). Aqui, deve-se esclarecer em que nível as comparações devem ser feitas: entre indivíduos, situações, instituições ou fenômenos? Consequentemente, a seleção deve ser realizada de tal forma que diversos casos sejam sempre incluídos em um grupo único de comparação.

Recursos

Esse é um fator frequentemente subestimado na elaboração de um plano de pesquisa. Os recursos disponíveis, tais como tempo, pessoal, suporte técnico, competências, experiência, etc., são componentes muito importantes. As propostas de pesquisa são habitualmente baseadas em uma relação não realista entre as tarefas planejadas e os recursos de pessoal (realisticamente) solicitados. Para um planejamento de projeto realista, aconselho um cálculo das atividades envolvidas que pressuponha, por exemplo, que, para uma entrevista com duração de aproximadamente 90 minutos, precisar-se-á de muito mais tempo para a localização dos parceiros de entrevista, para a organização dos encontros e para os deslocamentos.

No que se refere ao cálculo do tempo necessário à transcrição das entrevistas, as estimativas divergirão dependendo da precisão do sistema de transcrição adequado. Morse (1998, p. 81-82) sugere, para aqueles que transcrevem com maior agilidade, que o tempo de duração da fita que contém o registro da entrevista seja multiplicado por um fator de quatro. No entanto, ao incluir-se aí o tempo necessário à verificação da transcrição em comparação com a fita, o tempo de duração da fita deve ser multiplicado por um total de seis. Para o cálculo completo do projeto, ela aconselha dobrar-se o tempo considerado em função de dificuldades e das "catástrofes" imprevistas. Ao planejar um projeto que trabalhará com entrevistas transcritas, deve-se utilizar um gravador de alta qualidade para as gravações. Para a transcrição do texto gravado, é essencial um equipamento especial, com controle por pedal. Marshall e Rossman (1995, p. 123-125) fornecem amostras de planos sobre como calcular os parâmetros de tempo de projetos empíricos. É difícil calcular o tempo necessário à interpretação dos dados. Se o pesquisador optar pela utilização de computadores e de programas como o ATLAS•ti e o NUDIST (ver Capítulo 24) para a interpretação dos dados, então será necessário considerar também tempo suficiente para a preparação técnica (instalação, remoção de erros, introdução de membros da equipe ao uso dos programas, etc.) no plano do projeto. No processo de aprovação de um projeto, o equipamento solicitado é, às vezes, reduzido e pode ser necessária a utilização de etapas metodológicas adicionais, como um grupo adicional de comparação ou uma fase de coleta de dados. Nessa etapa, se não antes, torna-se essencial a verificação da relação entre tarefas e recursos, devendo-se considerar estratégias de atalho nos procedimentos metodológicos, se necessário.

ESTRATÉGIAS DE ATALHO

Muitos dos métodos qualitativos em uso corrente estão associados com um alto grau de precisão e um investimento igualmente alto de tempo. Na coleta de dados, menciono a entrevista narrativa (ver Capítulo 14). A transcrição (ver Capítulo 22) e a interpretação (por exemplo, os procedimentos de hermenêutica objetiva e de codificação teórica) exigem uma grande quantidade de tempo (ver Capítulos 24 e 25). Em projetos com financiamento externo e pesquisas encomendadas, mas também em teses de pós-graduação, essa necessidade de tempo é muitas vezes confrontada com um prazo final muito apertado, dentro do qual as questões de pesquisa precisam ser respondidas. As "estratégias de atalho" referem-se a desvios (justificáveis) das exigências máximas de precisão e de perfeição desses métodos. Por exemplo, para as entrevistas com especialistas, é preciso considerar que seus entrevistados estarão sob uma pressão considerável de tempo, devendo-se levar isso em conta no planejamento da entrevista. Muitas vezes (ver Strauss, 1987, p. 266) sugere-se que as entrevistas sejam transcritas apenas parcialmente, e apenas com a precisão de fato exigida pelas questões daquela determinada investigação. As partes não transcritas das entrevistas podem ser mantidas dentro do processo da pesquisa, por exemplo, por meio de sumários ou de listas de tópicos a ser transcritos, se necessário. A codificação aberta (ver Capítulo 21) seguidamente leva a uma quantidade excessiva de códigos ou de categorias. Muitas vezes, considera-se útil a elaboração de listas de prioridades relacionadas às questões de pesquisa que permitam a seleção e a redução das categorias. O mesmo pode ser dito em relação à seleção de contextos textuais, baseados na questão de pesquisa, que devem ser submetidos a um processo de interpretação intensiva.

Os planos de pesquisa podem ser basicamente descritos como os meios para a realização dos objetivos da pesquisa. Eles fazem a ligação dos esquemas teóricos, as questões, a pesquisa, a generalização e os objetivos da apresentação com os métodos utilizados e os recursos disponíveis sob o foco da realização do objetivo. Sua realização é o resultado de decisões alcançadas no processo de pesquisa. A Figura 12.1 resume novamente os fatores e as decisões que influenciam a determinação da formulação concreta do plano de pesquisa.

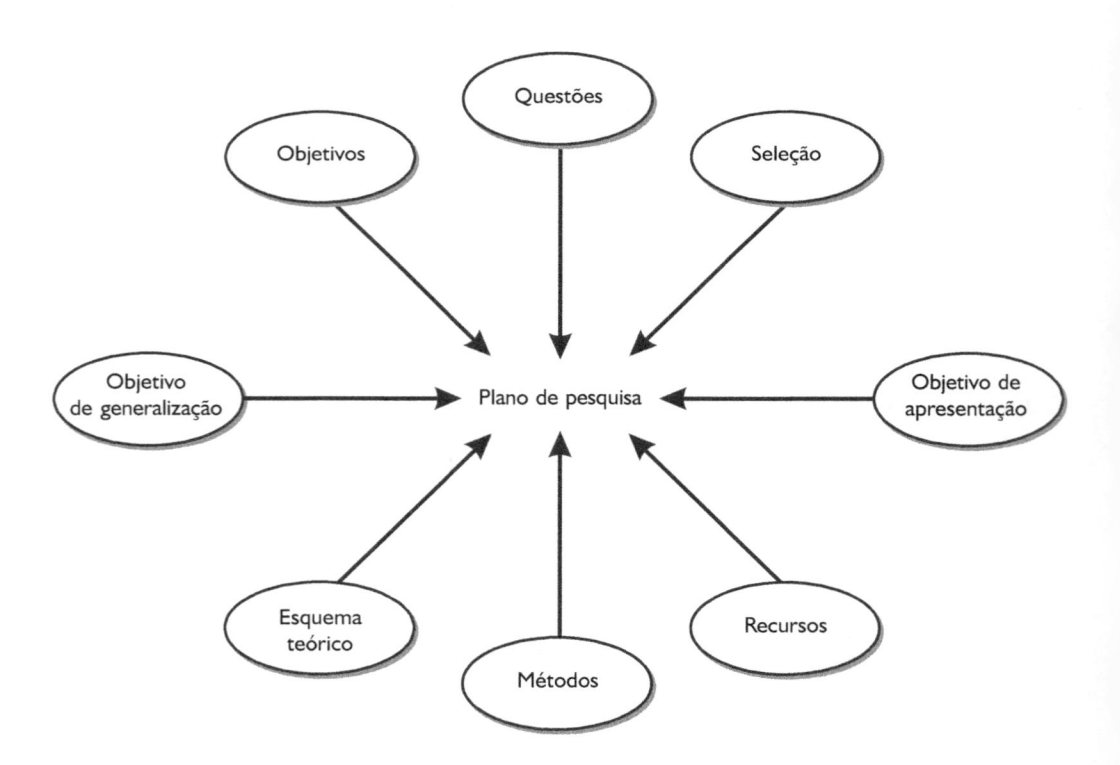

Figura 12.1 Componentes do plano de pesquisa qualitativa

OS PLANOS BÁSICOS NA PESQUISA QUALITATIVA

Podemos distinguir os seguintes planos básicos na pesquisa qualitativa (cf. também Cresswell, 1998):

- Estudos de caso;
- Estudos comparativos;
- Estudos retrospectivos;
- Instantâneos: análise da situação e do processo no momento da pesquisa; e
- Estudos longitudinais.

Estudos de caso

O objetivo dos estudos de caso é a descrição exata ou a reconstrução de um caso (para mais detalhes consulte Ragin e Becker, 1992). O termo "caso" deve ser entendido aqui de uma forma bastante ampla. Pode-se adotar, como tema de uma análise de caso, pessoas, comunidades sociais (por exemplo, famílias), organizações e instituições (por exemplo, uma casa de repouso). O problema principal, então, será identificar um caso significativo para a questão de pesquisa e esclarecer o que mais compete a esse caso e quais abordagens metodológicas são necessárias a sua reconstrução. Se o estudo de caso em questão trata de problemas escolares de uma criança, o pesquisador precisa esclarecer, por exemplo, se considera suficiente a observação da criança no ambiente da escola ou se terá de entrevistar professores e colegas. Até que ponto existe a necessidade de observar a família e sua vida cotidiana como parte da análise? Por fim, deve-se explicar o que esse caso representa (ver Capítulo 11).

Estudos comparativos

Em um estudo comparativo, não se observa o caso como um todo, nem em toda a sua complexidade; em vez disso, observa-se a multiplicidade de casos relacionados a determinados excertos. Por exemplo, pode-se comparar o conteúdo específico do conhecimento técnico de um grande número de pessoas ou de biografias acerca de uma experiência concreta de doença, em que as trajetórias subsequentes de vida sejam comparadas umas com as outras. Aqui surge a questão sobre a seleção de casos nos grupos a serem comparados. Uma nova questão que se impõe diz respeito ao grau de padronização e de constância necessário nas condições remanescentes que não consistam no alvo da comparação. Para ser capaz de demonstrar as diferenças culturais nas percepções de saúde entre mulheres portuguesas e alemãs, selecionamos entrevistadas de ambas as culturas que vivessem, em tantos aspectos quanto fossem possíveis (vida de cidade grande, profissões, rendas e níveis educacionais comparáveis), em condições pelo menos muito semelhantes, no sentido de possibilitar a relação das diferenças à dimensão comparativa da "cultura" (ver Flick, 2000b).

Dessa maneira, vemos a dimensão do estudo de caso único comparativo como um eixo segundo o qual podemos classificar o plano básico da pesquisa qualitativa. Uma etapa provisória compõe-se da inter-relação de certo número de análises de caso que possam inicialmente ser realizadas como tais e logo comparadas ou contrastadas umas com as outras. Um segundo eixo para a categorização do plano qualitativo segue a dimensão do tempo, de análises retrospectivas a instantâneas e, então, estudos longitudinais.

Instantâneos: análise da situação e do processo no momento da pesquisa

Uma parte principal da pesquisa qualitativa concentra-se em instantâneos. Por exemplo, podem-se coletar diversas manifestações da habilidade que existe em um campo específico, no momento da pesquisa, em entrevistas, e compará-las umas com as outras. Mesmo se certos exemplos relativos a períodos de tempo anteriores afetam as entrevistas, a pesquisa não visa primariamente à reconstrução retrospectiva de um processo. Em vez disso, a pesquisa trata de fornecer uma descrição de circunstâncias no momento da pesquisa.

Existe também uma variedade de procedimentos orientados ao processo, fortemente relacionada ao presente e que, portanto, não trata da reconstrução de eventos passados do ponto de vista (de nenhum) deles, mas sim no decorrer dos eventos correntes a partir de uma perspectiva temporal paralela. Nos estudos etnográficos, os pesquisadores participam no desenvolvimento de algum evento durante um período extenso a fim de registrá-lo e de analisá-lo paralelamente a sua ocorrência real. Nas análises de conversação (ver Capítulo 24), uma conversa é registrada e logo analisada quanto a sua continuidade, ao passo que, na hermenêutica objetiva (ver Capítulo 25), um protocolo é interpretado de um modo estritamente consecutivo, "do começo ao fim".

Nessas abordagens que partem do ponto de vista do plano de pesquisa, levanta-se a questão sobre como limitar o material empírico: como uma seleção pode garantir que o fenômeno relevante à questão de pesquisa surja de fato em extratos empiricamente documentados a partir de conversações e de processos? Onde situar o início e o fim (de uma conversação ou de uma observação)? De acordo com quais critérios deve-se selecionar e contrastar o material da comparação – quais conversas ou extratos de conversas e quais protocolos de observação deve-se comparar exatamente?

Estudos retrospectivos

O princípio da reconstrução de caso é característico de um grande número de investigações biográficas que funcionam com uma série de análises de caso de uma forma comparativa, tipologizante e contrastante. A pesquisa biográfica é um exemplo de um plano de pesquisa retrospectivo, no qual determinados eventos e processos são analisados retrospectivamente a partir daquele ponto no tempo em que a pesquisa foi realizada acerca de sua significação para as histórias de vida individuais ou coletivas. As questões de planejamento, em relação à pesquisa retrospectiva, implicam a seleção de informantes que serão significativos ao processo a ser investigado. Elas envolvem também a definição de grupos apropriados para a comparação, justificando os limites do tempo a ser investigado, verificando a questão da pesquisa, decidindo quais fontes (históricas) e documentos devam ser utilizados além das entrevistas. Outra questão, ainda, é a de como considerar as influências de opiniões presentes na percepção e na avaliação de experiências anteriores.

Estudos longitudinais

A variante final de um plano básico na pesquisa qualitativa consiste de estudos longitudinais, nos quais se analisa um processo ou situação interessante novamente em uma etapa posterior à coleta de dados. Essa estratégia vem sendo raramente utilizada, ao menos de forma explícita, na pesquisa qualitativa. Na maior parte dos métodos qualitativos, encontra-se pouca orientação sobre como podem ser aplicados em estudos longitudinais com vários períodos de coleta de dados. Uma perspectiva longitudinal é realizada implicitamente na etnografia, dentro de um esquema temporalmente limitado, em virtude da participação extensiva dos pesquisadores no campo de estudo, e também – com um foco retrospectivo – na pesquisa biográfica, que considera uma parte extensa de uma história de vida. O poder principal de um estudo longitudinal – o de ser capaz de documentar as mudanças de opinião ou de ação por meio de ciclos de coleta repetidos, em que a situação inicial de um processo de mudança pode ser registrada sem qualquer influência de seu estado final – não pode, portanto, ser totalmente realizado.

A Figura 12.2 organiza os planos básicos da pesquisa qualitativa discutidos aqui, de acordo com as duas dimensões de tempo e de comparação.

Esses planos são discutidos enquanto planos básicos na pesquisa qualitativa e estão aqui agrupados em duas dimensões. Na prática de pesquisa, encontramos seguidamente combinações desses planos básicos – por exemplo, um estudo de caso com um foco retrospectivo ou um estudo comparativo, longitudinal.

```
                    Estudo de caso

                    Instantâneos:
Estudo retrospectivo    Descrição de situações    Estudo longitudinal
                        Análise do processo

                    Estudo comparativo
```

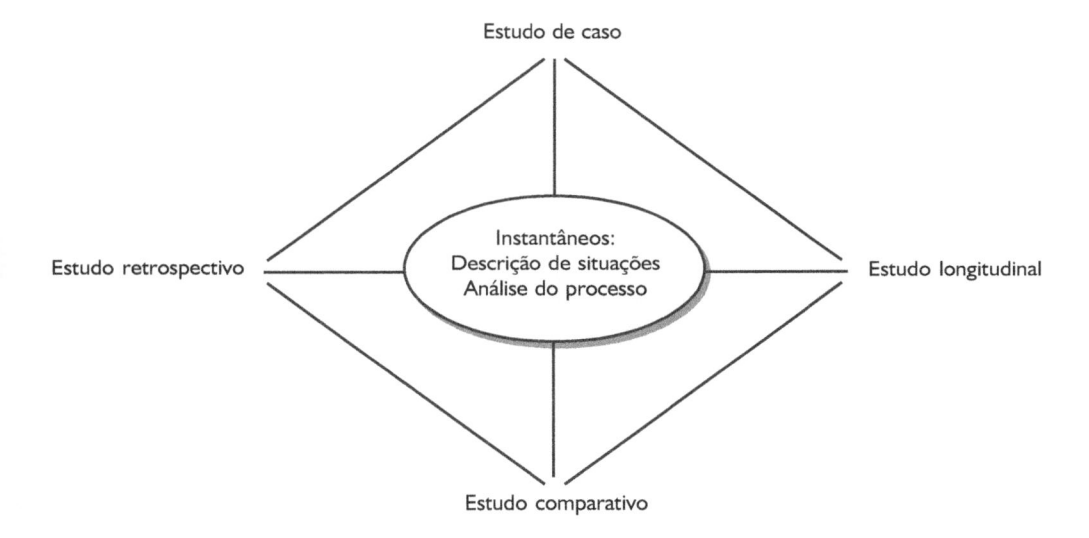

Figura 12.2 Planos básicos na pesquisa qualitativa.

Estudo de caso:

Conceitos de saúde de mulheres em Portugal e na Alemanha

Nesse projeto, nosso interesse consistia em saber se a representação de saúde e de doença é um fenômeno cultural ou não. Para responder a essa pergunta, tentamos demonstrar as diferenças culturais nas visões de saúde entre mulheres portuguesas e alemãs. Selecionamos, então, parceiras de entrevista de ambas as culturas. Para podermos traçar essas diferenças nos conceitos de saúde das entrevistadas, mantivemos as demais condições do caso na forma mais constante possível. Por isso, as mulheres que incluímos no estudo precisavam viver, em tantos aspectos quanto fossem possíveis (vida de cidade grande, profissões, rendimento e educação), em condições pelo menos muito semelhantes, no sentido de possibilitar a relação das diferenças à dimensão comparativa da "cultura" (ver Flick, 2000b). O estudo foi planejado como um estudo exploratório para que pudéssemos limitar o núme-

(continua)

Estudo de caso:

Conceitos de saúde de mulheres em Portugal e na Alemanha (continuação)

ro de casos em cada subgrupo. O plano do estudo foi um plano comparativo – foram comparados dois grupos de mulheres em relação a um aspecto específico: seus conceitos de saúde e de doença. No planejamento das entrevistas, mantivemos um foco na elaboração do conceito corrente de saúde e de doença nas biografias das pessoas entrevistadas. Portanto, o estudo foi também um estudo retrospectivo. Identificamos conceitos essenciais distintos nas representações de saúde que se concentram em temas específicos relacionados à cultura. O fenômeno central, que apareceu repetidamente nas entrevistas com mulheres portuguesas, é o da "falta de cuidado"[*]. Essa expressão é difícil de ser traduzida para outros idiomas, mas significa "não cuidar de si mesmo, não ser cauteloso consigo mesmo". Essa questão da falta de cuidado das pessoas em relação a si mesmas parece um problema geral em Portugal e foi mencionado pelas diversas entrevistadas como sendo a principal fonte de doenças. Para as mulheres que entrevistamos, o povo português "simplesmente deixa as coisas acontecerem". Eles sabem que existem coisas que devem fazer pela saúde (alimentação, diminuição do stress, esporte, prevenção), mas vêm a si mesmos como não tendo iniciativa suficiente em relação a isso. Muitas das entrevistadas atribuem essa falta de cuidado a si mesmas e ao povo de Portugal em geral. Porém, elas também mencionaram muitas razões para essa falta de cuidado, cuja origem associam ao sistema de saúde português. Uma entrevistada diz: "Quem depende do sistema de saúde pública pode morrer nesse meio tempo". Esperar de 2 a 3 meses por uma consulta com o médico, esperar anos por cirurgias e de 5 a 6 horas no centro de saúde, apesar de ter uma consulta marcada, são fatos considerados bastante normais.

Nas entrevistas alemãs, o fenômeno central foi a sensação de ser "forçado à saúde". As pessoas entrevistadas associaram a saúde à sensação de que precisam ser saudáveis. Elas percebem como a sociedade e os meios de comunicação tornam doentes as pessoas *outsiders*, em vez de integrá-las à sociedade. As entrevistadas realçaram repetidamente a importância do esporte e da alimentação saudável em sua saúde. O conhecimento mediado para elas tornou-se ancorado em suas representações sociais. As mulheres não associaram apenas impressões negativas ao "ser forçada à saúde", mencionando também impressões positivas. A informação fornecida pelos meios de comunicação e pelos planos de saúde foi também avaliada positivamente. As mulheres sentem-se informadas e vêm desenvolvendo uma consciência crítica em relação à medicina tradicional. As regras sobre quando e com que frequência determinadas formas de prevenção devem ser utilizadas foram sentidas como um alívio.

O que se pode observar nesse breve estudo de caso é como criar um plano comparativo e retrospectivo por meio da manutenção das outras dimensões constantes a fim de examinar as diferenças em uma dimensão. Este foi, de fato, apenas um estudo explicativo, mas ele realmente demonstra esse aspecto particular de como planejar um estudo desse tipo.

---

[*] N. de T. Em português no original. A expressão foi traduzida pelo autor, para a língua inglesa, como *"lack of awareness"*.

Pontos-chave

- O planejamento de um estudo qualitativo é resultado de uma série de decisões.
- Não é apenas o interesse do conhecimento de um estudo que influencia na formação deste estudo, mas também as condições do contexto, tais como recursos, objetivos, expectativas externas, e assim por diante.
- Encontra-se uma lista dos planos básicos na pesquisa qualitativa.
- Na pesquisa qualitativa, o plano de pesquisa tem muito a ver com o planejamento da pesquisa. O plano está menos relacionado com o controle do que na pesquisa quantitativa, mas, naturalmente, também desempenha, aqui, um papel.

LEITURAS ADICIONAIS

Estes três textos apresentam o tema do plano de pesquisa na pesquisa qualitativa de uma forma sistemática.

Creswell, J.W. (2003) *Research Design – Qualitative, Quantitative, and Mixed Methods Approaches*. Thousand Oaks, London, New Delhi: SAGE.

Marshall, C., Rossman, G.B. (1995) *Designing Qualitative Research* (2nd edn). Thousand Oaks, London, New Delhi: SAGE.

Maxwell, J.A. (1996) *Qualitative Research Design – An Interactive Approach*. Thousand Oaks, London, New Delhi: SAGE.

Exercício 12.1

1. Escolha um estudo qualitativo na literatura e descreva o plano em que o estudo está baseado.
2. Reflita sobre os componentes do plano de seu próprio estudo e planeje sua pesquisa com esse pano de fundo.

PARTE IV
Dados verbais

A Parte IV apresenta a variedade de métodos utilizados na coleta de dados, concentrando-se principalmente na palavra falada. Aqui, o leitor encontrará três estratégias básicas. Podem-se usar entrevistas baseadas em perguntas e nas respostas delas extraídas. Esta abordagem encontra-se delineada de forma mais detalhada no Capítulo 13. Como alternativa, podem-se usar histórias de pessoas como dados coletáveis para a pesquisa. A utilização de narrativas está outra vez incorporada em tipos especiais de entrevistas, baseadas em fazer com que os entrevistados contem suas histórias de vida – na entrevista narrativa – ou de situações mais específicas, relacionadas com a questão que se quer estudar. Esses métodos narrativos encontram-se descritos no Capítulo 14. A terceira alternativa não se refere à realização de entrevistas individuais, mas sim à coleta de dados a partir de grupos, levando-os a discutir a questão que se deseja estudar na pesquisa. Aqui, podem-se usar grupos de discussão e a abordagem mais moderna dos grupos focais. Outra estratégia semelhante consiste em fazer com que um grupo, digamos uma família, conte sua história conjunta (narrativas conjuntas). Essas estratégias dirigidas a grupos encontram-se esboçadas no Capítulo 15. O capítulo final desta parte resume e compara as três abordagens para a coleta de dados verbais.

13 Entrevistas

A entrevista focalizada, 143
A entrevista semipadronizada, 148
A entrevista centrada no problema, 154
A entrevista com especialistas, 158
A entrevista etnográfica, 159
A condução das entrevistas: os problemas de mediação e direcionamento, 160

OBJETIVOS DO CAPÍTULO
Após a leitura deste capítulo, você deverá ser capaz de:

✓ entender os vários tipos de entrevistas.
✓ reconhecer os princípios e as ciladas da realização de entrevistas.
✓ elaborar um guia de entrevista.
✓ selecionar, entre as diferentes versões, a técnica de entrevista apropriada.

Por muito tempo, nos Estados Unidos, e particularmente em épocas anteriores da pesquisa qualitativa, a discussão metodológica girou em torno da observação como método principal para a coleta de dados. As entrevistas abertas predominam na região de língua alemã (por exemplo, Hopf, 2004a) e agora atraem mais atenção também nas áreas anglo-saxônicas (ver, por exemplo, Gubrium e Holstein, 2001). As entrevistas semi-estruturadas, em particular, têm atraído interesse e passaram a ser amplamente utilizadas. Este interesse está associado à expectativa de que é mais provável que os pontos de vista dos sujeitos entrevistados sejam expressos em uma situação de entrevista com um planejamento aberto do que em uma entrevista padronizada ou em um questionário. É possível distinguir diversos tipos de entrevistas, sendo que algumas delas serão discutidas aqui, tanto em termos de sua própria lógica, como também em termos de sua contribuição para um maior desenvolvimento da entrevista semi-estruturada enquanto método em geral.

A ENTREVISTA FOCALIZADA

Robert Merton foi um dos mais influentes sociólogos nos Estados Unidos. Trabalhou por um longo período em campos como a pesquisa sobre os meios de comunicação. Merton e colaboradores (Merton e Kedall, 1946) desenvolveram a entrevista focalizada na década de 1940. Esse método aparece aqui descrito com algum detalhe, uma vez que se pode aprender consideravelmente, a partir de Merton e Kendall, acerca de como planejar e conduzir as entrevistas na pesquisa qualitativa.

Na entrevista focalizada, procede-se da seguinte maneira: Após a apresentação de um estímulo uniforme (um filme, uma transmissão por rádio, etc.), estuda-se o impacto deste sobre o entrevistado a partir da utilização de um guia de entrevista. O objetivo original dessa entrevista consistia em fornecer uma base para a interpretação de descobertas estatisticamente significativas (a partir de um estudo paralelo ou posteriormente quantificado) sobre o impacto da mídia na comunicação de massa. O estímulo apresentado tem seu conteúdo analisado antecipadamente – o que possibilita que se estabeleça uma distinção entre os fatos "objetivos" da situação e as definições subjetivas fornecidas pelos entrevistados a respeito da situação, com a finalidade de compará-los.

Quatro critérios devem ser utilizados ao longo do planejamento do guia de entrevista e da condução da entrevista propriamente dita: o não-direcionamento, a especificidade, o espectro e, ainda, a profundidade e o contexto pessoal revelados pelo entrevistado. Os diferentes elementos do método servirão para satisfazer a esses critérios.

Quais são os elementos da entrevista focalizada?

O *não-direcionamento* é obtido por meio de diversas formas de perguntas[1]. A primeira diz respeito às questões não-estruturadas (por exemplo, "O que foi que mais impressionou você nesse filme?). Na segunda forma – questões semi-estruturadas – ou define-se o assunto concreto (por exemplo, uma determinada cena de um filme), deixando-se a resposta em aberto ("Como você se sentiu em relação à parte que descreve Jo sendo afastado do exército como um psiconeurótico?"). Ou então, opta-se pela definição da reação, deixando-se o assunto concreto em aberto (por exemplo, "Que tipo de novidade você aprendeu com esse panfleto?"). Na terceira forma de questionamento – questões estruturadas – ambas as formas são definidas (por exemplo, "Ao ouvir o discurso de Chamberlain, você o achou propagandístico ou informativo?"). Em primeiro lugar, utilizam-se perguntas não-estruturadas, introduzindo uma maior estruturação apenas posteriormente, durante a entrevista, evitando-se, assim, que o sistema de referência do entrevistador seja imposto aos pontos de vista do entrevistado (Quadro 13.1). Nesse aspecto, Merton e Kendall exigem a utilização flexível do programa de entrevista. O entrevistador deve abster-se, o máximo pos-

---

QUADRO 13.1 Exemplo de perguntas da entrevista focalizada

- O que mais impressionou você nesse filme?
- Como você se sentiu em relação à parte que descreve Jo sendo afastado do exército como um psiconeurótico?
- Que novidades esse panfleto trouxe a você?
- A julgar pelo filme, você considera que o equipamento alemão de combate era melhor, tão bom quanto, ou pior do que o equipamento usado pelos norte-americanos?
- Agora, retomando esse tema, quais foram suas reações àquela parte do filme?
- Ao ouvir o discurso de Chamberlain, você o considerou propagandístico ou informativo?

Fonte: Merton e Kendall, 1946

sível, de fazer avaliações precipitadas, devendo cumprir um estilo não-diretivo de conversa. Podem surgir problemas se as perguntas forem feitas no momento errado, e o entrevistado for, consequentemente, impedido ao invés de apoiado quanto a apresentar seu ponto de vista, ou se acontecer de a pergunta errada ser utilizada na hora errada.

O critério da *especificidade* significa que a entrevista deve exibir os elementos específicos que determinam o impacto ou o significado de um evento para os entrevistados, a fim de impedir que a entrevista permaneça no nível dos enunciados gerais. Para esse propósito, as formas mais apropriadas de questões são aquelas que oferecem o mínimo possível de desvantagens ao entrevistado. Para aumentar a especificidade, deve-se estimular a *inspeção retrospectiva*. Aqui, o entrevistado pode ser auxiliado a recordar uma situação específica por meio do uso de materiais (por exemplo, um excerto de texto, uma ilustração) e de questões correspondentes ("Agora que retomou esse assunto, quais foram suas reações àquela parte do filme?"). Como alternativa, é possível alcançar esse critério pela "referência explícita à situação de estímulo" (por exemplo, "Houve algo no filme que lhe deu essa impressão?"). Como regra geral, Merton e Kendall sugerem que a "especificação das questões deve ser suficientemente explícita para auxiliar o sujeito a relacionar suas respostas a determinados aspectos da situação de estímulo, ainda que suficientemente geral, para evitar que o entrevistador a estruture" (1946, p. 552).

O critério do *espectro* visa a assegurar que todos os aspectos e os tópicos relevantes à questão de pesquisa sejam mencionados durante a entrevista. Deve ser dada a chance ao entrevistado de introduzir tópicos próprios e novos na entrevista. Ao mesmo tempo, menciona-se aqui a dupla tarefa do entrevistador: abranger gradualmente o espectro do tópico (contido no guia de entrevista), introduzindo novos tópicos ou iniciando mudanças no que estiver sendo abordado. Isso também significa que ele deve voltar a tópicos que já tenham sido mencionados, mas não detalhados em profundidade suficiente, especialmente se ele tiver a impressão de que o entrevistado desviou a conversa daquele tópico a fim de evitá-lo. Aqui, os entrevistadores devem reintroduzir o tópico anterior novamente com "transições reversíveis" (1946, p. 553). No entanto, ao conceberem esse critério, Merton e Kendall percebem o risco de "confundir espectro com superficialidade" (1946, p. 554). Até que ponto isso vem a configurar um problema depende da forma como os entrevistadores introduzem o espectro do tópico do guia de entrevista e de seus graus de dependência em relação a esse guia. Portanto, os entrevistadores só devem mencionar tópicos se realmente quiserem assegurar que estes sejam tratados em detalhe.

A *profundidade* e o *contexto pessoal* demonstrados pelos entrevistados significam que os entrevistadores devem assegurar-se de que as respostas emocionais na entrevista vão além de avaliações simples como "agradável" ou "desagradável". O objetivo é, ao contrário disso, a obtenção de "um máximo de comentários auto-reveladores no que diz respeito à forma como o material de estímulo foi experienciado" pelo entrevistado (1946, p. 554-555). Como resultado deste objetivo, uma tarefa concreta ao entrevistador é diagnosticar continuamente o nível corrente de profundidade, com a finalidade de "deslocar esse nível para qualquer finalidade do '*continuum* de profundidade' que ele achar apropriada ao caso determinado". As estratégias para elevar o grau de profundidade dizem respeito, por exemplo, a "enfocar os sentimentos", a "reafirmar sentimentos deduzidos ou expressos" e a "fazer referência a situações comparativas". Aqui se observa também a referência ao estilo não-diretivo na condução de uma conversa.

A aplicação desse método em outros campos de pesquisa é voltada principalmente para os princípios gerais do método. Na entrevista, o foco é compreendido como relacionado ao tópico de estudo, e não ao uso de estímulos, tais como filmes.

Quais são os problemas na condução da entrevista?

Os critérios sugeridos por Merton e Kendall (1946) para a condução da entrevista reúnem alguns objetivos que não podem ser combinados em cada situação (por exemplo, especificidade e profundidade *versus* espectro). O preenchimento desses critérios não pode ser concretizado com antecedência (por exemplo, no planejamento do guia de entrevista). Até que ponto eles são realmente cumpridos em uma entrevista real depende, em grande parte, da situação real da entrevista e da forma como ela ocorre. Esses critérios destacam as decisões que os entrevistadores devem tomar e as prioridades necessárias que devem estabelecer *ad hoc* na situação de entrevista. Os autores mencionam também o fato de que não existe um o comportamento definido como "correto" para o entrevistador na entrevista focal (ou em qualquer outro tipo de entrevista semi-estruturada). A execução exitosa dessas entrevistas depende essencialmente da competência

Estudo de caso:

Os conceitos das pessoas acerca da natureza humana

Baseado no método de Merton e Kendall, o psicólogo cultural Rolf Oerter (1995; ver também Oerter et al., 1996, p. 43-47) desenvolveu a "entrevista da fase adulta" para o estudo de conceitos sobre a natureza humana e a fase adulta em diferentes culturas (Estados Unidos, Alemanha Ocidental, Indonésia, Japão e Coreia) (Quadro 13.2).

A entrevista divide-se em quatro partes principais. Na primeira parte, são feitas perguntas gerais sobre a fase adulta; por exemplo, como deve ser a aparência de um adulto, o que é apropriado à fase adulta. A segunda parte trata dos três papéis principais da fase adulta: o familiar, o ocupacional e o político. A terceira parte atrai a atenção para o passado do entrevistado, indagando sobre mudanças em seu desenvolvimento durante os dois ou três anos anteriores. A última parte da entrevista trata do futuro próximo do entrevistado, com a realização de perguntas sobre seus objetivos de vida e outros avanços (1995, p. 213).

O entrevistado é, então, confrontado com histórias que envolvam dilemas, acompanhadas novamente por uma entrevista focalizada: solicita-se ao sujeito que descreva a situação (na história) e encontre a solução. O entrevistador faz perguntas e tenta atingir o nível mais alto que o sujeito possa alcançar. Novamente, é fundamental que o entrevistador esteja preparado para compreender e para avaliar o nível real do indivíduo, a fim de fazer perguntas em um nível próximo ao ponto de vista deste (1995, p. 213).

Com a finalidade de manter mais o foco da entrevista no ponto de vista do sujeito, o guia de entrevista inclui "sugestões gerais" como: "Por favor, estimule o assunto, na medida em que isso for necessário: Você pode explicar isso com mais detalhes? O que você quer dizer com...?" (Oerter et al., 1996, p. 43-47). Este é um bom exemplo de como uma entrevista focalizada foi adotada como ponto de partida para a elaboração de uma forma de entrevista que é feita sob medida para uma questão de pesquisa específica.

situacional do entrevistador. Essa competência pode ser ampliada a partir da experiência prática da tomada de decisões necessárias em situações de entrevista, em entrevistas de ensaio e no treinamento para entrevistas. Nesse treinamento, as situações de entrevista são simuladas e analisadas posteriormente com a finalidade de oferecer aos entrevistadores aprendizes alguma experiência. São fornecidos alguns exemplos das necessidades típicas de decisões entre mais profundidade (obtida através de outras investigações) e garantia do espectro (pela introdução de novos tópicos ou da próxima questão do guia de entrevista) com soluções diferentes em cada ponto. Isso facilita a manipulação dos dilemas dos alvos contraditórios, embora estes não possam ser completamente resolvidos.

Qual a contribuição para a discussão metodológica geral?

Os quatro critérios e os problemas a eles associados podem ser aplicados a outros tipos de entrevistas sem o uso de um estímulo antecipado e a busca de outras questões de pesquisa. Tornaram-se critérios gerais para o planejamento e a condução de entrevistas e um ponto de partida para a descrição dos dilemas nesse método (exemplos em Hopf, 2004a). Em seu conjunto, as sugestões concretas apresen-

---

QUADRO 13.2 Exemplos de questões da entrevista da fase adulta

1 – *Perguntas gerais sobre a fase adulta*

(a) Como deve ser o comportamento de um adulto? Que habilidades/capacidades ele/ela deve ter? Qual é a ideia que você faz de um adulto?
(b) Como você definiria os adultos de verdade? Em que se diferenciam os adultos reais e os adultos ideais? Por que eles são como são?
(c) É possível reduzir as diferenças entre o adulto ideal e o real (entre como um adulto deveria se comportar e como ele, de fato, se comporta)? Como? (Se a resposta for "não", por que não?)
(d) Muitas pessoas consideram a responsabilidade um critério importante da fase adulta. Para você, o que significa responsabilidade?
(e) A luta pela felicidade (ser feliz) é normalmente vista como a meta mais importante para os seres humanos. Você concorda? Em sua opinião, o que é a felicidade e o que é o ser feliz?
(f) Em sua opinião, qual é o sentido da vida? Por que estamos vivos?

2 – *Outras explicações sobre os três papéis principais de um adulto*
(a) Concepções a respeito do papel profissional de uma pessoa
    O que você considera necessário para conseguir um emprego?
    Trabalho e emprego são realmente necessários? São ou não parte integrante da vida adulta?
(b) Concepções a respeito da futura família de uma pessoa
    Um adulto deve ter sua própria família?
    Como ele/ela deve se comportar em sua família? Até que ponto ele/ela deve se envolver nela?
(c) Papel político
    E quanto ao papel político de um adulto? Ele/ela tem tarefas políticas? Ele/ela deveria se engajar em atividades políticas?
    Ele/ela deve se preocupar com questões públicas? Deve assumir responsabilidades para com a comunidade?

Fonte: Oerter e colaboradores, 1996, p. 43-47.

tadas por Merton e Kendall para o preenchimento dos critérios e para a formulação das questões podem ser utilizadas como uma orientação para a conceitualização e a condução de entrevistas de um modo geral. Concentrar-se o máximo possível em um objeto específico e em seu significado tornou-se um objetivo geral das entrevistas. O mesmo ocorre com as estratégias sugeridas por Merton e Kendall para a realização desses objetivos – o principal é dar ao entrevistado o maior espaço possível para manifestar suas opiniões.

Como o método se ajusta no processo de pesquisa?

Com esse método, podem-se estudar pontos de vista subjetivos em diferentes grupos sociais. O objetivo pode ser a geração de hipóteses para estudos quantitativos posteriores, mas também a interpretação aprofundada das descobertas experimentais. Os grupos investigados são normalmente definidos com antecedência, e o processo de pesquisa apresenta um planejamento linear (ver Capítulo 11). As questões de pesquisa concentram-se no impacto de eventos concretos ou na manipulação subjetiva das condições das atividades da própria pessoa. A interpretação não se fixa a um método específico, ainda que os procedimentos de codificação (ver Capítulo 23) pareçam ser mais apropriados.

Quais são as limitações do método?

A característica específica da entrevista focalizada – a utilização de um estímulo como um filme, durante a entrevista – é uma variação da situação-padrão da entrevista semi-estruturada que dificilmente é aplicada, mas que, no entanto, origina alguns problemas específicos que precisam ser considerados. Merton e Kendall preocupam-se menos com a maneira pela qual os entrevistados percebem e avaliam o material concreto do que com as relações gerais na recepção do material filmado. Nesse contexto, os autores interessam-se por visões subjetivas sobre o material concreto. Pode-se duvidar que eles obtenham os "fatos objetivos do caso" (1946, p. 541) pela análise desse material, que possam ser distinguidos das "definições subjetivas da situação". Contudo, eles recebem uma segunda versão do objeto dessa maneira. Eles conseguem relacionar opiniões subjetivas de um único entrevistado, bem como o espectro das perspectivas de diversos entrevistados a essa segunda versão. Além disso, dispõem de uma base para responder a perguntas como: que elementos das apresentações do entrevistado correspondem ao resultado da análise do conteúdo do filme? Que partes foram omitidas por parte do entrevistado, embora constem no filme, segundo a análise do conteúdo? Que tópicos o entrevistado introduziu ou acrescentou?

Outro problema desse método é que ele dificilmente é aplicado em sua forma pura e completa. Sua relevância atual é definida antes por seu ímpeto para conceitualizar e para conduzir outras formas de entrevistas que foram desenvolvidas a partir dele, e que são frequentemente utilizadas. Além disso, deve-se observar a sugestão sobre combinar entrevistas abertas com outras abordagens metodológicas para o objeto em estudo. Estas podem oferecer um ponto de referência para a interpretação dos pontos de vista subjetivos na entrevista. Essa ideia é discutida de forma mais ampla sob o título "triangulação" (ver Capítulo 29).

A ENTREVISTA SEMIPADRONIZADA

Em seu método para a reconstrução de teorias subjetivas, Scheele e Groeben (1988) sugerem uma elaboração específica da entrevista semi-estruturada (ver também Groeben, 1990). Brigitte Scheele e Norbert Groeben são psicólogos e elaboraram a abordagem do estudo das teorias subjetivas como um modelo especial à análise do conhecimento cotidiano. Eles desenvolveram essa abordagem nas décadas de 1980 e de 1990 para estudar teorias subjetivas em campos como escolas e outras áreas de trabalho profissional.

Esse método foi aqui escolhido por representar uma forma especial de desenvolver o método de entrevista um tanto além e pode ser interessante para o planejamento de outras formas de entrevistas. O termo "teoria subjetiva" refere-se ao fato de os entrevistados possuírem uma reserva complexa de conhecimento sobre o tópico em estudo. Por exemplo, as pessoas têm uma teoria subjetiva a respeito do câncer – o que é o câncer, quais os diferentes tipos de câncer, por que elas acham que as pessoas desenvolvem câncer, quais são as possíveis consequências do câncer, como deve ser tratado, e assim por diante.

Esse conhecimento inclui suposições que são explícitas e imediatas, que podem ser expressas pelos entrevistados de forma espontânea ao responderem a uma pergunta aberta, sendo estas complementadas por suposições implícitas. A fim de articulá-las, é necessário que o entrevistado seja amparado por apoios metodológicos, razão pela qual aqui são aplicados diversos tipos de questões (ver a seguir). Estas questões são utilizadas para reconstruir a teoria subjetiva do entrevistado sobre o assunto em estudo (por exemplo, as teorias subjetivas sobre a confiança utilizadas por conselheiros em atividades com seus clientes).

A entrevista real é complementada por uma técnica de representação gráfica chamada de "técnica da disposição da estrutura". Ao aplicar-se essa técnica em conjunto com os entrevistados, seus enunciados extraídos da entrevista anterior são transformados em uma estrutura, permitindo também sua validação comunicativa (ou seja, consegue-se o consentimento do entrevistado para esses enunciados).

Quais são os elementos da entrevista semipadronizada?

Durante as entrevistas, reconstroem-se os conteúdos da teoria subjetiva. O guia de entrevista menciona diversas áreas de tópicos, sendo cada uma delas introduzida por uma questão aberta e concluída por uma questão confrontativa. Os exemplos apresentados a seguir foram extraídos de meu estudo a respeito das teorias subjetivas sobre a confiança sustentadas pelos profissionais do sistema de saúde. As *questões abertas* ("O que você acha e por que as pessoas, em geral, estão dispostas a confiar umas nas outras?") podem ser respondidas com base no conhecimento que o entrevistado possui imediatamente à mão.

Além disso, são feitas *perguntas controladas pela teoria* e *direcionadas para as hipóteses*. Estas são voltadas para a literatura científica sobre o tópico, ou baseiam-se nas pressuposições teóricas do pesquisador ("É possível a confiança entre estranhos, ou é necessário que as pessoas envolvidas se conheçam?"). Na entrevista, as relações formadas nessas questões servem ao propósito de tornar mais explícito o conhecimento implícito do entrevistado. As suposições nessas questões são planejadas como algo oferecido ao entrevistado, podendo este adotar ou recusar, conforme elas corresponderem ou não a suas teorias subjetivas.

O terceiro tipo de questões – *questões confrontativas* – corresponde às teorias e às relações apresentadas pelo entrevistado até aquele ponto, com a finalidade de reexaminar criticamente essas noções à luz de alternativas concorrentes. Enfatiza-se que essas alternativas devam se colocar em "verdadeira oposição temática" aos enunciados do entrevistado com o objetivo de evitar a possibilidade de sua integração à teoria subjetiva do entrevistado. Por isso, o guia de entrevista inclui diversas versões alternativas dessas questões confrontativas. A definição sobre qual delas utilizar de forma concreta depende da forma como o as-

> **QUADRO 13.3 Exemplos de questões da entrevista semipadronizada**
>
> - Você poderia me dizer, brevemente, a que você relaciona o termo "confiança", se pensar em sua prática profissional?
> - Você poderia me dizer quais são os aspectos essenciais e decisivos da confiança entre cliente e conselheiro?
> - Existe um provérbio: "Confiar é bom, controlar é melhor". Considerando seu trabalho e sua relação com seus clientes, é essa sua atitude ao lidar com eles?
> - Conselheiros e clientes conseguem alcançar seus objetivos sem confiar uns nos outros?
> - Eles estarão dispostos a confiar uns nos outros sem que haja um mínimo de controle?
> - Qual a diferença entre as pessoas que estão prontas para confiar e aquelas que não estão dispostas a confiar?
> - Há pessoas que apresentam maior facilidade para ganhar confiança do que outras? Como essas pessoas confiáveis se diferenciam das outras?
> - Em seu trabalho, existem atividades que você possa realizar sem que haja confiança entre você e seu cliente?
> - Considerando a instituição na qual você trabalha, que fatores facilitam o desenvolvimento da confiança entre você e seus clientes? Que fatores a tornam mais difícil?
> - O modo como as pessoas chegam a sua instituição influencia no desenvolvimento da confiança?
> - Você se sente mais responsável por um(a) cliente se você percebe que ele/ela confia em você?

sunto foi desenvolvido na entrevista até aquele ponto.

A condução da entrevista é aqui caracterizada pela introdução de áreas de tópicos e pela formulação intencional de questões baseadas em teorias científicas sobre o tópico (nas perguntas direcionadas para as hipóteses) (Quadro 13.3).

A técnica da disposição da estrutura (TDE*)

Em um segundo encontro com o entrevistado, não mais do que uma ou duas semanas após a primeira entrevista, aplica-se a técnica da disposição da estrutura (TDE). Nesse meio-tempo, a entrevista, que acabara de ser delineada, é transcrita, e seu conteúdo, preliminarmente analisado. No segundo encontro, os enunciados fundamentais do entrevistado são apresentados a ele como conceitos, em pequenos cartões, com duas finalidades. A primeira é avaliar os conteúdos: pede-se ao entrevistado que recorde a entrevista e verifique se seu conteúdo está representado de forma correta nos cartões. Se não for esse o caso, ele deve reformular, eliminar e/ou substituir enunciados por outros mais apropriados. Essa avaliação em relação aos conteúdos (isto é, a validação comunicativa dos enunciados pelos entrevistados) está temporariamente concluída. A segunda finalidade é estruturar os conceitos restantes, em uma forma semelhante às teorias científicas, com a aplicação das regras da TDE. Com esse objetivo, deve-se fornecer ao entrevistado um breve artigo de introdução à TDE, a fim de familiarizá-lo com as regras para sua aplicação e – na medida do necessário e do possível – com o modo de pensar em que esta é baseada. Dentro deste artigo,

---

* N. de T. Sigla em inglês: SLT (*Structure Laying Technique*).

Introdução à pesquisa qualitativa

deverá constar também um conjunto de exemplos. A Figura 13.1 mostra um fragmento extraído de um exemplo de aplicação da técnica e de algumas das regras possíveis para a representação das relações causais entre os conceitos, tais como "A é uma precondição para B", ou "C é uma condição promocional de D".

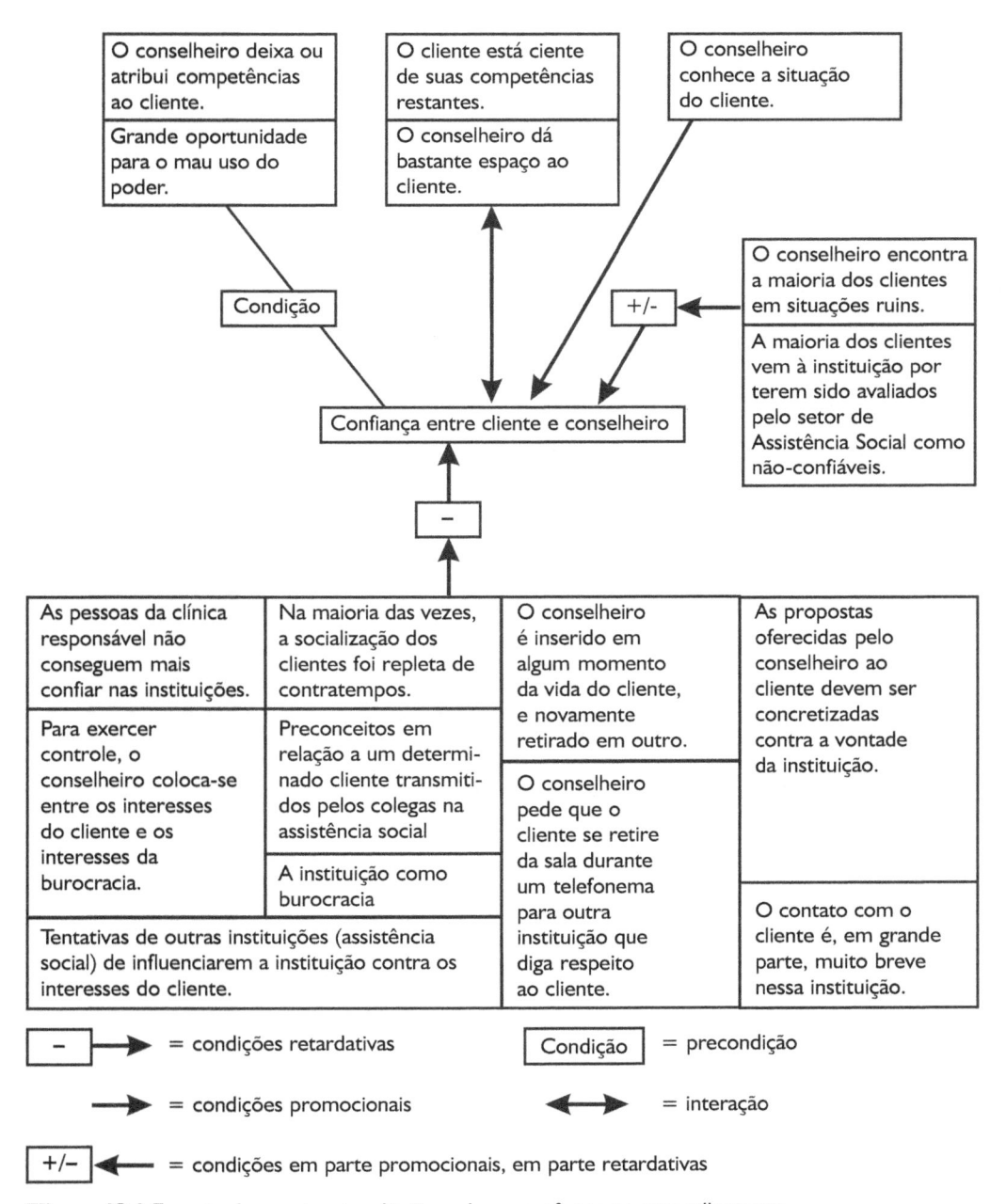

```
┌─────────────────────┐  ┌─────────────────────┐  ┌─────────────────────┐
│ O conselheiro deixa │  │ O cliente está      │  │ O conselheiro       │
│ ou atribui          │  │ ciente de suas      │  │ conhece a situação  │
│ competências        │  │ competências        │  │ do cliente.         │
│ ao cliente.         │  │ restantes.          │  └─────────────────────┘
├─────────────────────┤  ├─────────────────────┤
│ Grande oportunidade │  │ O conselheiro dá    │
│ para o mau uso do   │  │ bastante espaço ao  │
│ poder.              │  │ cliente.            │
└─────────────────────┘  └─────────────────────┘
```

┌─────────────────────┐
│ O conselheiro encontra │
│ a maioria dos clientes │
│ em situações ruins.   │
├────────────────────────┤
│ A maioria dos clientes │
│ vem à instituição por │
│ terem sido avaliados   │
│ pelo setor de   │
│ Assistência Social como│
│ não-confiáveis.   │
└────────────────────────┘

[Condição]   [+/-]

Confiança entre cliente e conselheiro

[−]

As pessoas da clínica responsável não conseguem mais confiar nas instituições.	Na maioria das vezes, a socialização dos clientes foi repleta de contratempos.	O conselheiro é inserido em algum momento da vida do cliente, e novamente retirado em outro.	As propostas oferecidas pelo conselheiro ao cliente devem ser concretizadas contra a vontade da instituição.
Para exercer controle, o conselheiro coloca-se entre os interesses do cliente e os interesses da burocracia.	Preconceitos em relação a um determinado cliente transmitidos pelos colegas na assistência social	O conselheiro pede que o cliente se retire da sala durante um telefonema para outra instituição que diga respeito ao cliente.	
	A instituição como burocracia		O contato com o cliente é, em grande parte, muito breve nessa instituição.
Tentativas de outras instituições (assistência social) de influenciarem a instituição contra os interesses do cliente.			

[−] ⟶ = condições retardativas   [Condição] = precondição

⟶ = condições promocionais   ⟷ = interação

[+/−] ⟵ = condições em parte promocionais, em parte retardativas

Fligura 13.1 Excerto de uma teoria subjetiva sobre a confiança no aconselhamento.

O resultado de tal processo estruturador com a aplicação da TDE é uma representação gráfica de uma teoria subjetiva. Ao final, o entrevistado compara sua estrutura com a versão preparada pelo entrevistador entre um encontro e outro. Essa comparação – de modo semelhante às questões confrontativas – serve ao propósito de fazer com que o entrevistado reflita novamente sobre suas opiniões à luz das alternativas concorrentes.

Quais são os problemas na aplicação do método?

O principal problema em ambas as partes do método é identificar até que pon-

Estudo de caso:

Teorias subjetivas sobre a confiança no aconselhamento

Em meu estudo sobre a confiança no aconselhamento, utilizei esse método para entrevistar 15 conselheiros, com diferentes formações profissionais (por exemplo, psicólogos, assistentes sociais e médicos). O programa de entrevista incluía tópicos como a definição de confiança, a relação risco e controle, estratégias, informações e conhecimento anterior, razões para a confiança, sua relevância para o trabalho psicossocial e as condições e a confiança da estrutura institucional (ver Quadro 13.3). Como resposta à questão – "Você poderia me dizer, brevemente, a que você relaciona o termo 'confiança', se pensar em sua prática profissional?" – uma das pessoas entrevistadas me forneceu sua definição:

> Se pensar em minha prática profissional – bem ... muitas pessoas me perguntam, no início, se podem confiar em mim naquela relação, e – por estar ali representando uma agência pública – se realmente mantenho suas informações confidenciais. Confiança, para mim, significa dizer, neste ponto, de uma forma bastante honesta, como eu devo tratar isso, dizendo que posso manter tudo confidencial até um determinado ponto. Porém, se eles me relatarem qualquer fato arriscado e com o qual terei dificuldades de lidar, então irei informá-los naquele instante. Bem, isto é confiança para mim: ser franca a respeito disso e o ponto do juramento de segredo; este é, de fato, o ponto fundamental.

As entrevistas revelaram como as teorias subjetivas consistem de reservas de conhecimento armazenadas para a identificação de diferentes tipos de abertura de uma situação de aconselhamento, representações-alvo de tipos ideais dessas situações e suas condições e ideias sobre como ao menos chegar próximo da produção dessas condições na situação em curso. A análise de atividades de aconselhamento mostrou como os conselheiros agem de acordo com essas reservas de conhecimento e as utilizam para enfrentar situações novas e correntes.

Esse estudo mostrou o conteúdo e a estrutura das teorias subjetivas dos indivíduos e as diferenças nas teorias subjetivas dos conselheiros que trabalham no mesmo campo, mas oriundos de diferentes formações profissionais. A estruturação das questões, como parte do guia de entrevista e resultante da utilização da TDE permitiu, posteriormente, a demonstração do contexto de enunciados únicos.

to os entrevistadores conseguem tornar plausíveis os procedimentos para os entrevistados, lidando com as irritações que as questões confrontativas possam causar. A introdução cuidadosa de pontos de vista alternativos – por exemplo, "Alguém talvez pudesse ver o problema que você mencionou há pouco da seguinte maneira:..." – é uma forma de lidar com esses contratempos. As regras da TDE e o modo de pensar no qual elas se baseiam podem provocar irritações porque, para as pessoas em geral, a introdução de conceitos em relações formalizadas com o objetivo de visualizar suas conexões nem sempre é um procedimento-padrão. Por essa razão, sugere-se esclarecer para o entrevistado que a aplicação da TDE e de suas regras não devem ser entendidas como um teste de desempenho, devendo, sim, ser utilizada de uma forma divertida. Após a superação das inibições iniciais, na maioria dos casos, é possível gerar, na entrevista, a confiança necessária na aplicação do método.

Qual a contribuição para a discussão metodológica geral?

A relevância geral dessa abordagem é que os diversos tipos de questões permitem aos pesquisadores lidarem de forma mais explícita com as pressuposições que levam para a entrevista em relação aos pontos de vista do entrevistado. O "princípio da abertura", na pesquisa qualitativa, vem sendo, seguidamente, mal-interpretado, como se estimulasse uma atitude difusa. Aqui, esse princípio transforma-se em um diálogo entre posturas, resultante dos vários graus de confrontação explícita com tópicos. Nesse diálogo, a postura do entrevistado torna-se mais explícita, podendo também ser mais desenvolvida. Os diferentes tipos de questões, os quais representam abordagens distintas para tornar explícito o conhecimento implícito, podem indicar o caminho para a solução de um problema mais geral da pesquisa qualitativa. Uma meta das entrevistas em geral é revelar o conhecimento existente de tal modo que se possa expressá-lo na forma de respostas, tornando-se, assim, acessível à interpretação. A técnica da disposição da estrutura também oferece um modelo para a estruturação dos conteúdos das entrevistas no qual são utilizadas diferentes formas de questões. O fato de essa estrutura ser desenvolvida juntamente com o entrevistado durante a coleta de dados, e não meramente pelo pesquisador na interpretação, faz dela um componente dos dados. A questão sobre se o formato sugerido por Scheele e Groeben para essa estrutura e as relações indicadas correspondem ao assunto da pesquisa apenas poderá ser definida em um caso individual. Em resumo, o que se propõe aqui é um conceito metodológico que leva em conta explicitamente a reconstrução do objeto de pesquisa (neste caso, uma teoria subjetiva) na situação de entrevista, em vez da propagação de uma abordagem mais ou menos incondicional para um determinado objeto.

Como o método se ajusta no processo de pesquisa?

O pano de fundo teórico para essa abordagem é a reconstrução dos pontos de vista subjetivos. Fazem-se pressuposições acerca de sua estrutura e de seus possíveis conteúdos. No entanto, nesse método, o espaço para moldar os conteúdos da teoria subjetiva permanece amplo o suficiente para que o objetivo geral da formulação de teorias fundamentadas seja alcançado, bem como o uso de estratégias de amostragem voltadas para os casos. As questões de pesquisa buscadas com esse método concentram-se, em parte, no conteúdo das teorias subjetivas (por exemplo, teorias subjetivas sobre as doenças por parte de pacientes psiquiátricos) e, em parte, no modo como são aplicadas em atividades (por exemplo, profissionais).

Quais são as limitações do método?

Os detalhes mais delicados do método (tipos de perguntas, regras da TDE) precisam ser adaptados à perguntas da pesquisa e aos possíveis entrevistados. Um caminho para isso é a redução ou a modificação das regras sugeridas por Scheele e Groeben. Outro caminho talvez seja o abandono das perguntas confrontativas (por exemplo, em entrevistas com pacientes sobre suas teorias subjetivas sobre as doenças). Em boa parte da pesquisa sobre teorias subjetivas, apenas uma breve versão do método é aplicada. Outro problema é a interpretação dos dados coletados com a utilização desse método, uma vez que não existam sugestões explícitas sobre como proceder. A experiência mostra que os procedimentos de codificação se adaptam melhor (ver Capítulo 23). Devido à complexa estrutura do caso único, as tentativas de generalização enfrentam o problema de como condensar diferentes teorias subjetivas em grupos. Para as questões de pesquisa relacionadas a processos (por exemplo, biográficos) ou a elementos inconscientes de ações, esse método não é apropriado.

A ENTREVISTA CENTRADA NO PROBLEMA

A entrevista centrada no problema, sugerida por Witzel (ver 2000), vem atraindo algum interesse, sendo aplicada principalmente na psicologia alemã. Andreas Witzel a desenvolveu no contexto da pesquisa biográfica que trata de biografias profissionais de diversos grupos de pessoas. Esse tipo de entrevista é aqui apresentado em algum detalhe, o que inclui algumas sugestões sobre como formular perguntas e como aprofundar a investigação durante a própria entrevista. Com a utilização, em particular, de um guia de entrevista, que incorpora questões e estímulos narrativos, é possível coletar dados biográficos com relação a um determinado problema. Essa entrevista é caracterizada por três critérios centrais: *centralização no problema* (ou seja, a orientação do pesquisador para um problema social relevante); *orientação ao objeto* (isto é, que os métodos sejam desenvolvidos ou modificados com respeito a um objeto de pesquisa); e, por fim, *orientação ao processo* no processo de pesquisa e no entendimento do objeto de pesquisa.

Quais são os elementos da entrevista centrada no problema?

Originalmente, Witzel menciona quatro "elementos parciais" para a entrevista que ele define: "entrevista qualitativa", "método biográfico", "análise de caso" e "discussão em grupo". Sua concepção de uma entrevista qualitativa inclui um breve questionário precedente, o guia de entrevista, o gravador e o pós-escrito (um protocolo de entrevista). O guia de entrevista é planejado para auxiliar a sequência narrativa desenvolvida pelo entrevistado. Mas, sobretudo, é utilizado como base para dar à entrevista um novo rumo "no caso de uma conversa estagnante ou de um tópico improdutivo". Com base no guia de entrevista, o entrevistador deve decidir "quando introduzir seu interesse centrado no problema na forma de questões *exmanent** [isto é, direcionadas], a fim de diferenciar ainda mais o tópico" (Quadro 13.4). São

---

* N. de T. Em oposição às questões imanentes, as *exmanent* são aquelas questões que refletem o interesse ou as formulações do pesquisador.

mencionadas quatro estratégias comunicativas centrais na entrevista centrada no problema: a entrada conversacional, as induções geral e específica e as perguntas *ad hoc*. Em um estudo sobre como os adolescentes decidiram sobre suas profissões, Witzel utilizou, como entrada conversacional: "Você quer ser (um mecânico, etc.), como você chegou a essa decisão? Por favor, me diga apenas isso!". A indução geral oferece "material" adicional e detalhes do que foi apresentado até então. Com esse objetivo, utilizam-se questões adicionais do tipo "O que aconteceu lá mais detalhadamente?" ou "De onde você sabe isso?". A indução específica aprofunda o entendimento, por parte do entrevistador, refletindo (por meio de resumo, de *feedback*, de interpretação pelo entrevistador) o que foi dito, por meio de questões de compreensão e confrontando o entrevistado com contradições e inconsistências presentes em seus enunciados. Aqui, considera-se importante que o entrevistador deixe claro seu interesse substancial e seja capaz de manter uma boa atmosfera na conversa.

Estudo de caso:

Teorias subjetivas sobre doenças relativas à pseudocrupe

O exemplo a seguir demonstra como esse método pode ser aplicado ao nos concentrarmos em seus elementos principais. O exemplo provém da área dos problemas de saúde. O estudo é um exemplo típico por utilizar entrevistas em um estudo qualitativo. A questão em estudo tratava-se de um tema relativamente novo, com pouca pesquisa disponível naquele momento. A pesquisa concentrava-se em inserir o conhecimento e a perspectiva dos participantes na questão do estudo. Por essa razão, esse exemplo foi selecionado com o objetivo de mostrar o que pode ser feito com entrevistas centradas no problema ou outras semelhantes. Nesse estudo sobre as teorias subjetivas da doença[2] de 32 crianças com pseudocrupe (uma tosse forte em crianças causada pela poluição ambiental), Ruff (1998) conduziu as entrevistas centradas no problema realizadas com os pais destas crianças. O guia de entrevista incluía as seguintes perguntas-chave (ver também o Quadro 13.4):

- Como ocorreu o primeiro episódio da doença e como os pais lidaram com ele?
- O que os pais entendem ser a causa da doença de seus filhos?
- Quais as consequências da opinião dos pais sobre o problema em relação a suas vidas cotidianas e ao planejamento do futuro em suas vidas?
- De acordo com a avaliação dos pais, que poluentes ambientais oferecem riscos à saúde de seus filhos? Como eles lidam com esses poluentes? (1998, p. 287)

Em uma das principais descobertas, afirmou-se que dois terços dos pais entrevistados supunham, em suas teorias subjetivas sobre doenças, a existência de uma relação entre a doença de trato respiratório de seus filhos e a poluição do ar. Embora, em geral, a poluição do ar fosse considerada como apenas um dos motivos entre outros possíveis, e as suposições causais estivessem associadas a uma grande incerteza, a maioria desses pais havia adaptado seu cotidiano e também, em parte, o planejamento de sua vida futura a essa nova visão do problema (1998, p. 292-294).

Esse exemplo demonstra como algumas das ideias básicas da entrevista centrada no problema foram adotadas e adaptadas pelo autor para essa questão de pesquisa específica.

> **QUADRO 13.4 Exemplo de perguntas da entrevista centrada no problema**
>
> 1. O que vem espontaneamente a sua mente quando você ouve as palavras-chave "risco ou perigo para a saúde"?
> 2. Quais os riscos para a saúde que você observa para si mesmo?
> 3. Você faz algo para se manter saudável?
> 4. Muitas pessoas dizem que substâncias venenosas no ar, na água e na comida prejudicam nossa saúde.
>
>   (a) Como você avalia esse problema?
>   (b) Você sente sua saúde ameaçada por poluentes ambientais? Por quais deles?
>   (c) O que fez com que você se preocupasse com as consequências dos poluentes ambientais para a saúde?
>
> (...)
>
> 11 (a) Como você obtém informações sobre o tema "meio ambiente e saúde"?
>   (b) Como você interpreta as informações na mídia?
>   (c) Qual a credibilidade dos enunciados científicos nesse contexto? E quanto à credibilidade dos políticos?
>
> *Fonte*: Ruff, 1990.

Qual a contribuição para a discussão metodológica geral?

Para uma discussão geral que ultrapasse sua própria abordagem, a sugestão de Witzel de utilizar um breve questionário juntamente com a entrevista é produtiva. A utilização desse questionário possibilita ao pesquisador coletar os dados (por exemplo, dados demográficos) que sejam menos relevantes do que os tópicos da própria entrevista antes da entrevista real. Isso permite ao pesquisador reduzir o número de perguntas e – o que é particularmente valioso em um programa com tempo limitado – utilizar o curto período da entrevista para tópicos mais essenciais. Ao contrário da sugestão de Witzel sobre o uso desse questionário antes da entrevista, parece que faria mais sentido aplicá-lo ao final, com o objetivo de impedir que sua estrutura de perguntas e respostas se imponha sobre o diálogo na entrevista.

Como segunda sugestão, é possível transferir o pós-escrito da abordagem de Witzel para outras formas de entrevistas. Imediatamente após a conclusão da entrevista, o entrevistador deve anotar suas impressões a respeito da comunicação, do entrevistado enquanto pessoa, dele mesmo e de seu comportamento na situação de entrevista, das influências externas, da sala na qual a entrevista ocorreu, etc. Desta maneira, documentam-se as informações extraídas do contexto que possam ser instrutivas. Esse registro pode ser útil para a posterior interpretação dos enunciados na entrevista, permitindo a comparação de diferentes situações de entrevista. No que diz respeito à gravação das entrevistas em fitas cassete, sugerida por Witzel para possibilitar uma melhor contextualização dos enunciados, esta já foi instituída há bastante tempo na aplicação das entrevistas. As diferentes estratégias sugeridas por Witzel (induções gerais e específicas) – para uma investigação mais aprofundada das respostas fornecidas pelo entrevistado – são mais uma sugestão que pode ser transferida para outras formas de entrevista.

Como o método se ajusta no processo de pesquisa?

O pano de fundo teórico do método é o interesse nos pontos de vista subjetivos. A pesquisa baseia-se em um modelo do processo com o objetivo de elaborar teorias (ver Capítulo 8). As questões de pesquisa são voltadas para o conhecimento sobre fatos ou processos de socialização. A seleção de entrevistados deve prosseguir gradualmente (ver Capítulo 11), a fim de consolidar a orientação do método pelo processo. Essa abordagem não se compromete com nenhum método específico de interpretação, mas, sim, compromete-se em grande parte com os procedimentos de codificação, utilizando, principalmente, a análise qualitativa do conteúdo (ver Capítulo 23) (ver também Witzel, 2000, para sugestões sobre como analisar essa forma de entrevistas).

Quais as limitações do método?

A combinação de narrativas e questões sugerida por Witzel visa focalizar a opinião do entrevistado em relação ao problema em torno do qual a entrevista está centrada. Em alguns pontos, as sugestões de Witzel sobre como utilizar o guia de entrevista passam a impressão de uma compreensão excessivamente pragmática da forma de lidar com a situação de entrevista. Ele então sugere a introdução de perguntas de atalho para narrativas sobre um tópico improdutivo. Para integrar as diferentes abordagens, Witzel inclui as discussões em grupo e o "método biográfico". Como o autor discute esses componentes sob o título de elementos da entrevista centrada no problema, o papel da discussão em grupo, por exemplo, permanece pouco claro aqui: pode ser acrescentada como uma segunda etapa ou uma etapa adicional, mas uma discussão em grupo não pode fazer parte de uma entrevista com uma pessoa. Existem restrições quanto ao critério da centralização no problema, sendo que este critério não se revela muito útil para distinguir esse método de outros, uma vez que a maioria das entrevistas concentra-se em problemas especiais. Entretanto, o nome e o conceito do método representam uma promessa implícita de que este seja – talvez mais do que outras entrevistas – centrado em torno de um determinado problema. Isso torna o método especialmente atraente para iniciantes na pesquisa qualitativa. As sugestões de Witzel para o guia de entrevista enfatizam que este deve abranger áreas de interesse, mas sem mencionar tipos concretos de perguntas a serem incluídas. Embora sejam fornecidas instruções ao entrevistador sobre como planejar investigações mais aprofundadas para as respostas dos entrevistados com as "induções gerais e específicas", as aplicações do método, no entanto, têm demonstrado que essas instruções não previnem os entrevistadores dos dilemas entre a profundidade e o espectro previamente mencionados quanto à entrevista focalizada.

As entrevistas discutidas até aqui foram apresentadas de modo mais detalhado no que diz respeito aos aspectos metodológicos. A entrevista focalizada vem sendo descrita pelo fato de ter representado, de um modo geral, a força motriz por trás desses métodos, e porque oferece algumas sugestões sobre a forma como efetuar entrevistas em geral. A entrevista semipadronizada inclui diferentes tipos de questões, sendo complementada por ideias a respeito de como estruturar seus conteúdos durante a coleta de dados. A entrevista centrada no problema oferece sugestões adicionais sobre como documentar o contexto e como lidar com informações secundárias. A seguir, são brevemente discutidos alguns outros tipos de entrevistas semiestruturadas que têm sido desenvolvidas para campos de aplicação específicos na pesquisa qualitativa.

A ENTREVISTA COM ESPECIALISTAS

Meuser e Nagel (2002) discutem as entrevistas com especialistas como uma forma específica de aplicar entrevistas semiestruturadas. Em contraste com as entrevistas biográficas, há aqui um menor interesse no entrevistado enquanto pessoa (como um todo) do que em sua capacidade de ser um especialista para um determinado campo de atividade. Elas são integradas ao estudo não como um caso único, mas representando um grupo (de especialistas específicos; ver também Capítulo 11). O âmbito das informações potencialmente relevantes fornecidas pelo entrevistado é muito mais restrito do que em outras entrevistas. Portanto, aqui, o guia de entrevista possui uma função diretiva muito mais forte no que diz respeito à exclusão de tópicos improdutivos. Correspondendo a essa peculiaridade, Meuser e Nagel discutem uma série de problemas e causas de fracasso nas entrevistas com especialistas. A questão principal é se o entrevistador consegue ou não restringir e determinar a entrevista e o entrevistado para o domínio de interesse. Meuser e Nagel (2002, pp. 77-79) mencionam como versões de fracasso:

- O especialista bloqueia o curso da entrevista por ficar provado que ele/ela não é um especialista naquele tópico, como se supunha anteriormente.
- O especialista tenta envolver o entrevistador em conflitos que ocorrem em sua área e fala sobre questões internas e intrigas deste campo de trabalho, em vez de falar sobre o tópico da entrevista.
- Ele/ela oscila seguidamente do papel de especialista para o de sua personalidade privada, de modo que resulta em um número maior de informações sobre ele, como pessoa, do que sobre o seu conhecimento como especialista.
- A "entrevista da retórica" é mencionada como uma forma intermediária entre o sucesso e o fracasso. Nesta, o especialista dá uma palestra sobre o que sabe, em vez de participar do jogo de perguntas e respostas da entrevista. No entanto, se a palestra abordar o tópico da entrevista, esse jogo pode ainda ser útil. Se o entrevistado não acertar o tópico, essa forma de interação dificulta o retorno ao verdadeiro tópico relevante.

Os guias de entrevistas possuem aqui uma dupla função: "O trabalho envolvido na elaboração de um guia de entrevista assegura que o pesquisador não se apresente como um interlocutor incompetente (...) A orientação para um guia da entrevista garante também que a entrevista não se perca em tópicos irrelevantes, permitindo ao especialista improvisar seu tema e sua opinião sobre as questões" (2002, p. 77).

Nesse campo de aplicação, encontram-se destacados vários problemas das entrevistas. Os problemas de direcionamento surgem aqui com maior intensidade em função de o entrevistado ser menos interessante como pessoa do que em um domínio específico. A necessidade de o entrevistador deixar claro na entrevista que ele também está familiarizado com aquele tópico é, geralmente, uma condição para o êxito na condução dessas entrevistas. A interpretação das entrevistas com especialistas visa, principalmente, a analisar e a comparar o conteúdo do conhecimento do especialista. Os casos são integrados ao estudo de acordo com o padrão da amostragem gradual.

A ENTREVISTA ETNOGRÁFICA

No contexto da pesquisa de campo etnográfica, utiliza-se, fundamentalmente, a observação participante. No entanto, ao aplicá-la, as entrevistas também desempenham um papel importante. Um problema específico refere-se à forma como adaptar as conversas que surgem no campo em entrevistas nas quais o desdobramento das experiências particulares do outro estiver sistematicamente alinhado com o assunto da pesquisa. A estrutura local e temporal apresenta-se menos claramente delimitada do que em outras situações de entrevista nas quais tempo e lugar são organizados exclusivamente para a entrevista. Aqui, as oportunidades para uma entrevista normalmente surgem espontânea e surpreendentemente a partir de contatos de campo regulares. Spradley apresenta sugestões explícitas para a condução dessa pesquisa etnográfica:

> O melhor é pensar nas entrevistas etnográficas como uma série de conversas cordiais nas quais o pesquisador lentamente introduz novos elementos para auxiliar informantes a responderem como informantes. O uso exclusivo desses novos elementos etnográficos ou sua introdução de forma muita rápida transformará as entrevistas em um interrogatório formal. A harmonia será dissipada, e os informantes podem acabar suspendendo sua cooperação. (1979, p. 58-59)

De acordo com Spradley (1979, p. 59-60), as entrevistas etnográficas envolvem os seguintes elementos que as distinguem dessas "conversas cordiais":

- uma solicitação específica para refrear a entrevista (resultante da questão de pesquisa);
- explanações etnográficas, nas quais o entrevistador explica o projeto (por que afinal uma entrevista?) ou a anotação de determinados enunciados (por que ele anota e o quê?); estas são complementadas por explicações na linguagem cotidiana (a fim de que os informantes apresentem relações em sua linguagem), explicações de entrevista (esclarecendo o porquê da escolha dessa forma específica de falar, com o objetivo de envolver o informante) e explicações para certos (tipos de) perguntas, introduzindo a forma de perguntar explicitamente;
- questões etnográficas, ou seja, questões descritivas, questões estruturais (ao respondê-las, os informantes deverão revelar a forma como organizam seu conhecimento sobre o assunto), e questões de contraste (estas devem fornecer informações sobre as dimensões de significado utilizadas pelos informantes para diferenciar objetos e eventos em seu mundo).

Por sua estrutura aberta, esse método traz à tona, de uma forma acentuada, o problema geral da elaboração e da manutenção das situações de entrevista. As características mencionadas por Spradley para o planejamento e para a definição explícita de situações de entrevista aplicam-se também a outros contextos que utilizem entrevistas. Nesses contextos, alguns dos esclarecimentos podem ser feitos fora da situação real da entrevista. Entretanto, os esclarecimentos explícitos delineados por Spradley são, de qualquer forma, úteis para a produção de um acordo confiável para a entrevista, o que garante a participação de fato do entrevistado. O método é aplicado principalmente em combinação com a pesquisa de campo e as estratégias observacionais (ver Capítulo 17).

Pode-se encontrar um panorama mais recente da utilização de entrevistas etnográficas em Heyl (2001). Kvale, por sua vez, (1996), focaliza mais fortemente a entrevista como uma co-construção realizada pelo entrevistador e pela pessoa que é entrevistada. Heyl vincula o campo da entrevista etnográfica com trabalhos mais atuais acerca de como planejar entrevistas em geral (como Bourdieu, 1996; Gubrium e Holstein, 1995; Kvale, 1996; Mishler, 1986 e outros), porém sem elaborar uma abordagem específica da entrevista etnográfica.

A CONDUÇÃO DAS ENTREVISTAS: OS PROBLEMAS DE MEDIAÇÃO E DIRECIONAMENTO

Até o momento, discutiram-se diversas versões da entrevista como uma das bases metodológicas da pesquisa qualitativa. É característico dessas entrevistas que sejam levadas perguntas mais ou menos abertas à situação de entrevista na forma de um guia de entrevista. A expectativa é de que essas perguntas sejam livremente respondidas pelo entrevistado. Para verificar os instrumentos antes de realizar as entrevistas, pode-se utilizar uma lista de pontos-chave para a verificação da forma como o guia de entrevista foi construído e como as perguntas foram formuladas. Essa lista foi sugerida por Ulrich (1999 – ver Quadro 13.5).

O ponto de partida do método é o pressuposto de que os *inputs* sejam característicos das entrevistas ou dos questionários padronizados, e que sejam limitantes ao se trabalhar com a sequência de tópicos, obscurecendo, ao invés de esclarecer, o ponto de vista do sujeito. Surgem também alguns problemas ao tentar-se garantir perspectivas subjetivas topicamente relevantes em uma entrevista: problemas de mediação entre o *input* do guia de entrevista e os objetivos da questão de pesquisa, por um lado, e o estilo de apresentação do entrevistado, por outro. Assim, o entrevistador pode e deve decidir, durante a entrevista, quando e em que sequência irá realizar quais perguntas. Se uma pergunta já tiver sido respondida *en passant* e puder ser omitida, isso somente poderá ser decidido *ad hoc*. O entrevistador enfrenta também a dúvida sobre se e quando investigar em maiores detalhes, ou quanto a auxiliar o entrevistado em suas divagações e quando fazê-lo, ou acerca de quando retornar ao guia da entrevista nos momentos de digressão do entrevistado.

O termo "entrevista semipadronizada" é também utilizado em relação à esco-

---

QUADRO 13.5 Pontos-chave para a avaliação das questões em entrevistas

1. Por que você faz essa pergunta específica?
   - Qual a sua relevância teórica?
   - Qual a conexão com a questão da pesquisa?
2. Por que razão você faz essa pergunta?
   - Qual a dimensão substancial desta pergunta?
3. Por que você formulou a questão desta forma (e não de uma forma diferente)?
   - É uma pergunta de fácil compreensão?
   - É uma pergunta ambígua?
   - É uma pergunta produtiva?
4. Por que você situou esta questão (ou bloco de questões) neste ponto específico do guia de entrevista?
   - Como a questão se ajusta dentro da estrutura irregular e detalhada do guia de entrevista?
   - De que forma a distribuição dos tipos de questão está difundida no guia de entrevista?
   - Qual é a relação entre as questões isoladas?

lha no procedimento real da entrevista. É preciso escolher entre tentar mencionar determinados tópicos presentes no guia de entrevista e, ao mesmo tempo, estar aberto ao modo particular do entrevistado de falar sobre esses tópicos e outros que ele considera relevantes. Essas decisões, que somente podem ser tomadas na própria situação de entrevista, exigem um alto grau de sensibilidade para o andamento concreto da entrevista e do entrevistado. Além disso, requerem uma boa visão geral daquilo que já foi dito e de sua relevância para a questão de pesquisa do estudo. Aqui, faz-se necessária uma mediação permanente entre o andamento da entrevista e o guia de entrevista.

Hopf (1978) alerta sobre a aplicação muito burocrática do guia de entrevista – o que pode restringir os benefícios da abertura e das informações contextuais pelo excesso de rigidez do entrevistador ao fixar-se nesse guia. Isso pode estimulá-lo a interromper os relatos do entrevistado no momento errado a fim de passar para a questão seguinte, em vez de utilizar aquele tópico para um maior aprofundamento. De acordo com Hopf (1978, p. 101), pode haver várias razões para isso:

- a função protetora do guia de entrevista de enfrentar a incerteza causada pela situação conversacional aberta e indeterminada;
- o temor do entrevistador de não ser fiel aos objetivos da pesquisa (por exemplo, por pular uma pergunta);
- por último, o dilema entre a pressão do tempo (devido à limitação de tempo do entrevistado) e o interesse do pesquisador nas informações.

Constatou-se, portanto, a necessidade do treinamento detalhado de entrevista, no qual se ensina a aplicar o guia de entrevista por meio da interpretação de papéis. Essas simulações de situações de entrevista são gravadas (se possível, em vídeo) e, posteriormente, são avaliadas por todos os entrevistadores que participam do estudo – quanto aos erros de entrevista, quanto ao modo de utilização do guia de entrevista, quanto a procedimentos e a problemas na introdução e na mudança de tópicos, quanto ao comportamento não-verbal do entrevistador e quanto a suas reações ao entrevistado. Realiza-se essa avaliação a fim de proporcionar a comparação entre as diferentes intervenções de entrevistadores e sua orientação nas entrevistas. Isso permite que se comece a estudar os assim chamados problemas "técnicos" (de como planejar e conduzir entrevistas) e que se discutam suas soluções para possibilitar maior apoio à utilização das entrevistas.

Para a preparação e a condução da entrevista em si, podemos encontrar algumas sugestões úteis em Hermanns (2004). Ele vê a interação de entrevista como um drama que se desenvolve e a tarefa do pesquisador como um facilitador para que esse drama possa se desenrolar. Ele também adverte os entrevistadores que não estejam tão ansiosos quanto à utilização da gravação durante a entrevista, enfatizando que a maior parte das pessoas entrevistadas não tem nenhum problema com a gravação de uma entrevista e que, seguidamente, são os entrevistadores que projetam, nos entrevistados, a própria inquietação com o fato de estarem sendo gravados. Em suas etapas de orientação para a realização de entrevista (2004, p. 212-213), encontram-se sugestões como: explicar cuidadosamente às pessoas entrevistadas o que se espera deles durante a entrevista, como criar uma atmosfera agradável nas entrevistas e como dar espaço para que os entrevistados possam abrir-se. Pela minha experiência, a mais crucial dessas sugestões é que, durante a entrevista, não se deve tentar descobrir conceitos teóricos, mas sim a esfera de vida das pessoas. Outra sugestão de relevância semelhante é que se precisa estar ciente de que as questões de pesquisa não são a mesma coisa que as perguntas da entrevista, e que se deve tentar utilizar uma linguagem cotidiana em vez de conceitos científicos nas perguntas. A descoberta de conceitos teóricos e a utilização de conceitos científicos fazem parte da análise dos dados, e a linguagem do cotidiano é o que deve estar presente nas perguntas e na entrevista[3].

A vantagem desse método é que o uso consistente de um guia de entrevista aumenta a comparabilidade dos dados, tornando-os mais estruturados como resultado das questões do guia. Se o objetivo da coleta de dados for a elaboração de enunciados concretos, uma entrevista semiestruturada será a maneira mais econômica. Por outro lado, se o curso de um caso único e do contexto de experiências for o objetivo central da pesquisa, as narrativas sobre o desenvolvimento de experiências devem ser consideradas como a alternativa preferível.

Pontos-chave

- As formas de entrevista seguem caminhos diferentes para alcançar um objetivo semelhante. Deve ser oferecido o máximo de espaço possível aos entrevistados para que desdobrem suas opiniões. Ao mesmo tempo, deve ser fornecida uma estrutura acerca daquilo que devem abordar em suas respostas.
- As formas de entrevista podem ser aplicadas em si mesmas, mas, muitas vezes, funcionam como uma orientação sobre como moldar e planejar uma entrevista e uma lista de perguntas para cobrir a questão de pesquisa.
- O planejamento da investigação mais aprofundada é um passo muito importante. O que perguntar se as respostas do entrevistado permanecem demasiado gerais ou se eles não compreenderem o que se pretende (com a entrevista)?
- As entrevistas podem ser estendidas a um segundo encontro, visando a uma validação comunicativa e à produção da estrutura dos enunciados com a pessoa entrevistada.

NOTAS

1. Os exemplos foram extraídos de Merton e Kendall (1946).
2. Considerando que o método descrito anteriormente foi elaborado especialmente para a reconstrução de teorias subjetivas, também a entrevista centrada no problema é aplicada para essa finalidade. Assim, coincidentemente, as teorias subjetivas constituem o objeto em ambos os exemplos.
3. Para avanços mais recentes no campo da realização de entrevista *online*, ver Capítulo 20.

LEITURAS ADICIONAIS

A entrevista focalizada

O primeiro é o texto clássico sobre a entrevista focalizada. Os outros dois apresentam avanços e aplicações recentes dessa estratégia.

Merton, R.K., Kendall, P.L. (1946) "The Focused Interview", *American Journal of Sociology*, 51: 541-557.

Exercício 13.1

1. Procure em um periódico um estudo qualitativo baseado em entrevistas e utilize-o para identificar os métodos apresentados neste capítulo ou para decidir a orientação dos métodos em relação ao estudo.
2. Considere as questões deste estudo e então as aperfeiçoe usando um ou mais métodos de entrevista entre os que foram apresentados neste capítulo.
3. Reflita sobre seu próprio estudo e elabore um guia de entrevista para sua questão de pesquisa de acordo com uma das formas de entrevista apresentadas aqui.

Merton, R.K. (1987) "The Focused Interview and Focus Groups: Continuities and Discontinuities", *Public Opinion Quarterly*, 51: 550-6.

Oerter, R., Oerter, R., Agostiani, H., Kim, H.-O., Wibowo, S. (1996) "The Concept of Human Nature in East Asia: Etic and Emic Characteristics", *Culture & Psychology*, 2: 9-51.

A entrevista semipadronizada

O primeiro texto delineia as estratégias metodológicas para concretizar os objetivos desse tipo de método, enquanto o segundo fornece uma introdução ao pano de fundo teórico e aos pressupostos em que as estratégias se baseiam.

Flick, U. (1992a) "Triangulation Revisited: Strategy of or Alternative to Validation of Qualitative Data", *Journal for the Theory of Social Behavior*, 22: 175-197.

Groeben, N. (1990) "Subjective Theories and the Explanation of Human Action", in G.R. Semin and K.J. Gergen (eds), *Everyday Understanding: Social and Scientific Implications*. London: Sage. pp. 19-44.

A entrevista centrada no problema

Este texto resume o método e os problemas de sua aplicação.

Witzel, A. (2000, January). The problem-centered interview [27 parágrafos]. Forum: Qualitative Social Research. (www.qualitative-research.net/fqs-texte/1-00/1-00witzel-e.htm) [Dec., 10th, 2004].

A entrevista com especialistas

Este texto resume os métodos e os problemas de sua aplicação.

Meuser, M. and Nagel, U. (2002) 'ExpertInneninterviews – vielfach erprobt, wenig bedacht. Ein Beitrag zur qualitativen Methodendiskussion', in A. Bogner, B. Littig, W. Menz (eds), *Das Experteninterview*. Qpladen: Leske & Budrich. pp. 71-95.

A entrevista etnográfica

Os dois primeiros textos apresentam um resumo do método, e o segundo o introduz no esquema da observação participante.

Heyl, B.S (2001). "Ethnographic Interviewing", in P. Atkinson, A. Coffey, S. Delamont, J. Lofland (eds) *Handbook of Ethnography*. London: SAGE. pp. 369-383.

Spradley, J.P. (1979) *The Ethnographic Interview*. New York: Holt, Rinehart and Winston.

Spradley, J.P. (1980) *Participant Observation*. New York: Holt, Rinehart and Winston.

Mediação e direção

O primeiro texto é característico para uma abordagem mais atitudinal de entrevista, enquanto os demais tratam de problemas mais concretos e também mais técnicos.

Fontana, A., Frey, J.H. (2000) "The Interview: From Structural Questions to Negotiated Texts", in N. Denzin and Y.S. Lincoln (eds), *Handbook of Qualitative Research*. London: Sage, pp. 645-72.

Hermanns, H. (2004) "Interviewing as An Activity", in U. Flick, E.v. Kardorff, I. Steinke (eds), *A Companion to Qualitative Research*. London: SAGE. pp. 209-213.

Kvale, S. (1996) *Interviews: An Introduction to Qualitative Research Interviewing*. London: Sage.

Mason, J. (2002) "Qualitative Interviewing: Asking, Listening and Interpreting", in T. May (ed.), *Qualitative Research in Action*. London. SAGE. pp. 225-241

Smith, J.A. (1995) "Semi-Structured Interview and Qualitative Analysis", in J.A. Smith, R. Harré and L.v. Langenhove (eds), *Rethinking Methods in Psychology*. London: Sage. pp. 9-26.

Wengraft, T. (2001) *Qualitative Research Interviewing: Biographic Narrative and Semi-Structured Methods*. London: SAGE.

14

Narrativas

A entrevista narrativa, 165
A entrevista episódica, 172
As narrativas entre a biografia e o episódio, 177

OBJETIVOS DO CAPÍTULO
Após a leitura deste capítulo, você deverá ser capaz de:

✓ compreender a forma de utilização das narrativas na pesquisa qualitativa.
✓ identificar a diferença entre histórias de vida e episódios enquanto base das narrativas.
✓ distinguir as vantagens e os problemas do uso de diferentes formas de narrativas nas entrevistas.

As narrativas[1] produzidas pelos entrevistados, como forma de dados, podem ser utilizadas como uma alternativa às entrevistas semi-estruturadas. Aqui, o ponto de partida metodológico para a propagação do uso das narrativas é um ceticismo básico quanto até que ponto possa ser possível a obtenção de experiências subjetivas no esquema de perguntas e respostas das entrevistas tradicionais, mesmo que este seja controlado de uma forma flexível. As narrativas, por outro lado, permitem ao pesquisador abordar o mundo empírico até então estruturado do entrevistado, de um modo abrangente. Uma narrativa caracteriza-se pelo seguinte:

> Primeiramente, delineia-se a situação inicial ("como tudo começou"); então, selecionam-se os eventos relevantes à narrativa, a partir de todo o conjunto de experiências, apresentando-os como uma progressão coerente de eventos ("como as coisas se desenrolaram"); e, por fim, apresenta-se a situação ao final do desenvolvimento ("o que aconteceu"). (Hermanns, 1995, p. 183)

Enquanto método específico para a coleta deste tipo de dados, a entrevista narrativa, introduzida por Schutze (ver Riemann e Schutze, 1987; Rosenthal, 2004) é um exemplo particularmente interessante desse tipo de abordagem. Com a atenção que atraiu (especialmente nas regiões de língua alemã), tem intensificado o interesse pelos métodos qualitativos como um todo. As narrativas como modelo de conhecimento e de apresentação de experiências são também cada vez mais analisadas na psicologia (por exemplo, Bruner, 1990; 1991; Flick, 1996; Murray, 2000; Sarbin, 1986). Neste capítulo, são discutidos dois métodos que empregam narrativas dessa forma.

A ENTREVISTA NARRATIVA

A entrevista narrativa é utilizada principalmente no contexto da pesquisa biográfica (para uma visão geral, ver Bertaux, 1981; Rosenthal, 2004). O método foi desenvolvido no contexto de um projeto sobre estruturas de poder local e processos de decisão. Seu princípio básico de coleta de dados é descrito da seguinte maneira:

> Na entrevista narrativa, solicita-se ao informante que apresente, na forma de uma narrativa improvisada, a história de uma área de interesse da qual o entrevistado tenha participado (...) A tarefa do entrevistador é fazer com que o informante conte a história da área de interesse em questão como uma história consistente de todos os eventos relevantes, do início ao fim. (Hermanns, 1995, p. 183)

Os elementos da entrevista narrativa

A entrevista narrativa é iniciada com a utilização de uma "pergunta gerativa de narrativa" (Riemann e Schutze, 1987, p. 353) que se refere ao tópico de estudo e que tem por finalidade estimular a narrativa principal do entrevistado. Esta última é seguida pelo estágio das investigações mais aprofundadas da narrativa, no qual são completados os fragmentos de narrativa que antes não haviam sido exaustivamente detalhados. O último estágio da entrevista é a "fase de equilíbrio, no qual pode-se também fazer perguntas ao entrevistado que visem a relatos teóricos sobre o que aconteceu, bem como ao equilíbrio da história, reduzindo o 'significado' do todo a seu denominador comum" (Hermanns, 1995, p. 184). Nesse estágio, os entrevistados são considerados como especialistas e teóricos de si mesmos.

Se a intenção for fazer surgir uma narrativa que seja relevante para a questão de pesquisa, deve-se formular a pergunta gerativa de narrativa com clareza, mas que esta seja, ao mesmo tempo, específica o suficiente para que o domínio experimental interessante seja adotado como tema central. O interesse pode referir-se à história de vida do informante em geral. Nesse caso, a pergunta gerativa narrativa é muito pouco específica, por exemplo: "Então, eu gostaria de pedir a você que começasse me contando a história da sua vida". Ou pode visar a um aspecto específico, temporal e relacionado a algum tópico da biografia do informante, por exemplo, uma fase de reorientação profissional e suas consequências. Um exemplo desse tipo de questão gerativa é mostrado no Quadro 14.1.

É fundamental certificar-se de que a questão gerativa seja realmente uma questão narrativa. O exemplo dado por Hermanns, no Quadro 14.1, fornece dicas claras sobre o curso dos eventos narrados,

---

QUADRO 14.1 Exemplo de uma questão gerativa de narrativa na entrevista narrativa

Este é um exemplo característico de uma boa questão gerativa de narrativa:
"Quero que você me conte a história de sua vida. A melhor maneira de fazer isso seria você começar por seu nascimento, pela criança pequena que você um dia foi, e, então, passar a contar todas as coisas que aconteceram, uma após a outra, até o dia de hoje. Você pode levar o tempo que for preciso para isso, podendo também dar detalhes, pois tudo que for importante para você me interessa."

Fonte: Hermanns, 1995, p. 182.

sendo que estes apresentam diversos estágios e incluem a solicitação específica de uma narrativa detalhada.

Se o entrevistado iniciar uma narrativa após essa pergunta, é crucial para a qualidade dos dados desta narrativa que ela não seja interrompida nem obstruída pelo entrevistador. Por exemplo, não se devem fazer perguntas neste momento (do tipo "A quem isso se refere?"), nem interromper com intervenções diretivas (por exemplo, "Esse problema não poderia ter sido administrado de outra maneira?"), ou ainda com avaliações ("Essa sua ideia foi boa!"). Ao contrário, o entrevistador, na qualidade de ouvinte ativo, deve sinalizar (por exemplo, reforçando com "*hmms*") sua empatia com a história narrada e com a perspectiva do narrador. Ao agir assim, ele auxilia e estimula o narrador a continuar sua narrativa até o final.

O fim da história é indicado por uma "coda"*, por exemplo, "Eu acho que lhe contei a minha vida inteira" (Riemann e Schutze, 1987, p. 353), ou "De um modo geral, saiu tudo muito bem. Espero que tenha significado algo para você" (Hermanns, 1995, p. 184).

No próximo estágio – a fase do questionamento – os fragmentos de narrativas que ainda não tenham sido conduzidos são reintroduzidos ou o entrevistador deve utilizar aqueles trechos que não tenham ficado claros com a adoção de outra pergunta gerativa de narrativa. Por exemplo, "Você me disse antes como aconteceu de você se mudar de X para Y. Não entendi bem como ficou sua doença depois disso. Por favor, você poderia me contar essa parte da história com um pouco mais de detalhes?". Na fase de equilíbrio, emprega-se um número maior de perguntas abstratas cujo objetivo é a descrição e a argumentação. Aqui, sugere-se, em primeiro lugar, fazer perguntas do tipo "como", para, então, apenas posteriormente, complementá-las com perguntas do tipo "por que", visando a explicações.

Um critério fundamental para a validade das informações é constatar se o relato do entrevistado representa essencialmente uma narrativa. Embora, até certo ponto, as descrições de situações e de rotinas ou as argumentações possam ser reunidas a fim de explicar as razões ou os objetivos, a forma dominante de apresentação deve ser uma narrativa do curso dos eventos (se possível, do início ao fim) e dos processos que fizeram parte do desenvolvimento. Hermanns (1995, p. 184) esclarece essa distinção utilizando o seguinte exemplo:

> Não é possível narrar minha postura em relação às usinas nucleares, mas eu poderia contar a história sobre como ela se formou. "Bem, eu estava caminhando – o ano devia ser 1972 – por aquele local, em Whyl, todas aquelas barracas lá, e eu pensei – que maravilha, o que essas pessoas ganham vindo para cá, são meio loucas com essa preocupação com a energia nuclear. Eu era muito M/L naquela época"[2].

O fato de esse método funcionar e de a narrativa principal fornecer versões mais ricas de eventos ou de experiências do que outras formas de apresentação são defendidos como consequência de uma razão principal – o narrador fica emaranhado em certos constrangimentos ("*zugzwangs*** narrativos triplos"). Esse emaranhamento inicia assim que ele estiver envolvido na

---

* N. de T. Parte conclusiva de uma composição (sinfonia, sonata etc.) musical que serve de arremate à peça. (Definição do Dicionário Houaiss da Língua Portuguesa).

** N. de T. Em alemão, termo originalmente empregado no jogo de xadrez para designar uma situação em que um jogador está em desvantagem por ser obrigado a jogar, sem a possibilidade de passar a vez para outro jogador.

situação de entrevista, após ter iniciado a narrativa. Os constrangimentos são o *constrangimento de fechamento de gestalt*, o *constrangimento da condensação* e o *constrangimento do detalhamento*. O primeiro faz com que um narrador encerre uma narrativa que ele já tenha iniciado. O segundo exige que apenas aquilo que for necessário para a compreensão do processo na história faça parte da apresentação. A história é condensada não apenas devido à limitação de tempo, mas também para que o ouvinte seja capaz de entendê-la e de acompanhá-la. A narrativa fornece detalhes contextuais e relações necessárias para a compreensão da história. Através desses constrangimentos narrativos, o controle do narrador, que domina em outras formas de apresentação oral, é minimizado a tal ponto que tópicos e áreas embaraçosos podem ser também mencionados:

> O narrador de narrativas pouco preparadas e improvisadas de suas próprias experiências é levado a falar também a respeito de eventos e de orientações de ação sobre as quais, em conversas normais e em entrevistas convencionais, ele prefere não comentar devido a sua consciência de culpa ou vergonha, ou aos embaraços de interesses. (Schutze, 1976, p. 225)

Desse modo, criou-se uma técnica para extrair narrativas de histórias relevantes ao tópico. Essa técnica fornece dados que outras formas de entrevista não são capazes de oferecer por três razões. Em primeiro lugar, a narrativa assume certo caráter de independência durante seu relato. Em segundo lugar, "as pessoas 'sabem' e são capazes de apresentar muito mais sobre suas vidas do que aquilo que incorporam em suas teorias sobre si mesmas e sobre suas vidas. Esse conhecimento encontra-se à disposição de informantes no nível da apresentação da narrativa, porém, não no nível das teorias" (Hermanns, 1995, p. 185). Por último, uma relação análoga entre a apresentação da narrativa e a experiência narrada pode ser presumida: "Na narrativa retrospectiva de experiências, os eventos da história de vida (sejam estes ações ou fenômenos naturais) são relatados, por princípio, na forma como foram vivenciados pelo narrador enquanto ator" (Schutze, 1976, p. 197).

Estudo de caso:

Excerto de uma entrevista narrativa

Para ilustrar esse tipo de entrevista, o trecho seguinte foi extraído do início de uma narrativa biográfica principal de um paciente (P) com problemas mentais. Gerd Riemann é um dos protagonistas da pesquisa biográfica com entrevistas narrativas. Esse exemplo procede de um estudo típico de biografias com a utilização de entrevista narrativa (1987, p. 66-68). Na leitura deste estudo, observe quando o entrevistado chega ao tópico da entrevista (doença mental). As referências a vilarejos e regiões foram substituídas por palavras genéricas em parênteses duplos ((...)). As palavras em itálico são intensamente enfatizadas; uma barra diagonal indica a interrupção de uma palavra por outra; e os sinais de reforço emitidos pelo entrevistador ("hmm", "é claro") estão representados exatamente no lugar em que ocorreram:

1 P Bem, eu nasci na ((região da antiga Alemanha Oriental))
2 E hmm
3 P na realidade, em ((...)), que é um bairro totalmente católico, totalmente/ principalmente

(continua)

> **Estudo de caso:**
>
> **Excerto de uma entrevista narrativa (*continuação*)**
>
> 4   católico da ((região, parte oeste))
> 5 E É claro
> 6 P ((cidade))
> 7 E hmm
> 8 P Meu pai, er ... era capitão
> 9 E hmm
> 10 P e ... er, já tinha sido juiz do tribunal da comarca ...
> 11   e em seguida foi morto na guerra.
> 12 E hmm
> 13 P Minha mãe ficou sozinha com o meu irmão mais velho/ele tem três anos
> 14   a mais do que eu e, er – fugiu conosco.
> 15 E hmm
> 16 P Sobre a viagem, não sei nada em detalhes, de recordação, lembro apenas –
> 17   uma lembrança de que certa vez eu, er, sentado em um trem e me sentia com muita /ahn
> 18   muita sede ou, algo assim, fome
> 19 E hmm
> 20 P e que aí veio alguém com um jarro e uma xícara pra gente
> 21   er, serviu café; e que eu senti aquilo como algo bem refres-
> 22 E hmm
> 23 P cante.
> 24   Mas outras lembranças também estão relacionadas com esse trem, que,
> 25   talvez digam respeito, er, a fatos bem posteriores, bom, quando
> 26 E hmm
> 27 P entrou em jogo o psiquiatra, sabe?
> 28   Isto é, er, – isto surge, de tempos em tempos, como uma imagem.
> 29   E a gente tinha deitado dentro daquele trem para dormir
> 30   e, de alguma forma, me levantaram... er, para me botarem para dormir
> 31 E hmm
> 32 P E eu devo ter caído durante a noite sem me
> 33   acordar.
> 34 E hmm
> 35 P E aí eu me lem/lembro que uma, er, mulher, não foi a minha
> 36   mãe, uma mulher me pegou nos braços e sorriu
> 37   para mim.
> 38 E hmm
> 39 P Estas são as minhas primeiras lembranças.
> 40 E hmm.
>
> Esta narrativa segue por mais 17 páginas de transcrição. A entrevista prossegue em um segundo encontro. Uma análise detalhada de caso é apresentada por Riemann (1987, p. 66-200).
>
> Neste exemplo, pode-se perceber como a entrevista narrativa inicia, a forma como a história de vida do entrevistado é nela revelada, e como, aos poucos, a entrevista aborda temas diretamente relevantes para a questão de pesquisa, mas também fornece muitas informações que, à primeira vista, podem parecer menos relevantes. É provável que essas últimas informações apenas revelem sua importância durante a análise da entrevista.

Na entrevista narrativa, por um lado, a expectativa é de que os processos factuais tornem-se evidentes, revelando "como algo de fato é", uma ideia que está vinculada à natureza dos dados narrativos. Por outro lado, a análise dessas histórias de vida narradas deve levar a uma teoria geral dos processos. Schutze (1983) as denomina "estruturas de processo do curso de vida individual". Em algumas áreas, essas trajetórias típicas têm sido demonstradas empiricamente, como segue.

Estudo de caso:

Biografias profissionais de engenheiros

Harry Hermanns é outro dos principais protagonistas na elaboração e na utilização da entrevista narrativa – neste caso, no contexto das biografias profissionais. Hermanns (1984) aplicou este método a cerca de 25 engenheiros a fim de construir os padrões de suas histórias de vida – padrões de trajetórias profissionais de sucesso e padrões de trajetórias caracterizadas por crises. Os estudos de caso apontaram que, no início de sua carreira profissional, um engenheiro deve passar por uma fase de busca pela aquisição de competências profissionais. O tema central do trabalho profissional dos anos seguintes deve resultar desta fase. Em caso de fracasso, seu começo na profissão transforma-se em um beco sem saída. Das análises, resultou uma série de campos típicos para a especialização adicional do engenheiro. Um estágio decisivo é o do desenvolvimento da "substância" (ou seja, experiência e conhecimento), ao tornar-se, por exemplo, um especialista em uma área técnica. Hermanns apresenta outros tipos de desenvolvimento da substância. O próximo estágio na carreira dos engenheiros é a elaboração de uma linha biográfica na profissão – ou seja, estar associado a um tópico profissional por mais tempo e construir uma base a partir da qual ele possa atuar. As linhas podem ser aceleradas pelos êxitos, porém também podem "morrer" – por exemplo, com a perda da base devido à falta de competência para assegurar a linha, pela perda do significado do tópico diante de alguma crise, ou pelo surgimento de uma nova linha. As carreiras profissionais fracassam quando o indivíduo não consegue construir uma base, nem elaborar e assegurar uma linha, ou desenvolver a competência e a substância quando uma das tarefas profissionais centrais extraída da análise das biografias profissionais não é administrada de modo satisfatório.

Esse exemplo demonstra como padrões de cursos biográficos podem ser elaborados a partir dos estudos de caso de biografias profissionais. Esses padrões e os estágios dos processos biográficos neles contidos podem ser adotados como pontos de referência para explicar o êxito e o fracasso na administração de tarefas de biografias exitosas.

Quais são os problemas na condução da entrevista?

Um problema na condução de entrevistas narrativas é a violação sistemática das expectativas dos papéis de ambos os participantes. Em primeiro lugar, rompem-se as expectativas ligadas à situação de uma "entrevista" pelo fato de as perguntas (ao menos, em sua maior parte) não serem feitas no sentido usual da palavra. E, em segundo lugar, porque dificilmente se dá uma narrativa na vida cotidiana do entrevistado. Essas violações de expectativas situacionais normalmente provocam irritações em ambas as partes que as impedem de concentrarem-se na situação da entrevista. Além do mais, embora a capacidade de narrar possa ser uma competência diária, seu domínio possui graus variados e, portanto, nem sempre representa o método mais apropriado das ciências sociais: "Devemos presumir que nem todos entrevistados sejam capazes de apresentar narrativas sobre suas vidas. Encontramos pessoas reticentes, tímidas, pouco comunicativas ou excessivamente reservadas não apenas na vida social cotidiana, mas também em entrevistas biográficas" (Fuchs, 1984, p. 249). Além disso, alguns autores percebem problemas na aplicação desse método em culturas estrangeiras, visto que a validade do esquema narrativo dominante na cultura ocidental não pode simplesmente ser pressuposta para outras culturas não-ocidentais.

Em função desses problemas, faz-se novamente necessário um treinamento de entrevista cujo foco seja a escuta ativa – ou seja, comunicando o interesse sem interferir, e as maneiras de manter a relação com o entrevistado. Esse treinamento deve ser planejado sob medida para a questão concreta de pesquisa e para o grupo que consiste no alvo específico cujas narrativas se quer buscar. Para isso, recomendam-se, aqui, mais uma vez, a interpretação de papéis e as entrevistas de ensaio. As gravações desses ensaios devem ser avaliadas sistematicamente, por um grupo de pesquisadores, em relação a problemas na condução da entrevista e no papel desempenhado do entrevistador. Uma precondição para o sucesso na condução da entrevista é explicar o caráter específico da situação de entrevista ao entrevistado. Para este propósito, sugere-se que se dê uma atenção especial à explicação, em detalhes, dos objetivos e dos procedimentos durante a fase de recrutamento de entrevistados.

Qual a contribuição para a discussão metodológica geral?

A entrevista narrativa e a metodologia a ela vinculada salientam a criação de uma entrevista qualitativa de estrutura e de experiências responsivas. Um modelo que reconstrói a lógica interna dos processos destaca a narrativa como uma *gestalt* que envolve mais do que enunciados e "fatos" relatados, fornecendo também uma solução para o dilema da entrevista semi-estruturada – como mediar entre a liberdade de desdobrar pontos de vista subjetivos e a orientação e a limitação temáticas daquilo que é mencionado. Essa solução compreende três elementos:

- A orientação principal é oferecer aos entrevistados um espaço para que contem suas histórias (se necessário, por várias horas) e solicitar que assim o façam.
- As intervenções concretas, estruturadoras ou de aprofundamento temático na entrevista são adiadas até a parte final, na qual o entrevistador pode selecionar tópicos abordados anteriormente e fazer perguntas mais diretas. A restrição do papel estruturador do entrevistador para o final da entrevista e para o início está a isso associada.
- A questão gerativa de narrativa serve não apenas para estimular a produção de uma narrativa, mas também para manter o foco da narrativa na área do tópico e no período da biografia que consistem no interesse da entrevista.

Até o momento, a discussão metodológica tratou principalmente de questões sobre como deva ser o comportamento dos entrevistadores visando a dar prosseguimento à narrativa, para que esta seja estimulada, e a permitir sua conclusão com o menor incômodo possível. Contudo, o argumento de que uma boa questão gerativa de narrativa estruture, em grande parte, a narrativa que a segue ainda não foi considerado em sua totalidade. Questões gerativas de narrativas imprecisas e ambíguas normalmente resultam em narrativas que permanecem sendo gerais, desarticuladas e apresentando tópicos irrelevantes. Por essa razão, esse método não consiste em uma entrevista completamente aberta, como se possa presumir por sua apresentação, em geral equivocada, nos manuais acadêmicos. Contudo, as intervenções estruturadoras, por parte do entrevistador situam-se com maior clareza do que em outros métodos – por ficarem restritas ao início e ao final da entrevista. O esquema que é produzido dessa forma permite ao entrevistado que o desdobramento de suas opiniões ocorra, o máximo possível, sem obstrução do entrevistador. Assim, esse método tornou-se uma forma de explorar o potencial das narrativas como fonte de dados para a pesquisa social.

Como o método se ajusta no processo de pesquisa?

Embora dependa do método empregado para a interpretação, o pano de fundo teórico dos estudos que utilizam entrevistas narrativas é, principalmente, a análise de opiniões e atividades subjetivas.

As questões de pesquisa buscadas dentro dessa perspectiva enfocam os processos biográficos em contraste com o pano de fundo e no contexto das circunstâncias concretas e gerais (por exemplo, situações de vida como uma fase de orientação profissional e um determinado contexto social e período biográfico – como o período pós-guerra na Alemanha). O procedimento é fundamentalmente adequado ao desenvolvimento das teorias fundamentadas (ver Capítulo 8). Uma estratégia de amostragem gradual que esteja de acordo com o conceito de amostragem teórica (ver Capítulo 11) parece ser mais útil. Para a interpretação dos dados narrativos reunidos com a utilização desse método, têm sido dadas sugestões que levam em conta as características formais desses dados, assim como suas estruturas (ver Capítulo 25). O objetivo da análise é, em geral, a elaboração de tipologias de cursos biográficos como uma etapa intermediária no caminho para a construção da teoria (ver Capítulo 28).

Quais são as limitações do método?

Um problema associado à entrevista narrativa diz respeito à suposição de que esta permita ao pesquisador obter acesso a experiências e a eventos factuais. Essa suposição é expressa quando a narrativa e a experiência são colocadas em uma relação análoga. Porém, o que é apresentado em uma narrativa é construído de uma forma específica durante o processo de narração, e as lembranças dos eventos mais antigos podem ser influenciadas pela situação na qual são contadas. Esses são outros problemas que dificultam a realização de algumas das alegações quanto à validade dos dados ligados à entrevista narrativa.

Além disso, antes da aplicação do método, é necessário que se faça, criticamente, outra pergunta: Isso é adequado à questão de pesquisa, e, sobretudo, para os entrevistados, confiar na eficácia dos constrangimentos narrativos e embaraços de uma narrativa, como ocorreu durante o contexto da elaboração do método? Os políticos locais que foram entrevistados originalmente por Schutze usando esse método provavelmente tinham razões diversas e melhores habilidades para esconder relações embaraçosas do que outros entrevistados potenciais. Neste último caso, utilizar esse tipo de estratégia para extrair detalhes biográficos também levanta questões relativas à ética da pesquisa.

Um problema de caráter mais prático diz respeito à mera quantidade de material textual nas transcrições de entrevistas narrativas. Além disso, estas apresentam uma estruturação menos óbvia (por áreas de tópicos, por perguntas do entrevistador) do que a das entrevistas semi-estruturadas. No mínimo, torna-se mais difícil de reconhecer sua estrutura. A massa pura de textos não-estruturados gera problemas em sua interpretação. Normalmente, a consequência da aplicação desse método é o fato de resultar em apenas alguns estudos de caso, porém extremamente volumosos. Por essa razão, antes de escolher esse método, deve-se decidir de antemão se é de fato o curso (de uma vida, da trajetória de um paciente, de uma carreira profissional) que consiste no componente central da questão de pesquisa. Se não for este o caso, a orientação propositiva de tópicos permitida por uma entrevista semi-estruturada pode revelar-se a maneira mais eficaz de obter os dados e as descobertas desejadas.

As discussões críticas estimuladas por esse método têm esclarecido os limites das narrativas enquanto fontes de dados. Estes limites podem ter como base o tema da entrevista em cada caso: "O que de fato pode ser narrado é sempre apenas 'a história de', e não um estado ou uma rotina sempre recorrente" (Hermanns, 1995, p. 183). Diante desses limites das narrativas, antes de aplicar esse método, deve-se decidir se as narrativas são adequadas enquanto única abordagem possível para a questão de pesquisa e os possíveis entrevistados, e se estas devem ser combinadas com outros tipos de dados, identificando quais sejam estes tipos.

A ENTREVISTA EPISÓDICA

O ponto de partida para a entrevista episódica (Flick, 2000a) é a suposição de que as experiências de um sujeito sobre um determinado domínio sejam armazenadas e lembradas nas formas de conhecimento narrativo-episódico e semântico. O conhecimento episódico possui uma organização que se aproxima mais das experiências, estando associado a situações e a circunstâncias concretas, ao passo que o conhecimento semântico baseia-se em suposições e em relações abstraídas destas e generalizadas. Para o primeiro caso, o curso da situação em seu contexto é a unidade principal em torno da qual o conhecimento é organizado. No último, os conceitos e suas relações entre si são as unidades centrais (Figura 14.1).

Para abordar essas duas formas de conhecimento sobre um domínio, planejou-se um método para reunir e analisar o conhecimento narrativo-episódico utilizando narrativas, ao passo que o conhecimento semântico torna-se acessível por meio de questões concretas propositais. Contudo, a intenção aqui nem é tanto um salto pragmático entre os tipos de dados, "narrativa" e "resposta" que seja econômico em matéria de tempo, mas sim o vínculo sistemático entre as formas de conhecimento que os dois tipos de dados podem tornar acessíveis.

A entrevista episódica permite apresentações relativas ao contexto na forma de uma narrativa, uma vez que estas se aproximam mais das experiências e de seus contextos gerativos do que outras formas de apresentação. Tornam os processos de construção de realidades mais facilmente acessíveis do que as abordagens, as quais visam a conceitos abstratos e a respostas em sentido absoluto. Porém, a entrevista episódica não é uma tentativa de estilizar artificialmente as experiências como um "conjunto narrável". Em vez disso, ela parte de formas episódico-situacionais do conhecimento experimental. Na entrevista, dá-se uma atenção especial a situações ou a episódios nos quais o entrevistado tenha tido experiências que pareçam ser relevantes à questão do estudo. Ambas as formas de apresentação (descrição ou narração) da situação e a seleção de outras situações podem ser escolhidas pelo entrevistado de acordo com aspectos de relevância subjetiva. Em diversos domínios, a entrevista episódica facilita a apresentação de experiências em uma forma geral e comparativa, ao mesmo tempo em que assegura que essas situações e episódios sejam contados em sua especificidade. Consequentemente, ela abarca uma combinação de narrativas orientadas para contextos e para argumentações situacionais ou episódicas que despem tais conceitos em favor do conhecimento conceitual e voltado para as regras. A competência narrativa do entrevistado é utilizada sem contar com *zugzwangs* e sem forçá-lo a concluir uma narrativa, caso não seja essa sua intenção.

Introdução à pesquisa qualitativa

Conhecimento Semântico

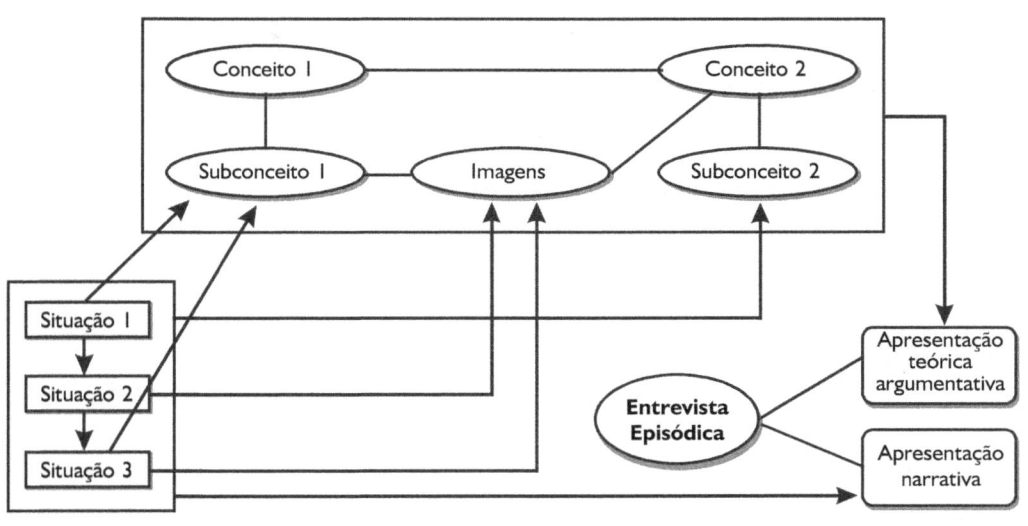

```
┌─────────────────────────────────────────────────┐
│   ( Conceito 1 )─────────────( Conceito 2 )     │
│        │                            │            │
│   ( Subconceito 1 )─( Imagens )─( Subconceito 2 )│
└─────────────────────────────────────────────────┘
```

[Situação 1]
[Situação 2]
[Situação 3]

[Entrevista Episódica]

[Apresentação teórica argumentativa]
[Apresentação narrativa]

Conhecimento episódico

Figura 14.1 Formas de conhecimento na entrevista episódica.

Quais são os elementos da entrevista episódica?

O elemento central dessa forma de entrevista é o fato de solicitar-se repetidamente ao entrevistado a apresentação de narrativas de situações (por exemplo, "Pelo que você consegue lembrar, qual foi seu primeiro contato com a televisão? Você poderia, por favor, relatar essa situação para mim?"). Séries de situações podem também ser mencionadas ("Por favor, você poderia relatar como foi seu dia ontem, e onde e quando a tecnologia fez parte dele?"). Prepara-se um guia de entrevista a fim de orientar esta entrevista para os domínios de tópicos para os quais essa narrativa é exigida. Visando a familiarizar o entrevistado com essa forma de entrevista, explica-se, em primeiro lugar, seu princípio básico (por exemplo: "Nesta entrevista, vou pedir, por várias vezes, que você relate situações nas quais você teve determinadas experiências com a tecnologia em geral ou com tecnologias específicas"). Outro aspecto são as fantasias do entrevistado em relação a mudanças esperadas ou temidas ("Em um futuro próximo, que avanços você espera na área dos computadores? Por favor, tente imaginar e me fale de uma situação que pudesse esclarecer essa evolução para mim!"). Esses incentivos narrativos são complementados por perguntas nas quais se questiona quanto às definições subjetivas do entrevistado ("Hoje em dia, a que você associa a palavra 'televisão'?"). E, questiona-se, ainda, quanto às relações abstrativas ("Em sua opinião, quem deveria ser responsável pela mudança gerada pela tecnologia, quem pode e deveria assumir essa responsabilidade?"). Esse é o segundo grande complexo de questões que visam a abordar elementos semânticos do conhecimento cotidiano.

Estudo de caso:

Mudança tecnológica na vida cotidiana

Em um estudo comparativo, conduzi 27 entrevistas episódicas sobre a percepção e a avaliação da mudança tecnológica na vida cotidiana. A fim de poder analisar diversas perspectivas sobre esse tema, engenheiros da informação, cientistas sociais e professores foram entrevistados na qualidade de membros de profissões que lidam com a tecnologia em diversos níveis (como fomentadores de tecnologia e como usuários profissionais e diários da tecnologia). A entrevista fez referência aos seguintes campos tópicos: "biografias tecnológicas" dos entrevistados (o primeiro contato com a tecnologia do qual recorda, sua experiência mais importante ligada à tecnologia) foram um ponto de referência, e outro foi a vida tecnológica cotidiana dos entrevistados (como foi o dia de ontem no que diz respeito a onde e a quando a tecnologia deixou sua contribuição; domínios da vida cotidiana como o trabalho, o lazer, a família e a tecnologia).

Como resposta ao incentivo de narrativa "Pelo que você consegue lembrar, qual foi o seu primeiro contato com a tecnologia? Você poderia, por favor, me contar sobre essa situação?", por exemplo, a seguinte situação foi relatada:

> Eu era uma menina, eu sou uma menina, vamos dizer assim, mas o fato é que eu sempre me interessei por tecnologia, é preciso que se diga, ou, e, bem, eu também ganhava bonecas, como é de praxe. E, então, um dia, meu grande sonho, era um trenzinho, e, er, aquele trenzinho. E eu dei corda, e coloquei ele atrás da cabeça da minha irmã; e aí as rodinhas giraram. E o cabelo ficou preso nas rodas. E aí acabou a tecnologia, porque a minha irmã teve que ir ao cabeleireiro O trenzinho foi destruído, foi bem complicado, ela ficou sem cabelo na cabeça dela; todo mundo dizia "Oh, que horror", eu chorava porque meu trenzinho tinha sido destruído. E ali já foi o fim da tecnologia. É claro que eu não sabia o que tinha acontecido, não fazia qualquer ideia do que iria acontecer. Eu não sei que diabo me levou a fazer aquilo. Ela estava sentada por ali, e eu pensei, "vou botar o trenzinho na cabeça dela". Por quanto tempo eu de fato brinquei com o trem antes disso, eu realmente não sei dizer. Provavelmente, não por muito tempo, e era um ótimo trenzinho. É, e aí tudo acabou por um tempo. Foi uma experiência, não uma experiência muito positiva.

Outro exemplo é a situação narrada a seguir, a qual foi lembrada como primeiro contato com a tecnologia:

> Sim, as luzes da árvore de Natal; eu já conhecia isso naquela época, é, aquilo me impressionava profundamente. Eu via aquelas luzes nas casas das outras crianças, e, na verdade, hoje em dia eu diria que é bem mais romântico, mais bonito. Mas, naquele tempo, é claro, era impressionante; se eu girasse um botão, todas as luzes se apagavam, é, e quando eu queria. E foi exatamente isso o que aconteceu no primeiro Natal, pois é um feriado, os pais dormem até mais tarde. E as crianças, é claro, já estão prontas para levantar bem cedo. Elas vão até a árvore de Natal para continuar brincando com os presentes que elas tiveram que largar na noite de Natal. E aí eu podia acender as luzes outra vez e tudo brilhava de novo, o que não acontecia com as velas de cera.

(continua)

Estudo de caso:

Mudança tecnológica na vida cotidiana (*continuação*)

Uma grande parte da entrevista concentrou-se no uso de várias tecnologias exemplares que determinam mudanças na vida cotidiana de uma forma extraordinária (computador, televisão). Para esses exemplos, são citadas definições e experiências. Como resposta à questão: "A que você associa a palavra 'computador' nos dias de hoje?", uma engenheira da informação forneceu a seguinte definição:

> O computador, é claro que eu sou obrigada a ter uma concepção absolutamente exata disso (...) O computador, bom, eer, deve ter um processador, deve ter uma memória, pode ser reduzido a uma máquina de *Turing*. Esses detalhes são muito técnicos. Isso quer dizer que um computador não pode fazer nada além de ir à esquerda, ir à direita e escrever em uma fita: esse é um modelo de computador. E, a princípio, não o associo a mais nada. Isso significa que, para mim, um computador é uma máquina completamente burra.

As consequências da mudança tecnológica em diversas áreas (por exemplo, na vida em família, na vida das crianças, etc.) foram focalizadas por meio de diferentes tecnologias. Em cada uma dessas áreas, os incentivos narrativos foram complementados por questões conceitual-argumentativas (Quadro 14.2). Redigiu-se um protocolo de contexto para cada entrevista. As entrevistas demonstraram os aspectos comuns das diferentes opiniões, de forma que, ao final, foi possível formular uma teoria cotidiana sobre a mudança tecnológica através de todos os casos. Mostraram também diferenças específicas de grupos em suas opiniões, de forma que cada ênfase específica de grupo dessa teoria cotidiana pôde ser documentada.

Neste exemplo, pode-se perceber a forma como a entrevista episódica é aplicada para o estudo de uma questão sociopsicológica. Aqui são fornecidas as narrativas de situações específicas, e mencionam-se as definições e os conceitos.

Quais são os problemas na condução da entrevista?

O problema geral das entrevistas geradoras de narrativas – o de que algumas pessoas têm mais dificuldades com a narração do que outras – ocorre também aqui. Contudo, há aqui uma qualificação deste problema, porque não se exige uma narrativa global única – como na entrevista narrativa – mas, em vez disso, estimulam-se várias narrativas delimitadas. O problema quanto à forma como mediar o princípio do relato de determinadas situações para o entrevistado deve ser tratado cautelosamente para evitar que as situações (nas quais certas experiências tenham ocorrido) sejam mencionadas, mas não relatadas. Assim como em outras formas de entrevista, a precondição essencial é a de que o entrevistador tenha realmente internalizado o princípio da entrevista. Por essa razão, sugere-se um treinamento cuidadoso, também aqui com a utilização de exemplos concretos. Esse processo de treinamento deve ter como foco a forma como lidar com o guia de entrevista e, acima de tudo, em como estimular as narrativas e – quando necessário – como investigar com mais profundidade.

> **QUADRO 14.2 Exemplos de perguntas da entrevista episódica**
>
> - Para você, qual é o significado da "tecnologia"? O que você associa à palavra "tecnologia"?
> - Pelo que você consegue lembrar, qual foi seu primeiro contato com a tecnologia? Você poderia, por favor, me falar sobre essa situação?
> - Olhando para sua família, qual o papel que a tecnologia desempenha e o que mudou quanto a isso? Por favor, conte uma situação que simbolize isso.
> - Em que situação se deu seu primeiro contato com um computador? Você poderia me contar essa situação?
> - Seu relacionamento com as outras pessoas mudou em função da tecnologia? Conte uma situação que represente isso.
> - Você poderia contar como foi seu dia ontem, e quando a tecnologia fez parte dele?
> - Quais momentos de sua vida estão livres da tecnologia? Conte uma situação típica.
> - Como você acha que seria a vida sem a tecnologia? Fale sobre uma situação desse tipo, ou um dia típico.
> - Considerando a vida de seus filhos hoje em dia, e comparando-a com a sua quando era criança, qual é o papel da tecnologia em cada caso? Fale, por favor, sobre uma situação que simbolize isso e que possa ser esclarecedora para você e para mim.
> - A que você associa a palavra "televisão" nos dias de hoje? Que dispositivo é relevante para isso?
> - Qual o papel da TV em sua vida hoje? Fale, por favor, sobre uma situação típica.
> - O que determina se e quando você assiste TV? Conte uma situação típica, por favor.
> - Pelo que você consegue lembrar, qual foi seu primeiro contato com a TV? Fale sobre essa situação, por favor.
> - Qual foi a ocasião em que a TV desempenhou seu papel mais importante em sua vida? Fale sobre esse fato, por favor.
> - Existem áreas em sua vida nas quais a chegada da tecnologia causa medo? Por favor, conte sobre uma situação que represente isso.
> - O que lhe dá a impressão de que um determinado tipo de tecnologia ou de aparelho está ultrapassado? Fale, por favor, sobre uma situação típica.

Qual a contribuição para a discussão metodológica geral?

As entrevistas episódicas buscam aproveitar as vantagens oferecidas tanto pela entrevista narrativa quanto pela entrevista semi-estruturada. Essas entrevistas utilizam a competência do entrevistado para apresentar as experiências dentro do curso e do contexto destas enquanto narrativas. Os episódios – vistos como um objeto dessas narrativas e como uma abordagem às experiências relevantes em relação ao sujeito em estudo – permitem uma abordagem mais concreta em comparação com a narrativa da história de vida. Em contraste com a entrevista narrativa, as rotinas e os fenômenos cotidianos normais podem ser analisados com esse procedimento. Para um tópico como a mudança tecnológica, essas rotinas podem ser tão instrutivas quanto as peculiaridades da história do entrevistado com a tecnologia. Na entrevista episódica, o alcance das experiências não está restrito àqueles elementos que podem ser apresentados em uma narrativa. O entrevistador dispõe de mais opções para intervir e para direcionar o curso da entrevista por meio de uma série de perguntas-chave relativas aos conteúdos narrados e à definição das situações. Desse modo, a situação extremamente unilateral e artificial que acontece na entrevista narrativa é aqui substituída por um diálogo mais aberto, no qual as narrativas são utilizadas apenas como uma forma de dados. Ao associar narrativas com sequências de perguntas e respostas, esse método concretiza a triangulação de diferentes abordagens como base da coleta de dados.

Como o método se ajusta no processo de pesquisa?

O contexto teórico dos estudos que utilizam a entrevista episódica é a construção social da realidade durante a apresentação das experiências. O método foi desenvolvido como uma abordagem para as representações sociais. Consequentemente, as questões de pesquisa, até o momento, têm mantido o foco em diferenças específicas de grupo nas experiências e no conhecimento cotidiano. O objetivo dos casos de amostragem é a comparação entre certos grupos (ver Capítulo 11). O elo entre uma compreensão linear e uma compreensão circular do processo de pesquisa subjaz à sua aplicação. Os dados obtidos a partir de entrevistas episódicas devem ser analisados com os métodos da codificação temática e teórica (ver Capítulo 22).

Quais são as limitações do método?

Sem considerar os problemas já mencionados na condução de entrevistas episódicas, sua aplicação limita-se à análise do conhecimento cotidiano de determinados objetos e tópicos e da própria história dos entrevistados em relação a estes. Da mesma forma como acontece com outras entrevistas, esta não permite o acesso nem às atividades nem às interações – estas, no entanto, podem ser reconstruídas a partir dos pontos de vista dos participantes, sendo possível esclarecer as diferenças específicas de grupo nessas experiências.

AS NARRATIVAS ENTRE A BIOGRAFIA E O EPISÓDIO

As entrevistas que visam principalmente às narrativas de entrevistados coletam dados na forma de um conjunto mais ou menos abrangente e estruturado – como uma narrativa de histórias de vida ou de situações concretas nas quais os entrevistados viveram determinadas experiências. Assim, essas entrevistas são mais sensíveis e suscetíveis aos pontos de vista dos entrevistados do que outras entrevistas nas quais tópicos concretos e o modo como devem ser tratados são demasiadamente pré-estruturados pelas perguntas. Os procedimentos geradores de narrativas, entretanto, baseiam-se também nos *inputs* dos entrevistadores e nas formas de estruturação da situação de coleta de dados. A decisão sobre a forma de narrativa que deve ser escolhida como fonte de dados – a narrativa biográfica abrangente, para a entrevista narrativa; ou a narrativa de detalhes relacionados a situações, para a entrevista episódica – somente poderá ser tomada em relação à questão de pesquisa e ao assunto em estudo. Estas decisões não devem ser tomadas com base no poder fundamentalmente postulado de um método em comparação com todos os demais métodos de coleta de dados, como, muitas vezes é sugerido nas discussões programáticas em torno da entrevista narrativa. Uma alternativa à criação de um mito em torno das narrativas de uma forma tão pragmática é a reintrodução de um diálogo entre o entrevistador e o entrevistado na entrevista episódica. Uma segunda alternativa é estimular esse diálogo entre os membros de uma família em narrativas conjuntas que tratem de histórias da família. Esse assunto será abordado na segunda parte do capítulo seguinte.

Pontos-chave

- As narrativas podem ser usadas em entrevistas para a obtenção de uma versão mais abrangente e contextualizada dos eventos e das experiências.
- Isso pode ser alcançado a partir das histórias de vida globais – narrativas biográficas – ou das narrativas voltadas para a situação.
- Há diferentes maneiras de conceber a narrativa em entrevistas – como forma principal e isolada, ou então incorporada em diversas formas de perguntas.
- Nem tudo pode constituir um tópico em uma apresentação narrativa, de modo que, às vezes, são necessárias formas complementares para abordar as experiências que se quer investigar ou, em vez disso, formas que substituam as narrativas.

NOTAS

1. Algumas vezes, também nas entrevistas semi-estruturadas, as narrativas são incorporadas como um elemento (por exemplo, na entrevista centrada no problema). Em caso de dúvida, se elas forem improdutivas, estarão subordinadas ao guia de entrevista. De um modo mais geral, Mishler (1986, p. 235) estudou o que acontece quando os entrevistados iniciam suas narrativas em uma entrevista semi-estruturada, como essas narrativas são tratadas e como são suprimidas em vez de prolongadas.
2. Whyl é um lugar onde se planejou e construiu uma usina nuclear, e onde aconteceram grandes manifestações antinucleares na década de 1970, com muitas pessoas acampadas no local da usina planejada. M/L era um grupo político marxista-leninista muito influente na época, que não apoiava esse tipo de manifestação.

Exercício 14.1

1. Para que situação você usaria uma entrevista de narrativa, quando preferiria a entrevista episódica e quando utilizaria um tipo diferente de entrevista?
2. Se você tiver uma questão em seu próprio projeto de pesquisa para o qual a entrevista narrativa seja adequada, elabore uma questão gerativa de narrativa.
3. Elabore um guia de entrevista para uma entrevista episódica relacionada a uma de suas questões de pesquisa.

LEITURAS ADICIONAIS

A entrevista narrativa

Os dois primeiros textos tratam do tópico da pesquisa biográfica, enquanto o terceiro introduz o método na língua inglesa.

Bertraux, D. (ed.) (1981) *Biography and History: The Life History Approach in Social Sciences*. Beverly Hills, CA: Sage.

Denzin, N.K. (1988) *Interpretive Biography*. London: Sage.

Rosenthal, G. (2004) "Biographical Research", in C. Seale, G. Gobo, J. Gubrium and D. Silverman (eds), *Qualitative Research Practice*. London: SAGE. pp. 48-65.

A entrevista episódica

Nestes textos, encontram-se algumas aplicações e o pano de fundo metodológico da entrevista episódica.

Flick, U. (1994) "Social Representations and the Social Construction of Everyday Knowledge: Theoretical and Methodological Queries", *Social Science Information*, 33: 179-197.

Flick, U. (1995) "Social Representations", in R. Harré, J. Smith and L.v. Langenhove (eds), *Rethinking Psychology*. London: Sage. pp. 70-96.

Flick, U. (2000a) "Episodic Interviewing", in M. Bauer and G. Gaskell (eds), *Qualitative Researching with Text, Image and Sound: A Practical Handbook*. London: Sage. pp.75-92.

As narrativas entre a biografia e o episódio

Estes dois trabalhos de Bruner são bastante instrutivos para uma discussão mais aprofundada sobre essas questões.

Bruner, J. (1987) "Life as Narrative", *Social Research*, 54: 11-32.

Bruner, J. (1991) "The Narrative Construction of Reality", *Critical Inquiry*, 18: 1-21.

15
Grupos focais

Entrevistas de grupo, 181
Discussões em grupo, 181
Grupos focais, 187
Narrativas conjuntas, 189

OBJETIVOS DO CAPÍTULO
Após a leitura deste capítulo, você deverá ser capaz de:

✓ familiarizar-se com os diferentes caminhos para a coleta de dados em um grupo.
✓ compreender as diferenças entre as entrevista de grupo, as discussões em grupo e os grupo focais.
✓ identificar os problemas associados à utilização de grupos para a coleta de dados qualitativos.

Nos capítulos anteriores, foram apresentados vários tipos de entrevistas abertas como modo de coleta de dados qualitativos. As entrevistas semi-estruturadas e as entrevistas narrativas foram desenvolvidas a partir de uma crítica das situações de entrevista em sua forma padronizada. O ceticismo quanto a esse tipo de situação tinha como base, em parte, o argumento de sua artificialidade, uma vez que o entrevistado esteja separado de todas as relações cotidianas durante a entrevista. Além disso, a interação na entrevista padronizada de forma alguma pode ser comparada às interações cotidianas. Particularmente, ao estudar opiniões e atitudes sobre assuntos considerados tabus, por várias vezes sugeriu-se a utilização de dinâmicas de grupo para a discussão desses tópicos, por considerar este tipo de procedimento mais apropriado do que a situação clara e bem-organizada de uma entrevista isolada. Esses métodos vêm sendo discutidos como entrevistas de grupo, discussões em grupo ou grupos focais. Contrastando com a narração produzida em forma de monólogo na entrevista narrativa, os processos de construção da realidade social são apresentados de modo que integram as narrativas conjuntas de membros de uma família, por exemplo. Por meio dessa ampliação do escopo da coleta de dados, tenta-se coletar os dados dentro do contexto e criar uma situação de interação mais próxima da vida cotidiana do que permite o encontro (normalmente, único) do entrevistador com o entrevistado ou narrador.

ENTREVISTAS DE GRUPO

Entrevistar um grupo de pessoas é uma sugestão como forma de amplificar a situação de entrevista. A começar por Merton e colaboradores (1956), as entrevistas de grupo têm sido conduzidas em um grande número de estudos (Fontana e Frey, 2000; Merton, 1987). Patton, por exemplo, define a entrevista de grupo da seguinte maneira:

> Uma entrevista tipo grupo focal é uma entrevista com um pequeno grupo de pessoas sobre um tópico específico. Em regra, os grupos são formados por 6 a 8 pessoas que participam da entrevista por um período de 30 minutos a 2 horas. (2002, p. 385.)

Vários procedimentos são diferenciados, sendo mais ou menos estruturados e moderados por um entrevistador. De um modo geral, o entrevistador deve ser "flexível, objetivo, empático, persuasivo, um bom ouvinte" (Fontana e Frey, 2000, p. 652). A objetividade, aqui, significa, sobretudo, a mediação entre os diversos participantes. A principal tarefa do entrevistador é impedir que participantes individuais ou grupos parciais dominem, com suas contribuições, a entrevista e, consequentemente, todo o grupo. Além disso, o entrevistador deve estimular membros com comportamento reservado a envolverem-se na entrevista e a emitirem suas opiniões, devendo tentar obter respostas de todo o grupo a fim de permitir a maior abrangência possível ao tópico. Por fim, ele deve buscar um equilíbrio em sua conduta entre guiar (diretivamente) o grupo e moderá-lo (não-diretivamente).

Patton vê a entrevista tipo grupo focal como uma técnica qualitativa de coleta de dados altamente eficaz, a qual fornece alguns controles de qualidade sobre a coleta de dados: "Os participantes tendem a controlar e a contrabalançar uns aos outros, o que, em geral, elimina opiniões falsas ou radicais. A extensão à qual exista uma opinião relativamente consistente sendo compartilhada pode ser rapidamente avaliada" (2000, p. 386). Ele também discute alguns pontos fracos do método como, por exemplo, o número limitado de questões com as quais é possível lidar e os problemas em relação às anotações durante a entrevista. Ele sugere, portanto, o emprego de duplas de entrevistadores, um dos quais ficando livre para documentar as respostas enquanto o outro administra a entrevista e o grupo. Em contraste com outros autores, Patton destaca o fato de que: "A entrevista do tipo grupo focal é, antes de tudo, uma entrevista. Não é uma sessão para resolver um problema. Não é um grupo de tomada de decisões. Não é originalmente uma discussão, embora normalmente ocorram interações entre os participantes. É uma *entrevista*" (2002, p. 385-386).

Em resumo, as principais vantagens das entrevistas de grupo referem-se a seu baixo custo e a sua riqueza de dados, ao fato de estimularem os respondentes e auxiliarem-nos a lembrar de acontecimentos, e à capacidade de irem além dos limites das respostas de um único entrevistado.

DISCUSSÕES EM GRUPO

Além da economia de tempo e de dinheiro proporcionada pela entrevista realizada com um grupo de pessoas ao mesmo tempo, em vez de diversos indivíduos em ocasiões distintas, os elementos das dinâmicas de grupo e da discussão entre os participantes destacam-se na condução de discussões em grupo. Blumer, por exemplo, afirma que:

> Um pequeno número de indivíduos reunidos como um grupo de discussão ou de ajuda vale muito mais do que qualquer amostra representativa. Um grupo como esse, discutindo coletivamente sua esfera de vida e aprofundando-se nela assim tão logo se deparar com divergências entre si, fará mais para erguer as máscaras que cobrem a esfera da vida do que qualquer

outro dispositivo que eu conheça. (1969, p. 41.)

Embora tenham uma crítica semelhante quanto às entrevistas padronizadas como contexto, na região de língua alemã, as discussões em grupo têm sido utilizadas como uma alternativa explícita para as entrevistas abertas. Vêm sendo indicadas como método de interrogatório desde os estudos do *Frankfurt Institute for Social Research* (Pollock, 1955). Ao contrário da entrevista de grupo, a discussão em grupo estimula um debate e utiliza a dinâmica nele desenvolvida como fontes centrais de conhecimento. O método atraiu muito interesse e é, em geral, encontrado em qualquer manual acadêmico, embora seja utilizado atualmente com mais frequência na pesquisa de *marketing* e em outras áreas (para um panorama mais geral, ver também Bohnsack, 2004). As pessoas têm diversas razões para utilizarem esse método. No debate metodológico sobre as discussões em grupo, existe também o problema dos entendimentos contraditórios quanto ao que vem a ser um grupo adequado. No entanto, fica a critério do pesquisador a utilização concreta do método para decidir sobre a concepção "correta" (ou seja, aquela que se ajusta melhor ao objeto de pesquisa). As alternativas disponíveis na literatura serão discutidas brevemente.

Razões para a utilização de discussões em grupo

As discussões em grupo são utilizadas por várias razões. Pollock as prefere às entrevistas individuais porque "o estudo das atitudes, das opiniões e das práticas dos seres humanos em isolamento artificial dos contextos nos quais estas ocorrem deve ser evitado" (1955, p. 34). O ponto de partida aqui é o fato de que as opiniões que são apresentadas ao entrevistador em entrevistas e em levantamentos estão desvinculadas das formas cotidianas de comunicação e de relações. As discussões em grupo, por outro lado, correspondem à maneira pela qual as opiniões são produzidas, manifestadas e trocadas na vida cotidiana. Outra característica das discussões de grupo é que as correções por parte do grupo – no que diz respeito a opiniões que não estejam corretas, que não sejam socialmente compartilhadas ou que sejam radicais – são disponibilizadas como um meio de validar enunciados e pontos de vista. O grupo transforma-se em uma ferramenta para a reconstrução de opiniões individuais de forma mais apropriada.

No entanto, alguns pesquisadores estudaram a opinião do grupo – ou seja, o consenso dos participantes negociado na discussão acerca de um determinado assunto. Para Mangold (1973), a opinião do grupo é uma questão empírica que é manifestada na discussão, mas que existe independentemente da situação e que se aplica ao grupo quando fora da situação. Outro objetivo das discussões em grupo é a análise de processos comuns de solução de problemas no grupo. Para isso, introduz-se um problema concreto, e a tarefa do grupo é descobrir, por meio da discussão de alternativas, a melhor estratégia para resolvê-lo. Desse modo, podem-se estabelecer distinções entre as abordagens que consideram as discussões em grupo como um meio para aperfeiçoar a análise das opiniões individuais daquelas que entendem as discussões em grupo como um meio para chegar a uma opinião de grupo compartilhada, comum a todos os participantes, superando, assim, os limites individuais. Contudo, o estudo dos processos de negociação ou de resolução de problemas em grupos deve ser separado da análise de estados como uma determinada opinião de grupo que se manifesta apenas na discussão.

As formas dos grupos

Uma rápida olhada em sua história, bem como na discussão metodológica a seu respeito, aponta a existência de ideias distintas em relação ao conceito de grupo. Um aspecto comum entre as variedades de discussões em grupo é a utilização, como fonte de dados, da discussão sobre um tópico específico em um grupo natural (isto é, existente na vida cotidiana) ou em um grupo artificial (ou seja, reunido para fins de pesquisa, de acordo com critérios determinados). Algumas vezes é até mesmo sugerido o uso de grupos reais, ou seja, grupos que se interessem pelo assunto da discussão em grupo independentemente também da discussão, e que, enquanto grupo real, incluam os mesmos membros da situação de pesquisa. Um motivo para isso é o fato de que os grupos reais partem de uma história de interações compartilhadas em relação ao assunto em discussão, já tendo, portanto, desenvolvido formas de atividades comuns e padrões subjacentes de significado.

Além disso, existe uma distinção entre grupos homogêneos e heterogêneos. Em grupos homogêneos, os membros são passíveis de comparação nas dimensões es-

Estudo de caso:

Evasões escolares – como montar um grupo

Em um estudo sobre as condições e a experiência subjetiva de estudantes que abandonaram programas de ensino, um grupo homogêneo consistiria de estudantes da mesma idade, vindos da mesma disciplina e que tivessem abandonado seus estudos após o mesmo número de períodos escolares [anos, semestres, etc.]. Se a questão concreta focar-se em diferenças de gênero nas experiências e nas razões que motivaram a interrupção dos estudos, um grupo homogêneo pode ser reunido compreendendo apenas estudantes do sexo feminino, sendo os estudantes do sexo masculino inseridos em um segundo grupo. Um grupo heterogêneo deve incluir estudantes de várias idades, de ambos os sexos, oriundos de disciplinas diferentes (por exemplo, psicologia e ciências da informação) e de períodos diferentes (por exemplo, pessoas que tenham abandonado os estudos no primeiro semestre, e outras que tenham interrompido seus estudos pouco tempo antes de os concluírem). A expectativa associada a isso é que contextos distintos levarão a dinâmicas mais intensas na discussão, revelando, assim, mais aspectos e perspectivas do fenômeno em estudo.

No entanto, em um grupo homogêneo, a diferença entre os membros pode ocorrer em outras dimensões que não tenham sido consideradas relevantes na composição do grupo. Em nosso exemplo, esta era a dimensão da situação corrente de vida dos estudantes – morando sozinhos ou com suas famílias. Outro problema é que grupos heterogêneos nos quais os membros sejam muito diferentes podem encontrar apenas alguns pontos de partida para uma discussão em comum. Se as condições de estudo das diversas disciplinas forem tão diferentes, é possível que reste pouco a ser discutido de forma concreta entre esses estudantes que abandonaram seus estudos, transformando a discussão em uma simples troca de enunciados gerais. Essas considerações devem esclarecer que a justaposição do "homogêneo" e do "heterogêneo" é apenas relativa. Os grupos, normalmente, compreendem de 5 a 10 membros. As opiniões divergem quanto ao tamanho ideal para um grupo.

Este exemplo demonstra como os grupos podem ser formados no sentido de contemplarem as necessidades de uma questão de pesquisa. Esclarece também que a definição de homogêneo e heterogêneo é sempre relativa, dependendo da questão de pesquisa e da dimensão considerada relevante.

senciais relativas à questão de pesquisa e possuem uma formação semelhante. Em grupos heterogêneos, os membros devem apresentar diferenças nas características relevantes para a questão de pesquisa. O objetivo disso é ampliar a dinâmica da discussão de modo que muitas perspectivas diferentes sejam manifestadas e também para romper a reserva dos participantes individuais por meio da confrontação entre essas perspectivas.

Qual o papel do moderador?

Outro aspecto tratado de forma diferenciada nas várias abordagens é o papel e a função do moderador na discussão. Em alguns casos, confia-se tanto na própria dinâmica do grupo que o papel de moderador é totalmente abandonado a fim de impedir qualquer influência tendenciosa sobre a discussão em progresso e sobre o conteúdo que possa surgir como resultado de suas intervenções. No entanto, normalmente o que acontece é que, por razões pragmáticas, considera-se necessária a moderação por parte de um pesquisador. Distinguem-se aqui três formas. O *direcionamento formal* limita-se ao controle da pauta dos interlocutores e à determinação do início, do curso e do final da discussão. O *direcionamento tópico* compreende também a introdução de novas perguntas e a orientação da discussão para um aprofundamento e uma ampliação de tópicos e de componentes específicos. Indo um pouco além disso, o *direcionamento das dinâmicas* da interação varia da reflação da discussão à utilização de questões provocativas, polarizando uma discussão branda ou acomodando relações de dominância, atingindo intencionalmente aqueles membros que estejam mantendo um comportamento mais reservado durante a discussão. Outra possibilidade é o uso de textos, de imagens, etc., para estimular ainda mais a discussão ou os tópicos a serem tratados durante a

Estudo de caso:

Grupo de discussão com bancários

Kruger (1983) estudou contextos restritivos de ações para um futuro profissional. Ela conduziu oito discussões em grupo com bancários que integravam o mais baixo nível hierárquico – isto é, funcionários encarregados de departamentos específicos de serviços de crédito. Tratava-se de grupos reais, pois os membros do grupo eram do mesmo departamento e conheciam-se uns aos outros. O grupo era homogêneo, uma vez que ela optou por não envolver os superiores para que se eliminasse qualquer inibição. Um grupo médio contava com sete participantes. Kruger enfatiza o estilo não-diretivo de moderação, no qual o moderador deve sempre tentar estimular os enunciados narrativo-descritivos – como forma de alcançar isso, sugere-se dar destaque aos fenômenos da situação que (ainda) não tenham sido mencionados. A pesquisadora forneceu estímulos para a discussão. Foi elaborado um protocolo do processo a fim de que, mais tarde, os interlocutores pudessem ser identificados na transcrição. Kruger destaca também que, para a condução prática de uma discussão em grupo, é fundamental que a questão de pesquisa esteja restrita a uma área delimitada de experiência. Em termos da definição de casos, ela observa o texto de cada discussão em grupo. Este texto deve passar por estágios sucessivos de interpretação.

Este exemplo mostra questões práticas da formação de um grupo de discussão produtivo para uma questão de pesquisa específica.

discussão. Entretanto, essas intervenções devem apenas auxiliar as dinâmicas e o funcionamento do grupo. Em grande escala, a discussão deve encontrar seu próprio nível dinâmico. A tarefa do moderador, de um modo geral, consiste em não atrapalhar a iniciativa própria dos participantes, mas sim em criar um espaço aberto no qual a discussão aconteça primariamente por meio da troca de argumentos.

Ao decidir-se pela aplicação das discussões em grupo, o pesquisador deverá escolher uma combinação a partir das alternativas disponíveis no que diz respeito aos objetivos, ao tipo e à composição do grupo, e, ainda, em relação à função do moderador a ser aplicada para esse caso específico.

Qual é o processo e quais são os elementos das discussões em grupo?

Um único esquema não é suficiente para apresentar a forma como o pesquisador deve proceder durante a realização de uma discussão em grupo. O modo como essa discussão se desenrola é essencialmente influenciado pelas dinâmicas e pela composição do grupo. Em grupos reais ou naturais, os membros já se conhecem e possivelmente têm interesse pelo tópico da discussão. Nos grupos artificiais, o primeiro passo deve ser apresentar um membro ao outro, permitindo a aproximação entre eles. As etapas a seguir são um esboço desse procedimento:

- No início, fornece-se uma explicação sobre o procedimento (formal). Aqui são apresentadas as expectativas em relação aos participantes. Essas expectativas podem ser: envolver-se na discussão, talvez debater determinados tópicos, ou administrar uma tarefa comum ou resolver um problema em conjunto (por exemplo, "Gostaríamos que vocês discutissem abertamente as experiências que tiveram com seus estudos, e o que fez com que vocês decidissem não dar continuidade a eles").
- Uma breve apresentação dos membros uns aos outros, seguindo-se a isso uma fase de aquecimento para preparar a discussão. Aqui, o moderador deve enfatizar o embasamento comum dos membros a fim de facilitar ou de reforçar um laço grupal (por exemplo, "Sendo ex-alunos de psicologia, vocês todos devem saber dos problemas do...").
- A discussão real tem início com um "estímulo para discussão", o qual pode consistir de uma tese provocativa, um filme de curta duração, uma palestra sobre um texto ou o desdobramento de um problema concreto para o qual seja necessário encontrar uma solução. Aqui, é possível notar alguns paralelos com a entrevista focal (ver Capítulo 13 e Merton, 1987). Para estimular discussões com trabalhadores sobre a mudança de trabalho e as condições de vida, Herkommer (1979, p. 263) forneceu o estímulo para discussão mostrado no Quadro 15.1.
- Especialmente em grupos cujos membros não se conheciam previamente, ocorrem fases de estranhamento, de orientação, de adaptação e de familiarização em relação ao grupo, assim como de conformidade e de esgotamento de discussão.

Problemas na condução do método

A aclamada capacidade desse método em comparação à realização de entrevistas individuais representa também a principal fonte de problemas em sua aplicação. As dinâmicas, que são definidas pelos grupos individuais, dificultam a formulação de padrões distintos de processo nas discussões e também a definição clara das

> **QUADRO 15.1 Exemplo de um estímulo para uma discussão em grupo**
>
> O exemplo a seguir apresenta um estímulo em uma discussão em grupo na área da pesquisa sobre a crise econômica e as incertezas dela resultantes – uma questão ainda muito relevante:
>
> > A atual situação econômica na Alemanha está cada vez mais difícil; isso é demonstrado, por exemplo, pelo índice de desemprego continuamente elevado, pelos problemas com pensões e seguridade social e por negociações salariais mais difíceis. A partir disso, o resultado para os trabalhadores foi uma série de problemas com as profissões e com os locais de trabalho. De um modo geral, houve um declínio no ambiente de trabalho das fábricas. Mas há também outros problemas na vida cotidiana e na família, por exemplo, com a educação escolar das crianças. No que diz respeito aos problemas que acabamos de mencionar, gostaríamos de ouvir sua opinião sobre a afirmação: "Um dia, nossos filhos terão uma vida melhor!" (Herkommer, 1979, p. 263).

tarefas e das múltiplas condutas possíveis para os moderadores além dos limites do grupo individual. Por esse motivo, é muito difícil haver a possibilidade de planejar condições relativamente comuns para a coleta de dados nos diferentes grupos envolvidos em um estudo. É verdade que a abertura de discussões pode ser uniformemente moldada por uma formulação específica, um estímulo concreto, etc. Porém, é difícil fazer um prognóstico das idas e vindas da discussão durante seu desenvolvimento. Por isso, as intervenções metodológicas para o direcionamento do grupo só podem ser planejadas de forma aproximada, e grande parte das decisões sobre a coleta de dados somente pode ser tomada durante a situação. Condições semelhantes aplicam-se à decisão referente ao momento em que um grupo esgotou a discussão de um tópico. Aqui, não existem critérios claros, o que significa que o moderador deve tomar essa decisão no momento certo.

Surgem aqui problemas semelhantes àqueles que ocorrem nas entrevistas semiestruturadas. O problema enfrentado pelo pesquisador na mediação entre o curso da discussão e seu próprio *input* tópico é também aqui relevante, tornando-se mais sério. Ele é agravado aqui pelo fato de os pesquisadores precisarem adaptar as dinâmicas de grupo e, ao mesmo tempo, orientar a discussão a fim de integrar todos os participantes. Assim, continua sendo difícil lidar com esse problema em função das dinâmicas da situação e do grupo – alguns membros podem acabar exercendo um papel individual dominante, enquanto outros podem abster-se de entrar na discussão. Em ambos os casos, o resultado é que alguns indivíduos e suas opiniões não estarão disponíveis para interpretação posterior.

Por fim, a aparente economia obtida por meio da realização de uma entrevista com diversas pessoas ao mesmo tempo é claramente reduzida pelo alto esforço organizacional necessário para se agendar um encontro em que todos os membros de um grupo possam participar.

Contribuição para a discussão metodológica geral

As discussões em grupo podem revelar como as opiniões são geradas e, sobretudo, alteradas, defendidas e eliminadas no intercâmbio social. Em uma discussão em grupo, a coleta de dados verbais pode ser feita em seu contexto. Os enunciados e as manifestações de opinião são elaborados no contexto de um grupo, sendo que estes podem ser comentados, passando a ser objeto de um processo mais ou menos dinâmico de discussão. Um dos resultados obtidos com o estudo da discussão em grupo como método é que as negociações dinâmicas e sociais das opiniões individuais, enquanto elemento essencial da abordagem teórica construcionista social para a realidade, vêm sendo consideradas na literatura metodológica.

O ajuste do método no processo de pesquisa

O pano de fundo teórico para a aplicação do método é, em geral, composto por modelos estruturalistas (ver Capítulo 6), que partem da dinâmica e do inconsciente na geração de significados, sendo estes manifestados em discussões em grupo. Em aplicações mais recentes, o desenvolvimento de teorias está em evidência. Tentativas anteriores de testar hipóteses com esse procedimento fracassaram devido à falta de comparabilidade dos dados. O elo estreito entre a coleta e a interpretação de dados sugere um conceito circular do processo de pesquisa (ver Capítulo 8). As questões de pesquisa concentram-se na forma como as opiniões são elaboradas e em como são distribuídas ou compartilhadas em um grupo. Na abordagem de casos e na amostragem, os pesquisadores enfrentam o problema de que os grupos nos quais os indivíduos estão reunidos para a coleta de dados tornam-se unidades em si mesmos. A amostragem teórica (ver Capítulo 11) pode concentrar-se nas características dos grupos a serem integrados (por exemplo: se, até o momento, o estudo envolveu estudantes de psicologia e estudantes de medicina, seria melhor integrar agora estudantes de engenharia de cursos técnicos ou de faculdades?). Ou, então, pode enfocar as características dos membros individuais. Na interpretação de dados, o grupo individual é, novamente, a unidade que serve como ponto de partida. São sugeridas análises sequenciais (por exemplo, a hermenêutica objetiva – ver Capítulo 25) que, por sua vez, partem do grupo e do curso da discussão que nele ocorre. Em termos de generalização das descobertas, surge o problema de como reduzir os diferentes grupos.

As limitações do método

Durante a interpretação dos dados, muitas vezes surgem problemas devido às diferenças nas dinâmicas dos grupos e às dificuldades de comparação dos grupos e de identificação das opiniões e das visões dos membros individuais do grupo dentro dessas dinâmicas. Deve-se considerar, como menor unidade analítica, apenas o conjunto dos grupos ou dos subgrupos de discussão. A fim de permitir uma comparabilidade entre os grupos e entre os membros como casos no conjunto da amostra, hoje raramente utilizam-se grupos não-direcionados. Em virtude do maior esforço para condução, gravação, transcrição e interpretação das discussões em grupo, sua utilização faz sentido principalmente no caso das questões de pesquisa que se concentrem especialmente nas dinâmicas sociais da geração de opiniões em grupos. As tentativas de utilização das discussões em grupo como uma forma de economia nos gastos com entrevistas individuais que reuniam muitas pessoas de uma única vez revelaram-se menos eficazes. Esse método é normalmente combinado a outros como, por exemplo, entrevistas ou observações individuais adicionais.

GRUPOS FOCAIS

Ao passo que o termo "discussão em grupo" desempenhou um papel dominante nos primeiros estudos, especialmente na região de língua alemã, na pesquisa anglo-saxônica, o método passou, mais recentemente, por uma espécie de renascimento como "grupo focal" (para visões gerais, ver Barbour, 2006; Lunt e Livingstone, 1996; Merton, 1987; Puchta e Potter, 2004). Os grupos focais são utilizados especialmente na pesquisa de *marketing* e de mídia. Mais uma vez, a ênfase recai sobre o aspecto interativo da coleta de dados. A marca que define os grupos focais é o uso explícito da interação do grupo para a produção de dados e *insights* que seriam menos acessíveis sem a interação verificada em um grupo (Morgan, 1988, p. 12.). Os grupos focais são aplicados como um método em si mesmo ou em combinação com outros métodos – levantamentos, observações, entrevistas individuais, etc. Morgan (1988, p. 11) vê os grupos focais como úteis para:

- a orientação do indivíduo em um novo campo;
- a geração de hipóteses, com base nos *insights* dos informantes;
- a avaliação de diversos locais de pesquisa ou de populações em estudo;
- o desenvolvimento de programas de entrevista e de questionários;
- a obtenção de interpretações por parte dos participantes sobre resultados obtidos em estudos anteriores.

Como conduzir grupos focais

Um breve panorama da literatura sobre o assunto fornece algumas sugestões para a condução de grupos focais. O número de grupos a serem conduzidos depende da questão de pesquisa e do número de subgrupos distintos de população exigidos (Morgan, 1988, p. 42). De modo geral, sugere-se que seja mais apropriado trabalhar com estranhos em vez de grupos de amigos ou de pessoas que se conheçam muito bem, pois o nível de fatos pressupostos e que permanecem implícitos tende a ser maior neste último grupo (1988, p. 48). Sugere-se, também, que se deva começar com grupos que sejam o mais heterogêneos possível, para, então, reunir um segundo conjunto composto de grupos mais homogêneos (1988, p. 73). Em cada caso, é necessário iniciar o trabalho no grupo com algum tipo de aquecimento, conforme mostram os exemplos do Quadro 15.2.

De acordo com Putcha e Potter (2004), uma das coisas importantes ao trabalhar com grupos focais é produzir informalidade na discussão. Os moderadores precisam criar um clima liberal, facilitando para que os membros contribuam abertamente com

---

QUADRO 15.2 Exemplos para o início de um grupo focal

Estas duas introduções de grupos focais são muito características e úteis:
Antes de iniciarmos nossa discussão, creio que seja útil que conheçamos um pouco uns aos outros. Vamos começar com alguns comentários introdutórios sobre nós mesmos. X, por que você não começa e então vamos fazendo a volta para que todos digam seus nomes e falem um pouco sobre o que fazem da vida?
Hoje, vamos discutir um assunto que afeta todos vocês. Antes de entrarmos em nossa discussão, deixem-me fazer alguns pedidos a vocês. Primeiro, vocês devem saber que estamos gravando a sessão, de modo que eu possa voltar a nossa discussão quando eu for escrever meu relatório. Se alguém aqui se sente constrangido pela gravação, por favor, o diga, e, é claro, tem toda a liberdade de sair. Falem bem alto e vamos tentar fazer com que apenas uma pessoa fale por vez. Eu vou fazer um papel tipo guarda de trânsito e, assim, tentar garantir que todos tenham sua vez de falar. Por último, por favor, digam exatamente o que vocês pensam. Não se preocupem com o que eu penso ou com o que seu vizinho pensa. Estamos aqui para trocar opiniões e para nos divertir enquanto fazemos isso. Que tal começarmos nos apresentando?

Fonte: Stewart e Shamdasani, 1990, p. 92-93.

suas experiências e opiniões. Ao mesmo tempo, é importante que os participantes não estejam à deriva, somente conversando ou apresentando anedotas infinitas com pouca referência à questão do grupo focal (e do estudo). Putcha e Potter sugerem várias estratégias sobre como equilibrar a formalidade e a informalidade na prática de grupos focais.

Como técnica analítica para os dados de grupo focal, sugere-se a utilização dos conteúdos das discussões, das codificações sistemáticas ou das análises de conteúdo. Se pensarmos no ponto de referência nas comparações, pode-se tentar tomar isoladamente os enunciados dos participantes e compará-los, fazendo um cruzamento com todos os grupos – o que pode ser difícil em função da dinâmica de grupo e do desenvolvimento desigual de cada grupo. Por isso, a segunda alternativa será mais adequada, o que significa dizer tomar-se o grupo isolado como uma unidade e compará-lo com outros grupos já trabalhados anteriormente. A comparação então se concentra nos tópicos mencionados, na variedade de atitudes para com esses tópicos entre os membros no grupo, nas etapas que a discussão examinou e nos resultados da discussão em cada grupo.

Qual a contribuição para a discussão metodológica geral?

Os grupos focais podem ser entendidos e utilizados como simulações de discursos e de conversas cotidianas, ou como um método quase naturalista para o estudo da geração das representações sociais ou do conhecimento social em geral (Lunt e Livingstone, 1996). O poder geral dos grupos focais é duplo:

> Em primeiro lugar, os grupos focais geram discussão, e, portanto, revelam tanto os significados supostos pelas pessoas no tópico de discussão como a maneira pela qual elas negociam esses significa-

dos. Em segundo, os grupos focais geram diversidade e diferença, tanto dentro dos grupos como entre os grupos, e, assim, revelam o que Billig (1987) chamou de a natureza dilemática dos argumentos cotidianos. (1996, p. 96.)

Quais são as limitações do método?

Esse método enfrenta problemas semelhantes aos já citados com relação à discussão em grupo. Um problema específico diz respeito a como documentar os dados de modo a permitir a identificação dos interlocutores individuais e a diferenciação entre os enunciados de diversos interlocutores paralelos.

Como o método se ajusta no processo de pesquisa?

Os grupos focais partem de uma perspectiva interacionista (ver Capítulo 6) e buscam mostrar o modo como uma questão é construída e alterada ao ser debatida em uma discussão de grupo. A amostragem é, muitas vezes, voltada para a diversidade dos membros de vários grupos em um estudo (ver Capítulo 11). A análise dos dados é muitas vezes um tanto pragmática – ou seja, tem os enunciados como foco da análise, em vez de extensas interpretações. A utilização de grupos focais *online* é um o avanço mais recente (ver Capítulo 20).

NARRATIVAS CONJUNTAS

Em uma direção semelhante, Hildenbrand e Jahn (1988) ampliam e desenvolvem a abordagem narrativa para a coleta de dados. O ponto de partida dos pesquisadores foi a observação, em estudos de família, que as famílias em estudo narram conjuntamente e, dessa forma, reestruturam e reconstroem domínios de sua reali-

Estudo de caso:

**A utilização de grupos focais – um *feedback*
dos resultados e checagem de membros**

Em nosso estudo sobre os conceitos de saúde e de envelhecimento de profissionais da área da saúde (Flick et al., 2003, 2004), usamos primeiramente entrevistas episódicas (ver Capítulo 14) para reunir dados sobre estes conceitos, incluídas aí as ideias dos entrevistados e suas experiências com prevenção e com promoção da saúde. Após analisar esses dados, conduzimos grupos focais com clínicos gerais e enfermeiras, visando a três objetivos. Queríamos oferecer um *feedback* aos participantes sobre os resultados de nosso estudo e, também, receber seus comentários sobre esses resultados. Além disso, pretendíamos discutir com eles as consequências práticas das descobertas para o aperfeiçoamento das rotinas diárias na assistência domiciliar de enfermagem e de medicina. Este aperfeiçoamento deve ser direcionado com um foco mais forte na saúde, na promoção da saúde e na prevenção. Para evitar que as discussões nos grupos ficassem demasiadamente gerais e heterogêneas, buscamos um conceito concreto que sensibilizasse como *input*, para introduzir a questão geral. Usamos os resultados referentes aos obstáculos contra um foco mais forte na prevenção nas próprias práticas mencionadas pelos entrevistados nas entrevistas. Apresentamos os resultados relativos à disponibilidade e à resistência dos pacientes e dos profissionais. Primeiramente, apresentamos um panorama dos obstáculos que haviam sido mencionados, e logo pedimos aos participantes uma classificação da importância destes obstáculos. A seguir, solicitamos que discutissem os resultados no contexto mais amplo de saúde em suas próprias práticas. Quando essa discussão começou a abrandar-se, pedimos que fizessem sugestões de como superar os obstáculos discutidos antes, e que discutissem estas sugestões. Ao final, tínhamos uma lista de comentários e de sugestões de cada grupo, que então comparamos e analisamos como parte de nosso estudo.

Neste exemplo, os grupos focais foram empregados para um objetivo específico. Eles não foram usados como um método autônomo de coleta de dados, mas para um *feedback* e para uma checagem dos membros quanto aos primeiros resultados de uma parte do estudo. Os participantes dos grupos focais foram os mesmos das entrevistas individuais. Contudo, nem todas as pessoas entrevistadas aceitaram nosso convite para vir e contribuir novamente com nosso estudo. A utilização de um estímulo – neste caso, a apresentação de uma seleção de resultados – foi útil para dar início e para estruturar a discussão. No fim, quando comparamos os resultados, tivemos de usar cada grupo como um caso, mas terminamos com opiniões e resultados comparáveis.

---

dade cotidiana. Partindo dessa observação, os autores estimulam essas narrativas conjuntas, de forma mais sistemática, passando a utilizá-las como dados. Todas as pessoas pertencentes a uma família devem estar presentes na situação da coleta de dados, que deve ocorrer na casa dessa família: "No início da conversa, os membros da família são convidados a relatar detalhes e eventos de sua vida (anterior e atual) em família. Abandonamos o uso de um estímulo narrativo explícito, pois ele provoca uma restrição desnecessária na variedade de tópicos" (1988, p. 207). A fim de permitir que a conversa seja moldada pelos membros da família, os autores também se abstêm de intervenções metodologicamente direcionadas. Isso é feito com a intenção de aproximar o máximo possível a situação de pesquisa da situação cotidiana das narrativas em família. Por último, com a utilização de uma *checklist*, aqueles dados sociais que não tenham sido mencionados durante a narrativa são complementados junto com a família. Ao final, são feitos protocolos observacionais ampliados, relativos ao contexto da conversa (história gerativa, condições de vida da família, descrição da casa e dos móveis).

Qual a contribuição para a discussão metodológica geral?

Com essa abordagem, a situação do monólogo de um narrador único (na entrevista narrativa) é expandida para uma narração de histórias coletiva. Realizam-se análises da interação referentes à percepção da narrativa e ao modo pelo qual a família constrói a realidade para si mesma e para o ouvinte. Essa abordagem foi desenvolvida no contexto de um campo específico de pesquisa – estudos de família[1]. A estrutura natural desse campo ou objeto de pesquisa é apresentada como uma razão especial para o interesse nesse método. Existe, ainda, a possibilidade de transferir essa noção de narrativas conjuntas a outras formas de comunidade além das famílias. Poder-se-ia imaginar a utilização do método na análise de uma instituição específica – por exemplo, um serviço de aconselhamento, sua história, atividades e conflitos, solicitando-se aos membros das equipes que ali trabalham para relatarem, em conjunto, a história de sua instituição. Isso não apenas transformaria em questão analítica o curso evolutivo narrado, mas também as dinâmicas das diversas opiniões e as apresentações dos membros.

Como o método se ajusta no processo de pesquisa?

O pano de fundo teórico do método é a construção conjunta da realidade. O objetivo é o desenvolvimento de teorias embasadas nessas construções (ver Capítulo 8). O ponto de partida é o caso único (uma família, em Hildenbrand e Jahn, 1988), e, posteriormente, outros casos são incluídos gradativamente (ver Capítulo 11). A interpretação do material prossegue de forma sequencial (ver Capítulo 25), com o objetivo de chegar a enunciados mais gerais a partir da comparação de casos (ver Capítulo 29).

Quais são as limitações do método?

O método foi desenvolvido no contexto de um estudo que emprega vários outros métodos. Seu uso independente ainda precisa ser testado. Outro problema é a grande quantidade de material textual que resulta de um único caso, o que torna muito extensas as interpretações desses casos. Consequentemente, na maioria das vezes, as análises ficam limitadas aos estudos de caso. Por fim, a quase inalcançável abstenção das intervenções metodológicas dificulta ainda mais a aplicação propositada do método a questões de pesquisa específicas e o direcionamento de sua aplicação na coleta de dados. É possível que não apenas os pontos fortes, mas também os problemas da entrevista narrativa combinem-se àqueles das discussões em grupo.

Os procedimentos de grupo rapidamente citados aqui enfatizam diferentes aspectos da tarefa de superar os limites da entrevista de indivíduos para a coleta de dados em grupos. Às vezes, o que importa é a redução do tempo gasto em entrevistas – um grupo por vez, em vez de muitos indivíduos em ocasiões distintas. A dinâmica de grupo pode ser considerada como um recurso útil ou perturbador para a concretização do objetivo da obtenção de respostas de todos os entrevistados. Nas discussões em grupo, no entanto, dá-se prioridade precisamente a essa dinâmica e às opções adicionais de conhecimento produzidas pelo grupo. Nas narrativas conjuntas, é o processo de construção da realidade na forma como ela ocorre naquele momento e naquele grupo que consiste o interesse específico. Presume-se que esse processo ocorra de forma semelhante na vida cotidiana da família e, assim, também ultrapasse a situação de pesquisa. Em cada caso, os dados verbais reunidos são mais complexos do que na entrevista individual. A vantagem dessa complexidade é que os dados são mais ricos e mais diversificados em seus conteúdos do que em uma entrevista individual. O problema dessa complexidade diz respeito a uma maior dificuldade em situar os pontos de vista dos indivíduos envolvidos nesse processo comum de elaboração de significado do que em uma entrevista individual.

Pontos-chave

- Em comparação com os grupos focais, as entrevistas de grupo são raramente utilizadas.
- Aconselha-se a utilização de grupos focais em vez de entrevistas únicas apenas quando a questão de pesquisa oferecer uma boa razão para isso. Economizar tempo provavelmente não representa um benefício do trabalho com grupos em lugar de entrevistas, devido à maior dificuldade com detalhes organizacionais e ao trabalho necessário para a análise dos protocolos de grupo.
- Grupos focais ou narrativas conjuntas podem ser muito produtivos quando a interação e, talvez, a dinâmica dos membros possam acrescentar algo ao conhecimento produzido na situação da coleta de dados.

NOTAS

1. Um interesse mais geral nos relatos e nas lembranças coletivas é manifestado no trabalho de Hirst e Manier (1996), em relação às famílias, e em Dixon e Gould (1996) e Bruner e Feldman (1996). O método discutido aqui oferece um procedimento concreto para os estudos qualitativos nessa área de interesse.

Exercício 15.1

1. Procure na literatura um estudo que utilize grupos focais como método de pesquisa e identifique o tipo de grupo deste caso.
2. Tente também identificar como o pesquisador conduziu o grupo.
3. Pense em uma questão de pesquisa que seria mais bem estudada com a utilização de grupos focais ou discussões em grupo.

LEITURAS ADICIONAIS

Entrevistas de grupo

Os dois textos tratam explicitamente de entrevistas de grupo enquanto método.

Fontana, A., Frey, J.H. (2000) "The Interview: From Structured Questions to Negotiated Text", in N. Denzin and Y.S. Lincoln (eds), *Handbook of Qualitative Research* (2nd edn). London: SAGE. pp. 645-672.

Patton, M.Q. (2002) *Qualitative Evaluation and Research Methods* (3rd edn). London: SAGE.

Discussões em grupo

O texto a seguir discute problemas metodológicos e aplicações do método, associando-o às discussões sobre grupos focais.

Bohnsack, R. (2004) "Group Discussions and Focus Groups", in U. Flick, E.v. Kardorff and I. Steinke (eds), *A Companion to Qualitative Research*. London: SAGE. pp. 214-221.

Grupos focais

O primeiro texto discute aplicações recentes e problemas metodológicos, enquanto os outros dois oferecem panoramas gerais sobre o método.

Lunt, P., Livingstone, S. (1996) "Rethinking the Focus Group in Media and Communications Research", *Journal of Communication*, 46: 79-98.

Morgan, D.L., Krueger, R.A. (eds) (1998) *The Focus Group Kit* (6 vols). Thousand Oaks, CA: SAGE.

Puchta, C., Potter, J. (2004) *Focus Group Practice*. London: SAGE.

Stewart, D.M., Shamdasani, P.N. (1990) *Focus Groups: Theory and Practice*. Newbury Park, CA: SAGE.

Narrativas conjuntas

Cada um dos textos trata de um campo de aplicação das narrativas em grupo.

Bruner, J., Feldman, C. (1996) "Group Narrative as a Cultural Context of Autobiography", in D. Rubin (ed.), *Remembering Our Past: Studies in Autobiographical Memory*. Cambridge: Cambridge University Press. pp. 291-317.

Hildenbrand, B., Jahn, W. (1988) "Gemeinsames Erzählen und Prozesse der Wirklichkeitskonstruktion in familiengeschichtlichen Gesprächen", *Zeitschrift für Soziologie*, 17: 203-17.

16
Dados verbais: uma visão geral

Primeiro ponto de referência: comparação das abordagens com base em critérios, 195
Segundo ponto de referência: seleção do método e verificação de sua aplicação, 195
Terceiro ponto de referência: apropriabilidade do método ao tema, 198
Quarto ponto de referência: ajuste do método no processo de pesquisa, 198

OBJETIVOS DO CAPÍTULO
Após a leitura deste capítulo, você deverá ser capaz de:

✓ comparar as diversas abordagens relativas aos dados verbais a fim de poder decidir quanto à utilização de uma delas em sua pesquisa.
✓ avaliar criticamente esta decisão à luz de suas (primeiras) experiências com a aplicação do método escolhido.
✓ compreender o método no contexto do processo de pesquisa e das outras etapas do plano de pesquisa.

A coleta de dados verbais representa uma das principais abordagens metodológicas da pesquisa qualitativa, na qual se utilizam diversas estratégias com o objetivo de gerar o máximo possível de abertura em relação ao objeto em estudo e às perspectivas do entrevistado, do narrador ou do participante nas discussões. Ao mesmo tempo, as alternativas metodológicas incluem elementos específicos para a estruturação da coleta de dados. Assim, deve-se fazer com que os tópicos referentes à questão de pesquisa constituam um assunto na entrevista, ou orientar seu tratamento a um maior aprofundamento ou a uma maior abrangência. Além disso, introduzem-se aspectos da questão de pesquisa ainda não-mencionados. Os diferentes métodos alternam-se entre esses dois objetivos – abertura e estruturação –, sendo que cada método está voltado para um ou outro destes objetivos. Ao menos em seu componente central, as entrevistas narrativas estão voltadas para a abertura e para o espaço destinados à apresentação do entrevistado. As intervenções diretivas do entrevistador devem se limitar à questão gerativa de narrativa e ao estágio das investigações narrativas. Já nas entrevistas semi-estruturadas, dá-se preferência ao direcionamento temático, e as entrevistas podem se concentrar, de forma muito mais direta, em tópicos específicos. Portanto, dependendo do objetivo da pesquisa e do objetivo escolhido – abertura ou estruturação – recomendam-se métodos específicos, em maior ou menor escala, para cada questão concreta da pesquisa. Neste capítulo, serão delineados quatro pontos de referência para essa decisão entre diferentes métodos de coleta de dados verbais.

PRIMEIRO PONTO DE REFERÊNCIA: COMPARAÇÃO DAS ABORDAGENS COM BASE EM CRITÉRIOS

Pode-se adotar uma comparação das diversas formas de entrevistas semi-estruturadas e de métodos narrativos e de grupo como primeiro ponto de referência ao decidir-se entre eles. Como critérios para essa decisão, a Tabela 16.1 apresenta os princípios de cada um dos métodos para garantir abertura suficiente para as perspectivas subjetivas dos entrevistados. São também listadas medidas que visam a assegurar um nível suficiente de estrutura e de profundidade no tratamento da questão temática da entrevista. Outros aspectos revelados são a contribuição de cada método para o desenvolvimento do método de entrevista, de um modo geral, e dos campos de aplicação para os quais cada um foi criado, ou nos quais cada um seja utilizado de forma essencial. Por fim, os problemas relativos à condução do método e aos limites mencionados nos capítulos anteriores são observados para cada abordagem. Dessa forma, o campo das alternativas metodológicas no domínio dos dados verbais é delineado de modo que o método individual possa ser situado dentro deste.

SEGUNDO PONTO DE REFERÊNCIA: SELEÇÃO DO MÉTODO E VERIFICAÇÃO DE SUA APLICAÇÃO

As diversas alternativas metodológicas que visam à coleta e à análise de dados verbais sugerem a necessidade de se tomar uma decisão bem fundamentada que esteja de acordo com o próprio estudo, com sua questão de pesquisa, com seu grupo alvo, etc. Que método escolher para a coleta de dados? Essa decisão deve ser avaliada com base na natureza do material a ser obtido. Nem todos os métodos são apropriados a toda questão de pesquisa: processos biográficos de eventos podem ser apresentados em narrativas, em lugar do esquema pergunta-resposta da entrevista semi-estruturada. Para o estudo dos processos de desenvolvimento de opiniões, a dinâmica das discussões em grupo é instrutiva, considerando que esse aspecto dificulta bastante a análise das experiências individuais. A questão de pesquisa e o assunto em estudo são os primeiros pontos de ancoragem na decisão a favor ou contra um método concreto. Algumas pessoas têm capacidade narrativa, outras, não. Para alguns grupos-alvo, a reconstrução de suas teorias subjetivas é um procedimento totalmente estranho, enquanto outros não têm problema em se envolver na situação. Os entrevistados (potenciais) representam o segundo ponto de ancoragem para as decisões metodológicas e para a avaliação de sua apropriabilidade.

No entanto, essas diferenças no envolvimento em situações específicas de entrevista não dizem respeito apenas a diferenças individuais. Levando-se em conta a questão de pesquisa e o nível de enunciados a que o estudo se propõe, é possível considerar sistematicamente a relação entre o método, o(s) sujeito(s) e o assunto. O critério, aqui, é a apropriabilidade do método escolhido e de como será aplicado. Entretanto, deve-se questionar esse ponto não apenas ao final da coleta de dados, quando todas as entrevistas ou discussões tiverem sido conduzidas, mas também já no início do procedimento, após uma ou duas entrevistas ou discussões experimentais. Um aspecto da verificação da apropriabilidade da seleção metodológica refere-se a examinar se o método foi aplicado em seus próprios termos, buscando identificar em que medida isso ocorreu. Por

TABELA 16.1 Comparação entre métodos para a coleta de dados verbais

	Entrevistas					Narrativas como dados		Procedimentos com grupos		
Critérios	Entrevista Focalizada	Entrevista Semi-padronizada	Entrevista centrada no problema	Entrevista com especialistas	Entrevista etnográfica	Entrevista narrativa	Entrevista episódica	Discussão em grupo	Grupos focais	Narrativas conjuntas
Abertura à opinião subjetiva do entrevistado por meio de:	• Não-direcionamento por questões não-estruturadas	• Questões abertas	• Orientação para o objeto e para o projeto • Espaço para narrativas	• Limitada, pois seu interesse está centrado apenas no especialista, e não na pessoa.	• Questões descritivas	• Sem influência de narrativas já iniciadas.	• Narrativas de experiências significativas • Seleção pelo entrevistado	• Moderação não-diretiva da discussão • Clima permissivo na discussão	• Leva em consideração o contexto grupal	• Abandono do estímulo narrativo e das intervenções metodológicas
Estruturação (por exemplo, aprofundamento) do assunto por meio de:	• Oferecimento de um estímulo • Questões estruturadas • Foco em emoções	• Questões direcionadas para as hipóteses • Questões confrontativas	• Guia de entrevista como base para reviravoltas e para finalizar apresentações improdutivas	• Guia de entrevista como instrumento para a estruturação	• Questões estruturais • Questões contrastivas	• Questões gerativas de narrativas • Fragmento de questionamento narrativo ao final • Componente de equilíbrio	• Conexão das narrativas e argumentações • Sugestão de situações concretas a serem narradas	• Desenvolvimento da dinâmica no grupo • Direcionamento enquanto guia	• Utilização de um guia de entrevista para direcionar a discussão	• Dinâmica de narrativa conjunta • *Checklist* para dados demográficos • Protocolo de observação
Contribuição para o desenvolvimento geral da entrevista como método	• Quatro critérios para o planejamento de entrevistas • Análise do objeto como um segundo tipo de dado	• Estruturação dos conteúdos, utilizando a técnica da disposição da estrutura • Sugestões para a exposição do conhecimento implícito	• Breve questionário- • Pós-escrito	• Ênfase no direcionamento: limitação da entrevista ao especialista	• Ênfase no problema da produção de situações de entrevista	• Localização da estruturação no início e ao final da entrevista • Análise sistemática das narrativas como instrumento	• Conexão sistemática da narrativa e da argumentação como tipos de dados • Questão gerativa de narrativa intencional	• Alternativa à entrevista individual graças à dinâmica de grupo	• Simulação da forma como os discursos e as representações sociais são gerados em sua diversidade	• Combinação de análises de narrativas e de interação • Ênfase no componente construtivo das narrativas

Introdução à pesquisa qualitativa

TABELA 16.1
Comparação entre métodos para a coleta de dados verbais (continuação)

Critérios	Entrevistas					Narrativas como dados			Procedimentos com grupos		
	Entrevista Focalizada	Entrevista Semi-padronizada	Entrevista centrada no problema	Entrevista com especialistas	Entrevista etnográfica	Entrevista narrativa	Entrevista episódica	Discussão em grupo	Grupos focais	Narrativas conjuntas
Domínio da aplicação	• Análise de significados subjetivos	• Reconstrução de teorias subjetivas	• Problemas social ou biograficamente relevantes	• Conhecimento de especialistas em instituições	• No esquema da pesquisa de campo em campos abertos	• Cursos biográficos	• Mudança, rotinas e situações na vida cotidiana	• Pesquisa de opinião e de atitude	• Pesquisa de *marketing* e de mídia	• Pesquisa de família
Problemas na condução do método	• Dilema da combinação de critérios	• *Input* metodológico extensivo • Problemas de interpretação	• Mudança não-sistemática da narrativa para o esquema pergunta-resposta	• Difusão do papel do entrevistado • Bloqueio do especialista	• Mediação entre uma conversa amigável e uma entrevista formal	• Situação de entrevista extremamente unilateral • Problemas do narrador • *Zugzwangs* problemáticos	• Exposição do princípio • Manuseio do guia de entrevista	• Mediação entre pessoas quietas e comunicativas	• Como tirar uma amostra de grupos e membros	• Abandono do foco da narrativa sobre o tópico
Limitações do método	• A suposição do conhecimento das características objetivas do objeto é questionável • Dificilmente é aplicada em sua forma pura	• Apresentação de uma estrutura • Necessidade de adaptação do método ao assunto e ao entrevistado.	• Orientação para o problema • Combinação não-sistemática dos mais diversos elementos parciais	• Limitação da interpretação sobre o conhecimento dos especialistas	• Essencialmente sensata em combinação com a observação e a pesquisa de campo	• Suposta analogia entre experiência e narrativa • Redução do objeto a algo que possa ser narrado	• Limitação do conhecimento cotidiano	• Grande esforço organizacional • Problemas de comparabilidade	• Documentação de dados • Identificação de narradores individuais e de vários narradores ao mesmo tempo	• Abandono da direção • Posição própria como método único? • Ampliação das análises de caso
Referências	Merton e Kendall (1946)	Groeben (1990)	Witzel (2000)	Meuser e Nagel (2002)	Heyl (2001) Spradley (1979)	Hermanns (1995) Rieman e Schutze (1987) Rosenthal (2004)	Flick (1994; 1995; 2000a)	Blumer (1969) Bohnsack (2004)	Lunt e Livingstone (1996) Merton (1987) Puchta e Potter (2004)	Bruner e Feldman (1996) Hildenbrand e Jahn (1988)

exemplo, a entrevista narrativa foi de fato iniciada com uma questão gerativa de narrativa? Em uma entrevista semi-estruturada, as mudanças de tópico e as novas questões foram introduzidas somente após o entrevistado ter tido tempo e espaço suficientes para tratar do tópico anterior de forma suficientemente detalhada?

A análise das entrevistas iniciais pode demonstrar que não são apenas os entrevistados que têm mais dificuldades com determinados métodos do que com outros. Os entrevistadores podem também encontrar mais problemas com a aplicação de um determinado método do que com outros. Uma razão para isso acontecer é que pode consistir em um desafio imenso à capacidade do entrevistador decidir quando e como retornar ao guia de entrevista, na hipótese de o entrevistado desviar do assunto, ou como desenvolver as habilidades necessárias para ser um ouvinte ativo na entrevista narrativa. Por essa razão, deve-se também verificar até que ponto o entrevistador e o método são compatíveis. Caso surjam problemas nesse nível, existem duas soluções possíveis. Para reduzir esses problemas, pode-se oferecer um treinamento de entrevistas (quanto a isso, ver as seções sobre entrevista focalizada e entrevista semipadronizada do Capítulo 13, e sobre as entrevistas narrativa e episódica, no Capítulo 14). Caso isso não seja suficiente, deve-se considerar a mudança de método. Uma base para essas decisões pode ser fornecida pela análise da interação na situação da coleta de dados quanto ao espaço permitido pelo entrevistador ao entrevistado, e quanto à definição clara de ambos os papéis. Um último fator a ser considerado na seleção de um método e em sua avaliação refere-se à forma como os dados devem ser interpretados posteriormente e ao nível de generalização necessário para a obtenção das descobertas.

A *checklist* da Tabela 16.2 fornece sugestões para a decisão quanto ao método de coleta de dados a ser utilizado e à avaliação da apropriabilidade dessa decisão.[1]

TERCEIRO PONTO DE REFERÊNCIA: APROPRIABILIDADE DO MÉTODO AO TEMA

Nas discussões metodológicas, certos procedimentos são considerados como o "modo ideal" para o estudo de um assunto de um modo prático e metodologicamente legítimo. Nessas discussões, ignora-se um aspecto central da pesquisa qualitativa: os métodos devem ser selecionados e avaliados de acordo com sua apropriabilidade ao objeto em estudo (ver Capítulo 2). Uma exceção a isso são os estudos que exploram determinados métodos tendo como finalidade principal a obtenção de descobertas relativas a sua condução, a sua exequibilidade e a seus problemas. O objeto de pesquisa tem, então, apenas um *status* exemplar para responder a essas questões metodológicas. Em todos os outros casos, a decisão quanto à utilização de um determinado método deve ser considerada subordinada: o assunto, a questão de pesquisa, os indivíduos estudados e os enunciados buscados são os pontos de ancoragem para a avaliação da apropriabilidade de métodos concretos na pesquisa qualitativa.

QUARTO PONTO DE REFERÊNCIA: AJUSTE DO MÉTODO NO PROCESSO DE PESQUISA

Para concluir, deve-se verificar o método selecionado quanto a seu ajuste dentro de um processo de pesquisa. O objetivo é constatar se o procedimento de coleta de dados ajusta-se ao procedimento para interpretá-los. Desse modo, não faz sentido utilizar a entrevista narrativa durante a coleta de dados com o objetivo de permitir um espaço amplo para a apresentação, uma vez que os dados recebidos passam, então, por uma análise de conteúdo que emprega apenas categorias provenientes da literatura e paráfrases do texto original (quanto

Tabela 16.2
Checklist para a seleção de um tipo de entrevista e avaliação de sua aplicação

1. Questão de pesquisa
   O tipo de entrevista e sua aplicação conseguem dar conta dos aspectos essenciais da questão de pesquisa?

2. Tipo de entrevista
   O método precisa ser aplicado de acordo com os componentes e os objetivos metodológicos. Não deve haver saltos entre os tipos de entrevista, exceto quando houver um embasamento na teoria ou na questão de pesquisa.

3. Entrevistador
   Os entrevistadores têm condições de aplicar esse tipo de entrevista? Quais as consequências de seus próprios medos e incertezas na situação de entrevista?

4. Entrevistado
   O tipo de entrevista é apropriado para o grupo-alvo da aplicação? Como é possível levar-se em conta os medos, as incertezas e as expectativas dos (possíveis) entrevistados?

5. O espaço concedido ao entrevistado
   Os entrevistados conseguem apresentar suas opiniões no arranjo das questões?
   Eles conseguem defender suas opiniões diante do arranjo das questões?

6. Interação
   Os entrevistadores conduziram adequadamente esse tipo de entrevista?
   Deixaram espaço suficiente para o entrevistado?
   Eles cumpriram seus papéis? (Por que não?)
   O papel do entrevistado, o papel do entrevistador e a situação foram definidos com clareza para o entrevistado?
   O entrevistado conseguiu cumprir seu papel? (Por que não?)
   Se possível, analise os intervalos a fim de validar a entrevista entre a primeira e a segunda entrevista.

7. O objetivo da interpretação
   Seu objetivo é obter e analisar respostas claras e delimitadas ou contextos e padrões complexos, múltiplos, etc.?

8. Exigência de generalização
   O nível no qual devem ser elaborados os enunciados:
   - Para o caso único (o indivíduo entrevistado e sua biografia, uma instituição e seu impacto, etc.)?
   - Com referência a grupos (sobre uma profissão, um tipo de instituição, etc.)?
   - Enunciados gerais?

a isso, ver o Capítulo 23). Da mesma forma, também não faz sentido querer interpretar uma entrevista que enfatize o tratamento consistente dos tópicos no guia de entrevista com um procedimento sequencial (ver Capítulo 25), interessado em revelar o desenvolvimento da estrutura da apresentação. De modo semelhante, deve-se verificar a compatibilidade do procedimento de coleta de dados com o método de casos de amostragem (ver Capítulo 11). Deve-se, ainda, avaliar sua compatibilidade com o contexto teórico do próprio estudo (ver Capítulo 6) e a compreensão do processo de pesquisa como um todo (por exemplo, desenvolvimento de teorias *versus* teste de hipóteses: ver Capítulo 8), os quais foram adotados como ponto de partida.

Os pontos de partida para essa avaliação podem ser encontrados nos parágrafos que tratam do ajuste do método dentro do processo de pesquisa presentes nas seções relativas a cada um dos métodos. Eles esboçam a compreensão inerente do método em relação ao processo de pesquisa e seus elementos. A próxima etapa consiste em verificar até que ponto o plano do estudo e a conceitualização das etapas isoladas são compatíveis com a conceitualização inerente do método.

Assim resumem-se os quatro pontos de referência para a decisão quanto a um método concreto, os quais também podem e devem ser aplicados a procedimentos que não visem primeiramente a dados verbais (ver Capítulo 21) e a alternativas de interpretação (ver Capítulo 27). Além da apropriabilidade dos métodos aplicados ao objeto em estudo (ver Capítulo 2), é, sobretudo, a orientação para o processo de pesquisa (veja os Capítulos 28 e 29) que passa a ser o critério essencial para a avaliação das decisões metodológicas.

Pontos-chave

- Todos os métodos de coleta de dados verbais têm pontos fortes e pontos fracos.
- Todos eles oferecem caminhos para conceder-se espaço aos participantes do estudo para a apresentação de suas experiências, e assim por diante.
- Ao mesmo tempo, cada método estrutura de um modo específico aquilo que é estudado.
- Antes e durante a aplicação de um método específico para responder-se a uma questão de pesquisa, é aconselhável a verificação e a avaliação da apropriabilidade ou não do método escolhido.

NOTAS

1. Para maior clareza, utiliza-se apenas o termo "entrevista". Ao substituí-lo por "discussão em grupo" ou "grupo focal", é possível fazer-se as mesmas perguntas e encontrarem-se as mesmas respostas.

LEITURAS ADICIONAIS

Flick, U. (2000a) "Episodic Interviewing", M. Bauer and G. Gaskell (eds), *Qualitative Researching with Text, Image and Sound: A Practical Handbook*. London: SAGE, pp. 75-92.

Hermanns, H. (2004) "Interviewing as an Activity", in U. Flick, E.v. Kardorff and I. Steinke (eds), *A Companion to Qualitative Research*. London: SAGE, pp. 209-213.

Manson, J. (2002) "Qualitative Interviewing: Asking, Listening and Interpreting", in T. May (ed.), *Qualitative Research in Action*. London: SAGE, pp. 225-241.

Puchta, C. and Potter, J. (2004) *Focus Group Practice*. London: SAGE.

Wengraf, T. (2001) *Qualitative Research Interviewing: Biographic Narrative and Semi-Structured Methods*. London: SAGE.

Exercício 16.1

1. Procure um estudo na literatura cuja base seja a realização de entrevistas e avalie se o método aplicado foi ou não apropriado à questão em estudo e às pessoas envolvidas na pesquisa.
2. Reflita sobre sua própria pesquisa e identifique quais foram as razões para a utilização deste método específico.

PARTE V
Dados multifocais

A Parte IV apresentou um panorama das abordagens que consideram os dados em um mesmo nível. A palavra falada é central para essas abordagens, bem como para os dados que produzem. Nelas, outros tipos de informação, além daquilo que é dito pelos participantes do estudo, têm apenas uma relevância limitada. Contudo, existem agora métodos que buscam superar essa limitação, e a Parte 5 deverá familiarizá-lo com estes métodos, que vão além das palavras naquilo que produzem como dados. A observação, participante e não-participante, tem uma longa tradição na pesquisa qualitativa e atualmente navega, sob a bandeira da etnografia, rumo a uma nova relevância e influência na pesquisa qualitativa em geral. Um aspecto característico dessa pesquisa é a utilização de uma variedade de métodos e de dados coletados desde o processo de observação e de entrevistas até documentos e demais traços de interação e de práticas, e aparece delineado no Capítulo 17. A observação de segunda-mão – com a utilização de fotografias, filmes ou vídeos – atraiu, nos últimos tempos, uma atenção cada vez maior. Enquanto a área dos dados verbais assistiu a uma tendência narrativa nas décadas passadas, observam-se agora outras tendências, como a icônica ou a performativa, as quais produzem formas ampliadas de dados necessários ao estudo das questões de pesquisa associadas a essas tendências. Filmes e fotografias estão em todo lugar e as imagens dominam boa parte de nossas vidas. Portanto, não se trata de nenhuma grande surpresa o fato de que filmes, fotografias e vídeos tenham se tornado formatos para a geração de dados e de questões de pesquisa nos estudos qualitativos. O Capítulo 18 é dedicado a essas formas de dados visuais. A pesquisa qualitativa utiliza também dados mediados.

O uso de documentos para as análises tem uma longa tradição na pesquisa qualitativa – por exemplo, eles podem ser vistos como traços de experiências pessoais ou de interações institucionais (ver Capítulo 19). A comunicação mediada por computador desempenha um papel importante em nosso cotidiano como cientistas, mas também na vida dos participantes potenciais de nossos estudos. O *e-mail*, a internet, a *World Wide Web*, bem como *chats* e grupos de notícias e de discussão, tornaram-se, ao menos para um bom número de pessoas, formas familiares de comunicação. Portanto, não surpreende que a internet não só tenha sido descoberta como objeto de pesquisa, mas também como instrumento para entrar em contato com pessoas e para a realização de entrevistas e de etnografias. As promessas e as ciladas dessas novas opções e de como realizar esse trabalho de pesquisa estão delineados no Capítulo 20. O capítulo final desta parte resume e compara as diversas abordagens relativas à coleta de dados multifocais.

17
Observação e etnografia

Observação não-participante, 203
Observação participante, 207
Etnografia, 214

OBJETIVOS DO CAPÍTULO
Após a leitura deste capítulo, você deverá ser capaz de:

✓ conhecer as diferentes versões da observação que podem ser utilizadas para sua própria pesquisa.
✓ compreender os problemas específicos da observação participante.
✓ identificar a etnografia como tendência atual no contexto dessas tradições.

Ao observar-se a trajetória da pesquisa qualitativa, pode-se notar que as discussões metodológicas em relação ao papel da observação como método de pesquisa sociológico têm sido essenciais na história da pesquisa qualitativa, particularmente nos Estados Unidos. Na literatura, podemos encontrar diferentes concepções da observação e do papel do observador. Existem estudos nos quais o observador não se torna um componente do campo observado – por exemplo, na tradição de Goffman (1961). Esses estudos são complementados por abordagens que tentam atingir o objetivo da obtenção de um conhecimento de *insider* sobre o campo por meio da assimilação cada vez maior do pesquisador como participante do campo observado. Nos últimos anos, a etnografia assumiu aquilo que, antes, era a observação participante.

Em geral, essas abordagens enfatizam o fato de que as práticas apenas podem ser acessadas por meio da observação, uma vez que as entrevistas e as narrativas somente tornam acessíveis os relatos das práticas e não as próprias práticas. A alegação que normalmente é feita é que a observação permite ao pesquisador descobrir como algo efetivamente funciona ou ocorre. Em comparação com essa alegação, as apresentações em entrevistas compreendem uma mistura de como algo é e de como deveria ser, a qual ainda precisa ser desvendada.

OBSERVAÇÃO NÃO-PARTICIPANTE

Além das competências da fala e da escuta, utilizadas nas entrevistas, a observação é outra habilidade cotidiana metodologicamente sistematizada e aplicada na pesquisa qualitativa. As observações envolvem praticamente todos os sentidos – visão, audição, percepção, olfato. De acordo com diversos autores, os procedimentos observacionais podem ser classificados, de um modo geral, ao longo de cinco dimensões, que podem ser assim diferenciadas por meio das seguintes perguntas:

- Observação secreta *versus* observação pública: até que ponto a observação é revelada àqueles que são observados?
- Observação não-participante *versus* observação participante: até que ponto o observador precisa tornar-se um componente ativo do campo observado?
- Observação sistemática *versus* observação não-sistemática: ocorre a aplicação de um esquema de observação mais ou menos padronizado ou a observação permanece flexível e responsiva aos próprios processos?
- Observação em situações naturais *versus* observação em situações artificiais: as observações são feitas no campo de interesse, ou as interações são "deslocadas" para um local especial (por exemplo, um laboratório) para torná-las mais sistematicamente observáveis?
- Auto-observação *versus* observar os outros: na maioria das vezes, são as outras pessoas que são observadas e, dessa forma, quanta atenção é destinada à auto-observação reflexiva do pesquisador para embasar ainda mais a interpretação do que é observado?

Essa classificação geral também pode ser aplicada à observação na pesquisa qualitativa, exceto pelo fato de que, aqui, os dados são, em geral, coletados a partir de situações naturais. Neste capítulo, discute-se, primeiramente, o método da observação não-participante. Esta forma de observação abstém-se das intervenções no campo – em contraste com as entrevistas e as observações participantes. As expectativas associadas a esse modelo são delineadas da seguinte maneira: "Observadores comuns seguem a corrente dos eventos. O comportamento e a interação prosseguem da mesma forma como prosseguiriam sem a presença de um pesquisador, sem a interrupção da intrusão" (Adler e Adler, 1998, p. 81).

Aqui, a tipologia dos papéis de participante, desenvolvida por Gold (1958), pode ser adotada como ponto de partida para definir as diferenças em relação à observação participante. Gold distingue quatro tipos de papéis de participante:

- o participante completo;
- o participante como observador;
- o observador como participante;
- o observador completo.

O observador completo mantém distância dos eventos observados a fim de evitar influenciá-los – isso pode, em parte, ser obtido substituindo-se a observação real na situação pela gravação em vídeo. Como alternativa, pode-se tentar distrair a atenção das pessoas observadas a fim de que esqueçam-se da presença do pesquisador e do processo de observação. Nesse contexto, aplica-se a observação secreta, na qual as pessoas não são informadas de que estão sendo observadas. Esse procedimento, contudo, é eticamente contestável (ver Capítulo 4), especialmente se o campo puder ser observado com facilidade e não existirem problemas práticos para informar os observados ou para obter seu consentimento. No entanto, essa forma de observação é normalmente realizada em espaços abertos (por exemplo, em estações de trem ou em espaços públicos, em cafés com uma clientela que se alterna frequentemente) onde não se pode de fato obter esse acordo de consentimento.

Quais são as fases da observação?

Autores como Adler e Adler (1998), Denzin (1989b) e Spradley (1980) designam as seguintes fases para esse tipo de observação:

- a seleção de um ambiente – ou seja, onde e quando os processos e as pessoas interessantes para a pesquisa podem ser observados;
- a definição do que deve ser documentado na observação e em cada caso;
- o treinamento dos observadores a fim de padronizar esses focos;
- observações descritivas que forneçam uma apresentação inicial e geral do campo;
- observações focais que se concentrem nos aspectos relevantes à questão de pesquisa.
- observações seletivas cuja finalidade seja a compreensão intencional dos aspectos centrais;
- o fim da observação – quando se atinge a saturação teórica, ou seja, quando outras observações já não trouxerem nenhum conhecimento adicional.

Quais os problemas na condução do método?

Um problema essencial aqui é a definição de um papel que os observadores possam desempenhar e que lhes permita a permanência no campo ou a sua margem, ao mesmo tempo em que o observam (ver a discussão sobre papéis de participante no Capítulo 10). Quanto mais público e desestruturado for o campo, mais fácil será assumir um papel que não seja facilmente percebido e que não exerça influências sobre este. Quanto maior a facilidade para se supervisionar um campo, maior será a dificuldade para se participar deste sem se tornar um membro.

Niemann apresenta uma forma de posicionamento do pesquisador no campo para a observação de atividades de adolescentes em áreas de lazer: "As observações foram secretas a fim de se evitar influenciar o comportamento característico dos adolescentes em um local específico" (1989, p. 73).

Qual a contribuição para a discussão metodológica geral?

A triangulação de observações com outras fontes de dados, aliada ao emprego de diferentes observadores, intensificam a expressividade dos dados assim reunidos. As diferenças de gênero são também um aspecto crucial, particularmente no caso da observação em locais públicos, uma vez que as possibilidades quanto ao acesso e à movimentação são muito mais restritas para as mulheres em comparação com os homens, devido a riscos específicos. Já as percepções femininas desses riscos e restrições são muito mais apuradas, o que faz com que elas observem de maneira distinta e notem coisas diferentes, se comparadas a observadores do sexo masculino. Isso demonstra a "natureza própria dos gêneros verificada no trabalho de campo" (Lofland, citado em Adler e Adler, 1998, p. 95), razão pela qual se sugeriu a utilização de equipes de gêneros mistos nos estudos observacionais. Outra sugestão é a auto-observação atenta do pesquisador ao entrar no campo, tanto durante o curso da observação quanto quando voltar a analisar seu processo para integrar impressões implícitas, incidentes aparentes e percepções na reflexão do processo e dos resultados.

Como o método se ajusta no processo de pesquisa?

O embasamento teórico aqui é a análise da produção da realidade social a partir de uma perspectiva externa. O objetivo é (ao menos, de um modo geral) testar conceitos teóricos para determinados fenômenos com base em sua ocorrência e distribuição (ver Capítulo 8). As questões de

Estudo de caso:

O comportamento de lazer dos adolescentes

No exemplo seguinte, pode-se observar uma experiência de estudo com a utilização estrita da observação não-participante, bem como suas limitações. A pesquisadora realizou esse estudo no contexto da educação. Niemann observou adolescentes "de forma paralela e em dois períodos de medição", em duas danceterias, em pistas de patinação no gelo, em *shopping centers*, em balneários de verão, em clubes de futebol, em espaços para shows de música, etc. A pesquisadora selecionou as situações de forma aleatória e documentou as "tarefas evolutivas" específicas dessas situações (por exemplo, alcançar a meta da integração no grupo social) em fichas de protocolo. Com a finalidade de assegurar uma preparação mais eficaz ao pesquisador, foi oferecido um período de treinamento em técnicas observacionais antes da pesquisa efetiva, no qual observações diferentes e independentes de uma situação foram analisadas em relação a sua correspondência com o objetivo de ampliá-las. Aplicou-se um manual observacional a fim de conferir uma maior uniformidade às anotações:

> Em princípio, elaborou-se um protocolo para as observações das situações somente após sua conclusão (...) com base, principalmente, em anotações livres feitas em papéis de rascunho, como descansos para copos de cerveja ou carteiras de cigarro. No entanto, houve, aqui, um risco de representações tendenciosas e imprecisas que interferissem no objetivo da minimização da influência sobre o comportamento dos adolescentes. (1989, p. 79)

A tentativa de evitar a reatividade (ou seja, o *feedback* do procedimento de observação sobre os observados) determina a coleta de dados – que, neste caso, foi complementada por entrevistas realizadas com jovens individualmente.

Merkens caracteriza essa estratégia de "observação de campo não-participante" da seguinte maneira:

> O observador, aqui, tenta não atrapalhar as pessoas no campo, buscando tornar-se o mais invisível possível. Suas interpretações sobre os observados ocorrem a partir de seu horizonte (...) O observador constrói significados para si mesmo, os quais, ele supõe, direcionam as ações dos atores da forma que ele as percebe. (1989, p. 15.)

Este exemplo demonstra, novamente, os dilemas da observação não-participante em que o pesquisador tenta manter padrões metodológicos e, assim, permite que os métodos influenciem fortemente e determinem a questão em estudo.

Evita-se influenciar o comportamento dos participantes no campo, o que é capaz de constringir decisivamente a interpretação dos dados, que deve ser empreendida a partir de uma perspectiva externa ao campo em estudo.

pesquisa visam a descrições da situação de determinadas esferas de vida (por exemplo, adolescentes de Berlim). A seleção de situações e de pessoas ocorre sistematicamente, de acordo com os critérios para a obtenção de amostra representativa e, então, com a aplicação da amostragem aleatória (ver Capítulo 11). As análises de dados baseiam-se em contar a incidência de atividades específicas por meio da utilização de procedimentos de categorização (ver Capítulo 23).

Quais as limitações do método?

De um modo geral, essa forma de observação é uma abordagem ao campo observado a partir de uma perspectiva externa. Por essa razão, deve ser aplicada principalmente na observação de espaços públicos, nos quais o número de membros não pode ser limitado ou definido. Além disso, é uma tentativa de observar eventos à medida que ocorrem naturalmente. Resta a dúvida sobre até que ponto esse objetivo possa ser consumado, uma vez que, seja como for, o ato da observação influencia o observado. Às vezes, argumenta-se favoravelmente à observação secreta, que elimina a influência do pesquisador sobre o campo; no entanto, esse procedimento é altamente problemático no que diz respeito à ética da pesquisa. Além do mais, a abstenção do pesquisador quanto à interação com o campo acaba por provocar problemas na análise de dados e na avaliação de interpretações, devido às restrições sistemáticas na revelação da perspectiva interior do campo e das pessoas observadas. Essa estratégia está mais associada a uma compreensão dos métodos baseada na pesquisa quantitativa e padronizada.

OBSERVAÇÃO PARTICIPANTE

A forma de observação mais comumente utilizada na pesquisa qualitativa é a observação participante. Denzin apresenta uma definição:

> A observação participante será definida como uma estratégia de campo que combina, simultaneamente, a análise de documentos, a entrevista de respondentes e informantes, a participação e a observação diretas e a introspecção. (1989b, p. 157-158)

As principais características do método dizem respeito ao fato de o pesquisador mergulhar de cabeça no campo, que observará a partir de uma perspectiva de membro, mas deverá, também, influenciar o que é observado graças a sua participação. As diferenças em relação à observação não-participante e seus objetivos, conforme discutido há pouco, são esclarecidas nas sete características da observação participante listadas por Jorgensen:

1. um interesse especial no pensamento e na interação humana vistos a partir da perspectiva de pessoas que são *insiders* ou membros de situações e de ambientes específicos;
2. localização no aqui e agora das situações e dos ambientes da vida cotidiana como o fundamento da investigação e do método;
3. uma forma de teoria e de teorização que enfatiza a interpretação e a compreensão da existência humana;
4. uma lógica e um processo de investigação ilimitada, flexível, oportunista, e que requer uma redefinição constante daquilo que seja problemático, baseada em fatos coletados em ambientes concretos da existência humana;
5. uma abordagem e um plano de estudo de caso em profundidade e qualitativos;
6. o desempenho de um ou mais papéis de participante que envolva o estabelecimento e a manutenção de relações com nativos do campo; e
7. o emprego da observação direta em conjunto com outros métodos de coleta de informações. (1989, p. 13-14)

A abertura é essencial na coleta de dados baseada unicamente na comunicação com os observados. Esse método é normalmente utilizado no estudo de subculturas.

Quais são as fases da observação participante?

A observação participante deve ser entendida sob dois aspectos como um processo. Em primeiro lugar, o pesquisador deve, cada vez mais, tornar-se um participante e obter acesso ao campo e às pessoas (veja abaixo). Em segundo lugar, a observação deve passar também por um processo para tornar-se cada vez mais concreta e concentrada nos aspectos essenciais às questões de pesquisa. Assim, Spradley (1980, p. 34) distingue três fases da observação participante:

1. *observação descritiva* – no início, serve para fornecer ao pesquisador uma orientação para o campo em estudo. Fornece, também, descrições não-específicas, e é utilizada para apreender, o máximo possível, a complexidade do campo e, (ao mesmo tempo) para desenvolver questões de pesquisa e linhas de visão mais concretas;
2. *observação focalizada* – restringe a perspectiva do pesquisador àqueles processos e problemas que forem os mais essenciais para a questão de pesquisa;
3. *observação seletiva* – ocorre já na fase final da coleta de dados e concentra-se em encontrar mais indícios e exemplos para os tipos de práticas e processos descobertos na segunda etapa.

Utilizam-se, muitas vezes, fichas e esquemas de observação estruturados em diferentes níveis. É mais comum a produção de protocolos de situações (ver Capítulo 22) com o maior detalhamento possível para que permitam a obtenção de "descrições mais consistentes" (Geertz, 1973) sobre o campo. Determinar se o uso de anotações de campo deve ter preferência sobre o uso de fichas estruturadas de protocolo, que definem concretamente as atividades e os aspectos situacionais a serem documentados em cada caso, depende tanto da questão de pesquisa quanto da fase do processo no qual se procedem às observações. Quanto maior for a distinção entre os aspectos em uma ficha de protocolo, maior será o volume desses aspectos integrados e maior será o risco de que aqueles aspectos que não constem na ficha acabem não sendo percebidos nem anotados. Por essa razão, a observação descritiva deve abster-se de utilizar fichas estruturadas de forma muito severa a fim de evitar que a atenção do observador fique restrita e que sua sensibilidade esteja limitada ao novo. Na observação seletiva, no entanto, fichas de protocolo estruturadas podem ser úteis para uma compreensão total dos aspectos relevantes elaborados na fase anterior. Contudo, as observações participantes confrontam-se com o problema da limitada perspectiva observacional do observador, uma vez que nem todos os aspectos de uma situação podem ser compreendidos (e anotados) ao mesmo tempo. Bergmann afirma que "nossa competência para lembrar e para reproduzir incidentes amorfos de um evento social real é bastante limitada. Assim, os observadores participantes não têm outra opção senão anotar os eventos sociais que testemunham, de um modo fundamentalmente tipificador, recuperador e reconstrutivo" (1985, p. 308). A dúvida quanto a trabalhar com a observação pública (na qual o observado sabe que está sendo observado) ou com a observação secreta também aparece aqui, porém, mais como uma questão ética do que metodológica.

Quais são os problemas na condução do método?

Um dos problemas consiste na forma como delimitar ou selecionar situações observacionais nas quais o problema em

Estudo de caso:

Os garotos de branco

O exemplo apresentado a seguir é um dos estudos clássicos da pesquisa qualitativa na sociologia médica dos anos 1960. A equipe de pesquisa contou com vários dos pioneiros da pesquisa qualitativa da época e das décadas seguintes, entre eles Howard Becker, Blanche Geer e Anselm Strauss. Becker e colaboradores (1961) analisaram uma faculdade pública de medicina a fim de "descobrir o que uma faculdade de medicina fazia pelos estudantes além de proporcionar-lhes uma educação técnica. Supúnhamos que os estudantes deixavam a faculdade de medicina com um conjunto de ideias sobre a medicina e a prática médica diferente daquelas com as quais nela ingressaram (...) Não sabíamos que perspectivas um estudante adquiria enquanto estava na faculdade" (Becker e Geer, 1960, p. 269). Com esse propósito, durante um período de um ou dois meses, foram realizadas observações participantes, cuja duração às vezes se estendia ao longo de um dia inteiro, em palestras, exercícios práticos, alojamentos estudantis e em todos os departamentos do hospital. As orientações encontradas foram analisadas quanto a seu grau de ocorrência coletiva, ou seja, buscando-se identificar até que ponto elas eram válidas para os grupos estudados como um todo, em comparação com os membros individualmente considerados.

Este é um exemplo que permanece instrutivo em relação ao uso da observação participante com a intenção de superar o foco de um único membro de uma comunidade, assim como do conhecimento ou da narrativa. Ele demonstra a forma como se pode estudar a comunicação e o desenvolvimento das atitudes a partir da observação da interação e das práticas.

---

estudo torne-se realmente "visível". De acordo com Spradley, as situações sociais, em geral, podem ser descritas, para fins observacionais, ao longo de nove dimensões:

1. *espaço*: o local, ou os locais físicos;
2. *ator*: as pessoas envolvidas;
3. *atividade*: um conjunto de atos relacionados realizados pelas pessoas;
4. *objeto*: as coisas físicas que estão presentes;
5. *ato*: ações individuais realizadas pelas pessoas;
6. *evento*: um conjunto de atividades relacionadas executadas pelas pessoas;
7. *tempo*: o sequenciamento que acontece ao longo do tempo;
8. *objetivo*: as coisas que as pessoas tentam alcançar;
9. *sentimento*: as emoções sentidas e manifestadas. (1980, p. 78)

Na impossibilidade de se realizar uma observação de um dia inteiro em uma instituição, por exemplo, surge o problema da seleção. Como é possível encontrar aquelas situações nas quais se possam presumir a incidência de atores relevantes e de atividades interessantes? Ao mesmo tempo, como é possível selecionar situações que sejam o mais diferentes possível umas das outras, a partir do âmbito dos eventos de um dia típico, com a finalidade de ampliar a variação e a variedade do que é de fato observado?

Outro problema é a definição sobre a maneira como acessar o campo ou a subcultura estudados. Para tentar solucionar isso, os pesquisadores às vezes buscam a ajuda de pessoas-chave, as quais deverão apresentá-los e fazer contatos para eles. No entanto, muitas vezes pode ser complicado encontrar a pessoa certa para essa tarefa. Porém, os pesquisadores não devem deixar-se demais à mercê dessas pessoas. Ao contrário disso, devem ter o cuidado de observar até que ponto simplesmente aceitam a perspectiva delas, devendo estar cientes do fato de que essas pessoas podem estar proporcionando acesso a apenas uma parte específica do campo. Por último, se essa pessoa-chave representar, por exemplo, um *outsider* daquele campo, ela poderá até mesmo dificultar o acesso ao campo em estudo ou a abordagem a determinadas pessoas dentro deste[1].

Tornar-se um nativo

Na observação participante, até mais do que em outros métodos qualitativos, torna-se crucial obter, na medida do possível, uma perspectiva interna sobre o campo estudado, e, ao mesmo tempo, sistematizar o *status* de estranho. Apenas ao atingir essa sistematização, será possível ao pesquisador perceber o particular naquilo que for cotidiano e rotineiro no campo. A perda dessa perspectiva crítica externa e a adoção incondicional dos pontos de vista compartilhados no campo são reconhecidas como "tornar-se um nativo". O processo de transformar-se em um nativo, porém, é discutido não apenas como uma falha do pesquisador, mas também como um instrumento para refletir o próprio processo do indivíduo de tornar-se familiar e de obter *insights* dentro do campo em estudo, o qual seria inacessível com a manutenção da distância. No entanto, o objetivo da pesquisa não é restrito a tornar-se familiar à autoevidência de um campo. Isso poderia ser suficiente para uma participação bem-sucedida, mas não para uma observação sistemática. Os pesquisadores que procuram obter um conhecimento sobre as relações no campo estudado que transcenda a compreensão cotidiana devem também manter aquela distância de um "estranho profissional" (ver Agar, 1980). Dessa forma, Koepping destaca o fato de que, para a observação participante, o pesquisador,

> como figura social, deve ter exatamente aquelas características elaboradas por Simmel para o estranho: deve fundir em si mesmo, dialeticamente, estas duas funções: comprometimento e distância (...) [Portanto, o pesquisador tenta compreender] o que está delineado na noção de participação na observação, cuja tarefa é compreender através dos olhos do outro. Ao participar, o pesquisador autentica metodologicamente sua premissa teórica, e, além disso, faz do sujeito da pesquisa, o outro, não um objeto, mas um parceiro dialógico. (1987, p. 28)

Nos termos da tipologia de Gold (1958) sobre os papéis do observador, o papel do participante como observador é o que melhor se ajusta ao método da observação participante. Associada à abordagem do mergulho de cabeça no campo está a sensação de choque cultural normalmente vivenciada por parte do observador. Isso é particularmente óbvio nos estudos de campo etnográficos em culturas estrangeiras. Contudo, esse fenômeno também ocorre em observações realizadas em subculturas, ou, de modo geral, em grupos estranhos ou em situações extremas, como no caso da medicina intensiva: autoevidência familiar, normas e práticas perdem seu caráter de normalidade, e o observador é confrontado com valores estranhos, autoevidência, e assim por diante. Estes valores podem parecer difíceis de compreender, a princípio, mas o pesquisador precisa aceitá-los para conseguir não apenas entendê-los, mas também para entender seu significado. Particularmente na observação participante, a ação do pesquisador no campo é entendida não apenas como um transtorno, mas também como uma fonte adicional de conhecimento ou como um alicerce

Estudo de caso:

Observação participante em unidades de terapia intensiva

O exemplo a seguir pretende demonstrar o papel da preparação para um estudo com a utilização de observação participante em um campo muito específico e apontar o problema do pesquisador ser absorvido pelo campo, pelos membros e pela dinâmica das atividades no campo durante a observação.

Antes de realizar a observação participante em unidades de terapia intensiva, Sprenger (1989, p. 35-36) teve, primeiramente, que passar rapidamente por um curso básico sobre medicina de terapia intensiva, para familiarizar-se com a terminologia (síndromes, conceitos de tratamentos, etc.) do campo. Para a coleta de dados, foram utilizados guias observacionais, os quais foram ajustados aos diversos roteiros que deviam ser analisados (por exemplo, a rotina médica, as visitas de familiares). Durante o processo da coleta dos dados, várias atividades serviram para ampliar a perspectiva sobre o campo em estudo. A primeira delas foi uma troca semanal com um "grupo profissional consultor" (médicos, enfermeiros). A segunda foi a variação sistemática da perspectiva observacional, ou seja, observações centradas nos médicos, nos enfermeiros ou nos pacientes e observações voltadas para a cena (rotinas médicas, limpeza, colocação de um cateter, etc.). Problemas excepcionais (aqui também) resultaram da seleção de um local apropriado e do momento "correto" para a observação, conforme esclarecem as seguintes anotações sobre a experiência do pesquisador:

> Na sala, existe uma relativa pressa, há sempre algo a ser feito, e a enfermeira I. consegue me atropelar facilmente com sua correria. (Nenhum instante na "mesa dos enfermeiros".) Após o final do turno, constato logo após deixar a ala do hospital, que hoje fui uma quase-estagiária. A razão disso está, sobretudo, associada ao momento de minha chegada. Posteriormente, percebo o quanto é ineficaz entrar repentinamente no meio de um turno. Para nós, assim como para os enfermeiros, participar da troca de turnos, no início do turno, significa a chance de nos adaptarmos uns aos outros. Hoje eu não tive tempo de me orientar calmamente, não houve nenhum momento de percepção ou crescimento dentro da situação que me permitisse certa autoridade. Fui, então, inesperadamente absorvida pelo mecanismo das pequenas rotinas e restrições e, antes que pudesse abandoná-las, meu tempo estava esgotado. (1989, p. 46)

Essa cena elucida dois aspectos. A escolha do momento ou do verdadeiro início de uma sequência observacional determina essencialmente o que pode ser observado e, sobretudo, a maneira como fazê-lo. Além disso, aqui fica claro que, especialmente em ambientes muito agitados, a torrente de eventos pela qual passa a observadora acaba levando-a a desviar-se de sua função, passando a agir como uma "quase-estagiária" que tenta controlar esses eventos. Essa participação em processos de atividade pode levar a obstáculos de observação, contra os quais Sprenger sugere uma solução:

> Esse problema de ser invadido pelos eventos do campo é perigoso durante todo o curso da pesquisa, podendo, contudo, ser muito bem controlado. Além de escolher o início ideal para a observação, conforme já mencionado no protocolo apresentado, definir os objetivos observacionais e abandonar intencionalmente o campo assim que a capacidade observacional do pesquisador for esgotada são, comprovadamente, estratégias de controle muito eficazes. Porém, para isso é

(continua)

> **Estudo de caso:**
>
> **Observação participante em unidades de terapia intensiva (*continuação*)**
>
> necessário que o pesquisador aprenda sobre seus próprios limites de capacidade. (1989, p. 47)
>
> Esse exemplo mostra que dirigir e planejar a observação, bem como refletir quanto aos próprios recursos do indivíduo, podem reduzir o risco (há pouco esboçado) de o pesquisador ser absorvido pelo campo, assim como o risco da "transformação em nativo", e, portanto, da adoção precipitada de perspectivas do campo.

para este. "Felizmente, os assim chamados 'transtornos', criados pela existência do observador e por suas atividades, quando explorados adequadamente, constituem a base de uma ciência comportamental sistemática, e não – como atualmente se acredita – *contratempos* deploráveis, que, para serem mais facilmente descartados, são rapidamente varridos para baixo do tapete" (Devereux, 1967, p. 7).

Qual a contribuição para a discussão metodológica geral?

De um modo geral, a observação participante elucida o dilema entre a participação crescente no campo, da qual resulta apenas uma compreensão, e a manutenção de uma distância, da qual a compreensão torna-se meramente científica e verificável. Além disso, esse método aproxima-se, ainda, de uma concepção da pesquisa qualitativa como processo, pois pressupõe um período mais longo no campo e em contato com pessoas e com contextos a serem estudados, enquanto as entrevistas, na maioria das vezes, seguem sendo encontros exclusivos. Estratégias como a amostragem teórica (ver Capítulo 11) podem aqui ser aplicadas com maior facilidade do que nos estudos para entrevistas. Havendo clara necessidade de uma dimensão específica, de um grupo particular de pessoas, atividades concretas, etc., para a complementação dos dados e desenvolvimento da teoria, o pesquisador é capaz de voltar sua atenção a estes na sequência observacional seguinte. No caso das entrevistas, isso é bastante incomum, exigindo uma explicação detalhada se o pesquisador quiser realizar um segundo encontro. Além disso, na observação participante, a interação com o campo e o objeto de pesquisa pode ocorrer de um modo mais coerente. Além do mais, ao integrar outros métodos, os procedimentos metódicos dessa estratégia podem ser particularmente bem adaptados à questão de pesquisa. A flexibilidade e a apropriabilidade metodológicas ao objeto em estudo são duas das principais vantagens desse procedimento.

Como o método se ajusta no processo de pesquisa?

A utilização da observação participante está fundamentada no pano de fundo teórico das versões mais recentes do interacionismo simbólico (ver Capítulo 6). Em termos do objetivo de desenvolvimento de teorias sobre o objeto de pesquisa (ver Capítulo 8), questões relativas ao modo de acessar o campo tornam-se um problema metodológico decisivo (ver Capítulo 10). As questões de pesquisa (ver Capítulo 9) concentram-se na descrição do campo em estudo e das práticas ali presentes. Na maior parte, aplicam-se estratégias gradativas de amostragem (ver Capítulo 11). Utilizam-se estratégias de codificação para a realização das interpretações (ver Capítulos 24 e 26).

Quais as limitações do método?

Um problema desse método é que nem todos os fenômenos podem ser observados nas situações. Os processos biográficos são difíceis de serem observados, o que também se aplica aos processos abrangentes de conhecimento. Eventos e práticas que ocorram raramente – embora sejam cruciais à questão de pesquisa – podem ser captados apenas contando-se com a sorte, ou, se o forem de alguma forma, por meio de uma seleção bastante cuidadosa de situações de observação. Como forma de resolver esses problemas, integram-se entrevistas adicionais de participantes ao programa de pesquisa, o que permite a reconstrução de processos biográficos ou de reservas de conhecimento que são o pano de fundo das práticas que podem ser observadas. Portanto, o conhecimento do pesquisador na observação participante baseia-se apenas parcialmente na observação das ações. Boa parte desse conhecimento está embasada nos enunciados verbais dos participantes a respeito de certas relações e fatos. Para poderem utilizar-se dos pontos fortes da observação, em comparação com os estudos de entrevistas, e de avaliar a dimensão da aplicação dessa capacidade em relação aos dados recebidos, Becker e Geer (1960, p. 287) sugerem o esquema apresentado na Tabela 17.1 para situar os dados.

O interesse dos autores está em oferecer uma resposta para a dúvida quanto à probabilidade de uma atividade ou atitude verificadas poderem ser consideradas válidas ao grupo estudado como um todo ou apenas a membros individuais ou a situações específicas. Eles partem da noção de que o grupo muito provavelmente compartilhe as atitudes inferidas a partir das atividades em grupo, pois, de outra forma, estas teriam sido corrigidas ou comentadas pelos outros membros. É mais provável que os enunciados dentro do grupo sejam vistos como atitudes compartilhadas, e não como enunciados de um membro em contato direto com o observador. Atividades e enunciados espontâneos parecem mais confiáveis do que aqueles em respos-

TABELA 17.1
Consistência das observações

		Voluntárias	Controladas pelo observador	Total
Enunciados	Apenas para o observador			
	Para os outros, em conversas cotidianas			
Atividades	Individuais			
	Em grupo			
No conjunto				

Fonte: Becker e Geer, 1960, p. 287.

ta à intervenção de um observador (por exemplo, a uma pergunta direta). O mais importante aqui, outra vez, é dar uma solução à questão relativa à probabilidade de as atividades e os enunciados observados ocorrerem independentemente da observação e da participação do pesquisador.

A partir das vantagens dos métodos discutidos em expressões-chave como flexibilidade e apropriabilidade ao objeto de pesquisa, surge outro problema. A observação participante dificilmente pode ser padronizada e formalizada além de uma estratégia geral de pesquisa, e não faz sentido ver nisso um objetivo para novos avanços metodológicos (Luders, 2004a). Da mesma forma, as discussões metodológicas têm estagnado nos últimos anos. As tentativas de codificar a observação participante que aparecem em manuais acadêmicos baseiam-se nas discussões do início dos anos 1970, ou então são relatadas a partir de oficinas de observação.

ETNOGRAFIA

Nas discussões recentes, o interesse pelo método da observação participante enfraquece, ficando cada vez mais em segundo plano, enquanto a estratégia mais geral da etnografia, na qual a observação e a participação misturam-se a outros procedimentos, atrai maior atenção:

> Em sua forma mais característica, ela implica a participação pública ou secreta do etnógrafo na vida cotidiana das pessoas por um período prolongado de tempo, observando o que acontece, escutando o que é dito, fazendo perguntas – na verdade, coletando qualquer dado que esteja disponível para esclarecer as questões com as quais ele se ocupa. (Hammersley e Atkinson, 1995, p. 1)

Quais são as características da pesquisa etnográfica?

A definição e a formulação concretas de princípios e de etapas metodológicas estão subordinadas à prática de uma atitude geral de pesquisa no campo observado, ou, de um modo mais geral, estudado. Entretanto, Atkinson e Hammersley (1998, p. 110-111) observam, em um panorama mais recente, diversas características substanciais da pesquisa etnográfica, conforme mostra o Quadro 17.1.

Aqui, a coleta de dados está mais coerentemente subordinada à questão de pesquisa e às circunstâncias no respectivo campo. Os métodos encontram-se subordina-

---

QUADRO 17.1 Características da pesquisa etnográfica

- Uma forte ênfase na exploração da natureza de um fenômeno social específico, em vez de partir para o teste de hipóteses a seu respeito.
- Certa tendência a trabalhar primeiramente com dados "não-estruturados", isto é, que não tenham sido codificados no momento da coleta de dados em termos de um conjunto fechado de categorias analíticas.
- Investigação detalhada de um pequeno número de casos, talvez apenas um caso, de forma detalhada.
- A análise dos dados envolve a interpretação explícita dos significados e das funções das ações humanas, cujo produto assume essencialmente a forma de descrições e de explicações verbais, com a quantificação e a análise estatística desempenhando, no máximo, um papel secundário.

Fonte: Atkinson e Hammersley, 1998, p. 110-111.

dos à prática (quanto à pluralidade de métodos nesse contexto, ver também Atkinson e colaboradores, 2001). Luders (1995, p. 320-321; 2004a) vê as características centrais que definem a etnografia da seguinte forma:

> primeiro, [há] o risco e os momentos do processo de pesquisa que não podem ser planejados e são situacionais, coincidentes e individuais (...) Em segundo lugar, a atividade hábil do pesquisador torna-se mais importante, em cada situação (...) Em terceiro lugar, a etnografia (...) transforma-se em uma estratégia de pesquisa que inclui tantas opções de coleta de dados quantas possam ser imaginadas e sejam justificáveis.

As discussões metodológicas concentram-se mais nas questões referentes ao modo de relatar as descobertas em um campo (ver Capítulo 30), do que nos métodos de coleta e de interpretação de dados. No entanto, as estratégias metodológicas aplicadas nos campos em estudo ainda baseiam-se muito na observação daquilo que está acontecendo no campo por meio da participação neste. As entrevistas e as análises de documentos são integradas a esse tipo de plano de pesquisa participativa, com a promessa de fornecerem informações adicionais.

Em seu panorama recente da etnografia, Atkinson e colaboradores (2001, p. 2) afirmam:

> A pesquisa etnográfica contemporânea é caracterizada pela fragmentação e pela diversidade. Há certamente uma profusão carnavalesca de métodos, de perspectivas e de justificações teóricas para o trabalho etnográfico. Existem múltiplos métodos de pesquisa, de análise e de representação.

A etnografia como estratégia de pesquisa (como a observação participante, no seu início) foi importada da antropologia para diversas áreas substanciais em outras disciplinas, tais como a sociologia e a educação. Enquanto, no começo, a etnografia estudou culturas remotas em seu caráter de não-familiaridade, a etnografia atual começa sua pesquisa por perto e quer mostrar determinados aspectos daquilo que parece familiar a todos nós. São estudadas e analisadas, por exemplo, as pequenas esferas de vida de pessoas que adotam o estilo "faça você mesmo", de membros dos parlamentos e pessoas praticantes de musculação (ver Honer, 2004).

De um ponto de vista mais metodológico, a pesquisa etnográfica atual é marcada por uma participação extensiva no campo, que tenha considerado uma estratégia de pesquisa flexível, com o emprego de todos os tipos de métodos e concentrando-se na redação e na descrição das experiências naquele campo (Luders, 2004a).

Smith (2002) delineia uma abordagem chamada etnografia institucional cujo foco não se concentra tanto nas práticas cotidianas, mas sim na forma como estas são institucionalizadas em regras e em relações gerais, nas quais estão incorporadas as práticas diárias dos indivíduos. Na abordagem dessa autora, percebe-se uma forte conexão com as teorias e os tópicos feministas, por exemplo, quando ela estuda o trabalho das mulheres como mães.

Quais são os problemas na condução do método?

Os métodos definem quais aspectos do fenômeno são especialmente relevantes e merecem uma atenção especial. Fornecem, ao mesmo tempo, uma orientação para a prática do pesquisador. Na etnografia, ambos são abandonados em favor de uma atitude geral para com a pesquisa por meio do uso daquilo que os pesquisadores descobrem tratar-se de seu próprio caminho na esfera de vida em estudo. Nesse estudo, a utilização pragmática de todo tipo de métodos – e dados – é um componente central. Como alguns pesquisadores dessa área têm criticado, a flexibilidade metodo-

Estudo de caso:

O comportamento de saúde de adolescentes sem-teto

Em um projeto em andamento, estou estudando o comportamento e as práticas de saúde de adolescentes sem-teto. Estudamos adolescentes com idades entre 14 e 20 anos e os distinguimos em dois grupos: de acordo com o tempo que passam nas ruas, e segundo seus graus de envolvimento em comunidades de crianças de rua. O grau de perpetuação de sua condição de sem-teto é, aqui, relevante. Eles foram observados em diferentes locais de uma grande cidade. Se, na observação participante, os adolescentes são identificados como membros da comunidade em tempo prolongado, pedimos-lhes uma entrevista sobre suas experiências com problemas de saúde e com os serviços do sistema de saúde, sobre seus conceitos de saúde e sobre a forma como relatam as histórias pessoais que os levaram à condição de sem-teto. Neste estudo, usamos diferentes abordagens metodológicas para elaborar um quadro mais completo das situações de vida de nossos participantes.

Este exemplo demonstra como podemos utilizar uma abordagem aberta como a etnografia para o estudo de uma questão concreta (conceitos de saúde e comportamento) ao aplicarmos diversos métodos orientados para níveis distintos da questão em estudo – neste caso, o conhecimento (via entrevistas) e as práticas (via observação).

lógica exigida pela etnografia contemporânea significa que os pesquisadores precisam estar familiarizados com – ou até mesmo que sejam especialistas em – uma variedade considerável de métodos para realizarem estudos etnográficos. Essa exigência pode parecer excessivamente desafiadora, particularmente aos novatos na pesquisa.

Qual a contribuição para a discussão metodológica geral?

Nos últimos anos, a etnografia tem atraído atenção especial graças a dois conjuntos de circunstâncias. Em primeiro lugar, nesse contexto, deu-se início a um amplo debate sobre a apresentação da observação (Clifford e Marcus, 1986), o qual certamente gerou e ainda deverá originar consequências para outros domínios da pesquisa qualitativa (quanto a isso, ver Capítulo 30). Em segundo lugar, a discussão metodológica recente sobre os métodos qualitativos de modo geral, na região anglo-saxônica (por exemplo, nas contribuições a Denzin e Lincoln, 2000a), tem sido fortemente influenciada por estratégias e discussões na etnografia. A etnografia tem representado a influência mais poderosa para a transformação da pesquisa qualitativa em um tipo de atitude de pesquisa pós-moderna em oposição à aplicação mais ou menos codificada de métodos específicos. Além disso, a etnografia vem sendo redescoberta na psicologia cultural e do desenvolvimento (ver o livro de Jessor et al., 1996), tendo estimulado um novo interesse nos métodos qualitativos dessa área[2].

Como o método se ajusta no processo de pesquisa?

A etnografia parte da postura teórica da descrição de realidades sociais e de sua produção (ver Capítulo 6), visando à elaboração de teorias (ver Capítulo 8). As questões de pesquisa concentram-se, sobretudo, em descrições detalhadas de estudos de caso (ver Capítulo 9). A entrada no campo tem importância central para a revelação empírica e teórica do campo em estudo, não representando, simplesmente, um problema que precise ser resolvido tecnicamente (ver Capítulo10). As estratégias de amostragem geralmente voltam-se para a amostragem teórica ou para os procedimentos derivados dela nesse campo (ver Capítulo 11). As interpretações são realizadas, essencialmente, com a utilização de análises sequenciais e de codificação (ver Capítulos 23 e 25). Mais recentemente, abordagens como a etnografia virtual vêm sendo desenvolvidas (ver Capítulo 20) para o uso da etnografia como método para a análise de interações no ciberespaço.

Quais as limitações do método?

Na discussão sobre etnografia, os métodos de coleta de dados são tratados como secundários. As estratégias de participação no campo em estudo, a interpretação de dados e, sobretudo, os estilos de redação e a questão da autoridade e da autoria na apresentação de resultados (para maiores detalhes sobre este tema, ver Capítulo 30) são tópicos que recebem maior atenção. Essa abordagem pode ser interpretada (de um modo positivo) como uma forma de demonstrar a flexibilidade para com o sujeito em estudo, ainda que exista também nela o risco de uma arbitrariedade metodológica. Os métodos concretamente aplicados fazem da etnografia uma estratégia que utiliza a triangulação (ver Capítulo 29) de várias abordagens metodológicas no esquema da elaboração de uma atitude geral de pesquisa.

Pontos-chave

- Na pesquisa qualitativa, a observação pode ser utilizada com diferentes graus de participação do pesquisador no campo em estudo.
- A relação entre rigor e flexibilidade metodológicos é diferente em cada versão. A observação não-participante é caracterizada por manter distância em relação ao campo e aos padrões metodológicos gerais.
- Na outra ponta do espectro, a etnografia é caracterizada pela participação extensiva e por um pragmatismo metodológico voltado para a adaptação de métodos ao campo e para a utilização de quaisquer métodos que conduzam a *insights* adicionais.
- A etnografia substituiu a observação participante, mas constitui a base metodológica central de qualquer trabalho etnográfico a ética e formas de tornar-se um nativo.

Exercício 17.1

1. Procure um exemplo de estudo etnográfico na literatura. Identifique os métodos utilizados nesse estudo, a forma como os autores organizaram suas participações no campo e como administraram as questões do envolvimento e do distanciamento em seus contatos com o campo.
2. Vá para locais abertos de sua universidade (como a biblioteca ou cafés) e faça um pouco de observação participante a fim de descobrir mecanismos e práticas de integração e de segregação entre as pessoas nesses espaços. Trata-se de grupos distintos? Como as pessoas entram em contato umas com as outras? De que forma elas mantêm limites, etc.? Anote suas observações em notas de campo (ver Capítulo 22). Após concluir sua observação, escreva um relato sobre o que você viu e sobre o que o/a surpreendeu no campo.

NOTAS

1. O pesquisador deve refletir quanto aos motivos para julgar que aquela pessoa-chave escolhida possa ser considerada como preparada para desempenhar esse papel. É possível encontrar, na literatura, uma variedade de posturas sociais a partir das quais as pessoas começam a tornar-se pessoas-chave na observação participante. A maior parte dessas posturas é caracterizada por déficits sociais que dizem respeito à situação social dessa pessoa no grupo ou no campo (por exemplo, o *outsider*, o novato, o frustrado, pessoas afetivamente carentes, o subordinado). Isso não necessariamente significa que a aceitação social deve ser o único motivo para auxiliar o pesquisador nesse aspecto. No entanto, as consequências da motivação e do papel da pessoa-chave para o acesso do pesquisador e para a observação precisam ser consideradas. Assim, não apenas a observação *por parte* de pessoas-chave, mas também a observação *das* pessoas-chave no campo deve estar integrada como base para esta reflexão.
2. No entanto, encontramos posturas distintas da etnografia pós-moderna dominante. Como exemplo disso, podemos citar Shweder (1996) que, em seu conceito de uma "verdadeira etnografia que contesta o solipsismo e a superficialidade" da etnografia pós-moderna, exige, em vez disso, uma estratégia de "leitura da mente".

LEITURAS ADICIONAIS

A observação não-participante

Esse texto oferece uma visão geral sobre a observação não-participante na pesquisa qualitativa.

Adler, P.A., Adler, P. (1998) "Observation Techniques", in N. Denzin and Y.S. Lincoln (eds), *Collecting and Interpreting Qualitative Materials*. London: SAGE. pp. 79-110.

A OBSERVAÇÃO PARTICIPANTE

O primeiro texto é um exemplo clássico da aplicação desse método, ao passo que os demais são manuais acadêmicos que discutem o método em maior profundidade.

Becker, H.S., Geer, B., Hughes, E.C., Strauss, A.L. (1961) *Boys in White: Student Culture in Medical School*. Chicago: University of Chicago Press.

Jorgensen, D.L. (1989) *Participant Observation: A Methodology for Human Studies*. London: SAGE.

Spradley, J.P. (1980) *Participant Observation*. New York: Holt, Rinehart and Winston.

A ETNOGRAFIA

As diversas abordagens à etnografia que são características das discussões recentes estão resumidas no livro e no capítulo do manual acadêmico dos mesmos autores, e também no livro-texto de psicologia cultural.

Atkinson, P., Coffey, A., Delamont, S., Lofland, J., Lofland, L. (eds) *Handbook of Ethnography*. London: SAGE.

Atkinson, P., Hammersley, M. (1998) "Ethnography and Participant Observation", in N. Denzin and Y.S. Lincoln (eds), *Strategies of Qualitative Inquiry*. London: SAGE. pp. 110-136.

Hammersley, M., Atkinson, P. (1995) *Ethnography: Principles in Practice*. (2nd edn). London: Routledge.

Jessor, R., Colby, A., Shweder, R.A. (eds) (1996) *Ethnography and Human Development*. Chicago: University of Chicago Press.

18
Dados visuais: fotografia, filme e vídeo

As fotografias como instrumento e objeto de pesquisa, 219
A análise de filmes como instrumento de pesquisa, 224
O uso de vídeo na pesquisa qualitativa, 226

OBJETIVOS DO CAPÍTULO
Após a leitura deste capítulo, você deverá ser capaz de:

✓ reconhecer as oportunidades para a utilização e os limites da utilização dos métodos de dados visuais.
✓ saber que tanto utilizar fotografias de arquivos como tirar novas fotografias constituem uma forma de coleta de dados.
✓ compreender a relevância dos filmes como uma forma de reflexão sobre a construção social das realidades sociais, bem como uma forma de influenciá-la.
✓ perceber o potencial do uso do vídeo como uma fonte e um modo de produção de dados com vantagens e limitações.

AS FOTOGRAFIAS COMO INSTRUMENTO E OBJETO DE PESQUISA

Recentemente, observou-se certo renascimento da observação de segunda-mão, tanto como tópico quanto como método, o que diz respeito ao uso da mídia visual para fins de pesquisa. As fotografias, os filmes e as filamgens são cada vez mais utilizados como formas genuínas e como fontes de dados (ver Becker, 1986a; Denzin, 2004a; Harper, 2004; para uma discussão sobre o uso de câmeras de vídeo na gravação de conversas ou de entrevistas, ver Capítulo 22). A fotografia, particularmente, tem uma longa tradição na antropologia e na etnografia. O estudo de Bateson e Mead (1942) *"Balinese character"* é reiteradamente considerado um clássico.

A câmera como instrumento para a coleta de dados

Recentemente vem sendo desenvolvida uma sociologia visual centrada em recursos como a fotografia e o filme. Becker (1986a) inaugurou essa abordagem. Antes disso, Mead (1963) resumiu o objetivo fundamental do uso de câmeras na pesquisa social: elas permitem gravações detalhadas de fatos, além de proporcionar uma apresentação mais abrangente e holística

Estudo de caso:

O estudo de Bateson e Mead – *"balinese character"*

Gregory Bateson e Margaret Mead foram pioneiros da antropologia cultural. Em seu estudo, eles desenvolveram uma metodologia abrangente que incluiu a produção e a análise de material visual, tais como fotos e filmes para a documentação da vida cotidiana, das rotinas e dos rituais em Bali. Em sua investigação sobre uma aldeia de uma montanha balinesa, Bateson e Mead (1942) reuniram 25 mil fotografias, 2 mil metros de filme, gravuras, esculturas e desenhos infantis. As fotos e os filmes são particularmente importantes, tanto como dados quanto como instrumentos de conhecimento. Os autores apresentaram os filmes revelados aos habitantes da aldeia e documentaram suas reações novamente em filmes. As fotografias e os filmes foram entendidos não como meras reproduções da realidade, mas como apresentações da realidade, sendo estas influenciadas por certas suposições teóricas. Bateson e Mead tinham consciência de que as fotografias e os filmes – não diferente das esculturas e dos desenhos – não consistiam em um espelho da realidade, mas apenas formas de apresentação, que, sem a análise, permanecem ocultas. As fotos e a análise destas, nas assim chamadas placas de imagem, são essenciais na apresentação dos resultados do conjunto do estudo. Essas placas de imagem são grupos de fotografias juntamente com análises (textuais) a elas relacionadas. As imagens foram classificadas de acordo com categorias culturais pressupostas como sendo típicas de Bali (tais como "orientação e níveis espaciais", "aprendizado", "integração e desintegração do corpo" e "estágios do desenvolvimento infantil"): "As imagens foram organizadas em grupos que permitiram que diversas perspectivas sobre um único tópico fossem apresentadas simultaneamente ou em sequências que mostravam a maneira pela qual um evento social evoluiu ao longo do tempo" (Harper, 1998, p. 132).

Nesse estudo, o material visual para a documentação complementar da cultura e das práticas analisadas é produzido e contrastado com as apresentações e as interpretações na forma textual, a fim de ampliar as perspectivas integradas sobre o sujeito. Já se considera que o material visual não apenas é realizado diante de certo contexto teórico, como também é percebido e interpretado a partir de um ponto de vista específico.

de estilos e de condições de vida. Permitem o transporte de artefatos e a apresentação destes como retratos, e também a transgressão dos limites de tempo e espaço. Podem captar fatos e processos que sejam muito rápidos ou muito complexos ao olho humano. As câmeras também permitem gravações não-reativas das observações e, por último, são menos seletivas do que as observações. As fotografias permanecem disponíveis a outras pessoas, podendo ser reanalisadas.

Após Barthes (1996), podem-se distinguir quatro tipos de relações entre o pesquisador e os pesquisados. O pesquisador pode mostrar fotos (como demonstrador) para pessoas em estudo (como espectadores), questionando-os quanto ao material (tipo I). O operador (que tira a fotografia) pode utilizar o indivíduo pesquisado como um modelo (tipo II). Os pesquisadores (como espectadores) podem pedir que o sujeito mostre fotografias sobre um determinado tópico ou período (como demonstrador) (tipo III). Por fim, o pesquisador (como espectador) pode observar os sujeitos (como operadores) enquanto tiram uma fotografia e conduzem uma análise sobre o material escolhido para ser fotografado (tipo IV: conforme Wuggenig, 1990).

De um modo mais geral, a questão discutida consiste em determinar "como obter informações no filme e como obtê-las fora do filme" (Hall, 1986, citado em Denzin, 1989b, p. 210). Uma abordagem, por exemplo, é a utilização das fotografias de álbuns de família para analisar a história dessa família ou dos sujeitos nelas documentados ao longo do tempo. Além disso, na pesquisa sobre famílias ou na pesquisa institucional, a integração de sua autorrepresentação em fotos e de imagens de seus membros dispostas nas paredes das peças das casas ou de instituições pode revelar estruturas sociais do campo social.

Em geral, diversas questões metodológicas têm sido discutidas, tendo como eixo os seguintes tópicos (ver Denzin, 1989b, p. 213-214):

- Suposições teóricas que determinam o que é fotografado e quando, que aspecto é selecionado para análise a partir da fotografia, etc., deixam sua marca na utilização das fotografias como dados ou para a documentação de relações.
- As câmeras são incorruptíveis em termos de sua percepção e documentação do mundo: não esquecem, não se cansam e não cometem erros. As fotografias, no entanto, também transformam o mundo, conforme o modo com o apresentam.
- As fotografias contam a verdade: porém, até que ponto as fotos estão também marcadas pela interpretação e pela atribuição daqueles que as tiram e observam?
- As fotos (e os filmes) revelam uma abordagem ao mundo simbólico dos sujeitos e suas opiniões.
- As fotos apenas são expressivas quando tiradas no momento certo – quando ocorre a ação que interessa e as pessoas relevantes entram no campo de visão da câmera.
- Não apenas o participante, mas também o observador que estiver fotografando, tem de encontrar e de assumir um papel e uma identidade no campo.

O uso de fotos no contexto das entrevistas

Dabbs (1982) delineia uma forma diferente de utilizar o instrumento fotográfico. As pessoas em estudo recebem câmeras, e a elas solicita-se que "tirem (ou que peçam a outra pessoa para tirar) fotografias que revelem quem elas são" (1982, p. 55). Essa tarefa pode ser ampliada para um diário fotográfico, no qual as pessoas captam aspectos e eventos no desenrolar de sua vida diária. É o sujeito quem deverá decidir sobre quais os aspectos ou eventos que merecem ser fotografados, e não o pesquisador. Aquilo que ele seleciona e utiliza para

---

QUADRO 18.1 Instrução para a entrevista fotográfica

Quando o objetivo for a utilização de fotografias como parte da coleta de dados, no contexto das entrevistas, deve-se fornecer aos participantes uma instrução como a seguinte:

"O que você mais gosta em seu quarto e em seu apartamento (ou casa)? E o que você menos gosta? Por favor, fotografe primeiramente os três temas de que você mais gosta em seu quarto, e, depois, os três de que você menos gosta. Então, por favor, repita essa operação no resto do apartamento. Não importa a peça escolhida. Ao todo, você pode utilizar 12 fotos."

Fonte: Wuggenig, 1990, p. 116.

ser retratado permite ao pesquisador tirar conclusões a respeito das opiniões dos sujeitos em relação à própria vida cotidiana que levam. É particularmente este o caso quando se comparam as perspectivas de diferentes sujeitos no campo expressas em suas fotografias e os aspectos nelas destacados.

Wuggenig (1990, p. 115-118) aplicou um procedimento semelhante para estudar os significados na área de moradia. As pessoas foram instruídas a utilizar uma câmera para documentar, em 12 fotos, suas maneiras de viver e o interior de seus apartamentos, característicos para pessoas como elas. A instrução apresentada no Quadro 18.1 foi fornecida a essas pessoas.

Na "entrevista para a geração de fotografias" (Harper, 2000, p. 725), tiram-se fotos da própria vida das pessoas para estimular os parceiros de entrevista a produzirem narrativas ou respostas – primeiro a respeito da fotografia, e, depois, partindo daí, sobre sua vida cotidiana. Esse procedimento também pode ser visto como uma forma de realização de entrevista focalizada (ver Capítulo 13). Enquanto aqui o material visual é utilizado como suporte para a condução da entrevista, no exemplo seguinte, as fotografias são utilizadas como dados em si mesmos.

De modo geral, as fotografias têm uma alta qualidade icônica, o que pode auxiliar a ativar as lembranças das pessoas ou a estimulá-las/encorajá-las a elaborarem enunciados sobre situações e processos complexos.

Quais são os problemas na aplicação do método?

Denzin (1989b, p. 214-215) adota a tipologia de Gold dos papéis de observador (ver Capítulo 17) para descrever os

Estudo de caso:

Análise de fotografias de soldados

No caso relatado aqui, as fotografias não foram produzidas para fins de pesquisa, mas foram utilizadas fotos já existentes como material para a pesquisa. Haupert (1994) usou o método da hermenêutica objetiva (ver Capítulo 24) para analisar fotos de soldados, com o objetivo de reconstruir processos biográficos. Aqui, as fotos não são tiradas para fins de pesquisa, ou seja, fotos que já existem são analisadas em função das relações gerais com o período fotografado e pelos destinos individuais traçados nesse material. As fotografias, aqui, têm sua própria relevância enquanto documentos genuínos. Sua análise pode referir-se a outras formas de dados (entrevistas biográficas). A análise fotográfica é explicitamente entendida e praticada enquanto forma de análise textual. O que significa dizer que as fotos são aqui estudadas "cuja qualidade textual, no sentido da pesquisa social – embora a gramática da imagem ainda não fique clara – (...) possam finalmente ser selecionadas por um procedimento programático de relato de histórias gramaticalmente corretas que sejam adequadas em significado e em modelo à estrutura contextual da imagem" (1994, p. 286).

Este é um exemplo sobre a forma de utilização de um material fotográfico que já existia anteriormente como apoio para provocar, nos participantes, suas lembranças sobre aquele período a que as entrevistas se referem, de modo que estas possam ser conduzidas.

problemas associados à descoberta do papel mais apropriado para o observador-fotógrafo. Um problema é a influência do meio. O posicionamento dos sujeitos a serem fotografados resulta na perda da expressividade do momento. O mesmo acontece se os sujeitos posarem para as fotos (fotos de autoapresentação). Os *insights* que as fotografias podem oferecer sobre a vida cotidiana em estudo serão os melhores possíveis se o pesquisador-fotógrafo conseguir dar um jeito de integrar-se à câmera de modo que atraia a menor atenção possível.

Outro problema é a possibilidade de influenciar ou de manipular a apresentação fotográfica. Quanto a isso, Denzin menciona a montagem e o retoque, ou a tentativa de tirar fotos artísticas, e argumenta que essas técnicas podem levar o pesquisador a deixar de fora detalhes relevantes à questão de pesquisa. Denzin cita também várias formas de censura (por parte de agências oficiais, das pessoas fotografadas ou do fotógrafo) que podem restringir a realização e a confiabilidade das fotografias como dados das ciências sociais (1989b, p. 220). Becker discute esse ponto sob o tópico do controle do fotógrafo sobre a imagem final: "A escolha do filme, da revelação e do papel, das lentes e da câmera, das exposições e do enquadramento, do momento e das relações com os sujeitos – todos esses aspectos, sob controle direto do fotógrafo, dão forma ao produto final (...). Uma segunda influência sobre a imagem que o fotógrafo produz é sua teoria a respeito do que ele busca observar, sua compreensão daquilo que está investigando" (1986a, p. 241-242). Além disso, Becker levanta a questão "Os fotógrafos dizem a verdade?", e tenta especificar formas de respondê-la por meio da discussão de questões de amostragem e do problema da reatividade gerado pelo próprio ato de fotografar. Um problema peculiar é a questão do enquadramento (o que está na fotografia, o que está sendo focalizado, o que é deixado de fora?) e da medida em que o estilo estético pessoal do fotógrafo determina o conteúdo da foto.

De um modo geral, esses problemas levantam a questão sobre até que ponto a amostra da realidade em estudo contida no escopo da fotografia introduza influências na apresentação da realidade, e sobre qual seja o papel do meio fotográfico na construção da realidade em estudo.

Como o método se ajusta no processo de pesquisa?

No caso de Denzin, o contexto teórico da utilização de fotografias são os modelos estruturalistas, como a hermenêutica objetiva ou o interacionismo simbólico (ver Capítulo 6). As questões de pesquisa concentram-se em descrições de aspectos da realidade contidos nas fotografias (ver Capítulo 9). O material é selecionado de forma gradual (ver Capítulo 11). Utilizam-se procedimentos sequenciais para a interpretação (ver Capítulo 25). A análise do material visual é geralmente triangulada com outros métodos e dados (ver Capítulo 29).

Quais as limitações do método?

Essas tentativas de uma hermenêutica de imagens visam a ampliar a variedade daquilo que possa valer como dado possível para a pesquisa social empírica dentro do domínio visual. Entretanto, (ao menos até agora) a estes vêm sendo aplicados procedimentos de interpretação que já são familiares, pois são provenientes das análises de dados verbais. Neste aspecto, esses dados visuais também são considerados como textos. As fotos contam uma história; textos descritivos, sumários e transcrições em geral acompanham os dados visuais antes da aplicação de métodos de interpretação textual no material visual. Resta ainda a elaboração de procedimentos analíticos genuínos que estejam diretamente relacionados com as imagens.

A ANÁLISE DE FILMES COMO INSTRUMENTO DE PESQUISA

A televisão e os filmes têm uma influência cada vez maior na vida cotidiana e, portanto, a pesquisa qualitativa utiliza-os para ser capaz de dar conta da construção social da realidade. Denzin (1989b) analisa filmes de Hollywood cujo conteúdo inclua reflexões sociais sobre experiências sociais (como alcoolismo, corrupção, etc.). Esses filmes repercutem também momentos-chave da história (por exemplo, a Guerra do Vietnã), determinadas instituições (por exemplo, hospitais), valores sociais (como o casamento e a família), relacionamentos, domínios da vida cotidiana e emoções. Esses filmes e as práticas neles apresentadas podem ser interpretados em diferentes níveis de significado. Denzin faz uma distinção entre as "leituras realistas" e as "leituras subversivas" (2004a, p. 240). As leituras realistas compreendem um filme como descrição verídica de um fenômeno, cujo significado pode ser (completamente) revelado por meio de uma análise detalhada dos conteúdos e dos aspectos formais das imagens. A interpretação serve para validar as alegações de verdade que o filme produz sobre a realidade. As leituras subversivas, por sua vez, levam em conta o fato de que as ideias do autor sobre a realidade influenciam o filme da mesma maneira que as ideias do intérprete deverão influenciar sua interpretação. As diversas interpretações influenciam a análise do material do filme. Utilizam-se várias construções da realidade (ver Capítulo 7) para a análise e a comparação das interpretações.

Etapas na condução da análise de filmes

Como modelo geral para a análise de filmes, Denzin (2004a, p. 241-242) sugere quatro etapas:

1. "Assistir e sentir": Os filmes são considerados como um todo, anotando-se as impressões, as questões e os padrões de significado que forem visíveis.
2. Qual é a questão de pesquisa que se impõe? Formulam-se as perguntas que devem ser buscadas no material. Para isso, anotam-se as cenas-chave.
3. Produzem-se "microanálises estruturadas" de cenas e de sequências individuais, que devem levar a descrições e a padrões detalhados na exposição (de conflitos, etc.) nesses fragmentos.
4. Ao responder à questão de pesquisa, buscam-se padrões em todo o filme. Ou melhor, a busca de padrões estende-se ao filme inteiro para responder à questão de pesquisa. Leituras realistas e subversivas do filme são contrastadas, e uma interpretação final é redigida.

Esse procedimento foi aplicado a diversos exemplos.

Quais os problemas na condução do método?

A utilização de filmes como dados leva também a problemas de seleção (quais filmes, quais cenas serão analisadas mais de perto?) e de interpretação (a que se deve prestar atenção no material?). Além disso, surge a questão quanto à elaboração dos dados para a interpretação: a codificação, a categorização e a interpretação devem ser feitas diretamente sobre o material visual, ou, em primeiro lugar, devem ser feitas as transcrições de diálogos e seus contextos, transformando-se, assim, o material visual em texto?

Estudo de caso:

O alcoolismo nos filmes de Hollywood

Tomando como exemplo o filme *Tender Mercies*,[*] Denzin estuda a apresentação e o tratamento de problemas como "alcoolismo" e "famílias de alcoólatras" com a finalidade de descobrir "como as representações culturais formam as experiências de vida" (1989c, p. 37). Então, Denzin estudou primeiramente as "interpretações realistas" do filme, que ele obteve a partir de resenhas e de de guias de filmes, em relação a seus "significados ideológicos dominantes" (1989c, p. 40). A suposição que serve aqui como pano de fundo é que as interpretações de filmes e de problemas sociais como o alcoolismo são, normalmente, "patriarcalmente tendenciosas", uma vez que sejam formuladas a partir de um ponto de vista masculino (1989c, p. 38). Denzin contrasta essa noção com sua própria "leitura subversiva" do filme e do problema, a qual ele conduz a partir do ponto de vista do feminismo. Desloca-se o foco do personagem masculino principal e seu vício do álcool para as mulheres presentes em sua vida e para as consequências que o alcoolismo do personagem principal acarreta para as mulheres e para sua família (1989c, p. 46). A partir dessa alteração de perspectivas, obtém-se uma análise dos valores e das questões culturais associados ao problema do alcoolismo, tais como a família, as relações de gênero e o controle das emoções na sociedade (1989c, p. 49). Ao final, as leituras realizadas são avaliadas em contraste com as interpretações de diferentes espectadores do filme. Estas últimas são relacionadas às experiências subjetivas dos espectadores dos problemas ali mencionados (1989c, p. 40).

Este estudo permite que se tirem as seguintes conclusões. O estudo usa a interpretação e a análise para a desconstrução de filmes. É a perspectiva que determina o foco central da interpretação e seus resultados. A questão que Denzin procura considerar é que esse argumento é utilizado não apenas para as análises de críticos de cinema – para quem isso não será novidade – mas também para as análises de cientistas sociais. Um questionamento que pode ser feito aqui é sobre até que ponto a perspectiva feminista adotada por Denzin é a mais apropriada. Denzin não pode e não deseja responder no que diz respeito à multiplicidade de interpretações possíveis que assinala.

Qual a contribuição para a discussão metodológica geral?

Na pesquisa qualitativa, o uso de mídias – tais como o filme e as fotografias – como dados ultrapassa os limites entre os vários métodos científicos sociais discutidos neste livro. Comparados às entrevistas, eles fornecem o componente não-verbal dos eventos e das práticas, que, de outra maneira, apenas poderiam ser documentados em protocolos de contexto. As situações observadas são efêmeras, ao passo que a gravação dos eventos com a utilização de mídias permite o acesso repetido a esses eventos, podendo-se transpor as limitações da percepção e da documentação característicos da observação. Por último, Petermann (1995) discute a relação entre a realidade e a apresentação da realidade em filmes documentários científicos.

---

[*] Exibido no Brasil com o título "A força do carinho".

Como o método se ajusta no processo de pesquisa?

O contexto teórico da utilização de materiais em forma de filme é o interacionismo interpretativo de Denzin (ver Capítulo 6). As questões de pesquisa concentram-se em descrições de segmentos da realidade contidos no filme (ver Capítulo 9). Exemplos concretos destes são testados passo a passo (ver Capítulo 11). A interpretação é normalmente realizada com o uso de procedimentos sequenciais (ver Capítulo 25).

Quais as limitações do método?

Os produtores de cinema constroem versões da realidade de acordo com suas próprias escolhas. Porém, são os espectadores que interpretam o material das mais diversas formas. As análises de filmes são, portanto, raramente utilizadas como estratégia genuína, mas sim como um acréscimo ou como parte de outros métodos que visam à análise de dados verbais. Até agora, não existe nenhum método de interpretação para esse material que trate diretamente do nível visual. Os filmes são entendidos como textos visuais (Denzin, 1989b, p. 228), transformados em texto pela transcrição ou pelo relato das histórias neles contidas e então analisados como tal.

O USO DE VÍDEO NA PESQUISA QUALITATIVA

Outra forma de utilização de dados visuais, que vai além da fotografia única ou de uma série de poses fotográficas, é a gravação em vídeo de aspectos de uma esfera de vida específica. A gravação em vídeo tornou-se uma técnica familiar cotidiana para a documentação de experiências como as férias ou festividades, estando presente, também, em lugares públicos, em estações de metrô e outros transportes, enfim, em locais sujeitos à vigilância de câmeras de vídeo. Na pesquisa qualitativa, a gravação pode ser usada de diferentes maneiras. Uma delas é com a utilização de uma câmera de vídeo, em lugar de um gravador, para documentar a interação que ocorre em uma entrevista – este uso técnico da gravação em vídeo será discutido no Capítulo 22. No entanto, o material gravado pode ser uma fonte ou uma forma de dados em si mesmo.

Knoblauch (2004, p. 126) enumera vários tipos de dados que são usados na pesquisa com vídeo:

- Registro científico de situações sociais naturais;
- Registro científico de situações sociais experimentais;
- Entrevistas;
- Situações sociais naturais gravadas pelos atores (vigilância, gravações de áudio);
- Situações propostas gravadas por atores (diários em vídeo);
- Situações gravadas e editadas pelos atores (vídeos de casamento);
- Situações gravadas por atores e editadas por profissionais (vídeos de casamento, documentações).

Essas formas de dados são discutidas aqui nesse contexto, uma vez que a pesquisa com a utilização de vídeo não consiste apenas em analisar o material em vídeo, mas também a forma como o *corpus* deste material é produzido para que possa, então, ser analisado. O que é registrado; o que é selecionado ou cortado na edição; que materiais são selecionados para a análise de uma questão; e que tipos de materiais são produzidos para fins de pesquisa?

Knoblauch desenvolve uma análise da interação em vídeo como método para a utilização dessas formas de dados em vídeo, que ele define por três características: metodicidade, ordem e reflexividade. A metodicidade refere-se ao *que*, mas também ao *como* das apresentações de situações e de atores em vídeos. A ordem concentra-se em formas confiáveis de produção e de interpretação das atividades realizadas. A reflexividade ou a performatividade significa que os atores não apenas atuam, mas também ponderam sobre o que fazem em suas apresentações.

Heath e Hindmarsh (2002) destacam que, em sua pesquisa, os registros em vídeo de atividades que ocorrem naturalmente constituem os dados primários, mas que, no entanto, os pesquisadores precisam também empreender o trabalho científico de campo convencional para estarem familiarizados com o ambiente, e assim por diante, durante a produção desses dados em vídeo. Se o objetivo for, por exemplo, o uso de gravações em vídeo de interações médico-paciente, será crucial, antes das gravações, a realização do trabalho de campo, a observação, etc. Isso é necessário para permitir uma decisão adequada sobre onde posicionar a câmera, qual o melhor ângulo a ser escolhido, o que incluir do contexto da interação, etc.

Quais são os problemas na condução do método?

Um problema, aqui, refere-se a como limitar a presença técnica do equipamento. Ao utilizar esta abordagem, deve-se tomar cuidado para que a câmera e o equipamento de gravação não dominem a situação social. Outro problema é a seleção do foco da câmera – ou se tem um foco bastante fechado e em boa qualidade e detalhamento, mas sem apreender muito do contexto da situação no filme; ou se tem uma boa visão panorâmica da situação social, porém sem os detalhes das expressões faciais, por exemplo. Essa preferência deverá ser definida pelas questões de pesquisa, mas é algo que já demonstra as limitações da gravação. Outra questão diz respeito à decisão sobre quando iniciar e quando parar a gravação do material. Por fim, poder-se-ia – de um ponto de vista técnico – utilizar gravações registradas por câmeras de segurança, que forneceriam um panorama exaustivo das atividades no lugar pelo qual se tem interesse. Porém, do ponto de

Estudo de caso:

O uso do vídeo para o estudo de crianças em seu contexto cotidiano

Em um estudo sobre o desenvolvimento do egocentrismo em crianças e as alterações em suas perspectivas, Billmann-Mahecha (1990) utilizou a gravação em vídeo como método de coleta de dados em um contexto cotidiano. Após um período inicial de observação participante para conhecer a família, ela retornou e filmou um período de duas horas de uma tarde da família e das brincadeiras das crianças. Então, ela extraiu amostras de episódios relevantes do material de vídeo, transcreveu-as e elaborou sua própria interpretação destas. O próximo passo foi mostrar esses episódios aos pais e entrevistá-los a esse respeito. Essas entrevistas foram igualmente transcritas e interpretadas. As duas perspectivas (a interpretação do pesquisador sobre os episódios de vídeo e a interpretação das respostas dos pais) foram trianguladas no nível do caso único. Depois disso, os episódios foram analisados em ambos os níveis com a finalidade de desenvolver uma tipologia das práticas e dos enunciados das crianças nos diferentes episódios.

vista ético, teremos uma grande quantidade de material sem a permissão dos atores para a pesquisa (ou sem sequer permissão para a gravação). Desse modo, deve-se evitar a utilização desse tipo de material.

Qual a contribuição para a discussão metodológica geral?

Uma análise de vídeo amplia, em vários sentidos, as capacidades de outras abordagens. Em comparação com a gravação de áudio, elas incluem as partes não-verbais da interação. Em comparação com a entrevista, permitem o registro das ações enquanto estas são produzidas, em vez de relatos destas ações feitos a partir de um ponto de vista retrospectivo. Além da observação, permitem a captura de uma maior quantidade de aspectos e de detalhes do que aqueles apreendidos por observadores participantes em suas notas de campo. A gravação em vídeo permite a observação repetida de situações transitórias. Assim, a análise de vídeos reduz a seletividade de vários métodos. Contudo, esse método produz uma nova seletividade devido aos limites daquilo que possa ser documentado e filmado em um momento específico. O método assinala outra vez a seletividade e as limitações dos métodos de pesquisa em geral.

Como o método se ajusta no processo de pesquisa?

Como demonstra o termo habitualmente utilizado – *videografia* –, a pesquisa de vídeo é muitas vezes parte integrante de uma abordagem etnográfica de esferas de vida específicas, como, por exemplo, os estudos de locais de trabalho (Knoblauch et al., 2000). Os interesses teóricos associados a essa pesquisa são a análise das interações (em uma forma de interacionismo – ver Capítulo 6) nesses contextos e a compreensão do modo como a realidade social é neles construída, assim como nos vídeos gravados ou a partir destes. Amostras de exemplos concretos destes são feitas passo a passo (ver Capítulo 11). Muitas vezes, as análises de vídeo são úteis apenas quando combinadas com outros métodos e com outros tipos de dados (triangulação – ver Capítulo 29). O material é normalmente analisado no contexto da etnometodologia e da análise de conversação (ver Capítulos 6 e 24).

Quais as limitações do método?

Como já demonstram os exemplos mencionados anteriormente, a análise de vídeo não é um método autônomo, sendo, portanto, mais bem aproveitado em combinação com outros métodos, trabalho de campo convencional, entrevista adicional e observação além da câmera. A evolução técnica das câmeras progride constantemente, mas isso não fará com que a câmera desapareça da situação que estiver sendo filmada, documentada e analisada por meio dela.

As fotografias, os filmes e os vídeos tornaram-se objetos de pesquisa, o que significa que os exemplos existentes tornam-se materiais que podem ser analisados para responder-se a uma questão de pesquisa específica. Ao mesmo tempo, tornaram-se mídias para a produção de dados – videografia de situações ou de cenários sociais, por exemplo. Esses materiais, bem como essas mídias, podem ser integrados em estratégias de pesquisa mais abrangentes, como na combinação com entrevistas ou no contexto da etnografia. Vistos desta forma, os métodos de dados visuais complementam os métodos de dados verbais e aprimoram a pesquisa multifocal abrangente.

Pontos-chave

- Os métodos de dados visuais possibilitam novas formas de documentação do aspecto visual dos ambientes e das práticas sociais, bem como a integração destes como parte da pesquisa.
- Os dados visuais podem consistir de materiais existentes ou podem ser produzidos para os propósitos da pesquisa.
- Existe ainda a necessidade da elaboração de métodos apropriados para a análise das partes visuais dos dados disponibilizados a partir desses métodos.

LEITURAS ADICIONAIS

Fotografias

Os problemas de uma sociologia visual que utilize fotografias como dados são discutidos, em maiores detalhes, nestes textos.

Becker, H.S. (1986a) *Doing Things Together: Selected Papers*. Evanston, IL: Northwestern University Press.

Denzin, N.K. (1989b) *The Research Act* (3rd edn). Englewood Cliffs, NJ: Prentice-Hall.

Harper, D. (2004) "Photography as Social Science Data", in U. Flick, E.v. Kardorff and I. Steinke (eds), *A Companion to Qualitative Research*. London: SAGE. pp. 231-236.

A análise de filmes

A abordagem de uma sociologia visual que utilize filmes como dados é discutida, em detalhes, neste texto.

Denzin, N.K. (2004a) "Reading Film", in U. Flick, E.v. Kardorff and I. Steinke (eds), *A Companion to Qualitative Research*. London: SAGE. pp. 237-242.

O uso do vídeo na pesquisa qualitativa

A utilização do vídeo no contexto da etnografia encontra-se delineada aqui:

Heath, C., Hindmarsh, J. (2002) "Analysing Interaction: Video, Ethnography and Situated Conduct". In T. May (ed.), *Qualitative Research in Action*. London: SAGE. pp. 99-120.

Exercício 18.1

1. Encontre um estudo na literatura na qual gravações de vídeo, fotografias ou filmes tenham sido utilizados como dados. Reflita sobre como os dados foram produzidos, se eles foram usados como dados autônomos ou em combinação com outras formas de dados e sobre a forma como esses dados foram analisados.
2. Ao planejar seu próprio estudo, pense em como você pode usar o material visual nele e a que partes de sua pergunta de pesquisa ele poderia ou não referir-se.

19
Utilização de documentos como dados

O que são documentos?, 231
O uso de documentos como dados: mais do que mera análise de textos, 232
A seleção de documentos, 233
A construção de um *corpus*, 233
Os aspectos práticos da utilização de documentos, 234

OBJETIVOS DO CAPÍTULO
Após a leitura deste capítulo, você deverá ser capaz de:

✓ utilizar documentos na pesquisa qualitativa.
✓ entender que os documentos devem ser analisados dentro do contexto em que são produzidos e utilizados no campo.
✓ compreender que os documentos não são apenas mera representação de processos e de experiências, mas sim dispositivos comunicativos na construção de uma versão desses processos.

Nossas vidas como indivíduos, assim como membros de uma sociedade e da vida social como um todo se tornaram objetos de registro. Dificilmente qualquer atividade institucional – do nascimento à morte das pessoas – ocorre sem produzir um registro. Certidões de nascimento e de óbito, como qualquer outra forma de registro institucional, produzem dados. Esses dados são produzidos com fins institucionais, em um nível mais geral, na forma de estatísticas (quantas pessoas se casaram este ano?), mas também em um nível pessoal (esta pessoa já é casada? uma pessoa pode casar sem ter obtido divórcio? e assim por diante). Ao mesmo tempo, a maior parte das pessoas produz muitos documentos pessoais em suas vidas cotidianas, desde diários a fotografias, como também cartões e correspondências comemorativas. Entre esses registros existem biografias de pessoas – autobiografias, escritas pelas próprias pessoas, ou biografias escritas sobre uma pessoa em especial em uma ocasião específica. Embora esses registros e documentos não tenham sido produzidos para fins de pesquisa, eles e a informação neles contida podem ser utilizados para a pesquisa. Esse é o campo da análise de documentos. Eles podem ser analisados de uma forma quantitativa – as estatísticas sobre casamentos realizados em um determinado período e região podem ser analisadas de acordo com a média das idades para casar, ou pode ser feita uma comparação entre o número de casamentos entre migrantes e não-migrantes. Porém, os documentos também podem ser analisados de um modo qualitativo – como é construída a história de vida de uma pessoa nos registros oficiais sobre esse indivíduo nos diversos âmbitos institucionais? Da mesma forma como ocorre com outras abordagens da pesquisa qualitativa, pode-se utilizar os documentos e a análise de documentos como uma estratégia complementar para outros métodos como a entrevista ou a etnografia. Ou pode-se, ainda, utilizar a análise de documentos como método autônomo. Neste último caso, a pesquisa contará com a informação sobre aquela realidade em estudo que estiver documentada neste tipo de dados. Como já discutimos o uso da fotografia no capítulo anterior, o foco aqui ficará sobre os documentos escritos (textuais). Mesmo que, para a análise desses textos, apliquem-se os mesmos métodos empregados, por exemplo, para a análise de entrevistas, há mais na utilização de documentos do que simplesmente analisá-los.

O QUE SÃO DOCUMENTOS?

A definição abaixo esboça aquilo que é geralmente entendido como "documentos":

> Documentos são *artefatos padronizados* na medida em que ocorrem tipicamente em determinados *formatos* como: notas, relatórios de caso, contratos, rascunhos, certidões de óbito, anotações, diários, estatísticas, certidões, sentenças, cartas ou pareceres de especialistas. (Wolff, 2004b, p. 284)

Prior oferece uma definição mais dinâmica e mais voltada para a prática:

> Se tivermos que arcar com a natureza dos documentos, então precisaremos afastarnos de um conceito que os considere como artefatos estáveis, estáticos e pré-definidos. Em vez disso, devemos considerá-los em termos de campos, de estruturas e de redes de ação. De fato, o *status* das coisas enquanto "documentos" depende precisamente das formas como esses objetos estão integrados nos campos de ação, e os documentos só podem ser definidos em relação a esses campos (2003, p. 2).

Quando se decide pela realização de uma análise de documentos, devem-se levar em conta duas distinções: ou podem-se usar documentos solicitados para a pesquisa (por exemplo, pedir às pessoas que escrevam diários durante os próximos 12 meses e então analisar e comparar esses documentos), ou podem-se utilizar documentos não solicitados (por exemplo, os diários escritos pelas pessoas como elementos de suas rotinas diárias). Na tradição da pesquisa sobre métodos não-intrusivos, Webb e colaboradores (1966) e Lee (2000) fazem uma distinção entre os registros consecutivos, que são produzidos para documentar os processos administrativos, e registros privados episódicos, os quais não são produzidos continuamente, mas sim ocasionalmente. Os documentos estão normalmente disponíveis como textos (de forma impressa), podendo também estar na forma de um arquivo eletrônico (por exemplo, um banco de dados).

Scott (1990, p. 14) distingue 12 tipos de documentos que são constituídos por uma combinação de duas dimensões: a autoria (quem produziu o documento) e o acesso aos documentos. A autoria pode ser distinguida em documentos pessoais e oficiais, e este último novamente diferenciado em documentos privados e públicos. Uma pessoa pode ter um documento pessoal de seu nascimento (por exemplo, uma fotografia tirada imediatamente após o nascimento). E existe uma certidão de nascimento, que a pessoa possui como documento particular, porém oficial. Essa pessoa pode, ainda, ter sido registrada como tendo nascido em Londres, por exemplo, e este registro é um documento oficial produzido, mantido e usado pelo estado. A acessibilidade é o termo de classificação desses documentos. Scott distingue quatro alternativas. O acesso pode ser fechado (por exemplo, os registros médicos de um clínico geral não são acessíveis a terceiros). O acesso pode ser restrito (por exemplo, registros jurídicos são acessíveis apenas a determinados grupos profissionais, tais como a advogado durante um processo). O acesso pode ser de arquivo aberto, o que significa que todo mundo pode acessar os documentos, mas (apenas) em um arquivo específico. E, ainda, o acesso pode ser de publicação aberta, ou seja, os documentos estão publicados e acessíveis a qualquer parte interessada. As combinações dessas duas dimensões – acesso e autoria – compreendem os 12 tipos.

O USO DE DOCUMENTOS COMO DADOS: MAIS DO QUE MERA ANÁLISE DE TEXTOS

A classificação elaborada por Scott pode ser útil para situar, na pesquisa, os documentos que se quer utilizar. Pode ser útil também na avaliação da qualidade dos documentos. Como as dimensões já deixam claro, os documentos não são somente uma simples representação dos fatos ou da realidade. Alguém (ou uma instituição) os produz visando a algum objetivo (prático) e a algum tipo de uso (o que também inclui a definição sobre a quem está destinado o acesso a esses dados). Ao decidir-se pela utilização de documentos em um estudo, deve-se sempre vê-los como meios de comunicação. O pesquisador deverá também perguntar-se acerca de: quem produziu esse documento, com que objetivo e para

Estudo de caso:

Os agricultores poloneses na europa e na américa

O estudo de Thomas e Znaniecki (1918-1920) foi um dos primeiros a utilizar documentos. Aqui, os autores estudam experiências de imigração – e imigração como uma questão macrossociológica – por meio da análise de documentos, que Thomas denominou "registros não-planejados". Esses documentos não foram produzidos para fins de pesquisa, mas sim na vida cotidiana da comunidade polonesa nos Estados Unidos. Os dados principais da pesquisa foram as cartas trocadas pelas famílias e as cartas enviadas pelos membros da comunidade a instituições sociais, tais como a jornais, a serviços de imigração, a igrejas, a instituições de assistência social e a tribunais. Esses documentos foram analisados em relação às atitudes e aos valores sociais neles documentados, e especialmente quanto às mudanças destas atitudes e valores, bem como quanto ao declínio da solidariedade entre os membros da comunidade polonesa conforme permaneciam por mais tempo nos Estados Unidos. Por isso, alguns tópicos centrais foram identificados nessas cartas como a desorganização social, os padrões de interação familiar, a individualização, etc. As mudanças nas frequências com as quais as questões eram levantadas e nos indicadores sobre a definição das situações sociais por parte dos atores consistiram no objeto da análise. Além da utilização de cartas e de documentos, os autores usaram outra forma de dados apenas quando solicitaram a um indivíduo que escrevesse sobre sua própria história de vida.

Este estudo é visto como um estudo precursor na pesquisa qualitativa e como instrução acerca do potencial e dos problemas do uso de documentos como dados. Foi também um estudo pioneiro para a pesquisa biográfica atual.

quem? Quais eram as intenções pessoais ou institucionais com a produção e o provimento desse documento ou dessa espécie de documento? Os documentos não são, portanto, apenas simples dados que se pode usar como recurso para a pesquisa. Uma vez que comece a utilizá-los para a pesquisa, ao mesmo tempo o pesquisador deve sempre focalizar esses documentos enquanto um tópico de pesquisa: quais são suas características, em que condições específicas foram produzidos, e assim por diante.

A SELEÇÃO DE DOCUMENTOS

Para avaliar-se a qualidade dos documentos, Scott (1990, p. 6) sugere quatro critérios úteis na decisão quanto ao emprego ou não de um determinado documento (ou conjunto de documentos) em uma pesquisa.

- Autenticidade – O documento é genuíno e de origem inquestionável?
- Credibilidade – O documento não contém erros ou distorções?
- Representatividade – O documento é típico de seu tipo, e, se não for, é conhecida a extensão dessa não-tipicidade?
- Significação – O documento é claro e compreensível? (1990, p. 6)

O primeiro critério refere-se à questão sobre se o documento é um documento primário ou secundário – ele é o relatório original de um acidente, ou trata-se de um resumo desse relatório original elaborado por alguém que não testemunhou o próprio acidente? O que foi omitido ou mal interpretado na redação desse resumo? Os documentos terciários consistem em fontes para encontrar-se outros documentos, como, por exemplo, um catálogo de biblioteca que oferece documentos de origem primária. Pode-se avaliar a autenticidade por meio da observação das inconsistências internas ou pela comparação com outros documentos, pela verificação quanto a possíveis erros e pela verificação da existência de diferentes versões de um mesmo documento. A credibilidade refere-se à exatidão da documentação, à confiabilidade do produtor do documento e à ausência de erros. A representatividade está associada à tipicidade. Pode ser útil saber de um determinado registro se se trata de um registro típico (ou seja, que contém a informação que um registro em geral deva conter). Contudo, pode também ser um bom ponto de partida se o pesquisador souber que um documento específico não é típico e perguntar-se o significado disso para a pesquisa. Esse significado pode ser distinguido em: significado pretendido pelo autor do documento, significado para o leitor desse documento (ou para os diferentes leitores confrontados com ele) e significado social para alguém que seja objeto daquele documento. Por exemplo, o protocolo de interrogação foi escrito pelo autor com a finalidade de provar tratar-se de uma interrogação formalmente correta. Para o juiz no tribunal, o significado do conteúdo do protocolo é ter uma base para ir a julgamento. Para a pessoa acusada, o significado do conteúdo desse protocolo pode consistir no fato de que ela agora tem uma condenação, o que terá consequências para o resto de sua vida, ao tentar encontrar um emprego, etc. E, para o pesquisador, o significado desse protocolo poderia ser o fato de ele demonstrar o modo como a culpa de um crime é construída em um julgamento.

A CONSTRUÇÃO DE UM *CORPUS*

Se o pesquisador houver decidido utilizar documentos em sua pesquisa e souber o tipo de documento que deseja utilizar, o passo principal será a construção de um *corpus*. Esse passo diz respeito a questões relativas à amostragem – o objetivo é ter uma amostra representativa de todos os documentos de um determinado tipo, ou o que se quer é selecionar documentos propositadamente para a reconstrução de um caso (ver Capítulo 11)? Nesse contexto, a intertextualidade de documentos é um problema. Eles estão associados com outros documentos (sobre as mesmas pessoas, mas referem-se a acontecimentos anteriores em suas vidas), mas estão também virtualmente ligados a outros documentos referentes a outros casos de uma espécie semelhante. Existem, por exemplo, certos padrões e rotinas sobre como escrever um relatório de diagnóstico com muito conhecimento geral sobre um determinado tipo de doença, com citações de outros casos, etc., dentro daquele contexto. Portanto, todos os documentos fazem referência a outros documentos no modo como documentam e constroem as realidades sociais. Para a pesquisa, pode ser útil a observação e a consideração dessas conexões.

OS ASPECTOS PRÁTICOS DA UTILIZAÇÃO DE DOCUMENTOS

Como conduzir uma análise com o uso de documentos? Wolff (2004b) recomenda, por exemplo, que não se deva partir de uma noção da existência de uma realidade factual nos documentos comparada às opiniões subjetivas presentes nas entrevistas. Os documentos representam uma versão específica de realidades construídas para objetivos específicos. É complicado utilizá-los para validar as afirmações obtidas na entrevista. Os documentos devem ser vistos como uma forma de contextualização da informação. Em vez de usá-los como "contêineres de informação", devem ser vistos e analisados como *dispositivos comunicativos metodologicamente desenvolvidos* na construção de versões sobre eventos. Outra sugestão é não pressupor parte alguma de nenhum documento como arbitrária, mas sim partir do pressuposto etnometodológico da existência de uma ordenação em todos os pontos. Isso deve incluir, também, o modo como o documento é constituído. As questões relativas ao *layout* ou a formulações padronizadas ou usadas de praxe naquele tipo específico de documento (por exemplo, documentos jurídicos) fazem parte do dispositivo comunicativo "documento", e não devem ser negligenciadas. Para ver estas partes dos documentos de forma mais clara, pode ser útil uma comparação entre documentos de diferentes contextos – por exemplo, comparar um registro de processos judiciais com um registro do sistema de saúde, que sejam relativos à mesma questão ou até referentes ao mesmo caso.

Quais são os problemas na análise de documentos? Como em outras pesquisas, as limitações de recursos podem forçar o pesquisador a ser seletivo em vez de usar todos os documentos disponíveis (ou necessários). Às vezes os documentos necessários não estão disponíveis, acessíveis, ou simplesmente perderam-se. Às vezes existem guardiões que não deixam que o pesquisador prossiga na utilização dos documentos de que precisa. Em outros casos, algumas pessoas podem bloquear o acesso a documentos que se refiram direta ou indiretamente a elas. Por exemplo, os arquivos dos serviços secretos da antiga Alemanha Oriental foram abertos após a reunificação das duas partes da Alemanha. Pessoas de certo interesse público (como os antigos Chanceleres da Alemanha Ocidental) podem impedir o acesso a arquivos que digam respeito a elas por parte de pessoas interessadas (jornalistas, pesquisadores, etc.) em obter essas informações. A publicação desse material poderia causar danos à memória dessas pessoas ou gerar certo clamor público. Outros problemas práticos que podem surgir dizem respeito a dificuldades para a compreensão do conteúdo dos documentos – o pesquisador não consegue decifrar as palavras, as abreviaturas, os códigos ou as referências usadas por serem difíceis de ler (por exemplo, documentos escritos à mão) ou por estarem danificados.

Ao decidir-se pela utilização de um determinado tipo de documento em uma pesquisa, o pesquisador deve sempre questionar-se sobre quem produziu o documento e com que objetivo. Nas instituições, os documentos são destinados ao registro das rotinas institucionais e, ao mesmo tempo, ao registro da informação necessária para a legitimação da maneira como as coisas são feitas nessas rotinas. Isso se torna particularmente relevante quando problemas, fracassos ou erros precisam ser justificados. Portanto, os documentos podem ser utilizados, buscados e reutilizados já no contexto prático. Garfinkel (1967) estudou arquivos e pastas de pacientes em contextos psiquiátricos, e descobriu em quantos destes casos faltavam partes substanciais nos registros. Ele encontrou e analisou "boas" razões organizacionais para "registros clínicos ruins" (daí o título do seu estudo). Entre essas razões, o tempo foi apenas uma – quando o tempo é curto, a documentação daquilo que se faz no curso da pesquisa é normalmente secundária à realização efetiva desses procedimentos. Por esse motivo, dados essenciais acabam sendo esquecidos ou omitidos. Outra razão consiste no fato de que certa imprecisão na documentação de práticas institucio-

Estudo de caso:

Análise de documentos de treinamento profissional

Em capítulos anteriores, nosso estudo sobre os conceitos de saúde dos profissionais (Flick et al., 2002, 2004) foi usado como exemplo. Esse estudo não compreendeu apenas entrevistas e grupos focais, tendo sido também analisados documentos sobre o treinamento profissional dos médicos e dos enfermeiros. Analisamos os currículos de treinamento médico e a formação em enfermagem válidos à época em que a maior parte das pessoas entrevistadas recebeu treinamento e, então, comparamos esses documentos com as versões mais recentes dos currículos e com os enunciados feitos nas entrevistas. Analisamos os documentos que resumem os objetivos e os conteúdos dos programas de treinamento, os exames e as partes práticas do treinamento em vários tópicos: o papel da saúde, a promoção da saúde, prevenção e envelhecimento. Ao analisarmos esse material, a intenção foi contextualizar os enunciados gerais de nossos entrevistados dando conta de que esses tópicos não haviam feito parte de seus treinamentos, tendo sido confrontados com eles apenas durante o trabalho posterior já como médicos e enfermeiros. Pudemos, assim, demonstrar que essas questões vêm ganhando mais espaço nas versões mais recentes dos currículos. Analisamos também os programas especiais de educação complementar de médicos e de enfermeiros que existiam no mercado, sem ser obrigatórios, os quais incluíam conteúdos mais especializados relativos a essas questões.

O que encontramos dizia respeito à representação dessas questões ao nível do planejamento do treinamento e da educação complementar. Pode haver grandes diferenças entre o planejamento e o treinamento real, de modo que não se pode fazer uma referência direta do currículo (documentos) ao treinamento (prática). Além disso, o fato de que um currículo inclui uma questão específica não significa que necessariamente essa questão atinja os estudantes durante o treinamento – ou eles podem simplesmente ter faltado às aulas dedicadas àquela questão.

Este exemplo demonstra diversas coisas: pode haver uma discrepância entre o planejamento de um programa (no documento) e as práticas no ensino e no acolhimento daquilo que é ensinado. A análise de documentos como currículos pode fornecer uma informação adicional útil que se pode associar, por exemplo, a experiências mencionadas em entrevistas. Como método autônomo, a análise de documentos tem suas limitações.

nais impede o controle dessas práticas por parte de outras pessoas e, por exemplo, a redução no tempo disponível para determinadas rotinas. Assim, deve-se também questionar os pesquisadores que utilizam esses documentos em função de seus próprios interesses de pesquisa: O que foi omitido na produção do registro, por quem e por quê? Quais são as circunstâncias sociais que podem ter influenciado na produção do registro?

Os documentos têm um conteúdo que deve ser analisado por meio do questionamento sobre a que se refere, sobre quais sejam os padrões de referência e de quais sejam os padrões de produção e de utilização desses documentos em seus contextos mundanos?

Neste capítulo, concentramo-nos nos documentos escritos. Conforme Prior (2003) demonstra, podem-se usar todo tipo de coisas como documentos de práticas ou de atividades e analisá-las como tais. Fotos e filmes podem, também, ser vistos e analisados como documentos (ver Capítulo 18), e a internet ou *World Wide Web* pode ser incluída como um tipo especial de documento (ver Capítulo 20).

Quais são os problemas na condução do método?

Ao optar pela análise de documentos, o pesquisador deve considerar quem produziu os documentos, com que objetivo, quem os utiliza em seu contexto natural e a forma como selecionar uma amostra adequada de documentos individuais. Deve-se evitar manter o foco apenas nos conteúdos dos documentos sem levar em conta o contexto, a utilização e a função dos documentos. Os documentos são os meios para a construção de uma versão específica de um evento ou processo e, normalmente, também em uma perspectiva mais ampla, para decifrar um caso específico de uma história de vida ou de um processo. Novamente, isso deve entrar na análise de documentos.

Qual a contribuição para a discussão metodológica geral?

Analisar um documento é, muitas vezes, um modo de utilizar métodos não-intrusivos e dados produzidos com finalidades práticas no campo em estudo. Isso pode abrir uma perspectiva nova e não-filtrada sobre o campo e seus processos. Por isso, os documentos muitas vezes permitem que se vá além das perspectivas dos membros no campo.

Como o método se ajusta no processo de pesquisa?

A etnometodologia (ver Capítulo 6) normalmente consiste no pano de fundo de muitas das pesquisas focadas em documentos, e os pesquisadores analisam-nos como dispositivos comunicativos em vez de contêineres de conteúdos. Dependendo das questões específicas da pesquisa, todos os métodos de codificação e de categorização (ver Capítulo 23) podem ser aplicados, assim como as abordagens analíticas de conversação (ver Capítulo 24).

Quais as limitações do método?

Como método autônomo, a análise de documentos oferece uma abordagem específica e, às vezes, um tanto limitada a experiências e a processos. No entanto, os documentos podem representar um acréscimo bastante instrutivo às entrevistas ou à observação. O problema principal na análise de documentos refere-se a como conceitualizar as relações entre o conteúdo explícito, o significado implícito e o contexto de funções, bem como o uso dos documentos e a forma como considerá-lo.

Pontos-chave

- Os documentos podem ser instrutivos para a compreensão das realidades sociais em contextos institucionais.
- Devem ser vistos como dispositivos comunicativos produzidos, utilizados e reutilizados para objetivos práticos específicos, e não como dados "não-intrusivos" no sentido de representarem dados sem viés.
- Os documentos podem representar um acréscimo vantajoso a outras formas de dados se forem considerados seus contextos de produção.

LEITURAS ADICIONAIS

Esses três textos oferecem um bom panorama dos princípios e das ciladas da análise de documentos.

Prior, L. (2003) *Using Documents in Social Research*. London. SAGE.

Scott, J. (1990) *A Matter of Record – Documentary Sources in Social Research*. Cambridge: Polity.

Wolff, S. (2004b) "Analysis of Documents and Records", in U. Flick, E.v. Kardorff and I. Steinke (eds), *A Companion to Qualitative Research*. London: SAGE. pp. 284-290.

Exercício 19.1

1. Pegue um jornal e uma revista de comportamento e procure a seção de anúncios dos "corações solitários". Selecione vários desses anúncios de ambas as fontes e tente analisá-los e compará-los. Tente descobrir quem os escreveu e publicou e com que tipo de objetivo. Existe alguma diferença sistemática que você possa identificar entre os anúncios do jornal e os da revista?
2. Quais as limitações desses documentos para a análise de uma questão como a individualização ou o modo como as relações sociais são construídas? De que forma você poderia superar essas limitações?

20
Pesquisa qualitativa *online*: a utilização da internet

A internet como objeto de pesquisa, 239
Condições prévias da pesquisa qualitativa *online*, 239
A transferência dos métodos e da pesquisa qualitativa para a internet, 240
Entrevista *online*, 240
Grupos focais *online*, 243
Etnografia virtual: a interação e a comunicação na internet, 245
A análise de documentos na internet, 249
Limites e perspectivas da pesquisa qualitativa *online*, 251

OBJETIVOS DO CAPÍTULO
Após a leitura deste capítulo, você deverá ser capaz de:

✓ usar a internet na pesquisa qualitativa.
✓ entender as vantagens do uso da internet como apoio para seu estudo.
✓ explicar como os métodos da pesquisa qualitativa são utilizados para estudar-se a internet.
✓ compreender a forma como abordagens básicas da pesquisa qualitativa podem ser transferidas aos métodos de pesquisa baseados na internet.

A pesquisa qualitativa não escapa aos efeitos da revolução digital e tecnológica do início do século XXI. Os computadores são usados para analisar dados qualitativos (ver Capítulo 26). Gravadores de fitas de áudio, de mini-disco e de MP3 são utilizados para registrar entrevistas e grupos focais (ver Capítulo 22). Pode-se usar a internet para encontrar literatura (ver Capítulo 5) e publicar resultados (ver Capítulo 30).

Mas, além da área da pesquisa, a internet tornou-se também parte da vida cotidiana de muitas pessoas. A maior parte de nós está familiarizada com ela ou têm uma ideia da internet e daquilo que se possa fazer com ela. Devido à enorme presença da internet como fenômeno e às possibilidades de utilizá-la para o bem ou para o mal, a maior parte das pessoas tem uma ideia incompleta a seu respeito. Por causa das manobras de *marketing* ocasionalmente agressivas por parte de provedores de internet ou das companhias telefônicas, muitas pessoas têm acesso à internet em casa e muitas atividades profissionais e rotinas incorporaram o uso da internet. Por fim, o número de pessoas que usa o *e-mail* como uma forma da comunicação está crescendo constantemente nos grupos sociais. Apesar disso, não devemos esquecer que não é todo o mundo que tem ou quer ter acesso à internet. Contudo, considerando o uso e o acesso amplamente difundidos deste meio, não é nenhuma surpresa que a internet tenha sido descoberta como objeto de pesquisa, mas também como uma ferramenta a ser usada para a pesquisa. O objetivo, neste capítulo, é apresentar algumas formas de utilização da internet para a pesquisa qualitativa, mostrar algumas de suas vantagens e possibilidades de utilização, mas também apontar algumas limitações da pesquisa baseada em métodos da internet.

A INTERNET COMO OBJETO DE PESQUISA

Como já apontaram as informações um tanto vagas do parágrafo anterior, há, ainda, uma necessidade de se estudar quem de fato usa ou não a internet. Além disso, existe ainda uma necessidade de desenvolver o conhecimento sobre como as mais diferentes pessoas usam a internet e como isso varia de acordo com os grupos sociais (por exemplo, conforme a idade, a classe social, a educação ou o gênero). Para uma pesquisa como essa, pode-se executar projetos tradicionais de uso de meios de comunicação e pesquisas de audiência. Por exemplo, podemos entrevistar usuários potenciais ou reais da internet sobre suas experiências e práticas com ela. Os métodos podem ser os padronizados ou as entrevistas abertas, ou os grupos focais. Podemos também fazer observação (participante) em cibercafés para analisar como as pessoas usam os computadores e a internet, ou podemos fazer análises de conversação de como as pessoas utilizam a rede colaborativamente (p. ex., analisando a conversação de crianças em frente à tela em uma aula de informática na escola). Mitra e Cohen (1999) vêem a análise dos números e das experiências de usuários como a primeira abordagem do estudo da internet, e a análise do texto trocado por usuários como o segundo. O ponto comum a esses projetos é que eles utilizam os métodos qualitativos de um modo tradicional. Aqui, a internet é só um objeto sobre o qual as pessoas falam ou que utilizam em seu estudo, mas não é, em si mesma, parte do estudo (como um instrumento metodológico).

CONDIÇÕES PRÉVIAS DA PESQUISA QUALITATIVA *ONLINE*

Se o pesquisador desejar fazer sua pesquisa *online*, algumas condições deverão ser preenchidas. Primeiro, ele deve ser capaz de usar um computador não apenas como uma máquina de escrever de luxo, mas de um modo mais abrangente. Deve, também, ter um pouco de experiência com o uso de computadores e de *softwares*. Além disso, deve ter acesso à internet e gostar de estar e de trabalhar *online*, além de precisar estar (ou tornar-se) familiarizado com as diversas formas de comunicação *online* como *e-mail*, salas de bate-papo (*chats*), listas de *e-mail* e blogs. Não é possível oferecer aqui uma introdução à parte técnica da pesquisa na internet, mas não é difícil encontrar manuais de fácil compreensão sobre esse campo específico (por exemplo, Mann e Stewart, 2000). Se essas condições forem preenchidas, o pesquisador deve considerar se sua pesquisa é um tema que ele só poderá estudar com o uso da pesquisa qualitativa *online*. Por exemplo, se estiver interessado na construção social de uma doença em grupos de discussão *online*, o pesquisador deverá analisar a comunicação dos membros desses grupos ou entrevistá-los, o que pode ser feito mais facilmente se puder ter contato *online* com essas pessoas. Após essas duas pré-condições, uma terceira se torna evidente. Os prováveis participantes do estudo devem ter acesso à internet e devem ser acessíveis via internet. Se a intenção for estudar o motivo pelo qual as pessoas decidem deixar de usar a internet, será preciso encontrar outros caminhos de acesso aos possíveis participantes, e o estudo não deve ser planejado como um estudo *online*. Outra condição prévia é que se tenha conhecimento sobre os métodos da pesquisa qualitativa independente de seu uso *online* antes de transferi-los para a pesquisa na internet.

A TRANSFERÊNCIA DOS MÉTODOS E DA PESQUISA QUALITATIVA PARA A INTERNET

A maior parte das pesquisas que utilizam a internet são ainda levantamentos quantitativos *online*, questionários com base na *Web* ou experimentos na internet (ver Hewson *et al*, 2003). Mas o uso da pesquisa qualitativa na *Web* está, também, em expansão (ver Mann e Stewart, 2000). Podemos observar que os pesquisadores transferiram muitos métodos qualitativos para a pesquisa na internet. Encontramos formas da entrevista *online*, o uso de grupos focais *online*, observação participante, etnografia virtual (Hine, 2000) e estudos de interação e de traços de interação (Bergmann e Meier, 2004; Denzin, 1999). Alguns desses métodos podem ser mais facilmente transferidos e aplicados na pesquisa na internet; alguns deles e alguns princípios da pesquisa qualitativa podem ser transferidos à *Web* apenas com alguma modificação. A seguir, serão discutidas as vantagens e os problemas da utilização de métodos qualitativos no contexto da internet em contraste com o pano de fundo daquilo que já foi dito em capítulos anteriores sobre os métodos (por exemplo, de entrevistas) enquanto tais. Conclui-se com algumas reflexões mais gerais sobre o plano de pesquisa (ver Capítulo 12) e sobre a ética (ver também Capítulo 4) na pesquisa *online*. As questões de orientação serão: como vários métodos qualitativos podem ser transferidos à pesquisa na internet, que modificações são necessárias e quais são os benefícios e os custos dessa transferência (em comparação com seu uso tradicional *offline*)?

ENTREVISTA *ONLINE*

Quando a pesquisa qualitativa é baseada em entrevistas, geralmente elas ocorrem pessoalmente, o que permite a criação de uma relação baseada em comunicações verbais e não-verbais. Nessa situação, o pesquisador estimula o diálogo a fim de obter detalhes e peculiaridades. A transcrição das entrevistas como coleta de dados é um custo para os pesquisadores antes que possam analisá-los. Além disso, é preciso encontrar as pessoas para entrevistá-las, o que significa que eles têm de vir ao encontro do pesquisador ou este terá de locomover-se para visitá-los. É mais fácil trabalhar com uma amostra local. Se o pesquisador realizar sua pesquisa vivendo em uma zona rural ou se as pessoas entrevistadas estiverem espalhadas por todo o país ou viverem em vários países, isso pode ser mais difícil de organizar e de financiar, o que poderá acabar por reduzir sua amostra de pessoas relevantes para pessoas acessíveis. Por fim, pode haver algumas pessoas que se sintam apreensivas para responder espontaneamente a uma série de perguntas durante mais de uma ou duas horas, o que pode levá-las a recusar a participação na pesquisa. Todas essas razões – práticas, às vezes técnicas, mas provavelmente sistemáticas – podem conduzi-lo à realização de entrevistas *online* se os grupos que consistirem no alvo do estudo puderem ser alcançados por *e-mail* ou pela internet. Portanto, as perguntas de orientação devem ser: quais são as diferenças e os aspectos comuns da entrevista tradicional e da entrevista *online*? Como as diferentes formas de entrevistar podem ser transferidas para a pesquisa *online*? Como proceder na coleta e na análise dos dados?

A entrevista *online* pode ser organizada em uma forma síncrona, que significa que o pesquisador entra em contato com seu participante em uma sala de bate-papo (*chat*), na qual pode trocar diretamente perguntas e respostas enquanto ambos estão *online* ao mesmo tempo. Isso fica muito próximo da troca verbal em uma entrevista cara a cara. Mas as entrevistas *online* podem, também, ser organizadas em uma forma assíncrona, que significa que o pesquisador envia suas perguntas aos participantes e eles enviam suas respostas após algum tempo, não sendo necessário que ambos estejam *online* simultaneamente. A última versão, em grande parte, é realizada na forma de trocas de *e-mail*.

Entrevista por *e-mail*

Na prática, a entrevista *online* será organizada de uma forma diferente da entrevista realizada pessoalmente. As entrevistas semi-estruturadas são normalmente conduzidas em uma reunião com a pessoa entrevistada e um conjunto de perguntas é preparado com antecedência. Em uma entrevista *online*, pode-se tentar fazer o mesmo ao enviar um conjunto de perguntas aos participantes, solicitando o envio posterior das respostas. Porém, isso se aproxima mais da situação de distribuir um questionário em uma pesquisa do que à situação de uma entrevista semi-estruturada. Por isso, alguns autores sugerem que se planeje a coleta de dados de uma forma mais interativa, enviando uma ou duas perguntas, que serão respondidas pelos participantes. Depois disto passam-se as perguntas subsequentes (uma ou duas),

solicitando respostas, e assim por diante. Assim, a entrevista *online* consiste em uma série de trocas de *e-mail*.

Onde encontrar os participantes de uma entrevista de *e-mail*? O caminho mais fácil é dirigir-se às pessoas cujos endereços de *e-mail* já estejam disponíveis ao pesquisador ou cujos endereços de *e-mail* ele for capaz de conseguir (de suas páginas pessoais na internet ou nos *sites* de suas respectivas instituições, como universidades). Pode-se também usar a técnica da bola de neve, o que significa pedir a seus primeiros participantes endereços de outros possíveis participantes do estudo. O pesquisador poderá também entrar em grupos de discussão ou em salas de bate-papo e publicar informações sobre o estudo, solicitando que as pessoas entrem em contato se estiverem interessadas em participar da pesquisa. Contudo, o pesquisador enfrentará vários problemas ao seguir por esses caminhos. Primeiro, a utilização desses caminhos, em alguns casos, o conduzirá apenas a informações abreviadas, como o endereço de *e-mail* das pessoas ou o apelido que usam em grupos de discussão ou *chats*. Em alguns casos, não se saberá mais sobre eles ou será preciso confiar na informação que eles fornecerem relativas a dados como sexo, idade, localização, etc. Isso pode levantar questões sobre a confiança dessa informação demográfica e levar a problemas de contextualização dos enunciados da entrevista que será posteriormente realizada. Como Markham (2004, p. 360) afirma: "O que significa entrevistar alguém durante quase duas horas antes da constatação de que não se trata de uma pessoa do sexo que o pesquisador pensava que fosse?"

Por exemplo, se quisermos comparar os enunciados no contexto da idade dos participantes, deve-se ter informação confiável sobre a idade de cada participante. Esses caminhos de acesso – e graus de preservação do anonimato dos participantes que se acessou – também podem levar a problemas na amostragem da pesquisa. Não é só pelo fato de os parâmetros tradicionais de representatividade serem de difícil aplicação e verificação neste tipo de amostra, pode também ser difícil de aplicarem-se aqui estratégias de amostragem teórica ou intencional (ver Capítulo 11).

Uma vez que se tenha encontrado uma solução acerca de como realizar a amostragem e dirigir-se aos participantes do estudo, deve-se preparar uma instrução para eles sobre o que se espera deles ao participarem do estudo. Na pesquisa realizada pessoalmente, o pesquisador pode explicar suas expectativas em uma troca oral direta ao recrutar as pessoas, ou antes de iniciar as perguntas, nas situações de entrevista, e responder às dúvidas dos participantes. Na entrevista *online*, as instruções precisam ser preparadas por escrito, e elas têm de ser claras e detalhadas de modo que o participante saiba o que fazer. Ao mesmo tempo, essa instrução não deve ser demasiado longa para evitar confusão e negligência por parte da pessoa entrevistada.

Como na entrevista realizada pessoalmente, na entrevista *online*, é necessária a construção de uma relação temporal (harmônica) com as pessoas entrevistadas, mesmo que a comunicação seja assíncrona e as respostas venham com algum atraso (até dias).

A comunicação cara a cara (e entrevista) pode ser mais espontânea do que a comunicação *online*, mas esta última permite aos participantes uma maior reflexão sobre suas respostas em relação à primeira.

Mann e Stewart, (2000, p. 129) seguindo Baym, (1995) observam cinco fatores importantes a serem considerados sobre as influências da interação mediada por computador em entrevistas, por exemplo:

1. Qual é o objetivo da interação/entrevista? Isso influirá no interesse dos possíveis participantes quanto a seu envolvimento ou não no estudo.
2. Qual é a estrutura temporal da pesquisa? São utilizados métodos síncronos ou assíncronos? Está prevista uma série de interações na pesquisa ou não?
3. Quais as possibilidades e as limitações que surgem a partir da influência do *software* na interação?
4. Quais são as características do entrevistador e dos participantes? E o que se pode dizer em relação à experiência de utilização da tecnologia e à atitude para com a tecnologia? E quanto ao conhecimento do entrevistador e dos participantes acerca dos tópicos, das habilidades de redação, de *insights*, etc.? O planejamento da pesquisa inclui interação individual ou interação do pesquisador com um grupo? Houve alguma interação entre pesquisador e participante antes? Como se apresenta a estrutura do grupo na pesquisa (hierarquias, gênero, idade, etnicidade, posição social, etc.)?
5. Qual é o contexto externo da cultura da pesquisa inter/nacional ou de comunidades de significação que está implicado? Como suas práticas comunicativas externas à pesquisa a influenciam?

Durante a condução da própria entrevista, o pesquisador pode enviar uma ou duas questões, aguardar pelas respostas, e logo sondar com maior profundidade (como em uma entrevista presencial) ou continuar com o envio das perguntas seguintes. Se acontecer um atraso mais longo no recebimento das respostas, pode-se enviar um lembrete (depois que alguns dias, por exemplo). Bampton e Cowton (2002) percebem um declínio na extensão e na qualidade das respostas, assim como a chegada mais lenta das respostas, como um sinal da perda de interesse por parte do participante e para que a entrevista termine.

Quais são os problemas na condução do método?

A entrevista *online* é um modo de transferir a entrevista realizada pessoalmente para a pesquisa na internet. Há uma porção muito maior de anonimato para os participantes, o que pode protegê-los de qualquer revelação de suas identidades durante a pesquisa e em seus resultados. Para os pesquisadores, isso dificulta muito mais qualquer forma de contextualização (na vida real) dos enunciados e das pessoas no seu estudo.

Qual a contribuição para a discussão metodológica geral?

A entrevista *online* é um modo de realizar a pesquisa qualitativa no contexto do trabalho de pesquisa na internet. Pode ser muito vantajosa se a ideia for integrar ao estudo participantes que não sejam facilmente acessíveis, por viverem longe ou por não desejarem falar com um estranho (sobre um tópico possivelmente sensível). A pesquisa *online* pode também permitir a seus participantes o anonimato, o que pode ser uma vantagem. A entrevista *online* produz dados já disponíveis na forma de textos, o que permite a omissão da demorada etapa da transcrição das entrevistas.

Como o método se ajusta no processo de pesquisa?

A maior parte das formas de entrevista pode ser adaptada e aplicada à pesquisa na internet. A amostragem terá de ser a amostragem intencional (ver Capítulo 11), que novamente precisa ser adaptada e enfrenta alguns problemas caso não se obtenha informação suficiente sobre os participantes. As entrevistas *online* podem ser analisadas bastante facilmente por meio dos processos de codificação e de categorização (ver Capítulo 23), ao passo que as abordagens hermenêuticas precisam ser adaptadas a esse tipo de dados.

Quais as limitações do método?

A entrevista *online* é uma espécie de simulação da entrevista do mundo real e a espontaneidade da troca verbal é substituída pela reflexividade das trocas escritas. As partes não-verbais ou paralinguísticas da comunicação são difíceis de transportar e de integrar. Para concluir, a aplicação dessa abordagem é limitada às pessoas aptas e dispostas a usar a comunicação mediada pelo computador ou esse tipo de tecnologia e de comunicação em geral.

GRUPOS FOCAIS *ONLINE*

De um modo semelhante, ocorreu a transferência da abordagem dos grupos focais (ver Capítulo 15) para a pesquisa na internet. Aqui, encontramos distinções e discussões semelhantes, como no contexto da entrevista *online*. Novamente, podemos distinguir entre grupos síncronos (ou em tempo real) e grupos assíncronos (sem ser em tempo real). O primeiro tipo de grupo focal *online* necessita que todos os participantes estejam *online* ao mesmo tempo e que possam participar de uma sala de bate-papo, ou que utilizem algum *software* específico para a realização de conferências. Esta última versão significa que todos os participantes têm de ter este *software* instalado em seus computadores ou que o pesquisador precisará fornecê-lo a seus participantes, para que estes procedam à instalação em seus computadores. Além dos problemas técnicos que isso possa causar, muitas pessoas podem hesitar em receber e instalar um *software* com o objetivo de fazerem parte de um estudo. Os grupos focais assíncronos não necessitam que todos os participantes estejam *online* simultaneamente (o que evita o problema de precisar coordenar essa pré-condição). Como em uma entrevista por *e-mail*, as pessoas não precisam responder apressadamente às mensagens enviadas por outros participantes (ou às perguntas ou aos estímulos do pesquisador). As intervenções de cada participante serão dirigidas a um *site* de conferência e armazenadas em uma pasta de arquivos a que todos os participantes tenham acesso. Esse tipo do grupo focal tem suas vantagens quando, entre os participantes, existem pessoas de fusos horários diferentes, ou quando as pessoas variam em suas velocidades de digitação ou de elaboração de respostas, o que poderia produzir diferenças na possibilidade de articulação dentro do grupo.

Para realizar o trabalho de grupos focais *online*, precisa-se estabelecer uma forma de acesso fácil para os participantes. Mann e Stewart (2000, p. 103-105) descrevem com algum detalhe o *software* que pode ser utilizado para montar grupos focais síncronos ("*software* de conferências"). Eles também descrevem as alternativas de como projetar *Web sites*, pelo fato de facilitarem o acesso daquelas pessoas que deverão participar e excluir outros que não devam ter acesso. Os autores discutem também como os conceitos de naturalidade e de neutralidade, no planejamento do local de atividades de um grupo focal, podem ser transferidos para ambientes *online*. Por exemplo, é importante que os participantes possam fazer parte das discussões a partir de seus computadores em casa ou em seu local de trabalho, e não a partir de um local específico de pesquisa. Como um começo, é importante criar uma mensagem de boas-vindas, que convida os participantes, explica sobre os procedimentos e sobre aquilo que é esperado deles, fala como devem ser as regras para a comunicação entre os participantes (por exemplo, "(...) por favor, sejam educados com todos (...)"), e assim por diante (para um exemplo, ver 2000, p. 108). O pesquisador, como em qualquer grupo focal, deverá criar um ambiente onde haja tolerância.

Para o recrutamento dos participantes, podem-se usar basicamente as mesmas fontes usadas no caso da entrevista *online* (ver o que foi mencionado anteriormente): utilizar o efeito bola de neve ou procurar por possíveis participantes em salas de bate-papo já existentes ou em grupos de discussão. Aqui, novamente, o pesquisador enfrentará o problema de que não poderá estar realmente seguro de que os participantes preencham os critérios por ele estabelecidos ou de que a representação fornecida por eles esteja correta. Isso poderá se tornar um problema se o objetivo for montar um grupo homogêneo (ver Capítulo 15) de meninas de certa idade, por exemplo: "A menos que a participação no grupo focal *online* combine as dimensões textuais de salas de bate-papo ou a realização de conferências com a dimensão visual de câmeras digitais e/ou recursos de voz, o pesquisador será incapaz de estar seguro sobre se o grupo focal realmente compreende, por exemplo, garotas adolescentes" (Mann e Stewart, 2000, p. 112). Nos grupos focais em tempo real, o número de participantes deve ser limitado, uma vez que um número muito grande de participantes poderia tornar a discussão no grupo demasiadamente rápida e superficial, enquanto, em grupos assíncronos, é possível contornar mais facilmente esse problema. Por isso, o número de participantes não precisa ser restringido nesse último caso, mas deve ser limitado no primeiro.

Em comparação com grupos focais realizados pessoalmente, nos grupos *online* pode-se lidar com a questão dos participantes ou da dinâmica de grupo mais facilmente (especialmente em grupos assíncronos), mas isso poderá também tornar-se um problema. Os participantes tímidos podem hesitar em intervir caso sintam-se inseguros quanto ao procedimento ou à questão, mas o pesquisador terá mais opções para intervir e trabalhar nesse problema do que nos grupos focais normais.

Nos grupos focais *online*, o maior anonimato permitido pelo uso de *usernames*, apelidos, etc., durante a discussão, pode facilitar mais as revelações tópicas dos participantes do que nos grupos focais, em geral. Por fim, é importante que o pesquisador escolha um tópico para a discussão que seja relevante para o grupo e para os participantes do estudo, de modo que seja atraente para eles juntarem-se ao grupo e à discussão. Ou, por outro lado, é importante que o pesquisador encontre grupos para os quais seu assunto de pesquisa seja relevante, a fim de obter discussões proveitosas e dados interessantes.

Quais são os problemas na condução do método?

Os grupos focais *online* podem ser uma forma vantajosa de usar a comunicação na internet para fins de pesquisa. Aqui, também, o anonimato dos participantes é muito maior e, assim, pode protegê-los de qualquer revelação sobre suas identidades ao longo da pesquisa e em seus resultados. Novamente, para os pesquisadores, torna muito mais difícil qualquer forma de contextualização (na vida real) das afirmações e das pessoas em seu estudo, levando a problemas de amostragem, caso o objetivo seja a construção de grupos homogêneos, por exemplo.

Qual a contribuição para a discussão metodológica geral?

Nos grupos focais *online*, pode-se lidar mais facilmente com o problema dos participantes reservados. Pode-se também produzir interações de grupo entre pessoas com anonimato e segurança quanto a serem identificados por outros participantes ou mesmo pelo pesquisador, o que pode levar à obtenção de mais revelações do que nos grupos do mundo real. A documentação dos dados é facilitada, sendo que as possíveis perdas de contribuições em virtude de problemas para escutar as gravações podem ser reduzidas.

Como o método se ajusta no processo de pesquisa?

Uma vez que o pesquisador receba informações suficientes sobre seus participantes, poderá adaptar e aplicar a maior parte das formas de grupos focais à pesquisa na internet. A amostragem utilizada será a amostragem intencional (ver Capítulo 11). Os grupos focais *online* podem ser muito facilmente analisados por meio dos processos de codificação e de categorização (ver Capítulo 23), enquanto as abordagens hermenêuticas precisam ser adaptadas a esse tipo de dados.

Quais as limitações do método?

Os grupos focais *online* podem ser afetados pela influência externa sobre os participantes da pesquisa em seus contextos diários. Isso pode levar a desistências ou distrações e a influências nos dados e em sua qualidade, o que é muito difícil para o pesquisador conseguir controlar. Os problemas técnicos na conexão *online* de um ou mais participantes também pode perturbar a discussão e influir na qualidade dos dados. Por fim, novamente, a aplicação dessa abordagem é limitada às pessoas aptas e dispostas a usar a comunicação mediada pelo computador ou por esse tipo de tecnologia e de comunicação em geral.

ETNOGRAFIA VIRTUAL: A INTERAÇÃO E A COMUNICAÇÃO NA INTERNET

Até aqui, concentramo-nos nas formas e nas limitações da transferência de métodos de dados verbais de entrevistar indivíduos ou da estimulação de grupos para promover a discussão de problemas específicos da pesquisa *online*. A internet torna-se, então, uma *ferramenta* para estudar pessoas que, de outra forma, não se conseguiria atingir, a qual se distingue e vai além do processo tradicional de entrevista ou de discussões de grupo. Mas também podemos ver a internet como um *lugar* ou como um *modo de ser* (sobre essas três perspectivas, ver Markham, 2004). Nesses casos, pode-se estudar a internet como um tipo de ambiente social ou cultural na qual as pessoas desenvolvem formas específicas de comunicação ou, às vezes, identidades específicas. Estas duas noções sugerem uma transferência de métodos etnográficos para a pesquisa na internet e para o estudo das formas de comunicação e de autoapresentação na internet: "Alcançar as compreensões da percepção dos participantes sobre si mesmos e das significações que eles atribuem a sua participação *online* requer que se passe algum tempo com os participantes para observar o que eles fazem *online*, assim como o que eles dizem que fazem" (Kendall, 1999, p. 62). Por exemplo, isso levou Kendall, em seu estudo de um grupo de usuários múltiplos, primeiro a observar e a prestar atenção na comunicação que ocorria nesse grupo para, após algum tempo, tornar-se uma participante ativa no grupo com a finalidade de desenvolver uma melhor compreensão sobre o que acontece ali. Isso se assemelha ao modo como os etnógrafos tornam-se participantes e observadores em comunidades do mundo real e em culturas. A diferença é que a etnografia virtual é situada em um ambiente técnico em vez de um ambiente natural. Como tantos estudos (como exemplo, ver Flick, 1995, 1996) já demonstraram, a tecnologia não deve ser vista somente como algo conhecido e pressuposto, pois seu uso e seu impacto são fortemente influenciados pelas representações e pelas crenças referentes a ela por parte de usuários e não-usuários. Uma abordagem semelhante é sugerida para uma etnografia virtual, que deve ter início a partir de questões de pesquisa como as que aparecem mencionadas no Quadro 20.1.

Essas questões de pesquisa concentram-se nas representações do contexto virtual por parte dos atores sobre a construção de comunidades virtuais ou de grupos sociais no espaço virtual, sobre a identidade na *Web* e as conexões entre o virtual e o real. Nesse contexto, pode ser útil a definição sobre o que se deve entender por comunidades virtuais:

> Comunidades virtuais são agregações sociais que emergem da *web* quando um número suficiente de pessoas leva adiante aquelas discussões públicas, durante um período longo o suficiente e com sensibilidade humana considerável, para a formação de redes de relações pessoais no ciberespaço. (Rheingold, 1993, p. 5)

QUADRO 20.1 Questões de pesquisa para a etnografia virtual

- Como os usuários da internet entendem suas capacidades? Qual o significado do uso da internet para eles? Como eles entendem as capacidades da internet como meio de comunicação, e a quem eles percebem como sendo seu público?
- Como a internet afeta a organização das relações sociais no tempo e no espaço? É diferente das formas nas quais a "vida real" está organizada? E, nesse caso, como os usuários conciliam ambas?
- Quais são as implicações da internet quanto à autenticidade e à autoridade? De que forma as identidades são realizadas e experienciadas, e como ocorre o julgamento da autenticidade?
- "O virtual" é experienciado de uma forma radicalmente diferente e separada "do real"? Há um limite entre *online* e *offline*? (Hine, 2000, p. 8)

Assim como ocorre nas entrevistas *online*, a troca de perguntas e respostas precisa ser reconceitualizada, já que alguns dos elementos principais da etnografia (ver Capítulo 17) podem ser transportados para a etnografia virtual sem problemas, enquanto outros têm de ser reformulados. Isso se torna evidente nos 10 princípios da etnografia virtual, sugeridos por Hine (2000, p. 63-65). Nesses princípios, a autora alega que a presença sustentada de um etnógrafo no campo e o entrosamento intensivo com a vida diária de seus habitantes é, também na etnografia virtual, uma exigência para a elaboração de conhecimento etnográfico. Mas, no ciberespaço, são questionadas noções como o lugar de interação ou o lugar do campo. Quais são os limites do campo? Eles não podem ser definidos com antecedência, uma vez que apenas tornam-se claros durante o estudo. Há muitas conexões entre o ciberespaço e "a vida real" que devem ser consideradas. Desse modo, a internet é, ao mesmo tempo, uma cultura e um produto cultural. A comunicação mediada pode ser deslocada espacial e temporalmente. Não é necessário estar no mesmo tempo e no mesmo espaço para observar o que acontece entre membros de um grupo virtual. O pesquisador pode ocupar-se com muitas outras coisas para então voltar ao computador, onde seus *e-mails* ou as mensagens em um grupo de discussão o aguardam e ele, então, poderá acessá-los de computadores situados em qualquer parte do mundo. A etnografia virtual nunca é holística, mas sempre parcial. Deve-se abandonar a ideia de estudar "informantes, locais e culturas pré-existentes, isoláveis e descritíveis". Em vez disso, encontramos conhecimento baseado "em ideais da relevância estratégica, e não representações fiéis de realidades objetivas" (p. 65). A etnografia virtual é virtual no que diz respeito a ser desincorporada – e também por carregar uma conotação de ser algo "não exatamente" ou não estritamente a coisa verdadeira (p. 65).

Essa espécie da etnografia virtual é aplicada para o estudo dos conteúdos de comunicações na internet e das formas textuais com as quais os participantes se comunicam. O próprio estudo de Hine concentra-se em páginas da *Web* relativas a um julgamento e ao modo como estas refletiram o julgamento, o caso e os conflitos a eles associados.

Avançando uma etapa, Bergmann e Meier (2004) partem de uma conversação analítica, no contexto etnometodológico, ao sugerirem a análise das partes formais da interação na *Web*. A análise de conversação está mais interessada nas ferramentas linguísticas e interativas (como revezamentos, reparações, introduções e encerramentos – ver Capítulo 24) usadas pelas pessoas ao comunicarem-se sobre um determinado assunto. De um modo semelhante, os autores sugerem que identificar os traços produzidos e deixados pela comunicação *online* é entender a forma como, na prática, a comunicação é produzida na *Web*. Por essa razão, eles usam dados de processos eletrônicos, o que significa "todos os dados que são gerados no decorrer de processos de comunicação assistidos por computador e atividades de trabalho – automaticamente ou com base em ajustes feitos pelo usuário" (p. 244). Esses dados não estão simplesmente à mão, mas devem é ser reconstruídos com base em uma documentação detalhada e contínua do que está acontecendo na tela e – se possível – em frente a ela, quando alguém envia um *e-mail*, por exemplo. Isso inclui os comentários do remetente enquanto digita um *e-mail*, ou aspectos paralinguísticos, como o riso, e assim por diante. É importante também documentar a estrutura temporal da utilização da comunicação mediada pelo computador. Aqui é possível utilizar um *software* especial (como o Lotus Screen-Cam) que permite filmar o que ocorre na tela do computador em conjunto com o registro da interação em frente à tela com vídeo, por exemplo.

Estudo de caso:

Etnografia virtual

Em seu estudo, Hine (2000) adotou como ponto de partida um julgamento amplamente discutido (o caso Louise Woodward – *au pair* britânica, que foi processada pela morte de uma criança pela qual ela era responsável, em Boston). Ela quis descobrir como esse caso foi construído na internet por meio da análise de páginas da *Web* que tratavam dessa questão. Ela também entrevistou autores da *Web* por *e-mail* sobre suas intenções e experiências, e analisou as discussões em grupos de notícias nos quais haviam sido publicadas 10 ou mais intervenções referentes ao caso. Ela usou o *site* www.dejanews.com* para encontrar esses grupos de notícias. Esse *site* armazena tudo o que é publicado em grupos de notícias, de modo que esse material pode ser encontrado por meio de palavras-chave. Sua pesquisa foi limitada ao período de um mês, no ano de 1998. Hine publicou uma mensagem em vários dos grupos de notícias que haviam tratado da questão mais intensivamente. Mas, diferente dos autores de *Web*, a resposta foi um tanto limitada – uma experiência que os pesquisadores têm tido repetidamente (2000, p. 79). Hine também montou sua própria página na internet e a mencionou quando do contato com possíveis participantes ou na publicação de mensagens sobre sua pesquisa. Ela fez isto com o objetivo de tornar a si mesma e a sua pesquisa transparentes aos possíveis participantes. No resumo de seus resultados, ela teve de afirmar: "A etnografia constituída por minhas experiências, meus materiais e escritos que produzo sobre o assunto está definitivamente incompleta (...). Particularmente, a etnografia é parcial em relação a sua opção pelo estudo de determinadas aplicações da internet. Decidi estudar 'a internet' sem ter tomado uma decisão específica quanto a que aplicações pretendia observar detalhadamente" (p. 80).

Apesar disso, a autora produz resultados interessantes sobre a forma como as pessoas lidaram com o assunto na internet, e suas reflexões e discussões sobre a etnografia virtual são muito instrutivas, além de seu próprio estudo. Entretanto, esses resultados demonstram também as limitações da transferência da etnografia – ou, de um modo mais geral, da pesquisa qualitativa – para a investigação *online*, conforme ilustra o comentário crítico de Bryman: "Estudos como esses convidam-nos claramente a considerar a natureza da internet como domínio de investigação, mas também nos convidam a considerar a natureza e a adaptabilidade de nossos métodos de pesquisa" (2004, p. 473).

Quais são os problemas na condução do método?

A etnografia na internet precisa levar em conta a forma como os usuários – indivíduos ou comunidades – constroem a internet. Como demonstra o exemplo de Hine (2000, pp. 78-79), às vezes é bastante difícil receber uma boa resposta às publicações em grupos de notícias. Isso foi observado por Bryman (2004, p. 474) como um problema geral de ceticismo em relação a esses "ciberlugares" a serem usados por pesquisadores. Hine concentrou-se mais na análise de páginas da *Web* relevantes para sua questão do que na análise de interações.

---

* N. de R.T. Serviço que arquivava e buscava mensagens enviadas aos grupos de discussão conhecidos como Newsgroups da Usenet. Foi adquirido pela empresa Google Inc. e encontra-se incorporado ao Google Groups (http://google.com.br).

Qual a contribuição para a discussão metodológica geral?

A abordagem desafia vários princípios básicos de conceitos da pesquisa etnográfica como o de estar lá, de ser parte do cotidiano de uma comunidade ou cultura, etc. Esses desafios levam a formas interessantes de reconsiderar esses conceitos e à adaptação deles às necessidades de estudar o virtual em vez de comunidades do mundo real. É uma contribuição interessante – após as controvérsias sobre redação e representação, autoria e autoridade (ver Capítulos 2 e 30) – à discussão altamente reflexiva sobre a etnografia.

Como o método se ajusta no processo de pesquisa?

Essa abordagem foi desenvolvida no contexto das discussões mais gerais da etnografia (ver Capítulo 17) e da redação e do texto na pesquisa qualitativa (ver Capítulos 7 e 30). A amostragem é intencional e a análise do material coletado é, como em outras formas da etnografia, bastante flexível.

Quais as limitações do método?

Como demonstra a argumentação de vários autores nesse contexto, a comunicação de internet é mais do que apenas comunicação na internet. Para elaborar uma etnografia abrangente sobre o virtual, seria necessário incluir as conexões com atividades do mundo real – em frente à tela ou na vida social além do uso do computador. Encontrar o caminho das comunidades virtuais à verdadeira vida dos participantes é, como foi dito antes, bastante difícil. Por isso, a etnografia virtual permanece muito mais parcial e limitada do que as outras formas de etnografia e daquilo que os etnógrafos reivindicam como necessário a sua abordagem.

A ANÁLISE DE DOCUMENTOS NA INTERNET

A última abordagem a ser mencionada aqui é a transferência da análise de documentos (ver Capítulo 19) ao contexto da pesquisa na internet. A *Web* é cheia de documentos, tais como páginas pessoais e institucionais, documentos e arquivos que se pode baixar dessas páginas, jornais *online*, anúncios, etc. Se a questão de pesquisa exigir a análise desses documentos, o pesquisador encontrará uma multiplicidade infinita de *sites* e de documentos, muitas vezes com conexões entre si ou entre *sites* específicos.

Uma parte saliente da internet é *World Wide Web* e sua variedade infinita de páginas *da Web*. Estas podem ser vistas como uma forma especial de documento ou texto, e analisadas desta forma. Aspectos peculiares caracterizam as páginas da *Web*, segundo Mitra e Cohen (1999). Uma característica é a intertextualidade dos documentos na *Web*, organizados e simbolizados por conexões (eletrônicas) de um texto (ou uma página) a outros textos. Essa espécie de referência cruzada ultrapassa a definição tradicional e os limites do texto, conectando um grande número de páginas individuais (ou textos) a um grande (às vezes infinito) texto. Essa vinculação explícita de textos é cada vez mais complementada pela vinculação implícita de textos, que fica visível quando se usa uma ferramenta de busca, pelo grande número de *links* que são produzidos como consequência dessa pesquisa. Uma característica relacionada é que os textos na *Web* devem ser vistos de fato como hipertextos, devido ao caráter da conexão a outros textos, mas também devido à impermanência e à infinidade dos textos na *Web*. Muitas páginas da *Web* são permanentemente atualizadas, modificadas, desaparecem e reaparecem na *Web*, daí a necessidade de sempre mencionar a data de acesso a uma página ao tratá-la como fonte. Além disso, os textos da *Web* são caracterizados pela "não-linearidade". Os textos tradicionais têm uma estrutura linear – um começo e um fim, muitas vezes uma estrutura temporal no conteúdo (em uma narrativa, por exemplo). A leitura do texto é normalmente orientada por essa linearidade. As páginas da *Web* não correspondem mais a essa linearidade. Elas podem ter uma estrutura hierarquicamente organizada, com sua primeira página e outras páginas subordinadas. Mas não há nenhuma necessidade do usuário seguir a estrutura da forma como o autor – ou o *webdesigner* – planejou ou desenvolveu as páginas. Mitra e Cohen vêem isso como uma redefinição da relação de autor e leitor (como escritor) no que diz respeito aos textos da *Web*. Outros aspectos dos textos da *Web* são que a maior parte deles ultrapassa o texto enquanto meio e são produtos multimídia (o que inclui imagens, sons, textos, páginas *pop-up*, etc.) e o fato de serem globais. Este último está associado à questão da língua; embora a maior parte das páginas seja em inglês,[*] muitas páginas são ainda construídas com a utilização de outros idiomas.

Alguns problemas resultam das características que acabaram de ser discutidas quando se quer analisar documentos da internet. Em primeiro lugar, que tipo de texto precisa ser analisado – uma *homepage* única, uma página da *Web* isolada, ou a totalidade de uma página com suas conexões a outras páginas relacionadas? Onde devemos começar? Se partirmos de uma noção de sequencialidade (ver Capítulos 24 e 25), precisaremos de um começo de um texto, de uma estrutura mais ou menos linear e de uma ideia sobre o fim de um texto. Mas qual é o começo de uma página da *Web*? Ou, ainda além disso: Quais são os critérios para a seleção de uma página para uma pesquisa, e quais são os critérios para a seleção de uma página para começar a análise. Uma sequencialidade potencial pode ser indicada pelo menu principal de uma página da *Web* e logo continuar pelos menus subordinados. Mas, diferentemente de um texto escrito, não se trata de uma ordem fixa. Os usuários podem selecionar qual das páginas subordinadas eles irão acessar a seguir, e assim por diante.

Acerca do ponto de partida e da amostragem de páginas da *Web*, pode-se começar com a utilização da amostragem teórica (ver Capítulo 11). Isso significa que se pode começar com qualquer página que pareça interessante para a pesquisa e então decidir qual ou quais delas será depois incluída na amostra, de acordo com os *insights* ou as questões não solucionadas após a análise desta primeira. Uma ferramenta de busca como o *Google* pode ser útil para encontrar páginas da *Web* sobre o assunto. Aqui, é importante ter as palavras-chave adequadas para a busca, portanto pode ser vantajoso experimentar várias delas caso as buscas iniciais não sejam produtivas. Deve-se também ter em mente que todas as ferramentas de busca cobrem a *Web* apenas parcialmente e, consequentemente, pode ser útil a utilização de mais de uma ferramenta para tanto. Como os *Web sites* ficam aparecendo e desaparecendo, pode tornar-se problemática a pressuposição de que uma página, uma vez considerada, estará sempre acessível da mesma forma novamente. Portanto, o pesquisador deverá manter, em seu computador, cópias das páginas mais importantes de sua pesquisa. Ao mesmo tempo, pode ser proveitoso retornar aos *Web sites* durante a pesquisa para verificar como eles se modificaram ou de que modo foram atualizados. Dependendo daquilo que se queira descobrir especificamente, podem-se utilizar os

---

[*] N. de R.T. Os números a esse respeito não são exatos, mas, segundo as estatísticas de maio de 2008 da Internet World Stats (www.internetworldstats.com), 30,4% das pessoas que usam a internet têm o inglês como primeira língua e 54,4% dividem-se entre outras nove línguas, entre elas o português, 4,1%. Os outros 15,2% referem-se às demais línguas existentes.

métodos de análise de dados visuais (ver Capítulo 18) ou de dados textuais (ver Capítulos de 23 a 25) e também o mais sofisticado *software* QDA (ver Capítulo 26) para o estudo.

Quais são os problemas na condução do método?

As páginas da *Web* estão, de alguma forma, além das rotinas de análise de documentos da pesquisa qualitativa, pois é mais difícil definir seus limites e porque, com frequência, modificam-se e desaparecem da *Web* novamente. Apresentam uma estrutura diferente dos textos e incluem, simultaneamente, diversas formas de dados (imagens, sons, texto, *links*, etc.).

Qual a contribuição para a discussão metodológica geral?

Ao mesmo tempo, as páginas da *Web* são uma forma oportuna de comunicação e de autoapresentação de indivíduos e de organizações, e estão desafiando o potencial da pesquisa e dos métodos qualitativos.

Como o método se ajusta no processo de pesquisa?

A análise de documentos da internet é um modo de transferir a análise de documentos para o âmbito virtual. Dependendo da questão concreta de pesquisa, os instrumentos analíticos da pesquisa qualitativa podem ser selecionados e aplicados, mas deveriam, no entanto, ser adaptados. A amostragem deve ser direcionada para a amostragem teórica ou intencional (ver Capítulo 11). As páginas da *Web* são bons exemplos para estudar e para mostrar a construção social da realidade e temas específicos.

Quais as limitações do método?

As páginas da *Web* e outros documentos da internet representam uma face específica, uma forma "de apresentação de si mesmo na vida cotidiana" (Goffman, 1959) que inclui barreiras técnicas, para voltar ao que está apresentado aqui. Analisar uma *homepage* com a finalidade de elaborar enunciados sobre seu proprietário e criador (seja uma pessoa ou uma instituição) pode ser uma tarefa complicada. Neste caso, recomenda-se vigorosamente uma triangulação (ver Capítulo 29) com outros métodos cujo foco seja baseado em um encontro real com as pessoas ou instituições.

LIMITES E PERSPECTIVAS DA PESQUISA QUALITATIVA *ONLINE*

A transferência da pesquisa qualitativa ao âmbito da internet é um desafio para muitas correntes teóricas. Como adaptar métodos e abordagens? Como adaptar os conceitos de participação, de amostragem e de análise para esse campo? À primeira vista, a utilização da internet para um estudo facilita muitas coisas. O pesquisador pode conseguir entrevistar pessoas distantes sem a necessidade de viagens, economiza tempo e dinheiro gastos com transcrições, pode acessar grupos existentes de pessoas interessadas em um determinado assunto, pode manter mais facilmente o anonimato de seus participantes, pode acessar todos os tipos de documentos diretamente de sua mesa e de seu computador. Ao mesmo tempo, uma troca de *e-mails* é diferente de perguntar e receber respostas pessoalmente. As muitas pessoas acessíveis na *Web* não esperam necessariamente fazer parte de um estudo. Os problemas de autenticidade e de contextualização resultam da anonimato dos participantes. Os *Web sites* desaparecem ou modificam-se, etc. Devido a desses problemas técnicos, o pesquisador deve refletir sobre sua questão de pesquisa e sobre se ela realmente indica a utilização da internet para responder a suas perguntas de pesquisa. Além dos problemas técnicos, as considerações éticas (ver Capítulo 4) tornam-se também relevantes na pesquisa na internet. Mann e Stewart (2000, Capítulo 3) apresentam um esquema ético da pesquisa na internet em maiores detalhes. Este esquema diz respeito a questões como a de que o pesquisador deva coletar dados apenas para um objetivo específico e legítimo, e que estes devam estar protegidos contra qualquer forma de mau uso, perda, revelação, acesso não autorizado e outros riscos semelhantes. As pessoas devem ter conhecimento sobre quais sejam os dados pessoais armazenados e utilizados, e deverão ter acesso aos mesmos. O consentimento informado deve ser obtido no processo de entrevista, mas também nos estudos etnográficos, o que pode ser complicado se o grupo-alvo do pesquisador não estiver claramente definido e se seu contato for baseado em endereços de *e-mail* e em apelidos. O anonimato dos participantes deve ser garantido e mantido durante a pesquisa e na utilização do material. As pessoas devem saber que um pesquisador registra suas conversas. Isso também significa que simplesmente espreitar (leitura e cópia de trocas de mensagens em salas de bate-papo) não é legítimo. Há várias formas de "netiquetas" para as diferentes áreas de uso da internet, e os pesquisadores devem conhecê-las e agir de acordo com essas regras (para detalhes, ver Mann e Stewart, 2000).

Se essas questões éticas forem consideradas, se os problemas técnicos puderem ser adequadamente administrados e se houver uma boa razão para usar a internet para um projeto de pesquisa, então sua utilização poderá ser proveitosa e útil. O interesse acadêmico na internet enquanto cultura e produto cultural levará a um maior desenvolvimento no nível metodológico. O desenvolvimento da pesquisa qualitativa na internet apenas começou, e continuará no futuro.

Pontos-chave

- A pesquisa qualitativa *online* é uma área em crescimento, na qual algumas das abordagens qualitativas instituídas são transferidas e adaptadas para a pesquisa na internet.
- A pesquisa qualitativa *online* oferece algumas vantagens em comparação com a pesquisa no mundo real (por exemplo, a economia de tempo com transcrição), mas confronta-se com muitos outros problemas técnicos (como a acessibilidade e a identificação dos participantes).
- A literatura programática nesse campo é muitas vezes mais convincente do que os exemplos de pesquisa que podem ser encontrados.
- Devem-se levar em consideração as questões éticas na condução da pesquisa qualitativa *online*.

Exercício 20.1

1. Procure na internet um exemplo de pesquisa *online* que reflita esse exemplo com base no pano de fundo discutido neste capítulo.
2. Escolha um dos métodos discutidos nos Capítulos 13 e 14 e pense sobre os caminhos e os problemas da transferência desse método para a pesquisa *online*.

LEITURAS ADICIONAIS

Entrevista e grupos focais *online*

O primeiro texto descreve, com algum detalhe, o processo de entrevista por *e-mail*, enquanto o segundo diz respeito às duas áreas e é uma boa introdução à pesquisa qualitativa *online*.

Bampton, R., Cowton, C.J. (2002, May) "The E-Interview", Forum Qualitative Social Research, 3 (2), www.qualitative-research.net/fqs/fqs-eng.htm (date of access: 02, 22, 2005).

Mann, C., Stewart, F. (2000) *Internet Communication and Qualitative Research – A Handbook for Researching Online*. London: SAGE.

Etnografia Virtual

O primeiro texto discute uma abordagem mais associada à análise de conversação para a comunicação na internet. O segundo discute detalhadamente a utilização da etnografia na pesquisa *online*.

Bergmann, J., Meier, C. (2004) "Electronic Process Data and their Analysis", in U. Flick, E.v. Kardorff and I. Steinke (eds), *A Companion to Qualitative Research*. London: SAGE. pp. 243-247.

Hine, C. (2000) *Virtual Ethnography*. London: SAGE.

Análise de documentos da internet

O primeiro texto esboça um esquema para a análise de documentos da internet em um nível conceitual e prático. O segundo oferece um exemplo de pesquisa.

Hine, C. (2000) *Virtual Ethnography*. London: SAGE.

Mitra, A., Cohen, E. (1999) "Analyzing the *Web*: Directions and Challenges", in S. Jones (ed.), *Doing Internet Research – Critical Issues and Methods for Examining the Net*. London: SAGE. pp. 179-202.

21
Dados multifocais: uma visão geral

Primeiro ponto de referência: comparação das abordagens com base em critérios, 255
Segundo ponto de referência: seleção do método e verificação de sua aplicação, 255
Terceiro ponto de referência: apropriabilidade do método ao assunto, 258
Quarto ponto de referência: ajuste do método no processo de pesquisa, 260

OBJETIVOS DO CAPÍTULO
Após a leitura deste capítulo, você deverá ser capaz de:

✓ comparar as diversas abordagens aos dados visuais.
✓ avaliar sua decisão à luz de suas (primeiras) experiências ao aplicar os métodos que escolher.
✓ compreender o seu método dentro do contexto do processo de pesquisa e de outras etapas de seu plano de pesquisa.

Os dados multifocais tornam-se cada vez mais relevantes na pesquisa qualitativa. Os dados visuais passam por uma fase de crescente redescobrimento nesse campo da pesquisa. A observação e a etnografia são a principal tendência. A internet se transforma, ao mesmo tempo, em fonte e em tema para a pesquisa qualitativa. As razões para utilizar os dados multifocais, em lugar dos dados verbais ou somados a estes, são diversas. Em primeiro lugar, existe um desejo por parte do pesquisador de ultrapassar os limites da palavra falada e do relato sobre ações, em favor da análise das próprias ações na forma como naturalmente ocorrem. Em segundo, há a vantagem proporcionada pelo fato de que algumas formas de observação funcionam sem a necessidade de o pesquisador realizar qualquer intervenção no campo em estudo. Por fim, existe a possibilidade de obter conhecimento por meio da observação, da participação e da intervenção no campo e, então, observando as consequências neste.

A observação, em suas diversas versões, tenta compreender as práticas, as interações e os eventos que ocorrem em um contexto específico a partir de dentro, como participante, ou de fora, como mero observador. Na observação, podem-se adotar diversos pontos de partida para reconstruir o caso único: os eventos em um ambiente específico, as atividades de uma pessoa específica, a interação concreta de várias pessoas em conjunto. Cada vez mais, leva-se em conta o fato de que não apenas a participação do observador, mas também os meios do filme e da câmera enquanto equipamentos, exerçam alguma influência sobre os eventos em estudo e sobre sua apresentação para o observador. Portanto, os procedimentos observacionais contribuem para a construção da própria realidade que buscam analisar, realidade essa que já é resultado de processos de construção social antes de ser observada. Os métodos observacionais proporcionam um acesso específico para traçar esses processos de construção à medida que estes ocorrem na interação. Ao final, os métodos observacionais também conduzem à produção do texto como material empírico, textos estes que variam de protocolos de observação a transcrições de interações gravadas, descrições verbais dos eventos em filmes ou o conteúdo de fotografias. Outras formas de documentos representam uma maneira produtiva de abordar vidas cotidianas e rotinas institucionais por meio dos indícios produzidos e deixados por essas vidas e rotinas, por exemplo, nos registros. Por último, a internet influenciou muitas áreas da vida cotidiana e oferece novas formas de realização de pesquisa – entrevistas e grupos focais *online*, ou etnografia virtual. No restante deste capítulo, o termo "observação" será usado em um sentido mais amplo, uma vez que o uso de documentos, de fotos, de vídeos ou de comunicações na internet são também formas de observar interações e outros processos.

PRIMEIRO PONTO DE REFERÊNCIA: COMPARAÇÃO DAS ABORDAGENS COM BASE EM CRITÉRIOS

Começamos por comparar os dados multifocais a partir dos critérios já utilizados para a comparação das abordagens aos dados verbais (ver Capítulo 16). Pode-se também questionar a respeito das recomendações sobre quais procedimentos produzem e garantem a abertura, no processo de pesquisa. Como as observações e os materiais visuais partem, na maioria das vezes, de interações e de ações, as perspectivas subjetivas dos participantes são normalmente apuradas em entrevistas adicionais. Além desses esforços em prol da abertura, os métodos observacionais abrangem também a maneira como estruturar a coleta de dados de modo que se obtenha um conteúdo que possa ser compreendido em profundidade. As diversas abordagens aos dados visuais também contribuem para o desenvolvimento da observação e da análise de dados multifocais como métodos gerais. Além disso, podem caracterizar-se pelos campos de aplicações nos quais são essencialmente utilizadas ou para os quais foram desenvolvidas. Por fim, os problemas específicos de sua aplicação e as limitações básicas estão associados a cada um dos métodos aqui discutidos (ver Tabela 21.1). Os métodos aparecem agrupados em três categorias: observação e etnografia em sentido estrito, métodos de dados visuais e dados mediados (por exemplo, documentos e pesquisa de internet). A comparação apresentada na tabela delimita o campo de alternativas metodológicas na área da utilização de dados multifocais e facilita seu posicionamento nesse espectro.

SEGUNDO PONTO DE REFERÊNCIA: SELEÇÃO DO MÉTODO E VERIFICAÇÃO DE SUA APLICAÇÃO

Deve-se selecionar um método adequado para a coleta de dados multifocais com base na própria investigação: na questão de pesquisa, no campo a ser observado e nas pessoas (ou materiais) que nela forem mais cruciais. O método escolhido deve ser verificado em contraste com o material obtido por meio dele. Nem todo método é apropriado a todas as questões de pesquisa. Eventos do passado podem ser mais bem analisados com a utilização daqueles materiais visuais que surgiram na época em que esses eventos ocorreram. As fotografias abrem um caminho nessa direção.

TABELA 21.1
Comparação entre métodos para a coleta de dados multifocais

Critérios	Observação e Etnografia			Métodos para dados visuais			Dados mediados		
	Observação não-participante	Observação participante	Etnografia	Uso de fotos	Análise de filmes	Análise de vídeos	Uso de documentos		Pesquisa Qualitativa Online
Abertura à opinião subjetiva dos participantes por meio de:	• Integração das entrevistas	• Integração das entrevistas • Empatia por meio da participação	• Associação de observação e entrevista	• Sujeito como fotógrafo	• Interpretações subversivas focalizam a perspectiva de um protagonista.	• Solicitar ao participante que faça a gravação do vídeo.	• Levar em conta o contexto do documento (quem o elaborou e com que objetivo?)		• Os entrevistados e os participantes têm maior controle quanto àquilo que revelam em uma situação de pesquisa
Abertura ao processo de ações e interações por meio de:	• Não-influência no campo observado	• Distância apesar da participação • Observação mais aberta	• Participação na esfera de vida observada	• Documentação em séries de fotos	• Análise de histórias e de processos em filmes	• Documentação abrangente do contexto	• Utilização de registros de processos produzidos com objetivos relativos à vida cotidiana		• Permissão de estabelecer-se uma comunicação de entrevista sem pressão quanto à limitação de tempo
Estruturação (por exemplo, aprofundamento) da análise por meio de:	• Focalização ampliada • Observação seletiva	• Integração de pessoas-chave • Focalização ampliada	• Pluralidade dos métodos aplicados	• Corte e ângulo • Fotografia no momento decisivo	• Contraste de interpretações "realistas" e "subversivas"	• Foco da câmera sobre determinados aspectos	• Seleção dos documentos e consideração de suas respectivas estruturas		• Melhores possibilidades de aprofundamento para o pesquisador, com um maior panorama daquilo que foi dito
Contribuição para o desenvolvimento geral dos métodos para a coleta de dados multifocais	• Abstenção de intervenções no campo • Esclarecimento da natureza inerente aos gêneros verificada no trabalho de campo • Auto-observação para reflexão	• Elucidação dos conflitos entre a participação e a distância	• Ênfase na apropriabilidade dos métodos • Sensibilização quanto aos problemas da descrição e da apresentação	• Enriquecimento de outros métodos (observação, entrevistas)	• Fixação de dados visuais • Documentação e análise detalhada de componentes não-verbais	• Ampliação dos limites de outros métodos	• Formas de utilização de dados que não tenham sido originalmente produzidos para fins de pesquisa.		• Torna acessíveis à pesquisa aqueles participantes que estejam distantes do pesquisador • Utiliza uma forma de comunicação atualizada para a pesquisa.

TABELA 21.1
Comparação entre métodos para a coleta de dados multifocais

Critérios	Observação e Etnografia			Métodos para dados visuais			Dados mediados		
	Observação não-participante	Observação participante	Etnografia	Uso de fotos	Análise de filmes	Análise de vídeos	Uso de documentos		Pesquisa Qualitativa *Online*
Área de aplicação	• Campos abertos • Locais públicos	• Campos delimitados • Instituições	• Esferas da vida cotidiana	• Culturas estranhas • Experiências biográficas	• Problemas sociais • Valores culturais	• Estudos de locais de trabalho • Interações dentro do contexto institucional	• Análises de processos institucionais ou cotidianos		• Análises sobre comunicação online em grupos focais ou etnografia
Problemas na condução do método	• Consentimento de pessoas (desconhecidas) observadas em locais públicos	• Tornar-se um nativo • Problemas de acesso • Inundação do observador	• Atitude indefinida na pesquisa, em vez da utilização de métodos específicos	• Seletividade do meio e sua aplicação	• Interpretação no nível da imagem ou no nível do texto	• Como restringir a influência da presença da tecnologia	• Como selecionar e como levar em conta os contextos dos documentos		• Incerteza quanto à identidade dos participantes • Limitada aos usuários da internet
Limitações do método	• Observação secreta como problema ético	• Relação entre as afirmações e as ações presentes nos dados	• Interesse limitado em questões metodológicas	• Análise de fotografias como análise de textos	• Inexistência de um método específico para a análise de dados filmados	• Seletividade da câmera	• As funções e os objetivos dos documentos muitas vezes podem ser deduzidos apenas indiretamente.		• Permite apenas a abordagem de uma parcela muito particular da vida cotidiana – a comunicação virtual.
Referências	Adler e Adler (1998)	Luders (2004a); Spradley (1980).	Atkinson et al. (2001); Jessor et al. (1996); Luders (2004a).	Becker (1986a); Harper (2004).	Denzin (2004b)	Heath e Hindsmarsh (2002)	Prior (2003); Scott (1990); Wolff (2004b).		Bergmann e Meier (2004); Mann e Stewart (2000).

Pode-se estudar a maneira como uma sociedade define os valores culturais e lida com os problemas sociais de um modo geral (ou seja, por intermédio de várias situações) por meio da análise de filmes exibidos no cinema e na televisão. A partir da observação dos campos e das pessoas para quem esses valores e problemas são relevantes, pode-se esclarecer o modo como estes são concretamente tratados em situações de interação. Porém, a observação tem acesso apenas às ações realizadas na situação, e o pano de fundo biográfico, o conhecimento ou a atenção, tanto em um nível individual como social, somente podem ser reconstruídos de forma mediada a partir dessas ações. Se a situação, o campo e os membros puderem ser suficientemente delimitados, devem-se integrar outras opções de conhecimento resultantes da participação do pesquisador no campo em estudo. A observação não-participante faz sentido principalmente quando o campo não puder ser delimitado de forma a permitir a participação, ou quando as ações a serem observadas impeçam a participação devido aos riscos a elas associados ou ao fato de serem ilegais. Rastros/vestígios deixados em documentos ou na internet podem mostrar partes específicas de mudanças e de problemas sociais.

Após a questão de pesquisa, as pessoas a serem observadas são um segundo ponto a ser considerado na decisão entre os métodos visuais provenientes de observação ou de documentos. Algumas pessoas irritam-se e ou sentem-se mais constrangidas pela simples observação do que pela participação temporária do pesquisador em sua vida diária, enquanto outras têm problemas para lidar com a inquietação gerada pela presença do observador participante no domínio de interesse. Alguns pesquisadores enfrentam grandes dificuldades para achar seu caminho no campo estudado, ao passo que, para outros, o retraimento exigido para a mera observação representa um problema maior. No que diz respeito àqueles que participam do estudo, podem ser positivos procedimentos como o esclarecimento da situação e dos procedimentos dos pesquisadores e a verificação da apropriabilidade do método selecionado para esse objetivo concreto. Deve ser oferecido um treinamento observacional para os observadores e para auxiliar na solução desses problemas. As situações observadas podem ser analisadas a fim de descobrir se os aspectos relevantes foram ou não considerados. Os contatos de campo devem ser analisados também em relação às dificuldades de orientação e de permanência no campo. Se esse treinamento não resolver os problemas do pesquisador no campo, a escolha do método ou a escolha do observador precisará ser reconsiderada. A análise da primeira observação deve também se concentrar em definir até que ponto o método selecionado foi aplicado de acordo com suas regras e seus objetivos. Por exemplo, as fichas observacionais foram aplicadas com a exatidão e a flexibilidade exigidas pelo método? Os pesquisadores mantiveram a distância necessária em sua participação? A participação correspondeu, em extensão e em intensidade, aos objetivos da pesquisa? Aqui, na seleção e na avaliação de um método, deve-se também levar em conta que tipos de enunciados serão obtidos ao final e em que nível de generalização. Apenas levando-se em conta esses fatores será possível definir o que seja uma boa observação (ver Tabela 21.2).

Com a utilização das questões da Tabela 21.2, pode-se avaliar a apropriabilidade do método e de sua aplicação a partir de diversos ângulos. Pode-se proceder a essa avaliação após os primeiros contatos de campo e reiteradamente ao longo do processo da observação.

TERCEIRO PONTO DE REFERÊNCIA: APROPRIABILIDADE DO MÉTODO AO ASSUNTO

De um modo geral, não existe nenhum método ideal que seja válido para a

Introdução à pesquisa qualitativa

TABELA 21.2
Checklist para a seleção de um método para dados multifocais e avaliação de sua aplicação

1. Questão de pesquisa
   O método de observação e sua aplicação conseguem dar conta dos aspectos essenciais da questão de pesquisa?

2. *Forma da coleta de dados*
   O método precisa ser aplicado de acordo com as regras e os objetivos metodológicos. Não deve haver nenhum salto entre as formas de coleta de dados, exceto quando estiver fundamentado na questão de pesquisa e/ou na teoria.

3. Os pesquisadores
   Os pesquisadores estão habilitados para aplicar o método? Qual o papel de seus próprios medos e incertezas na situação?

4. Os participantes
   A forma da coleta de dados é apropriada ao grupo-alvo?
   Como é possível levar em conta os medos, as incertezas e as expectativas dos (possíveis) participantes do estudo?

5. O campo
   A forma da coleta de dados é apropriada ao campo em estudo? Como são considerados a acessibilidade, a confiabilidade e os problemas éticos deste?

6. Espaço para os membros
   Como são consideradas as perspectivas das pessoas que são estudadas e sua variabilidade? As perspectivas dos membros têm a chance de impor-se contra a estrutura metodológica do estudo (por exemplo, as fichas observacionais são flexíveis o suficiente em relação ao inesperado)?

7. O curso da coleta de dados
   Os pesquisadores compreenderam a forma de coleta de dados? Deixaram espaço suficiente para os membros? Conseguiram desempenhar seus papéis? (Por que não?)
   O papel dos participantes, o papel do pesquisador e a situação foram definidos com clareza suficiente aos participantes? Os participantes conseguiram cumprir seus papéis? (Por que não?)

Se possível, analise os intervalos a fim de validar as observações entre o primeiro e o segundo contato de campo.

8. Objetivo da interpretação
   Quais são as ações, os padrões incorporados, os contextos, etc., que foram claramente definidos?

9. Exigência de generalização
   Nível no qual devem ser elaborados os enunciados:
   • Para o caso único (os participantes e suas ações, uma instituição e as relações nela existentes, etc.)?
   • Com referência a grupos (descobertas sobre uma profissão, um tipo de instituição, etc.)?
   • Enunciados gerais?

coleta de dados multifocais. A questão de pesquisa e o assunto em estudo devem determinar a aplicação de uma observação participante ou de uma análise de filmes. A observação não-participante é apenas capaz de oferecer *insights* limitados a ações e a interações em situações concretas e, portanto, a ampliação para a participação nos eventos a serem observados e para conversas paralelas com as pessoas desse campo é a forma mais apropriada para tratar das perspectivas subjetivas e da esfera de vida dos participantes. O problema da apropriabilidade do método é resolvido no campo de observação particularmente pela combinação de diversos métodos em estudos etnográficos.

QUARTO PONTO DE REFERÊNCIA: AJUSTE DO MÉTODO NO PROCESSO DE PESQUISA

Situar os métodos observacionais no processo de pesquisa é o quarto ponto de referência. A coleta de dados deve ser checada em contraste com o método de interpretação utilizado para descobrir se o esforço para a obtenção da abertura e da flexibilidade quanto ao assunto em estudo pode ser comparado em ambos os casos. Não faz muito sentido planejar a observação no campo de modo que esta esteja livre de restrições metodológicas e tenha a maior flexibilidade e abrangência possível, se, posteriormente, for constatado que os dados referem-se exclusivamente a categorias oriundas de teorias existentes (ver Capítulo 23). Verificou-se ser extremamente difícil analisar dados que sejam documentados apenas em notas de campo com métodos hermenêuticos (ver Capítulo 24), como a hermenêutica objetiva (quanto a esse problema, ver Luders, 2004a). Os métodos de interpretação situados entre esses dois pólos – por exemplo, a codificação teórica (ver Capítulo 22) – são mais apropriados para esses dados. De modo semelhante, a forma e o planejamento da observação devem ser checados em contraste com o método de amostragem de campos e de situações e com o pano de fundo teórico do estudo.

Podem-se encontrar pontos de partida para essa checagem cruzada nas considerações relativas ao ajuste do método no processo de pesquisa, fornecidos para cada um dos métodos apresentados nos capítulos anteriores. A compreensão do processo de pesquisa, resumida nessas considerações, deve ser comparada à compreensão do processo de pesquisa no qual estão baseados o estudo e o planejamento do estudo.

Dessa forma, a escolha do método concreto pode ser realizada e avaliada no que diz respeito a sua apropriabilidade ao assunto em estudo e ao processo de pesquisa como um todo.

Pontos-chave

- Todos os métodos para a coleta de dados multifocais têm seus pontos fortes e suas fragilidades.
- Todos eles fornecem caminhos para dar aos participantes do estudo espaço para a apresentação de suas experiências.
- Ao mesmo tempo, todo método estrutura aquilo que é estudado por meio dele de uma forma específica.
- Antes e durante a aplicação de um método específico para responder a uma questão de pesquisa, recomenda-se que o pesquisador verifique e avalie a apropriabilidade do método selecionado.

Exercício 21.1

1. Encontre, na literatura, um estudo baseado na utilização de dados multifocais e reflita se o método que foi aplicado estava ou não apropriado à questão em estudo e às pessoas envolvidas na pesquisa.
2. Em relação ao seu próprio estudo, reflita sobre quais sejam as principais razões para a aplicação de um dos métodos de dados multifocais.

LEITURAS ADICIONAIS

Métodos para a coleta e a análise de dados multifocais

Estes textos apresentam alguns dos métodos para a análise dos dados multifocais mencionados nesta parte do livro.

Bergmann, J., Meier, C. (2004) "Electronic Process Data and their Analysis", In U. Flick, E.v. Kardorff and I. Steinke (eds), *A Companion to Qualitative Research*. London: SAGE. pp. 243-247.

Denzin, N.K. (2004a) "Reading Film: Using Photos and Video as Social Science Material", In U. Flick, E.v. Kardorff and I. Steinke (eds), *A Companion to Qualitative Research*. London: SAGE. pp. 234-247.

Harper, D. (2004) "Photography as Social Science Data", in U. Flick, E.v. Kardorff and I. Steinke (eds), *A Companion to Qualitative Research*. London: SAGE. pp. 231-236.

Heath, C., Hindmarsh, J. (2002) "Analysing Interaction: Video, Ethnography and Situated Conduct", In T. May (ed.), *Qualitative Research in Action*. London: SAGE. pp. 99-120.

Mann, C., Stewart, F. (2000) *Internet Communication and Qualitative Research – A Handbook for Researching Online*. London: SAGE.

Prior, L. (2003) *Using Documents in Social Research*. London: SAGE.

PARTE VI

Do texto à teoria

Até aqui, vimos procedimentos para a produção de dados na pesquisa qualitativa. A partir de agora, iremos nos voltar aos caminhos para a análise dos dados, o que incluirá novamente diversas etapas. Primeiramente, o pesquisador precisará documentar aquilo que observou ou o que lhe foi dito para ter uma base para analisar esse material. O Capítulo 22, que trata da documentação, apresenta o uso das notas de campo na observação e na transcrição após o processo de entrevista, fornecendo algumas sugestões sobre como refletir a respeito dessas etapas – não apenas técnicas – no processo de pesquisa. O Capítulo 23 traz então várias técnicas de codificação e de categorização de dados. A estratégia geral subjacente a essas técnicas é proeminente na pesquisa qualitativa – analisar o material por meio da identificação de passagens e de partes relevantes e por meio da classificação e do agrupamento destas passagens segundo categorias e tipos. Os capítulos seguintes (24 e 25) concentram-se em uma estratégia distinta e apresentam métodos para fazê-la funcionar. Aqui, a estratégia é a compreensão de um texto – e do material – ao seguir sua estrutura interna e levar isso rigorosamente em conta na análise do texto e do material. As análises de conversação e do discurso pretendem demonstrar como as questões são construídas a partir da forma como as pessoas as discutem, ou como os discursos são produzidos em modos mais gerais de comunicação, como as representações de meios de comunicação e a resposta por parte dos receptores (Capítulo 24). Os procedimentos hermenêuticos e a análise de narrativa devem compreender um texto segundo o desenvolvimento e o desdobramento da questão e seu significado (Capítulo 25). Os programas de computador para a análise de dados qualitativos recentemente atraíram muita atenção. O potencial e as limitações do uso destes programas encontram-se discutidos no Capítulo 26. O Capítulo 27 apresenta uma visão geral das diversas abordagens e técnicas analíticas.

22

Documentação de dados

Novas possibilidades e problemas da gravação de dados, 266
Notas de campo, 267
Diário de pesquisa, 269
Fichas de documentação, 269
Transcrição, 270
A realidade como texto: o texto como nova realidade, 273

OBJETIVOS DO CAPÍTULO
Após a leitura deste capítulo, você deverá ser capaz de:

✓ entender as diversas formas de documentação das observações.
✓ reconhecer o potencial e as ciladas da transcrição.
✓ perceber as influências das diversas formas de documentação sobre aquilo que é documentado.
✓ compreender a relevância desta etapa no processo de pesquisa.

Os capítulos anteriores detalharam as duas principais formas de coleta e de produção de dados na pesquisa qualitativa. Porém, antes de analisarmos os dados gerados por meio desses processos, eles precisam ser documentados e editados. No caso de dados de entrevista, uma parte importante desse processo de edição consiste na gravação das manifestações orais e em sua posterior transcrição. Para as observações, a tarefa mais importante é a documentação das ações e das interações. Em ambos os casos, um enriquecimento contextual dos enunciados ou das atividades deve representar um dos principais elementos da coleta de dados. Esse enriquecimento pode ser obtido por meio da documentação do processo de coleta de dados em protocolos de contexto, em diários de pesquisa ou em notas de campo. Com estes procedimentos, transformam-se as relações estudadas em textos, que constituem a base para as análises efetivas. Neste capítulo, discutem-se as alternativas metodológicas para a documentação dos dados coletados. Os dados produzidos a partir desse processo são substitutos das relações (psicológicas ou sociais) estudadas de maneira que os próximos estágios do processo de pesquisa (ou seja, a interpretação e a generalização) possam ser conduzidos. O processo de documentação dos dados compreende fundamentalmente três etapas: a gravação dos dados, a edição dos dados (transcrição) e a construção de uma "nova" realidade no texto produzido e por meio dele. Em seu conjunto, esse processo representa um aspecto essencial na construção da realidade no processo de pesquisa.

NOVAS POSSIBILIDADES E PROBLEMAS DA GRAVAÇÃO DE DADOS

As possibilidades (acústicas e audiovisuais) mais sofisticadas para a gravação de eventos tiveram uma influência substancial no renascimento e nos avanços da pesquisa qualitativa ao longo dos últimos 20 anos. Uma condição para esse progresso foi a ampla difusão do uso de equipamentos de gravação (gravadores de áudio como fitas cassete, MP3, CDs e filmadoras) também na vida cotidiana. Até certo ponto, seu predomínio fez com que eles perdessem seu caráter pouco familiar para possíveis entrevistados ou para aquelas pessoas cuja vida cotidiana será observada e gravada por meio deles. Sozinhos, esses aparelhos possibilitaram algumas formas de análise, como a análise de conversação e a hermenêutica objetiva (para mais detalhes, ver Capítulos 24 e 25).

Gravações acústicas e visuais de situações naturais

O uso de equipamentos para gravação torna a documentação de dados independente das perspectivas – do pesquisador e dos sujeitos em estudo. Argumenta-se que, por meio desse sistema, obtém-se um registro naturalista dos eventos ou um "plano natural": as entrevistas, a fala cotidiana ou as conversas de aconselhamento são gravadas em fitas cassete ou em vídeo. Após informar aos participantes sobre a finalidade da gravação, a expectativa do pesquisador é de que eles simplesmente esqueçam a presença do gravador e que a conversa ocorra "naturalmente" – mesmo em pontos delicados.

A presença e a influência do gravador

Essa expectativa de obter uma gravação naturalista será concretizada, sobretudo, se a presença do equipamento de gravação for restrita. Para chegar-se o mais próximo possível da naturalidade da situação, recomenda-se que o uso da tecnologia de gravação restrinja-se à coleta de dados necessária, à questão de pesquisa e ao esquema teórico. Onde a filmagem não for documentar nada de essencial além daquilo que pode ser obtido por meio de um gravador, deve-se dar preferência ao aparelho menos indiscreto. Seja como for, os pesquisadores devem limitar suas gravações àquilo que for absolutamente necessário à questão de pesquisa – tanto em termos da quantidade de dados gravados, quanto da profundidade da gravação.

Na pesquisa sobre aconselhamento, por exemplo, pode-se pedir aos conselheiros que registrem suas conversas com clientes por meio do uso de um gravador. Nas instituições onde esses tipos de gravações são feitas continuamente, por exemplo, para fins de supervisão, o fato de gravar uma conversa deve ter muito pouca influência sobre aquilo que for gravado. Contudo, não se deve ignorar o fato de que a gravação pode exercer alguma influência sobre os enunciados dos participantes. Essa influência aumenta se, por motivos de ordem técnica, o pesquisador estiver presente na situação de pesquisa. Quanto maior for o esforço para realizar a filmagem e quanto maior a abrangência do *insight* que esta possibilita dentro da vida cotidiana em estudo, maiores serão as possibilidades de ceticismo e de restrições por parte daqueles que participam do estudo, o que torna ainda mais complicada a integração do procedimento de gravação na vida diária em estudo.

O ceticismo quanto à naturalidade das gravações

Da mesma forma, podem-se encontrar reflexões profundas sobre a utilização da tecnologia de gravação na pesquisa qualitativa. Essas formas de gravação substituíram as notas dos entrevistadores e dos observadores que, antigamente, eram o meio dominante. Para Hopf, elas proporcionam "uma ampliação das opções para uma avaliação intersubjetiva das interpretações (...) para a consideração dos efeitos do entrevistador e do observador na interpretação (...) e para a flexibilidade teórica" em comparação com "os protocolos de memória, necessariamente mais seletivos" (Hopf, 1985, p. 93-94). Essa nova flexibilidade leva "a um novo tipo de 'armazenamento de dados qualitativos' em função dos adiamentos de prazos para as decisões relativas às questões de pesquisa e aos pressupostos teóricos, que agora se tornaram possíveis".

Novas questões que dizem respeito à ética da pesquisa, às mudanças nas situações estudadas provocadas pela forma de gravação[1] e a uma perda de anonimato para os entrevistados são associadas a esse tema. A ambivalência contra as novas opções para a gravação de dados qualitativos sugere a importância de se tratar esse ponto não como um problema de detalhe técnico, mas sim no sentido de uma "avaliação tecnológica qualitativa" detalhada. E, ainda, nas considerações sobre o método apropriado de documentação, devem-se incluir alternativas "antigas" que tenham sido substituídas pelas novas tecnologias.

NOTAS DE CAMPO

O meio clássico de documentação na pesquisa qualitativa são as anotações do pesquisador[2]. As notas obtidas em entrevistas devem conter os elementos essenciais das respostas dos entrevistados e informações sobre o andamento da entrevista. Os observadores participantes interrompem várias vezes a participação para registrar observações importantes, conforme esclarecem, no Quadro 22.1, a descrição da técnica clássica da documentação, seus problemas e as soluções escolhidas para estes.

Lofland e Lofland (1984) formulam como regra geral que essas notas devem ser feitas tão logo quanto possível. O afastamento necessário para tanto pode acabar introduzindo certa artificialidade na relação com os parceiros de interação no campo. Especialmente na pesquisa-ação, quando os pesquisadores participam dos eventos no campo e não simplesmente os observam, torna-se mais difícil para eles conservarem essa liberdade. Uma alternativa é anotar impressões após a conclusão do contato individual de campo. Lofland e Lofland (1984, p. 64) recomendam que os pesquisadores devam seguir "religiosamente" o mandamento segundo o qual as anotações devem ser feitas imediatamente após o contato de campo e, ainda, que estes calculem tempos iguais para anotarem cuidadosamente as observações e para gastarem na observação propriamente dita. É preciso assegurar que, (talvez muito) mais tarde, ainda possa ser feita uma distinção entre o que foi observado e o que foi condensado pelo observador em sua interpretação ou no resumo que fez dos eventos (sobre a confiabilidade quanto aos procedimentos de protocolos, ver Capítulo 28). É provável, no entanto, que, depois de algum tempo e com o aumento da experiência, os pesquisadores desenvolvam um estilo pessoal para a redação dessas anotações.

De um modo geral, a produção da realidade nos textos tem início com as anotações feitas em campo. Essa produção é fortemente influenciada pela percepção e pela apresentação seletiva do pesquisador. Essa seletividade diz respeito não apenas aos aspectos que são deixados de lado, mas,

> **QUADRO 22.1** As notas de campo na prática
>
> O exemplo a seguir foi extraído de um estudo já utilizado como exemplo anteriormente, o qual foi realizado por Anselm Strauss e colaboradores, na década de 1960, em um hospital psiquiátrico. O exemplo demonstra a prática dos autores na redação das notas de campo:
>
>> Nosso método normalmente consistia em passarmos períodos delimitados de tempo em campo, talvez duas ou três horas. Quando era possível deixar o campo de forma apropriada, nos dirigíamos imediatamente em direção a uma máquina de escrever ou a um *Dictaphone*. Se fosse impossível o afastamento, anotávamos breves lembretes sempre que ocorresse um período de calmaria, registrando-as integralmente tão logo possível. O registro das notas de campo apresentava muitos problemas que envolviam a distinção entre os eventos vistos e escutados, assim como as impressões ou interpretações de um entrevistador. Como profissionais, estávamos todos atentos para as ciladas que acompanham a capacidade de recordar e para a facilidade de confundir-se entre fato e fantasia. Tentamos, então, esclarecer essas distinções, tanto as afirmando inequivocamente quanto desenvolvendo um sistema notacional para assegurá-las. O material verbal registrado entre aspas significava uma recordação exata; o material verbal entre apóstrofos indicava um grau menor de certeza ou uma paráfrase; e o material verbal sem marcações significava uma recordação razoável, mas não uma citação. Por último, as impressões ou as inferências do entrevistador foram separadas das observações de fato por meio da utilização de parênteses simples ou duplos. Embora esse sistema notacional tenha sido bastante utilizado, nenhum de nós restringiu-se sempre a seu uso.

Fonte: Strauss e colaboradores, 1964, pp. 28-29.

sobretudo, àqueles que encontram seu caminho dentro das notas. Somente a notação consegue revelar uma ocorrência transitória a partir de seu curso cotidiano, tornando-a um evento para o qual o pesquisador, o intérprete e o leitor possam reiteradamente voltar sua atenção. Uma forma de redução ou, ao menos, de qualificação dessa seletividade da documentação é complementar as notas por meio de diários ou de protocolos diários escritos pelos sujeitos em estudo paralelamente às anotações do pesquisador. Assim, passa a ser possível que suas opiniões subjetivas sejam incluídas nos dados, tornando-se acessíveis à análise. Esses documentos elaborados a partir do ponto de vista do sujeito podem ser analisados e contrastados com as notas dos pesquisadores. Outro caminho consiste em adicionar fotos, desenhos, mapas e outros tipos de material visual às notas. Uma terceira possibilidade é utilizar um *notebook*, uma máquina de ditar ou equipamentos similares para o registro das notas.

Da mesma forma, Spradley (1980, p. 69-72) sugere quatro formas de notas de campo para a documentação:

- relatos condensados em palavras ou frases isoladas, ou citações extraídas de conversas, etc.
- um relato ampliado das impressões das entrevistas e dos contatos de campo;
- um protocolo sobre trabalhos de campo, que, como um diário, "irá conter (...) experiências, ideias, medos, erros, confusões, avanços e problemas que surjam durante o trabalho de campo" (1980, p. 71);
- algumas notas sobre análises e interpretações, com início imediatamente após os contatos de campo e estendendo-se até a conclusão do estudo.

DIÁRIO DE PESQUISA

Especialmente no caso do envolvimento de mais de um pesquisador, existe uma necessidade de documentação do processo de pesquisa em andamento e de reflexão sobre este processo para uma ampliação da comparabilidade entre os procedimentos empíricos e os focos nas notas individuais. Um método de documentação diz respeito ao uso de diários de pesquisa atualizados continuamente por todos os participantes. Estes devem documentar o processo de abordagem de um campo, as experiências e os problemas no contato com o campo ou com os entrevistados, e a aplicação dos métodos. Fatos importantes e questões de menor relevância ou fatos perdidos na interpretação, na generalização, na avaliação ou na apresentação dos resultados, vistos a partir das perspectivas do pesquisador individual, também devem ser incorporados. Comparar essa documentação e as diferentes opiniões nelas manifestadas torna o processo de pesquisa mais intersubjetivo e explícito. Além disso, esses diários podem ser usados como "memorandos" no sentido atribuído por Strauss (1987, particularmente no Capítulo 5) para a elaboração de uma teoria fundamentada. Strauss recomenda a redação de memorandos durante todo o processo de pesquisa, os quais contribuirão para o processo de construção de uma teoria. Uma documentação desse tipo não é apenas um fim em si mesma ou um conhecimento adicional, servindo também à reflexão sobre o processo de pesquisa.

Diversos métodos foram esboçados para "captar" eventos, processos, enunciados e procedimentos interessantes. Ao anotar as intervenções na vida cotidiana em estudo, o pesquisador deve guiar-se pela seguinte *regra de economia*: registrar apenas o conteúdo definitivamente necessário para responder à questão de pesquisa. Deve evitar qualquer "presença técnica" na situação da coleta de dados que não seja absolutamente necessária a seus interesses teóricos. Reduzir a presença de equipamentos de gravação e fornecer o máximo de informações possível aos parceiros de pesquisa quanto ao sentido e ao objetivo da forma de gravação escolhida ampliam a probabilidade de que o pesquisador de fato possa "captar" o comportamento cotidiano nas situações naturais. No caso de questões de pesquisa nas quais as formas "antigas" de documentação sejam suficientes, tais como a elaboração de um protocolo de respostas e observações, é altamente recomendável que essas formas sejam utilizadas. No entanto, esses protocolos devem ser elaborados do modo mais imediato e abrangente possível a fim de registrar essencialmente as impressões do campo e as questões resultantes.

FICHAS DE DOCUMENTAÇÃO

Constatou-se que, para as entrevistas, é produtiva a utilização de fichas para documentar o contexto e a situação da coleta de dados. O plano de estudo irá determinar quais as informações que essas fichas devem incluir concretamente – por exemplo, se envolve vários entrevistadores ou se a entrevista é conduzida em locais variáveis que supostamente possam tê-la influenciado. Além disso, as questões de pesquisa determinam o que deve ser concretamente anotado nessas fichas. O exemplo do Quadro 22.2 foi extraído de meu estudo sobre a mudança tecnológica na vida cotidiana, no qual diversos entrevistadores conduziram entrevistas com profissionais em situações de trabalho distintas, sobre as influências da tecnologia na infância, na educação das crianças da própria família ou em geral, etc. Portanto, a ficha de documentação precisava conter informações contextuais adicionais explícitas.

QUADRO 22.2 Exemplo de uma ficha de documentação

Informações sobre a entrevista e o entrevistado

Data da entrevista:

Local da entrevista:

Duração da entrevista:

Entrevistador:

Identificador para o entrevistado:

Sexo do entrevistado:

Idade do entrevistado:

Profissão do entrevistado:

Trabalha nesta profissão desde:

Campo profissional:

Educação (região/cidade):

Número de filhos:

Idade dos filhos:

Sexo dos filhos:

Particularidades ocorridas na entrevista:

....
....
....
....
....
....
....

TRANSCRIÇÃO

No caso de os dados terem sido registrados com a utilização de meios técnicos, sua transcrição será uma etapa necessária no caminho para sua interpretação. Há diversos sistemas de transcrição disponíveis, que variam em grau de exatidão (para um panorama geral, ver Kowall e O'Connell, 2004). Ainda não há um padrão estabelecido. Nas análises da linguagem, normalmente o interesse concentra-se na obtenção do máximo de exatidão na classificação e na apresentação de enunciados, de intervalos, etc. Aqui, também é possível questionar a apropriabilidade do procedimento. Esses padrões de exatidão contribuem para os ideais de precisão nas medições das ciências naturais e são importados para as ciências sociais pela porta dos fundos. No entanto, a formulação de regras para a transcrição também induz a alguma forma de fetichismo que já não possui nenhuma relação razoável com a questão e os produtos da pesquisa. Quando os estudos analíticos linguísticos e de conversação concentrarem-se na organização da linguagem, esse tipo de exatidão poderá ser justificada. Contudo, no caso de estudos mais psicológicos ou sociológicos, nos quais o intercâmbio linguístico representa um meio para o estudo de determinados conteúdos, apenas casos excepcionais justificam padrões exagerados de exatidão nas transcrições. Parece ser mais razoável que a transcrição limite-se apenas à exatidão de fato exigida pela questão de pesquisa (Strauss, 1987). Em primeiro lugar, uma transcrição de dados excessivamente exata absorve tempo e energia que poderiam ser investidos de um modo mais racional em sua interpretação. Em segundo lugar, a mensagem e o significado daquilo que é transcrito são, às vezes, ocultados em vez de revelados na diferenciação da transcrição e na obscuridade resultante dos protocolos produzidos. Dessa forma, Bruce (1992, p. 145; citado em O'Connell e Kowall, 1995, p. 96) afirma:

> Os seguintes critérios, bastante gerais, podem ser utilizados como ponto de partida na avaliação de um sistema de transcrição para o discurso oral: a controlabilidade (para o transcritor), as possibilidades de leitura, de assimilação e de interpretação (para o analista e para o computador). É razoável pensar que o sistema de transcrição deva ser fácil de escrever, fácil de ler, fácil de aprender e fácil de pesquisar.

Além das regras claras sobre como transcrever enunciados, revezamentos, intervalos, finais de frases, etc., uma segunda checagem da transcrição comparada à gravação e à anonimidade dos dados (nomes, referências espaciais e temporais) são aspectos centrais do procedimento de transcrição. A transcrição da análise de conversação (ver Capítulo 24) é normalmente o modelo para as transcrições nas ciências sociais. Drew (1995, p. 78) fornece um "glossário de convenções de transcrição", que pode ser utilizado após a aplicação dos critérios mencionados anteriormente relativos à questão de pesquisa (Quadro 22.3).

O Quadro 22.4 mostra uma segunda versão da transcrição de entrevistas. É aconselhável a utilização de linhas numeradas para o transcrito, deixando-se espaço suficiente para anotações nas margens esquerda e direita.

QUADRO 22.3 Convenções de transcrição

[	Sobreposição da fala: ponto exato no qual uma pessoa começa a falar enquanto a outra ainda estiver falando, ou no qual ambas começam a falar simultaneamente, resultando na sobreposição da fala.
(0.2)	Pausas: dentro e entre os revezamentos dos locutores, em segundos.
'Aw:::':	Sons ampliados: extensões de som representadas por dois-pontos, na proporção da duração da extensão.
Palavra:	O sublinhado demonstra o destaque ou a ênfase.
"fishi-":	Um hífen indica a interrupção da palavra/som.
".hhhh":	As entradas de ar durante a respiração, que sejam audíveis, são transcritas como ".hhhh" (o número de repetições da letra h é proporcional à duração da respiração).
PALAVRA:	O aumento da amplitude é demonstrado por letras maiúsculas.
(palavras ...):	Os parênteses delimitam uma transcrição incerta, contendo "o melhor palpite" do transcritor.

Fonte: Adaptado de Drew, 1995, p. 78.

QUADRO 22.4 Regras para a transcrição e um exemplo

Layout	
Editor de textos	Word (97)
Fonte	Times New Roman 12
Margem	Esquerda: 2, direita: 5
Numeração das linhas	5, 10, 15, etc., iniciando a cada nova página.
Linhas – espaçamento	1,5
Numeração das páginas	No canto superior, à direita
Entrevistador	E: Entrevistador
Entrevistado	EP: Entrevistado
Transcrição	
Ortografia	Convencional
Interpontuação	Convencional
Pausas	Pausa rápida *; mais de um segundo *n° de segundos*
incompreensível	((incomp))
Transcrição duvidosa	(abc)
Em voz alta	Com comentário
Em voz baixa	Com comentário
Ênfase	Com comentário
Palavra interrompida	Abc-
Frase interrompida	Abc-
Fala simultânea	#abc#
Expressões paralinguísticas	Com comentário (por exemplo, suspiros, etc.)
Comentário	Com comentário
Citação textual	Convencional
Abreviações	Convencional
Anonimização	Nomes com°

A utilização dessas sugestões para a transcrição das entrevistas deverá resultar na obtenção de transcritos como o do Quadro 22.5.

Na pesquisa qualitativa *online* (ver Capítulo 20), as respostas, enunciados ou narrativas resultantes das entrevistas ou grupos focais já estarão em formato escrito e eletrônico, de modo que, neste caso, pode-se omitir a etapa da transcrição.

A REALIDADE COMO TEXTO: O TEXTO COMO NOVA REALIDADE

Gravar os dados, escrever as anotações adicionais e transcrever as gravações transformam realidades interessantes em texto, e o resultado disso é a produção de contos a partir do campo. No mínimo, a documentação de processos e a transcrição de enunciados levam a uma versão diferente dos eventos. Cada forma de documentação leva a uma organização específica daquilo que é documentado. Toda transcrição de realidades sociais está sujeita a condições e a limitações técnicas e elaboram uma estrutura específica no nível textual, tornando acessível o que foi transcrito de uma forma específica. A documentação destaca os eventos de sua transitoriedade. O estilo pessoal do pesquisador de anotar as coisas faz do campo um campo conhecido; o grau de exatidão da transcrição dissolve a *gestalt* dos eventos em uma grande quantidade de detalhes específicos. A consequência do processo seguinte de interpretação é que "A realidade somente se apresenta ao cientista de forma substanciada, como texto – ou, em termos técnicos – como protocolo. Fora dos textos, a ciência perde seus direitos, pois apenas se pode formular um enunciado científico quando e na medida em que os eventos tiverem encontrado um depósito ou deixado um rastro, e estes tenham sido submetidos a uma interpretação" (Garz e Kraimer, 1994, p. 8).

Essa substancialização da realidade na forma de texto é válida sob dois aspectos: como um processo que abre acesso a um campo, e como resultado desse processo, como uma reconstrução da realidade que foi transformada em textos. A construção de uma nova realidade no texto já teve início no nível das notas de campo e no nível da transcrição, sendo esta a única (versão da) realidade disponível ao pesqui-

---

QUADRO 22.5 Exemplo de uma transcrição

```
 1
    E:   Bem, a primeira pergunta é: O que é saúde para você? ((o telefone toca)) Você quer aten-
         der primeiro?
    EN:  Não.
    E:   Não? Ok.
 5  EN:  A saúde é algo relativo, eu acho. Uma pessoa pode ser saudável, mesmo quem já é idoso ou
         tenha alguma deficiência pode, apesar disso, sentir-se saudável. Bom, antigamente, antes de
         vir trabalhar na comunidade, eu costumava dizer que uma pessoa seria saudável se vivesse
         em um lar com condições muito boas e regulares, onde tudo fosse correto e super exato e,
         gostaria de dizer, absolutamente limpo"? Mas depois aprendi muito quando comecei a tra-
         balhar na comunidade
10       (...). Antes disso, fui enfermeira no setor de terapia intensiva da Hanover Medical School e
         cheguei aqui com.....

E = Entrevistador; EN = Enfermeira
```

sador durante suas interpretações seguintes. Essas construções precisam ser consideradas no modo mais ou menos meticuloso de lidar com o texto sugerido por cada método de interpretação.

Uma gravação mais ou menos abrangente do caso, a documentação do contexto de produção e a transcrição organizam o material de um modo específico. Pode-se concretizar o princípio epistemológico da compreensão tendo-se a capacidade de analisar as apresentações ou o andamento das situações, o máximo possível, a partir de uma perspectiva interna. A documentação deve, portanto, ser exata o suficiente para revelar as estruturas desses materiais, e deve permitir abordagens que partam de perspectivas distintas. A organização dos dados tem o objetivo principal de documentar o caso em sua especificidade e estrutura. Isso permite ao pesquisador reconstruí-lo em sua *gestalt*, e analisá-lo e fragmentá-lo por sua estrutura – as regras que determinam seu funcionamento, o significado a ele subjacente, os elementos que o definem. Os textos produzidos desta forma constroem a realidade estudada de um modo específico, tornando-a acessível enquanto material empírico para procedimentos interpretativos.

Pontos-chave

- A documentação de dados não é apenas uma etapa técnica do processo de pesquisa, influenciando também na qualidade dos dados que podem ser usados para as interpretações.
- As novas tecnologias de gravação modificaram as possibilidades da documentação, mas também as características dos dados qualitativos.
- A transcrição é uma etapa importante na análise dos dados; porém, não deve dominar o processo da pesquisa com exatidão em demasia – muitas vezes, desnecessária.
- As notas de campo e os diários de pesquisa podem também fornecer informações preciosas sobre as experiências na pesquisa.

NOTAS:

1. De acordo com Bergmann, "uma gravação audiovisual de um evento social não é, de forma alguma, a representação meramente descritiva que de início possa parecer. Devido a sua estrutura manipuladora do tempo, existe nela, ao contrário, um momento construtivo" (1985, p. 317). Desse modo, após sua gravação, uma conversa pode ser removida de seu curso temporal reservado e único, e monitorada ainda muitas outras vezes. Podendo, então, ser dissecada em componentes específicos (por exemplo, sinais não-verbais dos participantes) de um modo que ultrapasse as percepções cotidianas dos participantes. Isso não apenas possibilita novas formas de conhecimento como também constrói uma nova versão dos eventos. A partir de um determinado momento, a percepção desses eventos não é mais determinada por sua ocorrência original ou natural, mas sim por sua exposição artificialmente detalhada.
2. Pode-se encontrar bons panoramas, reflexões e introdução em Emerson et al. (1995), Lofland e Lofland (1984) e Sanjek (1990).

Exercício 22.1

1. Realize a gravação de algumas interações com o uso de um gravador e, a seguir, transcreva uma ou duas páginas dessa gravação.
2. Vá até um local público e observe o que ocorre ali. Passados 10 minutos, encontre um local reservado e anote o que viu. Reflita sobre os problemas levantados a partir desse pequeno exercício.

LEITURAS ADICIONAIS

O segundo dos textos relacionados abaixo oferece uma visão geral e algumas reflexões críticas sobre a transcrição, e os demais fornecem uma orientação sobre como trabalhar com notas de campo.

Emerson, R., Fretz, R., Shaw, L. (1995) *Writing Ethnographic Fieldnotes*. Chicago: Chicago University Press.

Kowall, S., O'Connell, D.C. (2004) "Transcribing Conversations", in U. Flick, E.v. Kardorff and I. Steinke (eds), *A Companion to Qualitative Research*. London: SAGE. pp. 248-252.

Lofland, J., Lofland, L.H. (1984) *Analyzing Social Settings*, 2nd edn. Belmont, CA: Wadsworth.

Sanjek, R. (ed.) *Fieldnotes: The Making of Anthropology*. Albany, NY: State University of New York Press.

23
Codificação e categorização

Codificação teórica, 277
Codificação temática, 286
Análise qualitativa de conteúdo, 291
Análise global, 294

OBJETIVOS DO CAPÍTULO
Após a leitura deste capítulo, você deverá ser capaz de:

✓ conhecer as diversas abordagens de codificação de material empírico.
✓ aplicar, a seu material, os procedimentos de codificação aberta, axial e seletiva, assim como a codificação temática.
✓ compreender as técnicas de análise qualitativa do conteúdo e a etapa preparatória da análise global.
✓ identificar potencialidades e limites das abordagens de codificação e de categorização em geral.

A interpretação de dados é a essência da pesquisa qualitativa, embora sua importância seja vista de forma diferenciada nas diversas abordagens. Algumas vezes, como, por exemplo, na hermenêutica objetiva e na análise de conversação (ver Capítulos 24 e 25), a pesquisa abstém-se de utilizar outros métodos específicos para a coleta de dados que não os das gravações de situações cotidianas. Nesses casos, o uso de métodos de pesquisa consiste na aplicação de métodos para a interpretação do texto. Em outras abordagens, a interpretação é uma etapa secundária, posterior à coleta de dados por meio de técnicas mais ou menos refinadas. Este é o caso, por exemplo, com a análise qualitativa do conteúdo ou com alguns métodos de manipulação de dados narrativos. Na abordagem de Strauss (1987), a interpretação de dados é a essência do procedimento empírico, que, no entanto, inclui métodos explícitos de coleta de dados. A interpretação de textos tem como função o desenvolvimento da teoria, servindo também como embasamento para a coleta de dados adicionais e para a decisão sobre quais casos devam ser selecionados a seguir. Por essa razão, em nome de um procedimento entrelaçado, abandona-se o processo linear de coletar os dados em uma primeira etapa para depois interpretá-los. A interpretação de textos pode buscar dois objetivos opostos. Um deles consiste em revelar e expor enunciados ou contextualizá-los no texto, o que normalmente leva a um aumento do material textual; para trechos curtos no texto original, muitas vezes escrevem-se interpretações de uma página. O outro visa à redução do texto original por meio de paráfrase, de resumo ou de categorização. Essas duas estratégias são aplicadas tanto alternativa quanto sucessivamente. Em resumo, podemos distinguir duas estratégias básicas na forma como trabalhar com os textos. A codificação do material tem como objetivo a categorização e/ou o desenvolvimento de teoria. A análise mais ou menos estritamente sequencial do texto visa à reconstrução da estrutura do texto e do caso. Esta última estratégia será o tópico dos Capítulos 24 e 25.

CODIFICAÇÃO TEÓRICA

A codificação teórica é o procedimento para a análise dos dados que foram coletados para desenvolver uma teoria fundamentada. Esse procedimento foi introduzido por Glaser e Strauss (1967), sendo posteriormente aprimorado por Glaser (1978), Strauss (1987) e Strauss e Corbin (1990/1998). Como já foi mencionado por diversas vezes, nessa abordagem, a interpretação dos dados não pode ser considerada independentemente de sua coleta ou da amostragem do material. A interpretação é o ponto de ancoragem para decidir-se sobre quais dados ou casos serão os próximos a ser integrados na análise, e sobre a forma ou os métodos por meio dos quais eles devem ser coletados. No processo de interpretação, podem-se diferenciar diversos "procedimentos" para se trabalhar com o texto. Esses procedimentos são designados como "codificação aberta", "codificação axial" e "codificação seletiva", não devendo ser entendidos nem como procedimentos claramente distinguíveis, nem como fases temporalmente separadas no processo. Em vez disso, são formas diferentes de tratar o material textual, entre as quais os pesquisadores podem oscilar, se necessário, podendo também combiná-las. Entretanto, o processo da interpretação tem início com a codificação aberta, ao passo que, ao final do processo analítico como um todo, a codificação seletiva torna-se mais evidente. A codificação é aqui entendida como representação das operações pelas quais os dados são fragmentados, conceitualizados e reintegrados de novas maneiras. Este é o processo central por meio do qual as teorias são construídas a partir dos dados (Strauss e Corbin, 1990/1998, p. 3).

De acordo com esse entendimento, a codificação envolve uma comparação constante dos fenômenos, dos casos, dos conceitos, etc., assim como a formulação de questões voltadas ao texto. A partir dos dados, o processo de codificação leva à elaboração de teorias por meio de um processo de abstração. Os conceitos ou os códigos estão vinculados ao material empírico, e são formulados, a princípio, com a maior proximidade possível do texto, sendo que, mais tarde, tornam-se cada vez mais abstratos. A categorização, nesse procedimento, refere-se ao resumo desses conceitos em *conceitos genéricos* e ao aperfeiçoamento das relações entre conceitos e conceitos genéricos, ou categorias e conceitos superiores. O desenvolvimento da teoria envolve a formulação de *redes* de categorias ou conceitos e das relações existentes entre eles. Podem-se elaborar relações entre categorias superiores e inferiores (hierarquicamente), mas também entre conceitos de um mesmo nível. Durante todo o processo, impressões, associações, questões, ideias, e assim por diante, são anotadas nas *notas de codificação*, que complementam e explicam os códigos encontrados, ou, de um modo mais geral, em memorandos.

Codificação aberta

A codificação aberta tem a finalidade de expressar dados e fenômenos na forma de conceitos. Com esse propósito, os dados são primeiramente desemaranhados ("segmentados"). As expressões são classificadas pelas unidades de significado (palavras isoladas, sequências curtas de palavras) com o objetivo de associar anotações e, sobretudo, "conceitos" (códigos) a estas. O Quadro 23.1 mostra um exemplo que pode esclarecer esse procedimento, ao

QUADRO 23.1 Exemplo de segmentação e de codificação aberta

Este exemplo foi extraído de um de meus projetos sobre os conceitos de saúde de pessoas leigas. Ele demonstra a forma como foi aplicada a segmentação de uma passagem em uma das entrevistas, no contexto da codificação aberta, para a elaboração de códigos:

Bom-Eu[1] / relaciono[2]/ pessoalmente[3]/ à saúde[4]/: a funcionalidade completa[5]/ do organismo humano[6]/ todos[7]/ os processos bioquímicos[8] do organismo[9]/ incluídos aí[10]/ todos os ciclos[11]/ mas também[12]/ o estado mental[13]/ da minha pessoa[14]/ e do ser humano em geral[15]/.

1. Cena inicial, introdução.
2. Estabelecimento de conexões.
3. O entrevistado enfatiza a referência a si mesmo, delimitando seu espaço em relação aos outros. Lugar-comum local. Ele não precisa pesquisar primeiro.
4. Ver item 2, utilizar a questão.
5. Conhecimento técnico, aprendido, expressão extraída de um manual técnico, modelo da máquina, orientação para normas, pensamento em normas, exigência normativa (aquele cujo organismo não funciona plenamente está doente).

Códigos: funcionalidade, exigência normativa

6. Distanciamento, geral, em contradição à introdução (anúncio de uma ideia pessoal), manual, referência ao ser humano, mas como máquina.

Código: imagem mecanicista do ser humano

7. Completo, abrangente, máximo, sem diferenciação, equilíbrio.
8. Prisão, sistema fechado, existência de algo externo, passivo, guiado por influências externas, possivelmente uma dinâmica própria do que está incluído.
9. Ver item 6.
10. Categoria de manual.
11. Abrangente; modelo da máquina, círculo de regras, procedimento de acordo com regras, oposto ao caos.

Código: ideia mecanicisto-somática da saúde

12. Complemento, novo aspecto oposto ao que foi dito antes, duas (ou mais) coisas diferentes que integram o conceito de saúde.

Código: multidimensionalidade

13. Mecanicista, inclinação negativa, abuso, estático ("qual é o estado dele?").
14. Menciona algo pessoal, outra vez cria imediatamente uma distância, fala de forma bastante neutra a respeito de algo de seu interesse, defende-se de uma proximidade excessiva em relação à entrevistadora e a si mesmo.

Código: hesitação entre o nível pessoal e o geral

15. Geral, imagem abstrata do ser humano, orientação para normas, singularidade mais fácil de ser omitida.

Código: distância

apresentar uma definição subjetiva de saúde e os primeiros códigos associados a esse fragmento do texto. As seções, nos trechos da entrevistas, encontram-se separadas umas das outras por uma barra diagonal, sendo que cada uma delas é indicada por um número sobrescrito. As notas relativas a cada seção são então apresentadas: em alguns casos elas conduziram à formulação de códigos, e, em outros, foram abandonadas em procedimentos posteriores, por serem menos convenientes.

Esse procedimento não pode ser aplicado em todo o texto de uma entrevista ou de um protocolo de observação, sendo, em vez disso, empregado em trechos particularmente instrutivos, ou talvez extremamente obscuros. Muitas vezes, o início de um texto é o ponto de partida. Esse procedimento serve para elaborar uma compreensão mais profunda do texto. Charmaz sugere que essa codificação seja feita linha a linha, uma vez que ela "também auxilia a impedir que você descarregue seus motivos, medos ou questões pessoais não resolvidas sobre seus respondentes e sobre seus dados coletados" (2003, p. 94). Ela também apresenta um exemplo concreto desse procedimento, conforme mostra o Quadro 23.2. Os códigos desenvolvidos por Charmaz constam na coluna esquerda do quadro e, na coluna direita, o fragmento da entrevista. Cathy Charmaz é atualmente uma das principais pesquisadoras no campo da teoria fundamentada.

Às vezes, o resultado obtido a partir da codificação aberta consiste em inúmeros códigos (Strauss e Corbin, 1990/1998, p. 113). A etapa seguinte do procedimento é a categorização desses códigos, agrupando-os em torno de fenômenos descobertos nos dados que sejam particularmente relevantes para a questão de pesquisa. As categorias resultantes são novamente associadas a códigos, agora mais abstratos do que aqueles utilizados na primeira etapa. Nessa fase, os códigos devem representar o conteúdo de uma categoria de uma forma acentuada e, acima de tudo, devem oferecer auxílio para a lembrança da referência da categoria. Os conceitos tomados da literatura das ciências sociais (códigos

---

QUADRO 23.2 Exemplo da codificação linha a linha

Sintomas alternados, tem dias contraditórios Interpreta imagens de si fornecidas pelos outros Evita a revelação Prevê a rejeição Não deixa que os outros saibam Compreende os sintomas associados Permite que os outros não saibam Antecipa a descrença Controla as opiniões dos outros Evita o estigma Avalia os possíveis danos e riscos de uma revelação	Se você tem lúpus, quer dizer, um dia é meu fígado; outro dia são minhas juntas; no outro é a cabeça; e parece que as pessoas pensam que você é hipocondríaca se você fica reclamando de várias indisposições (...) É como se você não quisesse dizer nada, porque as pessoas vão começar a imaginar, sabe, "meu Deus, nem cheguem perto dela, tudo o que ela sabe fazer é reclamar". E eu acho que é por isso que nunca digo nada, porque me parece que tudo o que eu sinto está, de uma forma ou de outra, relacionado com o lúpus, mas a maioria das pessoas não sabe que eu tenho lúpus, e mesmo aqueles que sabem não vão acreditar que 10 indisposições diferentes sejam a mesma coisa. E eu não quero que fiquem dizendo, sabe, [que] não querem chegar perto de mim porque eu reclamo.

Fonte: Charmaz, 2003, p. 96.

construídos) ou retirados de expressões citadas por entrevistados (códigos *in vivo*) representam fontes potenciais para a rotulagem de códigos. Desses dois tipos de códigos, a preferência recai neste último, por sua proximidade ao material estudado. As categorias descobertas dessa forma são, a seguir, ainda desenvolvidas. Para essa finalidade, as propriedades pertencentes a uma categoria são classificadas e dimensionalizadas – ou seja, situadas ao longo de um *continuum* com a finalidade de definir a categoria com maior precisão quanto seu conteúdo: "Fornecemos outro exemplo com a utilização do conceito de cor com o objetivo de explicar mais precisamente o que queremos dizer com propriedades e dimensões". Suas propriedades incluem tonalidade, intensidade, nuança, e assim por diante. Cada uma dessas propriedades pode ser dimensionalizada. Assim, a cor pode variar de uma tonalidade mais clara a uma mais escura, de uma intensidade maior para uma menor; de uma nuança brilhosa para uma mais apagada. Tonalidade, intensidade e nuança são o que pode ser chamado de propriedades gerais (1990/1998, p. 117-118).

A aplicação da codificação aberta pode ser aplicada em vários graus de detalhamento. Um texto pode ser codificado linha a linha, frase a frase ou parágrafo a parágrafo, ou um código pode estar associado a textos inteiros (um protocolo, um caso, etc.). A seleção de uma dessas alternativas depende da questão de pesquisa, do material, do estilo pessoal do analista e do estágio que a pesquisa houver atingido. É importante não perder contato com os objetivos da codificação. O objetivo principal é fragmentar e compreender um texto, e associar e elaborar categorias, colocando-as em uma ordem de um curso de tempo. Strauss e Corbin resumem a codificação aberta da seguinte forma:

> Os conceitos são os blocos fundamentais da construção da teoria. A codificação aberta, no método da teoria fundamentada, é o processo analítico pelo qual os conceitos são identificados e desenvolvidos em termos de suas propriedades e dimensões. Os procedimentos analíticos básicos que permitem sua realização são: a realização de perguntas sobre os dados e a elaboração de comparações em relação a similaridades e diferenças entre cada incidente, evento e outras instâncias dos fenômenos. Eventos e incidentes semelhantes são classificados e agrupados para formar categorias. (1990, p. 74.)

O resultado da codificação aberta deve ser uma lista dos códigos e de categorias associados ao texto. Esta lista deve ser complementada pelas notas de codificação elaboradas para explicar e para definir o conteúdo dos códigos e das categorias, e uma boa quantidade de memorandos que contenham observações marcantes sobre o material e os pensamentos relevantes à elaboração da teoria.

Não apenas para a codificação aberta, mas também para outras estratégias de codificação, sugere-se que o pesquisador trabalhe com o texto regular e repetidamente, utilizando a seguinte lista das assim chamadas perguntas básicas:

1. *O quê?* — Qual é a questão aqui? Que fenômeno é mencionado?
2. *Quem?* — Que pessoas, atores estão envolvidos? Que papéis eles desempenham? Como eles interagem?
3. *Como?* — Quais aspectos do fenômeno são mencionados (ou não são mencionados)?
4. *Quando? Por quanto tempo? Onde?* — Tempo, curso e localização.
5. *Quanto? Com que força?* — Aspectos relacionados à intensidade.

6. *Por quê?* Quais os motivos que foram apresentados ou que podem ser reconstruídos?
7. *Para quê?* Com que intenção, com que objetivo?
8. *Por meio de quê?* Meios, táticas e estratégias para atingir-se o objetivo.

Com a realização dessas perguntas, o texto estará revelado. Elas podem ser dirigidas a trechos individuais, mas também a casos inteiros. Além dessas questões, as comparações entre os extremos de uma dimensão ("técnica *flip-flop**") ou com os fenômenos provenientes de contextos completamente distintos e um consequente questionamento da autoevidência ("técnica *waving-the-red-flag***") são caminhos possíveis para desemaranhar ainda mais as dimensões e os conteúdos de uma categoria.

Codificação axial

A próxima etapa refere-se ao aprimoramento e à diferenciação das categorias resultantes da codificação aberta. A partir dessa grande quantidade de categorias que foram geradas, selecionam-se aquelas que pareçam mais promissoras para um posterior aperfeiçoamento. Essas categorias axiais são enriquecidas na medida em que se ajustam à maior quantidade de trechos possível. Para aprimorá-las ainda mais, empregam-se as perguntas e as comparações mencionadas acima. Por fim, elaboram-se as relações entre estas e outras categorias. E, o mais importante, esclarecem-se ou estabelecem-se as relações entre as categorias e suas subcategorias. Para a formulação dessas relações, Strauss e Corbin (1998, p. 127) sugerem um modelo de paradigma da codificação, que é representado na Figura 23.1.

Esse modelo bastante simples e, ao mesmo tempo, bastante genérico tem a função de esclarecer as relações entre um fenômeno, suas causas e consequências, seu contexto e as estratégias daqueles que estão envolvidos. Os conceitos incluídos em cada categoria podem tornar-se um fenômeno para essa categoria, e/ou o contexto ou as condições para outras categorias, e podem, ainda, tornar-se uma consequência para um terceiro grupo de categorias. É importante notar que o paradigma da codificação apenas especifica relações possíveis entre fenômenos e conceitos, sendo usado para facilitar a descoberta ou o estabelecimento de estruturas de relações entre fenômenos, entre conceitos e entre categorias. Aqui, também, as questões que dão conta do texto e das estratégias comparativas já mencionadas são outra vez empregadas de um modo complementar. As relações desenvolvidas e as categorias consideradas essenciais são conferidas diversas vezes em contraste com o texto e com os dados. O pesquisador se desloca continuamente de um lado a outro, entre o pensamento indutivo (desenvolvendo conceitos, categorias e relações a partir do texto) e o pensamento dedutivo (testando

---

* N. de T. Tradução literal: "vaivém".
** N. de T. Tradução literal: "acenar com a bandeira vermelha".

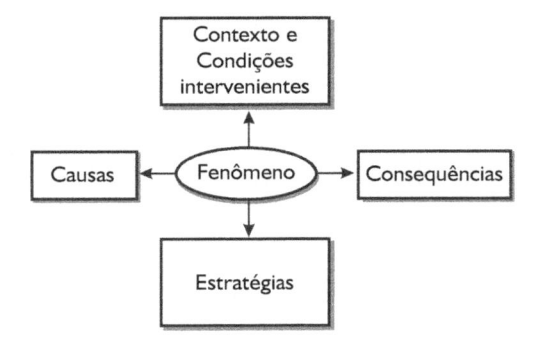

Figura 23.1 O modelo do paradigma.

os conceitos, as categorias e as relações em contraste com o texto, especialmente os trechos ou os casos que sejam distintos daqueles a partir dos quais eles foram desenvolvidos). A codificação axial é resumida da seguinte maneira:

> A codificação axial é o processo de relacionar subcategorias a uma categoria. É um processo complexo de pensamento indutivo e dedutivo que envolve várias etapas. Estas etapas são executadas, assim como na codificação aberta, por meio da realização de comparações e de perguntas. Porém, na codificação axial, a utilização *de* procedimentos como estes se concentra e está mais ajustada no sentido de descobrir e de relacionar categorias em termos do modelo de paradigma. (Strauss e Corbin, 1990, p. 114)

Na codificação axial, selecionam-se as categorias mais relevantes para a questão de pesquisa a partir dos códigos desenvolvidos e das notas de códigos relacionadas. Buscam-se, então, várias passagens diferentes no texto que evidenciem esses códigos relevantes a fim de elaborar a categoria axial com base nas questões anteriormente mencionadas. Para estruturar os resultados intermediários (meio-finalidade, causa-efeito, temporal ou local), elaboram-se relações entre as diferentes categorias axiais com a utilização de partes do paradigma da codificação já citado.

Famílias de codificação

Como um instrumento para a codificação material, Glaser (1978) sugeriu uma lista de códigos básicos, a qual agrupou como famílias de códigos. Essas famílias são fontes para a definição de códigos e, ao mesmo tempo, uma orientação para a busca de novos códigos em um conjunto de dados (ver Tabela 23.1).

Codificação seletiva

A terceira etapa, a codificação seletiva, dá continuidade à codificação axial em um nível muito superior de abstração. Nessa etapa, há um aperfeiçoamento do desenvolvimento e da integração da codificação, em comparação com outros grupos.

Posto dessa maneira, encontramos uma elaboração ou formulação da *história do caso*. Neste ponto, Strauss e Corbin entendem que o assunto ou o fenômeno central do estudo é um caso e não uma pessoa ou uma entrevista única. Aqui, é preciso ter em mente que o objetivo dessa formulação é oferecer um breve panorama geral descritivo da história e do caso, devendo, portanto, compreender apenas algumas frases. A análise vai além deste nível descritivo com a elaboração da *linha da história* – associa-se um conceito ao fenômeno central da história, relacionando-o a outras categorias. Seja como for, o resultado deve ser *uma* categoria central e *um* fenômeno central. O analista precisa decidir entre fenômenos igualmente salientes e ponderá-los, de modo a gerar, como resultado, uma categoria central juntamente com as subcategorias a ela relacionadas. A categoria central é, outra vez, desenvolvida em seus aspectos e dimensões, sendo associada a outras categorias (todas, se possível) com a utilização de partes e de relações do paradigma da codificação. A análise e o desenvolvimento da teoria visam a descobrir padrões nos dados assim como as condições sob as quais estes se aplicam. Agrupar os dados de acordo com o paradigma da codificação aloca especificidade à teoria e permite ao pesquisador dizer que: "Sob estas condições (listando-as) acontece isto; enquanto, sob estas condições, é isto o que ocorre" (1990, p. 131).

Por fim, formula-se a teoria bastante detalhada, contrastando-a, novamente, com os dados. O procedimento da interpretação de dados, assim como a integração de material adicional, é concluído no momento em que se atinge a *saturação teórica* – ou seja, quando um avanço na codificação, um enriquecimento de categorias, etc., não mais proporcionem nem representem uma promessa de novos conhecimentos. Ao mesmo tempo, existe flexibilidade suficiente nesse procedimento para que o pesquisador possa voltar a entrar nos mesmos textos-fonte e nos mesmos códigos gerados na codificação aberta com uma questão de pesquisa diferente, e tendo por objetivo a elaboração e a formulação de uma teoria fundamentada sobre um assunto distinto.

TABELA 23.1
Famílias de codificação

Famílias de códigos	Conceitos	Exemplos
Os seis Cs	Causas, contextos, contingências, consequências, covariâncias, condições	(...) de sofrimento resultante da dor
Processo	Estágios, fases, períodos, transições, trechos, trajetórias, séries, sequências	Trajetória de um paciente que sofre de dor crônica
A família da intensidade	Extensão, nível, intensidade, âmbito, quantidade, *continuum*, média estatística, desvio padrão	Extensão do sofrimento por dor
A família do tipo	Tipos, classes, gêneros, protótipos, estilos, espécies	Tipos de dor: aguda, cortante, latejante, penetrante, lancinante, corrosiva, queimadura
A família da estratégia	Estratégias, táticas, técnicas, mecanismos, condutas	Enfrentamento da dor
Família da interatividade	Interação, efeitos mútuos, interdependência, reciprocidade, assimetrias, rituais	Interação da experiência e enfrentamento da dor
Família da autoidentidade	Identidade, autoimagem, autoidentidade, autoavaliação, validade social, autotransformações	Autoidentidade dos pacientes que sofrem de dor
Família do ponto de corte	Limite, momento crítico, ponto de corte, ponto crítico, níveis de tolerância, ponto sem retorno	Início da cronificação na trajetória médica do paciente que sofre de dor
Família da cultura	Normas sociais, valores sociais, crenças sociais	Normas sociais quanto à tolerância da dor, "regras de sensibilidade"
Família do consenso	Contratos, acordos, definições de situações, uniformidade, conformidade, conflito	Complacência

Fonte: Adaptada de Glaser, 1978, p. 75-82.

Estudo de caso:

A consciência da morte e contextos relacionados à consciência

Glaser e Strauss desenvolveram e aplicaram este método em um estudo sobre a forma de lidar com a morte e com o processo da morte em hospitais (Glaser e Strauss, 1965a). O tema da questão de pesquisa era estabelecer aquilo que determina a interação com pessoas que estejam morrendo e como o conhecimento da morte iminente de uma pessoa determina a interação que se tem com ela. De um modo mais concreto, o que foi estudado foram as formas de interação entre a pessoa que está morrendo e a equipe clínica do hospital, entre a equipe e os parentes, e entre os parentes e a pessoa que está morrendo. Quais as táticas que são aplicadas no contato com pessoas que estejam morrendo, e qual o papel desempenhado pelo hospital enquanto organização social? Ao final da análise, o conceito central foi rotulado de "contextos relativos à consciência". Esse conceito expressa o que cada uma das pessoas que interagem sabe a respeito de um determinado estado do paciente, e o que ela pressupõe sobre a consciência das outras pessoas envolvidas na interação em relação àquilo que ela sabe. Esse contexto relativo à consciência pode alterar-se devido a mudanças na situação do paciente ou a novas informações por parte de um ou de todos os participantes. Foram constatados quatro tipos de consciência. A *consciência fechada* significa que o paciente não suspeita de sua proximidade da morte. A *consciência da desconfiança* significa que ele desconfia quanto ao assunto. A *consciência do fingimento mútuo* acontece quando todos sabem, mas ninguém o diz abertamente. E a *consciência aberta*, quando o paciente sabe da sua situação e fala francamente sobre isso com os outros. De um modo mais geral, a análise dos contextos relativos à consciência incluiu a descrição destes e a pré-condição da estrutura social em cada contexto (relações sociais, etc.). Compreendeu também as interações resultantes, as quais incluíram as táticas e as contratáticas dos participantes com a finalidade de provocar mudanças no contexto relativo à consciência, e também as consequências de cada forma de interação para aqueles que estão envolvidos, para o hospital e para outras interações. A análise foi elaborada para uma teoria sobre contextos relativos à consciência por meio de comparações com outras situações de fingimento mútuo e consciência diferenciada daqueles que estão envolvidos, dentro da qual essa tipologia se ajusta. Como exemplos, os autores mencionam a compra e venda de carros ou "as palhaçadas em circos" (1965a, p. 277), e assim por diante. A integração desses outros campos e das teorias fundamentadas por eles desenvolvidas formula uma teoria formal da consciência.

De um modo geral, este é um exemplo de pesquisa bastante antigo que permite que se acompanhe e se compreenda as etapas do desenvolvimento da teoria fundamentada com base em um conceito central. O estudo não apenas é instrutivo de um ponto de vista metodológico, mas também influenciou muito na sociologia da doença e da morte, e também em áreas como a enfermagem, por exemplo.

Charmaz (2003) sugere uma perspectiva alternativa do procedimento no desenvolvimento da teoria fundamentada que, após a codificação inicial linha a linha (ver Quadro 23.2), segue através da investigação mais aprofundada de alguns dos códigos resultantes. No exemplo apresentado no Quadro 23.2, esses foram os dois códigos: "evita a revelação" e "avalia os possíveis danos e riscos de uma revelação". A segunda etapa proposta por Charmaz é denominada codificação focalizada.

Estudo de caso:

Trabalho e cuidado incessantes

Juliet Corbin e Anselm Strauss desenvolveram ainda mais a abordagem da teoria fundamentada e da codificação teórica, aplicando-a em muitos estudos no contexto da enfermagem e da sociologia médica, a partir dos anos de 1980. Em um de seus estudos mais recentes, Corbin e Strauss (1988) aplicaram sua metodologia ao estudo que trata sobre como as pessoas que vivem a experiência de uma doença crônica e seus parentes conseguem lidar com essa doença séria e, ao mesmo tempo, conseguem levar adiante suas vidas pessoais. A base empírica deste estudo consiste de diversas entrevistas intensivas com esses casais, em casa e no trabalho. Essas entrevistas foram empreendidas visando a identificar os problemas enfrentados por esses casais em suas vidas pessoais, com a finalidade de responder a seguinte pergunta: Como é possível ajudar os doentes crônicos a lidarem de forma mais efetiva com suas doenças? (p. xi). Diferentemente das primeiras conceitualizações da pesquisa teoria fundamentada, que sugeriam que não se devesse desenvolver uma estrutura teórica e uma compreensão da questão em estudo (por exemplo, em Glaser e Strauss, 1967), os autores aqui começam com uma apresentação extensiva dos instrumentos teóricos utilizados no estudo, a qual amplia o trabalho empírico prévio realizado pelos mesmos pesquisadores. O conceito principal da pesquisa é a trajetória, que se refere ao curso da doença, bem como ao trabalho das pessoas que tentam controlar e moldar seu curso. Corbin e Strauss identificam diversos estágios – fases da trajetória – que são classificados como: agudo, retorno, estável, instável, deterioração e terminal. Na estrutura teórica, os autores analisam como um membro cronicamente doente de uma família modifica os planos de vida de famílias, e concentram-se em processos biográficos com os quais as vítimas tentam lidar com a doença e adaptar-se a ela. Na segunda parte do livro, os autores utilizam essa estrutura teórica para uma análise detalhada das várias fases da trajetória.

Este estudo não é somente um dos mais importantes estudos no campo da administração cotidiana da doença crônica, sendo também muito útil ao desenvolvimento e à diferenciação de uma estrutura teórica dessa questão, a qual ultrapassa os conceitos existentes de enfrentamento, de ajuste e de stress. Em vez disso, os autores desenvolvem, a partir de seu trabalho empírico, um conceito muito mais elaborado (trajetória) para a análise da experiência de seus parceiros de pesquisa. Eles conseguem isso por meio da análise dos diversos estágios da trajetória, fazendo uma série de perguntas: Quais são os diversos tipos de trabalho? Como eles conseguem realizá-lo? De que forma os processos centrais do trabalho e os desenvolvimentos interacionais influenciam na realização do trabalho? Quais são os processos biográficos que acompanham e afetam aqueles temas? (1988, p. 168). De um modo geral, este estudo é um exemplo muito interessante de como a estratégia de pesquisa desenvolvida por Glaser, Strauss e Corbin, em várias etapas, pode ser utilizada para analisar uma questão teórica e relevante na prática.

Qual a contribuição para a discussão metodológica geral?

Esse método tem como objetivo uma fragmentação consequente dos textos. A combinação da codificação aberta com procedimentos cada vez mais focalizados pode contribuir para o desenvolvimento de uma compreensão aprofundada do conteúdo e do significado do texto que vá além de sua paráfrase e de seu resumo (que seriam as abordagens centrais na análise qualitativa do conteúdo que será discutida posteriormente). A interpretação de textos aqui é realizada metodologicamente e tornada controlável. Essa abordagem permite espaço para uma manobra por meio de diferentes técnicas e de uma flexibilidade na formulação de regras. Difere de outros métodos de interpretação de textos pelo fato de abandonar o nível dos textos puros durante a interpretação a fim de desenvolver categorias e relações e, portanto, teorias. Por fim, o método combina uma abordagem indutiva com um tratamento cada vez mais dedutivo do texto e das categorias.

Como o método se ajusta no processo de pesquisa?

O procedimento aqui delineado é a parte principal do processo de pesquisa que visa à elaboração de teorias (ver Capítulo 8). Em termos de contexto teórico, o interacionismo simbólico teve forte influência sobre essa abordagem (ver Capítulo 6). O material é selecionado de acordo com a amostragem teórica (ver Capítulo 11). A escolha de métodos para a coleta de dados é orientada pelas questões de pesquisa e pelo estado de desenvolvimento da teoria em formação. A definição dos métodos que devem ser utilizados para a coleta de dados não vai além disso. A generalização visa, em primeiro lugar, às teorias fundamentadas, que devem ser relacionadas diretamente aos dados, e, por fim, às teorias formais, que são válidas mesmo fora de seus contextos originais. A integração das teorias fundamentadas elaboradas em outros contextos do estudo permite que as teorias formais sejam testadas.

Quais as limitações do método?

Um problema dessa abordagem diz respeito à falta de clareza na distinção entre método e arte, o que, em algumas circunstâncias, dificulta seu ensino enquanto método. Normalmente, é apenas a partir de sua aplicação que a extensão das vantagens e dos pontos fortes do método torna-se clara. Outro problema é a possibilidade de uma infinidade de opções para codificação e para comparações. Pode-se aplicar a codificação aberta a todos os trechos de um texto e aperfeiçoar todas as categorias encontradas, as quais são, na maioria dos casos, bastante numerosas. Trechos e casos poderiam ser comparados infinitamente uns com os outros. A amostragem teórica poderia integrar infinitamente novos casos. O método traz poucas dicas sobre a orientação da seleção de trechos e de casos e sobre os critérios que devem embasar o final da codificação (e da amostragem). O critério da saturação teórica deixa a cargo da teoria elaborada até então e, portanto, também do pesquisador, a definição dessas decisões relativas à seleção e à conclusão. Uma consequência disso é o fato de que, muitas vezes, o resultado obtido consiste de muitos códigos e de muitas possibilidades de comparações. Uma solução pragmática para essa infinidade potencial é fazer um intervalo, ponderar o que foi descoberto e estabelecer uma lista de prioridades. Quais os códigos que certamente devem ser aperfeiçoados, quais deles parecem menos instrutivos e quais podem ser omitidos no que diz respeito à questão de pesquisa? É possível planejar o procedimento seguinte de acordo com essa lista de prioridades. Não apenas para uma maior fundamentação dessas decisões, mas também, de um modo geral, constatou-se ser produtiva a utilização desse procedimento na análise dos textos em grupos de intérpretes para, então, discutir os resultados entre os membros e verificá-los mutuamente.

CODIFICAÇÃO TEMÁTICA

Esse procedimento foi desenvolvido sobre o pano de fundo de Strauss (1987) para os estudos comparativos, nos quais os grupos em estudo são provenientes da questão de pesquisa, sendo, assim, definidos *a priori*. A questão da pesquisa é a distribuição social de perspectivas sobre um fenômeno ou um processo. O pressuposto subjacente é o fato de que, em mundos ou grupos sociais diferentes, podem ser encontradas visões distintas. Para avaliar esse pressuposto e elaborar uma teoria sobre as formas peculiares desses grupos de ver e de experienciar, é necessário modificar o procedimento de Strauss em alguns detalhes, ampliando, assim, a comparabilidade do material empírico. A amostragem é voltada aos grupos cujas perspectivas sobre a questão pareçam ser mais instrutivas para a análise, e que são, portanto, definidos antecipadamente (ver Capítulo 11), e não gerados a partir do estado da interpretação, como no procedimento de Strauss. A amostragem teórica é aplicada a cada um dos grupos com a finalidade de selecionar os casos concretos a serem estudados. Da mesma forma, a coleta de dados é conduzida com um método que busca garantir a comparabilidade por meio da definição de tópicos e, ao mesmo tempo, permanecendo aberto às visões a eles relacionadas. Isso pode ser obtido, por exemplo, com a entrevista episódica, na qual os domínios do tópico são definidos no que diz respeito às situações a serem relatadas, as quais são associadas à questão do estudo (ver Capítulo 14), ou com outras formas de entrevistas (ver Capítulo 13).

Qual é o procedimento da codificação temática?

Na interpretação do material, a codificação temática é aplicada como um procedimento de vários estágios – outra vez, em relação à comparabilidade das análises. A primeira etapa dá conta dos casos envolvidos, que são interpretados em uma série de estudos de caso. Como uma primeira orientação, elabora-se uma breve descrição de cada caso, que é continuamente verificada e, se necessário, modificada durante a nova interpretação do caso. Essa descrição do caso inclui vários elementos. O primeiro deles é um enunciado, o que é característico para a entrevista – o mote do caso. A seguir, deve-se fornecer uma breve descrição sobre a pessoa no que diz respeito à questão de pesquisa (por exemplo, idade, profissão, número de filhos, se estes pontos forem relevantes para o assunto em estudo). Por fim, os tópicos centrais mencionados pelo entrevistado em relação ao assunto da pesquisa. Após a conclusão da análise de caso, esse perfil fará parte dos resultados, possivelmente em uma versão revisada. O exemplo do Quadro 23.3 foi extraído de meu estudo comparativo sobre o conhecimento cotidiano quanto à mudança tecnológica em diversos grupos profissionais.

De modo distinto em relação ao procedimento de Strauss (1987), realiza-se primeiramente uma análise aprofundado-

---

QUADRO 23.3 Exemplo de uma breve descrição de um caso

"Para mim, a tecnologia tem um lado tranquilizador"

A entrevistada é uma francesa, engenheira de tecnologia da informação, tem 43 anos e um filho de 15. Trabalhou durante cerca de 20 anos em vários institutos de pesquisa. No momento, trabalha no centro de informática de um grande instituto de pesquisa de ciências sociais e é responsável pelo desenvolvimento de *softwares* e pelo ensino e treinamento dos funcionários. Para ela, a tecnologia tem muito a ver com segurança e clareza. Desconfiar da tecnologia traria problemas para sua autoconsciência profissional. Dominar a tecnologia é importante para sua autoconsciência. Em sua narrativa, ela utiliza muitas justaposições do lazer, da natureza, do sentimento e da família à tecnologia e ao trabalho, mencionando, reiteradamente, o benefício cultural das tecnologias – em especial, da televisão.

ra do caso único, a qual segue diversos objetivos. Isso preserva as relações significativas com as quais a respectiva pessoa lida com o tópico do estudo, razão pela qual o estudo de caso é realizado para todos os casos. Esse procedimento desenvolve um sistema de categorias para o caso único. Na elaboração posterior desse sistema de categorias (semelhante a Strauss), aplica-se, em primeiro lugar, a codificação aberta e, depois, a seletiva. A codificação seletiva aqui visa mais à geração de domínios temáticos e de categorias para o caso único, primeiramente, do que à elaboração de uma categoria essencial fundamentada que atinja todos os casos. Após a análise do primeiro caso, realiza-se uma checagem cruzada entre as categorias elaboradas e os domínios temáticos associados aos casos únicos. Dessa checagem cruzada, resulta uma estrutura temática que subjaz à análise de outros casos, a fim de ampliar a sua comparabilidade. Os excertos que podem ser encontrados no Quadro 23.4 como exemplo (dessa estrutura temática) são provenientes do estudo sobre a mudança tecnológica na vida cotidiana, já previamente mencionado.

A estrutura apresentada no Quadro 23.4 foi desenvolvida a partir dos primeiros casos e foi avaliada continuamente em relação a todos os outros casos. Essa estrutura pode ser modificada se surgirem aspectos novos ou contraditórios. Ela é utilizada na análise de todos os casos que façam parte da interpretação. Para uma interpretação refinada dos domínios temáticos, trechos isolados do texto (por exemplo, narrativas de situações) são analisados em maiores detalhes. O paradigma da codificação sugerido por Strauss (1987, p. 27-28) é tomado como ponto de partida para a geração das seguintes perguntas-chave para:

1. *Condições*: Por quê? O que levou à situação? Pano de fundo? Trajetória?
2. *Interação entre os atores*: Quem atuou? O que aconteceu?
3. *Estratégias e táticas*: Quais as formas de lidar com as situações? Por exemplo, evitando-as, adaptando-as?
4. *Consequências*: O que mudou? Consequências, resultados?

QUADRO 23.4 Exemplo da estrutura temática das análises de caso na codificação temática

1 *Primeiro contato com a tecnologia*
2 *Definição de tecnologia*
3 *Computador*

    3.1 Definição
    3.2 Primeiro(s) contato(s) com computadores
    3.3 Utilização profissional de computadores
    3.4 Mudanças na comunicação devido aos computadores

4 *Televisão*

    4.1 Definição
    4.2 Primeiro(s) contato(s) com a televisão
    4.3 Significado atual

(...)

5 *Alterações devido à mudança tecnológica*
    5.1 Vida cotidiana
    5.2 Equipamentos domésticos

O resultado desse processo é uma exposição orientada para o caso sobre a forma como o caso lida especificamente com a questão do estudo, incluindo os tópicos constantes (por exemplo, estranheza em relação à tecnologia) que podem ser encontrados nos pontos de vista presentes nos diversos domínios (por exemplo, trabalho, lazer, família).

A estrutura temática desenvolvida serve também para a comparação entre casos e grupos (ou seja, para aprimorar as correspondências e as diferenças entre os diversos grupos do estudo). Dessa forma, pode-se analisar e avaliar a distribuição social das perspectivas sobre o assunto em estudo. Por exemplo, após as análises de caso demonstrarem que a definição subjetiva de tecnologia é um domínio temático essencial à compreensão da mudança tecnológica, então é possível comparar as definições de tecnologia e as codificações relacionadas a partir de todos os casos.

A codificação das definições de tecnologia compreende duas formas de enunciados: as definições em um sentido des-

Estudo de caso:

Definições subjetivas da tecnologia e sua codificação

Dois exemplos de definições subjetivas da tecnologia demonstrarão, brevemente, os resultados desse procedimento em um domínio temático. Uma engenheira de tecnologia da informação da Alemanha Ocidental forneceu a seguinte resposta quando questionada sobre sua definição de tecnologia:

> Para mim, a tecnologia é uma máquina que existe, em algum lugar, na vida cotidiana, são os dispositivos que servem para ajudar as pessoas a, de alguma forma, projetarem uma vida mais agradável, ou menos agradável. O que eu associo a isso? Sim, às vezes, algo positivo, às vezes, algo negativo, dependendo de minha experiência com a máquina, em contraste, talvez, com a natureza – logo, a natureza e a tecnologia estão em oposição.

Por um lado, aqui se torna clara a igualdade existente entre a tecnologia e as máquinas, e há a percepção de uma onipresença da tecnologia. Por outro lado, existe a manifestação de um entendimento funcional da tecnologia e também de uma avaliação funcional da tecnologia, e, por fim, de uma justaposição explícita da tecnologia à natureza. Essa definição é codificada como "a tecnologia enquanto dispositivo".

Uma professora da França respondeu à mesma pergunta da seguinte maneira:

> Para mim, a tecnologia é algo que não existe de verdade em minha vida, porque, se alguém fala de tecnologia, eu entendo como se fosse uma coisa científica. Bom, refletindo um pouco mais, aí eu digo a mim mesma, talvez seja o uso de máquinas, cujo funcionamento precisa ou precisaria seguir várias etapas.

Este conceito é codificado como "a tecnologia enquanto ciência desconhecida". De um modo geral, esse aspecto da não-familiaridade pôde ser identificado em relação aos demais professores franceses que integraram esse estudo.

Estes exemplos mostram a forma como os códigos são alocados nos excertos das entrevistas.

critivo (por exemplo, "a tecnologia enquanto ...)" e a especificação das dimensões utilizadas para a classificação de diferentes tecnologias e máquinas (por exemplo, "tecnologia profissional *versus* tecnologia cotidiana"). A distribuição da Tabela 23.2 resulta da codificação da definição subjetiva da tecnologia.

Nos grupos individuais, resumem-se os códigos semelhantes e elaboram-se os tópicos específicos de cada grupo (profissional). Após a comparação constante entre os casos com base na estrutura desenvolvida, pode-se delinear o espectro do tópico a partir da forma pela qual os entrevistados tratam de cada tema.

Qual a contribuição para a discussão metodológica geral?

Esse procedimento especifica a abordagem de Strauss (1987) para os estudos cujo objetivo seja a elaboração de uma teoria que parta da distribuição de perspectivas sobre um determinado assunto ou processo. Semelhanças e diferenças específicas de grupo são identificadas e analisadas. Em contraste com o procedimento de Strauss, as análises de casos são conduzidas já na primeira etapa. Somente na segunda etapa empreendem-se as comparações de grupo que ultrapassem o caso único. Com o de-

TABELA 23.2
Codificação temática das definições subjetivas de tecnologia

	Engenheiros de informação	Cientistas Sociais	Professores
Alemanha Ocidental	Tecnologia como dispositivo Tecnologia profissional *versus* tecnologia do dia a dia	Tecnologia como meio necessário a um fim Dimensão "tamanho" para a tipificação	Tecnologia como recurso Tecnologia como um mundo estranho e frio
Alemanha Oriental	Tecnologia como dispositivo e sua vulnerabilidade Dimensão "princípio funcional" para a tipificação	Tecnologia como dispositivo desconhecido Dimensão "complexidade" para a tipificação	Definições descritivas de tecnologia Dimensão "vida cotidiana *versus* profissão" para a tipificação
França	Tecnologia como oposto e aplicação da ciência	Tecnologia como aplicação da ciência Dimensão "vida cotidiana" *versus* vida profissional para a tipificação	Tecnologia como ciência desconhecida Tecnologia como meio para um fim Dimensão "vida cotidiana *versus* profissão" para a tipificação
Temas específicos das profissões	Tecnologia como dispositivo profissional Oposição entre tecnologia e ciência "Princípio funcional" para a tipificação	Aplicação Tecnologia como meio para um fim Tipificação: complexidade e tamanho	Não-familiaridade com a tecnologia "Vida cotidiana *versus* profissão" para a tipificação

senvolvimento de uma estrutura temática fundamentada no material empírico para a análise e a comparação de casos, amplia-se a comparabilidade das interpretações. Ao mesmo tempo, o procedimento permanece sensível e aberto aos conteúdos específicos de cada caso individual e do grupo social relativo ao assunto em estudo.

Como o método se ajusta no processo de pesquisa?

O contexto teórico é a diversidade de mundos sociais, conforme pressuposto no conceito das representações sociais (ver Capítulo 6) ou, de um modo mais geral, nas abordagens construtivistas (ver Capítulo 7). As questões de pesquisa concentram-se na análise da variedade e da distribuição de perspectivas sobre as questões e os processos dos grupos sociais (ver Capítulo 9). São incluídos casos para grupos específicos (ver Capítulo 11). Além disso, utilizam-se elementos da amostragem teórica para a seleção nos grupos. Os dados são coletados com métodos que combinam *inputs* estruturadores e abertura em relação aos conteúdos (por exemplo, entrevistas episódicas: ver Capítulo 13). A generalização baseia-se em comparações de casos e grupos, e visa à elaboração de teorias (ver Capítulo 29).

Quais as limitações do método?

O procedimento ajusta-se, sobretudo, a estudos nos quais as comparações de grupo baseadas na teoria devam ser conduzidas em relação a um assunto específico. Portanto, nesse modelo, há uma maior restrição do escopo para a elaboração de uma teoria do que no procedimento de Strauss (1987). A análise de textos consiste em codificar enunciados e narrativas em categorias, as quais são desenvolvidas a partir do material. Essa análise é voltada para a uma melhor elaboração das semelhanças e das diferenças entre os grupos previamente definidos. Tais semelhanças e diferenças são demonstradas com base na distribuição de codificações e de categorias através dos grupos que são estudados. Na primeira etapa, a análise mergulha profundamente no texto e nos estudos de caso. Se a etapa intermediária for gerada a partir dessa primeira etapa, este procedimento poderá tornar-se bastante demorado.

ANÁLISE QUALITATIVA DE CONTEÚDO

A análise de conteúdo é um dos procedimentos clássicos para analisar o material textual, não importando qual a origem desse material – que pode variar desde produtos da mídia até dados de entrevista (Bauer, 2000). Uma de suas características essenciais é a utilização de categorias, as quais são normalmente obtidas a partir de modelos teóricos: as categorias são levadas para o material empírico e não necessariamente desenvolvidas a partir deste, embora sejam reiteradamente avaliadas em contraposição a esse material e, se necessário, modificadas. Acima de tudo, e contrariando outras abordagens, o objetivo principal aqui é reduzir o material. Mayring (2000, 2004) desenvolveu um procedimento para uma análise qualitativa de conteúdo, o qual inclui um modelo processual de análise do texto e diversas técnicas para a aplicação deste modelo.

Qual é o procedimento da análise qualitativa de conteúdo?

Para Mayring, a primeira etapa diz respeito a definir o material e selecionar as entrevistas ou aquelas partes que sejam relevantes na solução da questão de pesquisa. A segunda etapa consiste em analisar a situação da coleta de dados (Como foi elaborado o material? Quem participou desse processo? Quem esteve presente na situação de entrevista? Qual a origem dos documentos a serem analisados? etc.). Na terceira etapa, há uma caracterização formal do material (o material foi documentado por meio de gravação ou de um protocolo? Houve alguma influência na transcrição do texto ao ser editado? etc.). Na quarta etapa, Mayring define a direção da análise para os textos selecionados e "o que de fato se quer interpretar a partir eles" (1983, p. 45). Na próxima etapa, a questão de pesquisa deve ser ainda mais diferenciada, com base em teorias. Para Mayring, é importante, nesse contexto, que "a questão de pesquisa da análise seja previamente definida com clareza, devendo estar teoricamente associada à pesquisa anterior quanto ao assunto e ser, geralmente, diferenciada, em subquestões (1983, p. 47).

Marying sugere a definição concreta da técnica analítica como uma de suas três técnicas (ver abaixo). Por fim, definem-se as unidades analíticas. Aqui, Mayring faz a seguinte diferenciação para as unidades: a "unidade de codificação" define qual é "o menor elemento de material que pode ser analisado, a parte mínima do texto que pode ser enquadrada em uma categoria". A "unidade contextual" define qual é o maior elemento no texto que pode ser enquadrado em uma categoria. A "unidade analítica" define quais trechos "são analisados um após o outro". Na penúltima etapa, conduzem-se as análises efetivas antes da interpretação final de seus resultados no que diz respeito à questão de pesquisa, sendo também aqui levantadas e solucionadas as questões de validade.

Técnicas de análise qualitativa de conteúdo

O procedimento metodológico concreto inclui basicamente três técnicas. Na *síntese da análise de conteúdo*, o material é parafraseado, o que significa que trechos e paráfrases menos relevantes que possuam significados iguais são omitidos (primeira redução), e paráfrases similares são condensadas e resumidas (segunda redução). Esse processo é uma combinação da redução do material por meio da omissão de enunciados incluídos em uma generalização no sentido de sintetizar esse material em um nível maior de abstração. Aqui, um exemplo de *síntese da análise de conteúdo*:

Exemplo: síntese da análise de conteúdo

O psicólogo Philipp Mayring desenvolveu este método em um estudo sobre o enfrentamento psicológico do desemprego, para o qual foi aplicado um grande número de entrevistas com professores desempregados. Em uma dessas entrevistas, surge o enunciado "e, na verdade, bem pelo contrário, eu gostei mesmo de finalmente ensinar pela primeira vez" (Mayring, 1983), o qual é parafraseado como "bem pelo contrário, gostei muito da prática" e generalizado como "aguarda um tanto ansiosamente a prática". O enunciado "portanto, eu já esperava trabalhar em um grupo seminário até que, finalmente, pude ensinar lá pela primeira vez" é parafraseado como "esperava finalmente ensinar" e generalizado como "ansioso para praticar". Devido à similaridade das duas generalizações, a segunda é, então, omitida e reduzida com outros enunciados para "a prática não é experienciada como um choque, mas sim como diversão" (1983, p. 59).

Assim, reduz-se o texto-fonte pela omissão dos enunciados que se sobrepõem no nível da generalização. A *análise explicativa do conteúdo* trabalha na direção oposta. Ela esclarece trechos difusos, ambíguos ou contraditórios por envolver o material do contexto na análise. Utilizam-se conceitos de dicionários, ou então aplicam-se ou formulam-se definições baseadas na gramática. A "análise do contexto restrito" assimila outros enunciados do texto a fim de explicar os trechos a serem analisados, enquanto que a "análise do contexto amplo" busca informações fora do texto (sobre o autor, as situações gerativas, provenientes de teorias). Com base nisso, formula-se e testa-se uma "paráfrase explicativa". Aqui, um exemplo de análise explicativa de conteúdo:

Exemplo: análise explicativa de conteúdo

Em uma entrevista, uma professora expressa suas dificuldades em ensinar ao afirmar que ela – diferentemente de colegas bem-sucedidos – não fazia o "tipo animadora" (1983, p. 109). Para descobrir o que ela queria dizer com a utilização desse conceito, em primeiro lugar, reúnem-se definições de "animador" com base em dois dicionários. Busca-se, então, definir as características de um professor que se enquadre nessa descrição a partir dos enunciados da professora na entrevista. Outros trechos são consultados. Com base na descrição feita desses colegas compreendida nesses trechos, "pode-se formular uma paráfrase explicativa: um tipo animador é alguém que desempenha o papel de uma pessoa extrovertida, espirituosa, animada e autoconfiante" (1983, p. 74). Essa explicação é novamente avaliada ao ser aplicada ao contexto direto no qual o conceito foi utilizado.

A *análise estruturadora de conteúdo* busca tipos ou estruturas formais no material. A estruturação ocorre no nível formal, de caráter tipificador e escalonado, ou relativo ao conteúdo:

> Seguindo aspectos formais, consegue-se separar gradualmente uma estrutura interna (estruturação formal); o material pode ser extraído e condensado a certos domínios de conteúdo (estruturação quanto ao conteúdo). Podem-se procurar aspectos isolados e destacados no material e descrevê-los com maior precisão (estruturação tipificadora); por fim, é possível classificar o material conforme as dimensões na forma de escalas (estruturação escalonada). (Mayring, 1983, p. 53-54)

Aqui, um exemplo da análise estruturadora de conteúdo:

Exemplo: análise estruturadora de conteúdo

Uma das principais perguntas do projeto era: "O 'choque da prática' influenciou a autoconfiança do indivíduo?" (1983, p. 88). Por esse motivo, o conceito "autoconfiança" (AC) foi objeto de um escalonamento simples, que originou quatro categorias: "C1, alta AC; C2, média AC; C3, baixa AC; C4, não-dedutível" (1983, p. 90). Para cada grau, formula-se uma definição (por exemplo, para C2: "pude manobrar essa situação de uma forma ou de outra, mas, muitas vezes, foi como andar em uma corda bamba": 1983, p. 91). O próximo passo consiste na formulação de regras de codificação, que são utilizadas para buscar, no texto, trechos nos quais possam ser encontrados enunciados sobre a autoconfiança. Essas classificações finalmente passam por uma avaliação, que pode, por exemplo, visar a uma análise das frequências dos diferentes graus em uma categoria. Mas, o fato é que, para essa forma de análise de conteúdo: "nenhuma regra geral pode ser definida para a edição dos resultados, pois isso depende da respectiva questão de pesquisa" (1983, p. 87).

Qual a contribuição para a discussão metodológica geral?

Devido à elaboração esquemática dos procedimentos em geral, este procedimento específico parece mais claro, menos ambíguo e mais fácil de controlar do que os outros métodos de análise de dados. Isso ocorre também devido à possível redução do material anteriormente delineado. As muitas regras formuladas destacam essa impressão de uma maior clareza e ausência de ambiguidade. A abordagem ajusta-se principalmente a uma análise redutiva de grandes volumes de texto, que seja voltada para a superfície destes. A formalização do procedimento dá origem a um esquema uniforme de categorias, facilitando a comparação dos diferentes casos através dos quais ele se aplica. Essa é uma vantagem sobre os procedimentos analíticos mais indutivos e/ou voltados para o caso.

Como o método se ajusta no processo de pesquisa?

O método não se limita a um determinado contexto teórico, sendo utilizado, principalmente, para a análise dos pontos de vista subjetivos (ver Capítulos 6 e 9), coletados em entrevistas (ver Capítulo 13). A seleção de materiais segue, sobretudo, critérios previamente definidos, podendo também prosseguir passo a passo (ver Capítulo 11).

Quais as limitações do método?

No entanto, muitas vezes, constata-se que a aplicação das regras sugeridas por Mayring revela-se tão problemática quanto a outros procedimentos. Em especial, devido à esquematização dos procedimentos e à forma como as etapas individuais são organizadas, a abordagem é fortemente marcada pelo ideal de uma metodologia quantitativa. A categorização do texto, realizada com base em teorias, poderá obscurecer a visão de seus conteúdos, em vez de facilitar a análise do texto em seus significados profundos e subjacentes. Assim como em outros métodos, a interpretação do texto, com a utilização desse método, é realizada de uma forma um tanto esquemática, especialmente ao aplicar-se a técnica da análise explicativa do conteúdo, porém sem alcançar de fato os aspectos mais profundos do texto. Outro problema diz respeito ao uso de paráfrases, que são utilizadas não apenas para explicar o texto básico, mas também para substituí-lo – sobretudo na síntese da análise de conteúdo.

ANÁLISE GLOBAL

A análise global, sugerida por Legewie (1994), é um suplemento com orientação pragmática para outros procedimentos analíticos (sobretudo a codificação teórica ou a análise qualitativa de conteúdo). Aqui, o objetivo é obter uma visão geral do alcance temático do texto a ser analisado.

Quais são as etapas da análise global?

Como etapa preparatória, sugere-se um esclarecimento do próprio conhecimento do contexto e da questão de pesquisa que é transportada ao texto. Ao proceder à leitura do texto, anotam-se palavras-chave ao longo da transcrição e estruturam-se os trechos extensos do texto. A etapa seguinte aperfeiçoa essa estrutura marcando os conceitos ou os enunciados centrais, e identificam-se as informações sobre a situação comunicativa na geração de cada texto. Durante a leitura do texto, anotam-se ideias. A essa etapa, segue-se a produção de uma tabela de conteúdos do texto, a qual inclui as palavras-chave estruturadoras previamente anotadas, juntamente com os números das linhas as quais estas se referem. Os temas (novamente com os números de linhas) são colocados em ordem alfabética, e, por fim, coletam-se, em uma lista, as ideias anotadas nas diversas etapas. A etapa final da análise global consiste em resumir o texto e em avaliar sua inclusão ou não na interpretação real. A base para esta decisão está nos pontos de vista dos participantes, nos quais se buscam indicativos de que os fatos narrados sejam verdadeiros, completos e apropriados à situação comunicativa da entrevista. Por último, buscam-se indicadores de coisas que possam ter sido omitidas, opiniões tendenciosas ou distorções durante as entrevistas. A etapa final consiste em anotar as palavras-chave para o texto inteiro e na formulação das consequências do trabalho com o material ou para a seleção ou a integração de novos textos, casos e informações de acordo com a amostragem teórica.

Qual a contribuição para a discussão metodológica geral?

Essa forma de edição dos textos, antes de sua efetiva interpretação, pode ser produtiva para a orientação inicial ao texto e para a decisão acerca da validade da seleção de uma determinada entrevista em detrimento de outra para uma interpretação detalhada, no caso de recursos limitados (por exemplo, de tempo). Uma vez combinada a procedimentos analíticos de análise qualitativa de conteúdo que apresentem uma orientação pragmática similar, essa forma de edição pode fornecer uma visão geral do material. Na codificação teórica, esse método pode facilitar a descoberta e a designação de outros trechos, especialmente para etapas posteriores de codificação axial e seletiva.

Quais as limitações do método?

Esse método consegue suplementar os métodos de categorização, mas não pode substituí-los. Procedimentos como a hermenêutica objetiva ou a análise de conversas, cujo objetivo é uma revelação sequencial do texto (ver Capítulos 24 e 25), não serão compatíveis com essa forma de edição do material.

Um aspecto que unifica os métodos discutidos neste capítulo é o fato de o material textual ser analisado em relação a sua codificação. As categorias são, em grande parte, elaboradas a partir do texto, mas são também recebidas da literatura. A estrutura interna (formal ou de significado) do texto analisado não representa o ponto de referência (principal) para a interpretação. Mais cedo ou mais tarde, todas essas abordagens voltam-se para a descoberta de indícios relativos a determinadas categorias no texto atribuindo-as às categorias. O tratamento do caso individual se torna relevante de diversas formas. Na codificação temática, faz-se, em primeiro lugar, uma análise de caso antes de o material ser analisado através dos casos. Os demais procedimentos tomam o material textual em seu conjunto como um ponto de referência, desenvolvendo ou aplicando um sistema de categorias que transcenda o caso único.

Pontos-chave

- A codificação pode partir do texto para desenvolver um conjunto de categorias (codificação teórica ou temática) ou pode adotar um conjunto de categorias como ponto de partida (análise de conteúdo).
- Com frequência, pode-se encontrar uma combinação das duas estratégias. Na codificação teórica, as categorias provenientes da literatura ou dos primeiros textos são utilizadas também na codificação dos textos posteriores.
- A análise global pode ser uma etapa preparatória desses procedimentos de codificação, mas não é a única.
- O mais importante é a sensibilidade do pesquisador na codificação do material em relação ao que nele ocorre.
- A codificação é, muitas vezes, uma combinação de uma análise de boa qualidade de algumas partes do texto e uma classificação preliminar e resumida de outras partes.

> **Exercício 23.1**
>
> 1. Procure um fragmento de entrevista (talvez aquela resultante do Exercício 22.1) e aplique a codificação aberta. Você pode partir do início da entrevista ou selecionar uma parte que lhe pareça bastante interessante e, então, desenvolver uma legenda para este fragmento (denomine um código).
> 2. Aplique as questões sugeridas por Strauss e Corbin (mencionadas neste capítulo) àquele trecho do texto.
> 3. Por último, você deve aplicar a técnica da segmentação (ver Quadro 23.1) a seu trecho de texto.

> **Exercício 23.2**
>
> 1. Utilize o mesmo fragmento de texto (ou outro diferente) para aplicar a codificação temática. Formule um mote para o texto. Escreva uma breve descrição sobre o que ocorre ao longo do texto.
> 2. Aplique ao texto o paradigma de codificação mencionado acima.

> **Exercício 23.3**
>
> 1. Escolha um fragmento de texto e aplique a análise qualitativa de conteúdo. Primeiro, tente identificar os enunciados semelhantes e elabore paráfrases deles a fim de omitir paráfrases idênticas (síntese da análise de conteúdo).
> 2. Procure, então, por palavras ou enunciados que não tenham ficado esclarecidos no texto e aplique a eles a análise explicativa de conteúdo.

LEITURAS ADICIONAIS

Codificação teórica

O segundo texto não apenas é um bom exemplo dos resultados que essa estratégia é capaz de produzir, sendo também o estudo específico para o qual ela foi desenvolvida. Os outros textos discutem o método em seus diversos graus de elaboração.

Böhm, A. (2004) "Theoretical Coding", in U. Flick, E.v. Kardorff and I. Steinke (eds), *A Companion to Qualitative Research*. London: SAGE. pp. 270-275.

Glaser, B.G., Strauss, A.L. (1965a) *Awareness of Dying*. Chicago: Aldine.

Glaser, B.G., Strauss, A.L. (1967) *The Discovery of* Teoria fundamentada: *Strategies for Qualitative Research*. New York: Aldine.

Strauss, A.L. (1987) *Qualitative Analysis for Social Scientists*. Cambridge: Cambridge University Press.

Strauss, A.L., Corbin, J. (1998) *Basics of Qualitative Research* (2nd edn). London: SAGE.

Codificação temática

Nestes textos, podem-se encontrar algumas aplicações e o embasamento metodológico da codificação temática.

Flick, U. (1994) "Social Representations and the Social Construction of Everyday Knowledge:

Theoretical and Methodological Queries", *Social Science Information*, 2: 179-197.

Flick, U. (1995) "Social Representations", in R. Harré, J. Smith and L.v. Langenhove (eds), *Rethinking Psychology*. London: SAGE. pp. 70-96.

Flick, U., Fischer, C., Neuber, A., Walter, U., Schwartz, F.W. (2003). "Health in the Context of Being Old-Representations Held by Health Professionals", *Journal of Health Psychology*, 8: 539-556.

Análise qualitativa de conteúdo

Os dois textos delineiam o método de forma detalhada.

Mayring, Ph. (2000) "Qualitative Content Analysis", Forum: Qualitative Social Research, 1 (2). qualitative-research.net/fqs

Mayring, P. (2004) "Qualitative Content Analysis", in U. Flick, E.v. Kardorff and I. Steinke (eds), *A Companion to Qualitative Research*. London: SAGE. pp. 266-269.

24
Análise de conversação, do discurso e de gênero

Análise de conversação, 299
Análise do discurso, 302
Análise de gênero, 304

OBJETIVOS DO CAPÍTULO
Após a leitura deste capítulo, você deverá ser capaz de:

✓ compreender os princípios da análise de conversação.
✓ identificar os avanços mais recentes provenientes desta abordagem.
✓ considerar as diferentes versões da análise do discurso.
✓ concluir uma análise do discurso.
✓ compreender a análise de gênero.

Para entender e analisar os enunciados, é necessário levar em conta o contexto no qual eles ocorrem. O contexto, neste caso, diz respeito tanto ao contexto discursivo quanto ao contexto interativo local. Essa noção é mais ou menos indiscutível na pesquisa qualitativa. Por esse motivo, nas entrevistas qualitativas, fazem-se perguntas abertas, o que estimula os respondentes a falarem mais, permitindo, assim, a produção de material textual suficiente para que o pesquisador proceda a sua análise em termos de considerações contextuais. Por essa razão, a codificação é aberta na análise dos dados, ao menos no início. Os procedimentos interpretativos discutidos no capítulo anterior desnudam cada vez mais a *gestalt* do texto no curso da reorganização dos enunciados em categorias como uma introdução para a análise e a elaboração de teorias. Como alternativa para essa abordagem, encontram-se abordagens que dão mais atenção à *gestalt* do texto. Por isso, essas abordagens "permitem-se guiar pelo princípio da análise sequencial (...) A análise sequencial introduz a ideia da ordem social, a qual reproduz a si mesma no desempenho da interação, em termos metodológicos" (Bergmann, 1985, p. 313). Essas abordagens guiam-se pelos pressupostos de que a ordem é produzida em revezamentos (análise de conversação), ou, então, de que o significado se acumula no desempenho da atividade (hermenêutica objetiva) e que os conteúdos das entrevistas apenas são apresentados de forma confiável se apresentados na *gestalt* de uma narrativa (análise da narrativa – para maiores detalhes, ver o Capítulo 25, a seguir). Em cada caso, o princípio metodológico representa uma forma específica de sensibilidade em relação ao contexto.

ANÁLISE DE CONVERSAÇÃO

A análise de conversação tem menor interesse pela interpretação do conteúdo de textos que tenham sido produzidos explicitamente para fins de pesquisa, como, por exemplo, as respostas da entrevista. Em vez disso, seu interesse concentra-se na análise formal de situações cotidianas. Bergmann delineia essa abordagem, que pode ser considerada a tendência que hoje predomina na pesquisa etnometodológica, da seguinte maneira:

> A Análise de Conversação (ou AC) denota uma abordagem de pesquisa dedicada à investigação – por meio de linhas estritamente empíricas – da interação social enquanto processo contínuo de produção e de manutenção da ordem social significativa. A AC origina-se com base no fato de que em todas as formas de comunicação, linguística e não-linguística, direta e indireta, os atores preocupam-se com o assunto da análise da situação e do contexto de suas ações, da interpretação de suas declarações por parte de seus interlocutores, e com a produção de apropriabilidade, com a inteligibilidade e a eficácia situacionais em suas próprias afirmações, bem como com a co-coordenação de seus próprios procedimentos com os procedimentos dos outros. O objetivo dessa abordagem é determinar os princípios e os mecanismos constitutivos por meio dos quais os atores, na realização situacional das suas ações e na reação recíproca a seus interlocutores, criam as estruturas significativas e a ordem de uma sequência de eventos e de atividades que constituem esses eventos. Em termos metodológicos, a AC parte da documentação mais rica possível – com registro audiovisual e a subsequente transcrição – de eventos sociais reais e autênticos, fragmentando-os, por um processo comparativo e sistemático da análise, em princípios estruturais individuais da interação social, bem como nas práticas usadas para conduzi-las, por parte dos participantes em uma interação (2004b, p. 296).

Dessa forma, enfatiza-se menos a análise dos conteúdos de uma conversa, e mais os procedimentos formais por meio dos quais estes são comunicados e determinadas situações são originadas. Um ponto de partida foi o trabalho de Sacks e colaboradores (1974) sobre a organização do revezamento nas conversações. Outro ponto de partida foi o trabalho de Schegloff e Sacks (1974) ao explicar os encerramentos nas conversas. Em primeiro lugar, a análise de conversação pressupõe que a interação prossiga de uma forma ordenada e que nada nela deva ser considerado aleatório. Em segundo lugar, o fato de que o contexto da interação não apenas influencia essa interação, mas é, ainda, nela produzido e reproduzido. E, em terceiro lugar, a decisão quanto ao que é relevante na interação social, e, portanto, para a interpretação, apenas pode ser tomada por meio da interpretação, e não por arranjos *ex ante*.

Drew (1995, p. 70-72) esboçou uma série de preceitos metodológicos para a análise de conversação (AC), conforme mostra o Quadro 24.1.

A pesquisa da análise de conversação limitou-se, primeiramente, à conversação cotidiana em sentido estrito (ou seja, conversas telefônicas, fofocas ou conversas em família, nas quais não existe nenhuma distribuição de papéis específicos). No entanto, atualmente, ela se ocupa cada vez mais dessa distribuição específica de papéis e de assimetrias como a conversa de aconselhamento, as interações entre médico e paciente ou instâncias judiciais – ou seja, conversações que ocorram em contextos institucionais específicos. A abordagem foi também ampliada a fim de incluir a análise de textos escritos, da mídia de massa ou dos relatórios, ou seja, do texto em um sentido mais amplo (Bergmann, 2004a).

> **QUADRO 24.1 Preceitos metodológicos para estudos analíticos de conversação**
>
> 1. Os revezamentos que ocorrem durante a fala são tratados como o produto da organização sequencial da fala, da necessidade de ajustar, adequada e coerentemente, uma fala à outra.
> 2. No que diz respeito (...) à relevância observável do erro por parte de um dos participantes (...) nossa intenção é concentrar a análise nas análises recíprocas que os participantes fazem de suas condutas verbais.
> 3. Por meio do "esquema" de um revezamento na fala, pretendemos lidar com dois fenômenos distintos: (1) a seleção de uma atividade para a qual planeja-se o desempenho de um revezamento; e (2) os detalhes da construção verbal por meio dos quais se dá a atividade de revezamento da fala.
> 4. Um dos principais objetivos da pesquisa de AC é identificar aquelas organizações ou padrões sequenciais (...) que estruturam a conduta verbal na interação.
> 5. As recorrências e a base sistemática dos padrões ou das organizações sequenciais apenas podem ser demonstradas (...) por meio de coletas de casos do fenômeno em investigação.
> 6. Extratos de dados são apresentados de tal forma que permita que o leitor tenha acesso ou conteste a análise oferecida.

Fonte: Drew, 1995, p. 70-72

O procedimento da análise de conversação

Ten Have (1999, p. 48) sugere as seguintes etapas para projetos de pesquisa que utilizem a análise de conversação como método:

1. adoção ou realização de gravações de interações naturais;
2. transcrição de fitas cassete, integral ou parcialmente;
3. análise de episódios selecionados; e
4. elaboração do relatório de pesquisa.

O procedimento da análise de conversação propriamente dita compreende as seguintes etapas. Identifica-se, primeiro, um determinado enunciado ou uma série de enunciados em transcrições, como um elemento potencial de ordem no respectivo tipo de conversação. A segunda etapa é reunir uma coleção de casos nos quais esse elemento de ordenação possa ser encontrado. Especifica-se, então, como esse elemento é utilizado como meio de produzir ordem nas interações e qual problema da organização das interações ele soluciona.

Esse processo é seguido de uma análise dos métodos com os quais esses problemas organizacionais são tratados de um modo mais geral. Dessa forma, um ponto de partida frequentemente adotado para as análises de conversação é investigar como determinadas conversações são iniciadas e quais práticas linguísticas são aplicadas para o encerramento dessas conversações de uma forma ordenada.

Um aspecto essencial da interpretação analítica de conversação é o procedimento estritamente sequencial (ou seja, que garante que nenhum enunciado ou interação posterior seja consultado para explicar uma determinada sequência). Em vez disso, a ordem da ocorrência deve ser demonstrada para sua compreensão sequencial. A produção da ordem na conversação, obtida por meio de um revezamento, é esclarecida por meio de uma análise voltada para essa sequência das falas. Outro aspecto é a ênfase sobre o contexto. Isso significa que os esforços empreendidos na produção do significado ou da ordem na conversação apenas podem ser analisados como práticas locais, ou seja, apenas em relação aos contextos concretos nos quais eles se incorporam na interação e nos quais a interação, por sua vez, está incorporada (institucionalmente, por exemplo). As análises partem sempre do caso concreto, de sua incorporação e de seu curso, para chegar a enunciados gerais.

Ten Have (1999, p. 104), em associação com o trabalho de Schegloff, sugere, por exemplo, três etapas para a análise de reparo na conversação. Os pares de adjacência significam que uma contribuição específica a uma conversação muitas vezes precisa ser seguida por outra reação específica – uma questão seguida por uma resposta, o início de uma conversa telefônica por "alô" precisa ser seguido por uma saudação por parte do outro participante, etc. Reparo significa a forma como as pessoas iniciam a "organização de reparo" em casos de problemas de compreensão durante a conversação. Segundo Ten Have, deve-se proceder conforme as seguintes etapas:

1. Verificar cuidadosamente o episódio em relação a *revezamento das falas*: a

Estudo de caso:

Aconselhamento sociopsiquiátrico

Em meu estudo no campo da comunidade de psiquiatria, demonstrou-se, no caso das conversas de aconselhamento, como o início da conversa é organizado por meio de "iniciadores autorizados" (Wolff, 1986, p. 71), não obstante as diversas condições nas quais as conversas individuais ocorreram. A "tarefa desses iniciadores é assinalar, de modo abrangente, para todos aqueles envolvidos, esse ponto ao qual os princípios organizacionais da conversa cotidiana (por exemplo, ser capaz de falar sobre qualquer tópico possível) se aplicam apenas de uma forma limitada, característica nesse tipo específico de atividade". Nas conversações analisadas, esses iniciadores podem ser planejados de uma forma um tanto aberta (por exemplo, "O que fez com que você viesse até nós?" ou "E do que isso trata?" ou "Qual é seu desejo?"). Em outros casos, eles designam o tópico (determinado) para o aconselhamento, ou características específicas da forma como a conversa aconselhadora foi construída. Essas introduções, que dão início à verdadeira relação do aconselhamento e o delimitam em contraposição a outras formas de conversa, são, às vezes, associadas a explicações sobre o modo como a conversa ocorreu. Essas explicações são específicas para a situação (por exemplo, "Então, seu irmão me telefonou"). Nas análises da conclusão dos primeiros contatos em processos de aconselhamento, pude demonstrar duas tarefas possíveis de serem realizadas. Deve-se assegurar um final oportuno para a conversa, e, ao mesmo tempo, o conselheiro precisa garantir a continuação da relação (por exemplo, "Temos (...) duas comunidades na rua T, que há pouco foram abertas. Bom, Sr. S., precisamos encerrar por hoje, temos que terminar"). No último exemplo, o encerramento da consulta é introduzido com uma referência a outros serviços de assistência. Isso gera uma continuidade no contato com o cliente e serve como uma finalização da entrevista "por hoje".

Esta análise mostrou as etapas formais pelas quais passam, com alguma regularidade, as conversas de aconselhamento. Mostrou, também, como essas etapas não apenas ampliaram a própria conversação, mas também influenciaram no processamento dos clientes e seus casos – apesar dos conteúdos específicos de seus problemas. Dessa forma, a análise foi mais formal do que orientada para o conteúdo, mas demonstra a construção dos casos nas conversações.

construção do revezamento, das pausas, as sobreposições, etc.; tomar nota de qualquer fenômeno fora do comum, particularmente quaisquer "perturbações" no curso natural do funcionamento do sistema de revezamento.
2. Procurar, então, no episódio que estiver sendo revisto, por *sequências* – em especial, pares de adjacência e suas consequências.
3. E, por fim, observar qualquer fenômeno de *reparo*, como iniciadores de reparo, reparos reais, etc.

Qual a contribuição para a discussão metodológica geral?

A análise de conversas e os resultados empíricos que são obtidos por meio de sua aplicação explicam a produção social das conversas cotidianas e de formas específicas de discurso. Os resultados documentam os métodos linguísticos utilizados nesses discursos. Além disso, demonstram a força explanatória da análise de situações naturais e o modo como uma análise estritamente sequencial pode propiciar descobertas que não apenas levem em conta, mas também estejam de acordo com a lógica composicional da interação social.

Como o método se ajusta no processo de pesquisa?

A etnometodologia é o pano de fundo teórico da análise de conversação (ver Capítulo 6). As questões de pesquisa concentram-se nos procedimentos formais dos membros para a construção da realidade social (ver Capítulo 9). O material empírico é selecionado enquanto coleção de exemplos de um processo a ser estudado (ver Capítulo 11). A pesquisa evita a utilização de métodos explícitos de coleta de dados em favor do registro de processos de interação cotidiana com a máxima precisão possível (ver Capítulo 22).

Quais as limitações do método?

Aqui, as práticas formais de organização da interação continuam constituindo o ponto de referência para as análises. O significado subjetivo ou as intenções dos participantes não são relevantes para a análise. Essa falta de interesse nos conteúdos das conversas em favor de uma análise de como funciona a "máquina de conversação", a qual está na vanguarda de diversos estudos analíticos de conversação, foi reiteradamente criticada (por exemplo, por Coulter, 1983; Harré, 1998). Outro ponto criticado é o fato de que muitas vezes os estudos analíticos de conversação perdem-se no detalhe formal, ou seja, isolam partículas e sequências cada vez menores do contexto da interação como um todo (sobre esse assunto, ver Heritage, 1985, p. 8). Essa noção é reforçada pela exatidão extrema na produção das transcrições.

ANÁLISE DO DISCURSO

A análise do discurso foi desenvolvida a partir de diferentes panos de fundo, sendo um deles a análise de conversação. Existem agora diferentes versões da análise do discurso. A psicologia discursiva, tal como foi desenvolvida por Edwards e Potter (1992), Harré (1998) e Potter e Wetherell (1998), tem por objetivo demonstrar como, nas conversações, "as versões conversacionais dos eventos (memórias, descrições, formulações) apresentadas pelos participantes são construídas para a atividade interativa e comunicativa" (Edwards e Potter, 1992, p. 16). Embora a análise de conversação seja designada como ponto de partida, o foco empírico concentra-se mais no "conteúdo da fala, em seu assunto e em sua organização mais social do que propriamente linguística" (1992, p. 28), o que permite a análise de fenômenos psicológicos como a memória e a cognição enquanto fenômenos sociais e, sobretudo, discursivos. Uma ênfase especial é dada à construção de versões de eventos em relatórios e em apresentações. Analisam-se os "repertórios interpretativos" utilizados nessas construções. Os procedimentos analíticos do discurso referem-se não apenas às conversas cotidianas, mas também a outros tipos de dados, como entrevistas (ver exemplos em Potter e Wetherell, 1998, sobre o tema do racismo) ou reportagens nos meios de comunicação (em Potter e Wetherell, 1998, sobre a construção de versões na cobertura da Guerra do Golfo).

O processo de pesquisa de Willig (2003), na psicologia discursiva, primeiro descreve as etapas da utilização do texto ou da fala que ocorrem naturalmente. Deve-se proceder à leitura cuidadosa das transcrições. Esse processo é seguido pela codificação do material e sua análise. Segundo Potter e Wetherell (1987, p. 167), as questões de orientação são: Por que estou lendo esse trecho desta forma? Quais características do texto originam esta leitura? A análise concentra-se no contexto, na variabilidade e nas construções presentes no texto, e, por fim, nos repertórios interpretativos utilizados nos textos. O último passo, de acordo com Willig, é a descrição minuciosa de uma pesquisa analítica do discurso. A redação deve ser parte integrante da análise e conduzir o pesquisador de volta ao material empírico.

Nos últimos anos, foi possível perceber uma diferenciação na análise do discurso. Parker (para exemplo, ver Parker, 2004) elaborou um modelo de análise crí-

Estudo de caso:

O racismo na Nova Zelândia

Jonathan Potter e Margret Wetherell têm um papel de destaque na análise do discurso, no contexto da psicologia social no Reino Unido. Em um de seus estudos, eles analisam a construção social do racismo na Nova Zelândia, utilizando o exemplo do tratamento destinado pela maioria branca à cultura dos maoris, uma minoria indígena. Foram conduzidas entrevistas com mais de 80 representantes da população de maioria branca (profissionais de classe média como médicos, fazendeiros, administradores, professores e outros). Foram também incluídos relatórios sobre debates parlamentares e materiais informativos extraídos dos meios de comunicação de massa. Os resultados do estudo apontaram para a existência de repertórios interpretativos distintos, como "Cultura: uma Herança". Nesse repertório, a ideia central é a que vê a cultura maori como um conjunto de tradições, de rituais e de valores passados pelas gerações anteriores. A cultura passa a ser definida, nesse repertório, como uma herança arcaica, algo a ser preservado e altamente valorizado, que deve ser protegido dos rigores do "mundo moderno", como grandes obras de arte ou espécies ameaçadas. Aqui está um exemplo típico: "Exatamente, sou certamente a favor de um pouco de Maoritanga, pois é algo exclusivamente neozelandês, e acho que sou bastante conservador (sim), e, da mesma forma, como não gosto de ver uma espécie desaparecer, não gosto de ver (sim) uma cultura e uma língua (sim) e tudo mais desaparecer" (1998, p. 148). Isso se opõe, por exemplo, ao repertório da "Cultura: uma Terapia", no qual "a cultura é construída como uma necessidade psicológica para os maoris, especialmente no caso dos maoris mais jovens que se afastaram dessa cultura e precisam redescobrir suas 'raízes' culturais para voltarem a se sentir 'completos' outra vez" (p. 148).

Este estudo revela que os analistas do discurso muitas vezes utilizam material proveniente de entrevistas (diferentemente dos analistas de conversação, por exemplo) e pode também exemplificar o conceito de repertórios interpretativos.

tica do discurso, desenvolvida sobre o pano de fundo de Michel Foucault (por exemplo em Foucault, 1980), daí o fato de esse modelo ser também referido como "Análise Foucaultiana do Discurso" (por exemplo em Willig, 2003). Aqui, o foco concentra-se mais nas questões ligadas à crítica, à ideologia e ao poder do que nas outras versões da análise do discurso. Parker sugere diversas etapas para o processo da pesquisa. O pesquisador (1) deve transformar o texto a ser analisado em texto escrito, caso ainda não seja. (2) A etapa seguinte inclui a livre associação a variedades de significados como forma de acessar redes culturais, e estas devem ser anotadas. (3) Os pesquisadores devem relacionar sistematicamente os objetos em itens, normalmente assinalados por substantivos, no texto ou no trecho selecionado do texto. (4) Devem manter uma distância do texto, tratando-o como o próprio objeto de estudo, e não como algo a que pareça "referir-se". (5) Eles devem, então, relacionar, de modo sistemático, "os sujeitos" – personagens, pessoas, papéis – especificados no texto, (6) reconstruir os direitos e as responsabilidades pressupostas dos "sujeitos" especificados no texto, e, por fim, (7) mapear as redes de relacionamentos de acordo com padrões. Esses padrões da linguagem são "discursos" e podem, então, ser situados em relações de ideologia, de poder e de instituições (ver Parker, 2004, p. 310).

Qual a contribuição para a discussão metodológica geral?

Os estudos analíticos do discurso analisam questões que se aproximam mais dos tópicos das ciências sociais do que daqueles da análise de conversação (sobre esse tópico, ver Silverman, 1993). Combinam procedimentos analíticos da linguagem com análises de processos de conhecimento e construções sem restringirem-se aos aspectos formais das apresentações e dos processos linguísticos.

Como o método se ajusta no processo de pesquisa?

O pano de fundo teórico da análise do discurso é o construcionismo social (ver Capítulos 6 e 7). As questões de pesquisa concentram-se na definição das formas como a produção da realidade social pode ser estudada nos discursos sobre determinados objetos ou processos (ver Capítulo 9). O material empírico varia de artigos da mídia a entrevistas (ver Capítulo 11). As interpretações baseiam-se nas transcrições dessas entrevistas ou nos textos a serem encontrados (ver Capítulo 22).

Quais as limitações do método?

As sugestões metodológicas sobre como realizar as análises do discurso permanecem ainda bastante imprecisas e implícitas em boa parte da literatura. Nos trabalhos publicados até agora, o que predominam são as alegações teóricas e os resultados empíricos.

ANÁLISE DE GÊNERO

Uma segunda abordagem desenvolvida a partir da análise de conversação denomina-se análise de gênero (ver Knoblauch e Luckmann, 2004). Os gêneros comunicativos são fenômenos socialmente arraigados. Os padrões e os gêneros comunicativos são vistos como instituições da comunicação, cujos interagentes comunicam-se com outros. As etapas metodológicas incluem a gravação de eventos comunicativos em situações naturais e a respectiva transcrição. Na etapa seguinte, esses dados são hermeneuticamente interpretados e submetidos a uma análise sequencial (ver também Capítulo 25) antes da realização de uma análise de conversação no material, com a finalidade de revelar o nível de organização da linguagem. A partir dessas duas etapas de análise, estabelecem-se os modelos estruturais, que são então testados por sua apropriabilidade para novos casos antes da última etapa, quando, finalmente, são consideradas as variantes estruturais que surgem como resultado da modalização (ironia, formas pejorativas, etc.). São exemplos desses gêneros comunicativos a ironia, as fofocas, e assim por diante. A análise dos dados concentra-se primeiramente na estrutura interna dos gêneros comunicativos, o que inclui:

- Prosódia: entonação, volume, tempo da fala, pausas, ritmo, pronúncia, qualidade da voz.
- Variedade da linguagem: linguagem-padrão, jargão, dialeto, socioleto.
- Registro linguístico: formal, informal ou pessoal.
- Figuras retóricas e estilísticas: aliteração, metáfora, ritmo, etc.
- "Formas mínimas" ou "pequenas": estereótipos verbais, expressões idiomáticas, chavões, provérbios, formulações categóricas, fórmulas históricas tradicionais, dedicatórias e enigmas.
- Temas, *topoi* e marcadores estruturais (Knoblauch e Luckmann, 2004, p. 305).

Por fim, analisa-se a estrutura externa dos gêneros comunicativos e a economia comunicativa de sua utilização.

Qual a contribuição para a discussão metodológica geral?

Os estudos analíticos de gênero analisam padrões comunicativos maiores do que a análise de conversação, apesar de utilizar princípios semelhantes. Ao contrário da análise do discurso, eles mantêm o foco nos modelos formais da comunicação e nos conteúdos. Desse modo, eles combinam o rigor metodológico da análise de conversação com uma abordagem mais voltada para o conteúdo.

Como o método se ajusta no processo de pesquisa?

O pano de fundo teórico da análise de gênero é, outra vez, o construcionismo social (ver Capítulos 6 e 7). As questões de pesquisa concentram-se nas formas como a produção da realidade social pode ser estudada nos padrões que são usados para a comunicação sobre determinados objetos ou processos e seu funcionamento (ver Capítulo 9). O material empírico varia de artigos da mídia a entrevistas (ver Capítulo 11). As interpretações baseiam-se nas transcrições daquelas entrevistas ou nos textos a serem encontrados (ver Capítulo 22).

Quais as limitações do método?

A definição de um gênero comunicativo é menos clara do que outras unidades da análise qualitativa. A metodologia é mais abrangente e mais rigorosa em relação a outras abordagens analíticas da pesquisa qualitativa, mas compreende diversas abordagens metodológicas (métodos analíticos hermenêuticos e de conversação) que tornam a análise um tanto complicada e demorada.

Pontos-chave

- A análise de conversação foi originalmente planejada para o estudo da interação cotidiana com um foco formal. Foi adotada como ponto de partida para a análise de outros materiais.
- A análise do discurso apresenta um foco mais amplo acerca do material que pode ser analisado, mas também busca mostrar a forma como é organizada a comunicação sobre um tema específico (como um discurso).
- A análise de gênero estende essa atitude analítica a partes maiores dos instrumentos conversacionais que são aplicados pelos participantes. Os analistas de gênero buscam estudar o uso desses instrumentos.

Exercício 24.1

1. Utilize seus próprios dados ou procure, na literatura, uma transcrição de uma interação. Analise como essa interação é iniciada – a forma como ela começa, quem diz o que e qual o tipo de argumentação utilizado.
2. Observe, então, o modo como os revezamentos aparecem organizados nessa transcrição: como o segundo interlocutor assume o lugar do primeiro, como o primeiro interrompe sua fala, etc.
3. Por fim, procure, na transcrição, sequências do tipo pergunta-resposta, saudação-resposta, etc.

Exercício 24.2

1. Aplique as questões de orientação da análise do discurso mencionadas neste capítulo a um fragmento de texto extraído de seus próprios dados ou da literatura.
2. Procure identificar repertórios interpretativos nesse texto.

LEITURAS ADICIONAIS

Análise de conversação

As três primeiras referências fornecem uma visão geral do contexto teórico e metodológico (etnometodologia) do programa de pesquisa, enquanto a última discute os avanços mais recentes nesta área.

Bergmann, J. (2004a) "Conversation Analysis", in U. Flick, E.v. Kardorff and I. Steinke (eds), *A Companion to Qualitative Research*. London: SAGE. pp. 296-302.

Garfinkel, H. (1967) *Studies in Ethnomethodology*. Englewood Cliffs, NJ: Prentice Hall.

Sacks, H. (1992) *Lectures on Conversation*, Vols 1, 2 (ed. G. Jefferson). Oxford: Blackwell.

Ten Have, P. (1999) *Doing Conversation Analysis: A Practical Guide*. London: SAGE.

Análise do discurso

Estas três referências oferecem um panorama do programa de pesquisa.

Edwards, D., Potter, J. (1992) *Discursive Psychology*. London: SAGE.

Parker, I. (2004) "Discourse Analysis", in U. Flick, E.v. Kardorff and I. Steinke (eds), *A Companion to Qualitative Research*. London: SAGE. pp. 308-312.

Potter, J., Wetherell, M. (1998) "Social Representations, Discourse Analysis and Racism", in U. Flick (ed.), *Psychology of the Social*. Cambridge: Cambridge University Press. pp. 138-155.

Análise de gênero

O segundo texto traz alguma explicação a respeito do pano de fundo teórico desta abordagem, enquanto o primeiro fornecerá mais informações sobre como realizar uma análise de gênero.

Knoblauch, H., Luckmann, Th. (2004) "Genre Analysis", in U. Flick, E.v. Kardorff and I. Steinke (eds), *A Companion to Qualitative Research*. London: SAGE. pp. 303-307.

Luckmann, Th. (1995) "Interaction Planning and Intersubjective Adjustment of Perspectives by Communicative Genres", in E.N. Goody (ed.), *Social Intelligence and Interaction. Expressions and Implications of the Social Bias in Human Intelligence*. Cambridge: Cambridge University Press. pp. 175-189.

25

As análises de narrativa e a hermenêutica

A análise de narrativas, 307
A hermenêutica objetiva, 311
A hermenêutica das ciências sociais e a sociologia hermenêutica do conhecimento, 315

OBJETIVOS DO CAPÍTULO
Após a leitura deste capítulo, você deverá ser capaz de:

✓ identificar o modo como a abordagem narrativa é utilizada na análise das histórias de vida e outras formas de dados biográficos.
✓ compreender o princípio da análise sequencial como princípio orientador das análises narrativa e hermenêutica.
✓ explicar o significado da hermenêutica objetiva.
✓ compreender a hermenêutica das ciências sociais como uma abordagem avançada e alternativa.

A ANÁLISE DE NARRATIVAS

As análises de narrativa partem de uma forma específica de ordem sequencial. Pondera-se, primeiramente, se o enunciado individual a ser interpretado faz parte de uma narrativa, para depois analisá-lo. As narrativas são estimuladas e coletadas na entrevista narrativa com a finalidade de reconstruir processos biográficos. De um modo mais geral, a vida é considerada como narrativa para permitir a análise da construção narrativa da realidade (Bruner, 1987; 1991) sem a utilização de um procedimento de coleta de dados que vise expressamente à indução de narrativas.

Análise de entrevistas narrativas para a reconstrução de eventos

A literatura na área oferece diversas sugestões para a análise de entrevistas narrativas. A "primeira etapa analítica (análise formal do texto) consiste em eliminar todos os trechos não-narrativos do texto, para, então, segmentar o texto narrativo 'purificado' em relação a suas seções formais" (Schutze, 1983, p. 286). Esse procedimento é seguido pela descrição estrutural dos conteúdos que especifica as diversas partes das narrativas ("estruturas temporalmente limitadas de processos referentes à trajetória de vida, com base em conectivos narrativos formais" – Riemann e Schutze, 1987, p. 348), tais como "e então" ou pausas. A abstração analítica – como terceira etapa – afasta-se dos detalhes específicos dos segmentos de vida, visando à elaboração do "molde biográfico *in toto*, ou seja, da sequência histórica da vida de estruturas processuais que dominam a experiência e que estão presentes nos períodos individuais de vida até atingir a estrutura processual atualmente dominante" (Schutze, 1983, p. 286). Somente após essa reconstrução dos padrões do processo é que os outros componentes não-narrativos da entrevista passam a ser integrados na análise. Por fim, as análises de casos produzidas através deste processo são comparadas e contrastadas umas com as outras. O objetivo consiste mais em reconstruir a "inter-relação de cursos factuais de processos" do que reconstruir as interpretações subjetivas elaboradas pelo narrador a respeito de sua vida própria (1983, p. 284)[1].

Haupert (1991) delineia um procedimento distinto. Como preparação à análise realmente refinada, ele primeiramente resume a breve biografia do narrador, o que inclui uma exposição cronológica dos "eventos identificados como significativos" na história de vida. Essa etapa é seguida da segmentação das entrevistas, de acordo com o método de Schutze, e a formulação dos tópicos para as sequências individuais. A identificação da "temática sequencial" e a integração de citações que a expliquem, constituem a próxima etapa. Por fim, formula-se a parte essencial da biografia com os enunciados centrais da entrevista. Paráfrases de enunciados extraídos do texto e a explicação dos contextos das entrevistas e dos ambientes sociais conduzem à maior abstração. Após a condensação das histórias de casos, tornando-as histórias centrais, elas são classificadas em tipos analíticos de processos. Estes tipos são integrados a ambientes de esferas de vida. Esse procedimento também reconstrói o curso da biografia a partir do curso da narrativa. Portanto, aplica-se uma análise sequencial.

Essa reconstrução de cursos factuais com base em narrativas biográficas parte do "pressuposto da homologia" que, de acordo com Bude, envolve a seguinte premissa: "A narrativa autobiográfica improvisada e sem preparo é vista (...) como uma recapitulação verdadeiramente reprodutiva da experiência passada" (1985, p. 331-332). Ultimamente, essa premissa tem sido bastante questionada, e não apenas por Bude. As construções contidas nas narrativas atraem maior atenção.

A análise de dados narrativos como construções de vida

Da mesma forma, Bude (1984) delineia uma visão distinta sobre as narrativas, sobre os dados nelas contidos e, assim, sobre sua análise, com a sugestão da "reconstrução das construções de vida". Aqui, ele considera que as narrativas, assim como outras formas de apresentação, incluem construções subjetivas e sociais no que é apresentado – por exemplo, nas construções de vida em entrevistas narrativas. De modo semelhante, autores da psicologia, como Bruner (1987), compreendem as histórias da vida como construções sociais. Em seu esquema concreto, eles contam com as narrativas culturais básicas e as histórias da vida fornecidas pela cultura. O objetivo da análise de dados narrativos concentra-se mais em revelar esses processos construtivos do que em reconstruir processos factuais. Rosenthal e Fischer-Rosenthal (2004) percebem a diferença entre uma história de vida contada na entrevista e a história da vida de fato vivenciada pelo entrevistado. Eles analisam as entrevistas narrativas em cinco etapas:

1. análise de dados biográficos;
2. análise do campo temático (reconstrução de uma *história de vida*);
3. reconstrução da *história da* vida;
4. microanálise de segmentos individuais de texto e

QUADRO 25.1 A sequência de etapas na análise prática
1. Análise de dados biográficos (dados de eventos)
2. Análise do texto e do campo temático (análise sequencial de segmentos textuais da autoapresentação durante a entrevista)
3. Reconstrução da história do caso (da vida tal como foi vivida)
4. Análise detalhada de situações individuais textuais
5. Contraste da história de vida narrada com a história de vida vivida
6. Formação de tipos

Fonte: Rosenthal e Fischer-Rosenthal (2004)

5. comparação contrastiva entre a história da vida e uma história de vida.

Denzin resume o procedimento para essa interpretação da seguinte maneira:

(1) Garantia do caráter interativo do texto; (2) exposição do texto como uma unidade; (3) subdivisão do texto em unidades-chave experimentais; (4) análise linguística e interpretativa de cada unidade; (5) desdobramento em série e interpretação dos significados do texto para os participantes; (6) desenvolvimento de interpretações operacionais do texto; (7) verificação dessas hipóteses em contraste com as partes subsequentes do texto; (8) compreensão do texto como um todo; e (9) exposição das múltiplas interpretações que ocorrem dentro do texto. (1989a, p. 46)

Para a análise de narrativas de famílias e dos processos de construção da realidade que nelas ocorrem (ver Capítulo 15), Hildenbrand e Jahn (1988, p. 208) sugerem a aplicação do seguinte procedimento analítico-sequencial. Primeiro, reconstroem-se, a partir da narrativa, os dados sociais "objetivos" da família – nascimento, casamento, situação educacional, estágios na vida profissional, etc. Esses dados são, então, interpretados quanto ao espaço para decisões em comparação com as decisões de fato tomadas, gerando, assim, uma hipótese que será sistematicamente testada no processo da nova interpretação sobre o caso da família estudada. A sequência de abertura da narrativa, em particular, e a "autoapresentação dos membros" nela evidente são as interpretações do procedimento analítico-sequencial. Pode-se, então, contrastar, comparar e generalizar as estruturas de caso elaboradas nas análises. A inspiração que originou esse procedimento foi a hermenêutica objetiva que será discutida a seguir.

Estudo de caso:

Exemplo de uma reconstrução de caso

Gabriele Rosenthal e Wolfram Fischer-Rosenthal desenvolveram um modelo prático (ver Quadro 25.1) a respeito de como analisar dados narrativos provenientes de entrevistas narrativas (ver Capítulo 14) e aplicaram-no a diversos estudos com interesse voltado para as experiências biográficas de pessoas em determinados períodos históricos, como durante e após a Segunda Guerra Mundial.

Rosenthal e Fischer-Rosenthal (2004, p. 261-264) apresentam uma análise detalhada de excertos de uma entrevista narrativa referente a um período em uma história de vida.

(continua)

Estudo de caso:

Exemplo de uma reconstrução de caso (continuação)

Aqui, a entrevistada inicia sua história com esta sequência: *"Nada é da forma como você imaginou. Tudo aconteceu de um jeito diferente"* e, logo a seguir, inicia o seguinte relato: *"O grande amor de minha juventude, conheci meu marido aos 15 e fiquei noiva aos 18, casei aos 20 e, aos 21, tive meu filho (rindo). Isso foi já em 1942 quando, então, já havia a guerra"*. Os autores analisam a autoapresentação presente neste enunciado em diversos níveis – o significado biográfico, para a entrevistada, dos eventos aqui apresentados –, questionando por que a entrevistada possa ter escolhido começar sua história de vida por esse tema ("amor jovem"). Para compreender isso em maiores detalhes, eles formulam hipóteses tanto no que diz respeito à história da vida vivida como em relação à história de vida narrada. Eles também utilizam outras informações sobre a vida da forma como ela foi vivida e sobre a forma como uma vida como essa se desenvolvia normalmente naquele período. As diferenças em relação àquele curso de vida normal podem ser analisadas como "vida não-vivida". Na análise do campo temático, a autoapresentação é reconstruída por meio de complexos de tópicos, isto é, estendendo os campos temáticos conforme a ordem em que os temas são tratados. A análise parte do princípio de que a autoapresentação não pode – ou pode apenas ocasionalmente – ser intencionalmente controlada, e que a história da experiência é manifestada na parte da produção de texto que corresponde à narrativa inicial ininterrupta. Na preparação dessa etapa, o trecho da entrevista é sequenciado, ou seja, segmentado de acordo com o revezamento adotado durante a entrevista, segundo o tipo de texto e a variação do tema (ver p. 263), sendo formuladas as seguintes questões: por que os temas são introduzidos em um ponto específico? Quais temas são mencionados e quais não o são? Por que alguns temas são apresentados de forma mais detalhada e outros não? E em que campo temático esse tema se encaixa? Ao responder a essas questões e testar as hipóteses, os autores desenvolvem uma interpretação extensa desse caso, ao que, então, deverá seguir-se o contraste do estudo de caso com outros casos deste mesmo estudo ou deste mesmo campo.

Este exemplo revela como os autores desenvolvem uma abordagem para os dados narrativos com referência a histórias de vida, que leva em conta a diferença entre a história tal como ela acontece e a vida que é narrada em seu curso. O exemplo demonstra, também, o quanto uma análise desse tipo pode ser extensa, e normalmente é (ver novamente Rosenthal e Fischer-Rosenthal, 2004, p. 261-264 apenas para um excerto dessa análise).

Qual a contribuição para a discussão metodológica geral?

Um traço comum a todos os procedimentos para a análise de dados narrativos aqui apresentados é o fato de que, na interpretação dos enunciados, eles partem da *gestalt* da narrativa e, ao fazê-lo, compreendem os enunciados no contexto do prosseguimento da narrativa. Além disso, eles envolvem uma análise formal do material – que trechos do texto são narrativos, que outros tipos de texto podem ser identificados? Os procedimentos diferem em relação à forma como percebem o papel da narrativa na análise das relações estudadas. Schutze vê a narrativa apresentada na entrevista como uma representação fiel dos eventos relatados. Os outros autores entendem e analisam as narrativas como uma forma especial de construção de eventos, a qual pode ser encontrada também na vida cotidiana e no conhecimento, e, ainda, que essa forma especial de construção possa ser particularmente bem utilizada para fins de pesquisa. Um aspecto característico da análise narrativa é a possibilidade de combinação de uma análise formal com um procedimento sequencial na interpretação de construções de experiências em apresentações.

Como o método se ajusta no processo de pesquisa?

O pano de fundo teórico é a orientação para a análise do significado subjetivo (ver Capítulo 6). Com esse propósito, utilizam-se entrevistas narrativas para a coleta de dados (ver Capítulo 14). As questões de pesquisa concentram-se na análise dos processos biográficos (ver Capítulo 9). A seleção dos casos se dá, sobretudo, de forma gradual (ver Capítulo 11), e as generalizações visam à elaboração de teorias (ver Capítulo 8). Dessa forma, as análises de casos são contrastadas entre si (ver Capítulo 29).

Quais as limitações do método?

Em sua maior parte, as análises que se referem a Schutze exageram quanto ao caráter de realidade das narrativas tratadas como dados. Subestima-se a influência da apresentação sobre aquilo que é relatado, e superestima-se a possível inferência a partir da narrativa para os eventos factuais nas histórias da vida. Apenas em exemplos muito raros as análises narrativas são combinadas com outras abordagens metodológicas a fim de ultrapassar seus limites. Um segundo problema é o grau em que essas análises apoiam-se nos casos individuais. O tempo e o esforço dispensados na análise de casos individuais impedem os estudos de irem além de algumas reconstruções e comparações. A teoria mais geral dos processos biográficos – que consistia no objetivo original e que representou uma promessa, por algum tempo – ainda não foi concretizada, embora existam tipologias instrutivas em domínios específicos.

A HERMENÊUTICA OBJETIVA

A hermenêutica objetiva foi originalmente concebida para a análise das interações naturais (por exemplo, conversas em família). No entanto, desde sua concepção, essa abordagem vem sendo aplicada para a análise de todo tipo de documentos, incluindo, até mesmo, obras de arte e fotografias. Schneider (1988) modificou essa abordagem para a análise de entrevistas. A extensão geral do domínio de objetos (possíveis) de investigação que utilizam a hermenêutica objetiva manifesta-se no fato de que os autores compreendem o "mundo como texto", conforme indica o título de um volume dos trabalhos teóricos e metodológicos nessa área (Garz, 1994). Essa abordagem estabelece uma distinção básica entre o significado subjetivo que um enunciado ou atividade possui para um ou mais participantes e seu significado objetivo, sendo que este último é compreendido através do conceito de uma "estrutura latente de sentido" de uma atividade. Essa estrutura pode ser investigada apenas com a aplicação do esquema de um procedimento científico-interpretativo com etapas múltiplas. Devido a sua orientação para essas estruturas, ela também vem sendo classificada como "hermenêutica estrutural".

Qual é o procedimento da hermenêutica objetiva?

No início, o objetivo concentrava-se na "reconstrução de estruturas de significado *objetivo*" dos textos. Na hermenêutica objetiva, a análise não estava interessada naquilo que os produtores do texto pensavam, desejavam, esperavam ou acreditavam ao produzirem seus textos. As intenções subjetivas ligadas ao texto eram, e ainda são, irrelevantes nesse contexto. A única coisa considerada relevante é a estrutura de significado objetivo do texto em uma determinada comunidade linguística e interativa. Posteriormente, o rótulo "objetivo" foi estendido para além da questão de estudo – não apenas houve a reivindicação de (maior) validade das descobertas obtidas, mas, ainda, a pesquisa deverá, com o auxílio do procedimento, alcançar uma objetividade de resultados.

Na hermenêutica objetiva, as análises precisam ser "estritamente sequenciais", ou seja, devem seguir o curso temporal dos eventos ou do texto, na condução da interpretação. Devem ser conduzidas por grupos de analistas que trabalhem no mesmo texto. Em primeiro lugar, os membros destes grupos determinam qual é o caso a ser analisado e em que nível este deve ser situado, podendo ser definido como um enunciado ou atividade de uma pessoa concreta, ou de alguém que desempenha um determinado papel em um contexto institucional, ou de um membro da espécie humana. A essa definição, segue uma *análise preliminar* sequencial, que tem por objetivo analisar os contextos externos nos quais um enunciado está incorporado a fim de considerar a influência desses contextos. O foco dessa análise preliminar está, sobretudo, em considerações quanto à natureza do problema concreto de ação para o qual a ação ou a interação estudadas oferecem uma solução. Em primeiro lugar, elaboram-se as hipóteses da estrutura do caso, que são falsificadas em etapas posteriores, e a estrutura preliminar do texto e do caso. A especificação do contexto externo ou a incorporação interativa do caso servem para responder às questões sobre como os dados foram gerados: "Sob o tópico de incorporação interativa, as diferentes camadas do contexto externo de uma sequência protocolada de ação devem ser especificadas quanto a possíveis consequências e restrições à prática concreta da interação propriamente dita, incluindo as condições de produção do protocolo enquanto procedimento interativo" (Schneider, 1985, p. 81).

A etapa central diz respeito à *análise refinada* sequencial, que abrange interpretações de interações em nove níveis, conforme demonstrado no Quadro 25.2 (Oevermann et al., 1979, p. 394-402). Nos níveis 1 e 3 da interpretação, há uma tentativa de reconstrução do contexto objetivo de um enunciado por meio da construção de diversos contextos possíveis em experimentos do pensamento e da exclusão sucessiva destes. Aqui, a análise dos significados subjetivos dos enunciados e das ações desempenha um papel de menor importância. O interesse concentra-se nas estruturas das interações. O procedimento do nível 4 é voltado para as interpretações que utilizam o esquema da análise de conversação, ao passo que, no nível 5, o foco está nas características linguísticas formais (sintáticas, semânticas ou pragmáticas) do texto. Os níveis 6 a 8 empenham-se por uma generalização cada vez maior das estruturas que foram encontradas – por exemplo, examina-se se as formas de comunicação constatadas no texto também ocorrem repetidamente como formas gerais (ou seja, figuras comunicativas) e também em outras situações. Tais figuras e estruturas são tratadas como hipóteses e testadas, gradualmente, em relação a outros materiais, e possivelmente falsificadas.

Segundo Schneider (1985), a elaboração de estruturas gerais a partir de protocolos de interação pode ser demonstrada, nas seguintes etapas do procedimento da análise refinada sequencial. Primeiramente, reconstrói-se o significado objetivo da primeira interação (ou seja, sem levar em conta as condições contextuais concretas). Logo, o grupo de pesquisa narra histórias sobre tantas situações contrastantes quanto o enunciado for capaz de aceitar de forma coerente. Na etapa seguinte, comparam-se as características estruturais gerais com as condições contextuais concretas nas quais o enunciado analisado ocorreu. O significado de uma ação pode ser

> **QUADRO 25.2 Níveis de interpretação na hermenêutica objetiva**
>
> 0　Exposição do contexto imediatamente anterior à interação.
> 1　Paráfrase do significado de uma interação de acordo com o texto literal da verbalização que a acompanha.
> 2　Exposição da intenção do sujeito que interage.
> 3　Exposição dos motivos objetivos da interação e de suas consequências objetivas.
> 4　Exposição da função da interação para a distribuição de papéis interativos.
> 5　Caracterização dos aspectos linguísticos da interação.
> 6　Exploração da interação interpretada quanto a figuras comunicativas constantes.
> 7　Exposição das relações gerais.
> 8　Teste independente das hipóteses gerais formuladas no nível anterior, com base nas sequências de interação geradas em outros casos.

Fonte: Oevermann et al., 1979, p. 394-402

reconstruído por meio da interação de contextos possíveis nos quais ela possa ter ocorrido e do contexto concreto no qual de fato ocorreu. Em experimentos do pensamento, os intérpretes analisam as implicações do enunciado examinado primeiramente de acordo com a interação seguinte. Essa etapa assinala a possibilidade da transparência de contraste para especificar o próximo enunciado que *realmente* ocorreu. Ao eliminarem-se cada vez mais essas alternativas encontradas no andamento da interação, a estrutura do caso manifesta-se gradualmente, sendo, ao final, generalizada ao ser testada em relação a outros casos.

De um modo mais geral, Reichertz (2004, p. 291-292) resume três variantes de exposição do texto na pesquisa com a utilização da hermenêutica objetiva:

1. A *análise detalhada* de um texto em oito níveis diferentes, nos quais o conhecimento e o contexto externo, e também a pragmática de um tipo da interação, são expostos com antecedência e levados em consideração na análise.
2. A *análise sequencial* de cada contribuição individual para uma interação, gradualmente, sem esclarecer com antecedência o contexto interno e externo da declaração (...) Essa é a variante mais exigente da hermenêutica objetiva, uma vez que é fortemente voltada para as premissas metodológicas do conceito geral.
3. A *interpretação completa dos dados sociais objetivos* de todas aquelas pessoas que participaram em uma interação antes da realização de qualquer abordagem ao texto a ser interpretado (...) Essa variante lida de uma forma bastante flexível com os princípios de uma teoria da interpretação hermenêutica, utilizando-a de um modo um tanto metafórico.

Novos avanços

Esse procedimento foi desenvolvido para a análise de interações da linguagem cotidiana, disponíveis como material para interpretação, tais como gravações e transcrições. A análise sequencial busca reconstruir o arranjo estratificado de significados sociais a partir do processo das ações. Se os procedimentos estiverem disponíveis em gravações, estas podem ser analisadas, gradativamente, do início ao fim. Dessa forma, a análise sempre começa com a sequência inicial da interação. Ao se analisarem entrevistas, por meio dessa abordagem, surge o problema de que os entrevistados nem sempre narram os eventos e os

> **Estudo de caso:**
>
> **As interações entre conselheiros e clientes**
>
> Sahle (1987) utilizou esse procedimento no estudo de interações entre assistentes sociais e seus clientes, tendo também entrevistado os assistentes sociais. Ela apresenta quatro estudos de caso. Em cada um, a autora interpretou extensivamente a sequência inicial das interações a fim de elaborar a "fórmula da estrutura" para a interação, que é, então, testada em contraposição a um trecho cuja amostra foi retirada aleatoriamente do novo texto. A partir das análises, ela obtém hipóteses sobre o autoconceito profissional dos assistentes sociais, testando-as nas entrevistas. Em uma breve comparação, Sahle relaciona um estudo de caso ao outro e, ao final, discute seus resultados com os assistentes sociais que participaram do estudo.

processos em sua respectiva ordem cronológica. O entrevistado pode, por exemplo, relatar uma determinada fase de sua vida e, depois, ao longo de sua narrativa, fazer referência a eventos que precisam ser situados anteriormente. Também na entrevista narrativa, e, particularmente, na entrevista semi-estruturada, os eventos e as experiências não são narrados em ordem cronológica. Ao aplicar-se essa sequência, reconstrói-se a ordem sequencial da história (também conhecida como sistema de ação em estudo) a partir dos enunciados do entrevistado. Os eventos relatados são, então, reorganizados na ordem temporal em que ocorreram. A análise sequencial é orientada para essa ordem de ocorrência e não para o curso temporal da entrevista: "O início de uma análise sequencial não consiste na análise da fase inicial da conversa na primeira entrevista, mas na análise daquelas ações e daqueles eventos relatados pelo entrevistado que são os 'documentos' mais antigos da história do caso" (Schneider, 1988, p. 234).

Outros recentes avanços visam à criação de uma hermenêutica de imagens a partir dessa abordagem. Partindo de uma crítica do conceito bastante restrito de estrutura presente na abordagem de Oevermann, Luders (1991) tenta transferir a distinção entre o significado subjetivo e o significado social para a elaboração de uma análise de padrões interpretativos que, por sua vez, é também de maior interesse aos pontos de vista subjetivos.

Qual a contribuição para a discussão metodológica geral?

Uma consequência dessa abordagem foi o desenvolvimento do procedimento analítico-sequencial, tornando-se um programa com etapas metodológicas claramente demarcadas. Outra consequência é o fato de tornar-se evidente que as opiniões subjetivas são apenas *uma* forma de acesso aos fenômenos sociais, e que o significado é também produzido e mantido no nível do social (para esse mesmo assunto, em outro contexto, ver Silverman, 2001). Por fim, a noção das ciências sociais como ciências textuais é, aqui, preservada de modo mais consistente. Outro aspecto é a necessidade da realização de interpretações em grupo a fim de aumentar a variação das versões e das perspectivas levadas ao texto e, dessa forma, utilizar o grupo para validar as interpretações que tenham sido produzidas.

Como o método se ajusta no processo de pesquisa?

O contexto teórico dessa abordagem são os modelos estruturalistas (ver Capítulo 6). As questões de pesquisa concentram-se na explicação dos significados sociais das ações ou dos objetos (ver Capítulo 9). As decisões relativas à amostragem são tomadas, na maioria das vezes, sucessivamente (passo a passo) (ver Capítulo 11). Muitas vezes, o pesquisador abstém-se de aplicar métodos explícitos para a coleta de dados. Em vez disso, interações cotidianas são gravadas e transcritas, embora as entrevistas e, ocasionalmente, as notas de campo geradas a partir de estudos observacionais sejam também interpretadas com a utilização da hermenêutica objetiva. A generalização, nesse procedimento, parte dos estudos de caso, sendo, às vezes, desenvolvida com o uso da contraposição de casos (ver Capítulo 29).

Quais as limitações do método?

Um problema dessa abordagem é que – em função do grande esforço que o método envolve – ela fica, muitas vezes, limitada aos estudos de casos únicos. O salto para os enunciados gerais normalmente ocorre sem qualquer etapa intermediária. Além disso, o entendimento do método como arte, que dificilmente pode ser transformado em construções e mediações didáticas, dificulta sua aplicação mais geral (sobre o ceticismo geral, ver Denzin, 1988). Apesar disso, nos países de língua alemã, pode-se notar uma prática de pesquisa relativamente ampla que utiliza essa abordagem.

O aspecto comum entre os métodos sequenciais aqui discutidos é o fato de que eles orientam em direção à estrutura lógico-temporal do texto, adotando-a como ponto de partida para a interpretação. Assim, permanecem mais intimamente orientados para o texto do que os métodos de categorização, conforme discutido no Capítulo 23. A relação dos aspectos e dos conteúdos formais é moldada de maneira diferente. O interesse da análise de conversação está, principalmente, nos aspectos formais da interação. As análises da narrativa utilizam-se da distinção formal entre trechos narrativos e argumentativos das entrevistas para decidir quais trechos receberão atenção interpretativa e qual a credibilidade que se pode atribuir a seus conteúdos. Nas interpretações que utilizam a hermenêutica objetiva, a análise formal do texto é um nível bastante secundário de interpretação. Às vezes, esses métodos empregam hipóteses formuladas a partir de trechos do texto para falsificá-las em contraposição a outros trechos.

A HERMENÊUTICA DAS CIÊNCIAS SOCIAIS E A SOCIOLOGIA HERMENÊUTICA DO CONHECIMENTO

As abordagens recentes adotaram as ideias básicas da hermenêutica objetiva, mas elaboraram uma compreensão diferente da hermenêutica e dos temas de pesquisa. Elas não mais utilizam o termo "objetiva", concentrando-se, mais intensamente, na construção social do conhecimento. Preferem, novamente, os dados não-padronizados – protocolos de interação – aos dados de entrevista, por exemplo. Os pesquisadores devem abordar o campo em estudo da forma mais ingênua possível e, assim, coletar dados não-estruturados. As interpretações seguem um procedimento organizado em três etapas. Em primeiro lugar, aplica-se a codificação aberta segundo Strauss (1987 – ver Capítulo 23 deste livro), tendo como foco a estrutura sequencial do documento (linha por linha e, às vezes, palavra por palavra). Então, os pesquisadores procurarão por unidades de significado altamente agregadas e por conceitos que vinculam as partes e as unidades. Na terceira etapa, buscam-se os novos dados com os quais a interpretação é falsificada, modificada e estendida por meio da coleta de dados posterior (para mais detalhes, ver Reichertz, 2004; Soeffner, 2004).

Pontos-chave

- As abordagens narrativa e hermenêutica levam em conta a estrutura do texto.
- A análise segue a estrutura do texto (sequencialmente) e percebe os enunciados nesse contexto.
- Os textos biográficos são analisados no contexto da sequência dos eventos que são narrados, de forma que a estrutura interna da história de vida e a estrutura externa da vida nela narrada possam ser relacionadas.
- A hermenêutica das ciências sociais vincula essa análise sequencial com a codificação aberta segundo a pesquisa teoria fundamentada.

NOTAS

1. O estudo de Hermanns (1984) já foi brevemente apresentado no Capítulo 13 como um exemplo de uma aplicação convincente deste procedimento.

LEITURAS ADICIONAIS

Análise de narrativas

Estas quatro referências oferecem uma visão geral dos diversos caminhos para a análise de narrativas em seu formato sequencial.

Bruner, J. (1987) "Life as Narrative", *Social Research*, 54: 11-32.

Denzin, N.K. (1988) *Interpretive Biography*. London: SAGE.

Rosenthal, G. (2004) "Biographical Research", in C. Seale, G. Gobo, J. Gubrium and D. Silverman (eds), *Qualitative Research Practice*. London: SAGE. pp. 48-65.

Rosenthal, G., Fischer-Rosenthal, W. (2004) "The Analysis of Biographical-Narrative Interviews", in U. Flick, E.v. Kardorff and I. Steinke (eds), *A Companion to Qualitative Research*. London: SAGE. pp. 259-265.

Hermenêutica Objetiva

Existem poucos traços desse método na literatura anglo-saxônica. As duas pri-

---

Exercício 25.1

1. Procure, em seus próprios dados de entrevista, qualquer informação biográfica. Identifique as datas que foram mencionadas nas entrevistas e reconstrua a história do caso (nos fragmentos em que são mencionados).
2. Analise a forma como a pessoa entrevistada faz a própria apresentação durante a entrevista em situações textuais individuais, particularmente no início da entrevista.
3. Aplique os níveis de interpretação da hermenêutica objetiva (ver Quadro 25.2) na parte inicial da entrevista.

meiras referências são algumas das exceções, enquanto a terceira fornece uma introdução e uma visão geral.

Denzin, N.K. (1988) *Interpretive Biography*. London: SAGE.

Gerhardt, U. (1988) "Qualitative Sociology in the Federal Republic of Germany", *Qualitative Sociology*, 11, pp. 29-43.

Reichertz, J. (2004) "Objective Hermeneutics and Hermeneutic Sociology of Knowledge", in U. Flick, E.v. Kardorff and I. Steinke (eds), *A Companion to Qualitative Research*. London: SAGE. pp. 290-295.

Hermenêutica das Ciências Sociais e Sociologia Hermenêutica do Conhecimento

Estes dois capítulos descrevem esse avanço recente.

Reichertz, J. (2004) "Objective Hermeneutics and Hermeneutic Sociology of Knowledge", in U.Flick, E.v. Kardorff and I. Steinke (eds), *A Companion to Qualitative Research*. London: SAGE. pp. 290-295.

Soeffner, H.G. (2004) "Social Science Hermeneutics", in U. Flick, E.v. Kardorff and I. Steinke (eds), *A Companion to Qualitative Research*. London: SAGE. pp. 95-100.

26

O uso dos computadores na pesquisa qualitativa

Novas tecnologias: expectativas, temores e fantasias, 318
Formas de utilização dos computadores na pesquisa qualitativa, 319
Por que utilizar *softwares* na análise de dados qualitativos: esperanças e expectativas, 320
Tipos de *softwares* para a análise de dados qualitativos, 322
Softwares para a análise de dados qualitativos: como escolher?, 322
Exemplos: ATLAS•ti, NUD•IST e MAXqda, 325
Como utilizar *softwares* na pesquisa qualitativa, 327
O impacto do *software* na pesquisa qualitativa: exemplos, 328

OBJETIVOS DO CAPÍTULO
Após a leitura deste capítulo, você deverá ser capaz de:

✓ identificar a possível contribuição dos computadores para facilitar a pesquisa qualitativa.
✓ entender o papel dos computadores em sua principal esfera de ação no âmbito da pesquisa qualitativa – o apoio para a análise do material.
✓ compreender que o *software* não realiza a análise nem substitui o uso de um método para a análise do material, mas apenas oferece alguns instrumentos para torná-la mais cômoda.
✓ selecionar um programa de computador para seu estudo e encontrar o programa adequado.

NOVAS TECNOLOGIAS: EXPECTATIVAS, TEMORES E FANTASIAS

A pesquisa qualitativa atravessa uma mudança tecnológica, o que influencia o seu caráter essencial. Para um exemplo disso, leia, no Capítulo 22, sobre a discussão acerca das novas tecnologias de gravação e as novas formas de dados que estas possibilitam pela primeira vez. Desde meados da década de 1980, iniciou-se uma fase de mudança tecnológica potencial e, talvez, de longo alcance, na análise de dados, que está associada à introdução dos computadores na pesquisa qualitativa. Aqui, pode-se observar as mudanças gerais dos padrões operacionais das ciências sociais geradas pelo microcomputador e pelo processamento de textos. No entanto, é igualmente importante enxergar os avanços específicos ocorridos na e para a pesquisa qualitativa. À medida que esses avanços se tornem mais instituídos do que se verificou até este momento, é provável que isso resulte em impactos consideráveis na pesquisa qualitativa e em suas práticas. Atualmente, existe uma grande variedade de programas de *software* disponíveis, que, em boa parte, concentram-se na área da análise de dados qualitativos. Por esse motivo, muitas vezes são designados *software* QDA* (análise de dados qualitativos) ou CAQDAS** (*software* de análise de dados qualitativos com o auxílio do computador).

De um modo geral, a introdução dos computadores nesse campo tem provocado impressões conflitantes: alguns pesquisadores têm grandes expectativas quanto à vantagem de utilizá-los, enquanto outros se preocupam e temem pela forma como os computadores possam modificar ou mesmo distorcer a prática da pesquisa qualitativa. Algumas dessas expectativas podem estar corretas, alguns desses temores podem ter um fundo de verdade. No entanto, boa parte de ambos representam mais fantasias do que qualquer outra coisa. Para esses dois grupos, é necessário enfatizar que existe uma diferença crucial entre esse tipo de *software* e os programas para análise estatística (como o SPSS). O *software* QDA não *faz* a análise qualitativa sozinho ou de modo *automático*, da forma como o SPSS é capaz de realizar uma operação estatística ou uma análise fatorial. O programa QDA parece mais um processador de textos, que não redige o texto, mas que, de certa forma, facilita a redação do texto (embora exista um longo debate sobre as mudanças provocadas pelo uso de processadores de texto na redação em geral). De um modo semelhante, o QDA auxilia a pesquisa qualitativa, mas não a realiza nem a automatiza, embora esse auxílio possa representar um impacto sobre a pesquisa. Como ainda é o autor que escreve por meio da utilização do processador de textos, é, ainda, o pesquisador que realiza a codificação, etc., com o uso do QDA.

Nos últimos anos, foram publicados panoramas sobre esse mercado em evolução constante. Alguns foram escritos a partir do ponto de vista de quem desenvolve o programa (por exemplo, Richards e Richards, 1998), e outros, a partir do ponto de vista do usuário (Kelle, 2004; Seale, 2000; Weitzman, 2000; Weitzman e Miles, 1995) ou baseados nas experiências de usuários. Fielding e Lee (1998) seguidamente fazem referência a seu próprio estudo empírico baseado em grupos focais realizados com usuários desse tipo de *software*. Como o progresso no desenvolvimento de *softwares* conduz a um aperfeiçoamento permanente dos programas existentes e das versões atualizadas, e ao aparecimento de novos programas, todos esses panoramas já estarão parcialmente ultrapassados assim que estiverem disponíveis ou logo após.

FORMAS DE UTILIZAÇÃO DOS COMPUTADORES NA PESQUISA QUALITATIVA

Embora, na pesquisa qualitativa, a maior parte dos *softwares* e dos computadores seja utilizada para a análise de dados, existem também outras etapas no processo da pesquisa qualitativa para as quais os computadores podem ser empregados. De um modo geral, as formas mencionadas de utilização dos computadores e dos *softwares* no contexto da pesquisa qualitativa são as seguintes:

1. anotações no campo;
2. redação ou transcrição de notas de campo;

---

* N. de T. Sigla em inglês para *qualitative data analysis*.
** N. de T. Sigla em inglês para *computer-aided qualitative data analysis software*.

3. edição – correção, ampliação ou revisão das notas de campo;
4. codificação – associação de palavras-chave ou *tags* a segmentos de texto para permitir a posterior recuperação de dados;
5. armazenagem – manutenção do texto em um banco de dados organizado;
6. busca e recuperação – localização de segmentos relevantes do texto e disponibilização destes para inspeção;
7. associação dos dados por meio de "*links*" – segmentos de dados relevantes são conectados entre si, formando categorias, agrupamentos ou redes de informações;
8. elaboração de memorandos – redação de comentários reflexivos sobre alguns aspectos dos dados, como base para uma análise mais aprofundada;
9. análise de conteúdo – contagem das frequências, da sequência ou das localizações das palavras e expressões;
10. exposição dos dados – disposição dos dados selecionados ou reduzidos em um formato condensado, organizado, como uma matriz ou uma rede, para inspeção;
11. esboço da conclusão e verificação – auxílio ao analista para interpretar os dados expostos e para testar ou confirmar as descobertas;
12. construção da teoria – elaboração de explicações sistemáticas e conceitualmente coerentes das descobertas; teste de hipóteses;
13. mapeamento gráfico – criação de diagramas que retratem as descobertas ou teorias;
14. redação do relatório – relatórios provisórios e finais (Miles e Huberman, 1994, p. 44; Weitzman, 2000, p. 806).

Alguns outros aspectos poderiam ser acrescentados a essa lista – particularmente, a transcrição de entrevistas, a redação de um diário de pesquisa, a comunicação com outros pesquisadores através de redes de computadores, de *e-mail*, da internet e de artigos escritos que tratem da própria pesquisa ou de seus métodos, e assim por diante. A maioria das atividades citadas nessa lista podem ser realizadas mais ou menos confortavelmente com a utilização de editores de texto comuns (ver itens 1, 2, 3, 8, 14, e, com o emprego habilidoso de programas sofisticados, também os itens 4, 6, 9, conforme Weitzman e Miles, 1995, p. 5). Assim, delineia-se a primeira forma de utilização dos computadores – o uso simples e direto de processadores de texto e/ou o uso criativo de seus programas para desempenhar funções específicas. No entanto, como destaca Seale (2000, p. 162-163), a utilização de processadores de texto para essas finalidades demanda muito mais tempo do que a aplicação de *softwares* especiais. Alguns dos *softwares* QDA mais avançados são capazes de gerenciar, de armazenar e de expor material visual e de áudio – fotos, filmes, textos gravados e material de vídeo – e incluí-los em procedimentos analíticos, o que, definitivamente, vai além da capacidade dos processadores de texto.

POR QUE UTILIZAR *SOFTWARES* NA ANÁLISE DE DADOS QUALITATIVOS: ESPERANÇAS E EXPECTATIVAS

Na literatura sobre o assunto, diversas expectativas são mencionadas como "esperanças reais" (Weitzman, 2000, p. 806). A primeira delas é a *velocidade* para manusear, para controlar, para buscar e para expor dados e itens relacionados, como códigos ou memorandos em *links* para os dados. Deve-se levar em conta o tempo necessário para decidir por um programa, instalá-lo e aprender a utilizá-lo (ou mesmo a usar o computador). Portanto, o ganho real de tempo fará com que, a longo prazo, o esforço valha a pena com projetos maiores e com grupos maiores de dados, mas não a curto prazo, com quantidades menores de dados.

A segunda expectativa é o *aumento da qualidade* na pesquisa qualitativa por meio do uso de computadores, ou o fato de facilitar a demonstração dessa qualidade. Aqui, menciona-se o ganho em coerência nos procedimentos analíticos ou o rigor extra na análise. Kelle e Laurie (1995) associam a utilização do *software* QDA a um saldo positivo de validade na pesquisa qualitativa. Por fim, pode haver uma ampliação da transparência do processo de pesquisa e uma facilitação da comunicação na equipe de pesquisa com a utilização de computadores e a análise do modo como foram desenvolvidos os *links* entre os textos e os códigos, por exemplo. Weitzman menciona também uma consolidação da pesquisa, uma vez que o computador permite ao pesquisador manter todos os documentos da pesquisa (desde notas de campo iniciais até exposições finais, tabelas e trabalhos escritos sobre as descobertas) em um só lugar – o disco rígido do computador. Seale (2000) discute *uma facilitação das decisões relativas à amostragem* com base na situação da análise de dados até então (de acordo com a amostragem teórica – ver Capítulo 11) graças à utilização do programa de computador.

Uma maior expectativa é que o *gerenciamento dos dados* se torne mais fácil com o uso dos computadores. Kelle (por exemplo, 2004, p. 278) relaciona uma série de técnicas de gerenciamento de dados auxiliadas por programas de computador QDA:

- a definição de indicadores que contenham termos de indexação juntamente com os "endereços" das passagens do texto que podem ser aproveitadas para recuperar os segmentos de texto indexados;
- a construção de referências cruzadas eletrônicas com o auxílio dos assim chamados *"hyperlinks"*, que podem ser utilizados para "saltar" entre trechos do texto que contenham *links*;
- capacidade para o armazenamento de comentários dos pesquisadores ("memorandos"), que podem ser associados a termos de indexação ou a segmentos de texto;
- recursos para a definição de um sistema de *links* entre os termos de indexação;
- o uso de variáveis e de filtros de forma que a busca por segmentos de texto possa ficar restrita a certos limites;
- capacidade para a recuperação de segmentos de texto com relações formais especificadas entre si (por exemplo, segmentos de texto que apareçam com uma determinada distância máxima especificada entre um e outro);
- capacidade para a recuperação de atributos quantitativos do banco de dados.

As duas primeiras técnicas são oferecidas por todos os programas de computador QDA (mas não por editores de texto ou por sistemas de banco de dados comuns), enquanto as outras cinco são oferecidas apenas por pacotes mais elaborados de *software* para a pesquisa qualitativa. Os melhores programas QDA facilitam a *representação* dos dados, das estruturas nos dados e das descobertas em mapas gráficos e em outras formas de exposição, importando-os imediatamente para editores de texto utilizados na redação da pesquisa e das descobertas. Por fim, nenhum avanço tecnológico está livre de ser "mal aplicado" para outros fins que não aqueles para os quais foram desenvolvidos. Algumas pessoas utilizam programas como o NUD•IST como um gerenciador de referências para sua biblioteca pessoal ou o ATLAS•ti (ver a seguir) para o planejamento de projetos em seus trabalhos.

A lista de expectativas e de esperanças inclui uma relativa variedade. Até então, nenhum dos programas disponíveis consegue corresponder a cada uma destas, e aqueles que conseguem, definitivamente não o fazem da mesma forma. De modo semelhante ao que ocorria no início do processamento de textos, após a decisão pela utilização de uma dessas alternativas de *software*, torna-se mais complicado alternar entre um e outro, uma vez que existam problemas de compatibilidade e de exportação de dados, pois ainda não existe nenhum padrão que permita, por exemplo, a transferência de dados e codificações de um pacote para outro. Consequentemente, a decisão entre usar um ou outro pacote de *software* deve ser bem ponderada e cuidadosa. E, para concluir, o provável usuário precisa ter em mente o fato de que "ainda não existe um programa que seja o melhor" (Weitzman, 2000, p. 803).

TIPOS DE *SOFTWARES* PARA A ANÁLISE DE DADOS QUALITATIVOS

Os programas disponíveis no momento podem ser resumidos em diversos tipos[1]:

- Processadores de texto que permitem não apenas escrever, mas também editar os textos, procurar palavras ou sequências de palavras, ao menos de um modo limitado.
- Programas de recuperação de textos que permitem especificamente procurar, resumir, listar, etc., determinadas sequências de palavras.
- Gerenciadores de bases de textos para administrar, procurar, classificar e ordenar trechos de textos.
- Programas de codificação e de recuperação para dividir o texto em segmentos, aos quais se atribuem códigos, e para recuperar ou listar todos os segmentos do texto que tiverem sido marcados com cada código; apoio para a marcação, a ordenação, a divisão e a conexão entre textos e códigos, e ambos (texto e código) são apresentados e administrados conjuntamente.
- Construção da teoria com base em códigos: esses programas também auxiliam a construção da teoria apoiando as etapas e as operações no nível do texto (integração de um ou mais trechos a um código), mas também no nível conceitual (relações entre os códigos, categorias superiores e subcategorias, redes de categorias), sempre voltando aos trechos do texto que foram integrados. Em alguns programas, são incluídos editores gráficos mais ou menos sofisticados, havendo a possibilidade de integrar dados de vídeo.
- É possível constituir uma rede conceitual no último grupo, o qual oferece amplas opções para o desenvolvimento e a apresentação dessas redes, de redes de categorias e de várias formas de visualizar relações entre as várias partes da rede.

SOFTWARES PARA A ANÁLISE DE DADOS QUALITATIVOS: COMO ESCOLHER?

Se o desempenho do processador de textos não for suficiente para sua questão de pesquisa, o pesquisador deve recorrer aos *softwares* disponíveis para finalidades específicas, ou mesmo desenvolver seu próprio programa. Muitos dos programas que estão que estão hoje disponíveis foram criados dessa forma – partindo de necessidades específicas para chegar a um projeto de pesquisa concreto. Alguns programas apresentam uma ampla variedade de opções, o que possibilita que sejam usados para outras questões de pesquisa e outros tipos de dados, além daqueles a que se propunham originalmente.

Como consequência disso, existem hoje mais de 25 programas disponíveis, desenvolvidos especificamente para a análise de dados qualitativos. No entanto, isso trouxe também uma falta de clareza no que diz respeito à natureza exata da oferta/variedade desses produtos disponíveis no mercado. Além disso, todos esses programas estão sujeitos a limitações específicas em função de seus contextos e objetivos originais de desenvolvimento e da ênfase específica de cada um dos programas. As vantagens e as desvantagens de programas únicos em comparação com outros programas podem ser esclarecidas de três formas. Em primeiro lugar, formulam-se e aplicam-se questões gerais ao programa único. Em segundo, existem algumas questões-chave que os pesquisadores precisam fazer a si mesmos antes da decisão pela utilização de um *software* específico. E, por último, poderia ser útil uma maior pesquisa empírica com foco nas experiências dos usuários com o *software* QDA (Fielding e Lee, 1998; Weitzman, 2000).

Questões para orientar a análise e a comparação de programas

Para uma avaliação bem prematura dos programas disponíveis na época, utilizei questões que orientassem (Quadro 26.1) a avaliação dos programas de computador para a pesquisa qualitativa no início da década de 1990. Embora outros programas mais elaborados tenham sido disponibilizados, essas questões ainda precisam ser levantadas antes de utilizá-los. Weitzman (2000) e Weitzman e Miles (1995) oferecem críticas mais recentes, fornecendo algumas dicas para a decisão quanto a utilizar ou não os computadores como apoio às análises qualitativas e para programas específicos; eles também fornecem um teste baseado em critérios e uma comparação entre 24 programas.

Questões-chave antes da decisão por um dos *softwares*

Autores como Weitzman (2000, p. 811-815) ou Weitzman e Miles (1995, p. 7-9) sugerem que usuários em potencial façam a si mesmos uma série de questões-chave antes da decisão pela utilização de um programa ou pelo uso dos computadores de um modo geral. Essas questões-chave foram complementadas por outras questões:

- Que tipo de usuário de computador você é? Distinguem-se, aqui, quatro níveis de utilização de computador. O iniciante (nível 1) é aquele para o qual o computador representa uma novidade e ocupa-se em aprender as funções do computador e a utilizar *softwares* de uma maneira geral. É provável que, para esse tipo de usuário, seja um desafio

---

QUADRO 26.1 Questões para a orientação da análise e da comparação entre programas de computador na pesquisa qualitativa

- Questões relativas a dados: Para que tipo de dados o programa foi concebido? Além desses dados originais, para que outros tipos de dados o programa pode ser utilizado? Para quais não deveria ser utilizado?
- Questões relativas à atividade: Que atividades podem ser realizadas com esse programa? Que atividades não devem ser executadas?
- Questões relativas ao processo: Como o programa influenciou o tratamento dos dados e o papel desempenhado pelo pesquisador ou intérprete, de acordo com as experiências tidas até o momento? Que novas opções o programa proporcionou? O que ficou mais difícil ou mais trabalhoso no processo de interpretação devido ao programa?
- Questões técnicas: Quais são as condições necessárias nas opções de *hardware* (tipo de computador, RAM, disco rígido, placa gráfica, tela...) ou de *software* (*software* de sistemas, necessidade de outros programas) e de formação de rede para outros programas (SPSS, editores de texto, bancos de dados...)?
- Questões relativas à competência: Que habilidades técnicas específicas o programa exige do usuário (habilidades de programação, talvez em linguagens específicas de programação, etc.)?

utilizar um *software* CAQDAS mais elaborado, e ele deverá reservar algum tempo extra para estudar o *software* antes de analisar seus textos. Um usuário do nível 2 possui alguma experiência com *software* e *hardware*, e sente-se confortável em aprender e explorar novos programas. O usuário do nível 3 tem um interesse genuíno em explorar os aspectos e as capacidades dos programas de computador, enquanto o do nível 4 (o *hacker*) é aquele que pode se encaixar entre um especialista e um viciado em computadores. Além disso, surge a questão: que tipo de computador e de sistema operacional devem ser utilizados, ou já são utilizados (IBM-DOS/Windows, UNIX ou Apple)? Por último, deve-se considerar a própria experiência do pesquisador com a pesquisa qualitativa. Tanto para os iniciantes na pesquisa qualitativa, como para os iniciantes no uso de computadores, os programas mais sofisticados, as opções e a decisão relativa ao programa a ser utilizado representam, normalmente, imensos desafios.

- Deve-se decidir pela utilização de um programa para um projeto de pesquisa concreto ou para o uso geral na pesquisa durante os anos seguintes? Três questões estão associadas a esse ponto. Em primeiro lugar, qual é a proporção representada pelos custos de treinamento para usar o programa (ou seja, compara-se a preparação dos dados em relação à economia de tempo possivelmente proporcionada pelo uso do computador), em especial se apenas uma quantidade muito limitada de dados deva ser analisada através deste? A segunda é: Até que ponto o programa é selecionado de acordo com as condições atuais (tipo de dados, questão de pesquisa, etc.) e até que ponto, em relação a projetos futuros, talvez mais complexos? A terceira: Qual é estágio do projeto atual? Se o pesquisador estiver chegando ao final do financiamento e a motivação para escolher um computador é apressar as últimas etapas da análise de dados, é mais provável que o tempo extra necessário para adquirir o computador, o *software* e dar andamento à análise auxiliada pelo computador, em vez de ajudá-lo a economizar tempo, atrapalhe o projeto de pesquisa devido aos desvios em função do equipamento e do aprendizado do programa.

- Quais os tipos de dados e de projetos (apenas uma fonte de dados ou mais de uma, estudo de caso ou estudo comparativo; dados estruturados ou abertos; *inputs* de dados uniformes ou diversos; tamanho dos bancos de dados)? O pesquisador utiliza apenas texto ou também vídeo ou fotografias, dados acústicos ou imagens em movimento, ou dados de *e-mail* e internet (Bergmann e Meier, 2004)? Não é todo *software* que é capaz de trabalhar com essas formas de dados. Existem várias fontes de dados por caso ou apenas um tipo de dado, trata-se de um estudo de caso ou de vários casos? Os registros que se pretende utilizar têm um formato fixo (por exemplo, a precisão da transcrição) do início ao fim, ou o formato pode ser mudado (por exemplo, aperfeiçoado) durante o progresso do projeto? Os dados são estruturados (por exemplo, por um guia de entrevista aplicado em cada caso) ou apresentam um formato livre (por exemplo, uma narrativa do curso de vida individual sem qualquer estruturação externa)? Por fim, devemse considerar o tamanho e os limites do banco de dados na seleção do *software*.

- Que tipo de análise está planejado – exploratória ou confirmadora, esquema de codificação pré-definido ou uma a ser elaborado, codificação múltipla ou simples, uma circulada através dos dados ou uma análise de múltiplas etapas, sutileza das análises, interesse no contexto dos dados, a forma como os dados são apresentados, análises apenas qualitativas ou também numéricas?

Utiliza-se um sistema de codificação fixo ou um conjunto de categorias em evolução? Alguns programas foram claramente planejados para permitir o teste de hipóteses (ver as contribuições para Kelle, 1995), e outros o foram visando mais à elaboração de teorias. Qual a importância de manter os dados em seu contexto ou de ter à disposição o contexto de um enunciado? É necessário poder integrar diversos códigos a um elemento do texto? Existem vários pesquisadores trabalhando e codificando o mesmo texto ao mesmo tempo ou isso ocorre em uma sequência?

- Qual a importância da proximidade dos dados no processo de análise destes? O texto que é interpretado deve estar sempre acessível (na tela) ou apenas as categorias, etc.?
- Limites de custos: existem recursos disponíveis para a compra de um programa e dos computadores necessários para utilizá-lo?
- Qual o grau de refinamento da análise? Por exemplo, os analistas de conversação realizam um trabalho bastante intenso com partes bem pequenas dos dados (por exemplo, um revezamento em uma conversa). Paul ten Have (1999) apresenta informações sobre maneiras de utilizar os computadores para esse tipo de análise.

EXEMPLOS: ATLAS•ti, NUD•IST E MAXqda

ATLAS•ti

Muhr (1991; 1994) desenvolveu o ATLAS•ti em um projeto de pesquisa da *Technical University of Berlin*. O *software* baseia-se na abordagem da teoria fundamentada e da codificação teórica segundo Strauss (1987; ver Capítulo 23). As pré-condições técnicas da versão atual (lançamento 5.0) são: compatibilidade com um equipamento IBM PC (Processador Pentium/ AMD 133 MHz recomendado: Pentium/ AMD 900 MHz ou mais rápido) com 128 MB (melhor com 256MB ou mais) de RAM, placa gráfica VGA vídeo 800×600, True Color 1024×768, ou melhor, True Color, DOS 3.0 e superior, *mouse*, disco rígido (com espaço disponível de 25 MB e espaço livre de 45MB) e CD-ROM. Compatível com os sistemas operacionais: Windows 98SE, Windows ME, Windows NT 4.0 SP6, Windows 2000 SP3, Windows XP, Windows 2003 W2000 e XP. O programa pode trabalhar com diversos tipos de documentos de texto: texto simples com espaçamento flexível, Formato Rich Text com incorporação de objetos (tabelas do programa Excel, do Powerpoint, etc.) e acesso direto a documentos do programa Word. As versões mais recentes do programa não apenas conseguem processar textos como também imagens, gráficos e som. A maior parte dos autores classifica esse programa na categoria dos "construtores de redes conceituais" (por exemplo, Weitzman, 2000, p. 809), mas principalmente no grupo de "construtores de teorias baseadas em códigos". Permite operações no nível textual e conceitual. Forma-se uma "unidade hermenêutica" na tela que unifica o texto inicial (por exemplo, a entrevista a ser interpretada) e as interpretações ou codificações a ele relacionadas. O programa exibe o texto inicial com todos os códigos e comentários a ele associados em diferentes janelas na tela. Oferece algumas funções que aparecem na tela sob a forma de símbolos (recuperar, copiar, recortar, codificar, entrar em rede, etc.).

Além da recuperação de sequências de palavras no texto e da integração de códigos, é também muito útil a apresentação de códigos e de categorias em redes conceituais. A relação ao trecho ao qual as categorias e as supercategorias estão associadas é mantida e pode ser apresentada imediatamente na tela. As codificações podem ser listadas na tela ou impressas. Permite a interface com o SPSS e outros programas. Além disso, diferentes autores podem trabalhar no mesmo texto, em vários computadores. Uma das limitações desse programa é o fato de ele somente poder ser utilizado em PCs, e não em computadores Apple MacIntosh. Na hipótese de o ATLAS•ti ser utilizado em Macs, é preciso instalar um emulador de *software* de PC. Para obter um bom desempenho, há a necessidade de um dos mais novos processadores Mac G4 ou G5. O programa conta com um bom apoio por parte do autor e uma lista eletrônica de usuários bastante ativa. Para mais informações sobre o programa e para entrar em contato com outros usuários, veja a *homepage* do autor na internet: http://www.atlasti.com.

NUD•IST*

Richards e Richards (por exemplo, 1998) desenvolveram originalmente o NUD•IST como programa Mac mas, posteriormente, transferiram-no também para versões para PC, embora ele ainda opere nos dois sistemas de computador. A última versão (N6), no entanto, está disponível somente para PCs, e ao usuário de Macs recomenda-se também que utilize o emulador para PC.

Especificações técnicas: o PC deve ter um processador Pentium Intel com 100MHz ou superior, uma memória RAM disponível de 64 MB – sendo preferível de 128MB, 25 MB de espaço de disco rígido para o programa e uma memória virtual de 16 MB; funciona com os sistemas operacionais Microsoft Windows 95, 98 ou Microsoft Windows NT 3.51 ou 4.0, Windows 2000 e XP. Weitzman (2000, p. 809) classifica o programa como construtor de teorias baseadas em códigos. A última versão inclui uma linguagem de comando completa para automatizar a codificação e a busca, e permite a fusão de arquivos analíticos de um

ou mais projetos de pesquisa que, anteriormente, funcionassem separadamente.

O programa foi lançado comercialmente já há bastante tempo e é promovido ativamente pelos autores. Alguns aspectos como o "encerramento do sistema" (ou seja, a possibilidade de acrescentar memorandos ou resultados de busca aos dados originais) ou a exibição de códigos na tela ("indexação") em uma estrutura hierárquica (árvore) são recursos bastante característicos do programa. Informações e suporte podem ser encontrados na internet, no seguinte endereço: http://www.qsrinternational.com.

MAXqda

Desenvolvido por Kuckartz (1995), o MAXqda é o produto sucessor do winMAX, um programa que tem uma história desde 1989. Com o MAXqda pode-se criar e importar textos no Formato Rich Text (rtf) de qualquer lugar de um disco rígido e da internet utilizando o recurso *drag and drop***. Objetos como fotos, tabelas de Excel, lâminas de PowerPoint, etc., podem ser importados como objetos incorporados de um arquivo do tipo ".rtf". O programa conta com um sistema de código hierárquico com até 10 níveis. As codificações são visualizadas em 11 faixas coloridas distintas. Os memorandos são visualizados por pequenos ícones "*post-it*"; eles podem ser fixados em qualquer linha diretamente junto ao texto ou nos códigos (para dar um exemplo, definições de código). Onze ícones diferentes podem ser livremente designados a um memorando para indicar tipos diferentes. Um *Code-Matrix Browser* e um *Code-Relations Browser* visualizam a distribuição de códigos ao longo de todos os textos, e as respectivas intersecções de códigos. Os valores podem ser exportados para o SPSS ou para o Excel. Pode-se tam-

---

* N. de T. A partir da versão NG o *software* deixou de ser atualizado com o nome NUD.IST e passou a se chamar NVivo.

** N. de T. Arrastar e soltar.

bém codificar automaticamente os resultados da pesquisa e importar atributos do SPSS, ou de qualquer outro pacote de *software* quantitativo, bem como exportá-los para o MAXqda. Um projeto em MAXqda consiste de apenas um arquivo. Uma qualidade especial diz respeito às funções de trabalho em equipe e aos recursos para mesclar análises qualitativas e quantitativas. O MAXqda oferece um módulo de extensão totalmente integrado, o MAXdictio, que permite uma análise das frequências das palavras ou até a execução de uma análise de conteúdo quantitativa. O MAXqda requer, como processador: Pentium 2 ou superior, com uma memória RAM disponível de 64 MB (no mínimo). Os sistemas operacionais são: Microsoft Windows 98, Windows ME, Windows NT 4.0 ou Windows 2000. Recomenda-se o uso de um monitor com resolução de 1024x768. Mais informações podem ser encontradas em www.maxqda.com.

Esses três programas – cujas versões anteriores encontram-se descritas detalhadamente em Weitzman e Miles, 1995 – foram apenas exemplos da variedade de programas e de versões disponíveis que estão em constante desenvolvimento. Mais informações sobre esse campo e sobre outros programas (*links* para fabricantes, referências para a literatura mais recente, etc.) podem ser encontradas na *homepage* do projeto CAQDAS da Surrey University, UK: www.soc.surrey.ac.uk/caqdas.

COMO UTILIZAR *SOFTWARES* NA PESQUISA QUALITATIVA

Em um panorama sobre o uso de computadores na pesquisa qualitativa, Kelle (2000, p. 295-296) delineia duas estratégias possíveis de utilização de *software* na pesquisa. A primeira é bastante característica do emprego de computadores na pesquisa voltada para a teoria fundamentada (ver Capítulo 23), e parte do desenvolvimento de códigos a partir do material empírico, ou seja, dos textos:

Etapa 1: formatação dos dados textuais
Etapa 2: codificação dos dados com códigos *ad hoc* (codificação aberta)
Etapa 3: redação de memorandos e sua integração a segmentos de texto
Etapa 4: comparação de segmentos de texto aos quais os mesmos códigos foram associados
Etapa 5: integração de códigos e associação de memorandos para códigos
Etapa 6: desenvolvimento de uma categoria central (Kelle, 2000, p. 295)

A segunda estratégia é bem mais formalizada, desenvolvendo, no início, um esquema de códigos e uma matriz numérica de dados. Aqui, o uso de computadores é planejado com um forte interesse em associar a análise qualitativa a uma análise mais quantitativa na etapa posterior.

Etapa 1: formatação dos dados textuais
Etapa 2: definição de um esquema de códigos
Etapa 3: codificação dos dados com um esquema de códigos predefinido
Etapa 4: associação de memorandos aos códigos (não a segmentos de texto) enquanto realiza-se a codificação
Etapa 5: comparação de segmentos de texto aos quais os mesmos códigos foram associados
Etapa 6: desenvolvimento de subcategorias a partir dessa comparação
Etapa 7: recodificação dos dados com essas subcategorias
Etapa 8: produção de uma matriz numérica de dados, por meio da qual as linhas representam os documentos de texto, as colunas representam as categorias (códigos) e os valores das categorias, as subcategorias
Etapa 9: análise dessa matriz de dados com o SPSS (Kelle, 2000, p. 296).

Essas duas estratégias devem ser vistas apenas como sugestões de como proceder.

Estudo de caso:

A representação social da AIDS entre adolescentes zambianos

Em seu estudo, Joffe e Bettega (2003) utilizaram o programa ATLAS•ti para analisar entrevistas feitas com adolescentes, na Zâmbia, sobre a AIDS. Eles realizaram 60 entrevistas semi-estruturadas em profundidade com adolescentes zambianos com idades entre 15 e 20 anos. As entrevistas e os resultados concentraram-se em representações: (1) da origem do HIV/AIDS; (2) da propagação do HIV/AIDS; e (3) do risco pessoal do HIV/AIDS. Com o ATLAS•ti, os autores criaram redes temáticas como aquela mostrada pela Figura 26.1, que representa as ideias sobre a origem do HIV/AIDS mencionadas pelos participantes do estudo.

Este exemplo mostra como é possível utilizar um *software* como o ATLAS•ti para estruturar as categorias e os resultados. O aspecto interessante da utilização desse *software* é a conexão entre a categoria e os textos originais (afirmações, histórias) a que esta é associada.

Como usuário de um programa CAQDAS, o pesquisador deve desenvolver sua própria estratégia com base em seus objetivos e em suas questões de pesquisa, assim como nos tipos de dados e nos recursos do projeto.

O IMPACTO DO *SOFTWARE* NA PESQUISA QUALITATIVA: EXEMPLOS

Deu-se início a uma discussão sobre o impacto do *software* na pesquisa qualitativa já no começo do desenvolvimento dos primeiros programas. Podemos constatar diversas preocupações. Antes de qualquer coisa, alguns dos principais programas foram desenvolvidos no contexto de uma abordagem específica – a codificação segundo a teoria fundamentada – sendo mais difíceis de ser aplicados a outras abordagens. No caso do *software* não se ajustar a uma interpretação mais sequencial dos dados, ele deve ser simplesmente ignorado pelos pesquisadores que estiverem usando essa abordagem? Isso altera a forma de análise dos dados? Ou será que poderá levar a algum tipo de abordagem comum, um padrão-ouro (Coffey et al., 1996) da pesquisa qualitativa? Em seu estudo empírico sobre a utilização de *software*, Fielding e Lee (1998) descobriram que dois terços dos projetos que eles entrevistaram não usavam a teoria fundamentada, mas utilizavam os programas CAQDAS. Esse fato demonstra que a conexão entre *software* e teoria fundamentada não é tão próxima quanto suspeitavam alguns autores. Ten Have (1999) demonstra como esse *software* pode ser aplicado para a análise de conversação. Outra preocupação é que os *softwares* acabam compelindo implicitamente sua estrutura lógica e de exposição aos dados e à análise do pesquisador. O NUD•IST, por exemplo, auxilia no desenvolvimento de uma estrutura (árvore) hierárquica de codificação. Entre seus usuários, verifica-se certo predomínio dos sistemas de codificação estruturados como árvore. Seale (2000) apresenta uma boa ilustração desse problema ao aplicar NUD•IST e ATLAS•ti a uma teoria fundamentada desenvolvida por Glaser e Strauss, e aponta as diferenças entre a exposição e a estrutura da teoria nesses dois programas. Por último, existe o temor de que a atenção que o computador e o *software* atraem aca-

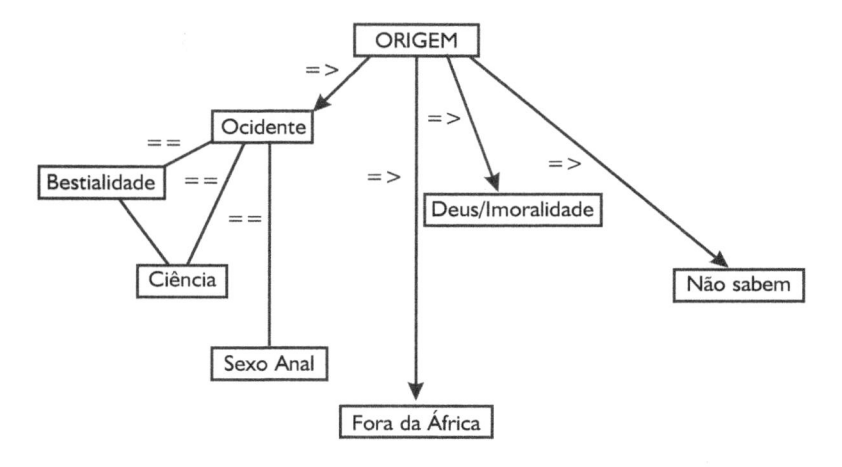

```
                    ORIGEM
         =>          |
                     |
    == Ocidente      =>
              ==           =>
Bestialidade ==      =>
              ==          Deus/Imoralidade
         Ciência                    Não sabem
         Sexo Anal
                  Fora da África
```

Legenda: => Causado por
          == Associado com (reproduzido de Joffe e Bettega, 2003)

FIGURA 26.1 A Origem da AIDS representada em uma rede temática elaborada com o ATLAS•ti
Fonte: Joffe e Bettega

bem por desviar o pesquisador do verdadeiro trabalho analítico – leitura, compreensão e contemplação dos textos, e assim por diante (para exemplos, Lee e Fielding, 1991). De modo semelhante, Richards e Richards, responsáveis pelo desenvolvimento de um dos principais programas (NUD•IST), afirmam: "O método com a utilização do computador pode ter implicações dramáticas para o processo de pesquisa e suas consequências, desde restrições inaceitáveis nas análises até revelações de possibilidades inesperadas" (1998, p. 211). Mas, ao final, dependerá do usuário, de sua forma de tornar o computador e o *software* úteis para o andamento da pesquisa e de como reflete sobre o que faz. Assim, os computadores e *softwares* são ferramentas pragmáticas de apoio à pesquisa qualitativa. E seus usuários devem refletir sobre a tecnologia e sobre seu impacto na pesquisa propriamente dita. Não se devem sobrecarregar essas ferramentas com esperanças e expectativas, nem demonizá-las. Os novos avanços nesse campo devem ser acompanhados com interesse, mesmo que os PCs e os programas CAQDAS ainda não tenham gerado uma revolução tecnológica para a pesquisa qualitativa.

Qual a contribuição para a discussão metodológica geral?

O uso de programas de computador tornou mais explícita e transparente a utilização de técnicas analíticas como a da codificação teórica. Utilizar programas de computador leva a uma maior transparência a respeito da forma como o pesquisador elaborou e aplicou as categorias no texto analisado. Isso pode ser documentado e divulgado entre os pesquisadores da equipe, bem como, por exemplo, aos leitores do relatório de pesquisa. Alguns autores vêem um ganho de validade com essa forma de transparência. Além disso, esse *software* permite novas formas de administrar códigos e textos e as conexões entre ambos, proporcionando novas formas de exposição. Ele também auxilia na associação de dados textuais/verbais com dados visuais/não-textuais em uma análise.

Como o método se ajusta no processo de pesquisa?

O *software* ajusta-se melhor a uma pesquisa teoria fundamentada na qual a codificação teórica seja aplicada para a elaboração de categorias a partir do material. As limitações dos formatos de dados que podem ser usados com esse *software* são menos restritas. Embora outras formas da análise de dados sejam compatíveis com a utilização de *software* QDA, estão mais intimamente ligados à codificação e à categorização.

Quais as limitações do método?

Um dos problemas com a utilização de *software* QDA é que ele é apenas uma ferramenta para facilitar a análise e a interpretação, que exige a utilização de um método. Muitas vezes encontra-se, em artigos ou em outros relatórios de pesquisa qualitativa, a afirmação, por parte dos autores, de que utilizaram, por exemplo, o ATLAS•ti. Na hipótese de esta ser a única explicação sobre como os dados foram analisados, às vezes a impressão que se tem é de que o papel do *software* tenha sido mal compreendido. Nesse caso, um programa é confundido com um método, em vez de ser visto como um instrumento. Outra limitação refere-se à incompatibilidade com determinadas abordagens da pesquisa qualitativa.

Pontos-chave

- Os programas de computador destinados à análise de textos podem ser úteis na hipótese de o pesquisador optar bastante cedo, no curso do processo de pesquisa, pela utilização destes, e se tiver tempo para preparar o seu uso.
- Os programas disponíveis desenvolvem-se rápido, mas, como em outras áreas, desenvolvem-se rápido em relação a características e a capacidades semelhantes. No fim, a escolha entre um deles tem a ver com disponibilidade e preferências pessoais.
- Os programas não fazem a análise, e seu impacto sobre a forma como seus usuários realizam suas pesquisas é mais limitado do que os críticos muitas vezes percebem. Contudo, é crucial, ao pesquisador, refletir sobre o modo como utiliza o *software* e sobre como o subordina a seu estilo de análise (e não o caminho inverso).

Exercício 26.1

1. Vá até um dos *links* de internet mencionados neste capítulo e faça o *download* da versão de demonstração de um (ou mais) programas (por exemplo, o ATLAS•ti ou o MAXqda). Explore os programas para entender suas capacidades.
2. Pense sobre como poderia utilizar o programa em seu estudo com a finalidade de tornar sua análise um pouco mais transparente.
3. Como você poderia utilizar o programa para economizar tempo e facilitar seu trabalho?
4. Procure um estudo realizado sem a utilização desse *software*. De que forma o *software* poderia ter aperfeiçoado o estudo que você encontrou? Qual teria sido o impacto do *software* nessa análise?

NOTAS

1. Ver Richards e Richards (1998); Seale (2000); Weitzman (2000); Weitzman e Miles (1995).

LEITURAS ADICIONAIS

Estes textos oferecem sugestões concretas para a utilização de computadores na pesquisa qualitativa e tratam, ainda, dos problemas relacionados ao seu uso.

Fielding, N., Lee, R.M. (1988) *Computer Analysis and Qualitative Research*. London: SAGE.

Kelle, U. (2000) "Computer Assisted Analysis: Coding and Indexing", in M. Bauer and G. Gaskell (eds), *Qualitative Researching with Text, Image and Sound*. London: SAGE. pp. 282-298.

Kelle, U. (2004) "Computer Assisted Analysis of Qualitative Data", in U. Flick, E.v. Kardorff and I. Steinke (eds), *A Companion to Qualitative Research*. London: SAGE. pp. 276-283.

Weitzman, E.A. (2000) "*Software* and Qualitative Research", in N. Denzin and Y.S. Lincoln (eds), *Handbook of Qualitative Research* (2nd edn). London: SAGE. pp. 803-820.

Para permanecer atualizado sobre os rápidos avanços nesta área, sugere-se que visite o *site*: www.soc.surrey.ac.uk/caqdas.

27
Interpretação do texto: uma visão geral

Primeiro ponto de referência: comparação das abordagens com base em critérios, 333
Segundo ponto de referência: a seleção do método e a verificação de sua aplicação, 333
Terceiro ponto de referência: a apropriabilidade do método ao assunto, 336
Quarto ponto de referência: o ajuste do método no processo de pesquisa, 336

OBJETIVOS DO CAPÍTULO
Após a leitura deste capítulo, você deverá ser capaz de:

✓ comparar os caminhos possíveis para a análise de seus dados.
✓ identificar as capacidades e as fragilidades dos métodos para a análise de dados qualitativos em um contexto.
✓ compreender seu método de análise de dados no contexto do processo de pesquisa e das outras etapas de seu plano de pesquisa.

Na pesquisa qualitativa, mais cedo ou mais tarde, os textos tornam-se a base do trabalho interpretativo e das inferências feitas a partir do material empírico como um todo. O ponto de partida é a compreensão interpretativa do texto, ou seja, uma entrevista, uma narrativa, uma observação, uma vez que estas podem aparecer tanto na forma transcrita quanto na forma de outros documentos. De um modo geral, o objetivo consiste em compreender e em abranger cada caso. Contudo, dá-se uma atenção diferenciada à reconstrução do caso individual. Nas análises de conteúdo, trabalha-se essencialmente em relação às categorias, e não aos casos. Por exemplo, a abordagem adotada por Strauss não elabora um princípio a partir de uma análise de caso completa. De modo semelhante, as análises de conversação restringem seu foco ao fenômeno sociolinguístico específico que está em estudo e dedicam sua atenção à coleta e à análise de circunstâncias desse fenômeno ao contrário das tentativas de análise de casos completos.

Já na codificação temática, na análise de entrevistas narrativas e na hermenêutica objetiva, o foco concentra-se na condução de estudos de caso e, apenas em um estágio posterior, a atenção é voltada à comparação e ao contraste dos casos. A análise global visa a uma edição preliminar dos textos a fim de prepará-los para as análises posteriores, voltadas para o caso e para a comparação com outros casos. A compreensão do caso nos diversos procedimentos interpretativos pode ser situada em diversos pontos na variação compreendida entre uma abordagem idiográfica consequente e uma abordagem quase-nomotética. A primeira alternativa considera o caso como tal e faz inferências que partem diretamente do caso individual (um fragmento de uma conversa, uma biografia ou uma teoria subjetiva) para alcançar estruturas gerais ou regularidades expressas nesse caso. Um exemplo particularmente adequado dessa abordagem é a hermenêutica objetiva e outras abordagens relacionadas de reconstrução de caso. Na segunda alternativa, reúnem-se vários exemplos – por isso, "quase-nomotética" – e, o enunciado isolado é, ao menos em parte, tomado fora de seu contexto (o caso ou o processo) e de sua estrutura específica, em favor de uma estrutura geral inerente.

Os procedimentos de interpretação de texto apresentados e discutidos em detalhes nos capítulos anteriores podem ser apropriados à questão de pesquisa. Como orientação para uma decisão favorável ou contrária a um determinado procedimento, mais uma vez, é possível delinear quatro pontos de referência.

PRIMEIRO PONTO DE REFERÊNCIA: COMPARAÇÃO DAS ABORDAGENS COM BASE EM CRITÉRIOS

É possível comparar-se as diversas alternativas para a codificação e a interpretação sequencial de textos (ver Tabela 27.1). Os critérios sugeridos para essa comparação são os seguintes. O primeiro refere-se ao grau em que as precauções são tomadas em cada método no sentido de garantir uma abertura suficiente para a especificidade do texto individual no que diz respeito a seus aspectos formais e a seu conteúdo. Um segundo critério é o grau em que as precauções são tomadas com o objetivo de garantir um nível suficiente de análise estrutural e de profundidade na relação com o texto e o grau pelo qual essas estruturas são tornadas explícitas. Critérios adicionais para a comparação consistem na contribuição de cada método para o desenvolvimento do método de interpretação do texto, de um modo geral, e os principais campos de aplicação para os quais esses métodos foram criados ou nos quais são utilizados. Os problemas na aplicação de cada método e suas limitações que foram mencionadas nos capítulos anteriores são, ao final, novamente observados para cada abordagem. Essa exposição do campo de alternativas metodológicas da interpretação de textos permite ao leitor situar nele os métodos individuais.

SEGUNDO PONTO DE REFERÊNCIA: A SELEÇÃO DO MÉTODO E A VERIFICAÇÃO DE SUA APLICAÇÃO

Como na coleta de dados, nem todo método de interpretação é apropriado em cada caso. A decisão entre as alternativas metodológicas aqui discutidas deve ser fundamentada no próprio estudo, na questão e nos objetivos da pesquisa, assim como nos dados coletados.

Essa decisão deve ser revisada em contraposição ao material a ser analisado. A avaliação de um método interpretativo e a verificação de sua aplicação são etapas que devem ser realizadas o mais cedo possível no processo de interpretação – na análise de casos, devem ocorrer antes da conclusão da interpretação do primeiro caso. Um aspecto central dessa avaliação é verificar se o procedimento foi, em si mesmo, aplicado corretamente, por exemplo, se o princípio da interpretação sequencial estrita foi preservado ou se as regras sobre a análise do conteúdo foram aplicadas. Os problemas específicos que o intérprete individual tem com a atitude de interpretação exigida pelo método precisam ser considerados. Com o surgimento de problemas desse nível, faz sentido que o pesquisador, em um grupo de intérpretes, reflita sobre estes, bem como a respeito da forma como

TABELA 27.1 Comparação entre métodos para a interpretação dos dados

Critérios	Codificação e Categorização					Análise de Conversação e Análise do Discurso		Análise Narrativa e Análise Hermenêutica		Computadores
	Codificação Teórica	Codificação Temática	Análise Qualitativa de Conteúdo	Análise Global		Análise de Conversação	Análise do Discurso	Análise de Narrativa	Hermenêutica Objetiva	CAQDAS – software como o ATLAS/ti
Abertura para cada texto por meio de:	• Codificação aberta	• Princípio da análise de casos • Breve caracterização do caso	• Exposição da análise de conteúdo	• Edição de textos voltada para o caso		• Análise sequencial da "fala na interação"	• Reconstrução das versões dos participantes	• Análise sequencial do caso	• Análise sequencial do caso	• Permite a codificação aberta do material
Estruturação (por exemplo, aprofundamento) do assunto por meio de:	• Codificação axial • Codificação seletiva • Questões básicas • Comparação constante	• Elaboração de uma estrutura temática para a análise de casos • Distribuição central e social de perspectivas	• Resumo da análise de conteúdo • Estruturação da análise de conteúdo	• Visão geral auxiliar na busca por evidências adicionais		• Análise comparativa de uma coleção de casos	• Integração de outras formas de textos	• Avaliação das qualidades formais do texto (narrativo versus argumentativo)	• Grupo de intérpretes • Consulta do contexto • Falsificação de hipóteses sobre o texto	• Admite estruturas específicas de categorias (por exemplo, estruturas do tipo árvore, em N6)
Contribuição ao desenvolvimento geral da interpretação como método	• Combinação de indução e dedução • Combinação de abertura e estruturação	• Comparação de grupos em relação ao assunto após a análise do caso	• Procedimento rigorosamente baseado em regras para a redução de grandes volumes de dados	• Sugestão complementar para a orientação nos textos de interpretação de codificação		• Análise formal de interação natural mostra como funcionam a conversação e a fala	• Reorientação da análise do discurso para conteúdos e tópicos das ciências sociais	• Modelo concreto para a interpretação de narrativas	• Transgressão de perspectivas subjetivas • Elaboração de uma metodologia de interpretação de texto	• Torna mais explícitas a codificação e a documentação da codificação
Domínio de aplicação	• Desenvolvimento da teoria em todos os domínios possíveis	• Comparações de grupo	• Grande quantidade de dados provenientes de domínios distintos	• Preparação para outros procedimentos		• Análise formal da fala cotidiana e institucional	• Análise dos conteúdos de discursos cotidianos e outros	• Pesquisa biográfica	• Todos os tipos de textos e de imagens	• Todos os tipos de textos e de imagens

TABELA 27.1
Comparação entre métodos para a interpretação dos dados

Critérios	Codificação e Categorização				Análise de Conversação e Análise do Discurso			Análise Narrativa e Análise Hermenêutica		Computadores
	Codificação Teórica	Codificação Temática	Análise Qualitativa de Conteúdo	Análise Global	Análise de Conversação	Análise do Discurso		Análise de Narrativa	Hermenêutica Objetiva	CAQDAS – software como o ATLAS/ti
Problemas na aplicação	• Critérios vagos sobre o momento de concluir a codificação	• Consome tempo devido ao fato de análise de casos tratar-se de uma etapa intermediária	• A aplicação de regras sistemáticas frequentemente mostra-se difícil.	• Uma visão geral rápida do texto não substitui, e pode até mesmo impedir, sua análise clara.	• Limitação à ordem formal e a sequências mínimas em conversações	• Metodologia genuína dificilmente desenvolvida		• Análises aparecem associadas aos casos, o que dificulta a generalização	• Transição do caso único para os enunciados gerais	• Compatibilidade com métodos sequenciais
Limitações do método	• A flexibilidade das regras metodológicas pode ser aprendida essencialmente pela experiência prática	• Limitada a estudos com grupos comparativos pré-definidos	• Fortemente voltada para a metodologia quantitativa	• A compatibilidade com as análises sequenciais é incerta	• Foco limitado a conteúdos relevantes para as ciências sociais	• Ausência de uma definição concreta do conceito de discurso		• Pressuposto da homologia entre a narrativa e a realidade (no caso de Schutze)	• Conceito de estrutura • Arte em vez de método	Não é um método, apenas um instrumento • Não é suficiente para fazer uma análise explícita.
Referências	Böhm (2004); Strauss (1987); Strauss e Corbin (1990/1998)	Flick (1994; 1995); Flick et al. (2003)	Mayring (2000; 2004)	Legewie (1994)	Bergmann (2004b); Drew (1995)	Harré (1998); Potter e Wetherell (1998)		Rosenthal (2004); Rosenthal e Fischer-Rosenthal (2004)	Reichertz (2004)	www.soc.surrey.ac.uk/caqdas

o texto é trabalhado. Não sendo possível contornar os problemas dessa forma, o pesquisador deve também considerar a mudança de método. Outro ponto de referência para avaliar a apropriabilidade de um procedimento interpretativo é o nível no qual se buscam resultados. Se for preciso analisar relativamente um grande volume de texto a garantir a representatividade de resultados com base em muitas entrevistas, a utilização de abordagens como a hermenêutica objetiva pode dificultar que se atinja esse objetivo, ou mesmo obstruí-lo. Por sua vez, a análise qualitativa de conteúdo, que seria um método mais apropriado para esse tipo de análise, não seria recomendada para análises mais aprofundadas de casos.

A *checklist* da Tabela 27.2 aponta algumas sugestões úteis para a decisão sobre um método de interpretação, bem como para a verificação da apropriabilidade dessa decisão.

TERCEIRO PONTO DE REFERÊNCIA: A APROPRIABILIDADE DO MÉTODO AO ASSUNTO

A interpretação dos dados é, em geral, o fator decisivo para determinar os enunciados que podem ser produzidos sobre os dados, e quais as conclusões que podem ser tiradas a partir do material empírico, independentemente da forma com que foi coletado. Aqui, assim como ocorre em outros procedimentos da pesquisa qualitativa – apesar de toda a retórica que cerca determinadas abordagens – nenhum procedimento revela-se adequado para todos os casos. Procedimentos como a hermenêutica objetiva foram originalmente desenvolvidos para a análise de um domínio específico de assuntos (interações em famílias observadas a partir da perspectiva da teoria da socialização). Ao longo do tempo, seu campo de aplicação ampliou-se cada vez mais, tanto em termos dos materiais utilizados para a análise (entrevistas, imagens, arte, programas de televisão, etc.) quanto em relação aos temas e aos tópicos analisados. De modo semelhante, a abordagem de Strauss e Corbin (1998) é marcada pela exigência de uma aplicabilidade cada vez mais geral, conforme esclarece a formulação de um "paradigma de codificação" bastante geral (ver Capítulo 23). Se a postulada aplicabilidade das abordagens for ampliada dessa forma, o critério da apropriabilidade ao tema precisará ser considerado novamente. Deve-se refletir a respeito disso sob dois aspectos: visando à obtenção do uso concreto do método, de uma forma embasada, deve-se esclarecer não apenas a quais assuntos cada método de interpretação é adequado, mas também a quais *não* é adequado.

QUARTO PONTO DE REFERÊNCIA: O AJUSTE DO MÉTODO NO PROCESSO DE PESQUISA

Por último, o método escolhido deve ser avaliado quanto a sua compatibilidade com outros aspectos do processo de pesquisa. Aqui, deve-se esclarecer se o procedimento de interpretação de dados funciona bem com a estratégia de coleta de dados utilizada. Se, durante a condução de uma entrevista, presta-se muita atenção à *gestalt* da narrativa na apresentação do entrevistado, não faz muito sentido aplicar uma análise de conteúdo sobre os dados na qual são utilizadas apenas algumas das categorias previamente definidas. As tentativas de realizarem-se análises sequenciais das notas de campo por meio da hermenêutica objetiva revelam-se improdutivas e muito pouco práticas. Da mesma forma, é preciso considerar se o método de interpretação de dados funciona bem com o método de seleção do material (ver Capítulo 11). Deve-se ponderar, também, se o esquema teórico do estudo corresponde ao pano de fundo teórico do método

TABELA 27.2
Checklist para a seleção de um método de interpretação e de avaliação de sua aplicação

1. *Questão de pesquisa*
   O método de interpretação e sua aplicação conseguem dar conta dos aspectos essenciais da questão de pesquisa?

2. *Procedimento interpretativo*
   O método deve ser aplicado de acordo com as precauções e os objetivos metodológicos.
   Não deve haver nenhum salto entre as formas de interpretação, exceto quando estiver baseado na questão de pesquisa ou na teoria.

3. *Intérprete*
   Os intérpretes estão habilitados para aplicar o tipo de interpretação? Qual o efeito de seus medos e incertezas pessoais na situação?

4. *Texto(s)*
   A forma de interpretação é apropriada ao texto ou aos textos? De que forma são consideradas sua estrutura, clareza, complexidade, etc.?

5. *Forma da coleta de dados*
   A forma de interpretação ajusta-se ao material coletado e ao método de coleta de dados?

6. *Espaço para o caso*
   Existe espaço para o caso e sua especificidade no esquema da interpretação?
   Essa especificidade consegue ficar clara também em contraposição ao esquema da interpretação?

7. Processo da interpretação
   Os intérpretes aplicaram corretamente a forma de interpretação? Deixaram espaço suficiente para o material?
   Conseguiram conduzir seus papéis? (Por que não?)
   A forma de lidar com o texto foi definida com clareza? (Por que não?)

Se possível, analise os intervalos a fim de validar a interpretação (ou interpretações) entre o primeiro e o segundo caso!

8. Objetivo da interpretação
   Buscam-se respostas delimitadas e claras em sua frequência e em sua distribuição ou padrões complexos, com desdobramentos múltiplos, contextos, etc.?
   Ou a ideia é desenvolver uma teoria ou uma distribuição de pontos de vista em grupos sociais?

9. Exigência de generalização
   O nível no qual se deseja elaborar os enunciados:
   • Para casos únicos (indivíduos entrevistados e suas biografias, uma instituição e seu impacto, etc.)?
   • Com referência a grupos (sobre uma profissão, um tipo de instituição, etc.)?
   • Enunciados gerais?

interpretativo (ver Capítulos 6 e 7), e se existe correspondência entre as duas compreensões do processo de pesquisa (ver Capítulo 8). Se o processo de pesquisa for conceitualizado de acordo com o modo linear clássico, muitos aspectos são definidos no início da interpretação – sobretudo no que diz respeito a que material foi coletado e de que forma. Nesse caso, a questão da seleção e da avaliação de um procedimento interpretativo deve ser resolvida quanto a esses parâmetros aos quais ela deve corresponder. Em um processo de pesquisa cuja conceitualização ocorre de uma forma mais circular, o método de interpretação pode determinar as decisões relativas ao procedimento em outras etapas. Aqui, a coleta de dados é voltada para a amostragem, e o método, para as necessidades, as quais resultam do tipo e do estado da interpretação dos dados (ver Capítulo 8). Neste ponto, torna-se claro que a avaliação das alternativas metodológicas e a decisão entre estas devem ser feitas levando-se em consideração o processo de pesquisa. Para contemplar essas questões, são fornecidas sugestões nos parágrafos que tratam do ajuste do método individual ao processo de pesquisa, das questões de pesquisa e dos objetivos da aplicação empírica concreta.

Pontos-chave

- Nenhum dos métodos para a análise de dados é único e exclusivo. Cada um deles tem suas capacidades e suas fragilidades, os quais os tornam úteis ao estudo.
- Deve-se refletir com cautela sobre qual método melhor se ajusta ao tipo de dados utilizado e à questão de pesquisa.

- Cada método produz uma estrutura específica no modo como sugere e possibilita que o pesquisador trabalhe com os dados.
- Antes e durante a aplicação de um método específico para responder a sua questão de pesquisa, sugere-se que o pesquisador verifique e avalie se o método selecionado é ou não apropriado.

LEITURAS ADICIONAIS

Métodos para a análise de textos na pesquisa qualitativa

Estes recursos fornecem um panorama comparativo dos métodos analíticos na pesquisa qualitativa ao apresentarem os métodos de forma mais detalhada.

Flick, U., Kardorff, E.v., Steinke, I. (eds) (2004), *A Companion to Qualitative Research*. London: SAGE. (em especial, os capítulos 5.10-5.21).

Gibbs, G. (a ser lançado) *How To Analyze Data* (book six of the Qualitative Research Kit). London: SAGE.

Silverman, D. (2001) *Interpreting Qualitative Data: Methods for Analyzing Talk, Text and Interaction* (2nd edn). London: SAGE.

Strauss, A.L. (1987) *Qualitative Analysis for Social Scientists*. Cambridge: Cambridge University Press.

Exercício 27.1

1. Encontre na literatura um estudo que seja baseado na análise textual do material e considere se o método aplicado era apropriado à questão em estudo, bem como aos textos incluídos na pesquisa.
2. Reflita sobre seu próprio estudo quanto aos motivos que o levaram a decidir-se pela utilização deste método específico.

PARTE VII

O embasamento e a redação da pesquisa qualitativa

Nesta parte final, apresentamos duas questões principais: como avaliar a pesquisa qualitativa e como apresentar resultados e os caminhos utilizados para a produção desses resultados ao público? A primeira questão torna-se cada vez mais relevante na medida em que a pesquisa qualitativa se estabelece, busca ser levada a sério e compete com a pesquisa qualitativa nas ciências sociais ou com a pesquisa no campo das ciências naturais no que diz respeito à reputação, à captação de recursos e à legitimidade. Para responder a essa questão, o pesquisador pode seguir dois caminhos. Ou volta-se para as discussões sobre os critérios de qualidade e sobre quais deles utilizar – o pesquisador encontrará uma grande variedade de sugestões de critérios para a pesquisa qualitativa; e, também, muita argumentação crítica a essas tentativas. O Capítulo 28 oferece uma visão geral dos vários critérios e das discussões a eles associadas. Ou o pesquisador tenta avaliar a qualidade da pesquisa qualitativa além de critérios e, neste caso, utilizará estratégias como a triangulação ou a indução analítica para ampliar a credibilidade da pesquisa e dos resultados. Deve-se, então, solucionar também a questão da indicação e pensar no controle de qualidade como um caminho alternativo de avaliação. Em geral, o que se torna relevante para a verificação da qualidade da pesquisa refere-se mais ao processo de pesquisa como um todo, e não a uma etapa isolada na qual se aplicaria um determinado critério. O Capítulo 29 descreve essas estratégias voltadas para o processo do controle de qualidade na pesquisa. Por fim, o Capítulo 30 trata do tema de como apresentar a pesquisa. Essa questão pode ser vista como um problema técnico – quais são as melhores formas de escrever sobre a pesquisa? Entretanto, pode ser vista também como um problema fundamental – de que forma o ato de escrever e o estilo de redação dos pesquisadores envolve o ato da pesquisa, as realidades no campo e a perspectiva das pessoas que foram pesquisadas? Diante disso, o problema da redação torna-se uma questão de legitimidade, e os problemas associados a essa questão podem levar a pesquisa qualitativa de volta à tensão entre a arte e o método, o que levantará questões sobre o futuro da pesquisa qualitativa e seu desenvolvimento.

28

Os critérios de qualidade na pesquisa qualitativa

Plausibilidade seletiva, 342
Confiabilidade, 343
Validade, 345
Objetividade, 348
Critérios alternativos, 349
Critérios para avaliar a construção de teorias, 350
Critérios tradicionais ou alternativos: novas soluções para questões antigas?, 352
Avaliação da qualidade como desafio para a pesquisa qualitativa, 353
Critérios de qualidade ou estratégias de garantia de qualidade?, 354

OBJETIVOS DO CAPÍTULO
Após a leitura deste capítulo, você deverá ser capaz de:
✓ entender os problemas que surgem ao tentar-se aplicar os critérios-padrão da pesquisa quantitativa a estudos qualitativos.
✓ identificar os caminhos alternativos de reformulação dos critérios tradicionais.
✓ conhecer os critérios alternativos desenvolvidos por pesquisadores qualitativos.
✓ reconhecer os problemas gerais associados à ideia da utilização de critérios na pesquisa qualitativa.

A definição quanto à forma de avaliar a pesquisa qualitativa é ainda um problema sem solução, sendo este fato apontado repetidamente como um argumento com a finalidade de questionar a legitimidade desse tipo de pesquisa. A pesquisa qualitativa deve ser avaliada com os mesmos critérios e conceitos aplicados para a pesquisa quantitativa ou existe algum caminho específico como forma de avaliar a pesquisa qualitativa? Há critérios ou estratégias usualmente aceitos para a avaliação da pesquisa qualitativa e de seus resultados? A pesquisa pode ser considerada "válida" ou "confiável" sem estar submetida aos modos tradicionais de avaliação da validade e da confiabilidade? Essas questões predominam nas discussões sobre o valor da pesquisa qualitativa como abordagem específica ou como parte integrante de um conceito mais amplo de pesquisa empírica.

PLAUSIBILIDADE SELETIVA

Uma crítica que normalmente é feita é a de que as interpretações na pesquisa qualitativa, assim como seus resultados, tornam-se transparentes e compreensíveis ao leitor apenas através do entrelaçamento de citações "ilustrativas" extraídas de entrevistas ou de protocolos de observação. Em especial, nos momentos em que o pesquisador as utiliza como "o único instrumento para documentar os enunciados", Buhler-Niederberger (1985, p. 475) sustenta, criticamente, que "a credibilidade transmitida desta forma não é suficiente". Girtler esclarece os motivos para tanto, embora o faça de modo involuntário e bastante ilustrativo:

> Se preparasse agora a publicação sobre minha pesquisa (...) por fim, apresentaria o que é característico. Para tornar vívidas e demonstráveis essas características ou as regras características a partir das quais eu "compreendo" a prática social a ser estudada, ou as quais utilizo para expor essa prática, citaria os trechos correspondentes extraídos de meus protocolos de observação ou de entrevistas. Citaria, é claro, somente aqueles trechos que acredito serem ilustrativos das características do mundo cotidiano em estudo. (1984, p. 146)

Esse procedimento, que também pode ser classificado como "plausibilidade seletiva", não consegue resolver adequadamente o problema da compreensibilidade. Acima de tudo, permanece sem ser esclarecida a forma como os pesquisadores lidam com os casos e os trechos que "acreditam" não serem tão ilustrativos das características, ou os casos e os trechos que podem, até mesmo, ser desviantes ou contraditórios.

As diferentes facetas do problema aqui mencionado podem ser resumidas sob o título de "o embasamento da pesquisa qualitativa", o qual compreende quatro tópicos:

1. Quais os critérios que devem ser usados para avaliar o procedimento e os resultados da pesquisa qualitativa de forma adequada?
2. Qual o grau de generalização dos resultados que pode ser obtido em cada vez, e como é possível garantir a generalização (ver Capítulo 29)?
3. Existem outras maneiras de tratar a questão da qualidade na pesquisa qualitativa de forma mais apropriada (ver Capítulo 29)?
4. Como apresentar os procedimentos e os resultados da pesquisa qualitativa (ver Capítulo 30)?

No que diz respeito aos critérios de avaliação do procedimento e dos resultados da pesquisa qualitativa, a literatura apresenta uma discussão sobre as seguintes alternativas: a primeira consiste em aplicar critérios clássicos, como a validade e a credibilidade, à pesquisa qualitativa, ou reformulá-los de forma apropriada a esse objetivo. A segunda refere-se ao desenvolvimento de novos "critérios apropriados ao método", que façam justiça à especificidade da pesquisa qualitativa por terem sido elaborados a partir de um de seus contextos teóricos específicos e por levarem em consideração a peculiaridade do processo da pesquisa qualitativa. Uma terceira versão dedica-se à discussão sobre como é ainda possível qualquer questionamento relacionado à validade, tendo em vista as crises de representação e de legitimação mencionadas por Denzin e Lincoln (2000b, p. 17). Esta última versão seguramente não contribuirá, além disso, nem para o estabelecimento da credibilidade da pesquisa qualitativa nem para que seus resultados sejam considerados, de alguma forma, relevantes para a comunidade. Logo, a atenção aqui será voltada às duas primeiras formas. Em termos da utilização dos critérios clássicos, a discussão concentra-se na confiabilidade e na validade.

CONFIABILIDADE

Kirk e Miller (1986) discutem três formas de especificação do significado da confiabilidade como critério para a avaliação da pesquisa qualitativa. Os autores compreendem a *confiabilidade quixotesca* como a tentativa de especificar até que ponto um determinado método pode levar continuamente às mesmas medições e aos mesmos resultados. Os autores rejeitam essa forma de especificação da confiabilidade por considerarem-na trivial e enganosa. Especialmente na pesquisa de campo, deve-se enxergar os enunciados e as observações que são repetidas de forma estereotipada como um indicador para uma versão intencionalmente moldada do evento, e não como uma pista de como este "realmente" era. Kirk e Miller questionam a *confiabilidade diacrônica* enquanto estabilidade das medições ou das observações em seu curso temporal. O que se torna problemático aqui é a pré-condição de que o fenômeno em estudo em si mesmo não passe por nenhuma mudança, com a finalidade de garantir a eficácia desse critério. Os estudos qualitativos raramente envolvem-se com esses objetos imutáveis. Por sua vez, a *confiabilidade sincrônica* é a constância ou a consistência de resultados obtidos ao mesmo tempo, porém, com a utilização de instrumentos distintos. Kirk e Miller enfatizam o fato de que esse critério é mais instrutivo quando *não* é preenchido. Diante disso, questiona-se a seguir por que isso acontece, e também surgem questionamentos referentes às diversas perspectivas sobre o assunto resultantes da aplicação de métodos diferentes por vários pesquisadores.

A confiabilidade quanto aos procedimentos

A confiabilidade adquire sua relevância enquanto critério de avaliação da pesquisa qualitativa apenas em contraste com o pano de fundo de uma teoria específica sobre o assunto em estudo e que trate da utilização de métodos. No entanto, os pesquisadores podem adotar caminhos diferentes com a finalidade de ampliar a confiabilidade dos dados e das interpretações. Na pesquisa etnográfica, nos termos com os quais Kirk e Miller discutem esses critérios, a qualidade do registro e da documentação dos dados passa a ser uma base central para a avaliação da confiabilidade destes e das interpretações subsequentes. Um ponto de partida para a análise dessa confiabilidade são as notas de campo nas quais os pesquisadores documentam suas observações. A padronização das notas é sugerida com a finalidade de ampliar a confiabilidade desses dados, em especial no caso de dados coletados por vários pesquisadores. As quatro formas de notas de campo, que já foram discutidas no Capítulo 22, que trata da documentação (ver também Spradley, 1979), consistem em uma abordagem para essa estruturação. Para ampliar sua confiabilidade, Kirk e Miller (1986, p. 57) sugerem a utilização de convenções para as anotações, que são mais elaboradas por Silverman (1993, p. 147). Essas convenções estão demonstradas no Quadro 28.1.

A ideia básica é a de que o uso de convenções na forma de redigir as notas de campo aumenta a comparabilidade das perspectivas que conduzem aos dados correspondentes. Em especial, a separação dos conceitos que os observados têm daqueles dos observadores em suas anotações possibilita a reinterpretação e a avaliação por parte de diferentes analistas. As regras de transcrição que esclarecem os procedimentos necessários para a transcrição de conversas têm função semelhante nas convenções para a redação de notas realizadas desta maneira.

No que diz respeito aos dados da entrevista, pode-se ampliar a confiabilidade por meio da realização de um treinamento para entrevistas com os entrevistadores e da verificação dos guias de entrevista ou das questões gerativas em entrevistas de teste ou após a primeira entrevista (ver Capítulo 16). Para as observações, pode-se acrescentar a necessidade de treinar os observadores antes de eles entrarem no campo e de avaliar regularmente o processo de observação. Na interpretação de dados, o treinamento e a troca reflexiva sobre os procedimentos interpretativos e os métodos de codificação podem ampliar a confiabilidade. A partir da análise da sequência inicial de uma narrativa, pode-se obter uma hipótese relativa à estrutura do caso e falsificar essa hipótese ao contrastá-la com as sequências seguintes. Essa é outra forma de se chegar a interpretações confiáveis. A avaliação de categorias elaboradas na codificação aberta através de outros trechos tem uma função semelhante na pesquisa teoria funamentada. Em cada um desses exemplos, há um esforço no sentido de verificar-se a confiabilidade de uma interpretação testando-a concretamente em contraposição a outros trechos do mesmo texto ou a outros textos.

De um modo geral, a discussão quanto à confiabilidade na pesquisa qualitativa resume-se à necessidade da explicação sob dois aspectos. Em primeiro lugar, é preciso explicar a gênese dos dados de tal forma que isso possibilite uma checagem do que seja um enunciado do sujeito e do ponto onde começa a interpretação do pesquisador. Em segundo, os procedimentos no campo ou na entrevista, assim como procedimentos relativos ao texto, precisam ser explicitados no treinamento e na rechecagem com a finalidade de ampliar-se a comparabilidade entre as condutas dos diversos entrevistadores ou observadores. Por fim, a confiabilidade de todo o processo será maior na medida do detalhamento da

QUADRO 28.1 Convenções para as notas de campo

Símbolo	Convenção	Uso
" "	Aspas duplas	Citações literais
' '	Aspas simples	Paráfrases
( )	Parênteses	Dados contextuais ou interpretações daqueles que executam o trabalho de campo
< >	Parênteses angulares	Conceitos êmicos* (do membro)
/ /	Barras diagonais	Conceitos éticos (do pesquisador)
___	Traço contínuo	Início ou fim de um segmento

Fonte: adaptado de Kirk e Miller, 1986; Silverman, 1993.

---

* As expressões êmico e ético são, aqui, utilizadas como opostos. Definições, segundo o Dicionário Houaiss da Língua Portuguesa: êmico – "na teoria tagmêmica, relativo à descrição e ao estudo de unidades linguísticas em termos da sua função dentro do sistema ao qual pertencem"; ético – "na teoria tagmêmica, relativo à descrição e ao estudo das unidades linguísticas consideradas em termos físicos, sem correlação com sua função no sistema da língua. Por oposição a êmico".

documentação do processo de pesquisa como um todo. Dessa maneira, reformula-se o critério da confiabilidade na direção da checagem da consistência dos dados e dos procedimentos, a qual pode estar fundamentada na especificidade dos diversos métodos qualitativos. Rejeitam-se outros entendimentos de confiabilidade, como a usualmente repetida coleta de dados que leva aos mesmos dados e resultados. Se essa noção de confiabilidade for utilizada, pode ser mais conveniente desconfiar em vez de confiar na consistência dos dados.

VALIDADE

Nas discussões sobre o embasamento da pesquisa qualitativa, a validade recebe maior atenção do que a confiabilidade[1]. A questão da validade pode ser resumida na questão de definir se os pesquisadores veem aquilo que eles acham que vêem. Existem, basicamente, três tipos de erros que podem ocorrer: enxergar uma relação, um princípio, etc., quando estes não forem corretos (erro tipo 1); rejeitá-los quando forem de fato corretos (erro tipo 2); e, por fim, fazer as perguntas erradas (erro tipo 3) (Kirk e Miller, 1986, p. 29-30).

Um problema básico na avaliação da validade da pesquisa qualitativa refere-se à forma como especificar a conexão entre as relações que são estudadas e a versão destas fornecida pelo pesquisador. Em outras palavras: como apareceriam essas relações, não fossem elas um assunto de pesquisa empírica naquele dado momento? E, a versão do pesquisador está fundamentada nas versões verificadas no campo, na biografia do entrevistado, etc., e, portanto, no assunto?

Isso significa nem tanto que o pressuposto seja elaborado a partir da existência de uma realidade independentemente de construções sociais (ou seja, de percepções, interpretações e apresentações), mas sim que a questão deva ser feita no sentido de buscar saber até que ponto as construções específicas do pesquisador estão empiricamente fundamentadas nas construções dos membros. Nesse contexto, Hammersley (1992, p.50-52) resume a postura de um "realismo sutil", que parte de três premissas.

1. A validade do conhecimento não pode ser avaliada com certeza. Julgam-se os pressupostos tomando por base sua plausibilidade e credibilidade.
2. A existência dos fenômenos independe de nossas afirmações a seu respeito. Nossos pressupostos sobre eles podem ser apenas mais ou menos aproximados daquilo que sejam esses fenômenos.
3. A realidade torna-se acessível através das (diferentes) perspectivas sobre os fenômenos. A pesquisa visa à apresentação da realidade, e não à reprodução desta.

Partindo-se dessa postura, a questão da validade da pesquisa qualitativa transforma-se em outra questão, a qual diz respeito ao quanto as construções do pesquisador estejam embasadas nas construções daqueles que são por ele estudados (conforme Schutz, 1962) e até que ponto esse embasamento seja transparente para os outros (sobre isso, ver Capítulo 7). Desse modo, a produção dos dados torna-se um ponto de partida para a avaliação destes, e a apresentação dos fenômenos e das inferências extraídas a partir deles passa a consistir em outro ponto de partida.

A análise da situação de entrevista

Uma forma de abordagem para a especificação da validade das entrevistas é verificar formalmente se foi possível garantir o grau de autenticidade buscado durante a entrevista. No esquema da pesquisa biográfica, isso pode ser obtido por meio da definição sobre se a apresentação do entrevistado é ou não uma narrativa. Essa é uma tentativa de solucionar a questão da validade dos enunciados assim recebidos comparando-se uma narrativa livre (por exemplo, livre de quaisquer intervenções por parte do pesquisador) com uma descrição válida. Diversos autores criticam essa abordagem com base no fato de que ela trata apenas de uma parte bastante limitada do problema da validade (ver Capítulo 25).

Legewie (1987, p. 141) elabora sugestões mais diferenciadas para julgar a validade dos dados da entrevista e, em especial, das autoapresentações biográficas. Segundo esse autor, as alegações de validade feitas por um interlocutor em uma entrevista devem ser diferenciadas – o que significa que elas precisam ser julgadas separadamente, em termos das seguintes considerações: "(a) Os conteúdos daquilo que for dito estejam corretos; (b) que o que for dito seja socialmente apropriado em seu aspecto relacional (...) e (c) que o que for dito seja sincero em termos de autoapresentação" do interlocutor. O ponto de partida para a validação dos enunciados biográficos refere-se à análise da situação da entrevista para determinar até que ponto foram dadas "as condições da comunicação não-estratégica" e se "os objetivos e as particularidades da entrevista (...) foram negociados na forma mais ou menos explícita (...) de um 'contrato operacional'. (1987, p. 145-149).

A questão principal aqui é determinar se foi dada aos entrevistados alguma razão para que construam, consciente ou inconscientemente, uma versão específica (ou seja, tendenciosa) de suas experiências que não corresponda, ou que não corresponda apenas a suas opiniões de uma forma limitada. Analisa-se a situação da entrevista para tentar identificar qualquer sinal dessas deformações, o que deverá servir como base para que se descubram quais deformações sistemáticas ou equívocos presentes no texto tenham resultado da situação da entrevista e até que ponto e com que precisão é necessário que estes sejam considerados na interpretação. Pode-se expandir ainda mais essas reflexões por parte do pesquisador por meio do envolvimento do entrevistado.

A validação comunicativa

Outra versão da especificação da validade tem a finalidade de envolver um pouco mais os atores (sujeitos ou grupos) no processo de pesquisa. Um caminho para isso é a introdução da validação comunicativa em um segundo encontro após a entrevista, e a respectiva transcrição (para sugestões concretas, ver Capítulo 13 deste livro). A promessa de uma maior autenticidade que se faz aqui se compõe de duas partes. Após a entrevista, obtém-se o consentimento dos entrevistados quanto aos conteúdos de seus enunciados. Por sua vez, os próprios entrevistados elaboram uma estrutura de seus enunciados em termos das relações complexas buscadas pelo pesquisador (por exemplo, uma teoria subjetiva da confiança como forma de conhecimento cotidiano relevante para o aconselhamento: para um exemplo, ver o Capítulo 13). Contudo, para uma aplicação mais geral dessas estratégias, resta ainda responder satisfatoriamente a duas questões. Em primeiro lugar, como é possível planejar o procedimento metodológico da validação comunicativa de forma que este realmente faça justiça aos temas em estudo e às opiniões dos entrevistados? Em segundo, como a questão do embasamento dos dados e dos resultados pode fornecer respostas que vão além do consentimento dos sujeitos? Uma maneira de proceder aqui é buscar uma validação geral das reconstruções de um modo mais tradicional.

A reformulação do conceito de validade

Mishler (1990) avança uma etapa na reformulação do conceito de validade. O autor parte do processo de validação (em vez do estado de validade) e define "a validação como construção social do conhecimento" (1990, p. 417), por meio da qual "avaliamos a 'fidedignidade' das observações, das interpretações e das generalizações relatadas" (1990, p. 419). Ao final, "a reformulação da validação como discurso social por meio do qual a fidedignidade elimina velhos lemas familiares, como a confiabilidade, a falsificabilidade e a objetividade" (1990, p. 420). Como base empírica para esse discurso e para a construção da credibilidade, Mishler discute o uso de exemplos provenientes de estudos narrativos.

Lather (1993) adota diversas teorias pós-modernistas e pós-estruturalistas. A autora, entretanto, não rejeita a questão da legitimação e, assim, a validação do conhecimento científico como um todo, mas infere conceitos atualizados da validade, os quais ela situa em quatro esquemas:

- De Baudrillard, ela obtém a noção de uma "validade irônica". A suposição que serve como pano de fundo é o número cada vez maior de simulacros, como cópias sem originais, substituírem as representações como cópias de objetos reais (1993, p. 677). A consequência disso para o conceito de validade é que: "Contrária às práticas de validade dominantes, nas quais a natureza retórica das alegações científicas encontra-se oculta pela certeza metodológica, uma estratégia de validade irônica prolifera formas, reconhecendo sua natureza retórica e sem fundamentação, pós-epistêmica, e sua falta de sustentação epistemológica.
- De Lyotard (1984), ela obtém a noção de uma "validade paralógica/neopragmática": o conhecimento científico não visa a buscar de uma correspondência com a realidade, mas a descobrir diferenças e a deixar contradições na tensão existente entre essas diferenças. Pode-se especificar a validade do conhecimento ao resolver-se a questão sobre até que ponto esses objetivos foram atingidos.
- De Deleuze e Guattari (1976) e Derrida (1990), Lather adota a ideia de uma "validade rizomática".
- Como um quarto esquema, ela sugere a validade sensorial, ou validade estabelecida. Aqui, questionam-se o caráter de gênero presente no conhecimento e na percepção do conhecimento científico.

Até que ponto esses conceitos contribuem de alguma forma substancial para a definição sobre se os dados e os resultados qualitativos, ou a pesquisa que os originou, manifestam um mínimo de credibilidade é uma questão que permanece aberta[2]. A principal importância desses conceitos reside no fato de absorverem os movimentos teóricos recentes para delinear formas de reformular o conceito da validade no esquema de um entendimento construtivista de pesquisa.

A validade quanto aos procedimentos

Em relação ao processo de pesquisa da etnografia, Wolcott sugere nove pontos que devem ser realizados a fim de garantir a validade:

> (1) O pesquisador deve abster-se de falar no campo, devendo em vez disso, escutar o máximo possível. Deve (2) produzir anotações com a maior exatidão possível, (3) devendo iniciar a escrever o quanto antes, e de tal forma (4) que permita que as pessoas que forem ler suas anotações e relatórios possam fazê-lo por si mesmas. Isso significa fornecer dados suficientes para que os leitores façam suas próprias inferências e sigam as inferências do pesquisador. O relatório deve ser tão completo (5) e honesto (6) quanto possível. O pesquisador deve buscar um *feedback* em relação a suas descobertas e apresentações, no campo ou com seus colegas (7). As apresentações devem ser caracterizadas por um equilíbrio (8) entre os vários aspectos e (9) pela precisão na escrita. (1990a, p. 127-128)

Essas etapas para a garantia da validade no processo de pesquisa podem ser resumidas como uma tentativa de se agir com sensibilidade no campo e, acima de tudo, como a transferência do problema da validade na pesquisa para o domínio da escrita sobre a pesquisa (sobre esse assunto, ver o capítulo seguinte). Por fim, Altheide e Johnson formulam o conceito da "validade como um relato reflexivo", que cria uma relação entre o pesquisador, os assuntos e o processo de elaboração de sentido e situa a validade dentro do processo de pesquisa e as diferentes relações que nele ocorrem:

1. a relação entre o que é observado (comportamentos, rituais, significados) e os contextos culturais, históricos e organizacionais mais amplos dentro dos quais são feitas as observações (a substância);
2. a relação entre o observador, os observados e o ambiente (o observador);
3. a questão da perspectiva (ou ponto de vista), seja do observador ou dos membros, utilizada para representar uma interpretação dos dados etnográficos (a interpretação);
4. o papel do leitor no produto final (o público);
5. a questão do estilo autoral, representacional ou retórico utilizado pelo autor ou autores para produzir a descrição e/ou interpretação (o estilo). (1998, p. 291-292.)

Nestas sugestões, discute-se a validação dentro do esquema do processo global da pesquisa e dos fatores envolvidos. Essas sugestões, no entanto, permanecem mais no nível programático do que no nível em que ocorre a formulação dos critérios concretos ou dos pontos de partida, em termos da definição de quais estudos individuais ou elementos de estudos individuais podem ser avaliados. De um modo geral, as tentativas de utilização ou reformulação da validade e da validação enfrentam diversos problemas. As análises formais do modo como os dados foram produzidos – por exemplo, na situação de entrevista – não nos dizem nada sobre os conteúdos dessas entrevistas, nem esclarecem se esses conteúdos foram tratados de maneira adequada na condução da pesquisa. Os conceitos da validação comunicativa ou da checagem de membro enfrentam um problema em particular que se refere ao fato do consentimento dos sujeitos tornar-se problemático como critério naqueles pontos em que a pesquisa ultrapasse sistematicamente o ponto de vista do sujeito – por exemplo, em interpretações que busquem permear o inconsciente social ou psicológico, ou que sejam provenientes da distinção entre vários pontos de vista subjetivos.[3]

As tentativas de reformulação do conceito de validade aqui discutidas são marcadas por certa imprecisão, o que não necessariamente apresenta uma solução ao problema do embasamento da pesquisa qualitativa, mas que, em vez disso, oferece uma problematização e afirmações programáticas. Como tendência geral, pode-se mencionar uma alteração da validade para a validação, e da avaliação da etapa ou elemento individual da pesquisa em direção a um aumento da transparência do processo de pesquisa como um todo (sobre esse assunto, ver Capítulo 29).

OBJETIVIDADE

O terceiro critério clássico na pesquisa empírica, a objetividade, raramente é adotado na discussão sobre como avaliar a pesquisa qualitativa. Uma das poucas exceções é o trabalho desenvolvido por Maddill, Jordan e Shirley (2000) no qual discutem questões relativas à objetividade e à confiabilidade na pesquisa qualitativa a partir de três panos de fundo epistemológicos – realista, contextualista e epistemologias construcionistas radicais). Os autores demonstram que a objetividade, como critério, é apropriada apenas ao esquema realista. Nesse caso, a objetividade é interpretada como sendo a coerência do significado quando dois ou mais pesquisadores independentes analisam os mesmos dados ou materiais. O fato de chegarem às mesmas conclusões gera a suposição de que os dados sejam objetivos e confiáveis. A estratégia básica empregada aqui é a triangulação dos resultados provenientes de pesquisadores diferentes que trabalham de forma independente. Os autores destacam a necessidade dos pesquisadores esclarecerem suas posturas epistemológicas com a finalidade de procederem à avaliação apropriada da pesquisa e de seus possíveis resultados. Esse trabalho é mais uma tentativa de discutir a objetividade como critério para a pesquisa qualitativa e não propriamente uma sugestão satisfatória sobre como utilizá-la.

Questiona-se se faz ou não sentido aplicar critérios clássicos na pesquisa qualitativa uma vez que "a 'noção de realidade', em ambas as correntes da pesquisa, é muito heterogênea" (Luders e Reichertz, 1986, p. 97). Restrição semelhante pode ser encontrada já em Glaser e Strauss:

> [eles] levantam dúvidas quanto à aplicabilidade dos cânones da pesquisa quantitativa como critérios para o julgamento da credibilidade da teoria substancial baseada na pesquisa qualitativa. Sugerem, em vez disso, que os critérios de julgamento estejam baseados em elementos genéricos de métodos qualitativos para a coleta, a análise e a apresentação de dados e pela forma como as pessoas lêem as análises qualitativas. (1965b, p. 5)

A partir desse ceticismo, com o tempo, houve uma série de tentativas de elaboração de "critérios apropriados ao método" que substituíssem critérios como a validade e a confiabilidade.

CRITÉRIOS ALTERNATIVOS

Desde meados da década de 1980, observam-se várias tentativas de desenvolver critérios alternativos para a avaliação da pesquisa qualitativa.

Fidedignidade, credibilidade, consistência

Lincoln e Guba (1985) sugerem a fidedignidade, a credibilidade, a consistência e a capacidade de transferência e de confirmação como critérios para a pesquisa qualitativa. O primeiro desses critérios é considerado o principal. Eles delineiam cinco estratégias para ampliar a credibilidade da pesquisa qualitativa:

- atividades para ampliar a probabilidade da produção de resultados nos quais se possa acreditar, por meio de um "comprometimento prolongado" e de uma "observação persistente" no campo, e da triangulação de diferentes métodos, de pesquisadores e de dados;
- "exame por pares": encontros regulares com outras pessoas que não estejam envolvidas na pesquisa com a finalidade de revelar pontos ocultos e discutir suas hipóteses operacionais e resultados com essas pessoas;
- análise de casos negativos no sentido da indução analítica;
- apropriabilidade dos termos de referência das interpretações e sua avaliação;
- "checagens por membros" no sentido de uma validação comunicativa dos dados e de interpretações com os membros dos campos em estudo.

Consistência dos procedimentos: auditoria

A consistência é verificada por meio de um processo de auditoria baseado no procedimento utilizado no campo das finanças. Assim, esboça-se uma trilha de auditoria com a finalidade de checar a consistência dos procedimentos nas seguintes áreas (ver também Schwandt e Halpern, 1988):

- os dados brutos, sua coleta e registro;

- redução de dados e resultados de sínteses por meio de resumos, de notas teóricas, de memorandos, etc., e breves descrições de casos, etc.;
- reconstrução de dados e resultados de sínteses de acordo com a estrutura das categorias desenvolvidas e utilizadas (temas, definições, relações), das descobertas (interpretações e inferências) e dos relatórios produzidos com sua integração de conceitos e associações com a literatura existente;
- notas de processo – ou seja, notas metodológicas e decisões relativas à produção da fidedignidade e da credibilidade das descobertas;
- materiais referentes a intenções e a disposições como os conceitos de pesquisa, notas pessoais e expectativas dos participantes;
- informações sobre a elaboração dos instrumentos, incluindo a versão-piloto e os planos preliminares (ver Lincoln e Guba, 1985, p. 320-327, 382-384).

Esse conceito de auditoria é discutido de forma mais geral no esquema do controle da qualidade (sobre esse tema, ver Capítulo 29). Assim, delineiam-se uma série de pontos de partida para a elaboração e a avaliação da racionalidade dos procedimentos no processo de pesquisa qualitativa. Dessa forma, os procedimentos e os avanços no processo de pesquisa podem ser revelados e avaliados. Em termos das descobertas que já tiverem acontecido em uma determinada parte da pesquisa, as questões respondidas por meio do uso desse procedimento de avaliação podem, de um modo mais geral, ser resumidas, de acordo com Huberman e Miles, da seguinte maneira:

- As descobertas estão fundamentadas nos dados? (A amostragem é apropriada? Os dados são considerados corretamente?)
- As inferências são lógicas? (As estratégias analíticas são aplicadas corretamente? As explicações alternativas são justificadas?)
- A estrutura de categorias é adequada?
- As decisões relativas à investigação e as alterações metodológicas podem ser justificadas? (As decisões relativas à amostragem foram associadas às hipóteses de trabalho?)
- Qual é o grau de tendenciosidade do pesquisador (conclusão precipitada, dados não explorados nas notas de campo, falta de pesquisa de casos negativos, sentimentos de empatia)?
- Que estratégias foram utilizadas para ampliar a credibilidade (outros leitores, *feedback* para informantes, revisão por pares, tempo adequado no campo)? (1998, p. 202)

Embora as descobertas consistam no ponto de partida para a avaliação da pesquisa, busca-se combinar uma visão voltada para o resultado com um procedimento voltado ao processo.

CRITÉRIOS PARA AVALIAR A CONSTRUÇÃO DE TEORIAS

A conexão entre o resultado e as considerações voltadas ao processo em relação à pesquisa qualitativa torna-se relevante a partir do momento em que a elaboração de uma teoria fundamentada consiste no objetivo geral da pesquisa qualitativa. Corbin e Strauss (1990, p. 16) mencionam quatro pontos de partida para julgarem-se teorias empiricamente fundamentadas, assim como os procedimentos que levaram a essas teorias. De acordo a sugestão desses autores, deve-se avaliar criticamente

1. a validade, a confiabilidade e a credibilidade dos dados,
2. a plausibilidade e o valor da teoria em si mesma,

3. a adequação do processo de pesquisa que gerou, elaborou ou testou a teoria, e
4. a fundamentação empírica das descobertas da pesquisa.

Para a avaliação do processo de pesquisa propriamente dito, eles sugerem sete critérios:

Critério 1: De que forma foi feita a seleção da amostragem original? Com que base (amostragem seletiva)?
Critério 2: Quais as principais categorias que surgiram?
Critério 3: Que eventos, incidentes, ações, etc., indicaram algumas dessas categorias principais?
Critério 4: O procedimento da amostragem teórica se deu com base em que categorias? Isto é, como as formulações teóricas orientaram parte da coleta de dados? Após a realização da amostragem teórica, qual a representatividade observada nessas categorias?
Critério 5: Quais são algumas das hipóteses referentes às relações entre as categorias? Em que bases elas foram formuladas e testadas?
Critério 6: Houve situações em que as hipóteses não sustentaram o que era de fato observado? Como as discrepâncias foram justificadas e de que forma estas afetaram as hipóteses?
Critério 7: Como e por que a categoria central foi selecionada? Essa seleção foi súbita ou gradual, difícil ou fácil? Em que bases as decisões analíticas finais foram tomadas? Como o "poder explanatório" extensivo em relação ao fenômeno em estudo e à "relevância" (...) figurou nas decisões? (1990, p. 17).

A avaliação do desenvolvimento da teoria acaba fornecendo uma solução para a questão que diz respeito a até que ponto os conceitos da abordagem de Strauss – como a amostragem teórica e as diferentes formas de codificação – foram aplicados, e, quanto à questão, sobre se essa aplicação corresponde ou não às ideias metodológicas dos autores. Dessa forma, os esforços para a avaliação dos procedimentos e das descobertas permanecem dentro do esquema de seu próprio sistema. Um papel central é dado, aqui, ao questionamento sobre a fundamentação das descobertas e da teoria nas relações empíricas e nos dados – se a (elaboração da) teoria é ou não fundamentada. Para uma avaliação da realização desse objetivo, Corbin e Strauss sugerem critérios para a solução da questão da fundamentação empírica das descobertas e das teorias:

Critério 1: Os conceitos são gerados? (...)
Critério 2: Os conceitos estão sistematicamente relacionados? (...)
Critério 3: Existem muitas ligações conceituais e as categorias estão bem elaboradas? As categorias têm densidade conceitual? (...)
Critério 4: Há muita variação incorporada na teoria? (...)
Critério 5: As condições mais amplas que afetam o fenômeno em estudo aparecem incorporadas na explicação desse fenômeno? (...)
Critério 6: O "processo" foi levado em conta? (...)
Critério 7: As descobertas teóricas parecem significativas? E até que ponto? (1990, p. 17-18)

O ponto de referência aqui, outra vez, é o procedimento formulado pelos autores e a questão quanto a tal procedimento ter sido ou não aplicado. Assim, a metodologia de Strauss torna-se mais formalizada. Sua avaliação passa a ser, também, uma avaliação mais formal: os conceitos foram aplicados corretamente? Os autores percebem esse risco e, por isso, incluem em sua lista o sétimo critério de relevância. Eles enfatizam o fato de que uma aplicação formal dos procedimentos de construção da teoria fundamentada não necessariamente colabora para uma "boa pesquisa". Pontos de referência como a originalidade dos resultados, do ponto de vista de um leitor potencial, a relevância da questão e a relevância das descobertas para os campos em estudo, ou mesmo para outros campos, não têm nenhuma função aqui[4].

No entanto, esses aspectos são incluídos nos critérios sugeridos por Hammersley (1992, p. 64) como uma sinopse de várias abordagens para a avaliação de teorias desenvolvidas a partir de estudos empíricos de campo (Quadro 28.2). Esses critérios são específicos para a avaliação da pesquisa qualitativa e de seus procedimentos, métodos e resultados, partindo da construção da teoria como um aspecto da pesquisa qualitativa. O procedimento que levou à teoria – o grau de desenvolvimento da teoria que resultou desse processo e, por fim, a capacidade de transferência da teoria para outros campos e de volta para o contexto estudado – torna-se um aspecto central da avaliação de toda a pesquisa.

CRITÉRIOS TRADICIONAIS OU ALTERNATIVOS: NOVAS SOLUÇÕES PARA QUESTÕES ANTIGAS?

As abordagens aqui discutidas relativas à fundamentação da pesquisa qualitativa oferecem uma abordagem metódica para a análise da compreensão enquanto princípio epistemológico. Definem-se critérios que servem para julgar a apropriabilidade dos procedimentos que foram aplicados. São consideradas questões centrais o grau de apropriabilidade com que cada caso (seja um tema ou um campo) foi reconstruído, o grau de abertura com que o caso foi abordado e quanto aos controles estabelecidos no processo de pesquisa, a fim de avaliar essa abertura. Um ponto de partida consiste em questionar a construção de realidades sociais no campo em estudo e no processo de pesquisa. A questão decisiva, no entanto, consiste em determinar qual a origem das construções que foram tratadas e que tiveram êxito no processo de produção do conhecimento e na formulação dos resultados – as construções do pesquisador ou aquelas encontradas no campo estudado. Concretiza-se, então, o

---

QUADRO 28.2 Critérios para o desenvolvimento da teoria na pesquisa qualitativa

1. O grau no qual a teoria genérica/formal é produzida.
2. O grau de desenvolvimento da teoria.
3. O caráter inovador das afirmações feitas.
4. A coerência das afirmações em relação às observações empíricas, e a inclusão de exemplos representativos dessas observações no relatório.
5. A credibilidade do relato para leitores e/ou para aquelas pessoas que foram estudadas.
6. A extensão em que as descobertas podem ser transferidas para outras esferas.
7. A reflexividade do relato: o grau em que são avaliados os efeitos sobre as descobertas do pesquisador e dos ambientes de pesquisa empregados e/ou a quantidade de informação a respeito do processo de pesquisa que é fornecida aos leitores.

Fonte: Hammersley, 1992, p. 64

problema da fundamentação da pesquisa qualitativa com três questões: Até que ponto as descobertas do pesquisador baseiam-se nas construções do campo? Como são feitas a tradução e a documentação dessas construções do campo dentro dos textos que representam o material empírico? De que forma o pesquisador passou do estudo de caso à teoria desenvolvida ou aos padrões gerais encontrados? A fundamentação da pesquisa qualitativa torna-se uma questão de analisar a pesquisa como processo. Após a discussão das alternativas mencionadas, fica a impressão de que ambas as estratégias – a aplicação de critérios tradicionais e o desenvolvimento de critérios alternativos, específicos – têm figurado nas discussões recentes e de que nenhuma delas já tenha apresentado uma solução realmente satisfatória para o problema da fundamentação da pesquisa qualitativa.

A equação ou a conexão dos critérios alternativos e tradicionais elaborada por Miles e Huberman (1994, p. 278) delineia uma perspectiva interessante para a estruturação desse campo:

- objetividade / capacidade de confirmação;
- confiabilidade / consistência / capacidade de auditoria;
- validade interna / credibilidade / autenticidade;
- validade externa / capacidade de transferência / adequação;
- utilização / aplicação / orientação para a ação.

Contudo, ao mesmo tempo, essa abordagem deixa claro que as tentativas de reformular os critérios para a pesquisa qualitativa não levam, de fato, a novas soluções. Em vez disso, os problemas com critérios tradicionais originados a partir de diversos panos de fundo teóricos precisam ser discutidos também em relação aos critérios alternativos.

AVALIAÇÃO DA QUALIDADE COMO DESAFIO PARA A PESQUISA QUALITATIVA

A dúvida sobre como avaliar a qualidade da pesquisa qualitativa surge em relação a três aspectos. Em primeiro lugar, por parte dos pesquisadores que querem verificar e assegurar seus procedimentos e resultados. Em segundo lugar, por parte dos consumidores da pesquisa qualitativa – os leitores de publicações ou as agências financiadoras, que buscam avaliar o que lhes foi apresentado. E, por fim, na avaliação da pesquisa durante a apreciação de propostas de pesquisa e em revisões por pares de manuscritos submetidos à apreciação de publicações periódicas. Neste último contexto, é possível encontrar um número cada vez maior de diretrizes para a avaliação de trabalhos de pesquisa (artigos, propostas, etc.). Seale (1999, p. 189-192) apresenta um catálogo de critérios da *British Sociological Association Medical Sociology Group*, que inclui um conjunto de questões relativas a 20 áreas – desde questões de pesquisa à amostragem, coleta e análise de dados, ou apresentações e ética. As questões de orientação são úteis, mas se o pesquisador quiser respondê-las, será levado de volta a seus próprios critérios – mesmo que implícitos. Por exemplo, quando se busca uma resposta relativa à área 19 ("Os resultados são confiáveis e apropriados?"), a pergunta que é sugerida é: "Eles tratam da questão (ou das questões) da pesquisa?" (p. 192).

Outro catálogo foi apresentado pelo *National Institutes of Health, Office of Behavioral and Social Sciences* (NIH 2001) para o campo da saúde pública. Nesse ponto, em particular, foram enfatizadas as questões relativas ao planejamento. A análise e as interpretações encontram-se resumidas sob a rubrica planejamento, bem como a combinação entre pesquisa qualitativa e quantitativa. Uma *checklist* complementa o catálogo com itens como "Procedimentos de coleta de dados são totalmente explicados" (p. 16).

Elliot, Fischer e Rennie (1999) elaboraram um catálogo de diretrizes para a publicação de pesquisa qualitativa, composto de duas partes. Uma delas pode ser aplicada tanto à pesquisa quantitativa como à qualitativa; a segunda parte concentra-se no caráter especial da pesquisa qualitativa e inclui conceitos como checagens por membros, exame por pares, triangulação, etc. Porém, como demonstra a forte reação de Reicher (2000), apesar da formulação bastante geral dessas diretrizes, elas não são consensuais para as diferentes formas da pesquisa qualitativa.

CRITÉRIOS DE QUALIDADE OU ESTRATÉGIAS DE GARANTIA DE QUALIDADE?

Esses catálogos revelam basicamente uma coisa: a pesquisa qualitativa será externamente confrontada com questões relativas à qualidade, mesmo se não responder a essas questões interiormente. Se os critérios forem estabelecidos, eles serão aplicados a qualquer forma de pesquisa qualitativa ou precisamos de critérios específicos para cada abordagem isolada? Podemos estabelecer critérios que incluam pontos de referência para distinguir a questão da pesquisa boa e da ruim? Qual a autenticidade necessária, e o que é uma autenticidade insuficiente? Na pesquisa quantitativa, critérios como a confiança vêm com padrões de referência relativos à suficiência ou à insuficiência da confiança, o que simplifica a decisão entre uma pesquisa boa e uma pesquisa ruim. Por essa razão, outra distinção pode ser relevante para a pesquisa qualitativa: buscamos critérios ou precisamos de estratégias de avaliação da qualidade? Talvez seja muito difícil enquadrar em critérios as "verdadeiras" qualidades da pesquisa qualitativa. Como avaliar um estudo exploratório, o que esse estudo realmente produziu enquanto conhecimento novo? Como avaliar se os métodos eram apropriados ao campo e à questão de pesquisa? Como julgar a originalidade na abordagem do campo e na elaboração ou na utilização de métodos? Como avaliar a criatividade para a coleta e a análise do material empírico? Yardley (2000) discute "os dilemas da pesquisa qualitativa" neste contexto. Dessa forma, por fim, considerar estratégias – que serão discutidas no capítulo seguinte – provavelmente represente um caminho mais promissor do que a formulação de critérios.

Pontos-chave

- Os critérios tradicionais muitas vezes omitem as características específicas da pesquisa e dos dados qualitativos.
- Existem muitas sugestões de critérios alternativos, mas nenhum deles soluciona o problema da avaliação adequada da qualidade.
- Uma questão diz respeito à necessidade de elaboração de critérios para a pesquisa qualitativa como um todo ou para abordagens específicas da pesquisa qualitativa.

Exercício 28.1

1. Selecione vários artigos que descrevam pesquisas qualitativas. Identifique como os autores avaliam a qualidade de sua pesquisa e quais os critérios que utilizaram.
2. Com base em sua própria pesquisa, questione: por que optei por esses casos e por que escolhi esses exemplos, fragmentos, etc., para apresentar meus resultados?
3. Por que meus resultados são válidos? E para quê?

- Os critérios podem concentrar-se em aspectos formais (o método foi aplicado corretamente?) ou na qualidade dos *insights* produzidos pela pesquisa (o que há de novo?).
- A avaliação de qualidade é um desafio, com o qual a pesquisa qualitativa é confrontada por entidades exteriores a ela (agências financiadoras, consumidores da pesquisa qualitativa e resultados).

NOTAS

1. Para exemplos, Hammersley (1990; 1992), (Kvale, 1989) e Wolcott (1990a).
2. Por algum tempo, a validação comunicativa foi também discutida em relação à interpretação de textos. Essa noção de validação comunicativa perdeu muito de sua importância não apenas devido a problemas éticos surgidos a partir da confrontação de entrevistados com as interpretações de seus enunciados (ver Köckeis-Stangl, 1982).
3. Um problema presente em abordagens como na de Lather é que as questões e os conceitos da pós-modernidade são adotados com grande entusiasmo. Há, contudo, um predomínio das citações de segunda mão e o tratamento dado a estes conceitos segue, de certa forma, voltado para a aparência das palavras. Essa é também a impressão que ocorre em diversas das contribuições em Denzin e Lincoln (2000a), especialmente sobre a fundamentação da pesquisa qualitativa. Desse modo, é maior o número de dúvidas do que de caminhos esboçados para lidar-se com os problemas associados à especificação da validade.
4. Essa questão refere-se menos ao conceito de pesquisa de Strauss do que às tentativas de avaliá-lo em Corbin e Strauss (1990).

LEITURAS ADICIONAIS

Consistência

Estes textos fornecem boas visões gerais das problemáticas da consistência na pesquisa qualitativa.

Kirk, J.L., Miller, M. (1986) *Reliability and Validity in Qualitative Research*. Beverly Hills, CA: SAGE.

Silverman, D. (1993/2001) *Interpreting Qualitative Data: Methods for Analyzing Talk, Text and Interaction*. London: SAGE.

Validade

Estes textos oferecem bons panoramas da problemática da validade na pesquisa qualitativa.

Hammersley, M. (1990) *Reading Ethnographic Research: A Critical Guide*. London: Longman.

Hammersley, M. (1992) *What's Wrong with Ethnography?* London: Routledge.

Kvale, S. (ed.) (1989) *Issues of Validity in Qualitative Research*. Lund: Studentlitteratur.

Critérios alternativos

Nestes textos, os autores tentam desenvolver, de um modo mais coerente, critérios alternativos para a pesquisa qualitativa.

Lincoln, Y.S., Guba, E.G. (1985) *Naturalistic Inquiry*. London: SAGE.

Seale, C. (1999) *The Quality of Qualitative Research*. London: SAGE.

Avaliação da teoria

Estas duas referências oferecem uma boa visão geral de como avaliar as teorias fundamentadas na pesquisa qualitativa e dela resultantes.

Corbin, J., Strauss, A. (1990) "Grounded Theory Research: Procedures, Canons and Evaluative Criteria", *Qualitative Sociology*, 13: 3-21.

Hammersley, M. (1992) *What's Wrong with Ethnography?* London: Routledge.

Panorama geral

Flick, U. (2006a) *How To Evaluate Qualitative Research* (Book eight of the Qualitative Research Kit). London: SAGE.

29
A qualidade na pesquisa qualitativa: além dos critérios

Indicação da pesquisa qualitativa, 357
Triangulação, 361
Indução analítica, 362
A generalização na pesquisa qualitativa, 362
O método comparativo constante, 363
Avaliação do processo e controle da qualidade, 365

OBJETIVOS DO CAPÍTULO
Após a leitura deste capítulo, você deverá ser capaz de:

✓ compreender as formas de tratar da questão da qualidade na pesquisa qualitativa utilizando-se não somente da noção de critérios.
✓ identificar o potencial e o problema para solucionar a questão da indicação de métodos.
✓ reconhecer as estratégias de triangulação e de indução analítica e suas contribuições para a solução da questão da qualidade.
✓ distinguir os problemas e as formas de generalização na pesquisa qualitativa.
✓ entender o potencial da avaliação do processo e do controle de qualidade na pesquisa.

Alguns dos temas que serão discutidos neste capítulo que dizem respeito a intensificar e a assegurar a qualidade da pesquisa qualitativa ultrapassam a noção dos critérios de qualidade (ver Capítulo 28). A ideia por trás deste capítulo é a de que a qualidade na pesquisa qualitativa não possa ficar reduzida à formulação de critérios e de padrões de referência para definir a boa e a má aplicação dos métodos. Em vez disso, a questão da qualidade na pesquisa qualitativa situa-se no nível do planejamento da pesquisa – desde a indicação de planos e de métodos de pesquisa até o controle da qualidade –, no nível da avaliação do processo, do treinamento para a pesquisa e da relação entre a atitude e a tecnologia – ou entre a arte e o método – presentes na pesquisa (ver também Capítulo 30). Dessa forma, este capítulo concentra-se nas questões sobre quando utilizar a pesquisa qualitativa e quando utilizar cada um dos tipos de pesquisa qualitativa e sobre como controlar a qualidade no processo de pesquisa, enquanto abordagens para descrever a pesquisa qualitativa (de boa qualidade).

INDICAÇÃO DA PESQUISA QUALITATIVA

Do ponto de vista metodológico, algo interessante a ser questionado na pesquisa qualitativa é: o que nos leva a decidir pela utilização de um método em nossa pesquisa? É o hábito? É uma tradição de pesquisa? É a experiência do pesquisador com o método? Ou é a questão em estudo que orienta a decisão a favor ou contra determinados métodos?

A transferência da noção de indicação da terapia para a pesquisa

Não apenas no campo da pesquisa qualitativa, mas também na pesquisa empírica em geral, os manuais de metodologia dificilmente auxiliam de alguma forma na decisão sobre a escolha de um método específico para um estudo. Boa parte dos livros trata separadamente do método único ou do plano de pesquisa, e descrevem seus aspectos e problemas. Na maior parte dos casos, não chegam a uma apresentação comparativa das diversas alternativas metodológicas, nem oferecem pontos de partida para orientar a seleção de um método específico (e não um método diferente) para um assunto de pesquisa. Dessa forma, uma das necessidades da pesquisa qualitativa é esclarecer melhor a questão da indicação. Na medicina ou na psicoterapia, verifica-se a apropriabilidade de um determinado tratamento para problemas específicos e para grupos de pessoas, ao que se denominada indicação. A solução para essa questão diz respeito a decidir se um tratamento específico é ou não apropriado (indicado) para um problema específico em um caso específico. Transferindo-se essa noção para a pesquisa qualitativa, as questões relevantes são as seguintes: quando cada um dos métodos qualitativos é apropriado? E apropriado para que assunto? Que questão de pesquisa? Que grupo de pessoas (população) ou campos a serem estudados? E assim por diante. Quando os métodos quantitativos – ou uma combinação dos dois métodos – são indicados? (ver Tabela 29.1.)

Como escolher métodos apropriados?

A *checklist* da Tabela 29.2 contém questões de orientação que podem ser úteis para decidir sobre que plano de pesquisa e/ou método selecionar para um estudo concreto. As questões 1 e 2 devem ser resolvidas a partir da análise da literatura sobre o assunto. Na hipótese de existir pouco conhecimento e uma necessidade de explorar o campo e o tema, ou um interesse explícito nessa exploração, o pesquisador deve selecionar métodos que abordem o assunto, as opiniões dos participantes ou os processos sociais de forma bastante aberta (por exemplo, etnografia ou narrativa em vez de entrevistas semi-estruturadas). Para a seleção de métodos mais abertos, podem-se usar as informações das seguintes categorias: "abertura à opinião subjetiva do entrevistado por meio de" (Tabela 16.1), "abertura à opinião subjetiva dos participantes por meio de" ou "abertura ao processo de ações e interações por meio de" (Tabela 21.1) e "abertura para cada texto por meio de" (Tabela 27.1). As questões 2, 5 e 7 na Tabela 29.2 referem-se ao modo como a teoria e o método se combinam no estudo. Pode-se, também, buscar a Tabela 2.2, no Capítulo 2, para uma visão geral das perspectivas de pesquisa e das posturas teóricas discutidas nos Capítulos 6 e 7; ela também situa os métodos para a coleta de dados e de interpretação para estas abordagens, que são discutidas nos Capítulos 13 a 25.

TABELA 29.1
Indicação dos métodos qualitativos de pesquisa

Psicoterapia e Medicina		Pesquisa Qualitativa	
Que doença, sintomas, diagnóstico, população	**indicam** que tratamento ou terapia?	Que assunto, população, questão de pesquisa, conhecimento sobre o assunto e a população Quando um método específico é apropriado ou indicado? Como tomar uma decisão racional pela utilização ou não de determinados métodos?	**indicam** que método ou métodos?
		1. Quando um determinado método é apropriado ou indicado? 2. Como tomar uma decisão racional pela utilização ou não de determinados métodos?	

A questão 6 da Tabela 29.2 diz respeito às informações fornecidas nas categorias "estruturação do assunto por meio de" (Tabelas 16.1 e 21.1) e "estruturação da análise por meio de" (Tabela 27.1). Aqui, as informações estão relacionadas ao tipo de estrutura que o método único oferece ou apoia. As questões 7 e 8 da Tabela 29.2 dizem respeito à decisão por métodos que sejam sensíveis ao caso (por exemplo, entrevistas narrativas ou hermenêutica objetiva) ou por aqueles que sejam mais voltados à comparação imediata de casos (por exemplo, entrevistas semi-estruturadas ou codificação e métodos de categorização). Essa alternativa é também aludida na questão 9, uma vez que os métodos sensíveis ao caso representem uma maior demanda de recursos (tempo e mão-de-obra, em particular).

Os capítulos anteriores deste livro trataram das principais etapas do processo de pesquisa qualitativa e dos diversos métodos disponíveis e aplicados nessa pesquisa. Esses capítulos – em particular, os que consistem de visões gerais (16, 21 e 27) – apresentaram pontos de partida para a determinação de métodos para responder às questões apontadas na Tabela 29.2. Não apenas a decisão deve ser elaborada com base nessas informações, mas as decisões tomadas nesse processo devem ser consideradas por suas consequências e seu impacto sobre os dados e o conhecimento a ser adquirido.

Regras práticas e questões-chave para considerar etapas e métodos de pesquisa

Não existe um único método específico que seja considerado o método correto para a pesquisa qualitativa. Nem esse tipo de compromisso é adequado à pesquisa qualitativa. Porém, há outras formas necessárias de comprometimento. A pes-

TABELA 29.2
Checklist para a seleção de um método qualitativo de pesquisa

1. O que eu sei sobre meu tema de estudo, ou qual é o detalhamento deste meu conhecimento?
2. Qual o grau de desenvolvimento do conhecimento teórico ou empírico constatado na literatura sobre o tema?
3. Estou mais interessado em explorar o campo e meu tema de estudo?
4. Qual é o pano de fundo teórico de meu estudo e quais os métodos que se ajustam a esse pano de fundo?
5. O que busco atingir em meu estudo: experiências pessoais (de um grupo) de determinadas pessoas ou processos sociais em formação? Ou estou mais interessado na reconstrução das estruturas subjacentes de meu tema?
6. Começo logo como uma questão de pesquisa bem focalizada ou, em vez disso, opto por uma abordagem que seja não-focal para elaborar as questões mais focais no curso do processo de meu projeto?
7. Qual é o agregado que eu pretendo estudar: experiências pessoais, interações e situações, ou grandes entidades, como organizações ou discurso?
8. Estou mais interessado no caso único (por exemplo, de uma experiência pessoal com uma doença ou de uma determinada instituição) ou na comparação entre vários casos?
9. Quais são os recursos (tempo, dinheiro, mão-de-obra, habilidades...) disponíveis para a realização de meu estudo?
10. Quais são as características do campo que eu pretendo estudar e das pessoas nesse campo? O que se pode ou não pedir delas?
11. Qual é a exigência de generalização de meu estudo?

quisa deve ser planejada metodologicamente e baseada em princípios e na reflexão. Noções como as de paradigmas fixos e bem-definidos acabam de fato obstruindo o caminho para o tema em estudo ao invés de abrir rumos novos e adequados para ele. Deve-se adotar e refletir sobre as decisões relativas à teoria e ao método na pesquisa qualitativa com base no conhecimento. A Tabela 29.3 oferece algumas regras práticas sobre como tomar decisões durante o processo de pesquisa e algumas questões-chave que permitem uma reflexão sobre o que se decidiu e se aplicou no andamento do processo de pesquisa.

Levando essas regras a sério e fazendo esses questionamentos, os pesquisadores qualitativos deverão ter condições de tomarem suas decisões e avaliarem-nas sobre um pano de fundo de consideração e reflexão. Isso deverá impedir que os pesquisadores apeguem-se a métodos que não sejam adequados ao caso concreto de suas pesquisas e de caírem nas ciladas das lutas fundamentalistas de trincheira entre pesquisa qualitativa e pesquisa quantitativa, assim como daquelas lutas entre paradigmas de pesquisa qualitativa (ver também o Capítulo 3).

Refletir sobre a questão da indicação dos métodos e das abordagens da pesquisa qualitativa é uma maneira de chegar-se a decisões metodológicas. Essas decisões deverão ser orientadas pela ideia da apropriabilidade dos métodos e das abordagens ao tema em estudo, à questão de pesquisa

TABELA 29.3
Regras práticas e questões-chave para a ponderação dos métodos e das etapas da pesquisa

1. Decida e reflita com cuidado quanto a optar pela pesquisa qualitativa ou pela quantitativa.
   Por que a pesquisa qualitativa?
   Que motivos você tem para optar por uma ou por outra?
   Quais são suas expectativas em relação à pesquisa (qualitativa) que você planeja?

2. Reflita sobre o pano de fundo teórico de seu interesse pelo conhecimento.
   Qual é o impacto de seu ambiente sobre a pesquisa?
   Em que medida o acesso que você tem ao que pretende estudar é aberto ou fechado?

3. Planeje seu estudo com cautela, sem deixar de permitir-se reconsiderar as etapas e modificá-las de acordo com a situação do estudo.
   Quais são os recursos disponíveis para o estudo?
   Quão realistas são os objetivos de sua pesquisa em relação aos recursos disponíveis?
   Quais são os atalhos necessários e apropriados?

4. Planeje sua amostragem com cuidado.
   Quais são seus casos?
   O que eles representam?

5. Pense sobre quem são as pessoas do campo que você deve contatar e informar a respeito da pesquisa. Faça uma reflexão sobre a relação que precisará estabelecer com os sujeitos desse campo.
   O que você pode aprender sobre seu campo e seus temas de pesquisa a partir do modo como você entrar no campo ou se for recusado?

6. Pense sobre as razões que o levaram a escolher esse método específico de coleta de dados.
   Você optou por seu método preferido (aquele que você e seus colegas sempre utilizam) por razões habituais?
   O que os métodos alternativos poderiam ou iriam oferecer?
   Quais os impactos que os métodos que você utiliza produzem sobre seus dados e sobre seu conhecimento?

7. Elabore um planejamento para a documentação de seus dados e das experiências de pesquisa.
   Qual o grau de precisão com que deverá escrever suas anotações?
   De quais informações você precisa para uma documentação sistemática?
   Quais as influências da documentação sobre sua pesquisa e sobre os sujeitos do campo?
   Quais os impactos da documentação sobre seus métodos de coleta e de análise?

8. Pense nos objetivos de sua análise de dados.
   Você optou por seu método preferido (aquele que você e seus colegas sempre utilizam) por razões habituais?
   O que os métodos alternativos poderiam ou iriam oferecer?
   Quais os impactos que os métodos que você utiliza produzem sobre seus dados e sobre seu conhecimento?

9. Pense na forma como deseja apresentar aquilo que você vivenciou no campo e descobriu em sua pesquisa.
   Qual é o público-alvo de seu trabalho escrito?
   Do que exatamente você deseja convencê-los com sua pesquisa?
   Qual o impacto do formato de sua redação sobre sua pesquisa e as descobertas?

(continua)

TABELA 29.3
Regras práticas e questões-chave para a ponderação dos métodos e das etapas da pesquisa (continuação)

10. Planeje uma forma de determinar a qualidade de sua pesquisa.
    Quais os critérios de qualidade que sua pesquisa deve satisfazer?
    Como esses critérios devem ser alcançados?
    Qual o impacto desses critérios sobre sua pesquisa e sobre os sujeitos ou as relações no campo?

11. Avalie com cautela se você deseja ou não utilizar computadores e *softwares* na pesquisa.
    Que tipos de computadores ou de *softwares* você deseja utilizar?
    Quais são suas expectativas e seus objetivos ao utilizá-los?
    Por que você os utiliza?
    Qual o impacto da utilização deles sobre sua pesquisa e sobre os sujeitos e as relações no campo?

---

que se quer solucionar e aos campos e pessoas abordados pela pesquisa. É a primeira etapa no processo de assegurar e de intensificar a qualidade da pesquisa qualitativa, a qual deve ser seguida por estratégias de aumento da qualidade da pesquisa. São necessárias novas formas de avaliação da pesquisa. Na próxima etapa, discutiremos duas estratégias que consistem em alternativas à ideia de critérios para a avaliação da pesquisa qualitativa.

TRIANGULAÇÃO

Essa palavra-chave é utilizada para designar a combinação de diversos métodos, grupos de estudo, ambientes locais e temporais e perspectivas teóricas distintas para tratar de um fenômeno. Denzin (1989b, p. 237-241) caracteriza quatro tipos de triangulação. A *triangulação dos dados* refere-se ao uso de diferentes fontes de dados, sem ser confundida com o emprego de métodos distintos para a produção de dados. Como "subtipos da triangulação dos dados", Denzin faz uma distinção entre tempo, espaço e pessoas, sugerindo que o fenômeno seja estudado em datas e locais diferentes e a partir de pessoas diferentes. Dessa forma, ele se aproxima da estratégia da amostragem teórica, de Glaser e Strauss. Em ambos os casos, o ponto de partida consiste em envolver no estudo, intencional e sistematicamente, pessoas e grupos de estudo, ambientes locais e temporais.

Como segundo tipo de triangulação, Denzin denomina a *triangulação do investigador*, na qual se empregam diversos observadores ou entrevistadores para detectar e minimizar as visões tendenciosas resultantes da condição humana do pesquisador. Isso não significa uma simples divisão de trabalho ou delegação de atividades de rotina a assistentes, mas sim uma comparação sistemática das influências de diversos pesquisadores sobre o assunto e sobre os resultados da pesquisa.

A *triangulação da teoria* é o terceiro tipo encontrado na sistematologia de Denzin. O ponto de partida é a "abordagem de dados tendo-se em mente perspectivas e hipóteses múltiplas (...) Vários pontos de vista teóricos poderiam ser situados lado a lado a fim de avaliar sua utilidade e capacidade" (1989b, p. 239-240). No entanto, o propósito desse exercício é estender as possibilidades de produção de conhecimento.

Como quarto tipo, Denzin menciona a *triangulação metodológica*. Aqui, mais uma vez, devem-se diferenciar dois subtipos: a triangulação dentro do método e a triangulação entre métodos. Um exemplo da primeira estratégia é a utilização de subescalas diferentes para medir um item em um questionário e, da segunda estratégia, é a combinação do questionário com uma entrevista semi-estruturada.

A princípio, a triangulação foi conceitualizada como uma estratégia para a validação de resultados obtidos com métodos individuais. O foco, porém, tem sido deslocado cada vez mais na direção de enriquecer e de complementar ainda mais o conhecimento e de superar os potenciais epistemológicos (sempre limitados) do método individual. Dessa maneira, Denzin agora enfatiza que a "triangulação do método, do investigador, da teoria e dos dados continua sendo a estratégia mais estável para a construção da teoria" (1989b, p. 236).

Uma extensão dessa abordagem é a triangulação sistemática das diversas perspectivas teóricas (Flick, 1992) associadas aos diversos métodos qualitativos. São exemplos: condução de entrevistas para a reconstrução da teoria subjetiva (por exemplo, sobre a confiança no aconselhamento) e a utilização da análise de conversação para o estudo de como a teoria subjetiva é mobilizada e a confiança é invocada durante as conversas de aconselhamento. Desse modo, a orientação para o ponto de vista do sujeito está associada à perspectiva da produção de realidades sociais (ver Capítulo 6).

A triangulação pode ser aplicada como uma abordagem para fundamentar ainda mais o conhecimento obtido por meio dos métodos qualitativos. Fundamentação, aqui, não significa avaliar os resultados, mas ampliar e complementar sistematicamente as possibilidades de produção do conhecimento. A triangulação consiste mais em uma alternativa para a validação (conforme Denzin e Lincoln 2000b; Flick 1992; 2004a,c), a qual amplia o espaço, a profundidade e a coerência nas condutas metodológicas, do que em uma estratégia para validar resultados e procedimentos.

INDUÇÃO ANALÍTICA

A indução analítica foi introduzida por Florian Znaniecki (1934) e uma estratégia que parte explicitamente de um caso específico. De acordo com Buhler-Niederberger, ela pode ser caracterizada da seguinte forma:

> A indução analítica é um método de interpretação sistemática de eventos, o qual abrange os processos de geração e de teste de hipóteses. Seu instrumento decisivo é a análise da exceção, o caso que seja considerado desviante para a hipótese. (1985, p. 476.)

Esse procedimento de busca e de análise de casos desviantes é aplicado após a elaboração de uma teoria preliminar (padrão ou modelo de hipóteses, etc.). A indução analítica é voltada ao exame de teorias e do conhecimento por meio da análise ou da integração de casos negativos. O procedimento da indução analítica inclui as etapas apresentadas no Quadro 29.1.

Lincoln e Guba (1985) absorveram o conceito da "análise de casos negativos". Há conexões com questões de generalização de estudos de caso (veja a seguir), mas a indução analítica tem sua própria importância enquanto procedimento para a avaliação de análises. As duas abordagens podem ser vistas como estratégias para ampliar a qualidade da pesquisa qualitativa indo além do uso dos critérios de qualidade.

A GENERALIZAÇÃO NA PESQUISA QUALITATIVA

A generalização dos conceitos e das relações encontradas a partir da análise consiste em outra estratégia para a fundamentação da pesquisa qualitativa. Ao mesmo tempo, questionar-se a respeito das considerações e etapas que são aplicadas a fim de especificar esses domínios representa um

QUADRO 29.1 Etapas da Indução Analítica

1. Formula-se uma definição preliminar do fenômeno a ser explicado.
2. Formula-se uma explicação hipotética do fenômeno.
3. Estuda-se o caso à luz dessa hipótese para descobrir se ela corresponde aos fatos, nesse caso.
4. Se a hipótese não estiver correta, ou ela será reformulada, ou o fenômeno a ser explicado será redefinido de modo que exclua esse caso.
5. A certeza prática pode ser obtida após o estudo de um pequeno número de casos, mas a descoberta de cada caso negativo individual pelo pesquisador, ou por outro pesquisador, refuta a explicação e requer sua reformulação.
6. Estudam-se outros casos, redefine-se o fenômeno e reformulam-se as hipóteses até que se estabeleça uma relação universal; cada caso negativo requer uma definição ou uma reformulação.

Fonte: adaptado de Buhler-Niederberger, 1985, p. 478

ponto de partida para a avaliação desses conceitos, sendo este discutido como generalização. Os pontos centrais a se considerar em uma avaliação como essa são, em primeiro lugar, as análises e, em segundo, as etapas seguidas para se chegar a enunciados mais ou menos gerais. O problema da generalização na pesquisa qualitativa refere-se ao fato de que seus enunciados são normalmente elaborados para um determinado contexto ou para casos específicos, e baseiam-se em análises de relações, condições, processos, etc., neles existentes. Essa associação a contextos muitas vezes permite à pesquisa qualitativa uma expressividade específica. Contudo, ao buscar-se a generalização das descobertas, deve-se abandonar essa associação contextual com a finalidade de determinar se as descobertas são válidas independentemente de contextos específicos e fora desses contextos. Ao destacarem esse dilema, Lincoln e Guba (1985) discutem esse problema sob o título "a única generalização possível é: a generalização não existe". Porém, em relação à "capacidade de se transferir descobertas de um contexto para outro" e "ao ajuste quanto ao grau de comparabilidade de diferentes contextos", eles delineiam critérios e formas de julgar a generalização das descobertas que ultrapassam os limites de um contexto determinado.

Da mesma maneira, discutem-se várias possibilidades de planejar o caminho do caso à teoria de forma a permitir que o pesquisador consiga ao menos uma certa generalização. Uma primeira etapa consiste em esclarecer qual o grau de generalização que se busca e que pode ser obtido com o estudo concreto a fim de gerar exigências adequadas de generalização. Uma segunda etapa refere-se à integração cautelosa de diversos casos e contextos, nos quais as relações em estudo são empiricamente analisadas. A capacidade de generalização dos resultados está, muitas vezes, intimamente associada à forma como a amostragem é feita. A amostragem teórica, por exemplo, oferece um caminho para o planejamento da variação das condições nas quais o fenômeno é estudado da forma mais ampla possível. A terceira etapa é a comparação sistemática do material coletado. Aqui, mais uma vez, é possível esboçar os procedimentos para a elaboração de teorias fundamentadas.

O MÉTODO COMPARATIVO CONSTANTE

No processo da elaboração de teorias, e como acréscimo ao método da "amostragem teórica" (ver Capítulo 11), Glaser

(1969) sugere o "método comparativo constante" como um procedimento para a interpretação de textos. Esse método consiste basicamente de quatro estágios: "(1) comparação de incidentes aplicáveis a cada categoria, (2) integração de categorias e de suas propriedades, (3) delimitação da teoria e (4) redação da teoria" (1969, p. 220). Para Glaser, a circularidade sistemática desse processo é uma característica essencial:

> Embora esse método seja um processo de crescimento contínuo – após um determinado período, cada estágio transforma-se no estágio seguinte –, os estágios anteriores continuam em operação durante toda a análise, proporcionando um avanço contínuo ao estágio seguinte até o final da análise (1969, p. 220).

Esse procedimento assume o caráter de um método de comparação *constante* quando os intérpretes têm o cuidado de comparar várias vezes as codificações com códigos e classificações que já tenham sido elaborados. O material que já tiver sido codificado não estará concluído após sua classificação, sendo continuamente integrado ao novo processo de comparação.

Contraste de casos e análise do tipo ideal

A comparação constante é mais desenvolvida e sistematizada nas estratégias de contraste de casos. Gerhardt (1988) apresentou as sugestões mais coerentes com base na construção de tipos ideais, revendo Max Weber (1949). Essa estratégia inclui diversas etapas. Após a reconstrução e o contraste dos casos, são construídos tipos. A seguir, rastreiam-se os casos "puros". Ao ser comparada a esses tipos ideais de processos, a compreensão do caso individual pode se tornar mais sistemática. Após a construção de novos tipos, esse processo termina com a compreensão da estrutura – ou seja, a compreensão de relações que apontam para além do caso individual. Os principais instrumentos são a comparação *mínima* de casos que apresentem as maiores semelhanças e a comparação *máxima* de casos que sejam o mais diferentes possível. Os casos são comparados por suas diferenças e semelhanças. As comparações ficam cada vez mais concretas no que diz respeito ao espectro de assuntos contidos no material empírico. Os extremos dessa variação recebem atenção especial na comparação máxima, enquanto seu centro tem por foco a comparação mínima. De um modo semelhante, Rosenthal (1993) sugere o contraste mínimo e máximo dos casos individuais para uma interpretação comparativa das entrevistas narrativas. Haupert (1991) estrutura os casos de acordo com "critérios reconstrutivos" a fim de desenvolver uma tipologia a partir dessas entrevistas. As biografias com similaridades máximas são classificadas em grupos que são rotulados como tipos empíricos nos procedimentos posteriores. Para cada tipo, obtêm-se situações cotidianas específicas a partir do material, que são analisadas transversalmente aos casos individuais.

Na pesquisa qualitativa, a generalização é a transferência gradual de descobertas dos estudos de caso e do contexto destes para relações mais gerais e abstratas, como, por exemplo, uma tipologia. A expressividade desses padrões pode ser então especificada para definir até que ponto as diferentes perspectivas teóricas e metodológicas sobre o assunto – se possível, de pesquisadores distintos – foram trianguladas e como foram administrados os casos negativos. O grau de generalização que se tenta alcançar nos estudos individuais também deve ser levado em consideração. Logo, a questão sobre o fato desse nível de generalização pretendido ter sido ou não atingido torna-se outro critério para a avaliação dos resultados da pesquisa qualitativa e do processo que levou a esses resultados.

AVALIAÇÃO DO PROCESSO E CONTROLE DA QUALIDADE

A questão da fundamentação da pesquisa qualitativa ainda não foi solucionada de forma definitiva (ver Capítulo 28). Partindo-se dessa observação, verifica-se a necessidade de se tentar criar novas formas de avaliar e de especificar a qualidade na pesquisa qualitativa. Um ponto de partida está no caráter de processo da pesquisa qualitativa (ver Capítulo 8), assim como nas especificações de procedimentos da confiabilidade e da avaliação da construção da teoria (ver Capítulo 28): especificar e, ainda mais, desenvolver a fundamentação da pesquisa qualitativa em relação ao processo de pesquisa.

Avaliação do processo

A pesquisa qualitativa integra-se a um processo de um modo específico. Não faz sentido fazer e responder questões de amostragem ou relativas a métodos específicos de forma isolada. Apenas se pode definir se uma amostragem é apropriada no que diz respeito à questão de pesquisa, aos resultados e às generalizações buscadas e quanto aos métodos utilizados. Medidas abstratas, como a representatividade de uma amostra, que podem ser julgadas genericamente, não trazem aqui nenhum benefício. Um ponto de partida central para resolver essas questões é a solidez do processo de pesquisa, o que significa determinar se a amostragem aplicada está em harmonia com a questão concreta de pesquisa e com o processo concreto. No caso concreto, as atividades que visam a aperfeiçoar a pesquisa qualitativa devem partir dos estágios do processo de pesquisa qualitativa. Da mesma forma, observa-se uma mudança de ênfase na avaliação dos métodos qualitativos e em sua utilização, desde uma mera avaliação da aplicação até uma avaliação do processo.

Esse tipo de avaliação do processo foi executado, em um primeiro momento, pela associação de pesquisa de Berlim "Public Health", na qual 23 projetos de pesquisa trabalharam com métodos qualitativos e/ou quantitativos em várias questões relativas à saúde. Foram estudadas, por exemplo, questões referentes ao estabelecimento de uma rede de contatos entre os serviços e os programas sociais, formas de como planejar a vida cotidiana fora do hospital, a participação cidadã no planejamento e na administração urbanas relevantes para a saúde e a organização de intervenções preventivas. Os diversos projetos usam entrevistas narrativas e semi-estruturadas, observações participantes, análise de conversação ou codificação teórica, entre outros métodos. Nesse contexto, dirigi um projeto de corte transversal chamado "Métodos Qualitativos nas Ciências da Saúde" que serviu como apoio metodológico e como avaliação do processo. Partindo-se de uma compreensão de pesquisa qualitativa voltada para o processo, estabeleceu-se um programa contínuo de consultas de projeto, de colóquios e de *workshops*. Nesse programa, foram consultados e avaliados diferentes projetos dessa associação de acordo com os estágios do processo de pesquisa qualitativa – formulação e circunscrição da questão de pesquisa, amostragem, coleta e interpretação dos dados, fundamentação e generalização dos resultados. Esse programa serve para definir um esquema para uma discussão de questões metodológicas de operacionalização da questão de pesquisa e da aplicação dos métodos por meio dos projetos. Isto significa uma alteração na ênfase de uma avaliação que considera os métodos e sua aplicação de forma isolada para uma avaliação de processo, que leva em conta o caráter específico do processo e do tema da pesquisa. O motivo condutor dessa mudança de ênfase é que a aplicação dos métodos qualitativos deve ser julgada por sua estabilidade no que diz respeito à sua incorporação ao processo de pesquisa e à questão do estudo, e menos por sua própria causa.

Assim, o aspecto da fundamentação é deslocado para o nível do processo de pesquisa. Essa alteração tem por objetivo destacar um entendimento diferente da qualidade na pesquisa qualitativa e relacioná-la a um projeto concreto.

Controle da qualidade

A discussão geral sobre o controle da qualidade, que é conduzida, sobretudo nas áreas da produção industrial, mas também nos serviços públicos (Murphy, 1994), pode proporcionar estímulos para outros avanços (Kamiske e Brauer, 1995). Essa é uma discussão que certamente não pode ser transferida sem restrições para a pesquisa qualitativa. Contudo, podem ser adotados alguns dos conceitos e das estratégias utilizados nessa discussão para promover o debate sobre a qualidade na pesquisa, que seja apropriada aos assuntos e aos conceitos da pesquisa. O conceito de auditoria é discutido em ambas as áreas (ver Capítulo 28; Lincoln e Guba, 1985). Este conceito oferece as primeiras interseções: "Uma auditoria é compreendida como sendo um exame sistemático, independente, de uma atividade e de seus resultados, por meio do qual a existência e a aplicação adequada de exigências especificadas são avaliadas e documentadas" (Kamiske e Brauer, 1995, p. 5).

A "auditoria dos procedimentos" é particularmente interessante para a pesquisa qualitativa. Ela deve garantir que "as exigências pré-definidas sejam cumpridas e sejam úteis à respectiva aplicação (...) Dá-se sempre prioridade a uma solução permanente para as causas dos erros, e não uma simples detecção desses erros" (Kamiske e Brauer, 1995, p. 8). Essas especificações da qualidade não são conduzidas de modo abstrato, por determinados métodos *per se*, mas de acordo com uma orientação voltada ao cliente (p. 95-96) e com a orientação dos colaboradores (p. 110-111).

No primeiro ponto, fica a pergunta sobre quem sejam os verdadeiros clientes da pesquisa qualitativa. O controle da qualidade estabelece uma diferença entre clientes internos e externos. Enquanto os clientes externos são os consumidores do produto, os internos são aqueles envolvidos na produção destes em um sentido mais amplo (por exemplo, os empregados de outros departamentos). Para a pesquisa qualitativa, essa distinção pode ser traduzida da seguinte maneira: os clientes externos são aqueles que estão fora do projeto, para os quais os resultados são produzidos (supervisores, revisores, etc., como clientes externos); os clientes internos são, portanto, aqueles para os quais e com os quais se tenta obter o resultado (entrevistados, instituições em estudo, etc.). Conceitos como as "checagens de membros" ou a validação comunicativa (ver Capítulo 28) levam em conta explicitamente essa orientação. Planejar o processo e o andamento da pesquisa de um modo que se garanta espaço suficiente àqueles que são estudados é uma concretização implícita dessa orientação. Para uma avaliação, podem-se analisar explicitamente esses dois aspectos: até que ponto o estudo conseguiu resolver a questão de pesquisa (orientação sobre clientes externos) e permitiu espaço suficiente às perspectivas daqueles que estiveram envolvidos como entrevistados (orientação sobre clientes internos)?

A orientação do colaborador deve levar em conta o fato de que a "qualidade resulta da aplicação de técnicas adequadas, porém com base em uma mentalidade correspondente" (Kamiske e Brauer, 1995, p. 110). Transferida à pesquisa qualitativa, essa noção destaca que não é apenas a aplicação de métodos que determina essencialmente sua qualidade, mas também a atitude com a qual a pesquisa é conduzida. Outro ponto de partida aqui é "dar responsabilidade (pela qualidade) aos colaboradores por meio da introdução de autoavaliações em vez de um controle externo" (Kamiske e Brauer, p. 111). É possível obter a qualidade no processo de pesquisa qualitativa, assim como em outras áreas, se a produção e a avaliação ocorrerem em conjunto com os pesquisadores envolvidos. Em primeiro lugar, eles definem juntos o conceito de qualidade e a forma como esta é, de fato, entendida nesse contexto. O controle da qualidade, então, inclui "atividades (...) definição da política de qualidade, dos objetivos e das responsabilidades e a realização destas por meio do planejamento da qualidade, da direção da qualidade, da avaliação/controle da qualidade e do aperfeiçoamento da qualidade" (ISO 9004, citado em Kamiske e Brauer, 1995, p. 149).

Esses princípios orientadores do controle da qualidade encontram-se resumidos no Quadro 29.2. Pode-se concretizá-los por meio da definição dos objetivos, da documentação do processo e dos problemas, e por meio de uma reflexão conjunta regular sobre o processo e os problemas. A avaliação conjunta do processo relativa à consulta, ao treinamento e à readaptação, conforme foi delineado anteriormente, pode ser um instrumento para a realização do controle da qualidade na pesquisa qualitativa. Outras estratégias seguirão avançando a discussão sobre a execução e a avaliação apropriadas da pesquisa qualitativa. Uma definição da qualidade na pesquisa, e de como obter e garantir essa qualidade no processo apropriado ao assunto, bem como a experiência segundo a qual a qualidade apenas pode ser produzida por meio de uma combinação de métodos e de uma atitude correspondente, são conexões para o debate sobre o controle da qualidade.

Pontos-chave

- A qualidade da pesquisa qualitativa normalmente está além do que se pode avaliar com a aplicação de critérios.
- Um ponto crucial muitas vezes negligenciado diz respeito a responder à questão da indicação: Por que usar este método, por que pesquisa qualitativa, etc., neste estudo específico?
- Estratégias como a triangulação e a indução analítica podem muitas vezes contribuir mais e oferecer mais *insights* adicionais quanto à qualidade da pesquisa do que a utilização de critérios.
- A generalização, na pesquisa qualitativa, significa fazer duas perguntas: A que entidades sociais posso generalizar ou transferir os minhas descobertas? E quais são as limitações de minhas descobertas?

QUADRO 29.2 Princípios do controle de qualidade no processo da pesquisa qualitativa

- Deve-se assegurar que a definição dos objetivos e dos padrões do projeto seja elaborada da forma mais clara possível; todos os pesquisadores e colaboradores devem estar integrados nessa definição.
- Definir a forma como esses objetivos e padrões e, de modo geral, a qualidade podem ser alcançados; e, por fim, obter consenso quanto à forma com que determinados métodos devem ser aplicados (talvez por meio do treinamento para entrevistas conjuntas) e quanto a sua análise ser uma pré-condição para a qualidade no processo de pesquisa.
- Fornecer uma definição clara das responsabilidades na obtenção da qualidade do processo de pesquisa.
- Permitir a transparência do julgamento, da avaliação e da qualidade no processo.

Exercício 29.1

1. Decida como generalizar os resultados de sua própria pesquisa.
2. Pense sobre as formas da triangulação que poderiam ampliar suas descobertas e quais *insights* adicionais elas proporcionam.
3. Existem casos negativos (aos quais seus resultados não se ajustam) em seu estudo? De que forma você lidou com eles?
4. Aplique os princípios do controle de qualidade (Quadro 29.2) a sua própria pesquisa.

- A avaliação do processo e o controle da qualidade estendem a questão da qualidade à avaliação do processo de pesquisa como um todo.

LEITURAS ADICIONAIS

O texto abaixo delineia a indicação, a avaliação do processo e o controle da qualidade na pesquisa qualitativa.

Flick, U. (2006b) *Qualitative Research in Psychology: A Textbook*. London: SAGE.

Triangulação

Esses textos discutem a estratégia da triangulação na pesquisa qualitativa.

Denzin, N.K. (1989b) *The Research Act* (3rd edn). Englewood Cliffs, NJ: Prentice Hall.

Flick, U. (1992) "Triangulation Revisited: Strategy of or Alternative to Validation of Qualitative Data", *Journal for the Theory of Social Behavior*, 22: 175-97.

Flick, U. (2004a) "Triangulation in Qualitative Research", in U. Flick, E.v. Kardorff and I. Steinke (eds), *A Companion to Qualitative Research*. London: SAGE. pp. 178-183.

Generalização

Este é ainda o texto clássico sobre generalização na pesquisa qualitativa.

Glaser, B.G. (1969) "The Constant Comparative Method of Qualitative Analysis", in G.J. McCall and J.L. Simmons (eds), *Issues in Participant Observation*. Reading, MA: Addison-Wesley.

30
A redação e o futuro da pesquisa qualitativa: arte ou método?

A função pragmática da redação: a apresentação dos resultados, 370
A função legitimadora da redação, 374
A função reflexiva da redação, 376
Dissolução da ciência em estilos de redação?, 377
O futuro da pesquisa qualitativa: arte ou método?, 377

OBJETIVOS DO CAPÍTULO
Após a leitura deste capítulo, você deverá ser capaz de:

✓ entender as diferentes possibilidades para a apresentação de sua pesquisa.
✓ compreender os problemas associados à redação sobre outros trabalhos e sobre e sua própria experiência de pesquisa.
✓ identificar os problemas básicos tocados com essas discussões.
✓ explicar o que isso pode significar para os novos avanços da pesquisa qualitativa como um todo.

A questão que diz respeito à forma de expor as descobertas e os procedimentos da pesquisa ganhou visibilidade na pesquisa qualitativa – especialmente na etnografia – desde meados da década de 1980. Nas ciências sociais, o texto não representa apenas um instrumento para documentar os dados e uma base para a interpretação, assim um instrumento epistemológico é, também, utilizado para mediar e para comunicar as descobertas e o conhecimento. Muitas vezes, a redação chega a ser vista como a essência da ciência social:

Fazer ciência social significa, principalmente, produzir textos (...) As experiências de pesquisa precisam ser transformadas em textos e entendidas com base em textos. Um processo de pesquisa tem descobertas apenas quando e à medida que estas possam ser encontradas em um relatório, independentemente de quais tenham sido essas experiências realizadas por aquelas pessoas envolvidas na pesquisa. O caráter observável dos fenômenos das ciências sociais e sua objetividade prática estabelecem-se nos textos e em mais nenhum outro lugar. (Wolff, 1987, p. 333)

Nesse contexto, a redação torna-se relevante na pesquisa qualitativa sob três aspectos:

- para a apresentação das descobertas de um projeto;
- como ponto de partida para a avaliação dos procedimentos que levaram a essas descobertas e, assim, aos resultados propriamente ditos;
- e, por último, como ponto de partida para considerações reflexivas sobre a situação geral da pesquisa como um todo.

A FUNÇÃO PRAGMÁTICA DA REDAÇÃO: A APRESENTAÇÃO DOS RESULTADOS

As diversas alternativas para a apresentação das descobertas podem ser situadas em dois pólos. Em um deles, figura o objetivo de elaborar uma teoria a partir dos dados e das interpretações de acordo com o modelo de Strauss (1987). No outro pólo, estão os "contos extraídos do campo" (van Maanen, 1988), que se destinam a ilustrar as relações encontradas pelo pesquisador.

As teorias como uma forma de apresentação

No Capítulo 28, discutiram-se critérios para julgar teorias conforme a noção desenvolvida por Strauss (1987). Segundo Strauss e Corbin, a apresentação de uma teoria desse tipo exige:

(1) Uma história analítica clara. (2) A redação em nível conceitual, sendo a descrição considerada secundária. (3) A especificação clara das relações entre as categorias, também com o esclarecimento dos níveis de conceitualização. (4) A especificação das variações e de suas condições, consequências, e assim por diante, que forem consideradas relevantes, incluindo as mais amplas. (1990, p. 229)

Para alcançar esses objetivos, os autores sugerem que, como primeira etapa, o pesquisador faça um esboço lógico da teoria. Nesse esboço, desenvolve-se a lógica analítica da história e anotam-se os contornos da teoria. Um resumo claro do esboço central da teoria deve ser a primeira parte desse esboço. Como terceira etapa, os autores sugerem que se faça uma apresentação visual da "arquitetura" do esboço central (1990, p. 230-231). Assim, atribuem ênfase principal à apresentação do esclarecimento dos conceitos e das linhas centrais da teoria desenvolvida. Uma visualização na forma de redes de conceitos, de trajetórias, etc., é uma forma de apresentação da teoria de maneira concisa. Para evitar cair na cilada de querer redigir o manuscrito perfeito (que nunca é concluído), Strauss e Corbin sugerem deixar que as coisas sigam até o momento adequado e aceitar um certo grau de imperfeição na teoria e na apresentação (1990, p. 235-236). Por último, os autores sugerem que se leve em conta o público leitor potencial do manuscrito e que o texto seja formulado para contemplar esse público-alvo. As sugestões apresentadas por Lofland (1974), de apresentar descobertas na forma de teorias, seguem uma direção semelhante. Ele menciona como critérios para a redação os mesmos critérios aplicados para a avaliação desses relatórios, isto é, garantindo que:

(1) O relatório tenha sido organizado por meio de um esquema conceitual *genérico*; (2) o esquema genérico empregado seja *inédito*; (3) o esquema tenha sido *elaborado* ou desenvolvido no relatório e ao longo deste; (4) o esquema seja *significativo* no sentido de que contenha uma documentação abundante de dados qualitativos; (5) o esquema tenha sido interpenetrado com materiais empíricos. (1974, p. 102)

Contos extraídos do campo

Van Maanen (1988) distingue três formas básicas de apresentação das descobertas e dos processos de pesquisa nos estudos etnográficos que podem ser transferidas para outras formas de pesquisa qualitativa. Os *contos realistas* caracterizam-se por quatro convenções. Inicialmente, o autor está afastado do texto: as observações são relatadas como fatos ou documentadas por meio de citações extraídas de enunciados ou de entrevistas. As interpretações não são formuladas como formulações subjetivas. Em segundo lugar, na apresentação, a ênfase é atribuída às formas características daquilo que é estudado e, portanto, muitos detalhes são analisados e apresentados. Em um terceiro lugar, enfatizam-se, na apresentação, os pontos de vista dos membros de um campo ou dos entrevistados: como eles experienciaram suas próprias vidas em suas trajetórias? O que é saúde para os entrevistados? Por fim, as apresentações podem buscar passar a impressão de uma "onipotência interpretativa" (1988, p. 51). A interpretação não se detém em pontos de vista subjetivos, ultrapassando-os através de interpretações variadas e de longo alcance. O autor demonstra sua capacidade de oferecer uma interpretação fundamentada. Os enunciados do sujeito são transferidos para um nível genérico por meio da utilização de "conceitos afastados da experiência" (Geertz), obtidos a partir da literatura das ciências sociais para expressar relações. Um exemplo dessa forma de onipotência interpretativa é a apresentação das descobertas após a aplicação da hermenêutica objetiva (ver Capítulo 25), na qual se buscam as causas reais para as atividades nas estruturas elaboradas muito além do sujeito atuante. Segundo Van Maanen, os *contos confessionais* são caracterizados por uma autoria e uma autoridade personalizadas. Aqui, o autor expressa o papel que desempenhou naquilo que foi observado, em suas interpretações e também nas formulações que foram utilizadas. Os pontos de vista do autor são tratados como um tema na apresentação, bem como os problemas, os fracassos, os erros, etc., (van Maanen, 1988, p. 79) ocorridos no campo. No entanto, tenta-se apresentar as próprias descobertas com uma fundamentação no assunto que foi estudado. A naturalidade na apresentação é um meio de criar a impressão de "um pesquisador de campo e de uma cultura que se encontram, e que, apesar de algumas brigas e desentendimentos iniciais, acabam, ao final, encontrando um equilíbrio" (1988, p. 79). O resultado é uma mistura de descrições do objeto estudado e das experiências concretizadas ao estudá-lo. Um exemplo dessa forma de apresentação é a descrição da entrada no campo como um processo de aprendizado, ou as descrições de uma entrada no campo que não tenha sido exitosa (ver Wolff, 2004a).

Os *contos impressionistas* são redigidos na forma de uma recordação dramática:

> Os eventos são relatados aproximadamente na ordem em que se afirma que tenham ocorrido, e trazem consigo toda a miscelânea que esteja associada aos eventos recordados. A ideia é atrair uma audiência para um mundo de histórias que não seja familiar e possibilitar que esta, na medida do possível, possa ver, escutar e sentir da mesma forma que o pesquisador de campo viu, ouviu e sentiu. Esses contos buscam, de um modo imaginativo, transportar a audiência para a situação de trabalho de campo. (van Maanen, 1988, p. 103)

No relatório, o conhecimento é apresentado gradativamente de uma maneira fragmentária. Normalmente, escolhem-se as narrativas como forma de apresentação. O objetivo é manter a tensão para os leitores e transmitir coerência e credibilidade. Porém, relatórios impressionistas nunca estão totalmente concluídos, sendo que seus significados são mais elaborados a partir do contato com o leitor (1988, p. 120). Um bom exemplo disso é a apresentação da rinha balinesa feita por Geertz (1973).

Outras formas são as *histórias críticas*, que procuram orientar a atenção do leitor para questões sociais, e as *histórias formais*, que, por sua vez, visam à apresentação das relações teóricas. Nessas formas de relatórios, atribuem-se ênfases distintas às descobertas e aos processos. Às vezes, essas formas de relato complementam-se – ou seja, inicialmente, apresenta-se um conto realista e, apenas em uma segunda publicação, fornece-se uma versão do contato de campo mais formulada na forma de uma confissão. As convenções na redação dos relatórios etnográficos vêm sendo modificadas, conforme documenta van Maanen sobre seus próprios estilos de escrever: hoje em dia, publicam-se mais contos impressionistas ou confessionais do que realistas. Essa mudança ocorre sob dois aspectos: é maior o número de trabalhos que não apenas são escritos nesses estilos, mas que também são aceitos para publicação. Existe um processo de substituição dos contos realistas pelas confissões, mas existe, também, uma consciência cada vez maior de que não existe nem a teoria perfeita nem o relatório perfeito sobre esta teoria. Dessa forma, a dimensão do fracasso parcial e os limites do conhecimento do próprio indivíduo devem ser considerados como elementos das descobertas que merecem ser apresentados[1].

A habilidade de redigir e como aprendê-la

No que diz respeito à apresentação das descobertas – seja na forma de uma teoria ou de uma história – a atenção volta-se cada vez mais à questão da redação e de suas competências no contexto da pesquisa qualitativa. Quando as descobertas não puderem ser brevemente reduzidas a números, a uma distribuição estatística ou a tabelas, considerações como a que Becker (1986b) apresenta sobre a redação como uma (in)competência dos cientistas sociais tornam-se particularmente relevantes. Howard Becker é um dos pioneiros na pesquisa qualitativa nos Estados Unidos e tem uma longa experiência com pesquisa e com a redação relativa à pesquisa. Essas considerações apresentadas por ele têm como pano de fundo sua própria experiência em seminários de redação voltados especialmente para cientistas sociais. Becker observa certo temor por parte dos cientistas sociais em relação a assumirem suas próprias posturas, e considera esta uma das razões para a persuasividade limitada dos textos nas ciências sociais: "Escrevemos desse jeito porque temos medo de que nos apanhem em um erro óbvio se o fizermos de outra forma, e nos ridicularizem. É melhor dizermos alguma coisa que seja inócua, mas segura, do que algo ousado, que talvez não se seja capaz de defender diante da crítica" (1986b, p. 8-9).

As considerações sobre a fundamentação das descobertas geradas a partir de pesquisa qualitativa, nas ciências sociais, obtidas pela integração sistemática de casos negativos e pela contraposição de casos extremamente diferentes (veja os capítulos anteriores) são particularmente úteis aqui. Elas inspiram um tratamento mais positivo das descobertas e dos resultados, o que encoraja o pesquisador a escrevê-las e a apresentá-las com menos ambiguidades e de uma forma mais concreta:

> Qualificações tolas, que obscurecem seus enunciados, ignoram a tradição filosófica e metodológica segundo a qual fazer generalizações em um formato vigoroso e universal identifica evidências negativas que podem ser usadas para aperfeiçoá-las (1986b, p. 10).

Segundo Becker, o fato de o modelo de apresentação atrair mais atenção em todas as formas de produção do conhecimento científico deve levar à consideração do possível leitor como foco central no planejamento do texto no qual a pesquisa é apresentada. As descobertas e os resultados nunca existem em forma pura, e nunca são comunicáveis dessa maneira, mas são, no mínimo, influenciados pelo público ao qual se destinam. Utilizar esse recurso ativamente na configuração de textos das ciências sociais é, portanto, outra sugestão oferecida por Becker (não apenas aos participantes de seus seminários de redação):

> Tornar seu trabalho mais claro envolve considerações a respeito da audiência. A quem deve ficar mais claro? Quem vai ler o que você escreve? O que eles precisam saber para que não façam uma interpretação equivocada ou considerem o que foi dito obscuro ou ininteligível? Você escreverá de um jeito para as pessoas com quem você trabalha de forma mais próxima em um projeto conjunto, e de outro jeito para os colegas que forem profissionais de outras especialidades e disciplinas, e ainda de outra maneira para o "leigo inteligente". (1986b, p. 18.)

Ao persistir a tendência em direção a uma ciência textual, as questões relativas à forma de apresentação das descobertas e dos processos influenciarão, cada vez mais, as discussões metodológicas na pesquisa qualitativa. Os textos (inclusive os das ciências sociais) procuram – e de fato elaboram – uma determinada versão do mundo, e buscam, com essa versão, persuadir outros cientistas, em particular, e leitores (potenciais), de um modo mais geral. Essa persuasão será certamente conseguida não apenas pelo "como" da apresentação, mas também pelo "o quê" naquilo que for apresentado.

Contudo, a função e o efeito dos textos das ciências sociais dependem de considerar-se a seguinte experiência: "Falamos sobre a redação científica como uma forma de retórica, elaboradas para persuadir, e sobre quais formas de persuasão a comunidade científica aprovou e quais considerou ilegítimas" (Becker, 1986b, p. 15). Da mesma forma, não foi apenas a técnica da redação que atraiu maior atenção recentemente.

Entraram também em evidência tanto os processos construtivos e interpretativos da produção de textos e da reelaboração empírica destes, quanto as questões de fundamentação que precisam estar voltadas ao texto e à construção, à versão e à interpretação, a descobertas e aos resultados[2].

Novas saídas para a redação sobre a pesquisa qualitativa

Ao longo da trajetória do desenvolvimento da pesquisa qualitativa, o meio dos textos escritos – e impressos – sempre foi o formato principal para a publicação dos resultados e dos modos de obtenção desses resultados. Às vezes, o montante de material produzido em um estudo qualitativo, e normalmente necessário para tornar os procedimentos concretos transparentes, ultrapassa o que pode ser publicado em um artigo de revista, excedendo também, muitas vezes, o formato de um livro. Os novos meios de comunicação podem ser uma alternativa aqui. A publicação na internet não apenas agiliza as publicações, mas também representa uma forma de superar essas limitações de espaço e de custos. As publicações na internet podem sair com mais material, como fragmentos de entrevista, inclusive fotos e vídeos que tenham sido utilizados como material empírico e que teriam perdido boa parte de sua significação ao saírem impressos em excertos em preto e branco em um livro. A utilização de CDs ou DVDs como formatos para publicar o processo e os resultados da pesquisa qualitativa como um meio autônomo, ou como um meio suplementar aos demais meios convencionais como livros, pode ser um caminho para a transferência das análises e de um material mais rico. Essas formas de publicação são novas opções para a transferência dos *insights* da pesquisa a seu público. Contudo, elas trazem consigo novas questões relativas a como proteger a privacidade dos participantes – independentemente se se trata de mais texto (e contexto) do material empírico que é fornecido com uma publicação, ou se se trata de imagem rica e contextual, ou de uma série de imagens (ver também Capítulo 4). Assim como com todo o progresso tecnológico nessa área, devemos ver os aspectos positivos e negativos desses avanços.

A FUNÇÃO LEGITIMADORA DA REDAÇÃO

Durante muito tempo, negligenciou-se o fato de que a comunicação do conhecimento das ciências sociais dependia essencialmente das formas nas quais esse conhecimento é apresentado. No entanto, nos últimos tempos, esse assunto passou a ocupar um lugar de destaque nas discussões metodológicas dentro das diversas áreas das ciências sociais, conforme esclarece Bude:

> As pessoas conscientizam-se de que o conhecimento científico é sempre o conhecimento científico apresentado. E a consequência disso é que a "lógica da apresentação" precisa ser considerada da mesma forma como acontece com a "lógica da pesquisa". A maneira como a constituição das experiências dos pesquisadores está associada à forma como essas experiências são preservadas nas apresentações recém começou a ser considerada como tema para reflexão e pesquisa. (1989, p. 527)

Conforme mencionado acima, o pano de fundo dessas considerações são as discussões metodológicas nas diversas áreas das ciências sociais: considerações nas ciências históricas e os pensamentos de Clifford Geertz (1988) sobre o papel do "antropólogo como autor". O próprio Clifford Geertz é um dos mais influentes pesquisadores da antropologia cultural, e suas considerações sobre o antropólogo como autor são resultado de sua experiência de pesquisa, de redação e de análise do material escrito de seus colegas. O antropólogo como autor fornece mais uma apresentação dessa cultura, que é claramente marcada pelo estilo de escrever do autor, do que uma imagem da cultura estudada *per se*. Assim, Geertz trata de quatro pesquisadores clássicos da antropologia – Malinowski, Evans-Pritchard, Lévi-Strauss e Benedict – como quatro autores clássicos de textos antropológicos, avaliando seus textos a partir de um ponto de vista literário. Em suas considerações, a discussão que ocorre na antropologia moderna sobre a "crise da representação etnográfica" tem um papel central[3]. Nessa discussão, examinam-se os problemas relativos às compreensões tradicionais da representação, mencionados no Capítulo 7, concentrando-as no problema da representação do outro (ou seja, nesse caso, da outra cultura): "A mudança de direção para o texto revela uma dimensão no processo científico de conhecimento, que, até então, permanecia subexposta. Quando o conhecimento for abordado como produção de texto, como transcrição de discurso e prática, criam-se as condições para a possibilidade de discutir as práticas etnográficas de representação" (Fuchs e Berg, 1993, p. 64). Na etnografia de culturas estrangeiras e distantes, e na tentativa de torná-las compreensíveis a leitores que não tenham experiência direta com estas, o problema da apresentação pode ficar evidente. No entanto, nas tentativas dos pesquisadores de tornar compreensíveis aos leitores uma determinada vida cotidiana, uma biografia, um ambiente institucional a partir de seu próprio contexto cultural, o problema da interpretação, embora seja menos óbvio, revela-se igualmente relevante: "A etnografia deve sempre lutar contra a associação equivocada da experiência pessoal limitada, na qual o processo de conhecimento se baseia, e a exigência de um conhecimento dominante sobre toda uma cultura que ela desenvolve com seu produto, ou seja, os textos" (1993, p. 73)

A partir do momento que a ciência social adota esse reexame crítico das condições da produção de textos científicos e de seu significado para o que é descrito, explicado ou narrado nesses textos[4], inicia-se a discussão sobre a maneira apropriada para a exposição dessas descobertas. A redação não é, então, apenas uma parte integrante do processo de pesquisa[5], mas também um método de pesquisa (Richardson, 2000) que, como outros métodos, está sujeito às mudanças nos contextos históricos e científicos. A pós-modernidade tem influenciado especialmente a redação científica no campo da pesquisa qualitativa de forma duradoura e questionando-a em sua autoevidência. Uma especial importância é atribuída à redação no processo de pesquisa, uma vez que os "novos critérios" para a avaliação da pesquisa qualitativa como um todo (discutidos nos capítulos anteriores) originam-se nas formas como são expostos os processos e os resultados. Onde a fidedignidade e a credibilidade substituem a confiabilidade e a validade dos dados e das descobertas como critérios centrais (exemplos em Lincoln e Guba, 1985), o problema da fundamentação é transferido para o nível da redação e do relato.

> O relatório de pesquisa, com sua apresentação dos procedimentos metodológicos e na reflexão sobre estes, com todas as suas narrativas sobre o acesso ao campo e as atividades neste desenvolvidas, com sua documentação de diversos materiais, com suas observações e conversas transcritas, suas interpretações e inferências teóricas, constitui a única base para solucionar a questão da qualidade da investigação. (Luders, 1995, p. 325)

Desse modo, se as descobertas e os procedimentos da pesquisa científica forem julgados principalmente de acordo com sua apresentação e com os aspectos estilísticos e outras qualidades do relatório ou do artigo, o limite entre a ciência e a literatura (de boa qualidade) torna-se obscuro. Em cada um dos casos, o texto passa a ocupar uma posição destacada na discussão sobre a fundamentação da pesquisa qualitativa. Além das discussões apresentadas no Capítulo 7 (ver Figura 7.2), o texto passa a ser o elemento central para o julgamento da tradução das experiências em construções e em interpretações. A credibilidade da apresentação pode ser especificada nas sugestões para a concretização dos critérios para a fundamentação da pesquisa qualitativa, que foram tratados no capítulo anterior. As seguintes abordagens fundamentam a interpretação (ver Figura 30.1): a validação comunicativa, a análise da situação de entrevista, a aplicação consequente da amostragem teórica e da triangulação de métodos e perspectivas para os pontos de partida metodológicos em busca da generalização das descobertas por meio da comparação constante e do contraste de casos e a análise de casos negativos.

Reichertz (1992) avança uma etapa no tratamento da credibilidade centrado no texto. Ele esclarece que essa forma de persuasão em relação à credibilidade é produzida não apenas no texto, mas também na interação entre o autor, o texto e o leitor:

> O ponto decisivo, no entanto, é a atitude expressa no texto, com a qual o etnógrafo volta-se para suas próprias interpretações e as de seus colegas para relacioná-las entre si de acordo com as necessidades do caso individual. Não é a forma do relato exigida na redação que tem relevância para o leitor, mas a atitude do relato, a qual é revelada no texto, que, é claro, sempre exige a utilização de meios semióticos, que consistem de meios capazes de identificar fraudes. (1992, p. 346)

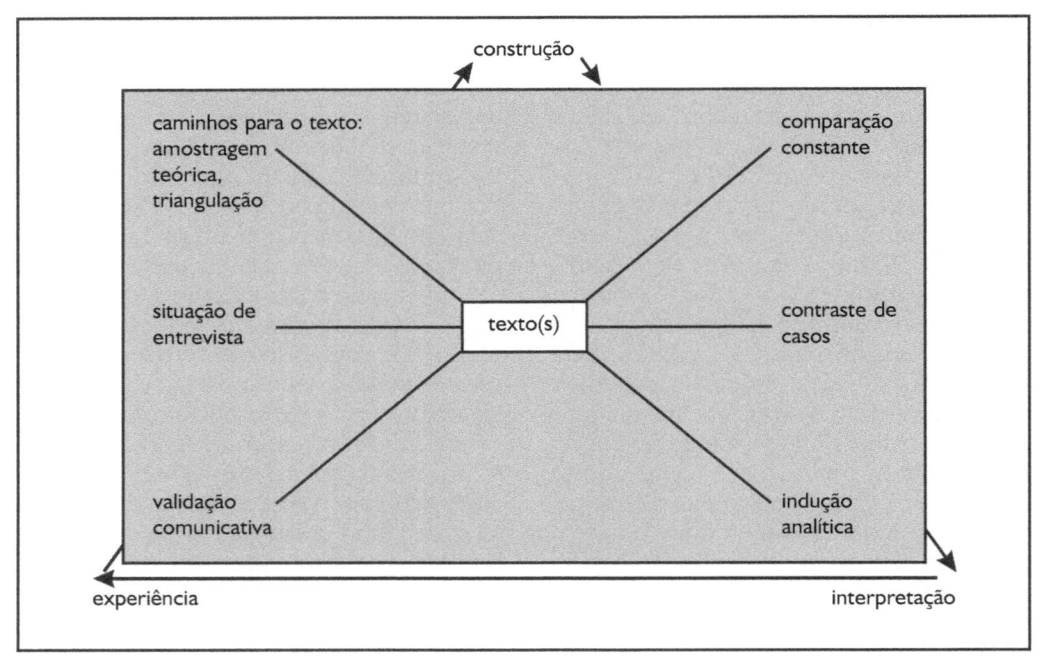

```
                          construção
                            ↗  ↘

 caminhos para o texto:                           comparação
 amostragem                                       constante
 teórica,
 triangulação


 situação de              ┌─────────┐             contraste de
 entrevista  ─────────────│ texto(s)│─────────────  casos
                          └─────────┘


 validação                                        indução
 comunicativa                                     analítica
   ↙                                                ↘
 experiência                                      interpretação
```

Figura 30.1 Fundamentação do texto

A FUNÇÃO REFLEXIVA DA REDAÇÃO

A pesquisa, então, inclui não apenas a interação entre o pesquisador e o assunto, mas também a interação entre os pesquisadores e seus possíveis leitores, para os quais eles, por fim, redigem suas apresentações. Essa relação – assim como o texto produzido com esse propósito e a redação a ele associada – é definida de múltiplas maneiras: "contextualmente (...) retoricamente (...) institucionalmente (...) genericamente (...) politicamente (...) historicamente" (Clifford, 1986, p. 6).

De um modo mais geral, essas considerações destacam a relação existente entre o autor, o texto e os leitores, bem como as condições de produção dos textos científicos, colocando-a à frente da relação entre o pesquisador e o assunto, que somente aparece documentada no texto de forma resumida. Observa-se uma reflexão semelhante sobre a produção da pesquisa na ciência (natural) (ver Knorr-Cetina, 1981). Nesse caso, a ciência social (como sempre fez) lida com o "outro" – ou seja, de modo concreto, os cientistas (naturais) e seus laboratórios e as práticas envolvidas na fabricação do conhecimento. A discussão sobre a redação na etnografia e, de um modo geral, na pesquisa qualitativa, no entanto, tem conduzido a autorreflexão na pesquisa das ciências sociais. Aqui, questionam-se cada vez mais o papel do pesquisador qualitativo e sua autoconsciência: "O pesquisador qualitativo não é um observador objetivo, autoritário, politicamente neutro que ocupa um lugar fora e acima do texto" (Bruner, 1993, citado em Lincoln e Denzin, 2000, p. 1049).

Isso nos leva à questão sobre qual a validade que se pode exigir para aquilo que é apresentado, considerando-se o fato de que a forma de apresentação usada pelo autor determina essencialmente o que é apresentado e como isso é apresentado. Essa questão é discutida no tópico sobre a autoridade do texto:

Por *autoridade do texto*, referimo-nos à necessidade que qualquer texto tem de ser preciso, verdadeiro e completo. Trata-se de um texto fiel ao contexto e aos indivíduos que ele deve representar? O texto tem o direito de reivindicar a si mesmo como um relatório para o mundo mais amplo que trata não apenas dos interesses do pesquisador, mas também dos interesses daqueles que são estudados? (Lincoln e Denzin, 2000, p. 1052)

Aqui, levantam-se dúvidas com relação às exigências da pesquisa qualitativa – exigências em relação a uma análise e uma apresentação apropriadas dos contextos e das pessoas que foram estudadas e de sua legitimidade. O questionamento da autoridade do texto leva a um questionamento da autoridade e da legitimidade da pesquisa como um todo. Contudo, nessas discussões, a motivação original da pesquisa – produzir conhecimento sobre os contextos de vida e os pontos de vista subjetivos e seus contextos – corre o risco de se perder em um discurso interminável de autorreferência[6].

DISSOLUÇÃO DA CIÊNCIA EM ESTILOS DE REDAÇÃO?

É uma ironia o fato de que, logo agora que a pesquisa qualitativa conquistou – com dificuldades, mas também com êxito – seu lugar entre as ciências, ela enfrente o risco de se perder em debates intermináveis sobre o papel e os problemas da redação. Talvez realmente faça sentido considerar os estilos de redação de etnógrafos reconhecidos como autores (Geertz, 1988, sobre Levi-Strauss e outros; Wolff, 1992, mais uma vez sobre Geertz), para diferenciar o estilo da redação na etnografia daquele observado em outros gêneros. Apesar disso, a alegação por parte da pesquisa qualitativa – quanto a fazer ciência, a especificar os limites com outros gêneros de apresentação, mas também de estabelecer os limites entre um estudo bem realizado, bem-sucedido, e outro menos exitoso ou mesmo fracassado – não deve ser abandonada. Para favorecer a discussão sobre a redação na pesquisa, não se deve nem abandonar a discussão sobre a qualidade na pesquisa, e não referir apenas um texto bom e confiável, nem reduzir a ênfase sobre a prática da pesquisa.

O FUTURO DA PESQUISA QUALITATIVA: ARTE OU MÉTODO?

No outro lado da moeda está a ênfase exagerada sobre o papel da arte na pesquisa qualitativa. Diversos métodos são explicitamente denominados arte, exigindo-se que sejam ensinados como tal (por exemplo, a hermenêutica objetiva). Quanto aos outros métodos, tem-se, às vezes, a impressão de que suas aplicações por parte daqueles que os desenvolveram, constituem a melhor medida para avaliar seu potencial. Outras apresentações e aplicações teóricas e metodológicas claramente ficam para trás em relação às afirmações de seus criadores quanto aos *insights* que são capazes de proporcionar dentro do processo e dos procedimentos. Ademais, em muitos trechos, o manual de Denzin e Lincoln (2000a) passa a impressão da noção da pesquisa qualitativa como arte – sendo uma seção inteira intitulada "A arte e as práticas de interpretação, de avaliação e de representação", e logo oferece relativamente poucas recomendações concretas sobre como fazer uma interpretação ou uma avaliação. Trata-se mais de um esboço sobre a arte do que das práticas, ou mesmo dos métodos. A descrição do que existe de mais avançado na pesquisa qualitativa que Denzin e Lincoln (2000b) apresentam como introdução, destaca essa impressão. Eles passam a ideia de que as questões relativas aos métodos e de como aplicá-los são deixadas de lado ou arquivadas por serem consideradas ultrapassadas e estarem na "fase modernista" do passado, tudo isso em favor das crises de representação e de legitimação que discutem. Isso pode estar associado à forte orientação etnográfica que caracteriza a apresentação da pesquisa qualitativa nesse manual. De acordo com Hammersley e Atkinson (1983) ou Luders (2004a), é característico da etnografia que os métodos isolados sejam integrados em uma atitude pragmático-pluralista ou que desapareçam por trás dessa atitude. A grande atenção atraída pela questão da redação da pesquisa qualitativa e as crises e os problemas a ela vinculados nesse contexto definitivamente não deverá acelerar o desenvolvimento dos métodos nem a aplicação dos métodos desenvolvidos, e não necessariamente conduzirá a um aumento no volume ou na qualidade da pesquisa. Ainda não se sabe se a expectativa mais recente de Lincoln e Denzin (2000, p. 1052), de que o futuro da pesquisa qualitativa repousa em uma "epistemologia sagrada", encontrará um caminho para escapar da tensão existente entre a arte e o método ou se conduzirá de volta a outra tensão dos tempos antigos (ciência ou religião).

Talvez a pesquisa qualitativa deva ser entendida como arte *e* método. E deva-se esperar o progresso a partir da combinação entre os avanços metodológicos e as aplicações exitosas e refletidas destes no maior número de campos e de questões de pesquisa possível. Em suas considerações a respeito do "mundo fragmentado", Clifford Geertz destaca a necessidade crescente deste tipo de pesquisa:

> A mesma dissolução dos agrupamentos estabelecidos e das divisões familiares, que tornou o mundo político angular e tão difícil de decifrar, fez da análise *da* cultura, de como as pessoas vêem as coisas, respondem a elas, as imaginam, as julgam, lidam com elas, uma aventura bem mais embaraçosa do que o era quando nós sabíamos ou, antes, achávamos que sabíamos o que combinava com o que e o que não combinava (...) Precisamos é de modos de pensar que respeitem as particularidades, as individualidades, as excentricidades, as descontinuidades, os contrastes e as singularidades, que correspondam ao que Charles Taylor designou como "diversidade profunda" – uma pluralidade de formas de ser e de pertencer e que, ainda assim, possam extrair desses aspectos – dessa diversidade – um senso de encadeamento lógico, um encadeamento que não seja nem abrangente nem uniforme, que não seja primordial nem invariável, mas que, contudo, seja verdadeiro (...) Mas, se o que se apresenta diante de nós é, de fato, um mundo de dessemelhanças compactadas organizadas de modo variado (...) não há nada mais a fazer senão debruçar-se sobre os casos, sem importar qual seja o custo para a generalidade, a certeza ou o equilíbrio intelectual. (2000, p. 223-226).

Pontos-chave

- A discussão sobre a redação da pesquisa qualitativa vai além da questão sobre o modo formal em que se quer apresentar os resultados encontrados.
- Questões fundamentais, como a representação, a legitimidade, a autoridade, etc., fizeram dessa discussão uma discussão-chave na pesquisa qualitativa (durante algum tempo, pelo menos).
- O risco de uma discussão tão fundamental é que ela possa impedir que pessoas realizem, de fato, a pesquisa – que encontrem *insights* interessantes (e os apresentem) que os conduzam a intermináveis circuitos reflexivos.
- Apesar disso, é o modo como escrevemos sobre aquilo que experienciamos no campo que determina a forma e o conteúdo dessas experiências que podemos transferir para os nossos leitores.

NOTAS

1. Ainda é preciso esclarecer mais até que ponto a sugestão de Bude (1989) de utilizar "o ensaio como uma forma de apresentar o conhecimento das ciências sociais"

Exercício 30.1

1. Procure um exemplo a partir da literatura da pesquisa qualitativa. Após a leitura, questione a si mesmo se ficou transparente para você a forma como os pesquisadores encontraram seu acesso ao campo e às pessoas do campo e a forma como reuniram e analisaram os dados, etc.
2. Observe esse exemplo outra vez e reflita sobre até que ponto você ouviu as vozes do campo na versão apresentada pelos autores e se isso teria sido necessário ou útil.
3. Observe algum de seus próprios trabalhos sobre sua pesquisa. Que tipo de apresentação você escolheu? Até que ponto as discussões sobre a redação na pesquisa qualitativa encontram-se em seu trabalho? Tente responder a essas perguntas.

---

pode delinear um caminho nesse contexto. É o caso também da vantagem e da especialidade das narrativas sociológicas discutidas pelo mesmo autor em um outro contexto (Bude, 1993).

2. Essa é a impressão que resulta não apenas das publicações sobre a etnografia, mas, de um modo mais geral, da leitura do manual editado por Denzin e Lincoln (2000a), o qual é fortemente marcado pelas discussões em andamento sobre a redação das etnografias e da cultura em tempos de pós-modernidade.
3. Essa discussão encontra-se documentada em detalhes em Clifford e Marcus (1986).
4. Uma confirmação disso é a afirmação geral de René König: "As noções de 'estrangeiro' ou de 'distanciamento de estrangeiro', que são fundamentais para o trabalho do etnógrafo, são também relevantes para os sociólogos pelo fato de estudarem suas próprias realidades. Isso porque a ideia de que eles, como membros de determinada realidade social, têm à mão um 'conhecimento preliminar' substancial, o qual pode ser aperfeiçoado pela apresentação correspondente como conhecimento científico, atualmente não se confirma" (1984, p. 23).
5. Em relação a esse aspecto, além de Becker (1986b), ver também Wolcott (1990b) e Richardson (1990).
6. Lincoln e Denzin percebem um risco semelhante: "Críticas autorreferentes intermináveis feitas por pós-estruturalistas podem gerar montanhas de textos com poucas referências à experiência humana concreta" (2000, p. 1050).

LEITURAS ADICIONAIS

A redação da pesquisa

Estes textos avançam nos detalhes dos problemas aqui mencionados relativos às diferentes funções da redação na pesquisa qualitativa.

Becker, H.S. (1986b) *Writing for Social Scientists*. Chicago: University of Chicago Press.

Clifford, J., Marcus, G.E. (eds) (1986) *Writing Culture: The Poetics and Politics of Ethnography*. Berkeley, CA: University of California Press.

Geertz, C. (1988) *The Anthropologist as Author*. Stanford, CA: Stanford University Press.

Van Maanen, J. (1988) *Tales of the Field: On Writing Ethnography*. Chicago: University of Chicago Press.

O futuro da pesquisa qualitativa: arte ou método

Em seu panorama, os autores evidenciam a tensão existente entre arte e método de um modo peculiar.

Lincoln, Y.S., Denzin, N.K. (2000) "The Seventh Moment", in N. Denzin and Y.S. Lincoln (eds), *Handbook of Qualitative Research* (2nd edn). London: SAGE. p. 1047-165.

Referências

Adler, P.A. and Adler, P. (1987) *Membership Roles in Field Research*. Beverly Hills, CA: SAGE.

Adler, P.A. and Adler, P. (1998) "Observational Techniques," in N. Denzin and Y.S. Lincoln (eds), *Collecting and Interpreting Qualitative Materials*. London: SAGE. pp. 79-110.

Agar, M.H. (1980) *The Professional Stranger*; New York: Academic Press.

Allmark, P. (2002) "The Ethics of Research with Children," *Nurse Researcher*, 10: 7-19.

Altheide, D.L. and Johnson, J.M. (1998) "Criteria for Assessing Interpretive Validity in Qualitative Research," in N. Denzin and Y.S. Lincoln (eds), *Collecting and Interpreting Qualitative Materials*. London: SAGE. pp. 293-312.

Atkinson, P. and Hammersley, M. (1998) "Ethnography and Participant Observation," in N. Denzin and Y.S. Lincoln (eds), *Strategies of Qualitative Inquiry*. London: SAGE. pp. 110-136.

Atkinson, P., Coffey, A., Delamont, S., Lofland, J. and Lofland L. (eds) (2001) *Handbook of Ethnography*. London: SAGE.

Atteslander, P. (1996) "Auf dem Wege zur lokalen Kultur. Einfuhrende Gedanken," in W.F. Whyte, Die Street Corner Society. *Die Sozialstruktur eines Italienerviertels*. Berlin, N.Y.: de Gruyter. pp. IX-XIV.

Bampton, R. and Cowton, C.J. (2002, May) "The E-Interview," Forum Qualitative Social Reseach, 3 (2), www.qualitative-research.net/fqs/fqs-eng.htm (date of access: 02, 22,2005).

Barthes, R. (1996) *Camera Lucida*. Reflections on Photography. New York: Hill and Wang.

Barton, A.H. and Lazarsfeld, P.F. (1955) "Some Functions of Qualitative Analysis in Social Research," *Frankfurter Beiträge zur Soziologie*. I. Frankfurt a. M.: Europäische Verlagsanstalt. pp.321-361.

Banister, P., Burman, E., Parker, I., Taylor, M. and Tindall, C. (1994) *Qualitative Methods in Psychology: A Research Guide*. Buckingham: Open University Press.

Barbour, R. (2006) *Producing Data Using Focus Groups*. (Book five of the Qualitative Research Kit). London: SAGE.

Bateson, G. and Mead, M. (1942) *Balinese Character: A Photographic Analysis*, vol. 2. New York: New York Academy of Sciences.

Bauer, M. (2000) "Classical Content Analysis: A Review," in M. Bauer and G. Gaskell (eds), *Qualitative Researching with Text, Image and Sound-A Handbook*. London, Thousand Oaks, New Delhi: SAGE. pp. 131-150.

Bauer, M. and Gaskell, G. (2000) (eds) *Qualitative Researching with Text, Image, and Sound*. London: SAGE.

Baum, F. (1995) "Researching Public Health: Behind the Qualitative-Quantitative Methodological Debate." *Social Science and Medicine*, (40).459-468.

Baym, N.K. (1995) "The Emergence of Community in Computer-Mediated Communication," in S. Jones (ed.), *Cybersociety-Computer-Mediated Communication and Community*. London: SAGE. pp.138-163.

Beck, U. (1992) Risk-Society. London: SAGE.

Beck, U. and BonB, W. (eds) (1989) *Weder Sozialtechnologie noch Aufklälarung? Analysen zur Verwendung sozialwissenschaftlichen Wissens*. Frankfurt: Suhrkamp.

Becker, H.S. (1986a) *Doing Things Together: Selected Papers*. Evanston, IL: Northwestern University Press.

Becker, H.S. (1986b) *Writing for Social Scientists*. Chicago: The University of Chicago Press.

Becker, H.S. (1996) "The Epistemology of Qualitative Research," in R. Jessor, A. Colby and R.A. Shweder (eds), *Ethnography and Human Development*. Chicago: The University of Chicago Press. pp. 53-72.

Becker, H.S., Geer, B., Hughes, E.C. and Strauss, A.L. (1961) *Boys in White: Student Culture in Medical School*. Chicago: University of Chicago Press.

Becker, H. and Geer, B.S. (1960) "Participant Observation: Analysis of Qualitative Data," in R.N. Adams and J.J. Preiss (eds), *Human Organization Research*. Homewood, IL: The Dorsey Press. pp. 267-289.

Berger, P. L. and Luckmann, T. (1966). *The Social Construction of Reality*. Garden City, NY: Double Day.

Bergmann, J.R. (1980) "Interaktion and Exploration: Eine konversationsanalytische Studie zur sozialen Organisation der Eröffnungsphase von psychiatrischen Aufnahmegesprächen." Konstanz. Dissertation.

Bergmann, J.R. (1985) "Fluchtigkeit und methodische Fixierung sozialer Wirklichkeit. Aufzeichnungen als Daten der interpretativen Soziologie," in W. BonB and H. Hartmann (eds), *Entzauberte Wissenschaft-Zur Realität und Geltung soziologischer Forschung*. Göttingen: Schwartz. pp. 299-320.

Bergmann, J. (2004a) "Conversation Analysis," in U. Flick, E.v. Kardorff and I. Steinke (eds), *A Companion to Qualitative Research*. London: SAGE. pp. 296-302.

Bergmann, J. (2004b) "Ethnomethodology," in U. Flick, E.v. Kardorff and I. Steinke (eds), *A Companion to Qualitative Research*. London: SAGE. pp. 72-80.

Bergmann, J. and Meier, C. (2004) "Electronic Process Data and Their Analysis," in U. Flick, E.v. Kardorff and I. Steinke (eds), *A Companion to Qualitative Research*. London: SAGE. pp.243-247.

Bertaux, D. (ed.) (1981) *Biography and History: The Life History Approach in Social Sciences*. Beverly Hills, CA: SAGE.

Billig, M. (1987) *Arguing and Thinking: A Rhetorical Approach to Social Psychology*. Cambridge: Cambridge University Press.

Billman-Mahecha, E. (1990) *Egozentrismus und Perspektivenwechsel*. Gottingen: Hogrefe.

Blumer, H. (1938) "Social Psychology," in E. Schmidt (ed.), *Man and Society*. New York: Prentice Hall. pp. 144-198.

Blumer, H. (1969) *Symbolic Interactionism: Perspective and Method*. Berkeley and Los Angeles: University of California.

Bohm, A. (2004) "Theoretical Coding," in U. Flick, E.v. Kardorff and I. Steinke (eds), *A Companion to Qualitative Research*. London: SAGE. pp. 270-275.

Bohnsack, R. (2004) "Group Discussions and Focus Groups," in U Flick, E.v Kardorff and I. Steinke (eds), *A Companion to Qualitative Research*. London: SAGE. 214-220.

BonB, W. (1982) *Die Einubung des Tatsachenblicks. Zur Struktur und Veranderung empirischer Sozialforschung*. Frankfurt. Suhrkamp.

BonB, W. (1995) "Soziologie," in U. Flick, E.v. Kardorff, H. Keupp, L.v. Rosenstiel and S. Wolff (eds), *Handbuch Qualitative Sozialforschung* (2nd edn). Munich: Psychologie Verlags Union. pp. 36-39.

BonB, W. and Hartmann, H. (1985) "Konstruierte Gesellschaft, rationale Deutung – Zum Wirklichkeitscharakter soziologischer Diskurse," in W. BonB and H. Hartmann (eds), *Entzauberte Wissenschaft: Zur Realitat und Geltung soziologischer Forschung*. Gottingen: Schwartz. pp. 9-48.

Borman, K.M., LeCompte, M. and Goetz, J.P. (1986) "Ethnographic Research and Qualitative Research Design and Why it Doesn"t Work," *American Behavioral Scientist*, 30: 42-57.

Bourdieu, P. (1996) "Understanding," *Theory, Culture and Society*, 13 (2): 17-37.

Bruce, G. (1992) "Comments," in J. Svartvik, (ed.), *Directions in Corpus Linguistics: Proceedings of the Nobel Symposium 82, Stockholm, August 4-8, 1991*. Berlin: de Gruyter. pp. 145-147.

Bruner, E.M. (1993) "Introduction: The Ethnographic Self and the Personal Self," in P. Benson (ed.), *Anthropologyand Literature*. Urbana: University of Illinois Press. pp. 1-26.

Bruner, J. (1987) "Life as Narrative," *Social Research*, 54: 11-32.

Bruner, J. (1990) *Acts of Meaning*. Cambridge, MA: Harvard University Press.

Bruner, J. (1991) "The Narrative Construction of Reality," *Critical Inquiry*, 18: 1-21.

Bruner, J. and Feldman, C. (1996) "Group Narrative as a Cultural Context of Autobiography," in D. Rubin (ed.), *Remembering our Past: Studies in Autobiographical Memory*. Cambridge: Cambridge University Press. pp. 291-317.

Bryman, A. (1992) "Quantitative and Qualitative Research: Further Reflections on their Integration," in J. Brannen (ed.), *Mixing Methods: Quantitative and Qualitative Research*. Aldershot: Avebury. pp. 57-80.

Bryman, A. (2004) *Social Research Methods* (2nd edn). Oxford: Oxford University Press.

Bude, H. (1984) "Rekonstruktion von Lebenskonstruktionen: eine Antwort auf die Frage, was die Biograpnieforschung bringt," in M. Kohli and G. Robert (eds), *Biographie und soziale Wirklichkeit. Neuere Beiträge und Forschungsperspektiven*. Stuttgart: Metzler. pp. 7-28.

Bude, H. (1985) "Der Sozialforscher als Narrationsanimateur. Kritische Anmerkungen zu einer erzähltheoretischen Fundierung der interpretativen Socialforshung," *Kolner Zeitschrift und Socialpsychologie*, 37: 327-336.

Bude, H. (1989) "Der Essay als Form der Darstellung sozialwissenschaftlicher Erkenntnisse. *Kölner Zeitschrift fur Soziologie und Sozialpsychologie*, 41: 526-539.

Bude, H. (1993) "Die soziologische Erziihlung," in T. Jung and S. Muller-Doohm (eds), *"Wirklichkeit" im Deutungsprozeβ. Verstehen und Methoden in den Kultur- und Sozialwissenschaften*. Frankfurt: Suhrkamp. pp. 409-429.

Bude, H. (2004) "Qualitative Generation Research," in U. Flick, E.v. Kardorff and I. Steinke (eds), *A Companion to Qualitative Research*. London: SAGE. pp. 108-112.

Buhler-Niederberger, D. (1985) "Analytische Induktion als Verfahren qualitativer Methodologie," *Zeitschrift fur Soziologie*, 14: 475-485.

Chamberlain, K. (1999) "Using Grounded Theory in Health Psychology," in M. Murray and K. Chamberlain (eds), *Qualitative Health Psychology-Theories and Methods*. London. SAGE. pp. 183-201.

Charmaz, K. (2003) "Grounded Theory," in J.A. Smith (ed.), *Qualitative Psychology-A Practical Guide to Research Methods*. London. SAGE. pp. 81-110.

Cicourel, A.V. (1964) *Method and Measurement in Sociology*. New York: Free Press.

Cicourel, A.V. (1981) "Notes on the Integration of Micro- and Macrolevels of Analysis," in K. Knorr-Cetina and A.V. Cicourel (eds), *Advances in Social Theory and Methodolog: Towards an Integration of Micro- and Macro-Sociologies*. London. Routledge and Kegan Paul. pp. 51-80.

Clifford, J. (1986) "Introduction. Partial Truths," in J. Clifford and G.E. Marcus (eds), *Writing Culture: The Poetics and Politics of Ethnography*. Berkeley, CA: The University of California Press. pp. 1-26.

Clifford, J. and Marcus, G.E. (eds) (1986) *Writing Culture: The Poetics and Politics of Ethnography*. Berkeley, CA: The University of California Press.

Coffey, A., Holbrook, B. and Atkinson, P. (1996) "Qualitative Data Analysis: Technologies and Representations," *Sociological Research Online*, 1. (www.socresonline.org.uk/socreson-line/1/1/4html)

Corbin, J. and Strauss, A. (1988) *Unending Work and Care-Managing Chronic Illness at Home*. San Francisco: Jossey Bass.

Corbin, J. and Strauss, A. (1990) "Grounded Theory Research: Procedures, Canons and Evaluative Criteria," *Qualitative Sociology*, 13: 3-21.

Coulter, J. (1983) *Rethinking Cognitive Theory*. London: Macmillan.

Creswell, J. W. (2003) *Research Oesign-Qualitative, Quantitative, and Mixed Methods Approaches*. Thousand Oaks, CA: SAGE.

D'Andrade, R.G. (1987) "A Folk Model of the Mind," in D. Holland and N. Quinn (eds), *Cultural Models in Language and Thought*. Cambridge: Cambridge University Press. pp. 112-149.

Dabbs, J.M. (1982) "Making Things Visible," in J. Van Maanen, J.M. Dabbs and R. Faulkner (eds), *Varieties of Qualitative Research*. London: SAGE. pp. 31-64.

Dann, H.D. (1990) "Subjective Theories: A New Approach to Psychological Research and Educational Practice," in G.R. Semin and K.J. Gergen (eds), *Everyday Understanding: Social and Scientific Implications*. London: SAGE. pp. 204-226.

Deleuze, G. and Guattari, F. (1976) *Rhizome: Introduction*. Paris: Les editions de Minuit.

Denzin, N.K. (1988) *Interpretive Biography*. London: SAGE.

Denzin, N.K. (1989a) *Interpretive Interactionism*. London: SAGE.

Denzin, N.K. (1989b) *The Research Act* (3rd edn). Englewood Cliffs, NJ: Prentice Hall.

Denzin, N.K. (1989c) "Reading *Tender Mercies*: Two Interpretations," *Sociological Quarterly*, 30: 1-19.

Denzin, N.K. (ed.) (1993) *Studies in Symbolic Interactionism*, Vol. 15. Greenwich, CT: JAI Press.

Denzin, N.K. (1997) *Interpretive Ethnography: Ethnographic Practices for the 21st Century*. Thousand Oaks, CA: SAGE.

Denzin, N.K. (1999) "Cybertalk and the Method of Instances," in S. Jones (ed.), *Doing Internet Research-Critical Issues and Methods for Examining the Net*. London: SAGE, pp.107-126.

Denzin, N.K. (2000) "The Practices and Politics of Interpretation," in N. Denzin and V.S. Lincoln (eds), *Handbook of Qualitative Research* (2nd edn). London: SAGE. pp. 897-922.

Denzin, N.K. (2004a) "Reading Film: Using Photos and Video as Social Science Material," in U. Flick, E.v. Kardorff and I. Steinke (eds), *A Companion to Qualitative Research*. London: SAGE. pp.234-247.

Denzin, N.K. (2004b) "Symbolic Interactionism," in U. Flick, E.v. Kardorff and I. Steinke (eds), *A Companion to Qualitative Research*. London: SAGE. pp. 81-87.

Denzin, N. and Lincoln, V.S. (eds) (2000a) *Handbook of Qualitative Research* (2nd edn). London: SAGE.

Denzin, N. and Lincoln, V.S. (2000b) "Introduction: The Discipline and Practice of Qualitative Research," in N. Denzin and V.S. Lincoln (eds), *Handbook of Qualitative Research* (2nd edn). London: SAGE. pp. 1-29.

Department of Health (2001) *Research Governance Framework for Health and Social Care*. London: Department of Health.

Derrida, J. (1990) *Writing and Difference*. London: Routledge (original: *L"ecriture et la difference*, Paris: Editions du Seuil, 1967).

Devereux, G. (1967) *From Anxiety to Methods in the Behavioral Sciences*. The Hague, Paris: Mouton.

Dixon, R.A. and Gould, O.N. (1996) "Adults Telling and Retelling Stories Collaboratively," in P.B. Baltes and U. Staudinger (eds), *Interactive Minds: Lifespan Perspectives on the Social Foundation of Cognition*. Cambridge: Cambridge University Press. pp. 221-241.

Douglas, J.D. (1976) *Investigative Social Research*. Beverly Hills, CA: SAGE.

Drew, P. (1995) "Conversation Analysis," in J.A. Smith, R. Harre and L.v. Langenhove (eds), *Rethinking Methods in Psychology*. London: SAGE. pp, 64-79.

Edwards, D. and Potter, J. (1992) *Discursive Psychology*. London: SAGE.

Elliot R., Fischer C. T.and Rennie D.L. (1999) "Evolving Guidelines for Publication of Qualitative Research Studies in Psychology and Related Fields." British Journal of Clinical Psychology, 38: 215-229.

Emerson, R., Fretz, R. and Shaw, L. (1995) *Writing Ethnographic Fieldnotes*. Chicago: Chicago University Press.

Erdheim, M. (1984) *Die gesellschaftliche Produktion von Unbewußtheit*. Frankfurt/M: Suhrkamp. "Ethik-Kodex der Deutschen Gesellschaft fur Soziologie und des Berufsverbandes Deutscher Soziologen." *DGS-Informationen*, 1/93: 13-19.

Fielding, N.G. and Fielding, J.L. (1986) *Linking Data*. Beverly Hills, CA: SAGE.

Fielding, N.G. and Lee, R.M. (eds) (1991) *Using Computers in Qualitative Research*. London: SAGE.

Fielding, N. and Lee, R.M. (1998) *Computer Analysis and Qualitative Research*. London: SAGE.

Fleck, L., Trenn, T.J. and Merton, R.K. (1979) *Genesis and Development of a Scientific Fact*. Chicago: Chicago University Press.

Flick, U. (1992) "Triangulation Revisited. Strategy of or Alternative to Validation of Qualitative Data," *Journal for the Theory of Social Behavior*, 22: 175-197.

Flick, U. (1994) "Social Representations and the Social Construction of Everyday Knowledge: Theoretical and Methodological Queries," *Social Science Information*, 2: 179-197.

Flick, U. (1995) "Social Representations," in R, Harre, J. Smith and L. Van Langenhove (eds), *Rethinking Psychology*. London: SAGE. pp. 70-96.

Flick, U. (1996) *Psychologie des technisierten Alltags*. Opladen: Westdeutscher Verlag.

Flick, U. (ed.) (1998) *Psychology of the Social: Representations in Knowledge and Language*. Cambridge: Cambridge University Press.

Flick, U. (2000a) "Episodic Interviewing," in M. Bauer and G. Gaskell (eds), *Qualitative Researching with Text, Image and Sound: A Practical Handbook*. London: SAGE. pp. 75-92.

Flick, U. (2000b). "Qualitative Inquiries into Social Representations of Health," *Journal of Health Psychology*, (5): 309-318.

Flick, U. (2003) (ed.) "Health Concepts in Different Contexts" (Special Issue). *Journal of Health Psychology*, 8 (5).

Flick, U. (2004a) "Triangulation in Qualitative Research," in U. Flick, E.v. Kardorff and I. Steinke, (eds), *A Companion to Qualitative Research*. London: SAGE. pp. 178-183.

Flick, U. (2004b) "Constructivism," in U. Flick, E.v. Kardorff and I. Steinke, (eds), *A Companion to Qualitative Research*. London: SAGE. pp. 88-94.

Flick, U. (2004c) *Triangulation-eine Einfuhrung*. Wiesbaden: Verlag fur Sozialwissenschaften.

Flick, U (2006a) *How To Evaluate Qualitative Research* (Book eight of the Qualitative Research Kit). London: SAGE.

Flick, U. (2006b) *Qualitative Research in Psychology*: A Textbook. London: SAGE.

Flick, U. and Bauer, M. (2004) "Teaching Qualitative Research," in U. Flick, E.v. Kardorff and I. Steinke (eds), *A Companion to Qualitative Research*. London: SAGE. pp. 340-348.

Flick, U. Fischer, C., Walter, U., and Schwartz, F.W. (2002} Social Representations of Health Held by Health Professionals-The Case of General Practitioners and Home Care Nurses," *Social Science Information*, 41/4: 581-602.

Flick, U., Fischer, C., Neuber, A., Walter, U. and Schwartz, F.W. (2003) "Health in the Context of Being Old-Representations Held by Health Professionals," *Journal of Health Psychology*, 8/5: 539-556.

Flick, U., Kardorff, E.v. and Steinke, I. (eds) (2004) *A Companion to Qualitative Research*. London: SAGE.

Flick, U., Walter, U., Fischer, C., Neuber, A. and Schwartz, F.W. (2004) *Gesundheit als Leitidee? - Gesundheitsvorstellungen von Arzten und Pflegekriiften*. Bern: Huber.

Fontana, A. and Frey, J.H. (2000) "The Interview: From Structured Questions to Negotiated Text," in N. Denzin and Y.S. Lincoln (eds), *Handbook of Qualitative Research* (2nd edn). London: SAGE. pp. 645-72.

Foucault, M. (1980) *Power/Knowledge: Selected Interviews and Other Writings 1972-1977*. Hassocks, Sussex: Harvester.

Freud, S. (1912/1958) "Recommendations to Physicians Practising Psychoanalysis," in *The Standard Edition of the Complete Psychological Work of Sigmund Freud*, Vol. XII (trans. J. Strachey). London: The Hogarth Press. pp. 109-120.

Fuchs, W. (1984) *Biographische Forschung: Eine Einfuhrung in Praxis und Methoden*. Opladen: Westdeutscher Verlag.

Fuchs, M. and Berg, E. (1993) "Phänomenologie der Differenz. Reflexionsstufen ethnographischer Repriisentation," in E. Berg and M. Fuchs (eds), *Kultur, soziale Praxis, Text: Die Krise der ethnographischen Repräsentation*. Frankfurt: Suhrkamp. pp.11-108.

Garfinkel, H. (1967) *Studies in Ethnomethodology*. Englewood Cliffs, NJ: Prentice Hall.

Garfinkel, H. (1986) *Ethnomethodological Studies of Work*. London. Routledge and Kegan Paul.

Garfinkel, H. and Sacks, H. (1970) "On Formal Structures of Practical Actions," in J. McKinney and E. Tiryyakian (eds), *Theoretical Sociology*. New York: Appleton.

Garz, D. (ed.) (1994) *Die Welt als Text*. Frankfurt: Suhrkamp.

Garz, D. and Kraimer, K. (1994) "Die Welt als Text. Zum Projekt einer hermeneutisch-rekonstruktiven Sozialwissenschaft," in D. Garz (ed.), Die Welt als Text. Frankfurt: Suhrkamp. pp. 7-21.

Gaskell, G. and Bauer, M. (2000) "Towards Public Accountability: Beyond Sampling, Reliability and Validity," in M. Bauer and G. Gaskell (eds), *Qualitative Researching with Text, Image, and Sound-A Handbook*. London Thousand Oaks, New Delhi: SAGE. pp. 336-350.

Gebauer, G. and Wulf, C. (1995) *Mimesis: Culture, Art, Society*. Berkeley, CA: University of California Press.

Geertz, C. (1973) *The Interpretation of Cultures: Selected Essays*. New York: Basic Books.

Geertz, C. (1983) *Local Knowledge: Further Essays in Interpretative Anthropology*. New York: Basic Books.

Geertz, C. (1988) *The Anthropologist as Author*: Stanford, CA: Stanford University Press.

Geertz, C. (2000) *Available Light: Anthropological Reflections on Philosophical Topics*. Princeton, NJ: Princeton University Press.

Gerdes, K. (ed.) (1979) *Explorative Sozialforschung. Einfuhrende Beitrage aus "Natural Sociology" und Feldforschung in den USA*. Stuttgart: Enke.

Gergen, K.J. (1985) "The Social Constructionist Movement in Modern Psychology," *American Psychologist*, 40: 266-275.

Gergen, K.J. (1994) *Realities and Relationship: Soundings in Social Construction*. Cambridge, MA: Harvard University Press.

Gergen, K.J. (1999) *An Invitation to Social Construction*. London, Thousand Oaks, New Dehli: SAGE.

Gerhardt, U. (1986) *Patientenkarrieren. Eine medizinsoziologische Studie*. Frankfurt: Suhrkamp.

Gerhardt, U. (1988) "Qualitative Sociology in the Federal Republic of Germany," *Qualitative Sociology*, 11: 29-43.

Gibbs, G. (forthcoming) *How to Analyse Qualitative Data* (Book Six of the Qualitative Data Research Kit). London: Sage.

Gildemeister, R. (2004) "Gender Studies," in U. Flick, E.v. Kardorff and I. Steinke (eds), *A Companion to Qualitative Research*. London: SAGE. pp. 123-128.

Girtler, R. (1984) *Methoden der qualitativen Sozialforschung*. Wien: Böhlau.

Glaser, B.G. (1969) "The Constant Comparative Method of Qualitative Analysis," in G.J. McCall and J.L. Simmons (eds), *Issues in Participant Observation*. Reading, MA: Addison-Wesley.

Glaser, B.G. (1978) *Theoretical Sensitivity*. Mill Valley: University of California.

Glaser, B.G. (1992) *Basics of Grounded Theory Analysis: Emergence vs. Forcing*. Mill Valley, CA: Sociology Press.

Glaser, B.G. and Strauss, A.L. (1965a) *Awareness of Dying*. Chicago: Aldine.

Glaser, B. and Strauss, A. (1965b) "Discovery of Substantive Theory: A Basic Strategy Underlying Qualitative Research," *The American Behavioral Scientist*, 8: 5-12.

Glaser, B.G. and Strauss, A.L. (1967) *The Discovery of Grounded Theory: Strategies for Qualitative Research*. New York: Aldine.

Glasersfeld, E.v. (1992) "Aspekte des Konstruktivismus: Vico, Berkeley, Piaget," in G. Rusch and S.J. Schmidt (eds), *Konstruktivismus: Geschichte und Anwendung*. Frankfurt a. M.: Suhrkamp. pp. 20-33.

Glasersfeld, E.v. (1995) *Radical Constructivism: A Way of Knowing and Learning*. London: The Falmer Press.

Goffman, E. (1959) *The Presentation of Self in Everyday Life*. New York: Doubleday.

Goffman, E. (1961) *Asylums: Essays on the Social Situation of Mental Patients and Other Inmates*. New York: Anchor Doubleday.

Gold, R.L. (1958) "Roles in Sociological Field Observations," *Social Forces*, 36: 217-223.

Goodman, N. (1978) *Ways of Worldmaking*. Indianapolis: Hackett.

Grathoff, R. (1978) "Alltag und Lebenswelt als Gegenstand der phanomenologischen Sozialtheorie," in K. Hammerich and M. Klein (eds), *Kölner Zeitschrift fur Soziologie und Sozialpsychologie* Sonderheft 20: *Materialien zur Soziologie des Alltags*. pp. 67-85.

Groeben, N. (1990) "Subjective Theories and the Explanation of Human Action," in G.R. Semin and K.J. Gergen (eds), *Everyday Understanding: Social and Scientific Implications*. London: SAGE. pp. 19-44.

Guba, E.G. (ed.) (1990) *The Paradigm Dialog*. Newbury Park, CA: SAGE.

Guba, E.G. and Lincoln, Y.S. (1998) "Competing Paradigms in Qualitative Research," in N. Denzin and Y.S. Lincoln (eds), *The Landscape of Qualitative Research: Theories and Issues*. London: SAGE. pp. 195-220.

Gubrium, J.F. and Holstein, J.A. (1995) *The Active Interview*. Qualitative Research Methods. Series, 37. Thousand Oaks, London, New Dehli: SAGE.

Gubrium, J.F. and Holstein, J.A. (eds) (2001) *Handbook of Interviewing Research*. Thousand Oaks, London, New Dehli: SAGE.

Habermas, J. (1967) *Zur Logik der Sozialwissenschaften*. Tubingen: Mohr.

Habermas, J. (1996) *The Habermas Reader*. Cambridge: Polity Press.

Hall, E.T. (1986) "Foreword," in J. Collier Jr. and M. Collier (eds), *Visual Anthropology: Photography as a Research Method*. Albuquerque: University of New Mexico Press. pp. xii-xvii.

Hammersley, M. (1990) *Reading Ethnographic Research: A Critical Guide*. London: Longman.

Hammersley, M. (1992) *Whats Wrong with Ethnography?* London: Routledge.

Hammersley, M. (1995) *The Politics of Social Research*. London: SAGE.

Hammersley, M. and Atkinson, P. (1995) *Ethnography-Principles in Practice* (2nd edn). London, New York: Routledge.

Hammersley, M. and Atkinson, P. (1983) *Ethnography: Principles in Practice*. London: Tavistock.

Harper, D. (1998) "On the Authority of the Image: Visual Methods at the Crossroads," in N. Denzin and Y.S. Lincoln (eds), *Collecting and Interpreting Qualitative Materials*. London: SAGE. pp.130-149.

Harper, D. (2000) "Reimagining Visual Methods: Galileo to Neuromancer," in N. Denzin and Y.S. Lincoln (eds), *Handbook of Qualitative Research* (2nd edn). London: SAGE. pp. 717-732.

Harper, D. (2004) "Photography as Social Science Data," in U. Flick, E.v. Kardorff and I. Steinke (eds), *A Companion to Qualitative Research*. London: SAGE. pp. 231-236.

Harré, R. (1998) "The Epistemology of Social Representations," in U. Flick (ed.), *Psychology of the Social: Representations in Knowledge and Language*. Cambridge: Cambridge University Press. pp.129-137.

Hart, C. (1998) *Doing a Literature Review*. London: SAGE.

Hart, C. (2001) *Doing a Literature Search*. London: SAGE.

Haupert, B. (1991) "Vom narrativen Interview zur biographischen Typenbildung," in D. Garz and K. Kraimer (eds), *Qualitativ-empirische Sozialforschung*. Opladen: Westdeutscher Verlag. pp.213-254.

Haupert, B. (1994) "Objektiv-hermeneutische Fotoanalyse am Beispiel von Soldatenfotos aus dem zweiten Weltkrieg," in D. Garz (ed.), *Die Welt als Text*. Frankfurt: Suhrkamp. pp. 281-314.

Have, P. Ten (1999) *Doing Conversation Analysis: A Practical Guide*. London: SAGE.

Heath, C. and Hindmarsh, J. (2002) "Analysing Interaction: Video, Ethnography, and Situated Conduct," in T. May (ed.), *Qualitative Research in Action*. London: SAGE. pp. 99-120.

Heritage, J. (1985) "Recent Developments in Conversation Analysis," *Sociolinguistics*, 15: 1-17.

Herkommer, S. (1979) *GesellschaftsbewuBtsein und Gewerkschaften*. Hamburg: VSA.

Hermanns, H. (1984) "Ingenieurleben -Der Berufsverlauf von Ingenieuren in biographischer Perspektive," in M. Kolbi and G. Roberts (eds), *Biographie und soziale Wirklichkeit. Neuere Beitrage und Forschungsperspektiven*. Stuttgart: Metzler. pp. 164-191.

Hermanns, H. (1995) "Narratives Interview," in U. Flick, E.v. Kardorff, H. Keupp, L.v. Rosenstiel and S. Wolff (eds), *Handbuch Qualitative Sozialforschung* (2nd edn). Munich: Psychologie Verlags Union. DD. 182-185.

Hermanns, H. (2004) "Interviewing as an Activity," in U. Flick, E.v. Kardorff and I. Steinke (ed.), *A Companion to Qualitative Research*. London: SAGE. pp. 203-208.

Heyl, B.S. (2001) "Ethnographic Interviewing," in P. Atkinson, A. Coffey, S. Delamont, J. Lofland, and L. Lofland (eds) *Handbook of Ethnography*. London: SAGE. pp. 369-383.

Hewson, C., Yule, P., Laurent, D. and Vogel, C. (2003) *Internet Research Methods-A Practical*

Guide for the Social and Behavioural Sciences. London: SAGE.

Hildenbrand, B. (1987) "Wer soll bemerken, daß Bernhard krank wird? Familiale Wirklichkeitskonstruktionsprozesse bei der Erstmanifestation einer schizophrenen Psychose," in J.B. Bergold and U. Flick (eds), Ein-Sichten: Zugänge zur Sicht des Subjekts mittels qualitativer Forschung. Tubingen: DGVT-Verlag. pp. 151-162.

Hildenbrand. B. (1995) "Fallrekonstruktive Forschung," in U. Flick, E.v. Kardorff, H. Keupp, L.v. Rosenstiel and S. Wolff (eds), Handbuch Qualitative Sozialforschung (2nd edn). Munich: Psychologie Verlags Union pp. 256-260.

Hildenbrand, B. and Jahn, W. (1988) "Gemeinsames Erzlihien und Prozesse der Wirklichkeitskonstruktion in familiengeschichtlichen Gesprachen," leitschrift fur Soziologie, 17: 203-217.

Hine, C. (2000) *Virtual Ethnography.* London: SAGE.

Hirst, W. and Manier, D. (1996) "Remembering as Communication: A Family Recounts its Past," in D. Rubin (ed.), *Remembering Our Past: Studies in Autobiographical Memory.* Cambridge: Cambridge University Press. pp. 271-290.

Hitzler, R. and Eberle, T.S. (2004) "Phenomenological Analysis of Lifeworlds," in U. Flick, E.v. Kardorff and I. Steinke (eds), *A Companion to Qualitative Research.* London: SAGE. pp. 67-71.

Hoffmann-Riem, C. (1980) "Die Sozialforschung einer interpretativen Soziologie: Der Datengewinn," *Kölner leitschrift fur Soziologie und Sozialpsychologie,* 32: 339-372.

Hollingshead, A.B. and Redlich, F. (1958) *Social Class and Mental Illness.* New York: Wiley.

Hopf, C. (1982) "Norm und Interpretation," *Zeitschrift fur Soziologie,* 11: 309-327.

Hopf, C. (1982) "Norm und Interpretation," *Zeitschrift fur Soziologie,* 7: 97-115.

Honer, A. (2004) "Life-World Analysis in Ethnography," in U. Flick, E.v. Kardorff and I. Steinke (eds), *A Companion to Qualitative Research.* London: SAGE, pp. 113-117.

Hopf, C. (1978) "Die Pseudo-Exploration: Uberlegungen zur Technik qualitativer Interviews in der Sozialforschung," *Zeitschrift fur Soziologie,* 7: 97-115.

Hopf, C. (1985) "Nichtstandardisierte Erhebungsverfahren in der Sozialforschung. Uberlegungen zum Forschungsstand." in M. Kaase and M. Kuchler (eds), *Herausforderungen der empirischen Sozialforschung.* Mannheim. ZUMA. pp. 86-108.

Hopf, C. (2004a) "Qualitative Interviews: An Overview," in U. Flick, E.v. Kardorff and I. Steinke (eds), *A Companion to Qualitative Research.* London: SAGE. pp. 203-208.

Hopf, C. (2004b) "Research Ethics and Qualitative Research: An Overview," in U. Flick, E.v. Kardorff and I. Steinke (eds), *A Companion to Qualitative Research.* London. SAGE. pp. 334-339.

Huberman, A.M. and Miles, M.B. (1998) "Data Management and Analysis Methods," in N. Denzin and Y.S. Lincoln (eds), Collecting and Interpreting Qualitative Materials. London: SAGE. pp.179-211.

Humphreys, L. (1973) "Toilettengeschäfte," in J. Friedrichs (ed.), *Teilnehmende Beobachtung abweichenden Verhaltens.* Stuttgart: Enke. pp. 254-287.

Humphreys, L. (1975) *Tearoom Trade: Impersonal Sex in Public Places* (enlarged edn). New York: Aldine.

Iser, W. (1993) *The Fictive and the Imaginary: Charting Literary Anthropology.* Baltimore: Johns Hopkins University Press.

Jacob, E. (1987) "Qualitative Research Traditions: A Review," *Review of Educational Research,* 57: 1-50.

Jessor, R., Colby, A., and Shweder, R.A. (eds) (1996) *Ethnography and Human Development.* Chicago: Chicago University Press.

Jick, T. (1983) "Mixing Qualitative and Quantitative Methods: Triangulation in Action," in J.v. Maanen (ed.), *Qualitative Methodology.* London: SAGE. pp. 135-148.

Joas, H. (1987) "Symbolic Interactionism," in A. Giddens and J.H. Turner (eds), *Social Theory Today.* Cambridge: Polity Press. pp. 82-115.

Joffe, H. and Bettega, N. (2003) "Social Representations of AIDS among Zambian Adolescents," *Journal of Health Psychology,* 8: 616-631.

Jorgensen, D.L. (1989) Participant Observation: *A Methodology for Human Studies.* London: SAGE.

Kamiske, G.F. and Brauer, J.P. (1995) *Qualitätsmanagement von A bis Z: Erläuterungen moder-*

ner *Begriffe des Qualitätsmanagements*. (2nd edn). Munich: Carl Hanser Verlag.

Kelle, U. (ed.) (1995) *Computer-aided Qualitative. Data Analysis: Theory, Methods, and Practice*. London: SAGE.

Kelle, U. (2000) "Computer Assisted Analysis: Coding and Indexing," in M. Bauer and G. Gaskell (eds), *Qualitative Researching with Text, Image, and Sound*. London: SAGE. pp. 282-298.

Kelle, U. (2004) "Computer Assisted Analysis of Qualitative Data," in U. Flick, E.v. Kardorff and I. Steinke (eds), *A Companion to Qualitative Research*. London: SAGE. pp. 276-283.

Kelle, U. and Erzberger, C. (2004) "Quantitative and Qualitative Methods: No Confrontation," in U. Flick, E.v. Kardorff and I. Steinke (eds), *A Companion to Qualitative Research*. London: SAGE. pp. 172-177.

Kendall, L. (1999) "Recontextualising Cyberspace: Methodological Considerations for On-Line Research," in S. Jones (ed.), *Doing Internet Research-Critical Issues and Methods for Examining the Net*. London: SAGE. pp. 57-74.

Kelle, U. and Laurie, H. (1995) "Computer Use in Qualitative Research and Issues of Validity," in U. Kelle (ed.), *Computer-aided Qualitative Data Analysis: Theory, Methods, and Practice*. London: SAGE. pp. 19-28.

Kirk, J.L. and Miller, M. (1986) *Reliability and Validity in Qualitative Research*. Beverly Hills, CA: SAGE.

Kitzinger, C. (2004) "The Internet as Research Context Research," in C. Seale, G. Gobo, J. Gubrium and D. Silverman (eds), *Qualitative Research Practice*. London: SAGE. pp. 125-140.

Kleining, G. (1982) "Umriss zu einer Methodologie qualitativer Sozialforschung," *Kölner Zeitschrift fur Soziologie und Sozialpsychologie*, 34: 224-53.

Knoblauch, H. (2004) "The Future Prospects of Qualitative Research," in U. Flick, E.v. Kardorff and I. Steinke (eds), *A Companion to Qualitative Research*. London: SAGE. pp. 354-358.

Knoblauch, H., Heath, C. and Luff, P. (2000) "Technology and Social Interaction: The Emergence of Workplace Studies," *British Journal of Sociology*, 51, 2: 299-320.

Knoblauch, H. and Luckmann, Th. (2004) "Genre Analysis," in U. Flick, E.v. Kardorff and I. Steinke (eds), *A Companion to Qualitative Research*. London: SAGE. pp. 303-307.

Knorr-Cetina, K. (1981) *The Manufacture of Knowledge: An Essay on the Constructivist and Contextual Nature of Science*. Oxford: Pergamon Press.

Knorr-Cetina, K. and Mulkay, M. (eds) (1983) *Science Observed: Perspectives on the Social Studies of Science*. London: SAGE.

Kockeis-Stangl, E. (1982) "Methoden der Sozialisationsforschung," in K. Hurrelmann and D. Ulich (eds), *Handbuch der Sozialisationsforschung*. Weinheim: Beltz. pp. 321-370.

König, R. (1984) "Soziologie und Ethnologie," *Kölner Zeitschrift für Soziologie und Sozialpsychologie*, Sonderheft 26: *Ethnologie als Sozialwissenschaft*: 17-35.

König, H.D. (2004) "Deep Structure Hermeneutics," in U. Flick, E.v. Kardorff and I. Steinke (eds), *A Companion to Qualitative Research*. London: SAGE. pp. 313-320.

Koepping, K.P. (1987) "Authentizitat als Selbstfindung durch den anderen: Ethnologie zwischen Engagement und Reflexion, zwischen Leben und Wissenschaft, in H.P. Duerr (ed.), *Authentizitfit und Betrug in der Ethnologie*. Frankfurt. Suhrkamp. pp. 7-37.

Kowall, S. and O'Connell, D.C. (2004) "Transcribing Conversations," in U. Flick, E.v. Kardorff and I. Steinke (eds), *A Companion to Qualitative Research*. London: SAGE. pp. 248-252.

Kruger, H. (1983) "Gruppendiskussionen: Überlegungen zur Rekonstruktion sozialer Wirklichkeit aus der SiGht der Betroffenen," *Soziale Welt*, 34: 90-109.

Kuckartz, U. (1995) "Case-oriented Quantification," in U. Kelle (ed.), *Computer-aided Qualitative Data Analysis*. London: SAGE. pp. 158-166.

Kvale, S. (ed.) (1989) *Issues of Validity in Qualitative Research*. Lund: Studentlitteratur.

Kvale, S. (1996) *Interviews: An Introduction to Qualitative Research Interviewing*. London: SAGE.

Lather, P. (1993) "Fertile Obsession: Validity after Post-structuralism," *Sociological Quarterly*, 35: 673-693.

Lau, T. and Wolff, S. (1983) "Der Einstieg in das Untersuchungsfeld als soziologischer Lernprozeß," *Kölner Zeitschrift für Soziologie und Sozialpsychologie*, 35: 417-37.

Lee, R.M. (2000) *Unobstrusive Methods in Social Research*. Buckingham: Open University Press.

Lee, R.M. and Fielding, N. (1991) "Computing for Qualitative Research: Options, Problems and Potential," in N. Fielding and R.M. Lee (eds), *Using Computers in Qualitative Research*. London. SAGE. pp. 1-14.

Legewie, H. (1987) "Interpretation und Validierung biographischer Interviews," in G. Juttemann and H. Thomae (eds), *Biographie und Psychologie*. Berlin: Springer. pp. 138-150.

Legewie, H. (1994) "Globalauswertung," in A. Bohm, T. Muhr and A. Mengel (eds), *Texte verstehen: Konzepte, Methoden, Werkzetige*. Konstanz: Universitatsverlag. pp. 100-114.

Lincoln, Y.S. and Denzin, N.K. (2000) "The Seventh Moment," in N. Denzin and V.S. Lincoln (eds), *Handbook of Qualitative Research* (2nd edn). London: SAGE. pp. 1047-1065.

Lincoln, Y.S. and Guba, E.G. (1985) *Naturalistic Inquiry*. London: SAGE.

Livingston, E. (1986) *The Ethnomethodological Foundations of Mathematics*. London: Routledge and Kegan Paul.

Lofland, J.H. (1974) "Styles of Reporting Qualitative Field Research," *American Sociologist*, 9: 101-111.

Lofland, J. and Lofland, L.H. (1984) *Analyzing Social Settings* (2nd edn). Belmont, CA: Wadsworth. Luckmann, Th. (1995) "Interaction Planning and Intersubjective Adjustment of Perspectives by Communicative Genres," in E.N. Goody (ed.), Social Intelligence and Interaction. *Expressions and Implications of the Social Bias in Human Intelligence*. Cambridge: Cambridge University Press. pp. 175-189.

Luders, C. (1991) "Deutungsmusteranalyse: Annäherungen an ein risikoreiches Konzept," in D. Garz and K. Kraimer (eds), *Qualitativ-empirische Sozialforschung*. Opladen: Westdeutscher Verlag. pp. 377-408.

Luders, C. (1995) "Von der Teilnehmenden Beobachtung zur ethnographischen Beschreäbung - Ein Literaturbericht," in E. Konig and P. Zedler (eds), *Bilanz qualitativer Forschung*, Vol. 1. Weinheim: Deutscher Studienverlag. pp. 311-342.

Luders, C. (2004a) "Field Observation and Ethnography," in U. Flick, E.v. Kardorff and I. Steinke (eds), *A Companion to Qualitative Research*. London: SAGE. pp. 222-230.

Luders, C. (2004b) "The Challenges of Qualitative Research," in U. Flick, E.v. Kardorff and I. Steinke (eds), *A Companion to Qualitative Research*. London: SAGE. pp. 359-364.

Luders, C. and Reichertz, J. (1986) "Wissenschaftliche Praxis ist, wenn alles funktioniert und keiner weiB warum: Bemerkungen zur Entwicklung qualitativer Sozialforschung," *Sozialwissenschaftliche Literaturrundschau*, 12: 90-102.

Lunt, P. and Livingstone, S. (1996) "Rethinking the Focus Group in Media and Communications Research," *Journal of Communication*, 46: 79-98.

Lyotard, J.-F. (1984) *The Postmodern Condition: A Report on Knowledge*. Manchester: Manchester University Press.

Madill, A., Jordan, A. and Shirley, C. (2000) "Objectivity and Reliability in Qualitative Analysis: Realist, Contextualist, and Radical Constructionist Epistemologies," *British Journal of Psychology*, 91: 1-20.

Maijalla, H., Astedt-Kurki, P. and Paavilainen, E. (2002) "Interaction as an Ethically Sensitive Subject of Research," *Nurse Researcher*, 1o: 20-37.

Malinowski, B. (1916) *Magic, Science, and Religion and Other Essays*. New York: Natural History Press, 1948.

Mangold, W. (1973) "Gruppendiskussionen," in R. Konig (ed.), *Handbuch der empirischen Sozialforschung*. Stuttgart: Enke. pp. 228-259.

Mann, C. and Stewart, F. (2000) *Internet Communication and Qualitative Research-A Handbook for Researching Online*. London: SAGE.

Markham, A. M. (2004) "The Internet as Research Context Research," in C. Seale, G. Gobo, J. Gubrium and D. Silverman (eds), *Qualitative Research Practice*. London: SAGE. pp. 358-374.

Marshall, C. and Rossman, G. B. (1995) *Designing Qualitative Research* (2nd edn). Thousand Oaks, London, New Dehli: SAGE.

Mason, J. (2002) "Qualitative Interviewing: Asking, Listening, and Interpreting," in T. May (ed.), *Qualitative Research in Action*. London: SAGE. pp. 225-241.

Mauthner, M., Birch, M., Jessop, J. and Miller, T. (eds) (2002) *Ethics in Qualitative Research*. London, Thousand Oaks, New Dehli: SAGE.

Maxwell, J.A. (1996) *Qualitative Research Design-An Interactive Approach*. Thousand Oaks, London, New Dehli: SAGE.

Maynard, M. (1998) "Feminists' Knowledge and the Knowledge of Feminisms: Epistemology, Theory Methodology, and Method," in T. May and M. Williams (eds), *Knowing the Social World*. Buckingham: Open University Press.

Mayring, P. (1983) *Qualitative Inhaltsanalyse. Grundlagen und Techniken* (7th edn. 1997). Weinheim: Deutscher Studien Verlag.

Mayring, Ph. (2000) "Qualitative Content Analysis," *Forum: Qualitative Social Research*, 1 (2). qual-itative-research.net/fqs.

Mayring, P. (2004) "Qualitative Content Analysis," in U. Flick, E.v. Kardorff and I. Steinke (eds), *A Companion to Qualitative Research*. London: SAGE. pp. 266-269.

McKinlay, J.B. (1993) "The Promotion of Health through Planned Sociopolitical Change: Challenges for Reserach and Policv." *Social Science and Medicine*, 38. 109-117.

McKinlay, J.B. (1995) "Towards Appropriate Levels: Research Methods and Healthy Public Policies," in I. Guggenmoos-Holzmann, K. Bloomfield, H. Brenner and U. Flick (eds), *Qualityof Life and Health: Concepts, Methods, and Applications*. Berlin: Basil Blackwell. pp. 161-182.

Mead, M. (1963) "Anthropology and the Camera," in W.D. Morgan (ed.), *The Encyclopedia of Photography*, Vol. I. New York: Greystone. pp. 163-184.

Merkens, H. (1989) "Einleitung," in R. Aster, H. Merkens and M. Repp (eds), *Teilnehmende Beobachtung: Werkstattberichte und methodologische Reflexionen*. Frankfurt: Campus. pp. 9-18.

Merkens, H. (2004) "Selection Procedures, Sampling, Case Construction," in U. Flick, E.v. Kardorff and I. Steinke (eds), *A Companion to Qualitative Research*. London, SAGE. pp. 165-171.

Merton, R.K. (1987) "The Focused Interview and Focus Groups: Continuities and Discontinuities," *Public Opinion Quarterly*, 51: 550-56.

Merton, R.K. and Kendall, P.L. (1946) "The Focused Interview," *American Journal of Sociology*, 51: 541-57.

Merton, R.K., Fiske, M. and Kendall, P.L. (1956) *The Focused Interview*. Glenoe, IL: Free Press.

Meuser, M. and Nagel, U. (2002) "Expertlnneninterviews – vielfach erprobt, wenig bedacht. Ein Beitrag zur qualitativen Methodendiskussion," in A. Bogner, B. Littig and W. Menz (eds), *Das Experteninterview*. Opladen: Leske & Budrich. pp. 71-95.

Mies, M. (1983) "Towards a Methodology for Feminist Research," in G. Bowles and R. Duelli Klein (eds), *Theories of Womens's Studies*. London: Routledge. pp. 120-130.

Miles, M.B. and Huberman, A.M. (1994) *Qualitative Data Analysis: A Sourcebook of New Methods* (2nd edn). Newbury Park, CA: SAGE.

Mishler, E.G. (1986) "The Analysis of Interview-Narratives," in T.R. Sarbin (ed.), *Narrative Psychology*. New York: Praeger. pp. 233-255.

Mishler, E.G. (1990) "Validation in Inquiry-Guided Research: The Role of Exemplars in Narrative Studies," *Harvard Educational Review*, 60: 415-442.

Mitra, A. and Cohen, E. (1999) "AnalyzingtheWeb: Directionsand Challenges," in S. Jones (ed.), *Doing Internet Research-Critical Issues and Methods for Examining the Net*. London: SAGE, pp.179-202.

Morgan, D.L. (1988). *Focus Groups as Qualitative Research*. Newbury Park, CA: SAGE.

Morgan, D.L. and Krueger, R.A. (eds) (1998) *The Focus Group Kit* (6 vols). Thousand Oaks, CA: SAGE.

Morse, J.M. (1998) "Designing Funded Qualitative Research," in N. Denzin and Y.S. Lincoln (eds), *Strategies of Qualitative Research*. London: SAGE. pp. 56-85.

Moscovici, S. (1973) "Foreword," in C. Herzlich, *Health and Illness: A Social Psychological Analysis*. London: Academic Press.

Muhr, T. (1991) "ATLAS•ti: A Prototype for the Support of Textinterpretation," *Qualitative Sociology*, 14: 349-371.

Muhr, T. (1994) "ATLAS.ti: Ein Werkzeug fur die Textinterpretation," in A. Böhm, T. Muhr and A. Mengel (eds), *Texte verstehen: Konzepte, Methoden, Werkzeuge*. Konstanz: Universitätsverlag. pp. 317-324.

Murphy, J.A. (1994) *Dienstleistungsqualität in der Praxis*. Munich: Carl Hanser Verlag.

Murphy, E. and Dingwall, R. (2001) "The Ethics of Ethnography," in P. Atkinson, A. Coffey, S. Delamont, J. Lofland, and L. Lofland (eds), *Handbook of Ethnography*. London: SAGE. pp. 339-351.

Murray, M. (2000) "Levels of Narrative Analysis in Health Psychology," *Journal of Health Psychology*, 5: 337-349.

Niemann, M. (1989) "Felduntersuchungen an Freizeitorten Berliner Jugendlicher," in R. Aster, H. Merkens and M. Repp (eds), *Teilnehmende Beobachtung: Werkstattberichte und methodologische Reflexionen*. Frankfurt. Campus. pp. 71-83.

NIH (Office of Behavioral and Social Sciences Research) (ed.) (2001) *Qualitative Methods in Health Research: Opportunities and Considerations in Application and Review*. No. 02-5046, December. Washington.

Northway, R. (2002) "Commentary," *Nurse Researcher*, 1o: 4-7.

Oakley, A. (1999) "People's Ways of Knowing: Gender and Methodology," in S. Hood, B. Mayall and S. Olivier (eds), *Critical Issues in Social Research: Power and Prejudice*. Buckingham: Open University Press. pp. 154-170.

O'Connell, D. and Kowall, S. (1995) "Basic Principles of Transcription," in J. A. Smith, R. Harre and L.v. Langenhove (eds), *Rethinking Methods in Psychology*. London, Thousand Oaks, New Dehli: SAGE. pp. 93-104.

Oerter, R. (1995) "Persons Conception of Human Nature: A Cross-Cultural Comparison," in J. Valsiner (ed.), *Comparative Cultural and Constructivist Perspectives. Vol. Ill, Child Development within Culturally Structured Environments*. Norwood, NJ: Ablex. pp. 210-242.

Oerter, R., Oerter, R., Agostiani, H., Kim, H.O. and Wibowo, S. (1996) "The Concept of Human Nature in East Asia: Etic and Emic Characteristics," *Culture & Psychology*, 2: 9-51.

Oevermann, U., Allert, T., Konau, E., and Krambeck, J. (1979) "Die Methodologie einer 'objektiven Hermeneutik' und ihre allgemeine forschungslogische Bedeutung in den Sozialwissenschaften," in H.G. Soeffner (ed.), *Interpretative Verfahren in den Sozial- und Textwissenschaften*. Stuttgart: Metzler. pp. 352-433.

Parker, I. (2004) "Discourse Analysis," in U. Flick, E.v. Kardorff and I. Steinke (eds), *A Companion to Qualitative Research*. London: SAGE. pp. 308-312.

Parsons, T. and Shils, E. A. (1951) *Towards a General Theory of Action*. Harward, MA: Harvard University.

Patton, M.Q. (2002) *Qualitative Evaluation and Research Methods* (3rd edn). London: SAGE.

Petermann, W. (1995) "Fotografie- und Filmanalyse," in U. Flick, E.v. Kardorff, H. Keupp, E.v. Rosenstiel and S. Wolff (eds), Handbuch Qualitative Sozialforschung (2nd edn), Munchen: Psychologie Verlags Union. pp. 228-231.

Pollock, F. (1955) *Gruppenexperiment: Ein Studienbericht*. Frankfurt: Europäische Verlagsanstalt.

Potter, J. and Wetherell, M. (1987) *Discourse and Social Psychology: Beyond Attitudes and Behaviour*. London: SAGE.

Potter, J. and Wetherell, M. (1998) "Social Representations, Discourse Analysis, and Racism," in U. Flick (ed.), *Psychology of the Social: Representations in Knowledge and Language*. Cambridge: Cambridge University Press. pp. 177-200.

Prior, L. (2003) *Using Documents in Social Research*. London: SAGE.

Puchta, C. and Potter, J. (2004) Focus Group Practice. London: SAGE.

Ragin, C.C. (1994) *Constructing Social Research*. Thousand Oaks, London, New Dehli: Pine Forge Press.

Ragin, C.C. and Becker, H.S. (eds) (1992) *What Is a Case? Exploring the Foundations of Social Inquiry*. Cambridge: Cambridge University Press.

Reicher, S. (2000) "Against Methodolatry: Some Comments on Elliot, Fischer, and Rennie," *British Journal of Clinical Psychology*, 39: 11-26.

Reichertz, J. (1992) "Beschreiben oder Zeigen: Ober das Verfassen ethnographischer Berichte," *Soziale Welt*, 43: 331-350.

Reichertz, J. (2004) "Objective Hermeneutics and Hermeneutic Sociology of Knowledge," in U. Flick, E.v. Kardorff and I. Steinke (eds), *A Companion to Qualitative Research*. London: SAGE. pp. 290-295.

Rheingold, H. (1993) *The Virtual Community: Homesteading on the Electronic Frontier*. Reading, MA: Addison-Wesley.

Richards, T.J. and Richards, L. (1998) "Using Computers in Qualitative Research," in N. Denzin and Y.S. Lincoln (eds), *Collecting and Interpreting Qualitative Materials*. London: SAGE. pp. 211-245.

Richardson, L. (1990) *Writing Strategies, Reaching Diverse Audiences*. London: SAGE.

Richardson, L. (2000) "Writing: A Method of Inquiry," in N. Denzin and Y.S. Lincoln (eds), *Handbook of Qualitative Research* (2nd edn). London: SAGE. pp. 923-948.

Ricoeur, P. (1981) "Mimesis and Representation," *Annals of Scholarship*, 2: 15-32.

Ricoeur, P. (1984) *Time and Narrative*, Vol. 1. Chicago. The University of Chicago Press.

Riemann, G. (1987) *Das Fremdwerden der eigenen Biographie: Narrative Interviews mit psychiatrischen Patienten*. Munich: Fink.

Riemann, G. and Schutze, F. (1987) "Trajectory as a Basic Theoretical Concept for Analyzing Suffering and Disorderly Social Processes," in D. Maines (ed.), *Social Organization and Social Process: Essays in Honor of Anselm Strauss*. New York: Aldine de Gruyter. pp. 333-357.

Roller, E., Mathes, R. and Eckert, T. (1995) "Hermeneutic-Classificatory Content Analysis," in U. Kelle (ed.), *Computer-aided Qualitative Data Analysis*. London: SAGE. pp. 167-176.

Rosenthal, G. (1993) "Reconstruction of Life Stories: Principles of Selection in Generating Stories for Narrative Biographical Interviews," *The Narrative Study of Lives*, 1(1):59-81.

Rosenthal, G. (2004) "Biographical Research," in C. Seale, G. Gobo, J. Gubrium, and D. Silverman (eds), *Qualitative Research Practice*. London: SAGE. pp. 48-65.

Rosenthal, G. and Fischer-Rosenthal, W. (2004) "The Analysis of Biographical-Narrative Interviews," in U. Flick, E.v. Kardorff and I. Steinke (eds), *A Companion to Qualitative Research*. London: SAGE. pp. 259-265.

Ruff, F.M. (1990) *Ökologische Krise und UmweltbewuBtsein: zur psychischen Verarbeitung von Umweltbelastungen*. Wiesbaden: Deutscher Universitatsverlag.

Ruff, F.M. (1998) "Gesundheitsgefährdungen durch Umweltbelastungen: Ein neues Deutungsmuster," in U. Flick (ed.), *Wann fuhlen wir uns gesund?* Weinheim: Juventa. pp. 285-300.

Sacks, H. (1992) *Lectures on Conversation*, Vols 1, 2 (ed. by G. Jefferson). Oxford: Blackwell. Sacks, H., Schegloff, E. and Jefferson, G. (1974) "A Simplest Systematics for the Organization of Turntaking for Conversation," *Language*, 4: 696-735.

Sahle, R. (1987) *Gabe, Almosen, Hilfe*. Opladen: Westdeutscher Verlag.

Sanjek, R. (ed.) (1990) *Fieldnotes: The Making of Anthropology*. Albany: State University of New York Press.

Sarbin, T.R. (ed.) (1986) *Narrative Psychology: The Storied Nature of Human Conduct*. New York: Praeger.

Schatzmann, L. and Strauss, A.L. (1973) *Field Research*. Englewood Cliffs, NJ: Prentice Hall.

Scheele, B. and Groeben, N. (1988) *Dialog-Konsens-Methoden zur Rekonstruktion Subjektiver Theorien*. Tubingen: Francke.

Schegloff, E. and Sacks, H. (1974) "Opening up Closings," in R. Turner (ed.), *Ethnomethodology*. Harmondsworth: Penguin. pp. 233-264.

Schneider, G. (1985) "Strukturkonzept und Interpretationspraxis der objektiven Hermeneutik," in G. Juttemann (ed.), *Qualitative Forschung in der Psychologie*. Weinheim: Beltz. pp. 71-91.

Schneider, G. (1988) "Hermeneutische Strukturanalyse von qualitativen Interviews," *Kölner Zeitschrift fur Soziolooie und Sozialpsychologie*. 40: 223-244.

Schonberger, Ch. and Kardorff, E.v. (2004) *Mit dem kranken Partner leben*. Opladen: Leske & Budrich.

Schötz, A. (1962) Collected Papers, Vols I, II. Den Haag. Nijhoff.

Schutze, F. (1976) "Zur Hervorlockung und Analyse von Erziihlungen thematisch relevanter Geschichten im Rahmen soziologischer Feldforschung," in Arbeitsgruppe Bielefelder Soziologen (eds), *Kommunikative Sozialforschung*. Munich: Fink. pp. 159-260.

Schutze, F. (1977) "Die Technik des narrativen Interviews in Interaktionsfeldstudien, dargestellt an einem Projekt zur Erforschung von kommunalen Machtstrukturen." Manuskript der Universitiit Bielefeld, Fakultät fur Soziologie.

Schutze F. (1983) "Biographieforschung und Narratives Interview," *Neue Praxis*, 3: 283-93.

Schwandt, T.A. and Halpern, E.S. (1988) *Linking Auditing and Metaevaluation: Enhancing Quality in Applied Research*. Thousand Oaks, CA: Sage.

Scott, J. (1990) *A Matter of Record-Documentary Sources in Social Research*. Cambridge: Polity.

Seale, C. (1999) *The Quality of Qualitative Research*. London: SAGE.

Seale, C. (2000) "Using Computers to Analyse Qualitative Data," in D. Silverman (ed.), *Doing Qualitative Research: A Practical Handbook*. London: SAGE. pp. 154-174.

Shweder, R.A. (1996) "True Ethnography: The Lore, the Law, and the Lure," in R. Jessor, A. Colby and R.A. Shweder (eds), *Ethnography and Human Development*. Chicago: Chicago University Press. pp. 15-32.

Silverman, D. (1985) *Qualitative Methodology and Sociology*. Aldershot: Gower.

Silverman, D. (1993/2001) *Interpreting Qualitative Data: Methods for Analyzing Talk, Text and Interaction* (2nd edn). London: SAGE.

Skeggs, B. (2001) "Feminist Ethnography," in P. Atkinson, A. Coffey, S. Delamont, J. Lofland, and L. Lofland (eds), *Handbook of Ethnography*. London: SAGE. pp. 426-442.

Smith, D. (2002) "Institutional Ethnography," in T. May (ed.), *Qualitative Research in Action*. London: SAGE. pp. 17-52.

Smith, J.A. (1995) "Semi-structured Interview and Qualitative Analysis," in J.A. Smith, R. Harre and L.v. Langenhove (eds), *Rethinking Methods in Psychology*. London: SAGE. pp. 9-26.

Soeffner, H.G. (2004) "Social Science Hermeneutics," in U. Flick, E.v. Kardorff and I. Steinke (eds), *A Companion to Qualitative Research*. London: SAGE, pp. 95-100.

Spradley, J.P. (1979) *The Ethnographic Interview*. New York: Holt, Rinehart and Winston.

Spradley, J.P. (1980) *Participant Observation*. New York: Rinehart and Winston.

Sprenger, A. (1989) "Teilnehmende Beobachtung in prekiiren Handlungssituationen: Das Beispiel Intensivstation," in R. Aster, H. Merkens and M. Repp (eds), *Teilnehmende Beobachtung: Werkstattberichte und methodologische Reflexionen*. Frankfurt: Campus. pp. 35-56.

Stewart, D.M. and Shamdasani, P.N. (1990) *Focus Groups: Theory and Practice*. Newbury Park, CA: SAGE.

Strauss, A.L. (1987) *Qualitative Analysis for Social Scientists*. Cambridge: Cambridge University Press.

Strauss, A.L. and Corbin, J. (1990/1998) *Basics of Qualitative Research* (2nd edn 1998). London: SAGE.

Strauss, A.L., Schatzmann, L., Bucher, R., Ehrlich, D. and Sabshin, M. (1964) *Psychiatric Ideologies and Institutions*. New York: Free Press.

Stryker, S. (1976) "Die Theorie des Symbolischen Interaktionismus," in M. Auwärter, E. Kirsch and K. Schroter (eds), *Seminar. Kommunikation, Interaktion, Identität*. Frankfurt. Suhrkamp. pp. 257-274.

Tashakkori, A. and Teddlie, Ch. (eds) (2003a) *Handbook of Mixed Methods in Social & Behavioral Research*. Thousand Oaks, CA: SAGE.

Tashakkori, A. and Teddlie, Ch. (2003b) "Major Issues and Controversies in the Use of Mixed Methods in Social and Behavioral Research," in A. Tashakkori and Ch. Teddlie (eds), *Handbook of Mixed Methods in Social & Behavioral Research*. Thousand Oaks, CA: SAGE. pp. 3-50.

Thomas, W.I. and Znaniecki, F. (1918-1920) *The Polish Peasant in Europe and America*, Vols 1-2. New York. Knopf.

Toulmin, S. (1990) *Cosmopolis: The Hidden Agenda of Modernity*. New York: The Free Press.

Ulrich, C.G. (1999) "Deutungsmusteranalyse und diskursives Interview," *Zeitschrift fur Soziologie*, 28: 429-447.

Ussher, J. (1999) "Feminist Approaches to Qualitative Health Research," in M. Murray and K. Chamberlain (eds), *Qualitative Health Psychology-Theories and Methods*. London. SAGE. pp. 98-110.

Van Maanen, J. (1988) *Tales of the Field: On Writing Ethnography*. Chicago: University of Chicago Press.

Webb, E.J., Campbell, D.T., Schwartz, R.D. and Sechrest, L. (1966) *Unobstrusive Measures: Nonreactive Research in the Social Sciences*. Chicago: Rand McNally.

Weber, M. (1919) "Wissenschaft als Beruf," in J. Winkelmann (ed.), (1988) *Max Weber: Gesammelte Aufsiitze zur Wissenschaftslehre*. Tubingen: Mohr. pp. 582-613.

Weber, M. (1949) *The Methodology of the Social Sciences* (trans and edited by Edward A. Shils and Henry A. Finch). New York: Free Press.

Weitzman, E.A. (2000) "Software and Qualitative Research," in N. Denzin and Y.S. Lincoln (eds), *Handbook of Qualitative Research* (2nd edn). London: SAGE. pp. 803-820.

Weitzman, E. and Miles, M.B. (1995) *Computer-programs for Qualitative Oata Analysis: A Software Sourcebook*. London: SAGE.

Wengraf, T. (2001) *Qualitative Research Interviewing: Biographic Narrative and Semi-Structured Methods*. London: SAGE.

West, C. and Zimmerman, D.H. (1991) "Doing Gender," in J. Lorber and S.A. Farrell (eds), *The Social Construction of Gender*. Newbury Park, CA: SAGE. pp. 13-37.

Whyte, W.F. (1955) *Street Corner Society*. Enlarged Edition. Chicago: The University of Chicago Press. Wiedemann, P.M. (1995) "Gegenstandsnahe Theoriebildung," in U. Flick, E.v. Kardorff, H. Keupp, L.v. Rosenstiel and S. Wolff (eds), *Handbuch Qualitative Sozialforschung* (2nd edn). Munich: Psychologie Verlags Union. pp. 440-445.

Wilkinson, S. (1999) "Focus Groups-A Feminist Method," *Psychology of Women Quarterly*, 23: 221-244.

Williamson, G. and Prosser, S. (2002) "Illustrating the Ethical Dimensions of Action Research," *Nurse Researcher*, 10: 38-49.

Willig, C. (2003) *Introducing Qualitative Research in Psychology-Adventures in Theory and Method*. Buckinghamshire: Open University.

Wilson, T.P. (1982) "Quantitative 'oder' qualitative Methoden in der Sozialforschung," *Kölner Zeitschrift fur Soziologie und Sozialpsychologie*, 34: 487-508.

Winograd, T. and Flores, F. (1986) *Understanding Computers and Cognition*. Reading, MA: Addison-Wesley.

Winter, R. (2004) "Cultural Studies," in U. Flick, E.v. Kardorff and I. Steinke (eds), *A Companion to Qualitative Research*. London: SAGE. pp. 118-122.

Witzel, A. (1985) "Das problemzentrierte Interview," in G. JOttemann (ed.), *Qualitative Forschung in der Psychologie*. Weinheim: Beltz. pp. 227-255.

Witzel, Andreas (2000, January). The Problem-Centered Interview [27 paragraphs]. Forum Qualitative Sozialforschung / Forum: Qualitative Social Research [Online Journal], 1 (1). www.

qualitative-research.net/fqs-texte/1-00/1-00witzel-e.htm [Date of Access: Dec., 10th, 2004].

Wolcott, H.F. (1990a) "On Seeking and Rejecting: Validity in Qualitative Research," in W. Eisner and A. Peshkin (eds), *Qualitative Inquiry in Education: The Continuing Debate*. New York: Teachers College Press. pp. 121-152.

Wolcott, H.F. (1990b) *Writing up Qualitative Research*. London: SAGE.

Wolff, S. (1986) "Das Gespriich als Handlungsinstrument: onversationsanalytische Aspekte sozialer Arbeit," *Kölner Zeitschrift fur Soziologie und Sozialpsychologie*, 38: 55-84.

Wolff, S. (1987) "Rapport und Report. Ober einige Probleme bei der Erstellung plausibler ethno- graphischer Texte," in W. v. d. Ohe (ed.), *Kulturanthropologie: Beiträge zum Neubeginn einer Disziplin*. Berlin. Reimer. pp. 333-364.

Wolff, S. (1992) "Die Anatomie der Dichten Beschreibung: Clifford Geertz als Autor," in J. Matthes (ed.), *Zwischen den Kulturen? Sozialwissenschaften vor dem Problem des Kulturvergleichs*. Soziale Welt Sonderband 8. Gottingen: Schwartz. pp. 339-361.

Wolff, S. (2004a) "Ways into the Field and Their Variants," in U. Flick, E.v. Kardorff and I. Steinke (eds), *A Companion to Qualitative Research*. London. SAGE. pp. 195-202.

Wolff, S. (2004b) "Analysis of Documents and Records," in U. Flick, E.v. Kardorff and I. Steinke (eds), *A Companion to Qualitative Research*. London. SAGE. pp. 284-290.

Wolff, S., Knauth, B. and Leichtl, G. (1988) "Kontaktbereich Beratung. Eine konversationsanalytische Untersuchung zur Verwendungsforschung". Projektbericht, Hildesheim. MS.

Wuggenig, U. (1990) "Die Photobefragung als projektives Verfahren," *Angewandte Sozialforschung*, 16: 109-131.

Wundt, W. (1928) *Elements of Folk Psychology*. London: Allen and Unwin.

Yardley, L. (2000) "Dilemmas in Qualitative Health Research," *Psychology and Health*, 15: 215-228.

Znaniecki, F. (1934) *The Method of Sociology*. New York: Farrar and Rinehart.

Índice onomástico

Adler, P. 110-111, 114-115, 203-207
Adler, P. A. 110-111, 114-115, 203-207
Agar, M. 113-114, 210-211
Allmark, P. 54-56
Altheide, D. L. 347-348
Astedt-Kurki, P. 57
Atkinson, P. 214-215, 378

Bampton, R. 242-243
Banister, P. 25-26
Barbour, R. 187-188
Barthes, R. 219-221
Barton, A. H. 42
Bateson, G. 219-220
Baudrillard, J. 346-347
Bauer, M. 34, 37, 47, 291-292
Baum, F. 47
Baym, N. K. 241-242
Beck, U. 20, 21-22
Becker, H. S. 40-41, 69, 95, 97-98, 134-135, 208-210, 213, 219-220, 222-223, 371-373
Benedict, R. 374-375
Berg, E. 374-375
Berger, P. L. 79-80
Bergmann, J. R. 28, 30, 32-33, 72-73, 208-209, 240, 298-299, 323-324
Bertaux, D. 26-27, 164-165
Bettega, N. 327-329
Billmann-Mahecha, E. 227-228
Birch, M. 53
Blumer, H. 21, 69-71, 181-182
Bohnsack, R. 181-182
Bonß, W. 21-23, 25-26, 74
Borman, K. M. 37
Bourdieu, P. 159
Brauer, J. P. 365-367
Bruce, G. 270-271
Bruner, E. M. 375-377
Bruner, J. 21, 88-89, 164-165, 307-308
Bryman, A. 40, 79-80, 247-249
Bude, H. 31, 307-308, 373-374
Buhler-Niederberger, D. 342, 361-362
Burman, E. 25-26

Chamberlain, K. 29
Charmaz, K. 278-280, 284
Cicourel, A. V. 25-26, 40-41
Clifford, J. 27, 34, 84-85, 215-216, 375-377
Coffey, A. 328-329
Cohen, E. 239, 249-250
Cooley, C. H. 69
Corbin, J. 26-27, 64-65, 96, 277, 279-282, 285, 333, 336, 350-351, 369-370
Coulter, J. 302-303
Cowton, C. J. 242-243
Cresswell, J. W. 42, 129-130, 134-135

Dabbs, J. M. 220-221
D'Andrade, R. G. 73-74
Deleuze, G. 346-347
Denzin, N. K. 26-27, 31-33, 40-41, 69-71, 74, 84-85, 122-124, 204-208, 215-216, 219-227, 240, 308-309, 315-316, 342-343, 361-362, 377-378
Derrida, J. 74, 346-347
Devereux, G 212-213
Dingwall, R. 52, 54-55
Douglas, J. D. 110
Drew, P. 271, 299-300

Eberle, T. S. 29
Edwards, D. 302-303
Elliot, R. 353-354
Erdheim, M. 73-74
Erzberger, C. 32-33, 40, 46
Evans-Pritchard, E. E. 374-375

Fielding, J. L. 104-105
Fielding, N. G. 26-27, 104-105, 319, 322-323, 328-330
Fischer, C. T. 353-354
Fischer-Rosenthal, W. 26-27, 31, 308-310
Fleck, L. 79-80
Flick, U. 26-27, 33, 37, 40, 43, 46, 70, 74-76, 79-80, 84-85, 89-92, 106-107, 164-165, 172-173, 235-236, 246-247, 361-362
Flores, F. 27, 84-85

Fontana, A. 181
Foucault, M. 70, 303-304
Freud, S. 96-97
Frey, J. H. 181
Fuchs, 169-170
Fuchs, M. 374-375

Garfinkel, H. 25-26, 30, 70-73, 234-236
Garz, D. 273-274, 311-312
Gaskell, G. 34, 47
Gebauer, G. 86-89
Geer, B. 208-210, 213
Geertz, C. 21, 27, 70, 208-209, 370-375, 377-378
Gergen, K. J. 79-81
Gerhardt, U. 118-119, 363-364
Gildemeister, R. 31, 79
Girtler, R. 342
Glaser, B. G. 25-27, 29, 62-63, 65, 69, 96-100, 104-105, 119-122, 129-130, 132-133, 277, 282-284, 328-329, 348-350, 361, 363-364
Glaserfeld, E. v. 79-80
Goetz, J. P. 37
Goffman, E. 25-26, 203, 250-251
Gold, J. 203-204, 210-212, 222-223 Goodman, N. 85-86, 88-91, 97-98
Grathoff, R. 26-27
Groeben, N. 148-149, 153-154
Guattari, F. 346-347
Guba, E. G. 27, 40-41, 75-76, 349-350, 362-367, 374-375
Gubrium, J. F. 143, 159

Habermas, J. 20, 25-26
Hall, E. T. 220-221
Halpern, E. S. 349-350
Hammersley, M. 79-80, 214-215, 344-345, 351-352, 378
Harper, D. 32-33, 219-222
Harre, R. 21, 30, 72-73, 302-303
Hart, C. 65
Hartmann, H. 21-23
Haupert, B. 221-223, 307-308, 364-365
Have, P. ten 299-302, 324-325, 328-329
Heath, C. 227-228
Heidegger, M. 70
Heritage, J. 71-72, 302-303
Hermanns, H. 160-162, 164-172
Hewson, C. 240
Heyl, B. S. 159
Hildenbrand, B. 113-114, 126-127, 189-191, 308-309
Hindmarsh, J. 227-228
Hine, C. 240, 247-249
Hitzler, R. 29
Hoffmann-Riem, C. 25-27, 96-97
Hollingshead, A. B. 24
Holstein, J. A. 143, 159
Honer, A. 29, 214-215
Hopf, C. 45, 54-55, 143, 147-148, 160-161, 266-267
Huberman, A. M. 26-27, 41-42, 131-133, 320, 350, 352-353
Humphreys, L. 53-54

Iser, W. 86-87
Jacob, E. 27
Jahn, W. 189-191, 308-309
Jessop, J. 53
Jessor, R. 216-217
Jick, T. 43
Joas, H. 69
Joffe, H. 327-329
Johnson, J. M. 347-348
Jordan, A. 348-349
Jorgensen, D. L. 207-208

Kamiske, G. F. 365-367
Kardorff, E. v. 26-27, 44
Kelle, U. 26-27, 32-33, 40, 46, 319-321, 324-328
Kendall, P. 143-149, 246-247
Kirk, J. L. 342-345
Kitzinger, 79
Kleining, G. 25-26, 41, 98-99, 122-124
Knoblauch, H. 28, 30, 33, 226-228, 304-305
Knorr-Cetina, K. 72-73, 79-80, 375-377
Koepping, K. P. 210-211
Konig, R. 73-74
Kowall, S. 269-271
Kraimer, K. 273-274
Kruger, H. H. 184-185
Kuckartz, U. 45, 326-327
Kvale, S. 159

Lather, P. 346-347
Lau, T. 110-111
Laurent, D. 240
Laurie, H. 320-321
Lazarsfeld, P. F. 42
LeCompte, M. 37
Lee, R. M. 26-27, 231, 319, 322-323, 328-330
Legewie, H. 293-294, 345-346
Levi-Strauss, C. 374-375, 377
Lincoln, Y. S. 26-27, 40-41, 74-76, 84-85, 215-216, 342-343, 349-350, 362-367, 374-375, 377-378
Livingston, E. 72-73
Livingstone, S. 187-190
Lofland, J. H. 105-106, 205-207, 267-268, 370-371
Lofland, L. H. 105-106, 267-268
Luckmann, T. 28, 30, 79-80, 304
Luders, C. 29, 34, 55-56, 74, 214-215, 260-261, 314-315, 348-349, 378
Lunt, P. 187-190
Lyotard, J. F. 346-347

Maanen, J. van 369-372
McKinlay, J. B. 41, 47
Maddill, A. 348-349
Maijalla, H. 57
Malinowski, B. 26-27, 374-375
Mangold, W. 181-182
Mann, C. 53, 240-245, 251-252
Marcus, G. E. 27, 34, 84-85, 215-216
Markham, A. M. 241-242, 245-246

Marshall, C. 133-134
Mauthner, M. 53
Maxwell, J. A. 129-131
Maynard, M. 79
Mayring, P. 291-294
Mead, G. H. 69
Mead, M. 219-220
Meier, C. 32-33, 240, 323-324
Merkens, H. 205-206
Merton, R. 143-149, 181, 185-188
Meuser, M. 157-158
Mies, M. 77-78
Miles, M. B. 26-27, 41-42, 131-133, 319-320, 322-324, 326-327, 350, 352-353
Miller, M. 342-345
Miller, T. 53
Mishler, E. G. 159, 346-347
Mitra, A. 239, 249-250
Morgan, D. L. 187-189
Morse, J. M. 125-126, 132-134
Moscovici, S. 75
Muhr, T. 324-325
Mulkay, M. 72-73
Murphy, 365-366
Murphy, E. 52, 54-55
Murray, M. 164-165

Nagel, U. 157-158
Niemann, M. 204-206
Northway, R. 54-55

Oakley, A. 79
O'Connell, D. 269-271
Oerter, R. 145-147
Oevermann, U. 26-27, 41, 74, 312-315

Paavilainen, E. 57
Park, R. 69
Parker, I. 25-26, 28, 30, 65, 303-304
Parsons, T. 62-63
Patton, M. Q. 42, 124-125, 181
Petermann, W. 224-226
Piaget, J. 79-80
Pollock, F. 181-182
Potter, J. 28, 30, 65, 72-73, 187-189, 302-304
Prior, L. 231, 235-236
Prosser, S. 53
Puchta, C. 187-189

Ragin, C. C. 97-98, 129, 134-135
Redlich, F. 24
Reicher, S. 353-354
Reichertz, J. 26-27, 29, 73-74, 313-316, 348-349, 375-377
Rennie, D. L. 353-354
Rheingold, H. 246-247
Richards, L. 26-27, 319, 325-326, 329-330
Richards, T. J. 26-27, 319, 325-326, 329-330
Richardson, L. 374-375
Ricoeur, P. 84-91
Riemann, G. 164-169, 307-308

Roller, E. 45
Rosenthal, G. 26-27, 31, 164-165, 308-310, 364-365
Rossman, G. B. 133-134
Ruff, F. M. 155-156

Sacks, H. 30, 71-72, 298-299
Sahle, R. 313-314
Sarbin, T. R. 21, 164-165
Schatzman, L. 25-26
Scheele, B. 148-149, 153-154
Schegloff, E. 298-302
Schneider, G. 311-314
Schönberger, Ch. 44
Schutz, A. 79-80, 84-86, 89-91
Schutze, F. 26-27, 164-169, 171-172, 307-308, 310-311
Schwandt, T. A. 349-350
Scott, J. 231-233
Seale, C. 34, 319-320, 328-329, 352-353
Shamdasani, P. N. 188-189
Shils, E. A. 62-63
Shirley, C. 348-349
Silverman, D. 304, 314-315, 342-344
Skeggs, B. 77-78
Smith, D. 77-78, 214-215
Soeffner, H. G. 315-316
Spradley, J. P. 159, 204-205, 207-210, 268-269, 342-343
Sprenger, A. 210-212
Steinke, I. 26-27
Stewart, D. M. 188-189
Stewart, F. 53, 240-245, 251-252
Strauss, A. L. 25-27, 29, 62-65, 69, 96-100, 104-106, 119-122, 129-130, 132-134, 208-210, 267-271, 276-277, 279-282, 284-292, 315-316, 324-325, 328-329, 332-333, 336, 348-352, 361, 369-370
Stryker, S. 70

Tashakkori, A. 40
Taylor, M. 25-26
Teddlie, Ch. 40
Thomas, W. I. 25-26, 69-70, 231-232
Tindall, C. 25-26
Toulmin S 37-38

Ulrich, C. G. 159-160
Ussher, J. 77-79

Vico, 80
Vogel, C. 240

Webb, E. J. 231
Weber, M. 21-22, 364-365
Weitzman, E. 26-27, 319-327
West, C. 79
Wetherell, M. 28, 30, 65, 72-73, 302-304
Whyte, W. F. 115
Wilkinson, S. 79
Williamson, G. 53
Willig, C. 65, 302-304

Índice onomástico

Wilson, T. P. 47
Winograd, T. 27, 84-85
Winter, R. 31
Witzel, A. 153-158
Wolcott, H. F. 347-348
Wolff, S. 37, 71-72, 110-112, 231, 233-234, 300-302, 369-372, 377
Wuggenig, U. 220-222

Wulf, C. 86-89
Wundt, W. 25-26

Yardley, L. 353-354
Yule, P 240

Zimmerman, D. H. 79
Znaniecki. F. 25-26, 122-124, 231-232, 361-362

Índice temático

A

abertas 45, 149-150, 298
abertura 24, 27, 57-58, 194-195, 357-359
   comparação de métodos 196-197
   observação 207-208
   princípio 25-26, 96, 102-103, 152-153
acesso
   a documentos 231-232
   a indivíduos 112-114
   a instituições 110-114
   ao campo 109-110, 208-210
American Sociological Association (ASA) 50-51
amostragem 46-47, 117-128
   aleatória 21, 124-125, 127-128
   avaliação do processo 364-366
   casos 118-119
   codificação temática 286-287
   construção do corpo da amostra 233-234
   de apresentação 117-119
   dentro do material 117
   estatística 117-119, 122-123
   etnografia 216-217
   formação do grupo 132-133
   gradual 171-172
   grupos de casos 117
   grupos focais 189-190
   intencional 242-246, 249-251
   material 117-119
   teórica 96-98
   ver também amostragem teórica
amostragem aleatória 21, 124-125, 127-128
amostragem da apresentação 117-119
amostragem de casos 117-119
amostragem de material 117-119
amostragem estatística 117-119, 122-123
amostragem gradual 171-172
amostragem intencional, pesquisa *online* 242-243, 245-246, 249-251
amostragem teórica 29, 96-98, 119-124, 132-133
   codificação 286-287, 290-291
   discussões em grupo 186-188
   documentos de internet 249-251
amostras representativas 119-121
amplitude, amostragem 125-128

análise crítica do discurso 303-304
análise de caso 154-155
análise de conteúdo 29, 276, 291-294
   comparação de métodos 332, 334-335
   hermenêutica classificatória 45
análise de conteúdo amplo 293
análise de conteúdo, hermenêutica classificatória 45
análise de conversação 28-31, 276, 298-306, 315-316
   comparação de métodos 334-335
   documentos 236-237
   instantâneos 136
   internet 239
   interpretação 332
   restrições 112-114
   software 324-325
   transcrição 271
   vídeo 228
análise de conversação 300-302
   ética 55-56
   questões de pesquisa 102-103
análise de dados qualitativos (QDA) *software* 319-331
análise de gêneros 28, 30-13, 298-306
análise de narrativa 31, 298-299, 307-317
   comparação de métodos 334-335
análise do contexto restrito 292
análise do discurso 28-31, 298-306
   comparação de métodos 334-335
   literatura 65
análise estruturadora do conteúdo 293
análise explicativa de conteúdo 292-293
análise global 293-296, 332-335
análises multiníveis 22-23
análises sequenciais 298-299
   discussões em grupo 187-188
   hermenêutica objetiva 311-316
anonimato 55-57, 113-114, 241-242, 244-245, 251-252
apresentação 27, 33-34
   dos resultados 369-377
   objetivos 131-132
apropriabilidade
   da amostragem 127-128
   da indicação 35
   da transcrição 269-270
   das teorias 22-24

Índice temático

dos métodos 22-24, 36, 47-49, 195, 198-200, 258-260, 333, 336-338, 357-359
área de interesse 102-105
arte da pesquisa qualitativa 377-378
ATLAS•ti 45-46, 133-134, 321-322, 324-326, 328-330
auditoria 349-350, 36-367
auditoria em relação aos procedimentos 367
autenticidade 232-233, 251-252, 345-346
autodeterminação 52
autonomia 52
auto-observação 205-207
autoridade do texto 375-377
avaliação 46-47, 339
    construção de teoria 350-352
    diretrizes 352-354
    processo 364-366

B

beneficência 52
bibliotecas 66
biografia
    mimese 88-92
    teoria 63-64
    texto 83-84
British Psychological Society (BPS) 50-51
British Sociological Association (BSA) 50-51

C

campo
    acesso 109-110, 208-210
    entrada 109-116
    ética 57-58
capacidade de generalização 26-27
caso único 126-127
casos
    constituição de 126-128
    reconstrução 75-77
    seleção 122-123
casos críticos 124-125
casos delicados 124-125
casos desviantes 124-125
casos típicos 124-125
categorização 276-297
    pesquisa *online* 243-246
censura 222-223
centralização no problema 154-155, 157-158
chats 241-244
ciências sociais 21-22, 24-26, 72-74, 83-86, 374-375
    literatura 62-63
    tipologia 122-124
circularidade, processo da pesquisa 97-100
codificação 29, 276-297
    aberta 133-134, 277-281, 283, 285-288, 298, 343-344
    axial 277, 281-282
    comparação do método 332-335
    famílias 282-283
    focalizada 284
    linha a linha 278-281, 284
    pesquisa *online* 242-246
    primeira e segunda ordens 45
codificação aberta 133-134, 277-281, 283, 285-288, 298, 343-344
codificação axial 277, 281-282
codificação focalizada 284
codificação linha a linha 278-281, 284
codificação seletiva 277, 282-284, 287-288
codificação temática 286-292
    comparação de métodos 334-335
    interpretação 332
codificação teórica 96-97, 260-261, 277-287
    ATLAS•ti 324-325
    comparação de métodos 334-335
código de ética 50-54
códigos construídos 279-280
códigos *in vivo* 279-280
coleta completa 118-119
coleta de dados 29
    etnometodologia 30-31
    questões de pesquisa 102-103
complexidade 96
computadores 26-27, 33
    ver também internet; *software*; utilização de *Web sites* 318-331
conceitos afastados da experiência 370-371
conceitos analíticos 104-105
conceitos genéricos 277-278
conceitos sensibilizantes 21, 104-105
conceitos, construção de 80
conceitos-chave 104-106
concepção do mundo, texto como 83-88
condução de, discussões em grupo 183-187
confiabilidade 241-242, 341-345, 348-349
confiabilidade diacrônica 342-343
confiabilidade quanto aos procedimentos 342-345
confiabilidade quixotesca 342-343
confiabilidade sincrônica 342-343
confidencialidade 54-57, 373-374
conhecimento
    construção do 80-81
    construção social do 85-86
    formas de 172-173
conhecimento corporificado 72-73
consentimento 54-55, 57-58
    informado 52, 54-56
consentimento informado 52, 54-56
consistência 349-350
consistência quanto aos procedimentos 349-350
construção de um *corpus* 233-234
construção social 84-87
    mimese 89-92
construcionismo 29, 79-81, 84-85
construcionismo social 79-81
construções, de primeiro e segundo graus 83-85
construtivismo 79-80, 290-291
construtivismo radical 79-80
construtivismo social 84-85
contexto 21-24, 75, 298
contexto pessoal, entrevistas 145-146
contos confessionais 370-371
contos impressionistas 371-372

Índice temático

contos realistas 370-371
controladas pela teoria 149-152
controle 131-133
conveniência, amostragem 124-125
credibilidade 232-233, 342, 349-350, 375-377
crise de legitimação 84-85, 342
crise de representação 27, 83-85, 342, 374-375
cultura
   estruturalismo 73-75
   triangulação 75

D

dados
   interpretação 98, 100
   transformação 40, 45
   triangulação 122-124, 361
dados eletrônicos 32-33
dados multifocais 201-261
   visão geral 254-261
dados verbais 141-200
   visão geral 194-200
dados visuais 32-33, 219-229, 254-261
dedutivismo 79-80
descrição intensa 70, 208-209
diário 268-270
diferenças de gênero 205-207
dignidade dos participantes 54-55
direitos dos participantes 54-55
discussões em grupo 154-155, 157-158, 180-188, 196-197
documentos 64, 230-237, 265-275
   comparação de métodos 256-255, 258
   internet 249-251

E

entrevista da fase adulta 145-147
entrevista por *e-mail* 240-244
entrevistas 14, 26-27, 44, 143-163
   abertas 109, 143
   amostragem 117
   análise de conteúdo 293-294
   centradas no problema 153-158, 196-197
   com especialistas 44, 157-158, 196-197
   combinação com métodos quantitativos 46
   comparação de abordagens 194-200
   confiabilidade 343-344
   da fase adulta 145-147
   de grupo 180-181
   documentação 265
   episódicas 63-64, 107-108, 172-177, 196-197, 286-287
   estratégias de curto prazo 133-134
   ética 57
   etnográficas 158-159, 196-197
   focalizadas 143-149, 157-158, 196-197
   fotografias 220-223
   guias de 154-161, 343-344
   internet 239-244
   limites 112-114
   mediação e condução 159-162
   notas de campo 266-267
   observação participante 213
   realidade 27
   semi-estruturadas 29, 42, 143, 148-149, 157-158, 175-176, 180, 194-195, 240-241
   semipadronizadas 70-71, 148-154, 157-158, 160-161, 196-197
   tempo 132-134
   texto 83-84
   transcrição 270-273
   transformação dos dados 45
   triangulação 43
   validade 345-346
   ver também entrevistas narrativas
entrevistas abertas 109, 143
entrevistas centralizadas no problema 153-158, 196-197
entrevistas com especialistas 44, 157-158, 196-197
entrevistas em grupo 180-181
entrevistas episódicas 63-64, 107-108, 172-177
   codificação temática 286-287
   comparação de métodos 196-197
entrevistas etnográficas 158-159, 196-197
entrevistas focalizadas 143-149, 157-158, 196-197
entrevistas narrativas 171-172
entrevistas narrativas 26-27, 29, 31, 164-173, 175-176, 180, 191, 198-200
   comparação de métodos 196-197
   interpretação 332
entrevistas padronizadas 180
entrevistas qualitativas 154-155
entrevistas semi-estruturadas 29, 42, 143, 148-149, 157-158, 175-176, 180, 194-195
   online 240-241
entrevistas semipadronizadas 70-71, 148-154, 157-158, 160-161, 196-197
enunciados gerais 21
Escola de Chicago 25-27, 69, 110-111
escuta ativa 169-170
esferas de vida 20-21
especificidade, entrevistas 144-145
espectro, entrevistas 144-145
estímulo para a discussão 185-186
estranhos, pesquisadores como 113-115
estratégias de curto prazo 133-135
estratégias indutivas 21
estrutura latente de sentido 311-312
estruturadas 143-145
estruturalismo 29, 68-70, 73-75
estruturas profundas 29, 69, 73-74
estudos comparativos 135-136
estudos culturais 28, 31
estudos de caso 25-26, 44, 134-136
estudos de gênero 31-33, 77-79
estudos longitudinais 136
estudos retrospectivos 136-139
ética 50-58
   comissões 50-51, 53-55
   observação secreta 204-205
   pesquisa *online* 251-252
   vídeo 227-228
ética 52-53
etnografia 26-29, 31, 203-218, 378

Índice temático

etnografia institucional 214-215
etnografia virtual 245-249
etnometodologia 27-31, 68-74
   acesso 110-111
   análise de conversação 298-302
   documentos 236-237
   vídeo 228
evitar causar danos 55-56
extensão da amostra 22-23

F

falhas 37
familiaridade 113-115
feminismo 27, 63-64, 70, 77-79
fenomenalismo 79-80
fenomenologia 27, 29, 33
fichas de documentação 269-271
fichas de protocolo 208-209
fidedignidade 349-350
filme 29, 32-33, 219-229, 235-236, 256-255, 258
flexibilidade 36, 38
formação de grupos, comparações 132-133
formas híbridas 40
fotografias 29, 219-229, 235-236, 256-255, 258
fundamentação da pesquisa 339-379

G

generalidade 40
generalização 46-47, 342, 362-366
   hermenêutica objetiva 315-316
   objetivos 130-132
generalização numérica 131-132
generalização teórica 131-132
German Sociological Association (GSA) 50-52
grandes narrativas 27
grandes teorias 62-63
gravação em fitas cassete 29, 132-134, 265-267
grupos focais 29, 64, 180-193
   comparação de métodos 196-197
   online 239, 243-246
grupos heterogêneos 182-185
grupos homogêneos 182-185, 244-245

H

hermenêutica 29, 33-34, 87, 307-317
   fotografias 223-224
   ver também hermenêutica objetiva
hermenêutica das ciências sociais 315-316
hermenêutica objetiva 26-28, 45, 73-74, 260-261, 276, 298-299, 310-316
   comparação de métodos 332-338
   instantâneos 136
   texto 83-84
hibridização 33
hipóteses, formação 102-103
história de vida 308-309
histórias críticas 371-372
histórias familiares de múltiplas gerações 31
histórias formais 371-372

I

idioma 35
incorporação interativa 311-312
indicação 35, 357-361
indivíduos, acesso a 112-114
indução 25-26
   analítica 122-124, 361-363
indução analítica 122-124, 361-363
indutivismo 79-80
insider, pesquisador como 114-115
inspeção retrospectiva 144-145
instantâneos 135-136
instituições, acesso a 110-114
inteligência artificial 27
intensidade 124-125
interacionismo 70-71
   interpretativo 70
   vídeo 228
interacionismo interpretativo 70
   de filmes 224-226
interacionismo simbólico 27, 29, 68-71
   codificação 286
   fotografias 223-224
internacionalização 35
internet 235-236
   códigos de ética 50-51
   literatura 66
   pesquisa *online* 32-33, 238-253, 254-261
   publicação 373-374
interpretação 27, 85-86
   de dados 98, 100
   de textos 286
intertextualidade 233-234, 249

J

justiça 52, 55-56

L

laboratório-construtivismo 79-80
legitimação, crise de 84-85, 342
leituras realistas 223-224
leituras subversivas 223-225
linha da história 282
literatura
   revisões 65-66
   utilização da 61-67
literatura empírica 62-64, 66
literatura metodológica 62, 64-66
literatura teórica 62-64, 66

M

material empírico 76-77
material visual 29
MAXqda 326-327
memorandos 268-269
método comparativo constante 363-365
método descritivo 25-26
metodologia mista 40, 42
métodos

Índice temático

apropriabilidade dos 22-24
avanços/tendências 32-35
mistos 40, 42
seleção dos 357-361
tipologia 122-124
variedade 24-25
métodos de grupo, comparação 195-197
mimese 86-88
   biografia e narrativa 88-92
moderador, papel de 183-185
modernidade, planos secretos da 37

N

não-direção 143-145
não-estruturadas 143-145
não-linearidade 249-250
não-maleficência 52
narrativa retrospectiva 166-167
narrativas 21, 164-179, 195
   mimese 88-92
   narrativas conjuntas 189-192
   pesquisa biográfica 28
   quinto momento 27
narrativas conjuntas 189-190, 196-197
narrativas de grupo 31
netiqueta 251-252
níveis de abstração 122-124
nível macro 40
nível micro 40
notas de campo 266-269
   confiabilidade 342-343
   convenções 343-344
notas em código 277-278
NUD•IST 133-134, 321-322, 325-326, 328-330

O

objetividade 21-23, 348-350
objetivos 129-131
objetivos do estudo 129-131
objetivos pessoais 130-131
objetivos práticos 130-131
observação 14, 21, 29, 203-218
   auto-observação 205-207
   comparação de métodos 254-261
   descritiva 207-209
   documentação 265
   ética 53-54
   focalizada 207-208
   não-participante 203-207, 256-260
   oculta 53-54, 204-207
   seletiva 208-209
   texto 83-84
   ver também observação participante
observação descritiva 207-209
observação focalizada 207-208
observação não-participante 203-207, 256-260
observação participante 212-213
observação participante 29, 31, 205-215
   acesso 109
   amostragem 120-122
   comparação de métodos 256-257
   entrevistas etnográficas 158-159
   fichas de protocolo 208-209
   internet 239
   notas de campo 266-268
   papel do pesquisador 110, 210-213
   sociedade de esquina 115
observação secreta 204-207
   ética 53-54
observação seletiva 208-209
observador como participante 204-205
observador completo 204-205
onipotência interpretativa 370-371
orientação do objeto 154-155
orientação do processo 154-155

P

padronização 342-343
   grau de 131-133, 135-136
papéis
   mediador 183-185
   observação participante 203-205
   pesquisadores 110-116, 210-213, 222-223
papéis de membro 110
   comparação de métodos 254-261
   crise de representação 374-375
   instantâneos 135-136
   redação 34
   sociedade de esquina 115
   texto 84-85
   virtual 245-249
papéis de membro 110-111
papéis desempenhados 160-170
papel de visitante 114-115
papel do principiante 114-115
paradigma
   codificação 105-106, 281-282, 287-288, 333, 336
   guerras de 75-76
paradigma 105-106, 281-282, 287-288, 333, 336
participação voluntária 52
participante como observador 203-204
participante completo 203-204
participantes 110
   bem-estar 53-54
   dignidade e direitos 54-55
   limitações 112-114
   perspectiva 24-25, 29
performatividade, vídeo 226-227
perguntas controladas pela teoria 149-152
período modernista 26-27
período tradicional 26-27
perspectivas da pesquisa 28-30, 68-82
pesquisa biográfica 25-26, 29, 31, 136
   análise de narrativa 307-308, 310-311
   com base na narrativa 28
   entrevista narrativa 164-170
   entrevistas centradas no problema 153-155, 157-158
   observação participante 213
pesquisa de aplicação 21-22
pesquisa linear 96-100

Índice temático

pesquisa quantitativa
    associação 33
    e pesquisa qualitativa 39-49
    limites 21-23
pesquisadores
    expectativas 109-110
    papéis dos 110-111, 114-116, 210-213, 222-223
    reflexividade 24-25
plano 93-52, 129-139
plano quase-experimental 40
plausibilidade seletiva 342-343
pluralização das esferas de vida 20-21
pós-estruturalismo 74
positivismo 79-81
pós-modernismo 21, 27, 70, 84-85
pragmatismo 34-35, 69
pressuposto da homologia 307-308
procedimentos seqüenciais
    análise de conversação 300-302
    documentos de internet 249-250
    filmes 224-226
    fotografias 223-224
processo 14
    avaliação 364-366
    instantâneos 135-136
    ver também processo da pesquisa
processo da pesquisa 95-101, 336-338,
    ajuste do método 198-200
    análise de conteúdo 293-294
    análise de conversação 300-303
    análise de gênero 305
    análise de narrativa 310-311
    análise do discurso 304
    codificação 286, 290-292
    dados multifocais 258-261
    discussões em grupo 186-188
    documentos 236-237
    entrevistas centradas no problema 156
    entrevistas episódicas 177
    entrevistas focalizadas 147-148
    entrevistas narrativas 170-172
    entrevistas semi-padronizadas 153-154
    etnografia 216-217
    filmes 224-226
    fotografias 223-224
    grupos focais 189-190
    hermenêutica objetiva 314-316
    narrativas conjuntas 191
    observação 205-207, 212-213
    pesquisa *online* 242-246, 249-251
    software 329-330
    vídeo 228
profissionalização 126-128
profundidade
    da amostragem 125-128
    nas entrevistas 145-146
psicanálise 29, 68-69, 73-74
psicologia 21-26, 70-74
psicologia discursiva 72-74
publicações periódicas 66, 352-354

Q

qualidade 34, 47
    além dos critérios 356-368
    avaliação 352-354
    comitês de ética 53-54
    controle 365-367
    critérios 341-355
    garantia 353-355
questionários 21-23, 42, 44, 46
questionários 42, 44
    combinação de métodos 45
    entrevistas centradas no problema 156
questões
    confrontativas 149-154
    gerativas 105-106, 164-166, 170-171, 194, 343-344
    ver também questões de pesquisa
questões abertas 45, 149-150, 298
questões confrontativas 149-154
questões de pesquisa 102-108
    formulação 130-131
questões estruturadas 143-145
questões gerativas 105-106, 164-166, 170-171, 194, 343-344
questões não-estruturadas 143-145
questões semi-estruturadas 143-145

R

realidade 24, 27, 29, 233-234, 300-302
    análise de gênero 305
    análise narrativa 310-311
    construção da 76-77
    e texto 83-84, 87, 273-274
    estruturalismo 73-75
    filmes 224-226
    múltipla 85-86
    social 70-75
    subjetiva 73-75
realidade social 70-75
realidade subjetiva 73-75
realidades múltiplas 85-86
realismo 79-80
reatividade 205-206
reconstrução de eventos 307-308
recursos 132-134
redação 33-34, 339-379
    teoria 96-97
    utilização da literatura 65-66
redação 96-97
redes, codificação 277-278
reflexividade 24-25, 27
    redação 375-377
    vídeo 226-227
registro dos dados 265-270
regra de economia 269-270
relações causais 21-22
repertórios interpretativos 72-73
representação
    crise 27
    crise de 83-85, 342, 374-375

objetivos 130-132
representações sociais 74-75, 290-291
representatividade 232-233, 241-242, 365-366
revezamento 298-302

S

saturação teórica 121-122, 283, 286
segmentação 277-279
segurança 55-56
seleção gradual 122-126
seleção primária 125-126
seleção secundária 125-126
seletiva 277, 282-284, 287-288
semi-estruturadas 143-145
semiótica 27
sensibilidade 57
significado 232-234
    análise de conversação 302-303
    análise de narrativa 310-311
    objetivo 73-74, 311-312
    subjetivo 24, 68, 69-71, 75, 311-315
significado objetivo 73-74, 311-312
significado subjetivo 24, 68-71, 75, 311-315
Social Research Association (SRA) 50-51
sociologia existencial 110-111
software 33, 319-331, 334-335
    ATLAS•ti 45-46, 133-134, 321-322, 324-326, 328-330
    MAXqda 326-327
    NUD•IST 133-134, 321-322, 325-326, 328-330
software de análise de dados qualitativos com o auxílio do computador (CAQDAS) 319-331, 334-335
subjetividade 24-25

T

técnica da bola de neve 113-114, 240-242
técnica da disposição da estrutura 149-154
técnica *flip-flop* 280-281
técnica *waving-the-red-flag* 280-281
tecnologia
    presença da 269-270
    ver também computadores
temática 286-292, 332, 334-335
tempo, recursos 132-134
teorema de Thomas 70
teoria da representação social 63-64
teoria fundamentada 24, 29
    avaliação 350-351
    codificação 286
    ética 57
    literatura 62-63, 65
    objetivos 129-130
    processo de pesquisa 96-98, 100
    software 324-325, 328-329
teoria subjetiva 148-156, 195, 345-346
teorias 96-98, 100
    apropriabilidade das 22-24
    como versões do mundo 97-99
    elaboração de 29, 277, 286, 350-352
    pesquisa subjacente 68-82
    quinto momento 27
    triangulação 361-362
    utilização de 62-64
teorias de sistemas 62-63
teórica 96-97, 260-261, 277-287, 324-325, 334-335
texto 14, 276-277
    à teoria 263-338
    autoridade 375-377
    como concepção do mundo 83-88
    como material empírico 76-77
    construção e compreensão 83-92
    da teoria ao 59-92
    e realidade 83-84, 273-274
    interpretação 286, 332-339
tornar-se um nativo 210-211
transcrição 83-84, 132-134, 240-241, 265-266, 269-273
    convenções 271
    regras 271-272
triangulação 32-33, 40, 43, 131-132, 361-362
    de dados 122-124
    de perspectivas 75-76, 104-106
    documentos de internet 250-251
    entrevistas episódicas 177
    entrevistas focalizadas 148-149
    etnografia 216-217
    fotos 223-224
    observação 205-207
    tipos 361-362
    vídeo 228
triangulação do investigador 361
triangulação metodológica 361-362

U

universal individualizado 126-127

V

validação comunicativa 345-347, 367
validade 21-22, 24, 26-27, 70-71, 341-342, 344-349, 361-362
validade irônica 346-347
validade paralógica/neopragmática 346-347
validade quanto aos procedimentos 347-349
validade rizomática 346-347
validade situada 346-347
variação máxima 124-125, 131-132
verdade 21-22
verstehen 25-26, 75-76, 98, 100
vídeo 29, 32-33, 219-229, 265-267
    comparação de métodos 256-257

W

web sites 243-245, 249-252

Índice elaborado por *Caroline Eley*